马丁·路德神学文选

〔德〕马丁 · 路德 著
荣震华 译

创于1897
商务印书馆
The Commercial Press

马丁·路德像

目　录

1　对经院神学的论战

1. 说奥古斯丁在驳斥异端时言过其实，那就等于说奥古斯丁几乎到处都在说谎。而这是违背常识的。

2. 这也就等于听任伯拉纠派和所有的异端派别取胜，其实也就是将胜利拱手让给他们。

3. 这也就等于是对所有神学博士的权威的嘲弄。

4. 因而，一个人，如果他是一棵坏树，那他就只能想要坏的东西，也只能做坏的事情。这是千真万确的。（参见《马太福音》，7: 17–18）

5. 然而，如果认为人的向往是可以在两个正相反的事情之间自由选择，那就错了。实际上，人的向往并不是自由的，而是受到管制的。这样说，是跟通常的意见相对立的。

6. 认为意志就其本性而言就是能够走正道，那是错误的。这样说，是跟司各脱和加布里埃尔相对立的。

7. 事实是，如果没有了上帝的恩典，那么，意志将产生出邪恶的行为来。

8. 然而，这也不是像摩尼教徒所主张的那样，可以就此认为意志就本性而言就是邪恶的，也即本质上就是邪恶的。

9. 不过，尽管如此，它固有地和不可避免地就是邪恶的和败坏的。

10. 人们应该得出的结论是，意志在努力追求任何被宣称是善良的东西的时候，并不是自由的。这样说，是跟司各脱和加布里埃尔相对立的。

11. 任何已经被规定了的东西，既不可能想要，也不可能不想要。

12. 当一个人说，没有任何东西会像意志本身那样处于意志的操纵之下的时候，他并没有与圣奥古斯丁相矛盾。

13. 认为误入歧途的人也能够爱上帝的造物胜过爱万物，因而也能够热爱上帝，这样的看法是荒谬的。这是与司各脱和加布里埃尔相对立的。

14. 意志会遵循错误的教导而不遵循正确的教导，这并不令人奇怪。

15. 其实，意志的独特之处，就是它只会遵循错误的教导而不遵循正确的教导。

16. 倒是应该得出这样的结论：正因为误入歧途的人能够热爱上帝的造物，因而他就不可能去热爱上帝。

17. 就本性而言，人是不可能想让上帝成为上帝的。实际上，他自己就想成为上帝，而不是想让上帝成为上帝。

18. 爱上帝胜过爱万物，就本性而言，是一种虚构的措辞，是一种妄想。这样说，是与通常的宣教相矛盾的。

19. 司各脱关于爱国甚于爱己的勇敢公民论证，是我们所不能采纳的。

20. 做成亲善之行为，并不是随从本性而成的，而是由于那在先的恩典才成功的。这与加布里埃尔相对立。

21. 随从本性而成的行为，都是违背上帝的欲念之行为。

22. 每一件违背上帝的欲念之行为，都是邪恶的，是心灵之私通。

23. 说欲念之行为可以借助于希望而改邪归正，这样的说法是不对的。这与加布里埃尔是相对立的。

24. 因为，希望并不与博爱相矛盾，而博爱所追求和所愿望的，唯独就是那出自于上帝的。

25. 希望并不产生于功成名就，而是产生于受苦受难，而受苦受难恰恰是对功成名就的一种破坏。这样的说法，是跟许多人的意见相对立的。

26. 亲善之行为，并不是成就那处于"太一"之中的事业的最完善的手段。

27. 但是，若及时凭着本性去追随恩典，那么，它就是一种业已完善了的皈依之行为。

28. 如果说到《圣经》中的这几段话："你们要转向我，……我就转向你们"（《撒迦利亚书》，1: 3），"你们亲近上帝，上帝就必亲近你们"（《雅各书》，4: 8），"寻找，就寻见"（《马太福音》，7: 7），"你们寻求我，就必寻见"（《耶利米书》，29: 13），等等，说其中一个是凭着本性，而另一个是凭着恩典，这与伯拉纠派所主张的就没什么不同了。

29. 为了施与恩典和尽心安排恩典，上帝所做的最好的和最可靠的准备，就是他那永恒的选择和命定。

30. 然而，就人这方面而言，除非他根本就不想要恩典，甚或背叛恩典，否则，没有什么东西会超过恩典之上。

31. 据说，已经命定的事情，个别的是会被废除的，但不会集体遭到废弃，但很难证明。这是与经院哲学相对立的。

32. 而且，下面这样的说法是得不到什么收获的：命定之所以必要，是上帝意愿的结果，而不是由此而推得的说上帝必须选择某某人。

33. 说一个人尽力而为就可以驱除掉通往恩典的障碍，是错误的。这与好多位当权的人物是相对立的。

34. 简而言之，凭着本性，人既没有正确的戒律，也没有善良的意志。

35. 说存在一种不可克服的无知，可以完完全全地使一个人得到宽恕，这是不真实的（尽管所有的经院哲学都如此认为）。

36. 因为，对上帝、对自己以及对善行的无知，对于本性来说，总是不可克服的。

37. 而且，本性必定会为每一件外表看来为好的事情而窃窃自喜，洋洋得意。

38. 任何德行，都是附有骄傲或悲哀的，也就是说，都是带有罪孽的。

39. 自始至终，我们都不是我们行动的主人，而是其仆人。这与经院哲学是相对立的。

40. 我们不是因着行义事而成为义人的，而是因着我们被造成为义人才行义事的。这与哲学家们是相对立的。

41. 亚里士多德的全部伦理学，实质上乃是恩典之最坏的敌人。这与经院哲学是相对立的。

42. 认为亚里士多德有关喜乐的说法与天主教教义并不矛盾，是错误的。这与有关道德的教义是相对立的。

43. 说离开了亚里士多德就没有人可以成为神学家，是错误的。

这与通常的意见是相对立的。

44. 事实上，除非离开亚里士多德，否则就没有人能成为神学家。

45. 声称神学家若不是逻辑学家就会成为一个怪异的异端者，这本身就是一种怪异的和异端的声明。这与通常的意见是相对立的。

46. 若有人塑造出一种信仰逻辑学，在不考虑加以限制和节制的情况下用以作为一种替代物，那肯定是徒劳的。这跟那些时新的辨证学家是相对立的。

47. 如果用在属神的事项上面，那么，没有什么三段论式会是有效的。这是跟那位红衣主教相对立的。

48. 虽然如此，却不可因此而得出结论说三位一体教义的真理性跟三段论格式相矛盾。这又是跟同样的时新辨证学家以及那位红衣主教相对立的。

49. 倘若在属神的事情之中保存有推理的三段论格式，那么，三位一体的教义就变成可以加以证明的，而不再是信仰之对象了。

50. 简而言之，整个亚里士多德之于神学，就好比黑暗之于光明。这跟经院哲学是相对立的。

51. 至于拉丁文译文是否正确地表达了亚里士多德的原意，是十分可疑的。

52. 假如波菲利连同他的那些全称命题，从来就没有过而且根本就不可能为神学家所用，对教会也许就是一件大好事了。

53. 即使亚里士多德的那些更为有用的定义，似乎也是以一些未经证明的假设为出发点的。

54. 为了使某一个行为得以成就，则二者必居其一，或者是存在有充分的恩典，或者是恩典的存在根本就毫无意义。这跟加布里埃尔是相对立的。

55. 上帝的恩典，绝不会在它无能为力的情况下出现，它乃是一种存活着的、大有作为的灵；没有上帝的恩典出现，就谈不上由于上帝的绝对权力而使得一件亲善之行为得以出现。这跟加布里埃尔是相对立的。

56. 说上帝可以脱离了他的释人罪的恩典去接受一个人，是不真实的。这跟奥卡姆是相对立的。

57. 认为律法是命令人在上帝的恩典中去从事服从于诫命的行为，这样的说法是危险的。这跟那位红衣主教以及跟加布里埃尔是相对立的。

58. 由此可见，“得到上帝的恩典”，实在是一种超越于律法之上的新的要求。

59. 由此又可见，没有上帝的恩典，也可以执行律法。

60. 由此还可见，上帝的恩典会比律法本身更含有敌意。

61. 不能认为律法必须在上帝的恩典中被遵守和被执行。这跟加布里埃尔是相对立的。

62. 因此可以认为，在上帝的恩典之外的人，即使他不去杀人，不犯奸淫，不发怒，但他还是不停地在犯罪。

63. 但是，可以认为，他之所以犯罪，乃是因为他并不是从心灵上去执行律法。

64. 那个人，在他既不发怒，也不起淫念的时候，他从心灵上是做到了不杀人，不行恶，不暴怒。

65. 其实，在上帝的恩典之外，根本就不可能做到不发怒或不生淫念，即使在恩典里面，也不可能完完全全地去执行律法。

66. 即时表现出不杀人、不行恶等等，这乃是伪善者的义。

67. 一个人不生淫念或不发怒，靠的是上帝的恩典。

68. 因此，离开了上帝的恩典，无论如何也不可能执行律法。

69. 事实上，说得更精确一些，如果没有了上帝的恩典，那么，律法就遭到本性的破坏。

70. 一个好的律法，对于出于本性的意志来说，就必定是坏的。

71. 没有上帝的恩典，则律法和意志是势不两立的。

72. 律法所要的，就是意志所一定不要的，除非意志出于恐惧或者爱而假装去要。

73. 而律法，作为监督意志的工头，除了那“为我们而生的婴孩”(《以赛亚书》，9: 6）以外，是不会被制胜的。

74. 律法之所以会滋生罪孽，乃是因为它使意志感到烦恼，产生反感。(《罗马书》，7: 13）

75. 然而，上帝的恩典之所以通过耶稣基督而使得正义得以兴盛，乃是因为它是使人乐意于律法。

76. 没有了上帝的恩典，律法所做的每一件事情，外表上显得善美，但内底里却是罪孽。这跟经院神学是相对立的。

77. 对于没有上帝恩典的主的律法，意志总是对其不乐意，而双手却对其倾心。

78. 而如果意志倾心于没有上帝恩典的律法，那么，其所以倾心，乃是为了自身的利益。

79. 所有那些行律法之事的人，是有罪的。

80. 所有那些行上帝恩典之事的人，是有福的。

81. 关于苦修的那个第 5 节，确认在恩典领域之外所行的事不是善美的，如果对此没有理解错的话。

82. 各种宗教仪式以及使一个人活不下去的那些戒律，不是什么良好的律法；还不单是这样（这与许多读者是相对立的）。

83. 而且，即使是十诫本身以及所有那些可以在内和在外用以教训和命令人的东西，也都不是什么良好的律法。

84. 良好的律法以及使人得以存活下去的，是上帝的爱，这爱，由圣灵撒播在我们的心中。

85. 任何一个人的意志，只要可以，都宁愿根本就没有什么律法，完完全全地自由自在。

86. 任何一个人的意志，都憎恨有律法加在自己头上；然而，如果意志竟然愿望有律法加在自己头上，那它就是出于对自身的爱。

87. 既然律法是良好的，那么，对它抱有敌意的意志，就不会是良好的了。

88. 由此可见，每一个人的出自于本性的意志，乃是邪恶的。

89. 恩典，作为调解者，是使律法跟意志得以协调所必不可缺的。

90. 上帝的恩典之给予，是为了对意志加以指导，唯恐它甚至于在爱上帝时还犯错误。这跟加布里埃尔是相对立的。

91. 这恩典之给予，并不是为了使良好的行为可以更频繁、更方便地得到诱导，而是因为没有它就不可能有什么爱的行为得以完成。这与加布里埃尔是相对立的。

92. 不可否认的是，如果人凭着本性就能够行亲善之行为，那么，这爱就是多余的了。这跟加布里埃尔是相对立的。

93. 说一个行为既是果实而同时又是对这果实的使用，在这样的议论中，包含有一种难以捉摸的邪恶。这跟奥卡姆，跟那位红衣主教，跟加布里埃尔，是相对立的。

94. 这样说起来，认为对上帝的爱可以与对被造物的热爱一起延续下去，就也是对的了。

95. 爱上帝，则同时就是恨恶自己，除上帝以外，一无所知。

96. 我们必须使我们的意志在每一个方面都遵循上帝的意志（这与那位红衣主教是相对立的）。

97. 因此，我们不但要愿上帝所愿，而且，应当愿上帝所愿的每一件事。在上述这些论述中，我们想要说的以及我们相信我们已经说了的，与天主教教会以及教会的讲道人一点也没有不一致的地方。

1517 年

2 九十五条论纲或对赎罪券的权力和效验的论战

出于对真理的热爱和热忱，以及让真理得以发扬光大的愿望，下述论纲将在维滕贝格公开讨论，其主席为神甫马丁·路德，神学大师，在维滕贝格被正式任命讲授这些课题。他现在请求，凡是不能亲临此地与我们当面辩论的人，可以通过书信与我们辩论。奉我们的主耶稣基督的名，阿们。

1. 当我们的主耶稣基督说“你们应当悔改”（《马太福音》，4: 17）时，他是希望信他的人的全部生活都成为在悔改的生活。

2. 这话不能被理解为去从事苦修，即从事由教士安排的忏悔与苦行赎罪。

3. 然而，它不仅指内在的悔改；这种内在的悔改，除非导致产生外在的禁欲，否则就显得微不足道了。

4. 对罪孽的惩罚，直到我们走到天国的大门口为止，一直就成为我们对自己的憎恨，即内在的悔改。

5. 教皇，除了那些由他自己的权柄或者教规的权柄而外加上去的处罚之外，教皇既不愿意也不能够去赦免任何一项惩罚。

6. 教皇不能够赦免任何一项罪，除非他声明并表明这项罪已经由上帝加以赦免，或者，他确信他是在那些确实可以由他的判断来断定的情况下来赦罪的。如果他在这些情况下赦罪的权力遭到否决，则这项罪当然也就仍然没有得到赦免。

7. 要上帝赦免某人的罪，则除非是上帝同时使这人万事谦虚，使他在他的神父面前谦卑恭顺。

8. 那些苦行赎罪的教规，只是加给活着的人的，按照这些教规本身的含义，对正在死去的人，就什么也加不上去了。

9. 所以，看到教皇在他的教令中总是为死亡条款和苦罚条款设置一些开脱，可见圣灵是在经由教皇而显示出对我们的恩待。

10. 而有些神父，在人将要死去的时候，仍然保留那些为炼狱*而设的教规处罚，这样的做法，是既无知又邪恶。

11. 将教规处罚变成炼狱的处罚，这样的一些稗子，显然是在主教们睡觉的时候被撒在田里的（《马太福音》，13: 25）。

12. 在古时候，教规处罚是在赦罪之前而不是在赦罪之后执行的，以此来检验是否真有悔改之心。

13. 那些正在死去的人，由于死亡而得以免除一切处罚，对于教规法来说，他们是已经死去了，有权免于受罚。

14. 正在死去的人所表现出来的那种有缺陷的虔敬或爱，必然带有巨大的恐惧；爱越是小，则恐惧就越是大。

15. 这种恐惧，本身就已经够人受的了，根本谈不上还有其他什么事情，根本就不会再去考虑什么炼狱中的受罚，因为，这已经

* 炼狱，也有译为“涤罪所”。天主教教义认为，人犯有小罪，则死后灵魂虽然不进地狱，但需在炼狱中将所有的罪过炼净，才得以进入天堂。

是绝望之恐惧了。

16. 地狱、炼狱和天堂，这三者之间的差别，似乎类同于绝望、恐惧和确信得救三者之间的差别。

17. 对于在炼狱中的灵魂，似乎是恐惧必定应当有所减少，而爱应当有所增加。

18. 而且，有一点，那是无论理性还是《圣经》似乎都未曾加以证实的，即认为炼狱中的灵魂是不论功过得失的，从而不可能在爱上有所增长。

19. 同样证实不了的是，炼狱中的灵魂，至少不是所有的灵魂，能否确信和确保他们自身的得救，哪怕我们自己对得救有着完全的把握。

20. 所以，当教皇说“全部赦免一切的惩罚”时，实际上并不是指“一切的惩罚”，而仅仅指那些由他自己加上去的惩罚。

21. 可见，那些宣扬赎罪券的人说什么一个人被赦免了任何的惩罚，由于教皇的赎罪券而得到了拯救，是谬误的。

22. 事实上，为炼狱中的灵魂，教皇是赦免不了他们任何的惩罚的；按照教规律法，他们是理应在今世生活中承受这样的惩罚了。

23. 假如竟然对任何一个人都能够赦免掉他不管什么样的惩罚，那么，显然这样的赦免似乎也只应给予那些最完善的人，即只是给予极少数的人。

24. 由此可见，那种不分青红皂白大唱高调所做的免于处罚的允诺，对大多数人来说，是使他们上当受骗的。

25. 教皇一般对炼狱所拥有的那个权力，就好比任何一个主教或代理主教在他自己的教区内以某种特殊方式所拥有的权力。

26. 如果教皇对炼狱中的灵魂不是依靠他所不具有的司钥权，而是依靠他代他们祈祷来达到赦罪的目的，就很好了。

27. 他们说，只要把钱投入钱柜，灵魂就立刻从炼狱中解脱出来，他们这在宣扬的，无非是人世间的道理。

28. 如果是把钱投入钱柜，当然就会滋生贪婪之心；而如果是教会代为祈祷，那结果就只掌握在上帝手中。

29. 又有谁知道炼狱中的灵魂是不是愿意被解救出来呢？传说中说到有像圣赛维林和圣巴斯加这样的例外情况。

30. 没有一个人可以确信他所做的悔改是完整而彻底的，至于他是否可以得到完完全全的赦免，那他就更没有把握了。

31. 真正买到了赎罪券而得以赎罪的人，就像真正做到了悔改的人一样，是罕见的；实在是极其罕见的。

32. 那些相信有了赎罪券就可以确保自身得救的人，将永世被诅咒，跟教他们这样做的人一起被诅咒。

33. 对于那些把教皇的赦罪说成是上帝的无可估量的恩赐，认为以此可以使人与上帝得以和解的人，人们尤其应该加以警惕。

34. 因为赎罪券的恩典，只跟由人设立的那种圣事中的苦行赎罪的受罚有关。

35. 他们竟然教导人说，不一定要由那些打算出钱将灵魂从炼狱中救赎出来或者出钱购买忏悔特权的人自己来作悔改。他们这是在将非基督教的道理教给人。

36. 任何一个真正在忏悔的基督徒，即使没有赎罪券，也都有权使罪与罚得到完全赦免。

37. 任何一个真正的基督徒，不管是活着的还是死去的，都分享着基督和教会的所有恩赐；这是由上帝赐予给他的，即使没有赎罪券也照样赐予的。

38. 然而，虽然如此，教皇的赦罪和恩赐还是绝不可忽视的，因为，正像我在本论纲的第6条中说过的那样，属神的赦罪是由其来宣告的。

39. 即使最博学的神学家，也很难做到既将赎罪券的恩惠给予人们，而同时又要求他们真正地悔悟。

40. 一个真正悔悟了的基督徒，是在设法并且也喜欢为他的罪孽而受罚；然而，赎罪券的恩惠却是在减罚，使人们去憎恨受罚——至少，它提供机会去憎恨受罚。

41. 在宣讲教皇的赎罪券时必须倍加警惕，深恐人们误认为这些赎罪券胜过其他出于爱的善行。

42. 要教导基督徒，让他们知道，教皇无论如何也不是希望购买赎罪券可以与仁慈之行为相提并论。

43. 要教导基督徒，让他们知道，济贫帮困胜过购买赎罪券。

44. 因为爱的行为使得爱增长，人因此而得以增善。然而，人不会由于赎罪券而得以增善，只是在设法摆脱受罚而已。

45. 要教导基督徒，让他们知道，如果看到穷人而走开去，那么，即使花钱买来了赎罪券，但买到的其实不是教皇的赎罪券，而是上帝的谴责。

46. 要教导基督徒，让他们知道，除非他们十分富有，不然，就该为他们的家庭所需留下足够的钱，而不是把钱耗费在赎罪券上。

47. 要教导基督徒，让他们知道，购买赎罪券乃是可以自由选择的，而不是命令规定的。

48. 要教导基督徒，让他们知道，教皇在授予赎罪券时需要和希望得到的，是他们虔敬的祈祷，这胜于要他们的钱。

49. 要教导基督徒，让他们知道，教皇的赎罪券只在他们对其不信任的时候才显得有用，而如果他们竟因为有了赎罪券而对上帝失去了畏惧的话，那它们就是十分有害的了。

50. 要教导基督徒，让他们知道，如果教皇了解到那些宣讲赎罪券的教士们的敲诈勒索行为，那他也许宁可让圣彼得大堂* 化为灰烬，也不愿意用他的羊群的皮肉和骨头去修造它。

51. 要教导基督徒，让他们知道，对于由于强制推售赎罪券而被骗走钱财的人，教皇是会愿意而且也应该拿出他自己的钱去捐助他们的，哪怕他为此而不得不卖掉圣彼得大堂，也在所不惜。

52. 相信依靠赎罪券就能够得救，那是徒劳的，虽然那些赎罪券代表，甚至教皇，都以本人的灵魂对此作担保。

53. 有那么一些人，竟然在一些教会里禁止宣讲上帝的道，以便可以宣讲赎罪券，这样的人乃是基督和教皇的敌人。

54. 如果在同一次讲道中，讲赎罪券的时间竟然等同于甚或超过讲上帝的道的时间，那就是对上帝的道的伤害了。

55. 如果对于赎罪券这样一件无足轻重的事情，在为其举行仪式时用了一次摇铃、一次列队行进、一次典礼，然后，对于福音这样一件极其伟大的事情，在为其举行仪式时用了一百次摇铃、一百次列队行进、一百次典礼，这样做，当然就是教皇的感情所在了。

56. 教会之宝并没有在基督的子民中间得到充分的讨论和通知。

---

* 圣彼得大堂（Basilica di San Pietro），在梵蒂冈。1506 年开始扩建。路德写本文时正在大兴土木进行扩建。羊群是指众信徒。

57. 显而易见，赎罪券并不是什么暂时的宝，因为许多宣讲赎罪券的教士并不是在慷慨地散发它们，而仅仅是在收集它们。

58. 这样的宝也绝不是指基督和圣者们的功绩，因为，即使没有教皇，基督和圣者们也总是赐给主内的人以恩典，而把十字架、死亡和地狱给予主外的人。

59. 圣劳伦斯*说过，教会中的穷人乃是教会之宝，但他是按照他那个时代这个词的用法来这样说的。

60. 无需任何考虑，我们就可以说，由基督的功绩所授予的教会职责，就是那个珍宝。

61. 因为显然，教皇本身有足够的权力去赦免由他本人保留着的那些处罚和案件。

62. 教会之真正的宝，乃是那代表着上帝的荣耀和恩典的至圣的福音。

63. 但是，这个宝，却自然而然地又是最令人讨厌的，因为它使最先的成为最后的（《马太福音》，20: 16）。

64. 而在另一方面，赎罪券之宝却自然而然地是最可接受的，因为它使最后的成为最先的。

65. 所以，福音之宝乃是这样的渔网，一个人用这渔网以前曾经为富人捕过鱼。

66. 而赎罪券之宝却是那样的渔网，一个人用那渔网为了人的财富现在在捕鱼。

67. 被一些煽动者鼓吹为最伟大恩典的赎罪券，实际上仅仅就

* Laurentius，圣者，在罗马任主祭，公元 258 年殉教，据传是放在一块烧红的炉栅上烧死的。

其大大赢利而言才会显得那么了不起。

68. 而真正说来，比起上帝的恩典和对十字架的虔敬来，它们是最微不足道的恩典。

69. 主教和代理主教们却有义务恭敬地去接待那些教皇赎罪券的代表们。

70. 然而，他们却更有义务睁大眼睛和竖起耳朵，提防这些人不是在宣讲教皇所授权的话，而是在大谈他们自己的梦呓。

71. 谁在谈及教皇赎罪券时胡说八道，谁就该遭到诅咒；

72. 而谁去抵制赎罪券的宣讲者们的欲念和放荡，谁就有福了；

73. 这正像教皇恰当地怒斥那些用尽一切手段败坏赎罪券的出售的人一样。

74. 可是，他更想怒斥的该是那些以使用赎罪券为借口去败坏神圣的爱和真理的人。

75. 把教皇的赎罪券想象得那么伟大，以至于一个人哪怕犯下了滔天大罪，甚至于玷污了上帝的母亲，也仍然可以由赎罪券来赦免他的罪，这就荒诞之极了。

76. 正好相反，我们说，如涉及是否有罪，则教皇的赎罪券连最小的小罪也变更不了。

77. 有人说，即使圣彼得现在当教皇，也不可能施舍更大的恩典。这样说，是对圣彼得和教皇的亵渎。

78. 与此相反，我们说，现在的教皇，或者可以说任何一位教皇，都支配着更大的恩典，那就是，福音、灵心威力、恩赐医病等等，一如在《哥林多前书》(12: 28)中所写的。

79. 有人说，将十字架配上教皇的盾形纹章而由赎罪券教士们举着，就相当于基督的十字架了。这样的说法，是亵渎。

80. 凡是容忍这样的说法并在民众中间加以传布的主教、助理主教和神学家，将要对此负责。

81. 这样肆无忌惮地宣讲赎罪券，使得即使是博学之士也难以拯救教皇的尊严，也难以使其免于遭受诽谤和免于面对凡俗人等种种言辞激烈的责问。

82. 例如会问："既然教皇为了建教堂所需的那一点可怜的钱而去救赎那么多的灵魂，那他为什么不为了还在炼狱中的众灵魂的神圣之爱和迫切需要而让炼狱撤空呢？前者显得那么平凡，而后者却是那么正当。"

83. 又会问："为什么死者的葬礼弥撒和周年弥撒还在继续举行，而且，既然为已经得到救赎的人祈祷是错误的，那么，他为什么不归还或者允许提取为他们而设的捐款呢？"

84. 又会问："认为上帝和教皇，为了得到金钱的报酬，竟然会同意一个毫无虔诚之心的人，同意他们的敌人，出钱将上帝的一位朋友之虔诚的灵魂从炼狱中赎买出来，而不是由于那个虔诚而且受到关爱的灵魂的需要，为了纯粹的爱的缘故，将其解放出来，那么，这还算是什么对上帝和教皇的新的虔敬呢？"

85. 又会问："那些苦行赎罪的教规，实际上久已废止不再执行，那为什么现在由于发赎罪券而又执行起来，就好像它们仍然有效和有权一样呢？"

86. 又会问："今天，教皇的财富胜过当年最有钱的克拉苏斯，那么，他为什么不用他自己的钱而要用可怜的信徒们的钱来修建圣彼得大堂呢？"

87. 又会问："对于那些由于彻底的悔悟而已经有权获得完全赦罪和享受赐福的人，教皇还去赦免他们什么，授予他们什么呢？"

88. 又会问："对教会来说，像教皇现在这样只是一次性地将赦罪与祝福给予信徒，是不是就比如果他每天成百次地将赦罪与祝福给予每一个信徒，可以带来更大的福乐呢？"

89. "既然教皇追求灵魂的得救胜过用他的赎罪券去获得金钱，那么，他为什么要宣告中止以前所批准的、具有同样功效的赎罪和宽恕呢？"

90. 一味强行压制世俗间这些尖锐的议论，而不是以理服人，就等于听任教会和教皇遭到他们的敌人的嘲笑，让基督徒们感到难受。

91. 所以，倘若按照教皇的精神和意图去宣讲赎罪券，那么，所有这些疑虑就会消解。说实在的，它们就不存在了。

92. 那么，所有那些先知都滚开吧；他们口口声声对基督的子民们说"平安了，平安了"，而其实没有平安！（《耶利米书》，6: 14）

93. 所有下面这些先知有福了：他们对基督的子民说着"十字架，十字架"，而其实并没有十字架！

94. 理应告诫基督徒们辛勤地去跟随他们的首领即基督，经历受罚，死亡和地狱；

95. 以此满怀信心地经历许多艰难，而不是靠着虚假的平安保证，进入天国（《使徒行传》，14: 22）。

1517 年

3 海德堡论战

面对海德堡这座享有声誉的城市的奥古斯丁派信徒，在那个常规的地方，将由神学大师马丁·路德兄弟主持，并由艺术和哲学大师莱昂哈德·巴耶尔（Leonhard Beier）作辩护，就下列论纲进行论战。时间是在1518年5月。

神学论纲

由于我们遵照圣灵的劝告，“不要依靠你自己的聪明”，我们完全不信任我们自己的智慧，因而我们谦卑地恳请所有到这里来的人对我们下面所列的这些神学反论加以判断，我们由此而企求明白，这些反论是否可以从圣保罗这位受到基督特别挑选的器皿和工具的话语中推导得到，以及是否也可以从他的最值得信任的解释人圣奥古斯丁的话语中推导得到。

1. 上帝的律法，虽说是人生最有益的教义，但它不能够驱使人走向正义，反倒是阻止人走向正义。

2. 而人一再借助于自然戒律所作的行为，则更不能引向正义。

3. 虽然人所行的事看起来似乎是很诱人的和善良的，然而它们却极可能会是下地狱的大罪 *。

4. 虽然上帝所行的事似乎不诱人，有点像凶恶，然而，它们却真正是永恒的功绩。

5. 这样说来，人们所行的事，虽然是有罪的，却不成其为下地狱的大罪（我们指的是那些表面上看来是善良的事情）。

6. 而上帝所行的事（我们说的是他通过人所行的那些事），虽然是纯洁无罪的，却不成其为功绩了。

7. 假如义人并没有出于对上帝的敬畏而胆战心惊地担心自己所行的事会成为下地狱的大罪，也许真的会成为下地狱的大罪了。

8. 如果人在行事为人时毫无畏惧之心，狂妄自信，那就更是下地狱的大罪了。

9. 有人说，无基督而行的事，是如死去一般的，但还不是下地狱的。这样的说法，似乎是在甘愿冒着放弃对上帝的畏惧心的风险。

10. 实际上，一个行为既可以是如死去一般的，同时却又可以不是什么有害的和下地狱的大罪，是很难做到的。

11. 除非在行每一件事时都惧怕会遭到谴责，否则，就避免不了会有傲慢之心，也就不可能出现真正的希望。

12. 如果人对自己所犯的罪怀有恐惧之心，深恐其会成为下地狱的大罪，那么，在上帝的眼里，这些罪就变得渺小了。

---

* 英文 mortal sin，意思是“必死的罪孽”，在基督教教义中的含义为“不可饶恕的，永远陷入地狱的罪孽”。mortal 与 dead 二者在基督教教义中的区别，可参见本文的第 9 和第 10 条。

13. 自从人堕落以后*，自由意志就只在名义上存在了，而且，只要它是在做它能做的事，那它就是在犯下下地狱的大罪。

14. 自从人堕落以后，那自由意志，只在处于被动时才有能力去行善，而在处于主动时，却总是在行恶。

15. 自由意志也不可能持续处于天真无知的状态之中，当处于主动时，它很少行善，只有在处于被动时它才会行善。

16. 凡是相信可以靠做出原本就存在于自己里面的事情而得以获得恩典的人，乃是罪上加罪，使他加倍地有罪。

17. 这样说，并不至于使人感到绝望，反而激励人使自己变得谦卑，寻求基督的恩典。

18. 确实，人必须对自己的能力彻底感到绝望，只有这样，他才能做好准备去接受基督的恩典。

19. 有人眼睛只盯着上帝所行的那些眼不能见的事情，岂不知这些事情已经在那些实在已经发生了的事情里清楚地显明了（《罗马书》，1: 20）。这样的人，不配被称为神学家。

20. 然而，人若通过承受苦难和十字架而见到上帝所行的可见的和明显的事情，并且也理解了，那么，这样的人就配称为神学家了。

21. 一位信奉荣耀的神学家，是颠倒是非的，而一位信奉十字架的神学家，则是实事求是的。

22. 自作聪明地按人所感知到的去看待上帝所行的眼不能见的事情，这样的智慧，是十足的狂妄、盲目和麻木。

23. 律法是惹动上帝的愤怒的，凡是不在基督里面的东西，则

---

* 原文为：after the fall，指上帝所造的亚当和夏娃在伊甸园中受到引诱而背叛上帝。

一律由律法加以诛杀、辱骂、谴责和定罪（《罗马书》，4: 15）。

24. 诚然，智慧本身并不就是邪恶的，律法也并不是必须逃避的；然而，如果没有了十字架之神学，则人就是以最坏的方式去践踏最好的东西。

25. 并不是行了很多事情的人就是义人了，倒是那虽然没有行什么事但更多地信从基督的人，才是义人。

26. 律法说"去做这件事"，却从来也做不了。而恩典说"信这个"，却任何事情都做成了。

27. 其实，人应当称基督所行的事情为正在做的事情，而我们自己所行的事情则是已经成就了的事情，这样，使得已经成就了的事情靠着那正在做的事情的恩典而去取悦上帝。

28. 上帝的爱并不是去寻找讨他喜欢的东西，而是去创建这样的东西。而人的爱却是因着讨他喜欢的东西而得以产生。

哲学论纲

29. 若有人想利用亚里士多德来谈论哲学道理，但又不想危及自己的灵魂，那么，这样的人首先必须成为基督里面十足的傻瓜。

30. 正像一个人除非是已婚的，不然他就无法正常运用自己的情欲一样，同样，没有人可以搞清哲学道理，除非他是一个傻瓜，即一个基督徒。

31. 对亚里士多德来说，很容易去相信世界是永恒的，因为他相信人的灵魂是会死的。

32. 既然接受了这个命题，即认为存在多少个被造的事物，就存在那么多的物质形式，那么，必然也会接受它们都是物质的。

33. 世界上没有任何东西会成为必然之物；然而，那由物质产生的东西，却必然依照自然而得以存在。

34. 如果亚里士多德认识到了上帝的绝对权力，那么，他也许就会主张物质是不可能由其自身而存在的。

35. 按照亚里士多德的说法，就行动而言，没有一样东西是无限的，而就动力和物质而言，则所有被造的事物都是无限的。

36. 亚里士多德错误地对柏拉图的理念加以挑剔和嘲笑，其实，他还不如后者。

37. 物质事物的数学次序是由毕达戈拉斯的非凡智力所主张的，然而，由柏拉图所主张的理念之交互作用，则更胜一筹。

38. 亚里士多德在一场空战辩论中驳斥了巴门尼德的关于同一性之理念（如果基督徒会宽恕这一点的话）。

39. 如果阿那克萨戈拉将无限设定为生成万物的（他似乎就是这样做的），那么，他就是哲学家中最优秀的，尽管亚里士多德不愿意承认这一点。

40. 对亚里士多德来说，短缺、质料、形式、可运动、不可运动、推动力、动力，等等，似乎都是相同的。

公元1518年5月海德堡教士会上进行辩论的论纲之证明

1

上帝的律法，虽然是人生最有益的教义，但它不能够驱使人走向正义，反而会阻止他走向正义。

这在使徒保罗给罗马人的信（《罗马书》，3: 21）中说得很清楚："但如今上帝的义在律法以外已经显明出来。"圣奥古斯丁在他的《灵意与字句》（*De Spiritu et Littera*）一书中对此做了解释："不用律法，也就是说，不用律法的支持"。在《罗马书》（5: 20）中使徒说道："律法本是外添的，叫过犯显多"，在《罗马书》（7: 9）中，他又补充道："但是诫命来到，罪又活了。"由于这个原因，他在《罗马书》（8: 2）中称律法为罪和死的律法。其实，在《哥林多后书》（3: 6）中，他说过："那成文的法典是在杀人"，而圣奥古斯丁在他的《灵意与字句》一书中，自始至终将这句话理解为适用于任何律法，甚至适用于上帝的最神圣律法。

2

人一再借助于自然戒律所做成的行为，则更不能引向正义。

上帝的律法是神圣无瑕的，是纯真不偏的，等等，上帝将其赐给了人，帮助人超越自己的自然能力，使人得到启示而去行善，然而，即使是这样，人尚且会背其道而去行恶，那么，如果让他独立无援地自行其是，他又怎能去行善呢？如果一个人得到外面的帮助尚且不能为善，那么，他靠自己就更不能为善了。所以，使徒在《罗马书》（3 章，10—12 节）中称所有的人都败坏和软弱，既不明白也不去寻求上帝，使徒说道，因为所有的人都偏离了正道。

3

虽然人所行的事似乎是很诱人和善良的，然而，它们却极可能会是下地狱的大罪。

人所行之事，外表看来似乎是很诱人的，但内底里却是污秽的，就像基督在《马太福音》(23: 27) 中论到法利赛人时所说的那样。在行这些事的本人以及别的一些人看来，它们似乎是又善又美的，然而，上帝评判事情并不是按照外表，而是“察验人的心肠肺腑”(《诗篇》，7: 9)。因为，若没有了恩典和信，就不可能有一颗纯净的心。《使徒行传》(15: 9) 说道：“他又借着信洁净了他们的心。”

这条论纲可以得到如下证明：如果义人所行的事竟是罪孽，就像本文第7条论纲所讲的那样，那么，那些不是义人的人所做的事就更不用说是这样了。可是，正直的人却为他们所做的事而如此说：“主啊，求你不要审问你的仆人，因为在你面前凡活着的人，没有一个是义人。”(《诗篇》，143: 2) 使徒也说过类似的话(《加拉太书》，3: 10)：“凡以行律法为本的，都是被诅咒的。”然而，人们所行之事乃是律法之事，而诅咒是不会加到细小之小罪上的。所以说，它们是下地狱的大罪。

再其次，《罗马书》(2: 21) 中说道：“你教导别人不可偷窃，你自己还偷窃吗？”圣奥古斯丁就此解释说，人们即使在公开场合去审判或者谴责别的盗贼，但按照他们自己那有罪的内心心态来说，他们自己也是盗贼。

4

虽然上帝所行的事似乎是不诱人的，有点像是凶恶的，然而，它们却真正是永恒的功绩。

上帝所行的事是并不诱人的，这一点，从下面两段经文中就显而易见了：《以赛亚书》（53: 2）说道："他无佳形美容"，《撒母耳记上》（2: 6）又说道："主使人死，也使人活；使人下阴间，也使人往上升。"这可以理解为指主是运用律法和通过让我们看到自己所犯的罪而使我们谦卑和感到恐惧，这样，无论是在人们的眼中还是在我们自己的眼中，我们都显得一无所是，愚昧无知，十恶不赦，因为我们确实就是这样的。只要我们承认这一点，我们就没有什么佳形美容，只有我们的生命隐藏在上帝里面（也就是说，隐藏在对他的仁慈的笃信之中），而在我们自己里面，则除了罪孽、愚蠢、死亡和地狱以外，什么也找不到，就像使徒在《哥林多后书》（6: 9–10）中所说的："似乎忧愁，却是常常快乐的；似乎要死，却是活着的。"这也就是《以赛亚书》（28: 21）称之为上帝会成就的奇异的事（指他使我们彻底谦卑，使我们感到绝望，为的是他可以在他的仁慈中让我们得以提升，赐给我们以希望），也像《哈巴谷书》（3: 2）中所讲的那样："在发怒的时候，以怜悯为念。"因此，像这样的一个人，因他的全部所作所为而感到不快乐；他看不到什么美，看到的只是他的可憎。说实在的，他也确确实实是在做那些看来似乎愚蠢和令人讨厌的事情。

然而，这样的可憎，或者是当上帝惩罚我们，或者是当我们自己谴责自己的时候，才会进到我们里面，就像《哥林多前书》（11:31）所说的："若是我们先就真正地审判了我们自己，那我们就不至于被（上帝）审判。"《申命记》（32:36）也说："上帝必为他的百姓伸冤，怜悯他的仆人。"* 若是这样，那么，上帝在我们里面所行的那些并不诱人的事情，也就是说，在已经变得谦卑而虔敬的我们里面所行的事情，是真正永恒的，因为谦卑和对上帝的畏惧乃是我们全部的功绩。

5

这样说来，人们所行的事，虽然是有罪的，却不成其为下地狱的大罪（我们指的是那些表面上看来是善良的事情）。

因为，像奸淫、偷盗、杀人、诽谤等这些有罪的行为，也可以在人们面前被定罪。而另一方面，下地狱的大罪则是指那些似乎是善行但本质上却是坏树坏根结出的果子的事情。奥古斯丁在他的《驳朱里安》（*Contra Julianum*）一书的第四卷中做过这样的陈述。

6

而上帝所行的事（我们说的是他通过人所行的那些事），虽然是纯洁无罪的，却不成其为功绩了。

在《传道书》（7:20）中我们读到："行善而不犯罪的义人，世

---

* 与今本《圣经》有出入。今本作："为他的仆人后悔。"

上实在没有。”然而，就这一点而言，也有人说，义人也犯罪，但在他行善时不犯罪。可以以如下方式来驳倒这些人：“如果这是这段话所要说明的，那么，何必费这些口舌呢？”或者说，圣灵竟然会乐意如此愚蠢地饶舌吗？因为这样的意思可以如此来表达：“世上没有义人不犯罪。”那他为什么要加上“行善”，好像还另外有行恶的义人吗？因为，除了义人以外，没有人行善。然而，在他说到善行之外的犯罪的地方，他是这样说的（《箴言》，24: 16）：“义人一天*跌倒七次。”这里，他不说“义人在行善时一天跌倒七次”。下面打一个比方。如果有人用一把生锈而笨重的斧头砍木头，那么，即使是能工巧匠，砍出的切口也会是歪歪斜斜的。上帝通过我们行事时，也是如此。

7

假如义人并没有出于对上帝的敬畏而担心自己所行的事会成为下地狱的大罪，也许真的会成为下地狱的大罪。

从第4条论纲就可以明白这一点。对一个人本来就应该在畏惧中所行之事的信赖，相当于将荣誉从上帝那里取走而归于他自己，不去理会每行一件事都应该对上帝存有畏惧之心。这样的做法是完全错误的，是在讨好自己，是对自己所行之事的自我欣赏，是把自己作为偶像来崇拜。然而，那些自信而无对上帝的畏惧之心的人，完全是这样在行事。因为假如他有畏惧心，他就不会自信，也就不

* 今本《圣经》无“一天”二字。

会那么自得其乐，他就只会以上帝为乐。

其次，也可以从《诗篇》(143: 2) 中明白这一点："求你不要审问你的仆人" 以及 (32: 5) "我要向主承认我的过犯" 等等。可是，这里所指的显然并不是什么可宽恕的罪，因为这些章节都声明，对于可宽恕的罪是不必认罪悔悟的。所以，如果它们都是下地狱的大罪，而且，一如在那同一地方说明了的那样，所有的圣者却又在为他们说情，那么，圣者的行为岂不是下地狱的大罪吗？然而，圣者们的行为是善行，因为只有通过他们那存有谦卑的忏悔的畏惧心，他们所行之事才会成就。

再其次，从主的祷文中也可以明白："求赦免我们的过犯*"(《马太福音》，6: 12)。这是圣者们的祈祷文，因此，这些过犯乃是他们为之祈祷的善行。然而，从下面这段话中又可以清楚地看到，这些乃是下地狱的大罪："你们不饶恕人的过犯，你们的父也必不饶恕你们的过犯。"(《马太福音》，6: 15) 务必要注意，这些过犯是这样一些过犯，即如果得不到宽恕，那他们就会对其加以谴责，除非是他们真挚地诵读这祷文并且饶恕别的人。又其次，从《启示录》(21: 27) 中也可以明白："凡不洁净的，总不得进那城 (指天国)。" 可见，阻碍进入天国的，是下地狱的大罪 (不然，就必须以另外的方式去解释下地狱的大罪是什么意思了)。然而，可宽恕的罪，如果说是因为它使灵魂不洁净而阻碍进入天国，那它在天国中是没有位置的。由此可见，等等。

* 今本《圣经》作"求免我们的债"。

8

如果人在行事时毫无畏惧之心，狂妄自信，那就更是下地狱的大罪了。

从前一条论纲中势必可以推得这一点。因为，哪里没有畏惧之心，哪里就没有谦卑之心，哪里就滋生出骄傲之心，而哪里有了骄傲之心，哪里就来了上帝的谴责和审判，因为上帝是反对傲慢的。说实在的，如果没有骄傲之心，那么，任何地方也就不会再犯罪了。

9

有人说，无基督而行的事，是如死去一般的，但还不是下地狱的。这样的说法似乎是在甘冒放弃敬畏上帝的风险。

因为这样一来，人们由自以为是转而变得傲慢起来，这是危险的。因为这样的话，就将原本应归于上帝的荣耀不断地转移到其他事物上，却没有想到一个人是应当竭尽全力把这荣耀献给上帝，越快越好。为此，《圣经》教导我们："快快回到上帝的身边吧。"因为，如果上帝对那移走他的荣耀的人感到恼火的话，那么，对那胆大包天一再移走他的荣耀的人，又该是何等恼火啊！可是，不管是谁，如果他不是在基督里面，或者说，如果他将荣耀从基督那里移去，那么，众所周知，也就是等于将荣耀从上帝那里移去。

10

实际上，很难理解一个行为是死的，但同时又不是有害的和必死的大罪。

我按以下方式来证明这一点：《圣经》经文并没有说起过有什么事情虽然是如死去一般的，却不是下地狱的，并没有以这样的方式提过什么死去的事物。实际上，语法中也没有认为“死的”（英文 dead）比“必死的”（英文 mortal）要更重。语法学家称必死的行为是取人性命的，而死行未必是杀人，而是使人了无生气。可是，上帝鄙视不活的东西，就像《箴言》（15: 8）中所写的：“恶人献祭，为主所厌恶。”

其次，对这样一个死行，意志必须有所表示，或是爱，或是恨。意志不可能恨一个死行，因为意志是邪恶的。因而，意志对一个死行是爱的，从而它爱的是某件死去了的事情。这样的行为本身就导致意志反对上帝的恶行，在这件事和所有事情上，它原本应该敬爱和赞美上帝。

11

除非在行每一件事时都惧怕会遭到谴责，否则，就避免不了会有傲慢之心，也就不可能出现真正的希望。

从第 4 条论纲中可以明白这一点。因为，除非一个人已经对所有被造物都感到绝望，知道如没有上帝就没有任何东西能够使他受益，否则，他就不可能寄希望于上帝。而既然没有一个人具有像我们上面所说的那种单纯的希望，既然我们总还是对被造物寄托某种信任，那么，由于在万物之中总有不纯洁的成分，我们就必须对上帝的审判怀有恐惧之心。可见，傲慢之心切记要避免，不但是在行为中，连有这样的倾向也要避免，也就是说，我们必须厌恶对被造物的任何信任。

12

如果人对自己所犯的罪怀有恐惧之心，深恐犯下下地狱的大罪，那么，在上帝眼里，这些罪就可以宽恕了。

这一点，从前面的陈述中已经充分清楚了。因为，我们有多大的自责，上帝对我们就有多大的宽恕，这有下列几段经文为证："为你的错误行为忏悔，使你得以被释罪"（参考《以赛亚书》，43: 26）*，"求你不叫我的心偏向邪恶而忙于行恶事"（《诗篇》，141: 4）。

13

自从人堕落以后，自由意志就名存实亡了，而且，只要它是在做它能做的事，它就是在犯下下地狱的大罪。

这段话的前一半很明白，因为意志受制于和屈服于罪孽。并不是说它一无所是，而是说它除了行恶以外，就不是自由的。《约翰福音》（8: 34, 36）中说道："所有犯罪的，就是罪的奴仆……所以天父的儿子若叫你们自由，你们就真自由了。"因而，圣奥古斯丁在他的《灵意与字句》一书中写道："没有了恩典的自由意志，除

* 今本《圣经》作："由你来陈述，使你得以被释罪。"

了有权去犯罪以外，什么也无权去做。”他在《驳朱利安》一书的第2卷中他说道：“你称那意志为自由的，但事实上它乃是受奴役的意志。”此外，在别的一些地方，他也这样说过。

这段话的后一半，从前面的陈述中可以明白，也可以从《何西阿书》（13：9）以及类似的经文中了解：“以色列啊，你是咎由自取，因为你的得救唯独只在我这里。”

14

自从人堕落以后，自由意志只处于被动时才有能力去行善，而处于主动时，却总是在行恶。

有一个比喻可以说明这条论纲的含义。一个死去的人只是处于被动时才会做出某种向着生命的事情，当他处于主动也即当他活着的时候，他只能够做出某种向着死亡的事情。然而，当主让死人起来时，就由这死人证明那自由意志之死，就像教会教士所说的那样。圣奥古斯丁在他驳斥伯拉纠的许多著作中进一步证明了这一条论纲。

15

自由意志不能在天真的状态下持续存在，更不用说处于主动时有能力行善，而只能在被动时有能力行善。

那位著有《四部语录》的大师，在引用奥古斯丁时声称：“从这些箴言可以证明，人在他被造的时候曾经接受到正义的本性和善良的意志，以及使他得以出类拔萃的那种帮助。不然的话，似乎他并不是由于自己的过错才堕落的。”他所说的是主动的行事，这显然跟奥古斯丁在他的《论惩罚与恩典》(*De Correptione et Gratia*)一书中的观点是相对立的，奥古斯丁如是说："如果他愿意的话，他是接受到了去行为的能力，但是，他并不具有他可以借以去行为的意志。"他说"去行为的能力"，是指被动的行事，而说"借以去行为的意志"，则是指主动的行事了。

这段话的后半段，由这位大师分辨得很清楚了。

16

凡是相信可以靠做原就存在于自己里面的事情而获得恩典的人，乃是罪上加罪，使他加倍有罪。

根据前面说过的话，可以明白下面这一点：一个人在做原就存在于他里面的事情时，他是在犯罪，他在每一件事情中都是在寻求他自己。可是，如果他竟然认为这样犯罪后他还配得到恩典，那他就在他的罪上面又添加上了傲慢，他就是没有以罪为罪，没有以恶为恶，而这就成了大而又大的罪恶了。就像《耶利米书》(2: 13)所说的："因为我的百姓做了两件恶事，就是离弃我这活水的泉源，为自己凿出池子，是破裂不能存水的池子。"这就是说，由于犯下了罪，他们远离了我，但他们还自以为靠他们的能力而在行善。

现在你们会问："那我们该做些什么呢？因为我们除了犯罪以外什么也做不了，我们是不是就应该无所事事呢？"我要回答说，绝不是这样。在你听到这些话时，你应当俯伏在地，祈求恩典，将你的希望托付给基督，因为我们的得救，生命和复活，都寄希望于基督。正是由于这个道理，我们才是如此被教导的，也正是由于这个道理，律法才让我们认识到我们的罪，使我们可以去寻求和得到恩典。

故而，上帝“赐恩给谦卑的人”（《彼得前书》，5: 5），“凡自卑的必升高”（《马太福音》，23: 12）。律法使人谦卑，而恩典使人升高。律法表现的是恫吓和震怒，而恩典表现的是希望和仁慈。“律法本是叫人知罪”（《罗马书》，3: 20），而知罪了就使人谦卑，谦卑了就可以得到恩典。这样，原是与上帝的本性格格不入的行动，却变成了从属于他的本性的行为：上帝使人成为罪人，为的是可以使他成为义人。

17

这样说，却并不至于使人感到绝望，反而激励人想要使自己变得谦卑，去寻求基督的恩典。

这一点从已经说过的话中就很清楚了，例如，按照福音书中的陈述，天国是赐给小孩子和谦卑的人的（《马可福音》，10: 14, 16），基督关爱他们。人若没有认识到他们自己是该受诅咒的，是罪大滔天的，就不会谦卑。只有通过律法，才认识到罪。当讲道人宣称我们是罪人时，显然，这并不是在传播绝望，倒是指出了希望。这样的有关罪的讲道，正是要我们准备去得到恩典，或者，毋宁说，是认罪和对这样的讲道的信任。一旦有了认罪的意念，对恩典的追求就如涌泉。病人一旦认识到他的疾病的严重性，就去寻求医生。所以，告诉病人说他的病得很重，并不是要他绝望或去等死，而是要他去治病。说我们一无所知，说不管我们竭尽全力但还是一直在犯罪，这样说，并不是要人们感到绝望（除非其为愚蠢之极），而是要他们去关注我主耶稣基督的恩典。

18

确实，人必须对自己的能力彻底感到绝望，只有这样，他才能做好准备去接受基督的恩典。

律法愿意让人对自己的能力感到绝望，因为将人引入地狱，使他不幸，向他表明他所做的所有事情中他都是一个罪人。这正像《罗马书》第2章中使徒所做的，以及第3章9节使徒所说的："我已经声明，所有人都在罪恶之下。"然而，那种单纯按照自己的能力去行事并且相信他这样是在行善行的人，似乎不认为自己是渺小的，也不对自己的力量感到绝望。其实，他努力想靠自己的力量去获得恩典，真是太自以为是了。

19

有人眼睛只盯着上帝所行的那些眼不能见的事情，岂不知这些事情在那些实在已经发生了的事情里面清楚地显明了（《罗马书》，1: 20）。这样的人，不配被称为神学家。

以那些既为"神学家"但又被使徒在《罗马书》（1: 22）中称之为愚拙的人为例，就清楚了。而且，上帝所行的眼不能见的事情，乃是德性、神性、智性、义性、善性，等等。对所有这些事情的认识，并不使一个人变得杰出和聪明。

20

然而，人若通过承受苦难和十字架见到了上帝所行的可见的和明显的事情，并且也理解了，那么，这样的人，就配被称为神学家了。

上帝的"背面"和那些可见的事情，是跟那些眼不能见的事情相对立的，这是指他的人性，他的软弱，他的愚拙。使徒在《哥林多前书》（1: 25）中称之为上帝的软弱和愚拙。因为人们未能通过上帝所行的事正确认识上帝，因而，上帝又一次愿意在受苦受难中被人们认知，愿意不再运用跟那眼不能见的事情有关的智慧，转而去运用跟可见的事情有关的那种智慧，这样，使那些不因上帝在所行的事中得以显明而去赞美上帝的人们，可以去赞美隐藏在受苦受难中的上帝了。就像使徒在《哥林多前书》（1: 21）中所说的那样："世人凭自己的智慧，既不认识上帝，上帝就乐意用愚拙的道理，拯救那些信的人。"如此，对任何一个人来说，只在上帝的荣耀和尊严中去认识上帝，是不够的，是不那么好的，他还必须在十字架所代表的谦卑与耻辱中去认识上帝。由此，上帝破坏了智者的智慧，就像《以赛亚书》（45: 15）中所说的："你实在是自隐的上帝。"

也正因为如此，在《约翰福音》（14: 8）中，腓力是按照那信奉荣耀的神学在说话："求主将父显给我们看。"基督立即让他丢弃在别的地方去寻找上帝的奇想，把他拉到自己身边，对他说："腓力，人看见了我，就看见了父。"（《约翰福音》，14: 9）由于这个道理，真正的神学和对上帝的认识，都是在那钉在十字架上的基督里面的，《约翰福音》（14: 6）中说得很明白："若不借着我，没有人能到父那里去。""我就是门"（《约翰福音》，10: 9），等等。

21

一位信奉荣耀的神学家，是颠倒是非的。而一位信奉十字架的神学家，则是实事求是的。

这很明显：不认识基督的人，就不认识隐藏在受难之中的上帝。因此，他要事迹而不要受难，要荣耀而不要十字架，要强大而不要软弱，要智慧而不要愚拙，总之，就是要善而不要恶。这样的一些人，使徒称之为“基督十字架的仇敌”(《腓立比书》，3: 18)，因为他们仇恨十字架和受难，他们喜爱有所作为，喜爱因所行之事而得到荣耀。因而，他们称十字架之善为恶，而称所行之恶为善。而前面已经说过，只有在受苦受难和十字架之中，才能找到上帝。所以，十字架的朋友们以十字架为善，而以自己所行之事为恶，因为，所行之事因十字架而被毁坏，而那个尤其受到行为的训导的老亚当，则被钉上了十字架。人都必定会因为自己的善行而变得骄傲自大，除非他先就通过受苦受难和遭遇凶险而变得万念俱灰，最后他就知道自己一文不值，自己所行之事并不是自己的，而是上帝的。

22

自作聪明地按人所感知到的去看待上帝所行的那眼不能见的事情，这样的智慧是十足的狂妄、盲目和麻木。

这一点已经说过了。由于人们不认识十字架并且憎恨十字架，因而，他们必然会喜爱其反面，即智慧、荣耀、权力等等。因此，这种喜爱使他们日益变得盲目和麻木，因为欲壑是难填的。就像越是有钱就越爱钱一样，灵魂一旦患上了水肿病，则越喝得多越口渴，就像诗人说的：“越喝越渴。”《传道书》(1: 8)中也表达了同样的思想：“眼看，看不饱，耳听，听不足。”任何欲望，无不如此。

求知欲也并不因获得智慧而得到满足，只是越发被刺激了。同样，追求荣耀的欲望，也不因获得荣耀而满足，统治之欲望也不因大权在握而满足，受人赞扬的欲望也不因众人的吹捧而满足，如此等等，就像基督在《约翰福音》（4: 13）中所说的：“凡喝这水的，还要再渴。”

治疗欲望的良方，不在于满足欲望，而是灭绝欲望。换句话说，凡是愿望成为智者的，不是进而去寻找智慧，而是退而去寻找愚拙，成为一个愚者。同样，凡是愿望占有更大的权力、荣誉、欢乐，愿万事如意的人，对权力、荣誉、欢乐和万事如意，非但不应该去追求，倒是应该避开它们。这就是世俗视为愚拙的智慧。

23

律法是惹动上帝的愤怒的，凡是不在基督里面的东西，则一律由律法加以诛杀、辱骂、谴责和定罪（《罗马书》，4: 15）。

《加拉太书》（3: 13）说：“基督赎出我们脱离律法的咒诅；”以及“凡以行律法为本的，都是被咒诅的”（《加拉太书》，3: 10）；以及（《罗马书》，4: 15）：“因为律法是惹动愤怒的”；以及（《罗马书》，7: 10）：“那本来叫人活的诫命，反倒叫我死；”以及（《罗马书》，2: 12）：“凡没有律法而犯了罪的，也必不按律法灭亡。”所以，凡是自夸在律法中博学多智的人，所夸的却无非是他的混乱，他的该诅咒，无非是上帝的愤怒。这就像《罗马书》（2: 23）中所说的：“你是在律法之中夸口。”

24

诚然，智慧本身却也并不就是邪恶的，律法也不是必须逃避的；然而，如果没有了十字架，则人就是以最坏的方式去践踏最好的东西。

实际上，律法是神圣的（《罗马书》，7: 12），凡上帝所赐的，每一样都是好的（《提摩太前书》，4: 4），凡上帝所造的，每一样都是好的（《创世记》，1: 31）。但是，如前所述，人若不谦卑在下，若不是因了十字架和受苦受难而归于虚无，他所信赖的就是他自己的行为和智慧，而不是信赖上帝。这样，他就践踏和玷污了上帝的恩赐。

然而，人若经过受苦受难而被掏空（参见《腓立比书》，23: 7），他就不再自己去行什么事了，唯独知道是上帝在行事，是上帝在他里面行所有的事。由于这个道理，不管人是否行事，对他来说都是一样的。他不因行了好事而扬扬得意，也不因上帝没有通过他行好事而感到困扰。他知道，只要他是在受苦和由十字架而使自己变得谦卑，变得更加一无所是，这就够了。这就是基督在《约翰福音》（3: 7）中所说的："你们必须重生。"而为了得以重生，一个人就必须先死去，然后与人子*一起复活。而我说，这里说的死去，意思就是在眼前感受到死。

25

并不是行了很多好事的人就是义人，倒是那虽然没有行什么事但更信从基督的人，才是义人。

---

* 在福音书中，基督常自称为人子。

因为，上帝的公义，并不像亚里士多德所教导的那样，靠日以继日的行事而获得，而是由信来授予，因为“因信称义的人得生”（《罗马书》，1: 17），“人心里相信，就可以称义”（《罗马书》，10: 10）。故而，我希望以如下方式去理解“没有行什么事”：并不是说义人就什么事也不做，而是说，他所行的事并没有使他成为义人，宁可说，是他的义创建了他所行的事。因为，并不是由于我们所行的事才使恩典和信进入到我们里面来。而是在得到了恩典和信之后，才有了所行的事。故而《罗马书》（3: 20）中说道：“没有一个因行律法而能在上帝眼中称义，”“我们看定了，人称义是因着信，不在乎遵行律法。”（《罗马书》，3: 28）换句话说，所行的事对称义没有什么帮助。所以，人知道，他靠这样的信所行的事，并不是他自己所行的，而是上帝所行的。正因为这样，他并不企求靠它们而称义或得到荣耀，而是一心寻求上帝。他在基督里面因信称义，他已感到足够了。基督就是他的智慧，他的正义，等等，一如《哥林多前书》（1: 30）所说的，而他自己则可以成为基督的行动和工具。

26

律法说“去做这事”，却从来也做不了。而恩典说“信这个”，却任何事都做成了。

前半段话，由使徒及其解释者圣奥古斯丁在许多地方所说的话中就可以看得很清楚了。他们经常说明，律法所行的是上帝的愤怒，使所有人都处于咒诅之下。而后半段话，从上述来源中也可以清楚地了解，因为因信而称义。圣奥古斯丁说：“律法所命令的，是信所获得的。”因为通过信，基督就在我们里面，确确实实与我们合而为一。基督是公义的，他已经履行了上帝的所有诫命。因此，我们借着他也履行了每一件事，因为借着信而使他跟我们合一。

27

其实，应当称基督所行的事为正在做的事，而我们自己所行的事为已经成就了的事情，这样，已经成就了的事情靠着那正在做的事情的恩典而得以取悦于上帝。

既然基督因信而活在我们里面，因而，他是通过他所行之事里那个存活着的信而唤醒我们去行善事，因为，他所行的事乃是履行上帝的诫命，是因着信而赐给我们的。我们看着他所行的那些事，也就受到感动而去效法。由于这个道理，所以使徒说：“所以你们该效法上帝，好像蒙慈爱的儿女一样。”（《以弗所书》，5: 1）这样，因着他拯救我们的那些行为的激励，我们就去行善，就像圣格列高利所说的：“基督的每一个行为，都是在教导我们，都是在激励我们。”如果他的行为是在我们里面，那这行为就因着信而存活在我们里面，因为它异乎寻常地吸引人，就像《雅歌》中所说的：“愿你吸引我，我们就快跑跟随你”（1: 4），向往着“你的膏油馨香”（1: 3），而这也就是指：“你所行的事。”

28

上帝的爱并不是去寻找讨它喜欢的东西，而是去创建这样的东西。而人的爱却是因着讨它喜欢的东西而得以产生。

后面这一句话是很明白的，所有的哲学家和神学家都接受这样的说法，因为爱的对象就是它的原因，假定，按照亚里士多德的说法，灵魂的全部力量都是被动的和物质的，而且，仅仅在接受某样东西时才成为主动。这样，也就表明了亚里士多德的哲学是跟神学相对立的，因为它在万物中寻找的是那些它自有的东西，而且，它与其说是在给出，还不如说是在接受某种善良的东西。而前一句话则是因为那存活在人里面的上帝的爱，爱的是罪人、坏人，爱的是愚者或弱者。上帝的爱并不是去寻找它自有的好的东西，而是源源不断地向外流，送出好的东西。所以，罪人之所以有吸引力，是因为他们得到了关爱；而不是说因为他们有吸引力才使他们得到关爱。由于这个道理，人的爱是在避开罪人和坏人。因此，基督说："我来本不是召义人，乃是召罪人。"（《马太福音》，9: 13）这就是十字架之爱，这爱是由十字架而生的，它所关注的乃是它从中得不到任何享受的，它所关注的是它如何将善良授予恶人和穷人。使徒说："施比受更为有福。"（《使徒行传》，20: 35）从而，《诗篇》（41: 1）说："眷顾贫穷的人有福了，"因为，智性凭本性是不可能去理解它认为不存在的对象即贫穷困苦者，而只去理解它认为确实存在着的事物即真而又善的事物。因而，它是以外表来作出判断，是以看得见的东西作出判断，如此等等。

4　对基督受难的深思

1. 有些人对基督受难的深思，是在发泄他们对犹太人的怒气。他们以那个可鄙的犹大为题吼唱着，他们就此感到了满足，因为他们习惯于埋怨别人，谴责他们的敌人。这也可能是一种对犹大和犹太人之邪恶的深思，但并不是对基督受难的深思。

2. 有些人认为，从对基督受难的深思中，可以得到各种益处和结果。关于这一点有一种归于大阿尔伯特的说法，即认为默思一次基督受难可以胜过终年禁食或者每天唱诗。这些人盲目追随这种说法，因此不能从基督受难获益，因为他们这样做只是在谋求他们自己的好处。他们随身带着圣像和小册子，还有文字标记和十字架。有些人出门旅行时也这样做，他们相信这样就可以保护他们免受水火之灾和刀剑之险。如此，基督的受难被用来使他们免于受难，这跟他的本意和本质截然相反。

3. 有些人则对基督怀同情之心，哀悼他的无辜。他们就像那些从耶路撒冷一路跟随耶稣的妇女，耶稣责备并告诉她们，不要为我哭，当为自己和自己的儿女哭（《路加福音》，23: 27—28）。他们是这样的一些人，在默念这受难时虽然想得很多，想到了基督在伯大尼的告别以及圣母马利亚的悲伤，但从未超出这个，这就是为什么要那么长时间沉思基督受难的原因。只有上帝才知道，这是为了睡觉还是为了唤醒而发明的。

属于这个群体的还有那些得知圣弥撒会提供丰富结果的人。在他们的单纯的头脑里，他们认为简单地望弥撒就够了。我们看到拥护这个观点的几位教士，他们认为弥撒是 *opere operati,non opere operantis*，他们认为，弥撒本身就发生作用，而不论我们做了什么和配得到什么，所需要的就是这些了。然而，设立弥撒不是为了它自身的价值，而是为了让我们有价值，让我们想起基督的受难。只要不是这样做的，我们就会使弥撒变成一种肉体上无果的行动，虽然这样也有某种好处。如果上帝就是上帝，而不是对你而言的上帝，那还有什么好处呢？如果吃喝的东西不能增进你的健康，那么，即使它们本身是有益于健康的，对你又有什么用呢？而且，值得警惕的是，如果我们并不谋求从中获得正确结果，那么，许多弥撒是于事无补的。

4. 那些带着恐惧心理和绝望意识来深思基督受难的人，是对的。上帝对待罪和罪人的盛怒和执着，以至于如果不对他们施以最严厉的惩罚，上帝也不肯宽恕他们，即使为了他唯一的和最疼爱的儿子，见此你一定会感到恐惧。他在《以赛亚书》(53: 8）中说道："他受鞭打是因我百姓的罪过呢。"如果连最疼爱的儿子都要受罚，那罪人的命运又该怎么样呢？那一定是一种无法表述和无法承受的执着，才驱使一位伟大的无限者受难且死去来使之平息。如果你认真地想到那是上帝自己的儿子，是父的永恒智慧，是他在受难，那你确实会感到恐惧。你对此想的越多，就越会深深地感到害怕。

5. 你应该对此作深入的思考，毫不怀疑地相信你也是折磨基督的一分子，因为这是你的罪孽造成的。在《使徒行传》(2: 36—37）中，圣彼得厉声如雷地警告犹太人，对着他们所有人说："是你们把他钉上了十字架。"因此，那天有三千个担惊受怕的犹太人去问使徒："哦，亲爱的兄弟们，我们现在应当做什么呢？"所以，当你看着钉在耶稣手上的钉子时，你应该相信这是你做的。当你注视着他的荆棘冠冕时，你可以想到这些荆棘就是你的邪恶思想。如此等等。

6. 因为钉在基督身上的每一颗钉子，论理是应该变成上万颗钉子钉在你身上的，确实这样，它们应该永远地而且更痛苦地钉在你的身上！当基督受那些钉在他手脚上的钉子的折磨时，你应该无时不经受着它们所带来的痛苦，以及更残忍的钉死的痛苦，事实上这是那些未能从基督受难中受益的人的命运。基督这一面明镜，是不会谎骗的，凡是这面镜子所显现的，都是完全真实的。

7. 圣伯尔纳对此感到恐惧，他声称："我以为自己很安全；我以前没有意识到在天上对我所作的那个永恒的判决，直到我看到上帝的独生子出于对我的怜悯而自愿承担了对我的判决，才意识到。哎，既然情况那么的严重，我的确不应该掉以轻心，误以为自己很安全。"我们读到，基督吩咐那些妇女不要为他哭，当为自己和自己的儿女哭泣（《路加福音》，23: 28）。他还说出了这里面的道理所在："这些事行在有汁水的树上，那枯干的树，将来怎么样呢？"（《路加福音》，23: 31）。他说的意思是：从我的殉难里你们可以知道，你们本该得到的是什么和你们的命运本该如何。在这里，这一说法包含的意思是"鞭打小狗而警戒大狗"。因而先知说，地上万民都要为他哀哭；他不是说他们将使他痛哭，而是说他们将因他而痛哭。同样情况，我们在《使徒行传》(2: 36—37)中听到的那些人也担惊受怕，他们对使徒们说："哦，兄弟们，那我们该做些什么呢？"这也是那首在教会里唱的歌："我要对此尽力思索，我愿让我的灵魂因此而受尽折磨。"

8. 我们必须全身心地投入这里面去，因为基督受难所带来的主要益处，就在于使人可以看到他自己的真正自我，使他由此而感到恐惧和压抑。除非我们寻求这样的了解，否则，我们就不会从基督的受难里得到太多益处。基督受难的真正作用是要人效法基督，这样人的良心像基督的身体和灵魂为了我们的罪而受尽折磨一样，也为他自己的罪而受折磨。这并不需要很多言语，而需要深刻的反思和对罪的畏惧。举一个例子：一个罪犯因谋杀一位君王的儿子而被判处死刑。你当时对此全无挂虑，照旧唱歌娱乐，直到你因为煽动谋杀犯而被捕并被定罪。现在，整个世界都在责备你，尤其是你自己的良心也抛弃了你。对于基督的受难，你更应该感到恐惧。因为那些作恶的人，那些犹太人，即上帝已经予以定罪和驱逐出去的那些人，他们只是你的罪孽的仆人而已；正像我们说过的那样，你就是那个因自己的罪将上帝的儿子杀死并钉上十字架的人。

9. 对基督受难无动于衷和麻木不仁到不感到恐惧并进而认清自我的人，有理由感到害怕。因为，或者在今世生活中，或者在地狱里，你不可避免地要效法基督的形象和受难。至少，在死去的那个时刻和在炼狱里，你会陷入这种恐惧之中，战战栗栗，感受到基督在十字架上所遭受的所有苦难。正因为你在垂死的时候感到了惧怕，你应该祈求上帝安抚你的心，让你在深思基督的受难中受益。除非上帝激励我们的心，不然我们凭我们自己是不可能对基督的受难作彻底的深思的。你不会获得什么深思或其他学说，使你可以大胆地凭你自己的意志之鼓舞去完成这件事。你必须首先去求取上帝的恩典，请求靠他的恩典而不是靠你自己的力量来使这件事得以完成。这就是为什么我们上面提到的那些人不能正确地对待基督的受难。他们并不为此而求取上帝的扶助，而是依靠他们自己的能力，设法去完成这件事。他们完全以属人的也是无果的方式对待这件事。

10. 我们毫不迟疑地说，一个人，用一天的时间，用一个小时的时间，甚至只用一刻钟的时间，去沉思上帝的受难，胜过整年的禁食，胜过每天唱诗，胜过一百次望弥撒。这样的沉思改变了人的生存，而且，几乎跟受洗一样，给人以新生。在这里，基督的受难完成了它的自然的和宝贵的事业，将老亚当处死，去除人从别的被造物那里获取的所有喜悦、欢乐和自信，甚至像基督一样，被所有的人遗弃，甚至也被上帝遗弃。

11. 因为这件事情（指处死老亚当）并不是靠我们自己就能够做到的，因而我们不时为此而祈祷，不过，不是立刻就见效的。然而，我们既不应当绝望，也不应当终止。有时，之所以会这样，乃是因为我们所求的不是上帝所想的和所愿意的，因为这事必定是自由而不受约束的。在如此情况下，人就在良心上感到沮丧，因自己生活中所犯的过错而自暴自弃。也许他并不知道，他没有想到基督的受难在对他起这样的作用，虽然确实想到了基督受难的另一些人也仍旧没有因此而认清自我。对于后者来说，基督的受难是隐蔽的和纯真的，而对于前者来说，它就只是不真实的和误导的。上帝经常把事情倒过来做，使得那些没有深思基督受难的人去深思它，以没有听弥撒的人去听弥撒，听弥撒的人听不到它。

12. 迄今，我们曾经度过受难周，很好地纪念了受难日。现在我们来谈基督的复活，谈谈复活节。在人意识到他自己的罪而内心感到了恐惧之后，他一定要注意不要让罪孽留在他的良心里，因为这样会导致产生绝望。一旦罪孽（指我们对罪孽的认知）从基督里面流了出来而被我们所承认，我们就必须把这罪孽倒还给他，让我们的良心摆脱掉它。所以，你要谨防像那些自以为是的人那样成天为他们自己的罪愁眉苦脸，极力想多做善事或多做苦事，或者想借助于赎罪券摆脱掉自己的罪，那是决不可能的。不幸的是，误信苦行和朝圣还很普遍。

13. 当你坚信基督所受的创伤和苦难就是你的罪孽时，你就将你的罪孽都从你自己身上卸下放到他身上去，由他来承担，让他为你偿付，就像我们在《以赛亚书》（53: 6）里所读到的："主使我们众人的罪孽都归在他的身上。"圣彼得说道："他被挂在木头上亲自担当了我们的罪"（《彼得前书》，2: 24）。圣保罗说："上帝使他为我们而成为有罪，好叫我们因他而得以称义"（《哥林多后书》，5: 21）。你应该全身心地信靠这些以及其他类似的经文。你的良心越是责备你，你就越是应该坚持遵循那些经文。如果你不这样做，而是自作主张地想用你的悔悟和苦行来平静你的良心，那你决不会获得心灵的安宁，最后必定以绝望告终。如果我们允许罪孽留我们的良心里，企图在那里来处置它，或者说，如果我们注视着我们心中的罪孽，那么，它对于我们就会显得太强大，它就会一直生存下去。但是，如果我们把它放到基督那里，由他的死而复活来克服它，大胆地坚信这一点，那么，它就会消亡。罪孽无法停留在基督那里，因为它被他的复活吞没掉了。这么一来，你在他里面看不到什么创伤了，看不到什么痛苦了，也看不到什么罪孽的痕迹了。所以圣保罗宣称“基督为我们的罪孽而死，为使我们称义而复活”（《罗马书》，4: 25）。这也就是说，基督在他的受难中使我们的罪孽得以被知晓，从而就破坏了它，而通过他的复活他使我们得以称义，只要我们信，他就救我们脱离一切罪。

14. 像我们前面所说的那样，如果你不相信，那么，你就应该恳求上帝赐给你信心。这也是完全掌握在上帝手中的。我们前面关于受难所说的，也适用于这里，就是说，信心有时是公开赐给的，有时则是秘密赐给的。不过，你可以鼓励自己去相信。首先，你不要再对基督的受难作沉思了（因为这已经达到了使你产生恐惧的效果了），而要越过这个去看他的那颗友善的心，看到这颗心如何跳动着对你的爱，如何驱使他去承受你良心的痛苦，去担当你的罪孽。然后，你的心就会充满着对他的爱，而你的信心就会得到增强。现在，你进一步越出基督的心而上升到上帝的心里，你会看到，假如上帝在他那永恒的爱之中不需要这个的话，那基督也就不会对你怀有这样的爱了，因为基督对你的爱乃是由于他对上帝的顺从。这样一来，你就会看到那神圣而充满父爱的慈父之心，正像基督所说的，你会借着他而被引领到父那里去。至此，你将领会基督所说的话：“上帝爱世人，甚至将他的独生子赐给他们，等等”（《约翰福音》，3: 16）。当我们不在上帝的威严或智慧之中（这时，他是在证明他是可畏惧的）去掌握他，而在他的仁慈和爱之中去掌握他时，我们才是正确地认识了他。这样，信心就得以存在，人才真正在上帝里面得到了重生。

15. 一旦你的心在基督里面坚定起来，是爱，而不是对痛苦的恐惧，使你与罪孽为敌，则从那一天起，基督的受难就必定成为你整个生活的模式。此后，你必定是与前不同地看待他的受难了。此前，我们把它看作是一个圣礼，它是主动的，而我们则是被动的，但现在我们发现，我们也应该是主动的。下面来对此加以说明。如果有苦痛或者疾病在烦扰着你，那么，你想一下，比起基督的荆棘冠冕和钉子来，这算得了什么呢。如果违心地被迫去做或不做什么事情，那么，想一想，基督是如何被缚、被俘和被领到这里那里的。如果你居功自傲，那么，看一看，你的主如何跟罪犯一起受尽愚弄和嘲笑。如果你欲火攻心而难以自制，那么，回顾一下基督那虚弱的肉体是如何遭受残酷的鞭打和钉敲。如果你滋生仇恨、嫉妒和报复之心，那么，回想一下基督，虽然他确实有更多的理由可以去报复，但他却声泪俱下地为你和他的所有敌人求情。如果你身体上或者心灵上遭遇到不幸而感到悲伤，那么，你应该振作起来说："好的，想到我主在客西马尼园因痛苦和恐惧，汗珠如大血点滴在地上*的情景，那么，为什么我不愿承受这一点苦楚？任凭自己的主人忍受垂死的悲痛而自己躺在床上，他真是个又懒惰而又负义的仆人了。"

由此可见，这就是我们如何从基督那里取得力量和勇气来抵制各种恶习和缺陷。这才是对基督受难的恰当的思考，也是其成果。以这样的方式来磨炼自己的人，胜过听基督受难的故事或者做各样的弥撒。并不是说弥撒毫无价值，但它们无助于作这样的思考和磨炼。

* Garden of Gethsemane，耶路撒冷附近的一座花园，耶稣就是在此被犹大出卖。例如，参见《马太福音》，26: 36。

那些以基督的生命和名字作为自己生命的一部分的人，是真正的基督徒。圣保罗说："凡属基督耶稣的人，是已经把肉体连肉体的邪情私欲，同钉在十字架上了"（《加拉太书》，5: 24）。对基督的受难，不是用言语和形式，而是用生命和真情去对待。因此，圣保罗告诫我们："你们要想想那忍受恶人这样顶撞的，这样，就可以增添勇气，免得疲倦灰心"（《希伯来书》，12: 3）。圣彼得说："基督既在肉身受苦，你们也当对此深思，"（《彼得前书》，4: 1）。然而，尽管圣保罗和圣彼得的书信多次谈及，这样的深思却越来越少了。我们抛弃了实质而只追求表面，把我们对基督受难的深思画到了墙上，写成了文字。

5 两类公义

作者：马丁·路德神父

弟兄们，“你们当以基督耶稣的心为心，他本有上帝的形象，不以自己与上帝同等为强夺的”（《腓立比书》，2: 5—6）。

有两类属基督的公义，就像人的罪也有两类一样。

第一类是外在的公义，是从外面注入的。这是基督的公义，他借着它而使信他的人得以称义，就像在《哥林多前书》（1: 30）所写的那样：“上帝又使他成为我们的智慧、公义、圣洁和救赎。”在《约翰福音》（11: 25—26）中，基督自己也申明说：“复活在我，生命也在我；信我的人……必永远不死。”后来，在《约翰福音》（14: 6）又说：“我就是道路，真理和生命。”因此，这个公义是在人们受洗时，在他们真正忏悔的任何时候赐给他们的。所以，一个人可以信心十足地在基督里面夸口说：“基督的生活，他所做的和所说的，他的受难和死去，也都属于我，就像我跟他一样生活，做了，说了，受难和死去。”这就好比新郎拥有属于他的新娘的所有的东西，而她也拥有所有属于他的东西——因为他们二人成为一体（《创世记》，2: 24），所有的东西他们都是共同拥有的——，同样，基督与教会也是合为同一个灵的（《以弗所书》，5: 29—32）。

这样，按照彼得的说法，那位富有怜悯心的受赞美的父神，已经在基督里面将又宝贵又极大的礼物赐给了我们（《彼得后书》，1: 4）。保罗在《哥林多后书》（1: 3）写道："愿颂赞归于我们的主耶稣基督的父神，就是发慈悲的父，赐各样安慰的上帝，他在基督里，曾赐给我们天上各样属灵的福气。"

这种无可言表的恩典和福气是很久以前就在《创世记》（12: 3）中对亚伯拉罕应许了的："地上的万族都要因你的后裔（指基督）得福。"《以赛亚书》（9: 6）说："因有一婴孩为我们而生，有一子赐给我们。"这里说的是"为我们"，因为他连同他全部的恩惠，要我们信他，他就完全属于我们，就像我们在《罗马书》（8: 32）中读到的："上帝既不爱惜自己的儿子为我们众人舍了，岂不也把万物和他一同赐给我们吗？"因此，基督所拥有的每一样东西都是属于我们的，这是出于上帝的极度的怜悯心才恩赐给我们这些不配拥有的人，尽管我们应该得到的是天谴，是地狱。所以，即使是基督自己，他说他来乃是按他父的最神圣的意思行（《约翰福音》，6: 38），因而是顺从于父的；他所做的每一件事，都是为了我们而做的，希望其属于我们，他说道："我在你们中间，如同服事人的"（《路加福音》，22: 27）。他还声明："这是我的身体，为你们舍的"（《路加福音》，22: 19）。《以赛亚书》（43: 24）中说："你使我因你的罪恶服劳，使我因你的罪孽厌烦。"

所以，借着对基督的信，基督的义就成了我们的义，他所拥有的一切就成了我们所拥有的；说得更确切一些，他自己也成了我们的。所以，使徒在《罗马书》（1: 17）中说道："因为上帝的义正在这福音中显明出来……；如经上所记，'义人必因信得生'。"最后，还是在《罗马书》(3: 28)中，这样的信被称作“上帝的义”：“我们看定了，人称义是因着信。”这是一种无限的义，是一下子吞没了所有罪孽的义，因为在基督里面罪孽是不可能存在的。相反，凡是信基督的人，他就存在于基督里；他与基督合一，与他拥有同样的义。因此，罪孽不可能再留在他里面了。这个义是原初的义；它是我们自己的实际的义的基础、原因和来源。因为这个义代替亚当失去的原始的义。它完成了原始的义本来应该完成的事情，或者可以说，它完成得更多。

我们应该就这个意义去理解《诗篇》(31: 1)中的祷告词：“主啊，我投靠你，求你使我永不羞愧，凭你的公义搭救我！”这里不说“凭我的公义”，而是说“凭你的公义”，就是说，凭基督我的上帝的公义，因着信，因着上帝的恩典和怜悯，它才成为我的公义。在《诗篇》的许多篇章中，信也被称为“主所行的事”、“见证”、“上帝的大能”、“慈悲”、“真理”、“公义”。所有这些都是用来称呼对基督的信，或者，更确切地说，用来称呼那在基督里面的公义。所以，在《加拉太书》(2: 20)中，使徒敢于说：“现在活着的不再是我，乃是基督在我里面活着。”在《以弗所书》(3: 14—17)中，他进一步说道：“我在父面前屈膝……求他……使基督因你们的信，住在你们的心里。”

因而，这个外来的公义不用我们费力而由恩典注入我们——固然，是由天父从内将我们吸引到基督那里——，跟原罪相对抗，而原罪同样也是外来的，是我们生来什么事也没有做就已经具有的。随着对基督的信和知的增长，相应地，基督日益将老亚当给赶出去。因为外在的公义并不是一下子就注入的，它有开始，逐步加多，直到死的时候才最后完毕。

第二类公义是我们自有的公义，不是因为是我们独自做成的，而是因为我们以第一类和外来的公义行事。这就是指那样的生活方式，即以行善为乐，首先是杀死肉欲，将各种关于自我的欲望钉到十字架上去，就像我们在《加拉太书》（5: 24）读到的："凡属基督耶稣的人，是已经把肉体，连肉体的邪情私欲，同钉在十字架上。"其次，这类公义还包括对邻居的爱，再其次，包括对上帝的顺服和畏惧。使徒对这些是时刻不忘的，在《圣经》中处处可见。然而，在《提多书》（2: 12）中，他简短地逐个作了总结："在今世自守地（这关系到将自己的肉体钉到十字架上）、公义地（这涉及自己的邻居）和敬虔地（这是指对上帝）度日。"

这一类公义乃是第一类公义的产物，实际是它的果子和后果，因为我们在《加拉太书》（5: 22）里读到："灵所结的果子（即属灵的人，那完全以信基督为生的人所结的果子），就是仁爱、喜乐、和平、忍耐、恩慈、良善、信实、温柔、节制。"因为这里提到的行为都是人的行为，显然这一段话是将属灵的人称为"灵"。在《约翰福音》（3: 6）里我们读到："从肉生的，就是肉身，从灵生的，就是灵。"这一类公义是补充第一类公义，因为它始终是在努力废除那个老亚当，努力去毁掉犯罪之肉体。所以，它憎恨自己，爱它的邻居；它并不求为它自己好，而是求为邻居好，它的全部生活道路就在于此。因为这样一来，它就憎恨自己而不求它自己的事，它把肉体钉到十字架上。而正因为它求的是为别人好，所以它创造的是爱。如此，从任何一方面来看，它都是执行了上帝的旨意，对自己做到了自守，对邻居做到了公义，对上帝做到了敬虔。

这类公义在这方面遵循着基督的榜样(《彼得前书》, 2: 21),变成主的肖像(《哥林多后书》, 3: 18)。这正是基督所要求的。正像他自己所做的事情都是为我们而做的,所求的不是为他自己好,而只是为我们好——这一点他完全顺从上帝他的父——,因此,他希望我们也能为我们的邻居树立同样的榜样。

在《罗马书》(6: 19)中,我们读到这个公义被用于对抗我们自己实际的罪孽:"你们从前怎样将肢体献给不洁不法作奴仆,以至于不法,现今也要照样将肢体献给义作奴仆,以至于成圣。"所以,由于第一类公义,新郎发出声音对灵魂说:"我是你的",而由于第二类公义,新娘的声音回答说:"我是你的"。这样,这婚姻就完美了,就跟《雅歌》(2: 16)里说的一样:"良人属我,我也属他。"这样,灵魂不再在自己里面和为自己而求称义了,而是拿基督作为它的公义,从而只为别人谋福利。所以,那犹太教堂的主通过先知发出威胁说:"那时,我必使犹大城邑中和耶路撒冷街上,欢喜和快乐的声音,新郎和新妇的声音,都止息了"(《耶利米书》, 7: 34)。

这就是下面这句话所说的意思:"你们当以基督耶稣的心为心"(《腓立比书》, 2: 5)。这意味着,你们应该彼此真诚相待,就像基督真诚对待你们一样。如何呢?必定在于:"他虽有上帝的形象,却不让人觉得自己与上帝同等,反倒虚己,取了奴仆的形象"(《腓立比书》, 2: 6—7)。这里"上帝的形象"不是指"上帝的本质",因为基督决不会虚己到脱离这个本质。"奴仆的形象"也不是指"属人的本质"。可是,"上帝的形象"就是智慧、大能、公义、良善,还有自由;因为基督曾经是一个自由的、大能的和有智慧的人，不像别人那样会屈服于恶或罪孽。他所具有的这些卓越品性，乃是上帝的形象所特有的。不过，他并没有以此自居；他不求自己的喜悦（《罗马书》，15: 3）；也并不蔑视和鄙视那些受制于和屈从于各种恶的人。

法利赛人说："上帝啊，我感谢你，我不像别人"（《路加福音》18: 11），但基督却并不这样，因为说那话的人因着别人的可鄙而沾沾自喜；他无论如何也不愿意他们像他一样。这是据他人为己有之功，他没有把原本就是上帝的东西归于上帝，也没有把这些东西去提供给别人，生怕他会变得跟别人一样。这一类人希望像上帝一样，他们自我陶醉，自我作乐，自吹自夸，不对任何人尽义务，如此等等。然而，基督却不以为然；他的智慧没有盖上这样的标记。他放弃上帝父神的形象而虚己，不愿意对我们居高临下，不愿意有别于我们。而且，为了我们的缘故，他成为我们中间的一个，取了仆人的形象，就是说，他使自己屈服于各样的邪恶。虽然他是自由的，就像使徒说道他自己时也是这样说的（《哥林多前书》，9: 19），却使自己成为众人的用人（《马可福音》，9: 35），他活着，似乎我们身上所有的恶实在就是他自己的一样。

同样，他还把我们的罪孽和我们该受的惩罚也拿到他自己身上去，尽管他去克服这些事情都是为了我们，他却做得好像他是为了他自己而去克服它们的。虽然论他跟我们的关系他是有权做我们的上帝和主的，然而，他却不愿意这样，他宁可做我们的仆人，就像在《罗马书》（15: 1, 3）中所说的："我们……不应该求自己的喜悦……因为基督也不求自己的喜悦，如经上所记，'辱骂你人的辱骂，都落在我身上'（《诗篇》，69: 9）"。《诗篇》作者所说的话，跟保罗所说的是一个意思。

许多人都是从肯定的方面去理解这段话的，其实应当从否定的方面去理解，即：基督不将自己放在与上帝平等的地位上，意味着他不希望像那些放肆地想与上帝平起平坐的人那样跟上帝争平等；那些人竟然对上帝这样说话："如果你不愿意将你的荣耀赐给我（像圣伯尔纳所说的那样），我会自己去抓住它。"这段话不应该从肯定的角度理解为：他不认为自己跟上帝是平等的，也就是说，虽然事实上他与上帝是平等的，但他并不认为这是要去争的。因为既然所谈论的是作为人的基督，那这样的解释，就没有基于正确的理解。使徒的意思是，每一个基督徒都应该学习基督的榜样而成为别人的仆人。如果一个人有着超过别人的智慧、公义或力量，可以夸口具有"上帝的形象"，那么，他不应该将所有这些归于自己，而是归之于上帝，就像他一无所有（《哥林多后书》，6: 10），跟没有这一些的人一样。

保罗的意思是，每个人如果都忘记了自己，已经将上帝的恩赐都从自己里面掏空了，那么，他应该将他邻居的软弱、罪过和愚昧都当作他自己的。他不应该有自高自大的表现。他也不应该鄙视邻居向邻居夸胜，仿佛他是邻居的上帝或者相当于上帝。既然上帝的权威只应该属于上帝所具有，因而，如果有人竟然冒失到无视这个事实，那就是抢夺了。如此说来，人理应采取仆人的样式，要履行使徒在《加拉太书》（5: 13）中所说的话："总要用爱心互相服事。"保罗在《罗马书》（12: 4—5）和《哥林多前书》（12: 12—27）中以身体的肢体为例来作教导，说明强健而体面的肢体不应该压倒软弱多病而不那么体面的肢体，不应该自以为可以当后者的主人和上帝；正好相反，他们应该加倍去服事后者，完全忘掉他们自己的强健和体面。因为身体的任何肢体都不应该服事它自己；它也不应该谋求它自己的好处，而要为别的肢体谋福利。而且，越是那软弱多病和不太体面的肢体，其他肢体就越要去服事它，用保罗的话来说，是“免得身上分门别类，总要肢体彼此相顾”(《哥林多前书》，12: 25)。从这里就显然可见，一个人在任何情况下应该如何对待他的邻居。

而如果我们还做不到出于自愿地摆脱掉那种装得像个上帝的样子，不肯去做仆人的话，那么，就让我们违心地被迫去这样做。在这方面，请看一下《路加福音》(7: 36—50)* 的故事，在那个故事里，生麻风病的西门，自以为是义人，具有上帝的形象，倨傲地论断和蔑视抹大拉的马利亚，把她看作是仆人。但是，看看基督如何剥掉他义人的外衣而给他套上罪人的衣服，说：“你没有吻我……也没有用油抹我的头。”那可是西门从来没有见过的大罪啊！他也没有想到过他此前一直具有的那种可厌的样子是多么可鄙。他的善行根本没人记得。

基督对于西门沾沾自喜地自认为具有上帝的形象却不屑一顾；他并不在意他是西门请来吃饭并受他款待。生麻风病的西门现在只是个罪人。曾经自以为是义人的他，现在被剥掉上帝的形象这样的荣光，被迫以仆人的形象谦卑地坐着。而另一方面，基督却赞誉马利亚具有上帝的形象，把她抬高到西门之上，他说：“她用香膏抹我的脚并且吻我的脚。她的眼泪哭湿了我的脚，又用她的头发擦

* 今本《圣经》中该处所述的故事，与路德所述有一定的出入。

干。”这是何等伟大的功业，无论是她自己还是西门，却都没有看到。这样，她的过错就不再留在记忆里了。基督无视她原来的奴仆的形象，而将她抬高到主人的形象。马利亚就是义人，被抬高到具有上帝的形象这样的荣光。如此等等。

无论何时，只要我们自以为有公义、智慧或权势，盛气凌人地对待那些不义的、愚钝的或者比我们少有权势的人，那么，基督就会以上述方式来对待我们。因为如果我们这样做——这是最大的扭曲——就是用公义对抗公义，用智慧对抗智慧，用权势对抗权势。因为你之有权势，并不在于你可以采用压制手段使弱者更弱，而在于你可以通过抬高他们和卫护他们使他们变得具有权势。你聪明，并不是为了嘲笑愚笨者而使他们变得更愚笨，而在于你可以去开化他们，就像你自己希望得到开化一样。你是义人，就在于你可以为不义的人求开脱和得宽恕，而不在于你可以谴责、毁谤、论断和惩罚。因为基督为我们作出了榜样，他说：“因为上帝差他的儿子降世，不是要定世人的罪，乃是要叫世人因他得救”（《约翰福音》，3: 17）。在《路加福音》（9: 55—56）中，他又进一步说：“你们的心如何，你们并不知道；人子来不是要灭人的性命，而是要救人的性命。”

但人的肉体的本性却蛮横地与之背道而驰，因为他热衷于惩罚，夸耀它自身的公义，要叫它的邻居因其不义而感到羞愧和窘迫。所以，它只顾及它自己的事情，看到自己比邻居好就窃窃自喜。而对待邻居的事情，他却不怀好意，希望其出些麻烦。这种心思是十分邪恶的，跟爱截然相反，爱不求它自己的益处，而求别人的益处（《哥林多前书》，13: 5；《腓立比书》，2: 4）。应该为他邻居的状况不如自己而感到难过。应该希望邻居的状况胜过自己，而一旦邻居的状况胜过了自己，他应该比他自己状况胜过邻居时还要来得高兴。“因为这就是律法和先知的道理”（《马太福音》，7: 12）。

但你会说：“那就不允许惩罚恶人？是不可以谴责罪恶？谁会没有责任去维护正义？不这样做，岂不会无法无天了吗？”

我的回答是：对这个问题不可能有一个单一的解决方法。所以，人们必须区分不同的人。因为人可以划分为为公的个人和为私的个人。

上面说到的事情全都跟为公的个人无关，就是说，跟那些由上帝放在负责任的位置上的人是无关的。他们理应履行的职能是惩罚和判决恶人，维护受迫害的人，因为做这事的不是他们，而是上帝。在这些事情上面，他们是他的仆人，就像使徒在《罗马书》（13: 4）中详述的：“他不是空空的佩剑，等等。”但这必须理解为跟别人的事情相关，而不是跟自己的事情相关。因为对于自己和自己的事情，没有人可以代替上帝来行事，只有对于别人和别人的事情，才可以这样。然而，如果一个担任公职的官员有涉及他自己的事情，那就让他请求某人而非自己来作上帝的代表，因为在这种情况下，他不是判决者，而是当事人。不过，这一类事情让别人在别的时间去谈吧，这题目太广了，现在很难说完全。

为私的个人以及他们自己的事情有三种情况。第一种情况是，有那么一些人，他们要报复，要从上帝的代表人那里得到判决；很大一部分人属于这种情况。保罗容忍这样的人，但他不认可他们，他在《哥林多前书》（6: 12）里说道：“凡事我都可行，但不都有益处。”在同一章中他还说：“你们彼此告状，这已经是你们的大错了”（《哥林多前书》，6: 7）。但是，为了避免更大的恶，他容忍了这种较小的恶，除非他们为了维护自己的利益而发展到对别人动武，以恶对恶。不管怎样，这样的人进不了天国，除非他们放弃可行的事而追求有益的事而变得更好。因为必须去除这种一心谋求自己利益的感情。

第二种情况是那些不想伸冤的人。另一方面，一如《马太福音》（5: 40）里所说，对于想要拿他们的里衣的人，连外衣也由他拿走，他们对任何邪恶都毫不加以抵制。这些人都是上帝的儿子，基督的兄弟，都是未来福乐的继承人。因此，在圣经里，他们被称为“孤儿”、“寡妇”、“孤独者”；因为他们不为自己伸冤，上帝愿意作他们的“父”和“伸冤者”（《诗篇》，68: 5）。他们不为自己伸冤，如果那些当权者想为他们伸冤，他们或者不希望、不谋求这样，或者仅仅允许这样做而已。或者说，他们中的杰出者会禁止和防止这样做，宁可牺牲他们别的所有物。

你也许会说：“这样的人太少见了，假如他这样做，这个世界上还有谁能够留存下来呢？”我的回答是：这不是今天的新发现，得救的人不多，引到永生的门是窄的，找着的人也少（《马太福音》，7: 14）。但如果没有人在这样做，那么，那称穷苦人、孤儿和寡妇为“基督的子民”的圣经，又如何立得住呢？因此，第二种情况的人更为行不义者的罪过而所感到悲伤，而非为自己所受的损失或者侵犯而感到悲伤。他们这样做是为了让行不义者能够去认真对待他们所犯的罪过，而不是为了为自己所遭受到的侵害去作报复。因此，他们放弃了自己的义人形象，接受别人的形象，为迫害他们的人祈祷，为诅咒人的人祝福，对行恶的人行善，准备为他们的敌人受罚和作出偿还，这样他们能够得救（《马太福音》，5: 44）。这就是福音和基督的榜样（《路加福音》，23: 34）。

第三种情况，是指这样的一些人，其主张类同于第二种人，但在实践中却有所不同。他们要求索回他们自己的财产，或者要求作出严惩，倒并不是他们在谋求自己的利益，而是通过严惩或者索回他们自己的东西来使偷盗或者行不义的人悔过自新。他们觉察到，没有惩罚，犯错的人就无从改过自新。这些人被称为“奋锐党”，圣经称赞他们。但一个人，除非他已经很成熟，在上述第二种情况中积累了丰富的经验，不然就不应该做这样的尝试，否则，他会将愤怒误当作热心，而他所做的事情，虽然自以为是出于对公义的爱，却由于愤怒和烦躁而犯下了过错。因为愤怒跟热心相像，烦躁跟对公义的爱相像，因而，除了最属灵的人以外，是很难加以区分的。基督在用鞭子把买卖人从圣殿里赶走时，就表现出了这样的热心，一如《约翰福音》(2: 14—17) 所述。保罗也是如此，他说道：“你们是愿意我带着刑杖到你们那里去呢，还是要我存慈爱温柔的心呢？”(《哥林多前书》，4: 21)。

6 关于做好死的准备的讲道

奥古斯丁派教士马丁·路德

第一，既然死亡意味着与这个世界及其一切活动诀别，因而人有必要妥当安排好人世间的财物，按他的意愿来作出安排，以免在他死后发生争吵或者在他健在的朋友中产生种种误会。这涉及形体上的和外在的离开这世界，涉及我们的拥有物的移交。

第二，我们还必须要属灵地作出告别。那就是，我们应该为了上帝的缘故而亲切和真诚地宽恕所有曾经冒犯过我们的人。同时，我们也必须为了上帝的缘故，寻求得到所有我们无疑曾经大大冒犯过的人的宽恕，请他们宽恕我们以前给他们树立的很坏的榜样，或者说，我们以前很少按照基督徒应有的兄弟般的爱友善地对待他们。这样做是完全必要的，以免灵魂因自己在这地上的行为而背上包袱。

第三，既然人人都是要离开的，我们必须把我们的眼光去转向上帝，让那临终的道路把我们引领到上帝那里。在此，我们找到了那个引到永生的窄门和小路的入口（《马太福音》，7: 14）。所有人都应该满怀喜悦地在这条路上奋勇向前，因为这门很窄，这路并不宽。正如同一个婴孩在危险和痛苦中从他母亲的子宫的狭小空间被生养到这个广阔的天地，即这个世界中来一样，人也通过死亡的这扇窄门而离开今世生命。而且，虽然我们现在生活其中的这个天地在我们看来似乎是那么宽广，可是，跟那未来的天相比，它们远比母亲的子宫还要窄小。因此，那些亲爱的圣者，他们的死被称为新生，他们的纪念日在拉丁文中叫作*natale*，意思就是他们新生的日子。然而，死亡之小路使我们想起今世的生活是广阔的，而彼世的生活却会是很局限的。所以，我们必须相信上面所说的，要从婴孩的实际出生中学到这个道理，就如同基督所说的，“妇人生产的时候，就忧愁；既生了孩子，就不再记念那苦楚，因为欢喜世上生了一个人”（《约翰福音》，16: 21）。同样，在临死的时候，我们也要承受这样的苦楚，但我们知道，接下来就会有一座宅第等着我们去住，就会有很大的欢乐（《约翰福音》，14: 2）。

第四，为了给这个旅程做好准备，首先让我们诚挚地忏悔（至少对最大的罪孽以及努力回想得起的罪孽的忏悔），要有领受基督的神圣而真实的身体的属基督的圣餐礼，还要有抹油礼。如果这些都能够做到，就应该虔诚地为他们祝愿，以最大的信任接待他们。如果这些不能够做到，那么，我们对他们的渴望和思念就应该成为一种安慰，我们不应该因为这样的情况而感到沮丧。基督说过，“凡是在信的人，万事都能”（《马可福音》，9: 23）。我们会看到，那些圣事不外就是一些标记，它们帮助和激励我们去信。如果没有这个信，它们就毫无用处。

第五，我们应该认真地高度重视各项圣事，荣耀它们，自愿而亲切地依靠它们，用它们对抗罪孽、死亡和地狱，远远地胜过这些东西。我们应该更多地让圣事及其德效对我们起作用，而不要让我们的罪孽来占有我们。然而，我们又必须知道，我们该如何给予这些圣事以其应有的荣耀，它们的德效究竟在哪里。当我相信我确实领受到了这些圣事所标志着的事情以及上帝在它们里面所表明和指明的一切，从而使我能够像马利亚一样以坚定的信心说出“但愿照你的话和标记成就在我身上”（《路加福音》，1: 38）这样的话，我就给予这些圣事以其应有的荣耀。既然上帝自己在这里通过神甫在说话和行事，那么，如果我们还在怀疑他所说的话和所行的事是不是真的，我们就大大污蔑他了。反过来，如果我们相信他所说的话和所行的事都是真的，我们坚定地依靠它们，那我们就是给予了他最大的荣耀。

第六，为了认识圣事的种种德效，我们就应该知道它们与之作斗争的和我们面临的种种恶效。有三种这样的恶效：第一种是死亡之可怖的形象；第二种是罪孽之千变百怪的形象；第三种是地狱及永恒的定罪之无法承受而又无法避免的形象。任何其他恶效都源于这三种，并由于经过了混合而变得更大和更强。

死亡似乎是一个令人惧怕的庞然大物，因为我们那愚蠢而懦弱的本性把它的形象刻画得栩栩如生，而且还持续不断地盯着它。再有那魔鬼强迫人仔细观察死亡之可憎恶的景象和形象，来增添他的忧愁、胆怯和绝望。实际上，魔鬼只是把人所见过、听过或读过的各种各样的暴死和横死的景象展现在人的眼前。他还狡猾地向人暗示上帝的愤怒，以往他就时常用它来折磨和毁坏那些犯了罪的人。魔鬼就是用这样的方法使我们的愚蠢的属人的本性充满着贪生怕死的念头，正因为处在这样的想法的重压之下，人就忘记了上帝，逃避和厌恶死亡，最终不顺从上帝。

我们应该在我们活着的时候就熟悉死亡，在它距离我们很远，还没有靠近我们的时候，就邀请它来到我们面前。然而，在临死的时刻，这样的做法却存在风险且没有用处，因为到那个时候，死亡就不由自主地会变得庞大起来。那时，我们必须抛开死的念头，拒绝看到它，这一点我们将会听到。死亡之威力和能耐植根于我们本性的恐惧心理和我们在不适宜的时间不合适地观看它和思考它。

第七，在我们过分地老是盯着它不放的时候，罪孽增大和加重了。这种情况由于我们的良心的恐惧心理而加重了；我们的良心在上帝的面前感到羞愧，严厉地作自我谴责。那是魔鬼一直在为他的磨坊寻求的水。他使我们的罪孽看起来大而多。他让我们想起所有罪人以及许多犯的罪孽没有我们多却被定了罪的人，使我们感到绝望，或者无奈地死去，在那临死的时刻忘记上帝，不顺从上帝。尤其是因为人感到在那个时刻应该想到他的罪孽，他理应全神贯注地沉思自己的罪孽，认为这才对他有用处，因而，这样的做法就显得很真实了。但他发现自己什么也没有准备好，一切都没有妥善安排，即使是他的所有善行此刻也变成了罪孽。结果，必然导致不愿意死，不顺从上帝的旨意，从而必然导致永恒地遭受诅咒。那不是沉思罪孽的合适时刻。人应该在活着的时候沉思罪孽。这样，邪灵就使我们的任何事情都上下颠倒了。在我们活着的时候，当我们理应经常地注视死亡、罪孽和地狱等形象的时候，就像我们在《诗篇》(51: 3）中所读到的“我的罪孽常在我面前”那样，魔鬼却蒙住我们的眼睛，把这些形象隐藏起来。但在临死的时候，当我们的眼睛应该只看到生命、恩典和得救的时候，他却一下子让我们睁开眼睛，用这些不合时的形象来恫吓我们，不让我们看到那真正应该看到的。

第八，地狱也显得那么大，因为人们对它作了不恰当的想象和不合时宜的苛刻思考。这由于我们不听从上帝的忠告而变得益发不可收拾。邪灵对灵魂极尽挑唆之能事，让它背负各种各样毫无用处的推测，尤其是竟然冒险想探测上帝的奥秘，查明某人是否被“拣选”。

在此，魔鬼实施了他终极的、最狡诈、最大的计谋和权柄。只要人寻找上帝的旨意的标记，又因为他不应该知道他是否被拣选而感到不耐烦，魔鬼就把人置于上帝之上。人以怀疑的目光看待上帝，以至于他很快就期望有一个不同的上帝。简而言之，魔鬼下定决心要从人的内心中摧毁对上帝的爱，唤起有关上帝的愤怒的种种念头。人越是驯服地跟从魔鬼和接受这样的想法，他的处境就越危险。最后他就无法自救了，听任自己做仇恨和亵渎上帝的事情。如果我们想知道我是不是被拣选了，那么，这样的要求不是无异于假设自己可以知道上帝所知道的一切，把自己与上帝等同起来，认为他所知道的不会比我们更多？如此，上帝就不再是在知识上超越于我的上帝了。然后，魔鬼就提醒我们回想起许多遭难的异教徒、犹太人和基督徒，有意挑起种种危险而凶恶的念头，使得本来可以欣然死去的人，现在变得万般无奈地离别今世的生活。当人受到有关他是否被拣选的念头的攻击时，他就是在受到地狱的攻击，《诗篇》对比有好多感叹。克服了这个引诱的人一下子就战胜了罪孽、地狱和死亡。

第九，在这件事情上，我们应该百倍小心，不要让这些形象中的任何一个进入我们的家，不要在门上画魔鬼。这些敌人会自说自话地闯进来，用他们的那些形象、议论和标记，设法完全占据我们的心。一旦他们得逞，人就注定要沉沦，上帝就完全被遗忘了。那时候，面对这些光怪陆离的东西，唯一要做的是跟它们战斗，把它们驱逐出去。实际上，如果单有这些东西，并没有跟其他东西合在一起，那么，它们就只属于群魔栖身的地狱。

可是，想跟这些东西作斗争并把它们驱逐出去的人，都会发现，单跟它们角斗和扭打是不够的。对他来说，它们会显得非常强大，事情会越变越坏。唯一的办法是彻底冷落它们，跟它们没有任何关系。但如何做到呢？用如下的方法做到：你应该在你活着的时候注视死亡，并且从恩典的观点来看待罪孽，从天国的观点来看待地狱，不允许任何事情转移你的看法。哪怕所有天使、所有被造物，甚至你自己的思想，从截然不同的观点来描绘上帝，你也不为所动。只有那个邪灵才向人们灌输这样的印象。我们该做些什么呢？

第十，你不应该这样看待和思考死亡，无论是在你自己还是在你的本性中，还是在那些被上帝的愤怒所杀死和被死亡所征服的人身上。如果你这样做了，你就会变得失落，因为它们而一蹶不振。但你应该坚决地把你的视线、你内心的思想和所有感官从这景象上移开，只有那些在上帝的恩典中死去并战胜死亡的人，尤其是在基督里和在所有他的圣徒里，才能仔细而不知疲倦地观察死亡。

在这样的景象中，死亡就不会显得恐怖和可憎。正好相反，活着反而显得那么卑微可轻、死气沉沉、遭受宰割和倍受压制。因为基督才是纯真的生命，而他的圣徒也是这样。你越是深刻地把这个形象印刻在你内心深处，牢牢地盯住它，死亡的形象就越是会变得淡漠，可以不费吹灰之力让它自行消亡。这样，你的内心就会很平静，你将能够在基督里面，跟基督一起死去，就如同我们在《启示录》(14: 13)里所读到的:“在主基督里面而死的人,有福了。”这一点在《出埃及记》21章[应为《民数记》,21: 6—9]中就已经有了预示,在那里,我们听说,当以色列的子民被火蛇咬的时候,他们并没有去跟这些蛇搏斗,而是举目观看那条死的铜蛇,那些活的蛇就纷纷离开他们而死去了。可见,你只应该唯独用基督的死来关注你自己,这样的话,你就获得了生命。然而,如果你用任何其他方式去注视死亡,它就会将你在极大的忧虑和苦恼中杀死。这就是为什么基督要说,“在世上——也就是在你们自己里面——你们不得平安,而在我里面,你们会得平安”(《约翰福音》,16: 33)。

第十一,你不应该在罪人里或在你自己的良心里观察罪孽,也不应该在那些直到临终还坚持犯罪并被定罪的人里观察罪孽。如果你这样做,你肯定会跟随他们,也跟他们一样被征服。你应该让你的思想摆脱这个,只在恩典的景象中观察罪孽。你要竭尽全力把这样的景象铭刻在你的心上,呈现在你的眼前。恩典之景象无非就是基督钉在十字架上的景象以及他所爱的所有圣徒的景象。

这该如何理解呢?基督在十字架上带走你的罪孽、为你承担它并消灭它,那就是恩典和仁慈。坚信这个,让它呈现在你的眼前而毫不存疑,意味着在观看基督的景象并将他铭刻在你里面。同样,所有在基督里面受难和死去的圣徒也在承担你的罪孽,为你在受难和辛勤劳动,我们在经文中看到:“你们各人的重担要互相担当,如此就成全了基督的命令”(《加拉太书》,6: 2)。《马太福音》(11: 28)中基督也宣告:“凡劳苦担重担的人,到我这里来,我会帮助你们。”这样你就可以放心地观察你自己的罪孽,不会使你的良心受到折磨。在此,罪孽就不成其为罪孽,因为它们已经被克服了，已经被吞没到基督里面。他将你的死由他自己来承担并加以遏制，使它不会伤害你，只要你相信他是为你而这样做的，相信他是在他里面而不是在你自己里面来看待你的死。同样，他也由他自己来承担你的罪孽，而且，纯粹是出于他的怜悯，他用他的公义来克服这些罪孽，只要你相信这个，你的罪孽就再也不会对你形成伤害。这样，由生命和恩典的景象来对抗死亡和罪孽的景象，基督就成了我们的安慰。保罗在《哥林多前书》（15: 57）中表明："感谢和赞美上帝，他使我们借着基督得以战胜罪孽和死亡。"

第十二，你不应该用宿命论的观点来看待地狱和永恒的受罚，不要在你自己里，在这事情本身里或者在那些已被定罪的人里来看待它，你也不必为现今世界上好多没有被拣选的人而担忧。如果你稍不注意，那种景象就会迅速把你搞得心慌意乱，使你垮下来。你一定要强使自己紧闭双眼，不看这样的景象，因为它永远帮不了你，哪怕你甘心情愿被它纠缠一千年，把你折磨死，也是枉然。总之，你一定要让上帝成为上帝，要承认他对你的了解胜过你对你自己的了解。

因此，你要凝视着基督的属天的景象，他为了你的缘故下到地狱里去（《彼得前书》，3: 19），好像已经永远被定罪了似的被上帝所抛弃，因而他在十字架上说出了这样的话："以利，以利，拉马撒巴各大尼！"意思是"我的上帝，我的上帝，为什么离弃我？"（《马太福音》，27: 46）*。在那个景象中，你的地狱被打败了，你本

* 这话首见于《诗篇》（22: 1）中大卫王的诗句。在《马可福音》（15: 34）中是"以罗伊，以罗伊，拉马撒巴各大尼"。二者是同一的，只是据当代《圣经》研究家的考证，耶稣在十字架上说话时不是用标准的希伯来语发音，而是以家乡加利利的阿拉米语，故而有这样的差别。

来觉得不放心的是否被拣选一事，也得到了肯定的证实。如果你只用这个来关注你自己，相信这是为你而做的，你就一定会一直被维持在这同样的信仰中。所以，你决不要让这个从你的视线中消失。只在基督里面而不是在你自己里面寻找你自己，这样，你会永远在他里面找到你自己。

可见，当你注视着基督以及他的所有圣徒，从而在那位拣选了他们的上帝的恩典之中享受到喜悦，并且经久不变地处在这样的喜悦之中，你也就已经被拣选了。《创世记》（12: 3）中上帝说道："为你祝福的，我必赐福与他。"然而，如果你并不是唯独依靠这个，而是求助于你自己，那你就是在反对上帝和所有的圣者，这样，你在你自己里面找不到任何良好的东西。你对此务必要加以提防，因为邪灵会十分狡猾地努力带你到这样的关口。

第十三，这三种景象或冲突在《士师记》（7: 16—22）中已经有了预示，我们在那里读到，基甸在夜晚带领三百人分三个地方袭击米甸人，而他们所做的只是把号角吹响和把瓶子打破。敌人就溃逃了。与此相类似地，如果我们在夜晚让我们的眼睛只去凝视着基督和他的圣徒的容光焕发的景象，如果我们坚持我们的信而不观看也不想观看那些虚假的景象，那么，死亡、罪孽和地狱也会溃逃。而且，我们应该用上帝的道来鼓舞和增强我们自己，就如同听到那号角的声音一般。

《以赛亚书》（9: 4）在说到基督时很贴切地运用这同样的比喻来击败那三样东西，"因为他们所负的重轭和肩头上的杖，还有欺压他们的人的棍，你都已经折断，好像在米甸人的日子一样"，当时米甸人就是被基甸击败的。他说这话，就好像是在说：你的子民的罪孽（对他们的良心来说，就是“他们所负的重轭”），死亡（就是打在他们肩上的“杖”或刑具），还有地狱（就是“欺压他们的人的棍”，这用来实施对罪孽的永恒的惩罚），所有这一些你都已经折断和打败。这事情发生在基甸的日子里，那就是，基甸是凭着信而不是靠舞动他的剑，就把敌人赶跑了。

那么，基督是在什么时候做这事情的呢？是在十字架上！在十字架上，他为了我们而使他自己同时呈现三种景象，为的是使其展现在我们的信的眼前对抗那三个邪恶的景象，而邪灵和我们的本性正是用它们来袭击我们，想把我们从这个信那里夺走。他是对抗死亡的活着的和永不会死的形象，他也曾经遭受过死亡，但是他又死而复活，从而在他的生命中征服了死亡。他又是对抗罪孽的上帝的恩典的形象，他承担了这罪孽，又凭着他的完善的顺从制服了罪孽。他又是属天的形象，是曾经作为被定了罪而被上帝抛弃过，但他又通过他那全能的爱战胜了地狱，从而证明他是最亲爱的圣子，而只要我们信，他就将这个赐给我们。

第十四，在这一切之上，他不但在自己里面战胜了罪孽、死亡和地狱，并将他的胜利赐给我们的信，而且，为了进一步安慰我们，他自己也忍受过，又去克服那些景象对我们的引诱。他也曾经像我们一样遭受死亡、罪孽和地狱这些景象的袭击。犹太人当时也使基督面对死亡的形象，他们说，“让他从十字架上下来吧；他救了别人，现在让他救他自己吧”（《马太福音》，27: 40—42）。他们这就像是在说：“在这里你面对死亡；现在你必须要死；没有任何东西可以救你。”同样，魔鬼也是把死亡的形象展现在临死的人的面前，用这个可怖的景象威吓他的胆怯的本性。

犹太人还把罪孽之形象展现在基督的眼前，他们对他说，“他救了别人。如果他是上帝的儿子，让他从十字架上下来吧，等等。”——他们就像在说，“他所行的事全都是欺骗。他不是上帝的儿子，而是魔鬼的儿子，他的身体和灵魂都属于魔鬼。他从来不做好事，他做的全是坏事。”正如犹太人当时把这三个景象混在一起抛向基督一样，人也是在稀里糊涂的状态中同时遭受全部这三个景象的袭击，他不知所措而最后陷入绝望。主在《路加福音》(19: 43—44）中描述了耶路撒冷的毁灭，他说，这城市的敌人会围困并扫灭它，不留生路——这就是死亡。而且，他还说到，它的敌人会来恐吓城里的居民，到处驱赶他们，使他们无所适从——这就是罪孽。他又说到第三个，那就是，敌人还要把他们击倒在地，连一块石头也不留在石头上——这就是地狱和绝望。

犹太人让地狱的景象呈现在基督的眼前，他们说，“他信靠上帝；让我们看看现在上帝是不是来救他，因为他曾说，我是上帝的儿子”（《马太福音》，27: 43）；好像他们在说，“他的位置是在地狱；上帝并没有拣选他；他永远被抛弃了。他的全部信任和希望都帮不了他。一切都是枉空的。”

现在我们注意到，基督面对所有这些话和那些可怕的景象，一直保持着沉默。他并没有跟他的敌人争论；他的做法就像他根本没有听到和看到他们，他也不作任何回答。他即使作了回答，也只不过是给他们以借口来更加凶恶地狂骂咆哮。他已经完全将自己奉献给了他的父的最深切的旨意，这就使他忘记了强加在他身上的他的死亡、他的罪孽和他的地狱，他还为他的敌人说情，恳求饶恕他们的罪孽、死亡和地狱（《路加福音》，23: 24）。同样，我们应该让这些形象离开我们去它们愿意去或喜欢去的任何地方，只要记住我们坚决奉行上帝的旨意，那就是，我们信靠基督，坚信我们的罪孽、死亡和地狱，已经在他里面被制服了，不再能够伤害我们了。在我们里面只应该有基督的形象。我们应该只跟他有往来。

第十五，我们现在回过头来谈谈各项圣事以及它们所带来的祝福，学习了解它们的好处以及该如何运用它们。任何人如果在临死前有时间和恩典去忏悔而使罪孽得到赦免、领受圣餐和抹油礼，他确实有很大的理由去爱、赞美和感谢上帝，可以欣然死去，只要他坚定地依靠和相信那些圣事，就像我们前面说过的那样。在这些圣事中，你的上帝，基督他自己，通过神甫而跟你有了联系，跟你一起说话和行事。他所行的和所说的并不是人的行为和言语。在这些圣事中，上帝亲自赐予你我们前面提到的与基督有关的所有祝福。上帝希望这些圣事成为一个标记和证据，表明基督的生命已经担当了你的死亡，他的顺从已经担当了你的罪孽，他的爱已经担当了你的地狱，从而克服它们。而且，通过同样的这些圣事，你也就跟所有圣徒联在一起，跟他们合而为一。由此，你就真正成为圣徒团体的成员，他们跟你一起在基督之中死去，承受罪孽和征服地狱。

由此可见，由神甫口中说出来的上帝的外在的话语，实在是一个莫大的安慰，同时，又是上帝的意图的一个可见的标记。我们应该以坚定的信心去依靠它们，就像始祖雅各在渡约旦河时所使用的那根杖（《创世记》，32: 10），或者，就像给我们领路的灯，我们靠着它才得以睁大了眼睛，小心地行走那死亡、罪孽和地狱的黑暗小路，就如同先知所说的，“你的话是我脚前的灯”（《诗篇》，119: 105）。圣彼得也表示说，“而我们有从上帝那里来的确切的话。你们要十分留意它”(《彼得后书》, 1: 19)。在临死时的极度痛苦中没有其他帮助,因为凡是得以免受这种痛苦的,都是受益于这个标记。它指向基督和他的形象,使你在面对死亡、罪孽和地狱之形象时可以说,“上帝应许过我,他在他的圣事中赐给了我表明他的恩典的一个可靠标记,表明了他的恩典:基督的生命在他的死中征服了我的死,他的顺从在他的受难中抹掉了我的罪孽,他的爱在他的被离弃中摧毁了我的地狱。要使我得救的这个标记和应许是不会欺骗我的。那是上帝的应许,他的所言所行都不会欺骗我。”坚持圣事和依靠圣事的人会发现,他根本用不到任何担忧和操心,他一定能受到拣选,他的命运一定会很好。

第十六,最重要的是,我们高度敬重、赞美和依靠各项圣事,而这些圣事所包含的不外就是上帝的话语、应许和标记。这也就是说,我们决不怀疑那些圣事,或者说,我们决不怀疑以这些圣事为其确切标记的那些事情,因为如果我们怀疑这些,我们就失去了任何事情。基督说,会照我们所信的给我们成全。如果你假定和相信,在基督里面被克服的罪孽、死亡和地狱,那是为了别的人,却不相信你的罪孽、你的死亡和你的地狱也被征服和扫除了,从而也使你得到了赦免,这样对你有什么好处呢?在这样的状况下,圣事就完全没有结果,因为你并不相信对你指明的、赐给你的和应许你的事情。那是最令人发指的罪孽,因为上帝在他的道、标记和所行的事上,被看成是说谎者,就像某个从来不遵守他所说的话、所表明的态度和所应许的事情的人,也不想去遵守。所以,我们不敢戏弄那些圣事。具备了信才能坚决依靠和以愉快的心情敢于接受上帝的这些标记和应许。倘若上帝他不能够或不愿意拯救我们脱离罪孽、死亡和地狱，他还怎么成为上帝或救主呢？真正的上帝所应许和所实施的必定是伟大的事情。

但接着魔鬼就来了，他在你的耳朵旁轻轻细语，“但假设你不配领受圣事，由于你不配，而被剥夺了这样的恩典？”碰到这样的场合，你最好给你自己划十字，切不要让配与不配的问题来困扰你。你应该注意相信这些都是上帝的可靠的标记和真实的话语，然后你就配去领受了，并且还能够一直保有。你的信使得你配了；而如果你不信，你也就不配。邪灵提出配与不配的问题，来激起你的疑惑，设法将圣事及其好处一笔勾销，使上帝所说的话都落空，变成一个说谎的人。

上帝并不是因为你配才赐给你什么，也不是把他的道和圣事都建筑在你配之上，他出于纯粹的恩典才把你一个不配的人放到他的道和标记的基础之上。你应该牢牢抓住这个，然后说，“给予我和已经给予我他的标记和他的道，向我保证基督的生命、恩典和天国使我的罪孽、死亡和地狱不能加害于我，他是真正的上帝，为我可靠地保持着这一切。当神甫赦免我的罪孽时，我信了，就像信上帝的道一样。既然它就是上帝的道，它就必定是真的。那是我的立足点，我也将在这个立足点上死去。”你应该坚定地信任神甫的赦罪，就像上帝差遣了一个专门的天使和使徒到你这里，是的，就像基督他自己在为你赦罪。

第十七，我们应该注意到，凡是领受圣事的人都会大有好处，因为他已经从上帝那里领受了一个标记和应许，借以运用和增强他的信，他知道他已经蒙召进入基督的形象里，并享受到他的各项好处。而其他必须在没有这些标记的情况下行事的人，只有在信之中艰苦奋斗，必须靠他们内心的愿望来获得这些好处。当然，只要他们在这同样的信之中持之以恒，他们也会获得这些好处。至于圣坛圣事，你也应该这样说，“如果神甫把基督的圣体给了我，而这是所有天使和圣徒互济的一个标记和应许，表示他们爱我，为我祈祷，跟我一起受难和死去，承担我的罪孽和制服地狱，因而，千真万确的是，上帝的标记决不会欺骗我。我不会让任何人把它从我这里夺走。我宁可将全世界以及我自己都丢弃，也不愿意怀疑我的上帝他的标记和应许是值得信赖和可信赖的。不管我配还是不配，根据圣餐礼的经文规定，我就成了基督教世界的一分子。我宁可不配，也不愿意怀疑上帝是不是可信赖。魔鬼啊，如果你要给我出别样的主意，那就滚开吧。”

看看，多少人都希望可以从天上得到保证或者获得标记，告诉他们如何才得以与上帝站在一起，他们是不是被拣选。可是，倘若他们还是不愿意信，即使领受了这样的标记，对他们又有什么帮助呢？如果没有信，所有标记又有什么好处呢？基督的标记和使徒们的标记对犹太人有过什么帮助吗？即使到了今天，那些令人肃然起敬的圣事标记以及上帝的那些话语，有什么帮助呢？那些圣事是确切的和被指定了的，是经过所有圣徒的考验的，是所有信它们和接受它们所指明的一切人确认为可靠的，人们为什么不坚持呢？

所以，我们应该了解这些圣事是什么，它们要达到什么目的，以及它们是如何运用的。我们会发现，地上再也没有更好的方法安慰那些萎靡不振的心灵和内疚的良心。在圣事之中，我们找到了上帝的道；这道将基督连同他的一切福分都显示给我们和应许给我们，这道就是他自己，我们有了它，就得以对抗罪孽、死亡和地狱。再也没有比听到罪孽、死亡和地狱被扫除更使我们欢欣鼓舞和如愿以偿了。只要我们正确地看待圣事，这事就借着基督而在我们里面成就了。

对圣事的正确运用，无非就在于相信一切都会像圣事凭着上帝的道所应许和保证的那样得以成就。所以，不单是必须在基督里面观看到那三个景象，用它们驱赶与之对立的那些景象，而且，还要具有一定的标记，使我们确信这已经确实赐给了我们。那就是圣事的功能。

第十八，基督徒在临终的时候，对于他并不是孤单的这一点，都不应该有丝毫的怀疑。正如同圣事所指出的那样，他可以确信，有好多双眼睛在注视着他：首先就有上帝和基督自己的眼睛在注视着他，因为基督徒相信他的话语并坚决奉行他的圣事；然后，还有亲爱的天使、圣徒以及所有基督徒的眼睛。毫无疑问，正如同圣坛圣事所表明的那样，上述所有人都团结成一体来帮助他制服罪孽、死亡和地狱，跟他一起来承担所有事情。在那一个时刻，圣徒的爱和互济的行为起到了无比巨大的作用。基督徒应该为他自己而去看到这个，对此没有任何怀疑，因为只有这样，他才会大胆地面对死亡。对此持怀疑态度的人不相信那最可尊敬的领受基督圣体的圣餐礼，而就是在这个圣餐礼中指明了、应许了和确保了所有圣徒在任何有需要的时候互济、互助、互爱、互慰和互勉。如果你信了上帝的这些标记和话语，他的眼睛就会注视着你，就像他在《诗篇》（32: 8）中所说的，“我要定睛在你身上，免得你毁坏*”。如果连上

* 今本《圣经》，此处无“免得你毁坏”字样。

帝也定睛在你身上，那么，所有天使、圣徒和一切被造物，都会定睛在你身上。只要你一直保持着这样的信，他们就全都会用他们的双手来支持你。而当你的灵魂脱离你的身体时，他们全会来接受它，你就不可能遭到毁坏。

这曾经在以利沙身上得到证实，按照《列王纪下》（6: 16—17）的记述，以利沙对仆人说："不要惧怕，与我们同在的，比与他们同在的更多。"他说这话的时候，尽管敌人已经包围了他们，他们所能看到的只有敌人。主就来开了那少年人的眼目，就看见有一大群火车火马围绕在他们四周。

对于任何信靠上帝的人，也确实如此。那就应了《诗篇》（34: 7）中的话："主的使者在敬畏他的人四围安营，搭救他们。"还有，在《诗篇》（125: 1—2）中，"信靠主的人，好像锡安山，永不动摇。众山（那是指众天使）怎样围绕耶路撒冷，主也照样围绕他的百姓，从今时直到永远。"又，《诗篇》（91: 11—16）中有，"因他要为你吩咐他的使者，在你行的一切道路上保护你，他们要用手托着你，免得你的脚碰在石头上。你要踹在狮子和毒蛇的身上，践踏少壮狮子和大蛇神（这意味着，魔鬼的一切权力和阴谋都无法伤害你），因为他信靠我，我要搭救他；我要保护他，因为他知道我的名。他若求告我，我就应允他；他在急难中，我要与他同在，我要搭救他，使他尊贵。我将用永生来使他满足，又将我的永恒的恩典显示给他。"

同样，使徒也宣告，那众多的天使全都是服役的灵，奉差遣为那将要被得救的人服役（《希伯来书》，1: 14）。这些全都是伟大的事情，谁能够信它们呢？所以，我们应该知道，虽然上帝的行为超出人的理解力之上，然而，上帝还是通过像各项圣事这样不很显眼的标记来成就这一切，让我们明白，真正地信上帝确实是一件伟大的事情。

第十九，不要让任何人自以为靠自己的力量就能够成就这样的事情，而要谦卑地请求上帝在自己里面建立并继续维持这样的信，并能够理解他的各项圣事。在做所有这一些事情的时候，他应该怀着畏惧和谦卑的心理，以免将这些功劳都归给他自己而不是让上帝得到荣耀。为了这个目的，他应该吁求天使，特别是吁求他自己的天使、上帝的母亲以及所有使徒和圣徒，这尤其是因为上帝赋予了额外的热情。然而，他不敢怀疑，而应该坚信，他的祈祷会被听到。对此，他有两个理由。第一个理由是，他正好从《圣经》中听到了上帝如何吩咐天使将爱和帮助赐给所有信的人以及如何由圣事来加以传送。我们应该在他们面前坚持这一点，而且还要提醒他们想到它，不在于天使们不知道这个，也不在于他们否则就不会这样做，而是为了在我们面临死亡的时候使我们对他们的信赖以及通过他们对上帝的信赖可以更坚强和更勇敢。另一个理由是，上帝已经吩咐我们要坚信我们的祈祷会得到应验（《马可福音》，11: 24），它确实是阿们*。我们还应该要求上帝注意他的这个命令，对他说，“我的上帝啊，你吩咐我要祈祷并且相信我的祈祷将会被听取。为了这个缘故，我向你祈祷，从而得到保证，你不会将我抛弃，而要

* 犹太人通常用阿们表示对某个命令和祷文的认同，《圣经》中最先出现在《列王纪上》(1: 36) 和《尼希米记》(5: 13；8: 6)。按《哥林多前书》(14: 16)，基督徒应在祈祷结束之前说“阿们”，表示愿得到听取祈祷者的认可。在希伯来文中，“amen”来源于动词词根“aman”，意思是“信”。

把真正的信赐给我。”

并且，我们应该毕生恳求上帝和他所爱的圣徒，在我们最后的时刻让我们保有真正的信，就像我们在圣灵降临节时很恰当地唱出的那样，“让我们现在最诚恳地向圣灵祈求万物的纯真的信，祈求他在我们最终的时刻友好地接待我们，在我们归去的时候，祈求他照顾我们。”在那临终的时刻，我们应该向上帝作这样的祈祷，并且提醒他他的吩咐和他的应许，一点也不要怀疑我们的祈祷会得到成全。总之，如果上帝曾经这样吩咐过，要我们祈祷并且要我们信这个祷文，而且，他还赐恩给我们，让我们去祈祷，那为什么我们还要怀疑他这样做的目的就是听取我们的祈祷并成全它呢？

第二十，上帝还要做什么来说服你自愿接受死亡，不是害怕，而是制服它呢？在基督之中，他赐给你生命、恩典和得救之形象，使你不用惧怕罪孽、死亡和地狱之形象。他还把你的罪孽、死亡和地狱都放到他最亲爱的儿子的身上，他将它们征服了，使它们不会来伤害你。还不止于此，他还让困扰着你的罪孽、死亡和地狱之种种困苦，也去困扰他的儿子，教你如何处身于它们中间而保护好自己，使他们变成无伤于你和你可以承受的。为了消除你的一切疑虑，他又赐给你一个确切的标记，那就是各项圣事。他吩咐他的天使、所有的圣徒、所有的被造物，跟他一起看顾你，关注着你的灵魂并接受你的灵魂。他吩咐你向他祈求得到这个，祈求确保得到成全。他还能或者还应该再做些什么吗？

你由此可以看到，他是一位真正的上帝，他为你成就正当而神圣的大事。那么，对于那种重大的事情（例如死），只要他把一些巨大的好处、帮助和力量添加在它上面，从而试验他的恩典的力量，为什么他不应该让你承担呢？因而，我们在《诗篇》(111: 2)中读到，“主按他的喜悦所拣选的作为，何等伟大”。因此，我们应该以喜悦的心情感谢他赐给我们如此深不可测的奇妙而丰富的恩典和仁慈，使我们得以对抗死亡、地狱和罪孽，不再畏惧死亡，而是颂赞和热爱他的恩典。爱和赞美使得死亡变成十分轻松的事情，就如同上帝通过以赛亚告诉我们的那样，“为我的颂赞，向你容忍，不将你剪除。”愿上帝为了这个目的来扶助我们。阿们。

7 关于婚姻的讲道

前言

关于婚姻的讲道已经用我的名义出版了，但我倒宁可它还没有出版。我完全知道我作过关于这个题目的讲道，但从来没有打算作为著作发表，只是现在我才在着手准备这样做。为此，我决定把这次讲道校订一遍，尽可能作出改进。我恳请每一个好心人不用理会那初版的讲道录。而且，如果有人想着手为我记录我的讲道，他最好不要这样做，让我在发表我的言论时也有发言权。在运用口语表达某个意思跟用书面语表达这二者之间，有着巨大差别。

关于婚姻的讲道

维滕贝格奥古斯丁派的马丁、路德博士修订和更正

1. 上帝创造出了亚当，并把所有动物都带到他的面前。可亚当在它们中找不出一个适合于婚配的配偶，因而上帝说道，“亚当独居不好。我要为他造一个配偶帮助他”。于是他让亚当沉睡，取下他的一条肋骨，又把肉合起来。上帝就用亚当身上所取的肋骨造

成一个女人，领她到他面前。亚当就说："这是我骨中的骨，肉中的肉。她就被称作女人，因为她是从男人身上取出来的。因此，男人要离开父母与妻子连合，二人成为一体"（《创世记》，2: 18—24）。

这一切都出自于上帝的话语。这些话语告诉我们，男人和女人是从哪里来的，他们如何彼此相属，妻子为了什么目的而被造，以及在婚姻之中应该有什么样的爱存在。

2. 如果上帝没有赐出妻子或丈夫，那么，任何事情都可能发生。因为这里所指的真实情况是，亚当并没有为自己找到适合于婚配的伴侣，而上帝一创造出了夏娃并把她领到他的面前，他就对她具有一种真正的婚恋之爱，意识到她就是他的妻子。凡是想要结婚的人，都应该由此而懂得，他们应该认真地向上帝祈求得到一个配偶。因为那位哲人*说了，房屋钱财是祖宗所遗留的，惟有妻子是上帝所赐的（《箴言》，19: 14），上帝按每一个人的需要来赐给，如同夏娃就是唯独由上帝赐给亚当的。而且，虽然有一些纵情肉欲的青年对这些事情看得很轻，可是，在上帝眼中，婚姻还是一件重要的事情。因为全能的上帝仅仅为人设定了婚姻，使人超越于一切动物之上，对婚姻作了如此周密的考虑，这不是偶然的。而对于其他动物，上帝只是很简单地说，"要滋生繁多"（《创世记》，1: 22）。经上并没有写到他把雌性的动物带到雄性的动物那里。所以，在动物中并没有像婚姻这样的事情。但在亚当这里，上帝从他的肉体里面为他创造出了唯一而特定的妻子。他把她领到他那里来，他把她赐给了他，而亚当同意接受她。因此，这就是婚姻。

* 指"以色列王，大卫的儿子，所罗门"（《箴言》，1: 1）。

3. 把女人创造出来就是为了成为事事帮助男人的伴侣，特别是生养孩子。这样的良好情况一直保持到他们发生了堕落*，致使婚姻被掺杂进了邪恶的淫欲。而现在［即在发生了堕落以后］，男人对女人的欲望以及女人对男人的欲望，就不像原来设定婚姻时那样仅仅为了成为伴侣和生养孩子，而是也为了满足邪恶的淫欲，这几乎成了一个强有力的动机。

4. 上帝区分各种不同类型的爱，指明男女之爱是（或者说，应该是）所有爱中最伟大和最纯洁的。因为他说，“男人要离开父母与妻子连合”（《创世记》，2: 24），而妻子也要这样，这是我们日常见到的事情。现在有三种爱：虚假的爱、本性的爱和婚后的爱。虚假的爱指那种谋取私利的爱，例如男人喜爱钱财、产业、荣誉以及跟上帝命令相违背的婚外女人。本性的爱指父亲与孩子之间、弟兄姐妹之间、朋友亲戚之间以及类似关系之间的爱。但是，婚后的爱要高出前两种爱，指新娘的爱，这种爱如火焰一般发出光和热，心目中唯独有丈夫一人。她说：“我要的是你，而不是你所拥有的东西：我既不要你的金也不要你的银；我什么也不要，我只要你。我要的是整个的你，不然就什么也不要了。”一切其他种类的爱，都在被爱的人之外还在寻求别的东西：而这种爱要的只是完全拥有被爱者自己。要是亚当没有堕落的话，那新娘和新郎之爱也许就是最可爱的事情。但现在这种爱不再纯洁了，因为众所周知，婚姻中的一方希望拥有另一方，然而任何一方都在寻求跟别人在一起来满足自己的欲望，正是这样的欲望败坏了这种类型的爱。因此，现在

* 见《创世记》，3 章。也称为“亚当的堕落”或“人的堕落”。

婚姻不再纯洁，没有脱离罪孽。肉体的引诱起到了如此强大的主导作用，使得婚姻好比成了一所收留不治之症的病人的医院，只是在防止病人陷入更严重的罪孽而已。在亚当堕落以前，男人和女人要做到守贞是一件很简单的事，但现在，它变得不太可能了，而且，要是没有来自于上帝的特殊恩典，简直就不可能。正是由于这个道理，无论基督还是使徒都没有设法把守贞定为一个义务。确实，基督曾经建议守贞，他把这件事留给每个人自己去考验，倘若他不能够克制，他就可以结婚，倘若靠上帝的恩典他能够克制住，那么，守贞更好。

如此，博士们找到三件有关婚姻的良好而有用的事情，靠着它们来抑制暗地里的情欲犯罪，使它不再成为受诅咒的原因。

［博士们所说的］第一件就在于它是圣事。一件圣事指某种属灵的、神圣的、属天的和永恒的事情的一个神圣标记，例如，洗礼用的水，神甫将水洒在孩子头上，意味着那神圣而永恒的恩典同时被注入孩子的灵魂和身体，使他得以摆脱他的原罪而得到净化。这还意味着，那有着无可估量的好处、事实上远比传递这个意思的水伟大得多的上帝的国，是在这孩子里面了。在同样意义上，婚姻也是一件圣事。它是迄今存在过或今后还将存在的最伟大、最神圣、最宝贵和高尚的事情的一个外在的和属灵的标记：属神的本性与属人的本性在基督中合一。神圣的使徒保罗说，通过婚姻结合在一起的男人和妻子，是同一个肉体中的两个人，同样，上帝和人也在同一位基督中合一，同样，基督和基督徒也成为一体。如保罗所说的那样（《以弗所书》，5: 32），婚姻确实标志着这样一个重要的现实，那实在是一件奇妙的圣事。如同丈夫将自己献给他的妻子，成为属

她所有一样，同样，上帝也成了人，他将自己献给人，成为属他所有，这难道不是一件奇妙的事情吗？可是，如果连上帝也属于我们所有，那么，任何事情就都属于我们所有了。

对于这件事情，要用它应得的敬意去对待它。正因为男人和女人的婚姻意味着一大奥秘，因而，婚姻必定具有这种特殊意义。这就是说，那人人皆有的邪恶的肉体情欲，如果在婚姻内部表现出来，就是夫妻之间应尽的义务而无需加以责备，可是，在越出婚姻界限之外的任何其他情况下，它就是弥天大罪。同样，上帝的神圣的人身身份，也掩盖了邪恶的肉欲的耻辱。所以说，一个已婚的男子应该尊重这件圣事，奉其为圣洁之事，应该尽到婚姻应尽的义务，这样，源于肉欲的那些事情在我们里面就不会等同于在牲畜那里发生的情况。

［博士们所说的］第二件就在于婚姻是信守忠诚之契约。婚姻之全部的基础和实质就在于其中任何一方都将他（或她）献给另一方，他们承诺要忠于对方，不将自己又献给任何别的人。由于彼此束缚，彼此臣服，因而将任何其他人的身体都挡之于外，他们在婚床上都对自己唯一的伴侣感到满足。这样，上帝注意的是要让肉体受到制约，无论在什么地方都不可过分猖獗和随心所欲，而在这样的盟誓范围之内，他甚至会同意让他们超过必需地怀上更多的孩子。不过，当然人一定要控制好自己，不可使他的婚姻变成一头脏猪的猪圈。

在这一点上，我想说说哪一类话适用于两个彼此订婚的人。这个问题，已经讨论了很长时间，已经那么深入，已经变得那么时髦了，因而我本人实在难有全面的了解，但我担心有很多人，他们虽然已经结了婚，但迄今我们还以为他们未婚。但因为婚姻最主要的就在于双方事先自愿地表示同意，而且，也正因为上帝在做出他的一切决定时都出奇地仁慈，所以，我愿意将这一切都让上帝来关注。一般被大家所接受的格式是"我属于你，你属于我"，尽管某些人作了最严格的安排，可是在他们说出"我愿意娶你"或采用别的什么说法时，那是不够的。然而，我仍然希望以迄今为止大家所理解的意义来看待那些话语。

类似地，如果某个人曾经私下订过婚，这以后又订了一次婚，不管是私下的还是公开的，那么，我还是不能肯定，我们关于婚姻所写的内容或者对它的判断，是否完全正确。我的意见是，父母要劝说他们的子女不要羞于请他们的父母为他们找结婚对象。父母也应该从一开始就明确表示，他们要求他们的子女在未来的婚姻中保持忠贞。反过来，子女也不应该在他们的父母不知晓的情况下订婚。在你向你的父母要一件外衣或者一座房子的时候，你可并不羞于开口，难道不是这样吗？为什么愚蠢到不为婚姻大事提出请求呢？参孙就是这样做的。他进入一座城市，看见了一个他喜欢的年轻女子。他马上就回到家中告诉他的父母，"我看到了一个我所爱的年轻女子。亲爱的父母，请把这个女孩娶来作我的妻子吧"(《士师记》，14: 1—2)。

［博士们所说的］第三件就在于由婚姻产生出子孙后代，因为这才是婚姻的最终的和主要的目的。然而，单为了生养孩子是不够的，因而，他们在用婚姻为罪孽作辩解时所说的那些话，并不属于这种情况。异教徒们也在产生子孙后代。但不幸的是，我们很少培养孩子们侍奉上帝，赞美和荣耀他，而不对他们另有要求。人们只

是希望让他们的子女传宗接代，或者在他们身上寻找乐趣；侍奉上帝则随时随地可做。你们也看到，好多人在他们明白什么是诫命或者在能够祈祷以前，就匆忙结婚并为人父母。

但这至少是所有已婚者应该知道的。不管是对上帝，对基督教，对全世界，对他们自己，还是对他们的孩子，他们能够做到的，再也没有比培养好自己的孩子更好和更有价值了。跟已婚者要培养好自己的孩子这件事相比，任何事情，例如去罗马、耶路撒冷或康波斯特拉朝圣，例如建造教堂、捐助弥撒，或者做别的什么善行，都无法相比。因为培养好他们的孩子，是他们进天国的捷径。事实上，再也没有比做这件事情更靠近天国、更容易到达天国了。这也正是指定要他们去做的事情。如果当父母的不认真这样去做，就像一切都乱了套，好像火不烧或水不湿一样。

由于同样的原因，在对待孩子这件事上，也更容易下地狱。如果你把孩子宠坏，听任他们赌咒发誓，说出亵渎上帝的话，唱一些粗俗不堪的歌曲，随心所欲地做事，那么，你所做的事情可谓坏到了极点。更有甚者，一些父母不惜怂恿子女刻意追求时尚，他们只喜欢这个世界，想方设法钻营谋利，终日关心自己的肉体，却不关心自己的灵魂。在全体基督徒里面，没有比娇宠孩子更大的悲剧了。如果我们想要帮助所有基督徒，最要紧的就是从孩子开始，早期就是这样的情况。

在我看来，第三件事情乃是所有事情中最重要的，也是最有用的。因为毫无疑问，它不仅是婚姻应尽义务的问题，还可以把一切其他的罪孽全都掩盖掉。不当的本性的爱蒙蔽了父母，他们更关心他们孩子的肉体，却不关心他们的灵魂。正是由于这个缘故，智者说，“不忍用杖打儿子的，是恨恶他，疼爱儿子的，随时管教”（《箴言》，13: 24）。还有，“愚蒙迷住孩童的心，用管教的杖可以远远赶除”（《箴言》，22: 15）。或者，还这样说过，“你要用杖打他，就可以救他的灵魂免下地狱”（《箴言》，23: 14）。所以，对每个已婚者来说，最重要的是要更密切、更彻底和持续注意他的孩子的灵魂，胜过对他所生养的他的身体的注意，要把他的孩子看作一个永恒的财宝，是上帝命令他加以保护的，防止世俗、肉体和魔鬼把这孩子偷走，把他引向毁灭。因为在他死后和到了世界末日，他要被问到他的孩子的事情，他必须给出一个最庄严的回答。因为你认为那些喊叫着“不生育的和未曾怀胎的，未曾乳养婴孩的，有福了”（《路加福音》，23: 29）的人，恸哭嚎叫，是什么原因呢？毫无疑问，因为他们无法把他们从上帝那里接受来加以照顾的孩子交还给上帝。

哦，如果做到恰当地对待婚姻，它确实是高贵、重要而有福的状态！如果做不到恰当对待婚姻，它又会确实变成一个可怜而可怕的危险状态！对于记得承担这些事情的人来说，肉欲会离他而去，他也许就能够做到婚后的贞洁。年轻人对此很少理解，总是随心所欲地行事，但上帝会看重这个，等待着正确行事的人。

最后，如果你真的想补偿你的罪孽，获得最完全的救赎，使得在地上如同在天上一般，如果你真的想看到你好几代的子孙，那么，就请你全神贯注地盯住这第三点，认真培养好你的孩子。如果你做不到这样，你就该找找谁能够做到，并请他们来做。不可贪图省钱或省力，因为你的孩子是你在遗嘱中为死者准备的教堂、圣坛、遗约、守夜和弥撒。正是他们，会在你临死的时刻照亮你，直到你旅程的终点。

8 基督那神圣而真实的身体和血之圣事，兼论弟兄会

1. 神圣的圣坛圣事或基督神圣而真实的身体之圣事，也有三个部分是我们必须知道的。第一个部分是圣事，或者说，是标志。第二个部分是圣事的意义。第三个部分是跟前两个部分连在一起所需要的信。每一次圣礼都必须有这三个部分。圣事必须是显露在外可以看得见的，必须具有某种物质的形式或者外表。其涵义必须是内在的和属心灵的，处在个人的心灵之内。信必须使二者一起成为可行的和有用的。

2. 圣事，或者说，外在的标志，存在于饼和酒的形式或者外表之中，就像洗礼是以水作为它的标志一样；差别仅在于饼和酒是用于吃和喝的，而洗礼用的水则用来浸没或浇注。因为圣事，或者说标志，如果它是一种祝福的话，它肯定是大家接受的，或者至少是想要的。当然，现今已经不再像古时候那样每天都要分发饼和酒这两样。但是，既然神甫每天都在众目睽睽之下领饼和酒，这就显得没有必要了。对于一般人来说，只要每天有这样的愿望，现今就像基督教教会所规定和所提供的那样领受一样的圣餐就足够了。

3. 然而，就我而言，我赞成教会应当在一次公会议上再次规定，所有人都给予像神甫一样的饼和酒圣餐。倒并不是因为一样不够，其实只要有信的愿望就够了，就像圣奥古斯丁所说的那样："你为何要准备胃口和牙齿呢？只要信，你就已经参与圣餐礼了。"但让圣事的形式或者说标志不只是部分地而是全部地举行，才是合适的和完美的，这一点，就像我谈洗礼时所说的：浸没在水中，比用水浇注更合适，这是为了使标志得以完整和完美。因为这个（圣餐）圣事，就像我们会看到的那样，标志着圣徒们的完全结合和不可分割的团契；如果只派分部分圣餐就不能恰当地加以表明。根本不会像假定的那样认为使用杯子会有什么危险，因为人们难得参加圣餐礼。此外，基督很清楚所有未来会发生的危险，但他认为他的所有基督徒都领受两种圣餐是合适的。

4. 这样的圣餐礼的意义或效果，就是所有圣徒的团契。它的通用名称 *synaxis*（希腊文）或者 *communio*（拉丁文），都是团契的意思。拉丁文 *communicare*（意思是"共同参与或互相联通"），或者我们在德文中所说的 *zum sacrament gehen*（意思是"参加圣餐礼"），意思是加入到这个团契中去。因此，基督和所有圣徒乃属于同一个属灵的身体，这就像一个城市的居民属于同一个团体和实体，每一个公民都是其他公民和整个城市的一分子。所以，所有圣徒都是基督和教会的成员，而教会正是上帝的一个属灵的和永恒的城邦。无论是谁，只要被这个城邦接纳，就可以说是被圣徒的团体接纳，被化入了基督的属灵的身体之中，成了他的一员。另一方面，*excommunicare*（意思是"逐出团体"）则意味着从团体中驱逐出去，从身体中割裂出去；在我们的语言中这叫作"将某人禁逐"，虽然在我的下一篇关于禁逐的论文中我会指出二者的区别。

如此说来，接受饼和酒的圣餐，不外是接受明确表明与基督以及所有圣徒的团契和结合的可靠的标志。这就像一个公民要得到一个标志、一个文书或者别的什么凭证，表明他是该城市的公民，是那个特定团体的成员。圣保罗在《哥林多前书》(10: 17)里也说到这个事情:“我们仍是一个饼，一个身体，因为我们都是分受这一个饼和这一杯酒*。”

5. 这种团契就在于，基督及其圣徒*的一切属灵的所有物，都跟接受这个圣餐的人共享，也成为接受圣餐的人的共同财产。同样，一切苦难和罪过也成为共同的财产；这样，大家都以爱来回报爱，做到了互相团结。说得明白一些，就像一座城市，其中每一个公民都跟其他所有公民分享着这个城市的名称、自由、商业、海关、设施、救助、支持、保护等等，同时也分担着诸如火灾、洪灾、敌人入侵和杀戮、所遭受的损害，应交纳的税款等等。因为一起享受利益的人，也应该一起分担代价，应当以爱回报爱。在这里，我们看到，无论谁损害了某一个公民，他也就损害了整个城市和城市的所有公民；无论谁有益于某一个公民，他理应得到所有公民的称赞和感激。至于我们的自然的身体，也是如此，就像圣保罗在《哥林多前书》(12: 25—26)中对圣餐礼所作的属灵的解释:“总要肢体彼此相顾；若一个肢体受苦，所有的肢体就一同受苦；若一个肢体得荣耀，所有的肢体就一同快乐。”这是很明显的：任何人的脚要是受了伤，哪怕只是小脚趾受了伤，眼睛立刻就去注视它，

* 今本《圣经》中无“和这一杯酒”。

手指就去抓住它，脸就会皱起眉头，整个身体就会弯向它，一切全在关注着这个小肢体；而且，一旦它得到了关注，其他所有肢体就都受益了。如果想要理解圣餐礼，就应该注意这个比喻，因为《圣经》使用这个比喻正是为了那些没有什么学问的人。

6. 所以，在圣餐礼中，人通过神甫从上帝他本身得到一个可靠的标志，确信他由此与基督及其圣徒合而为一，共享着一切，基督的苦难和生命，跟所有圣徒的生命和苦难一起，也成为他自己的了。因此，任何人做了有害于信徒的事情，就等于有害于基督和所有的圣徒，这就像他通过先知（《撒迦利亚书》，2: 8）所说的话："摸你们的，就是摸他眼中的瞳人。"另一方面，任何人做了有益于信徒的事情，就等于做了有益于基督及其所有圣徒的事情；这就像他在《马太福音》（25: 40）中所说的："这些事你们既作在我这弟兄中一个最小的身上，就是作在我身上了。"再者，人们必须自愿分担基督及其圣徒的所有重担和厄运，做到同甘共苦。让我们更加全面地来思考这二者。

7. 然而，灾难却以多种形式向我们袭击。首先，在受洗之后，我们的肉体里还存留着罪恶：会发怒、憎恨、骄傲、淫乱等等。只要我们还活着，这样的罪恶就会袭击我们。在这里，我们不但需要［圣徒］团体的帮助和基督的帮助，要他们和我们一起去迎战这罪恶，而且，也有必要让基督及其圣徒在上帝面前为我们说情，希望虽然我们犯了罪过，但还不至于由于上帝的严厉审判而加罪到我们头上。所以，为了加强和鼓励我们与这样的罪恶作斗争，上帝给予我们圣餐礼，好像在说："看，多种罪恶在袭击你们；拿着这个标志吧，凭着这个标志我给你们立下我的誓言，即这个罪恶所袭击的不单是你们，还有我的儿子基督，及其所有在天上和地上的圣徒。因此，振作起来，无所畏惧。你们不是单独作战。在你们周围有巨大的帮助和支持。”大卫王这样说到饼：“饼强壮人的心”（《诗篇》，104: 15）。《圣经》在许多地方都说到圣餐礼可以使人强壮，《使徒行传》（9: 18—19）说到圣保罗时是这样说的：“他受了洗，吃过饭就强壮了。”

其次，邪灵也用各种罪恶和折磨不停地向我们袭击。再次，这个充满着邪恶的世界对我们用尽了威逼和利诱，实在是坏到了极点。最后，我们自己的负罪意识，用我们过去的罪过袭击我们；其中就有对死亡和对地狱之苦的恐惧。所有这些折磨都使我们身心疲惫，我们只有到这种团契中去寻求力量，因为在团契中是可以找到力量的。

8. 凡是感到绝望，深受负罪意识的折磨或者死亡的威吓，或者由于其他什么事情而感到心情沉重的人，如果想完全解脱，就让他高高兴兴地去参加圣坛圣事，把他的烦恼卸下来放到［圣徒］团体中去，从那个属灵的身体的全体中寻求帮助。就好比一个财产蒙受损失或者遭受敌人残害的公民，他会向他所在城镇的议会和同胞诉苦，请他们来帮助他。上帝在圣餐礼中赐给了我们无限的恩典和仁慈，最终让我们摆脱所有苦难和悲哀，将其放到［圣徒］团体上，尤其是放到基督身上。然后，我们就可以愉快地找到力量和安慰，会说：“虽然我是一个罪人，曾经堕落过，虽然这样或那样的灾难曾经降临到我的头上，然而，我要去参加圣餐礼，从上帝那里接受一个标志，使得我自己具有基督的公义，具有他的生命和他所受的苦难，就跟所有天使和天国里的圣徒以及地上所有虔信的信徒一样。如果我死了，我在死亡之中也并不孤单；如果我遭受苦难，他们就跟我一起受苦。[我确实知道]我的所有不幸都是跟基督以及圣徒一起分担的，因为我有他们对我的爱的可靠标志。”看吧，这是从圣餐礼得到的恩惠；我们应当如此运用圣餐礼。这样，我们就一定满心喜欢，充满生气。

9. 所以，你参加圣餐礼或者想要参加的时候，必须也分担团契的不幸，这是前面已经说了的。但这些是什么不幸呢？在天上的基督和天使，以及跟他们在一起的圣徒，没有什么不幸，除非有人对真理和上帝的道所加的伤害。实际上，正像我们说过的那样，地上所有圣徒所遭遇的祸和福，都会牵动他们的心。在此，你的心应该在爱里面飞扬，知道这是一次爱之圣事。既然赐给你了爱和支持，你应该反过来将爱和支持给予有需要的人，这样也就是回报基督了。你必须为任何羞辱基督神圣的道的行为而感到痛心，为基督教徒所遭遇的任何灾害而感到痛心，为无辜者所遭受的任何不公正的苦难而痛心，这一些在世界上比比皆是。你必须战斗、工作、祈祷——如果你不能做更多的话——你也应该怀有出自内心的同情。看，这就轮到你来承担基督及其圣徒的不幸和艰难了。这里就实现了保罗所说的话：“你们各人的重担要互相担当，如此，就完全了基督的律法”（《加拉太书》，6: 2）。看，你全力支持他们，他们也全力支持你；所有事情无论好坏，都是共有的。这样，万事都变得轻而易举，邪灵就无法对抗这样的团契。

在基督设立圣餐礼的时候，他说：“这是我的身体，是为你们舍的，这是我的血，是为你们流的。你们也要经常这样做，来纪念我。”这就好像他在说：“我是首领，我第一个为你们而舍弃自己。

我将你们的苦难和不幸当作我自己的苦难和不幸，为你们分担这些，这样，你们为我以及互相之间也这样做，让一切东西都成为共同的财产，在我里面以及和我一起。我把这个圣餐礼留给你们，作为这一切的凭证，为的是使你们不要忘记我，但靠着我为你们所做的和仍旧在做的，将这个牢记在心并互相告诫，这样就可以使你们坚强，也以同样的方式彼此承受。”

10. 这也是一个原因，而且是一个主要原因，即为什么圣餐礼要多次领受，而洗礼却只要领受一次。洗礼是新生命的开始或进入，而在新生命的历程中，有无穷无尽的艰难困苦会袭击我们，带来的是罪过和苦难，既有我们自己的，也有他人的。就像我说过的那样，有魔鬼，有世界，以及有我们自己的肉体和良心。它们会无休止地追逐和迫害我们。所以，我们需要有基督及其圣徒的力量、支持和帮助。这些是有誓约给予我们的，具有一个可靠的标志，凭着这个标志，我们就成为他们中间的成员，加入到他们中去，我们的所有苦恼都得以卸下来，放到［圣徒的］团体中去。

由于这个原因，甚至有这样的情况，即圣餐礼对于那些没有什么不幸或焦虑的人，或者对于那些没有感到什么苦难的人，会显得很少得益或者无所得益。因为受益的只有那些需要力量和安慰的人，那些担惊受怕的人，以及那些受到罪孽的袭击或者已经陷入罪孽中去的人。而对于无忧无虑、坦然无惧的人，它又能做什么呢？因为上帝的母亲说道：“叫饥饿的得饱美食（《路加福音》，1: 53)，叫发愁的得到安慰。”

11. 因此，为了设法让他的门徒有资格和有准备去参加圣餐礼，基督就先让他们感到伤心，向他们宣布他将要离开他们，将要死去，这使他们极度苦恼。然后，当他说出他们中有一人将要出卖他时，更使他们大为惊恐。当他们满怀忧愁和焦虑，受到忧愁和出卖之罪孽的困扰时，他们就有资格去领受，他就将他的神圣的身体给了他们，使他们坚强起来。他以此来教导我们，这个圣餐，对于那些有烦恼和受罪孽和邪恶所困扰的人，是力量和安慰。圣奥古斯丁也说了同样的事情："只有饥饿者才需要吃这一顿饭，饱足的人不需要，回避了。"因此，以前要求犹太人在过逾越节时要站立着匆忙吃下苦菜（《出埃及记》，12: 8, 11）；这同样也表明圣餐礼所需要的是那些有所渴求的悲哀的人。现在，如果一个人愿意将基督和所有基督徒的磨难看成是他自己的磨难，如果他愿意捍卫真理和抵制不公，帮助承担无辜者的需求和所有基督徒的苦难，他就会发现有那么多的磨难和痛苦，远远超出他的恶的本性、世界、魔鬼和罪孽每天所施加于他的。而且，把那么多担子压在我们身上，处处准备苦菜给我们吃，这甚至是上帝的意愿和目的，使我们渴求这个力量和乐于参加圣餐礼，从而，也就有资格（也就是说，有需要）去参加了。

12. 如此说来，我们经常参加圣餐礼，以使我们可以想念基督和按照他的榜样去体验这样的团契，乃是基督的意愿。因为倘若他不再成为我们的榜样，这团契很快就会被遗忘。而我们现在伤心地看到，有许多弥撒在举行着，然而那由基督作出了榜样而在基督徒中间本应得到宣扬和实现的团契，事实上却消失了。我们无从知道，这样的圣餐礼还会有什么目的，还会有什么用处。其实，我们经常会用我们的弥撒破坏这个团契，把一切都走了样。这是传道者的过错，他们没有宣讲福音或圣事，倒是臆造了［关于苦行赎罪］的寓言，许多工作如何去做，和生活方式该如何。

但在过去，圣餐礼得到了正确的应用，人们受到教导要很好地理解这个团契，他们甚至将食物和各种财物都集中到教会里，在那里，就像圣保罗在《哥林多前书》第11章里所说的那样，他们把这些东西分配给贫困的人。弥撒中所说的“募捐”就是这种做法的痕迹，意思是广泛募捐，就好比募集一笔共同基金来救济穷困者。在那些日子里，许多人成为殉教者和圣者。那时难得举行弥撒，但从弥撒里面却产生出巨大的力量和祝福；基督徒们互相照顾，互相支持，互相同情，共同挑起重担和承受烦恼。但这一切都已经消失了，所剩下的只有许多的弥撒，许多接受圣餐礼的人，却不太理解和践行它所包含的意义。

13. 实际上，有些人乐于共享好处，却不愿意有所付出。就是说，他们愿意听到在圣餐礼上会有圣徒的帮助、团契和支持赐给他们。但他们却不愿意从属于这个团契。他们不愿意帮助穷人，接纳罪人，关心悲哀者，不愿意受苦、为别人说情，不愿意捍卫真理，为了让教会和所有基督徒得益而冒损失自己的生命财产和荣誉的危险。他们之所以不愿意，乃是因为他们惧怕这个世界。他们不愿意被迫遭到冷落、伤害，蒙受耻辱或者丧失生命，虽然上帝的意愿是驱使他们为了真理和别人而希望得到圣餐礼的莫大恩典和力量。他们是一些追求私利的人，圣餐礼对他们没什么好处。就像我们不能容忍一个人希望得到帮助和保护，分享团体的好处，却不愿意为团体服务。不，如果我们希望基督和他的圣徒把我们的祸害当作他们自己的祸害，那么，我们也应该把别人的祸害当作我们自己的祸害。这样，团契就得以完整，圣餐礼就公正了。因为除非爱每天都有所增长，改变一个人，使他与其他所有人合为一体，不然，圣餐礼就没有什么益处和意义。

14. 为了使这种团契得以显明，上帝指定由圣餐礼作为标志，使其从各个方面服务于这个目的，以其自有的形式来刺激和激励我们向往这种团契。因为好比由多种谷物的田地出产的谷物经过混合而做成了饼，由谷粒的果实做成了饼体，而在饼体里面，每一颗谷粒都失去了它的形态和实体，形成统一的饼体；又好比一粒粒葡萄，在失去了自有的形态后，成了统一的酒体而可以饮用——如果我们正当地应用圣餐礼的话，它就与我们在一起，而且也应该与我们在一起。基督以及所有圣徒，出于他的爱，取了我们的形象（《腓立比书》，2: 7），与我们一起对抗罪孽、死亡和各种邪恶。这就激起了我们的爱，使我们也去取他的形象，依靠他的公义、生命和福乐。而且，由于他的福与我们的互相交换，我们就合成为同一个饼，同一个身体，同一个酒，一切都共通了。哦，诚如圣保罗所说，基督与教会骨肉与共，那是一个伟大的圣事。再者，出于同样的爱，我们需要被改变，让其他所有基督徒的病痛都是我们自己的病痛；我们要取他们的形象，接受他们的需求，把我们力所能及的一切好处都分给他们，让他们得益。那才是真正的团契，是这个圣事的真实意义所在。这样，我们就互相转变成为对方，由爱形成一个团体。如果没有爱，就不会有这样的转变了。

15. 基督指定饼和酒这两个形态而不是别的什么形态，作为这个圣事中的团结和团契的证明。因为没有什么会比食物跟食者之间更亲密、更深刻和更牢不可分的团结。因为食物进入他的本性中，由他的本性加以消化，跟吃这个食物的人合成一体。别的团结，例如由钉子、胶水、绳子等东西所形成的团结，则无法使不可分割的物体合成一体。如此，在圣餐礼中我们与基督合而为一，与所有圣徒合为一体，这样，基督就关心着我们，代表我们行事。这就像他就是我们，关系到我们的事情，同样关系到他，甚至还有过之而无不及。反过来，我们也关心着基督，就好像我们就是他，确实我们最终将会是的，即我们将跟他一模一样。就像圣约翰所说的："但我们知道，主若显现，我们必要像他"（《约翰一书》,3: 2）。可见，基督以及所有的圣徒与我们的团契是多么深刻和全面。我们的罪过在袭击他，而他的公义在保护着我们。因为这样的团结使一切的东西都共同所有，直到最后，到了世界末日，基督彻底摧毁我们里面的罪孽，使我们变得像他一样。类似地，由于同样的爱，我们将跟我们的邻居合为一体，我们里面有他们，他们里面有我们。

16. 除此之外，基督并没有互相独立地设立这两个形态，他在饼里面给出了他实实在在的肉，在酒里面给出了他实实在在的血，这样他可以给出一个真正完善的圣餐礼或者说标志。因为就像饼转化为实实在在的肉，酒转化为实实在在的血，那么，我们也就确实被引入和转化为这个属灵的身体，就是基督与所有圣徒的团契，并且，又借着圣餐礼去享受基督及其圣徒的所有美德和恩惠，这已经在前面说到公民可以得到城市和整个团体的保护和自由时提过了。为了这个缘故，他不只是设立了一个形态，而是设立了两个各自独立的形态，即以饼来代表他的肉，以酒来代表他的血，这是要表明，要归属于我们自己所有的，不单是他的生命和德行，这是由他的肉所表明的和在他的肉里面得到实现的，而且，还有他的受难和殉难，这是由他的血所表明的，是他为之而流血的。而我们，既然被引进到它们里面去了，就可以运用它们和由它们那里得到益处。

17. 综上所述，显然可以看出，圣餐礼不外就是一个属神的记号，在这个记号中，基督和所有圣徒，连同他们的全部品行、苦难、功绩、恩惠以及所有物，都立下誓约赐给我们，这是为了让一切忧虑悲哀的人，让一切身受魔鬼、罪孽、世界、肉体和各种邪恶迫害的人，可以得到安慰和增添力量。而领受圣餐礼，不外就是渴望这一切，坚信是这样做到了。

现在，再来看圣餐礼的第三个部分，那就是，使任何事情赖以成立的信。因为单知道圣餐礼是什么和包含什么含意，是不够的。你单知道它是一个团契，是让我们的罪过和苦难与基督及其圣徒的公义作蒙恩的交换和融合，那是不够的。你还应该怀抱希望，坚信你已经得到了它。在此，魔鬼以及我们自己的本性，都会发起最凶猛的攻击，因此，信绝非坚定不移的。有些人尝试设想饼转化为基督的肉是什么样的，酒转化为基督的血是什么样的，来设想整个基督，包括他的肉和血何以能够容放在饼和酒这样小的容积里。其实，如果你没有看到它，没有关系。只要知道它是一个属神的记号，在这个记号中，基督的肉和血是真正存在的，就足够了。至于如何存在和在哪里存在，我们听凭他来决定。

18. 在这里你务必运用和增强你的信，使你感到忧愁的时候，或者你的罪过压抑着你而你去参加圣餐礼或者望弥撒的时候，你是真心期望这个圣餐礼及其意味的东西。那么不必怀疑你确实具有了圣餐礼所意味的东西，那就是基督及其所有圣徒，连同他们的全部德行、苦难和怜悯，都来到你这里，与你们一起生活、工作、受难和死去，他们愿意完全为你们所有，与你们共享万物。如果你们愿意运用和加强这个信，你们会体验到，你们的父已经为你们在圣坛上准备了何等丰盛的婚宴。这样，你就会明白，亚哈随鲁王的盛大筵席（《以斯帖记》，1: 5）是什么意思了；你会看到，上帝宰杀了牛和肥畜，摆设了筵席，恰如福音书（《马太福音》，22: 2—4）中所写的。这样，你的心就会真正感到宽慰和踏实，坚强而勇敢地去面对一切敌人（《诗篇》，23: 5）。因为一个人如果确信基督及其所有圣徒都与他在一起，与他同甘共苦，他还会怕什么灾难吗？我们在《使徒行传》（2: 46）中读到，基督的门徒擘开饼，存着欢喜的心用饭。既然这件事情如此伟大，而我们的灵魂却如此渺小，不敢去存这个愿望，更谈不上对此有所期待了，因此，经常参加圣餐礼，或者至少在每天的弥撒中运用和增强信，是有必要、有好处的；因为信是全部事情的基础所在，圣餐礼也是为此才设立的。如果你对此有怀疑，那你所做的就是对上帝的最大侮辱，是把他当作毫无信用的谎言家；如果你不能够信，你就该祈求得到信，这一点以前已经在别的文章中谈到过了。

19. 你务必使你跟任何人形成团契，不因憎恨或愤怒而排斥任何人。因为圣餐礼是在要求团契、爱和团结，它不能容忍有什么不协调和不团结。你应该记住别人的病痛和需求，当作你自己的一样。对别人要做到全力相助，就像那是你自己的事情，就像基督在圣餐礼中为你所做的一样。这就说明通过爱而互为转化，由许多颗微粒合成一个饼和酒，失去原有的形态而全部趋同合一。

由于这个缘故，诽谤者以及恶意论断和贬低别人的人，所能领受到的只是圣餐礼中的死亡了，就像圣保罗在《哥林多前书》（11: 29）中所写到的那样。因为他们并没有把他们从基督那里寻求的东西和圣餐礼所表明的东西施加给他们的邻居。他们嫉妒别人任何好处；对别人毫无同情之心；他们自己倒是希望基督来关心他们，但对别人则丝毫也不关心。这样，他们在圣餐礼中，除了对因他们的虔诚祈祷而亲临的基督感到惧怕和尊敬以外，不知道还能做些什么别的事情，他们就是这样茫然不知所措。他们做了这些，以为他们已经尽到了全部责任。然而，基督献出他的身体，其目的是使圣餐礼所代表的事情——团契，即由爱所造成的改变——可以付诸实践。基督视他属灵的身体即他的圣徒的团契，远比他的自然身体更宝贵。对于他来说，尤其是在圣餐礼中，更为重要的是，与上帝及其圣徒的团契之中的信，理应在我们中得到实现和牢固；我们做到了，就可以恰当地实现我们彼此之间的团契了。基督的这个目的是盲目的崇拜者所没有感知到的。他们虽然很虔敬，每天望弥撒，但他们日复一日，一无改变；实际上，他们每天变得更坏，但他们毫无察觉。

因此，务必多加注意。对你来说，辨明基督的属灵的身体要比辨明基督的自然身体，更有必要；对属灵的身体的信比对自然身体的信更为必须。因为在圣餐礼中，若没有属灵的身体，自然的身体对我们毫无益处；通过爱才会发生改变，才会使改变得以实现。

20. 有许多人不追求爱和信的这种改变，却一心认定，就像他们所说的那样，弥撒或者圣餐礼是一件 *opus gratum opere operato*，就是说，虽然做这事的人并不取悦于上帝，但事情本身却是取悦于上帝的。他们由此得出结论，不管弥撒如何低劣，但是，参加一次又一次的弥撒总还是好事情，因为只有那些低劣地去说弥撒和用弥撒的人才会遭殃。我认可每个人［有权］各抒己见，但像这样的奇谈怪论无法取悦于我。因为［如果你愿意］这么说，没有一个被造物或一件事情其本身不是取悦于上帝的，这就像在《创世记》（1: 31）所写的那样：“上帝看着一切他所做的，它们都取悦于他。”如果饼、酒、黄金以及一切美好的东西，虽然它们本身是取悦于上帝的，但被误用，那结果会怎么样呢？噢，其后果就是遭到谴责。这里也是这样：圣餐礼越是宝贵，误用圣餐礼对整个［圣徒］团体的祸殃就越大。因为圣餐礼之所以设立不是为了其自身取悦于上帝，而是为了我们可以正当地运用它，由它而行使我们的信，借以使我们取悦于上帝。如果它只是一件 *opus operatum*，那它无论在什么地方都会带来祸害；它必须要成为一件 *opus operantis*。就像饼和酒，不管它们本身或者通过它们如何取悦上帝，但是，如果它们得不到正当的使用，只会带来祸患，所以说，单单完成了圣餐礼（这是 *opus operatum*）是不够的；它必须还在信里面使用（这是说 *opus operantis*）。我们必须小心，以免由于这样危险的解释而使圣餐礼失去它在我们身上的力量和好处，由于做完圣餐礼后得到的虚假的保障而失去信。

所有这一些都由于他们在圣餐礼中更注意基督的自然的身体，而不是团契，不是其属灵的身体。十字架上的基督也是取悦上帝的一件完成的事情。但在当时，犹太人视之为绊脚石，因为他们并不把它理解为在信里面派上用处的事情。所以，要看到，对于你来说，圣餐礼是 *opus operantis*，也就是说，是一件派上用处的事情，它取悦于上帝不是由于它本身有什么，而是由于你的信，你善于使用它。上帝的道也是本身就取悦于上帝，可是，除非它在我里面也取悦于上帝，不然的话，他对我就是有害的了。简而言之，像 *opus operatum* 和 *opus operantis* 这样的说法，是人为的徒劳的词汇，非但无助于事，反而有所阻碍。围绕着这个神圣的圣餐礼，每天都在孳生许多可恶的滥用和不信，而其中有一些竟然表现得那么属灵和神圣，以至于连天使也会误入歧途，谁又能说出这一切呢？

简而言之，任何人，如果他想了解这种滥用，只需要记住我们前面所说的该如何用和信这个圣餐礼就可以了；即必须是一个哀伤和饥饿的灵魂，他衷心地渴望得到整个团体——基督和所有基督徒——的爱、帮助和支持，他毫不怀疑在信里面他会得到［他所渴望的一切］，因此他使自己去团结每一个人。任何人如果不是以此为做弥撒、望弥撒和领受圣餐的出发点，他就是错误的，就不是在用这个圣餐礼使自己得救。由于这个缘故，这个世界充斥着瘟疫、战争以及其他各种可怕的灾害，因为我们用我们那么多的弥撒，反而会给我们招致更大的不悦。

21. 然而，我们看到，对于那些必须面临死亡或其他身体和灵魂的危险的人，圣餐礼却是何等必要，为的是使他们不至于孤零零地遭到遗弃，可以在基督以及所有圣徒的团契里面增添自己的力量。这就是为什么基督在他的门徒们感到极端需要和危险的时候设立了它，将它赐给了他们。既然我们每天都陷身于各种危险中，最后必定死去，我们应该谦卑而诚心地全力感谢满怀仁慈的上帝，感谢他给予我们如此恩惠的记号，只要我们用信牢牢抓住这个记号，他就会引领我们度过死亡和任何危险到达他那里，到达基督和所有圣徒那里。

因此，基督和所有圣徒的爱和团契是隐蔽的、看不见的和属灵的，而赐给我们的只不过是属肉体的、看得见的和外露的记号，这样的做法也是有益的和必要的。因为倘若爱、团契和支持对于所有人都是显而易见的，也像人与人之间短暂的团契，我们也许就不会变得强壮，或者说，就不会有目的地追求或信任那些看不见的和永远的东西（《哥林多后书》，4: 18）。相反，我们被训练得去信任那些短暂的和看得见的东西，对它们习以为常，舍不得抛弃它们；除非有形的事物引导我们，我们不会不跟随上帝。这样，我们永远也到不了上帝那里。因为任何受限于时间和感觉的事物，都必定要消亡，如果我们想要来到上帝那里，就必须学会舍弃它们。

因为这个缘故，弥撒和圣餐礼都是一个记号，凭着它，我们使自己有明确方向，使我们习惯于舍弃一切看得见的爱、帮助和安慰，去信任基督及其圣徒的看不见的爱、帮助和支持。因为死亡夺走一切看得见的东西，把我们与人们和短暂的事物分开。所以，面对这样的情况，我们必须有看不见的和永远的事物来帮助我们。而这样的事物在圣餐礼和记号里向我们指明了，我们靠着信，直到最后我们也用视觉和感觉去达到它们。

如此说来，对我们来说，圣餐礼乃是一条沟、一座桥、一扇门、一艘船和一根横木，靠着它、在它里面，我们从这个世界跨入永生。因此，万事都是靠着信。不信的人就像想要渡海却胆怯得不信任渡船的人；这样他就只得停留着，永远无法得救，因为他总是上不了船，也渡不了海。这是我们依靠感觉和我们的没有明确方向的信的结果，不敢穿越死亡之约旦河*；而魔鬼也阴险地插手其中。

---

* 巴勒斯坦与约旦交界处的约旦河，流入死海（《旧约》中称之为盐海）。《旧约》的《约书亚记》（22: 25）中记载着这样的话："因为主把约旦河定为我们和你们这流便人和迦得人的交界，你们与主无分了"。

22. 很久以前，这已经在《约书亚记》(3: 14—17) 中表明了。以色列的子孙们干着脚走过红海（《出埃及记》，14: 21—22）——在这里就预示了洗礼——之后，又以类似的方式穿过了约旦河。可是，祭司抬着约柜站在约旦河中间，他们下面的水被切断，而他们上面的水则像一座山一样升起来——这里就预示着圣餐礼了。在我们生死存亡之际，祭司们抬着约柜站在约旦河中间，他们对我们宣讲圣事并加以主持，而这就是基督和所有圣徒的团契。这样，如果我们信了，在我们下面的水就流开去了；这就意味着那些看得见和短暂的事物只能离我们而去。然而，在我们上面的水就高高升起；就意味着让我们在生死存亡的时刻预想到另一个世界令人战栗的磨难，威胁着我们，就好像要压倒我们一般。但是，如果我们不理会它们，以坚定的信勇往直前，那么，我们就会干着脚，不受伤害地进入永生。

所以，我们有教会的两个主要圣事，即洗礼和圣餐。洗礼引领我们进入地上的新生命；而圣餐则引导我们穿过死亡进入永生。这两件圣事分别由红海和约旦河来表明，分别由两个国来表明，一个是在约旦河上，另一个在约旦河的这一边。这是为什么我们的主要在最后的晚餐中说："但我告诉你们，从今以后，我不再喝这酒，直到我在我父的国里，同你们喝新的那日子"（《马太福音》，26: 29）。圣餐礼就是为了这个目的而设立的，是要增强信徒对抗死亡的力量，引领他们进入永生。

总而言之，圣餐礼的允诺是团契和爱，凭着它们增强我们对抗死亡和一切邪恶的力量。团契是两方面的：一方面，我们参与到基督和所有圣徒里面去了；另一方面，我们允许所有基督徒以他们和我们所能采取的任何方式参与到我们里面来。如此借助于圣餐礼，所有谋求私利的爱就都被铲除了，让位于谋求所有人的公利；由爱所形成的这种改变就只会有共同的饼、共同的酒、同一个身体，同一个团体了。这才是基督徒弟兄们的真正的团结。因此，再让我们看看，当今众多的徒有外表的弟兄会如何与此相提并论。

弟兄会

1. 首先，让我们来看看弟兄会的劣迹。其中之一就是它们暴食和酗酒。在举行过一次或者几次弥撒之后，余下的日日夜夜就都交付给魔鬼了；他们只做令上帝厌恶的事情。如此疯狂的欢宴来源于邪灵，但他却称其为弟兄会，其实更应该说是在放荡，在过异教徒般的可鄙的生活。与其怂恿这样不端的行为，远远不如在世界上就没有什么弟兄会好。世俗的君主和城市应当跟教士联合起来，一起消灭弟兄会。因为它使上帝、圣徒以及所有基督徒，都蒙受大辱；神圣的奉献和纪念，变成了魔鬼的笑柄。圣者的纪念日，应该以行善行来纪念。弟兄会，也应该是行善行的专门的聚会；现在却变成为喝啤酒募集金钱。在弟兄会里，无非是暴食、酗酒、挥霍、叫嚷、闲聊、跳舞，无非是浪费时间，那么，圣母、圣安妮、圣塞巴斯第安、或者别的什么圣者，又与你们有什么相干呢？假如要一头母猪做弟兄会的守护神，连它也不会同意的。那么，他们为什么还要卑鄙地去折磨那些亲爱的圣者，轻慢地去把他们的名字牵入如此可耻的作为和罪过里，用如此卑劣的行径去侮辱和亵渎以这些圣者命名的弟兄会呢？但愿让诅咒降临到做这事的人，也降临到听任做这事的人!

2. 如果人们想要保持有一个弟兄会的话，他们就应该为了上帝的缘故备好食物来接济穷人。这前一天，他们就应该禁食，而到了那个节日，他们还是应该有所节制，在祈祷和行种种善行中度过。这样的话，上帝及其圣者就会真正地受到荣耀；其他人也会有所得益，成为好的榜样。或者，他们应该把他们本来准备大吃大喝的钱财节约下来，分别放进一个公共钱库里。这样，在发生困难的时候，就可以资助急需的工匠去创业，把钱借给他们，也可以让同一个会里的年轻一对依靠这个公共的钱库而得以成家。这些才是一个真正的弟兄会该做的事情；他们就会使上帝及其圣者施恩惠给弟兄会，让他们愉快地担任其保护神。可是，如果人们不愿意这样做，如果他们坚持照那种假冒的弟兄会的老办法去行事，那么，我还是奉劝他们不要在圣者的纪念日去做，也不要以圣者或者弟兄会的名义去这样做。让他们另外挑选工作日，放弃使用圣者及其弟兄会的名义，免得有一天圣者惩罚。虽说没有哪一天不因这种行为蒙羞，可是，至少让圣者的纪念日和他们的名字幸免吧。因为这样的弟兄会自称为圣者的弟兄会，而他们却是在干坏事。

3. 这些弟兄会还有另一个邪恶的性质，那是在灵心方面的。那就是他们错误地以为，他们的弟兄会只造福于他们自己，即名册上的会员以及做过捐献的人。这种极其恶劣的观点，比前面说到的，更有过之，上帝之所以会听任这些弟兄会沉湎于大吃大喝等等而成为对上帝的嘲弄和亵渎，这也是原因之一。因为在他们中，人们学会的是为自己谋利，是自爱，是只彼此信任而排斥他人，是自以为比别人优秀，是假定自己在上帝面前高人一等。而这样一来，像圣徒们的圣餐、基督式的爱，以及建立在圣餐礼上的真正的兄弟情谊，就都消失了，在他们里面滋长着的是自私自利。就是说，通过这许多忙于各种事务的外在的弟兄会，他们是在反对和破坏所有圣徒所共有的唯一的、内在的、属灵的和实质上的兄弟情谊。

上帝看到这种顽固不化的情况，他更变本加厉，就像《诗篇》（18: 26）中所说的："遇到顽固不化的人，你要固执己见。"所以，上帝就听任他们及其弟兄会对他嘲弄和羞辱。他把他们从圣徒所共有的兄弟情谊中驱逐出去，因为这是他们所反对且与之不相干的；他让他们处在他们自己的那个大吃大喝的卑劣的弟兄会里，既然他们所追求的和所想的不外是他们自己，那么，就让他们在这里面寻得满足吧。也就是如此，上帝使他们变成瞎子，使他们认识不到这是令人发指的卑劣行径，却用圣者的名字来粉饰他们的行为不端，装出道貌岸然的样子。更有甚者，上帝还让其中的有些人陷得更深，他们公然吹嘘说只要进了他们的弟兄会，就可以免于遭到诅咒；似乎连上帝自己建立的洗礼和圣餐礼也比他们胡编乱造的东西要逊色。对于这些用他们的弟兄会的癫狂举止和鄙劣勾当来嘲弄和亵渎上帝的节日，来亵渎他的名和他的圣徒的人，对于这些有损于从基督的伤口中流出来的共通的属基督的兄弟情谊的人，上帝要使他们蒙受羞辱，变成瞎子。

4. 因此，为了正确理解和使用各个不同的兄弟情谊，人们必须学会正确分辨各个不同的兄弟情谊。居于首位的兄弟情谊乃是属神的、属天的、最高贵的，它胜过一切其他的，就像黄金胜过铜或铅一样；这就是我们前面所说到的所有圣徒的团契。在这样的兄弟情谊里面，我们全是弟兄和姐妹，再也没有别的关系可以比它团结得更紧密了。因为，在这里，我们只有一个洗礼、一个基督、一个圣餐礼、一个圣餐、一个福音、一个信、一个圣灵、一个属灵的身体（《以弗所书》，4: 4—5），每一个人都是别的人的一个肢体（《罗马书》，12: 5）。任何别的兄弟情谊都不会是这样的紧密和健壮。因为天然的兄弟，当然是来自于同一个血和肉，来自于同一个血统；然而，他们却必须分离开来，又加入别人的血统里［在婚姻中］。而那些有组织的弟兄会，有的只是同一个名册、同一个弥撒、同一类的善行、同一个节日、同一个会费；而且事情演变到现在，又还有着共同的啤酒、共同的大吃大喝。但所有这些弟兄会，没有一个会深入并进而产生同一个灵，因为这只能由基督的兄弟情谊来做到。正是由于这个缘故，这样的兄弟情谊越是远大，越是广阔，包含的面越是广，也就越好。

可见，其他所有弟兄会，都应该经常注视这个居于首位的、最高贵的兄弟情谊，应该只以此为大。他们的一举一动都不应为自己谋利；他们宁愿是一切所行都是为了上帝的缘故，恳求上帝让他日复一日保持并且发扬这个属乎基督的团契和兄弟情谊。这样，如果要建立一个弟兄会，他们应该事先就想到让入会者用他们的祈祷、禁食、施舍以及各种善行，在为全体基督徒提供特别的服务方面，领先于别的弟兄会，而且，这样做的目的并不是为自己谋私利或者求回报，或者排斥异己，而是作为全体基督徒团体的自由的仆人在提供服务。

如果人们有了这样正确的认识，那么，上帝反过来也就会恢复良善的态度，使弟兄会不再因恣意放荡而蒙受羞耻。这样就会有福分降临；就会募集到一笔共同的基金，可以给予别人物质上的资助。如此，弟兄会在灵心和物质方面的工作，就会步入正道。而任何人，如果他在他的弟兄会中不走这个正道，那么，我奉劝他脱离这个弟兄会，摆脱它；它无论是在肉体还是在灵魂方面，都对他有害。

可是，你也许会说："如果我从弟兄会里得不到什么特别的东西，它对我又有什么用呢？"我的回答是：诚然，如果你谋求什么特别的东西，那么，弟兄会或者姐妹会，确实有什么用呢？但是，如果你通过它去为整个团体和别的人服务，就像通常说的在实施爱，那么，虽然你并没有什么期待或谋求，但你将因这份爱而得到你的回报。然而，如果你认为这样的服务以及爱的回报太小了，那么，这就证明，你所在的那个弟兄会走上了邪路。爱是不计回报而白白地服务的，这也是为什么上帝反过来也是不计回报白白地给予它各样的福分。所以，既然做任何事情都为了取悦上帝，就应该在爱中，那么，弟兄会也应该是爱的弟兄会。然而，在爱中所做的事，实质就在于不谋求自己的益处，或者说，不谋私利，而是谋求别人的益处，而且，首先是谋求属于团体的益处。

5. 回过来看圣餐礼。既然目前基督教的团契的变坏是前所未有的，而且每况愈下，尤其是在居高位者中，既然所有地方都充斥着罪恶和羞耻，你就不应该关心据说有多少次弥撒或圣餐礼如何频繁地在举行——因为这非但没有什么好处，反而有坏处——你应该关心你和他人在圣餐礼所标志的东西里面以及在它所要求的信里有多少长进。因为只有在这里面才会有长进。你越是感觉到你自己融入了基督及其圣徒的团契里，你就越会有长进。如果你发现你在基督及其亲爱的圣徒的信任中变得强壮，你会坚信他们爱你，他们会在所有生死考验中站在你一旁；你也密切关心所有基督徒以及整个［圣徒］团体中的每个基督徒的缺点和失误，使你的爱遍及每一个人，你希望帮助每一个人，不恨任何人，跟所有人共苦难，为所有人祈祷。看，随着圣餐礼走上正道，你会为了今天基督徒们的恶劣状况而哭泣，而伤心举哀。然而，如果你并不是如此信任基督及其圣徒，基督徒和每位邻居的困苦并没有使你感到困惑或者感动，那么，你就要提防那些会使你自以为借此属神和得救的其他所有善行。它们不外是伪善、冒骗和欺诈而已，因为它们没有爱和团契；而没有这些就不会有什么好事了。归根到底："爱成全了律法"（*Plenitudo legis est dilectio*）（《罗马书》，13: 10）。阿们。

［附言］

有些人之所以毫无必要地拒绝这篇文章，乃是因为我在第三节说了这样的话：我赞成有一次基督教公会议来规定，对每一个人都给予酒和饼的圣餐。他们感到莫名的惊讶，说："这是个错误，是冒犯。"愿在天的上帝怜悯吧！我们竟然要活着看到这一天，现在，基督，那尊贵的主和上帝，受到他自己的子民的公开侮辱和亵渎，他们竟将他的规定斥为谬误！其实，要是他们允许它保留下来作为一种可容许的规定而不将其转为命令，那就够了。那样，至少它不会遭到禁止或者被当作谬误。然而，我请他们仔细看看第二和第三节，在那里，我清楚地声明，单份的圣餐也足够了。我又一次体会到，正在拒绝我的著作的那些人，只不过没有读过也不想去读。我向这样的人致意，告诉他们我根本不理会他们盲目而又轻浮的批评；只要上帝恩赐我活着，我就无意容忍他们如此厚颜无耻地去亵渎我的主基督，不会容忍他们把主基督说成是一个犯错误的、有所冒犯的和热中于变革的导师。——他们可以采取相应的行动。

9 教会之巴比伦式的囚禁

马丁·路德论教会之巴比伦式的囚禁的序言

耶稣

属奥古斯丁派的马丁·路德谨向他的朋友赫尔曼·图利希致意。

不管我愿意与否，我还是不由自主地变得越来越博学了，因为有那么多的有才能的大师急切地驱使着我，要我工作。大约在两年前，我写了一本关于赎罪券的小册子，但我现在深感后悔，觉得当时不应该出版它。那时候，我仍旧抱着高度的迷信去赞附罗马教廷的暴政，因而，我以为，既然赎罪券被那么多人所认同，就不应该全盘否定。这也难怪，因为那时候，我还是单枪匹马地在做着这一苦无尽头的事情。这以后，要感谢西尔维斯特，另外也从那些极力为赎罪券作辩护的修道士那里得到了帮助，我看清楚了赎罪券不过是罗马教廷的谄谀者们的骗术，他们用这些来骗取人们的钱财和对上帝的信。我真希望我可以说服那些书商和劝说所有读过我写的关于赎罪券的小册子的人，把它们统统烧掉，用下面这个论断取代我以前关于这个题目所写下的内容，那就是：赎罪券是罗马的谄谀者的邪恶手段。

其次，艾克和埃姆泽及其同伙，却是在教给我知道什么是教皇的至高无上的权力。在此，为了不至于有负于这些有学问的人，我承认，我的确从他们的劳动中受益匪浅。因为，在我否认教皇教廷的属神的权威性时，我仍然承认它的属人的权威性。但我听到和读到了纨绔子弟们用来巧妙地支撑他们的偶像的那些故弄玄虚的说法以后（因为，我在这些事情上的见解并不总是那么固执），才恍然大悟，教皇教廷实在就是巴比伦的国，就是那个英勇的猎户宁录的权力（《创世记》，10: 8—9）。因此，我再一次但愿一切都有利于我的朋友们，我恳求书商和我的读者，把我论赎罪券的书籍全部毁掉后，牢记这样一条：教宗权乃是罗马主教的大狩猎。这一点艾克、埃姆泽以及莱比锡的那位《圣经》学讲师可以证明。

现在，他们却热中于就领饼和酒圣餐以及其他一些有分量的议题来给我上课：在此，我必须下功夫，以免错过我的这些“声名显赫的导师”的教导。某一个来自于克雷莫那（Cremona）的意大利修道士，写了一篇题为《马丁·路德在圣座前反正》的文章，这可不是像字面所说的我取消什么看法，而是他取消了我。这些意大利人现在开始用拉丁文写作了。另一个修道士，来自莱比锡的德国人，如你们所知就是刚才说到的那个讲授《圣经》的全部教规的讲师［阿尔费德］，他的文章就同领饼和酒一事对我加以攻击，并且，正像我所理解的那样，他似乎还想做一些更伟大和更辉煌的事情。那个意大利人［伊索拉尼］十分谨慎小心，他把自己的名字隐去，也许是害怕重蹈卡耶坦和西尔维斯特的覆辙。而另一方面，那个莱比锡人变得咄咄逼人，却在为他的扉页扬扬得意，扉页上刊有他的名字、生平、圣洁、博学、职事、声誉，几乎把他脚下的木屐都写上了。毫无疑问，我会从他那里学到很多东西，因为他把那篇献词写给上帝之子他本人：这些圣者跟那位在天上统治着的基督，是多么熟悉啊！在此，似乎是有三只鸟在对着我鸣叫，第一只用的是不错的拉丁文，第二只你以为用的是更好的希腊文，而第三只用的是最纯正的希伯来文。我亲爱的赫尔曼，我除了侧耳倾听之外，还应当做什么呢？莱比锡的“圣十字架会”的“会规”正在处理这个问题。

说来我真是很愚蠢，我至今一直希望能有一次公会议来决定让平信徒员也能领受饼和酒的圣餐。我们的那位博学的修道士，想要纠正这样的看法，他说明，无论是基督还是使徒，都从未命令或者建议让平信徒也领受饼和酒；因此，这事就留给教会来决定，一旦决定了，教会就得服从。这是他的原话。

你也许会问，这个人中了什么邪了，或者说，他这样写是在反对谁呢？因为我从来没有谴责过只领圣饼的做法，而是把是否领饼和酒的决定权留给了教会。这恰恰就是他要主张的事情，他想用同样的说法来攻击我。我的答复是，这种说法是所有反对路德的人所共有的：他们或者主张他们去攻击的事情，或者设置一个稻草人来加以攻击。这就是西尔维斯特和艾克和埃姆泽所使用的方法，也是科隆和卢万（Louvain）的那些人所使用的方法，倘若这位修道士不是他们一类，他决不会写文章反对路德。

然而，这个人比他的同伙要幸运，因为，他力图证明，饼酒同领的圣餐，既没有这样的命令，也没有这样的建议，而是留给教会去决定，可是，他又抬出《圣经》来证明，让平信徒只领受圣饼，是按照基督的命令来安排的。按照《圣经》的这位新诠释者的说法，只领圣饼既由基督所命又非基督所命！你们都知道，这种新奇的议论是莱比锡的这些辩证法学者所特别热中于使用的。那个埃姆泽，在他早先的书里说到我的时候，还做出很公正的样子，而在我指责他那最卑劣的嫉妒和可耻的谎言以后，他在要驳斥我的后一本书里却声称两说都有道理，他是以既友好又不友好的心灵来写作的，事情是不是如此呢？你们知道，他真是一个不错的家伙！

可是听听我们这位尊贵的“饼酒圣餐”分辨者吧，在他看来，教会的决定和基督的命令是一回事，而有无基督的命令，也是一回事。他用如此乖巧的手法来证明，凭基督的命令，也就是凭教会的决定，应该让平信徒领受圣饼。他特地用大写字母写出：正确无误的基础。然后，他以不可思议的智慧来对待《约翰福音》的第6章（6: 35, 41），在那里，基督谈到了从天上降下来的饼和生命之饼，说这就是他自己。这位最博学的学者不仅仅把这些话引入圣坛的圣餐礼，还因为基督说过“我就是那活着的饼”（《约翰福音》，6: 51）而并没有说“我就是那活着的酒”，就此得出结论说我们在这一段话里可以看到，为平信徒只应设立圣饼的圣餐礼。但接下来的话是：“我的肉真是可吃的，我的血真是可喝的”（《约翰福音》，6: 55）以及“除非你吃了人子的肉和喝了他的血”（《约翰福音》，6: 53）。当这位善良的修道士猛然意识到这些话是无可否认地主张饼和酒的圣餐而反对只有饼的圣餐时，他就像魔术师一样，说声“变！”，凭着他的学问幸运地走出了困境，他断言基督的这些话是说任何领受了圣饼的人，也就同时领受了肉和血。他认为他这样说是他属天的和神圣的“教规”的整个结构的“正确无误的基础”。

现在，我祈求你们跟我一起了解，《约翰福音》第6章基督命令安排只领圣饼的圣餐，然而，他的命令意思是让教会来决定；而且，基督在同一章里所说的仅针对平信徒，而不针对祭司。因为对后者来说，那从天上降下来的活着的饼，并不属于他们，也许来自地狱的死亡之饼才给他们！可是，对于那些助祭和副助祭，他们既不是平信徒，又不是祭司，又该如何呢？要按这位尊贵作者的说法，他们应该既不领受圣饼和酒之一，也不领受饼和酒同领！你看，我亲爱的图利希，这可是对待《圣经》的一种新奇而又“严守教规”的方法呵！

但还要知道：在《约翰福音》第6章里，基督所指的是圣坛圣餐，虽然他自己教导我们他所说的是对已成肉身之道的信，因为他说：“信上帝所差来的，这就是作上帝的工”（《约翰福音》，6:29）。但我们不得不相信这位莱比锡的《圣经》教授，能用他所喜欢的任何一段经文来证明他所喜欢的任何事。因为他是一个阿那克萨戈拉派，或者毋宁说是亚里士多德派神学家，在他看来，名词和动词互相对换以后，意思还是原来的意思，可以说明任何事情。他的整部书都以《圣经》中上帝的证言来作证，如果他打算要证明基督就在圣餐之中，他甚至会毫不迟疑地这样说：“这个教诲来自于使徒圣约翰的《启示录》。”他的一切引经据典都这样巧妙，他自以为是地认为，这样他就可以用旁征博引来掩饰他的胡言乱语了。余下的我就不多提了，我深恐那些阴沟里发臭的脏物会使你们透不过气来。

在结论中，他提出了《哥林多前书》（11:23），在那里，保罗说道，他从主那里领受到了这饼和酒，并将其传给了哥林多人。在此，我们的分辩者再次用他惯用的巧妙手法来对待《圣经》，他教导人们说，保罗允许，但并没有把饼酒同领的圣餐传给人。你要问，他何以证明这一点呢？又像他在对待《约翰福音》第6章时一样，是他拍自己脑袋出来的。因为这位讲师就不用为他的立论给出根据；他是那样的一个会的会员，那里的会员，在证明和教授任何事情时，凭的都是他们自己的视觉。相应地，我们又得到如下教导，即这位使徒所写的信，并不是给哥林多教会全体会众的，而只写给平信徒——因此，没有“允许”教士，而是将他们统统排除在圣餐礼之外！而且，根据一种新的语法，“我从主那里领受了”，其意思等同于“是主所允许的”，而“我传给了你们”，则等同于“我允许你们”。我请求你们注意这一点。因为用这样的方法，不仅是教会，而且连任何一个微不足道的人，都可以按照这位大师的说法，随随便便将基督和使徒的所有有普遍意义的命令，设定和规定的仪式，都变成为只是“允许”。

所以，我发觉，这个人是在受撒旦的差役（《哥林多后书》，12: 7）的驱使，而他和他的同伙是在想通过我来为自己扬名，似乎他们成了配跟路德交锋的人了。但他们的希望是要落空的。出于我对他们的蔑视，我连他们的名字也不会提，我觉得这样就答复了他们所有的书了。如果他们还配的话，那么，我祈求基督出于他的怜悯而使他们回心转意。如果他们不配，那么，我祈求让他们继续写这样的书，让那些与真理为敌的人不会读别的书。有一句大家通晓的谚语说得好：

“我确实知道，只要我跟脏的东西作战，不管胜了还是败了，我自己必定也给弄脏了。”

既然我看到他们这些人有太多的空闲和纸张，那我就多提供一些材料让他们去写吧。因为我会赶到他们的前面，当他们欢欣鼓舞地庆祝他们自以为光辉地战胜了我的某一个异端邪说的时候，我却立刻又想出一个新的来。我也希望看到这些不可一世的指挥战斗的领袖胸前挂满着勋章。所以，就在他们低声埋怨我竟然赞同饼酒同领，津津乐道地研究这个重要而有价值的论题时，我还会更进一步，我要说明，一切否认平信徒可以饼酒同领的人，都是恶人。为了把这件事情做得更顺畅，我会写一篇罗马教会的囚禁序言。到那个时候，如果最博学多才的教皇的崇拜者们已经把现在这本书清除掉了的话，我会提供出更多的书。

我这样做，以免任何一个阅读本书的虔诚的读者，由于我在书里所涉及的污秽之事而产生反感。且有理由抱怨他在书中找不到任何培育或教导他心灵的东西，或者说，找不到可以为他的深刻反思提供粮食的东西。因为你们知道，我的朋友对于我把时间耗费在那些人的胡编乱造上是多么厌烦。他们说，单是把那些人的话读上一遍，就看出漏洞百出了；他们希望从我这里得到更好的东西，撒旦却通过这些人来横加阻挠。最后，我接受了我的朋友的忠告，把辱骂和争吵让给那群黄蜂去做吧。

至于那位来自克雷莫那的意大利修道士［伊索拉尼］，我没有什么要说的了。他是一个不学无术的笨蛋，他企图用一些华丽的辞藻把我召回罗马教廷，至今为止，我还从来没有意识到我已经与教廷分手，也没有任何人证明我已经与其分手。他那些愚蠢段落之中的主要论点是我当为在修道院立下的誓愿和帝国已经转到德意志人的手中而感动。这样，看来他一心要赞美法兰西人民和罗马教皇，就不需要写我的“撤回信仰”了。就让他在这本小册子里像这样宣誓效忠吧。他不值得我严厉对待，因为他似乎对任何责骂都能逆来顺受；而且，他也不值得从学术上去驳倒，因为他那喋喋不休的饶舌只不过是十足的幼稚无知。

我一开始就必须要否认存在有七件圣事，而对当前来说，我主张只有三件圣事，即：洗礼、苦行赎罪和圣餐饼。而所有这三件圣事都让罗马教廷变成了可怜的囚禁，教会完全被剥夺一切的自由。然而，倘若我按照《圣经》的说法来谈，那么，我应该只有唯一的一个圣事，但有着三个圣事性质的标志，对此我在适当的时间再来论述。

首先谈谈饼的圣餐礼

现在，我要告诉你们，作为我研究这个圣餐礼的设定的结果，我已经取得了什么进展。因为在我发表《论圣餐》一文时，我也随大流而不关心教皇的对错。但现在，我已经受到了挑战和攻击，不，可以说被强行拖进了竞技场，那么，我将自由抒发我的内心，不管所有罗马天主教徒是笑还是哭。

首先，应该把《约翰福音》第6章完全排除在这个讨论之外，因为它跟圣餐礼没有什么关系。不仅因为在那时还没有设立圣餐礼，而且更因为像我已经说过的那样，这段话本身以及随后的几句话，都清楚地表明基督所言是对成肉身的道的信仰。因为他说：“我所说的话，就是灵，就是生命”（《约翰福音》，6: 63），这表明，他所说的是一种属灵的吃，凡吃的人，就有了生命；而犹太人却理解成为属肉体的吃，因此与他争辩起来。可是，除了那凭着信的吃之外，任何吃都不可能给出生命，因为凭着信的吃才真正是属灵的和有生命的吃。奥古斯丁也说：“你为什么要用上你的牙齿和你的肠胃呢？要信，信了，你就吃了。”因为圣餐礼的吃，并不给人生命，许多人不配吃。因此，不能认为基督的这段话是指圣餐礼而说的。

当然，有些人谈论圣餐礼时误用了这段话，在教令《不久之前》（*dudum*）以及其他许多地方，就是如此。但误用经文是一回事，正确理解经文是另一回事。否则，基督说“你们若不吃人子的肉，不喝人子的血，就没有生命在你们里面”（《约翰福音》，6: 53），倘若他这一段话是在嘱咐要行圣餐礼式的吃，那么，他就是在谴责所有婴孩、所有患病的人，以及所有因故缺席圣餐之食的人，尽管他们可能具有坚强的信。因此，奥古斯丁在他的《驳尤里安》的第二卷中，由英诺森一世那里证实，婴孩即使不参加圣餐礼也吃到了肉，喝到了血；那就是说，通过教会的信，他们分享了。这样，就请接受下面业已证实的说法：《约翰福音》第6章在这里并不适用。由于这个道理，我在另一个地方写道，波希米亚人不能以这段话为依据来支持饼酒同领的主张。

有两段话确实跟这事有关：福音书中对主的晚餐的记叙以及《哥林多前书》（11章）保罗所说的话。我们来看看。《马太福音》（26章）、《马可福音》（14章）和《路加福音》（22章），都一致讲述了基督让他所有的门徒领受完整的圣餐。保罗提出饼酒同领是理所当然的，没有任何人会轻率到对此表示异议。除此之外，你们还要注意,《马太福音》(26: 27)还报导说，基督没有就饼说“你们都吃这个”，而是就盛酒的杯说“你们都喝这个”。类似地,《马可福音》(14: 23)也没有说“他们都吃了”，而是说“他们都喝了”。注意，这个“都”字属于盛酒的杯子，而不是饼，似乎圣灵早就预察到这种分裂，由于这种分裂，某些人被禁止去享用基督原意大家都享用的那个杯子。设想一下，倘若他们找出这个“都”字属于饼而不是酒杯，他们会如何气势汹汹地声讨我们呢？他们一定会对我们猛追不放。他们会大叫大嚷，把我们作为异端来焚烧，谴责我们在分裂教会。可是，现在《圣经》是在我们这一边，与他们对立，他们就不让自己受逻辑束缚了。他们成了具有最多自由意志的人，即使在有关上帝的事情中，也是如此；他们一变再变，把什么事情都搞得一团乱。

但请你们设想一下，我是在监视他们，是在审讯我的主，那些天主教徒。在主的晚餐里面，那全套的圣餐或者说饼和酒，要么只给祭司，要么同时也给平信徒。如果是只给祭司(他们是希望得到的)，那么，就没有道理把饼和酒任一种给平信徒了。因为，基督在设定圣餐时没有给予的人现在也不应该草率地给予。否则，如果我们允许基督的某一个设定可以更改，我们就使他的律法全都无效，任何人都可以大胆地说他不受基督的任何其他律法或设定的约束。因为有一个例外，尤其是在《圣经》里面，就等于使全部无效。但如果也给予平信徒的话，那么，不可避免地得出结论，不管何种形式，都不应该剥夺他们去领受。如果任何人在他们要求领受的时候去剥夺他们，就是不虔敬，有违基督的做法、榜样和设定。

我承认，我信服这样的论点，我认为这是无可辩驳的。我从未读过、也没有听过、也没有找到任何与之相对抗的东西。因为当基督不是用允许的口吻，而是用命令的口吻说“你们都喝这个”（《马太福音》，26: 27）时，基督的言语和榜样是巍然屹立的。因为如果所有人都去喝它，这些话不能理解成仅对祭司而言，平信徒如果想喝而硬去加以剥夺，哪怕是从天上来的使者（《加拉太书》，1: 8）所为，也当然是不虔敬的行为。因为当他们说是否饼酒同领取决于教会的时候，他们的说法并没有根据，他们也没有这样的权柄。对此，它可以被忽略，既可以予以反就像它可以予以证明一样容易。面对一个把我们与基督的言语和行为作对照的对手，那就站不住脚了；要驳倒这样的对手，必须凭着基督的言语，但我们并不拥有这样的言语。

然而，如果可以剥夺平信徒圣餐中的饼或酒，那么，出于同样的权柄和理由，也可以剥夺他们洗礼或者苦行赎罪的部分权利了。所以，就像一定要完整地行洗礼和忏悔礼一样，饼的圣餐礼也应该完整地给予所有平信徒，只要他们想要。然而，使我十分惊奇的是，他们主张神甫在因死罪的折磨而举行的弥撒中不可以只领受饼或酒其中一样；他们唯一的理由是因为饼酒同领的圣餐才构成完整的圣餐礼，饼酒是不可分开的。因此，我请他们告诉我，为什么在平信徒身上将圣餐分开来是合法的，为什么不给这些人完整的圣餐礼呢？凭着他们自己的见证，他们要么承认将饼和酒的圣餐给予平信徒，要么承认，如果只给他们饼或酒，那么圣餐礼就是无效的，难道不是如此吗？就神甫而言只有饼的圣餐是不完整的，而就平信徒而言却又是完整的，说得通吗？为什么他们要当着我的面夸耀教会的权柄和教皇的威力呢？这一些都无法废除上帝的言语和真理的见证。

由此更进一步说，如果教会能剥夺平信徒的圣酒，那么，它也能剥夺他们的圣饼。如此一来，它也许就可以剥夺平信徒的整个圣餐礼，从而完全取消基督原先的设定。我要问，这究竟是凭什么样的权柄。如果教会不能剥夺掉饼或者饼和酒，那它也就不能剥夺掉酒。这是无可反驳的；因为对待圣餐中饼或酒或者饼酒同领，教会所拥有的权力是同样的，如果它不拥有对饼酒同领的权力，它对饼或酒任一种就不拥有权力了。我倒有兴趣听听那些对罗马教廷的谄媚者有什么说法。

但对我产生最大影响以及我认为起决定性作用的，乃是基督所说的："这是我立约的血，为你们并为多人流出来的，使罪得赦。"在此，你们十分清楚地看到，这血是给予所有它为之而流出的人的。可是，谁敢说它不是为平信徒流出的呢？你没有看到他给杯子时，他向着谁呢？难道他不是把杯子给所有人吗？他不是说这血是为所有人而流的吗？姑且说那"为你们"(《路加福音》，22: 20)指的是祭司们。然而，"为多人"(《马太福音》，26: 28)，就不可能指祭司们了。但他又说："你们都喝这个"(《马太福音》，26: 27)。我在此也可以很容易玩弄一些手法，用我的话来篡改基督的话，就像我那位善于玩弄手法的家伙所做的那样。不过，那些依据《圣经》来反对我的人，也应该用《圣经》去驳倒他们。

就是这个缘故，才阻止我去谴责那些波希米亚人；不管他们是好是坏，但他们有基督的言语和行为在他们一边，而我们则什么也没有，只有一句空话："教会这样规定的。"规定这些事情的可不是教会，而是统治着各个教会的暴君，他们没有得到那代表上帝的子民的教会的赞成。

可是，我要问，既然饼酒同领的圣餐其实不过是看得见的标志而已，对平信徒来说，任何人都认可他们在没有标志的情况下得到圣餐礼的恩典，那么，又有什么必要否认他们可以饼酒同领，其中有什么宗教职责，又有什么实际用处呢？如果他们认可了这更大的恩典，那么，为什么不认可较次要的标志呢？因为，在每一次圣餐礼中，单纯的标志，比起它所标志的事物来，不知要次要多少倍。那么，我要问，既然他们认可了重大的事情，又有什么阻碍他们认可次要的事情呢？我觉得，除非是这样的情况，即这样的事情得到了愤怒的上帝的许可，目的是引起教会的宗派分裂，使我们深刻体会到，由于久已丢失了圣餐礼的恩典，我们追求的是较次要的标志，却拒绝了最重要的首要的事情；就像某些人为了仪式而拒绝了爱一样。从我们开始为了世俗之财富而怒对基督之爱的时候起，似乎就极端堕落了。上帝用这个可怕的标志向我们表明，我们多么重标志而轻标志所标志的事物。认可将洗礼所意味的信给予准备受洗的人，却不同意把这个信的标志即水去给予他们，是何等荒谬啊！

最后，保罗总是无可制胜的，不容任何人辩驳的，他在《哥林多前书》（11: 23）中说的是："我那日传给你们的，原是从主领受的。"他没有像我们那位修道士那样凭空乱说"我当日允许给你们的"。保罗也确实没有因为考虑哥林多人的争议而将饼和酒的圣餐传给他们。首先，经文表明，他们所争的并非关于饼和酒的圣餐，而是关于所受到的蔑视和贫富之间的嫉妒。经文明确指出：

"这个饥饿，那个酒醉，叫那没有的羞愧"（《哥林多前书》，11：21—22）。况且，保罗并没有说出他初次将圣餐传给他们的时间，因为他说的并不是"我从主那里领受"和"我给予你们"，而是"原是从主领受的"以及"我那日传给你们的"，就是说，在这一争议很久以前，他就初次对他们宣教了。这说明他那日就将饼和酒传给了他们，因为"传给"的意思等于"命令"，在别处他就是以这个意思用这个词的。由此可见，这位修道士在说到允许的时候大发雷霆，实在是无谓；他不管《圣经》是怎么说的，也不管有没有道理，就将其凑到一起。他的反对者不问他梦想到了什么，而是问《圣经》在这方面如何规定，他从《圣经》上找不到任何支持他梦想的东西，倒是《圣经》里面的经文会像轰天的霹雳一样来支持他们的信。

你们，教皇的谄谀者，全都跳出来吧！你们快想方设法为自己辩解吧，人们指控你们不敬，专横，背逆福音，还诋毁你们的兄弟。而对拒绝违背《圣经》中那么显明而有力的话语的人们，你们为了要确立你们的臆想，却污蔑他们是异端！如果有谁该被称为异端和分裂分子，不是那些拥护福音书的波希米亚人或者希腊人。你们罗马人才是异端，是不敬上帝的分裂分子，因为你们依据的是臆造出来的东西，你们用它们来对抗上帝的明显的经文。你们这些人啊，赶快洗心革面吧！

但这位修道士说，使徒写出这些话和给出这样的允许，针对的不是所有教会，而是某一具体的教会，即哥林多人的教会；难道还有比这更可笑和更值得他绞尽脑汁的事情吗？他有何为证呢？就是源出于他自己的那颗不敬神的脑袋。如果所有教会在除此以外的其他方面都认为这一卷使徒书是为它自己而写成的，都是这样来加以接受、加以诵读和加以遵循的，那么，凭什么说这一部分就不是这样了呢？如果我们认为有任何一卷保罗的使徒书或者其使徒书中有任何一部分不适用于所有教会，那么，保罗的整个威信也就一落千丈了。要这样的话，哥林多人就会说，他在致罗马人的使徒书里所作的关于信的教导，并不适用于他们。其亵渎和疯狂已经到了无法想象的地步！在保罗所写成的全部内容里面，上帝决不允许有一丝一毫的东西是一切教会可以不必遵循和遵守的！父老们从来没有持有过这样的观点，而即使到了保罗所说的那个危险的日子（《提摩太后书》，3: 1—9），在他预言会有许多亵渎者和愚昧无知者的时候，他们也不会持有这样的观点。而这位修道士却正是这类人中的一分子，而且，也许还是他们中间的首领呢。

然而，就算我们暂且认可这种无可容忍的疯狂。如果保罗是对着特殊的教会给出了他的允许的话，那么，即使按照你们自己的观点，希腊人和波希米亚人就也有这样的权利了，因为它们是特殊的教会。这样的话，就足以说明它们也并没有违背保罗的地方，他至少是给过它们允许的。而且，保罗决不会允许做任何违背基督的设定的事。因此，哦，罗马啊，我要接受希腊人和波希米亚人的委托，用基督和保罗的这些话来斥责你们以及所有对你们拍马奉承的人。我想不出你们有办法证明你们有权对这些事情作出丝毫的更改，那就更谈不上有权由于别的一些人蔑视你们的轻慢就责备他们是异端。宁可说，是你们才确实应当被扣上对上帝不敬而一意横行的罪名。

关于这一点，我们可以去读读奚普里安，单单他一人就足以驳倒所有罗马派的人了。在他的论著的第五卷即《论背教》中，他证实，在那个（迦太基）教会中，允许平信徒饼酒同领，当时是一个普遍习惯，其实就是将主的身体放到他们的手中。他给出很多这方面的例子。他还以如下的方式指责某些人：“那亵渎上帝的人着神甫发怒，是因为他用不洁净的手领受不到主的身体，或者，用不洁净的嘴唇喝不到主的血。”你们看，他这里所说的指那些并不虔敬上帝但又希望从神甫那里领受到宝体和宝血的平信徒。在此，你们这些邪恶的谄谀者，难道有什么可以大吵大嚷的吗？对于这样一位神圣的殉教者，一位赋有使徒般灵心的教会博士，难道你们会说他是一个异端者，说他在将这个允许应用于一个特殊的教会吗？

在那同一个地方，奚普里安又讲述了一件他本人观察到的事情。他详细描述了一位助祭如何将那个杯子授予一个女小孩，而当她退开的时候，他将主的宝血倒进她的口里。我们也读到圣多纳图说的相同的事情，那位邪恶的谄谀者如何倍加小心地处置他的破碎了的圣餐杯！他说道：“我读到了一个破碎的杯子，但我没有读到说那宝血被授予了。”这一点也不奇怪！那位在《圣经》里面找寻他所喜欢的东西的人，在历史书里面也读他所喜欢读的东西。可是，难道用这样的方式就可以建立起教会的威信，或者说，就可以驳倒异端者吗？

不过，这个题目说得够多了！我之所以要做这个事情，并不是为了回答一个根本不值得回答的人，而是为了澄清事情的真相。

因而，我的结论是，否认平信徒可以饼酒同领，是恶劣而专横的做法，这并不是任何天使有权处置的事情，更何况教皇或者公会议了。康斯坦茨公会议也不会使我有所犹豫，因为，如果它的权威性是确实有效的话，那么，巴塞尔公会议规定了与此相反的教令，即允许波希米亚人饼酒同领，难道就不是同样有效的吗？那个决议是经过相当长时间的讨论得以通过的，公会议的厚厚的会议记录和文档表明了这一点。而那位无知的谄谀者竟然引用这次公会议来支持他的梦想；他这个人总是用这样的小聪明来处世为人。

所以，对这个圣餐礼的第一个囚禁关乎它的本体或者完整性，这是罗马专制统治从我们那里剥夺了的。并不是说那些只使用饼或酒的圣餐的人对基督犯下了罪孽，因为基督对使用饼或酒任何一种都没有下过命令，而是让给各个人自己选择，他说道："你们应当如此行，为的是纪念我"（《哥林多前书》，11: 25）。可是，对想要饼酒同领的人横加禁止，那可就是犯罪了。这错误并不在于平信徒，而在于神甫们。圣餐礼并不是专属于神甫，而是属于所有人。神甫并不是什么老爷，而是仆人，他们有义务将饼和酒的圣餐分发给愿意领受的人们，只要他们有这样的愿望。如果他们剥夺平信徒这样的权利，强制性地予以否定，那他们就是专制者；但平信徒则没有什么过错，不管他们需要的是单种的还是饼酒两种。在这时候，他们应该持守他们的信以及他们要求得到完整的圣餐的愿望。就是这样的仆人，同样也对任何一个寻求受洗和忏悔赎罪的人施行受洗礼和赎罪礼，因为他有权得到它们；如果他们竟然不去施行，那么，这个寻求者还是因他的信而具有完满的功绩，他们这些人则将在基督面前遭到谴责，成为恶仆。因而，处身于荒漠之中的远古时代的神圣父老们，许多年来都没有以任何形式领受过圣餐。

所以，我并不主张坚持饼酒同领，好像我们受制于严格的命令非要坚持这样的形式不可，我倒是规劝人们的良心，让他们可以容忍罗马的专制统治，认为他们之所以被迫失去他们参加圣餐礼的合法的权利，乃是由于他们自身的罪过。但我只是希望，不会有人就此而为罗马的专制统治辩护，好像它禁止给予平信徒某一种圣餐的做法是合理的。宁可说，我们应该憎恨它，反对它，而我们容忍它就好比倘若我们被土耳其人囚禁而不被允许得到任何圣餐时我们该做的那样。我说，在我看来，假如这种囚禁可以通过某一次公会议的教令而得到终止，我们的属基督的自由可以摆脱罗马的专制统治的手而得以恢复，每一个人都可以自由寻求和领受这样的圣餐，就像他可以自由领受洗礼和赎罪礼一样，那我就认为是一件好事情了。然而，我们现在年复一年地被这个专制统治强迫去领受饼或酒的圣餐，使得基督所赐给我们的自由丧失殆尽。这也是我们中有些人对上帝恩将仇报所应得的报应。

对这个圣餐礼的第二个囚禁，虽然就其跟良心的关系而言并不那么令人伤感，但是，对于那想要攻击它的人来说，就会有最严重的危险威胁他，更不用说想要谴责它的人了。在此，会有六百个人称我为威克里夫派，称我为异端。可是，这又如何呢？既然那位罗马主教已经不成其为主教，已经成了专制统治者了，我就不用害怕他的任何教令；因为我知道，制订出新的信条不在他的权力之内，也不在任何一次公会议的权力之内。

一些时间以前，当我陶醉于经院神学之中的时候，那位博学的康布雷红衣主教指引我思考他对《四部语录》第四卷所作的评注。他十分敏锐地指出，认定放在圣坛上的是实在的饼和实在的酒，并不是它们的仅仅的事态，这样的看法更合乎情理，很少需要有什么多余的奇迹——只要教会没有作出另外的规定。而当我后来知道作出这样规定的是教会，即托马斯式的教会，也就是亚里士多德式的教会的时候，我就变得大胆起来了，并且在经过一番波折之后，我最终心安理得地归结到上面所述的观点，即认为是那实在的饼和实在的酒，基督的实在的圣体和圣血就存在于其中，并没有什么别的方式，也丝毫不亚于其他人认为用他们的事态所加以表明的。我之所以得到这样的结论，是因为我发现，托马斯派的观点，不管是否由教皇或者由公会议加以认定，却总还只是观点而已，哪怕是由一位从天上来的使者作出怎样的规定（《加拉太书》，1: 8），这样的观点也还不会成为信条。因为凡是没有经过《圣经》或者确实的启示加以肯定的东西，可以成为一种观点，但并不需要去信。可是，托马斯的这个观点完全没有得到《圣经》或者理性的支持而在空气中飘浮着，在我看来，仿佛他既不了解他的哲学，也不了解他的逻辑。因为亚里士多德在说到主体和事态时，其说法很不同于圣托马斯，在我看来，极其遗憾的是，这位伟人不但企图在信的方面从亚里士多德那里获取他的那些观点，而且，他还企图把这些观点建立在一个他未曾理解的人的基础上面，而这样一来，恰恰就是企图在一个倒霉的基础上建立起一座倒霉的建筑物。

因此，我允许任何人可以持有他从这些观点中选中的任何观点。我目前所关注的则是要撤消一切良心上的顾忌，要使得没有一个人会因为他相信圣坛上存在有实在的圣体和实在的圣血而被扣上异端的帽子，要使得任何人都可以自由地思考、持有和相信任何一种观点，不用担心会危及他的得救。然而，接下来我还是要阐明我自己的看法。

首先，对于大声疾呼想要把我的这些阐述说成是威克里夫派的、胡斯派的、异端的、与教会教令相违背的人，我不会听他们的，或者说，不屑去理会他们。也只有那样的一些人，即我已经认定他们在赎罪券、在意志自由和上帝的恩典、在善行和罪孽等事情上犯有多重的异端罪行的人，才会做出这样的事情来。如果说威克里夫算是一个异端的话，那么，他们的异端就十倍于他了；而且，受到异端和顽固不化的诡辩家们的责备和指控，也是一种乐趣，因为让他们感到高兴，也许就可以使他们的邪恶更为嚣张。另外，他们能够用来证明他们自己的观点和驳倒反对者的观点的唯一方法，就在于说："那是威克里夫派，是胡斯派，是异端！"他们嘴上老是挂着这种不堪一击的论据，除此以外再也说不出什么来。如果你问有什么《圣经》上的证据的话，他们就说："这是我们的观点，而教会（那也就是我们自己了）已经这样决定了。"这些人在信上面已经背离了正道（《提摩太后书》，3: 8），已经变成不值得信赖的人，却还在厚颜无耻地把他们自己的空想放置到我们面前，竟还以教会的名义将它们定为信条。

然而，我的看法是有着良好的根据的，这首先就在于决没有违背上帝所说过的言语，不管是由人还是由天使。上帝所说过的言语都尽可能地保持其最简朴的意义。除非根据上下文可以明显看得出来的一些情况以外，在理解这些言语时不应该脱离开它们按语法应有的正当意义，免得给我们的敌人有机可乘对全部《圣经》肆意歪曲。因此，很久以前，奥利金就受到了应得的拒绝，因为他撇开了按语法应有的意义而将有关天堂所写到的那些树木以及任何其他东西都变成一些隐喻，人们由此可以推断说那些树木并不是上帝所创造的。既然福音书的作者们明确写到基督拿起饼来（《马太福音》，26: 26;《马可福音》, 14: 22;《路加福音》, 22: 19）祝谢，既然《使徒行传》和使徒保罗都称其为饼（《使徒行传》，2: 46 ;《哥林多前书》，10: 16 ; 11: 23, 26—28），那么，不管怎样，我们就必须想到是实在的饼和实在的酒，就像我们所想到的某一个实在的杯子一样（因为即使他们，也没有说起这杯子经过了变体）。所以，既然没有必要假定有一种由属神的力量所促成的变体，那么，这样的变体必定被认为是一种人为臆造，它既不符合《圣经》，也不符合理性，我们将会看到这一点。

所以，把“饼”理解为“饼的形态或事态”，把“酒”理解为“酒的形态或事态”，这是一种荒诞而前所未闻的文字骗术。他们为什么没有把一切别的事物都理解为是它们的“形态或事态”呢？而且，即使对一切别的事物都可以这样做，也还是不应该如此贬低上帝的言语，致使它们丧失原有的意义而造成巨大损害。

况且，在整整一千二百多年中，教会都持守着真正的信，其间，神圣的父老们在任何时间和任何地点都从来没有提到过这个变体论（这样一个怪异的名词和怪异的观念），一直到近三百年来亚里士多德的伪哲学侵入教会，才出现了这样的事情。这些年来，对许多事情都有了错误的说法，例如，说属神的本质，既不是被生成的，也不是有所生成的；又说灵魂是人体的实质形态。这些以及其他类似的说法，正像康布雷红衣主教自己所承认的，没有丝毫的道理可言。

也许，他们会说，为了防止产生崇拜偶像的危险，不应当让饼和酒真实地放着。何等地可笑啊！那些平信徒从来没有弄懂过他们的有关本体和事态的微妙的哲学，即使是教给他们，他们也掌握不了。除此之外，在他们看得见的仍旧保留着的事态里面，跟在他们看不见的本体中的情况一样，也存在着同样的危险。如果明明是基督隐藏在那些事态的后面而他们却不敬拜它们，他们又怎么会敬拜他们看不见的饼（的本体）呢？

而且，为什么基督不能够把他的圣体放到饼的本体里面，就像放到那些事态里面一样呢？例如，在一块烧红了的铁里面，火和铁这两个本体混合在了一起，其中任何一个部分都既是铁又是火。那么，基督的圣体岂不是更有可能被包含在饼的本体的任何一部分之中吗？

他们又会如何来回答呢？大家都相信，基督出生于他母亲的没有受到玷污的子宫。那么，在这里，就让他们去说，那童贞女的肉体在那一时刻化为乌有，或者，他们还会说得更加巧妙，说是经受了变体，从而，一经转化成为事态以后，基督最后就总是通过这些事态来显现！至于那关着的门（《约翰福音》，20: 19, 26）和那开着口的墓穴，当时他走进走出而并没有打扰他们，对此，想必也会有类似的说法。

那种有别于本体的关于恒定数量的哲学的凭空设想，就是由此而产生的，直到连他们自己也搞不清楚什么才是事态和什么才是本体。因为又有谁曾经不容置疑地证明过，冷热、颜色、亮光、重量或形状，这些都只是事态呢？最后，他们受此驱动而宣称，为了圣坛上的那些事态，上帝创造出一种全新的本体，而这一切的一切却都是靠了亚里士多德，他说过："存在于某物之中的，乃是某个事态的本性”，以及其他许许多多奇谈怪论。其实，他们只要简单地同意让实在的饼存在，就什么问题也没有了。使我感到欣慰的是，这种对圣餐礼的纯朴的信，仍旧还可以找得到，至少在普通百姓那里是如此。因为，虽然他们并没有理解，但他们却也不为在没有本体的情况下事态是否存在而争论不休，而是以纯朴的信确信基督的圣体和圣血确实包含于其内，就让那些无所事事的人去为是什么东西把它们包含在内而争辩吧。

可是，他们也许会说：“亚里士多德教导说，在一个肯定的命题之中，主词和谓词必须是同一的”，或者说（为了引用这位奇谈家在他的《形而上学》第六卷中的原话）：“一个肯定的命题，要求主词和谓词的一致。”他们把这个一致解释为同一。因此，当我说“这是我的身体”时，主词不可能跟饼同一，但必须跟基督的圣体同一。

如果将亚里士多德以及某些人的学说当作崇高而神圣的事情的主宰，那我们还有什么可说的呢？我们何不干脆撇开这样的好奇心而去持守基督的话语，宁可不去理会这里会发生些什么事情，而满足于去认定，凭着这些话语，基督的实在的圣体得以显现呢？难道有必要去探究上帝行事的任何一个细节吗？

可是，既然亚里士多德承认，事态之所有的范畴，其本身都是一个主词，但他又认为其中本体才是主要的主词，那么，他们又如何说呢？因此，在他看来，“这个白的东西”，“这个大的东西”，“这个某某东西”，全都是主词，然后由某样东西来作为其谓词。如果这样说法是正确的话，那么，我就要问：如果为了使得基督的圣体可以不去跟饼同一而必须采纳某种“变体论”，那么，为了使基督的圣体可以不跟事态同一，为什么就不也应该采纳某种“变态论”呢？因为，如果有人把主词理解为“这个白的东西或这个圆的东西是我的身体”，也还是有同样的危险。出于同一个理由，“变体论”必须要采纳，“变态论”也必须要采纳，这是因为主词和谓词是同一的。

然而，如果你仅仅凭一个学者的见解就可以将事态给废除，从而，当你说“这是我的身体”的时候，它将不被看作是主词，那么，对于饼的本体，如果你也并不需要将它看作是主词，从而，“这个我的身体”在本体之中就不亚于在事态之中，那何不也同样方便地将它变掉呢？说到底，这是一件由上帝的全能去完成的属神的事业，在事态中能够做到的事，一点也不少地同样也能够在本体中做到。

不过，还是让我们不要过多地沉迷在哲学里面吧。基督在说到酒的时候，不是说 Hoc est sanguis meus（这里就是我的血），而是说 Hic est sanguis meus（这是我的血）（《马可福音》，14: 24），这是很微妙的，难道不是看来他已经预料到会有这样的奇谈怪论吗？当他说那杯子的时候，他说得更加明确了：“这个杯子（Hic calix）是用我的血所立的新约”（《路加福音》，22: 20；《哥林多前书》，11: 25）。那么，难道这不是似乎说明，他是希望让我们持守纯朴的信，只要相信他的血是在杯子中就足够了吗？就我而言，虽然我不能够推测饼如何得以成为基督的身体，然而，我愿意将我的理性禁锢在对基督的顺从之中（《哥林多后书》，10: 5），一心坚守他的话语，不仅坚定地相信基督的身体是在饼之中，而且还坚定地相信这饼就是基督的身体。我的根据是下面的话：“他拿起饼来，祝谢了，就擘开了，说‘拿了吃吧，这（就是指这个由他拿起和擘开的饼）是我的身体'"（《哥林多前书》，11: 23—24）。保罗又说："我们所擘开的饼，岂不是同领基督的身体吗？"（《哥林多前书》，10: 16）。他并没有说是"在每个饼之中同领基督的身体"，而是说"在饼本身之中同领基督的身体"。如果哲学未能推测到这一点，那又何妨呢？圣灵可比亚里士多德更伟大。是哲学推测到了他们的变体论了吗？如何连他们自己也承认一切的哲学在这里都垮了下来。至于代名词"这个"，不管在希腊文里面还是在拉丁文里面，都指的是"身体"，这一点可以从这两种语言里这两个名词都是同样的词性里看出。然而，在没有中性名词的希伯来文里面，"这个"指的是"饼"，所以，说"这（指饼）是我的身体"（*Hic est corpus meum*），那是很恰当的。可见，无论是语言的惯用法还是通用的含义，都证明，当他说 *Hoc est corpus meum*（拉丁文：这里是我的身体），*das ist meyn leyp*（古德语：这是我的身体）时，主词（"这"）显然指的是饼，而不是身体，也就是说，意思是"就是这里的这个饼（*iste panis*），是我的身体"。

可见，该如何对待基督也就该如何对待圣餐礼。为了使属神的本性得以有形有体地居住在他里面（《歌罗西书》，2: 9），并没有必要让属人的本性得到变体，并没有必要让属神的本性处于属人的本性的事态下面。这两种本性都很简单地各自自成一体，并且还真是这样说的："这人是上帝；这上帝是人。"即使是这样，对此，哲学还是掌握不了，但信却掌握了。而上帝之道的权威胜过我们掌握它的智力。相类似的，在圣餐礼中，也没有必要让饼和酒得到变体和让基督处于它们的事态下面，这样就可以让实在的圣体和实在的圣血得以亲临。可是，有那两样都同时出现，真可以说："这饼就是我的身体；这酒就是我的血”，反之也然。因此，我目前是愿意认为它应当去赞美上帝的神圣的言语，而我是决不会允许有什么人凭着他们的渺小的议论加以诋毁，也决不允许让这些渺小的议论掺和到与其格格不入的含义里面。不过，与此同时，我确实是允许别的人可以持有别的观点，坚定地（*Firmiter*）持有教令中规定的观点，只是，希望他们不要强迫我们把他们的观点作为信条来接受（我前面已经说过了）。

对这个圣餐礼的第三个囚禁，可以算得上是邪恶之极的妄用，其后果就是今天的教会，除了坚信弥撒礼*是善行和献祭以外，再无别的观点受到较此更普遍和更坚定的信奉了。这样的妄用又引出无数的妄用，以至于彻底灭绝了对这个圣餐礼的信，神圣的圣餐礼被转变成为交易，成了一个市场，成为营利的买卖。因此，在教会里面，把分享权、弟兄会会员权、代理祈祷、功绩、周年日，纪念日以及其他一些类似的商品，都在作买卖，作交易。神甫和僧侣们的全部的生计，就靠这些东西。

我现在所攻击的是一件很难办倒的事情，它也许就是一种根本不可能根除的妄用，因为经过了多个世纪的习惯和人们的共识，它已经牢固地树立了起来，为此，也许就必须把大部分目前流行的书籍都给废掉，把教会的几乎整个外部形态都改变，引入，或者，不如说重新引入一种全新的仪式。可是，我的基督还活着，我们必须注意，要以更大的关注去听从上帝的道，胜过对人们和天使们的思

* 弥撒的原来的意思，就是领受圣餐。因而，在这后面的论述中，有时是将弥撒等同于圣餐礼来使用的。但路德往往对天主教中行弥撒礼过分强调形式持反对态度。这样，弥撒就不等同于一般意义上的圣餐礼了。

想的关注。我要完成我自己的职责，让事情里面的事实显明出来。既然我是白白地接受了真理（《马太福音》，10: 8），那我就毫无怨言地将这真理传给别人。余下的就是让每一个人都关注他自己的得救；就我而言，我愿意诚信地尽到我的义务，当我们出现在基督的审判座前的时候（《哥林多后书》，5: 10），做到没有一个人会由于他信心方面的欠缺和对真理的无知而责备于我。

首先，为了使我们可以安全而愉快地对圣餐礼有一个真实而自由的认识，我们应该特别小心地先撇开一切由于人们的热心和虔敬而添加到它原有的简朴的设定上的东西：例如，祭服、饰物、圣歌、祷词、风琴、蜡烛以及整个一系列的外部事物。我们应该关注和关心的就是而且也只是基督的设定，我们所看到的只有基督所说的话，他就是用这句话来设定圣餐礼的，使得它完善，把它交付给我们。因为在那句话里面，也只有在那句话里面，才包含着弥撒的力量、本性和全部的实质。所有其余的事情则是添加到基督所说的话上的人所做的事情，没有这些事情照样可以举行弥撒，弥撒仍旧还是弥撒。下面列出基督为设定圣餐礼所说过的话：

“在他们吃的时候，耶稣拿起饼来，祝谢了，擘开饼，将饼给他的门徒，说道，‘拿起吃吧；这是我的身体，是为你们舍的。’他又拿起杯，祝谢后将其给了他们，说道，‘你们全喝了吧；这杯是我的血所立的新约，这血是为你们流的，是为赦免多人的罪孽而流的。你们也应当这样行，为的是纪念我。’”

这些话使徒也在《哥林多前书》（11: 23—26）中这样传了，并且还作了更完整的阐述。我们就应该以这些话为根据；我们以它们为根据，就好像以坚固的磐石为基础，使我们不会被任何邪说的风所摇动（《以弗所书》，4: 14），不会像我们以前那样被那些离弃真道的邪说所左右（《提多书》，1: 14）。因为在这些话里，关于如何使圣餐礼得以完整，如何去运用它，如何由它而得到祝福，全都谈到了，什么也不缺少了；而不该我们知道的多余的东西，则一概没有。而任何人，如果他把这些话撇在一边，对弥撒作种种的凭空想象，甚或再去教导别人，那么，这样的人就会传授奇谈怪论和异端邪说，而这种情况已经发生过了，即有些人把圣餐礼认作是一种 *opus operatum*，是一种献祭。

因此，就该把这一点确立为我们居于首位的和确保无误的主张，即：弥撒，或者说圣坛圣餐礼，是基督所立下的约，是他在他死的时候留下来供他的信徒们分享的。因为这才是他下面的话的含义："这杯是用我血所立的新约"（《路加福音》，22: 20；《哥林多前书》，11: 25）。我说，就该把这个真理确立为不可动摇的基础，我们应该把我们要说的一切都建立在它的上面。因为你们将会看到，我们所正在做的是把被人们输入这个最宝贵的圣餐礼里面来的所有对上帝不敬的见解都给推翻掉。基督，他就是真理，而他是确实说了，这是用他为我们而流的血所立的新约（《路加福音》，22: 20）。我翻来覆去地说这一句话是不无道理的；这不可有半点含糊，必须深刻铭记在我们的心中。

因而，如果我们想了解这个约究竟是什么，我们同时就要知道弥撒是什么，如何才是正确地运用它，从而可以得福，而如何是对它的错误的运用。

任何人都知道，一个遗约，就是一个人临终所许下的愿，在它里面，他指定了他的遗赠和确定他的继承人。所以，对于遗约来说，首先就包含有立约者的死，其次包含有继承之许诺以及继承者之列名。所以，保罗在《罗马书》第4章，《加拉太书》第3和第4章和《希伯来书》第9章里，仔细地讨论了遗约的性质。在基督所说的那些话里，我们也同样清楚地看到了这个事情。基督在说到他自己的死的时候是这样作证的："这是我所舍的身体，这是我所流的血"（《路加福音》，22: 19—20）。当他说"是为了使罪得赦"（《马太福音》，26: 28）的时候，他就举出和指明了他的遗赠。而当他说"为你们"（《路加福音》，22: 19—20；《哥林多前书》，11: 24）和为多人（《马太福音》，26: 28；《马可福音》，14: 24）"，也即为那些接受并且相信立约者的应许的人的时候，他就指定了继承人。因为就像我们看到的那样，在这里，是信，才使得人们得以成为继承者。

所以，你们看到，我们称之为弥撒的，乃是由上帝为我们所作出的赦免罪过的应许，而且，这样的应许已经由于上帝的儿子的死而得到了确认。因为应许与遗约这二者之间的唯一区别，就在于遗约包含了立约者的死。立约者是指一个濒临死亡的应许者，而一个应许者（如果我可以这样来称呼的话），则是一个没有濒临死亡的立约者。基督的这个遗约，从世界一开始起，就在上帝的所有应许之中给出了预兆；其实，那些古老的应许所拥有的不管什么样的价值，全都来源于其后在基督里得以显明的这个新的应许。因此，在《圣经》里面，经常出现"契约"、"盟约"和"主所立的约"这样的名词。这些名词的含义就在于说明上帝也许会在某一天死去。"凡是有遗约的，就必定会有立遗约者的死发生"（《希伯来书》，9: 16）。因此，既然上帝立下了遗约，那么，他会死去就是必然的。但是，上帝，除非他成了人，否则他是不能够死去的。这样，基督的化身和死去，这二者都在“遗约”这一个名词里面得到了最精确的阐明。

由上所述，立刻就可以判明，什么是弥撒的正确运用，什么是弥撒的错误运用，为弥撒所做的准备工作，哪些是值得的和哪些是不值得的。如果说像所说的那样认定弥撒是一个应许，那么，就不需要做出任何行为，或者说，不需要有任何权力或个人有任何功绩，只要凭着信，就可以得到它。因为哪里有那位作出应许的上帝的道，哪里就必定有那接受它的人的信。因而，很显然的，我们的得救就是从信开始，这个信坚守着那位作出应许的上帝的道，用不到我们这方面作任何努力，白白地赐给我们原本我们不配得到的怜悯，主动地将他所应许的话赐给我们。“他发出他的话，这样［*sic*］他就医治他们”，而不是：“他接受我们的行为，这样他就医治我们。”首先，有上帝的道。接着是有信、有爱；然后，由爱做出各种善行，因为它不做任何坏事，它实在是律法之成全（《罗马书》，13: 10）。除了通过信以外，人不可能有什么其他途径可以到达上帝或者跟上帝相处。也就是说，得救之作者并不是人，并不是靠人自己的任何行为，而是上帝，是借着他的应许；万物都有赖于他权力的话语，靠他权力的话语得以托住和保持住（《希伯来书》，1: 3），他用这权力的话语生了我们，叫我们在他所造的万物中，好像初熟的果子*（《雅各书》，1: 18）。

这样，在亚当堕落以后，为了抬举他，上帝将他的这个应许赐

---

* 按照摩西的律法，“地里首先初熟之物，要送到耶和华你上帝的殿”，见《出埃及记》，23: 19 和 34: 26。

给他，他对蛇说道："我又要叫你和女人彼此为仇，你的后裔和女人的后裔，也彼此为仇。女人的后裔要伤你的头，你要伤他的脚跟"（《创世记》，3: 15）。亚当跟他的后裔一起，被纳入这个应许的话语之中，就像是在上帝的怀抱之中一般，而他就凭着对这个的信而得以维持，他耐心地等待着会来伤蛇的头的女人，因为这是上帝所应许的。他就在这样的信和期待之中死去，虽然未曾知道她什么时候会来和她会是怎样的女人，然而，他却决不怀疑她一定会来临。因为这样的应许，既然是上帝所讲述的真理，甚至在地狱里面也在保护着那些信它的和期待着它的人。在这之后又有了另一个应许，是对挪亚所许诺的，且一直延续到亚伯拉罕，是当把虹放在云彩中，作为立约的记号（《创世记》，9: 12—17），靠着对这个约的信，挪亚及其后裔体验到了上帝的仁慈。在这之后，他又对亚伯拉罕许诺，让地上万国都必因他的后裔而得福（《创世记》，22: 18）。而且，亚伯拉罕的后裔都被接纳到他的怀里（《路加福音》，16: 22）。以后，他又把最显明的关于基督的应许给了摩西以及以色列的子民们（《申命记》，18: 18），特别是给了大卫（《撒母耳记下》，7: 12—16），从而，到最后，他清楚地表明了他以前给予那些古人的应许究竟是什么意思。

如此，到最后就有了那个胜过一切的最完美的应许，就是那个新约，在它里面，用明确的语言白白地应许了生命和得救，将其确确实实地给予那些相信这个应许的人。而且，他用一个特殊的标记使这个约区别于那个旧的约，即他称之为"新约"（《路加福音》，22: 20；《哥林多前书》，11: 25）。因为通过摩西所给出的旧约，并没有应许赦免罪孽，或者说，并没有对永恒的事物作出应许，而只是对世俗的事物即迦南地作了应许，但没有人会靠着这样的应许可以在灵心上得到更新而抓住那属天的继承权。也正因为如此，故而有必要宰杀一头哑的牲畜，以此作为基督的象征，为了可以在它所流的血里面证实那同样的约，即让血代表所立的约，而让祭品代表所作的应许。但是，基督在此说的是“用我的血所立的新约”（《路加福音》，22: 20；《哥林多前书》，11: 25），不是别人的血，而是他自己的血，而靠着它，就通过那赦罪的圣灵而应许赐予恩典，使我们可以获得继承权。

因此，就其实质而言，弥撒，不外就是基督先前所说过的话：“拿着吃吧，等等”（《马太福音》，26: 26），他仿佛是在这样说：“看哪，罪孽深重而该受诅咒的人啊，出于我用来爱你的那种纯真而跟你不相般配的爱，凭着发慈悲的父神的意愿（《哥林多后书》，1: 3），不考虑你有什么样的功绩和什么样的愿望，我用这些话应许赦免你一切的罪孽，应许你永恒的生命。为了让你可以对我作出的这个永不更改的应许感到绝对的放心，我将舍出我的身体和流出我的血，用我的死来证实这个应许，并把我的身体和我的血留给你，以作为这个应许的标记和对它的纪念。每当你分享到它们的时候，你就要纪念我，要颂赞我的爱和我对你的仁慈，要感恩。”

由此你们将看到，为了配享用到弥撒，根本不需要别的什么，只要满怀信心地依靠这个应许，相信基督说过的这些话是真实可靠的，并且不怀疑已经有无尽的福乐赐给了它，就可以了。只要有坚定的信心，就自然而然地使得内心会产生出一种最甜蜜的激动，使人的心灵得以变得宽大和丰富（这就是由于笃信基督而由圣灵所给的爱），如此，他就被吸引到基督即那位宽厚仁慈的立约者那里，完全成为一个与前不同的新人。说实在的，任何一个人，如果他毫不动摇地坚信基督的这个无可估量的应许是属于他的，那么，谁不会高兴得流下眼泪，甚至于在基督里面欣喜若狂呢？这样的一位恩主，他竟然把如此巨大的财富和永恒的继承权自愿地赐给、允诺给和转让给一个根本不配得到这个而本应得到与此极其不同的东西的人，那么，叫这个人又如何不热爱这位恩主呢？

如此说来，我们在世界上有那么多的弥撒，然而我们中却没有人或者只有很少的人认识到，考虑到和接受到已经赐给我们的这些应许和财富，那可实在是我们的不幸。其实，在参加弥撒的时候，对于其他事情不要有更大的热情（确实，我们所有的热情都要专注于此），而要一心将基督所应许的这些话放在我们的眼前反复深思——因为，它们才是弥撒的真谛——为的是通过这样日复一日的纪念而使我们锻炼对它们的信心，得到营养，能够有所增长和有所增强。因为这正是他所命令的："你们也应当如此行，为的是纪念我"（《路加福音》，22: 19；《哥林多前书》，11: 24）。传福音的传教人应该这样做，为的是忠诚地把这个应许灌输给人们，把它交付给他们，并唤醒他们对此的信心。

可是，今天又有多少人知道弥撒乃是基督的应许呢？我根本就不愿意提那些不敬神而热中于种种无稽之谈的传教人，他们所传的是一些属人的仪式，而不是这个伟大的应许。而且，即使他们说到了基督的这些话，也并不是把它们当作一个应许或者一个遗约来宣讲的，从而也不是把它们当作获得信心的一个手段来宣讲的。

在这个囚禁中使我们倍感痛心的是，他们竟处处设防不让平信徒听到基督的这些话，似乎这些话过于神圣，不便于传给普通百姓。我们这些神甫是那么疯狂，我们竟然妄自把所谓的祝圣用语*仅仅归给自己，要秘密地说出来，可是，如此一来，这些话对我们也没有什么好处，因为连我们也做不到把它们当作应许或者遗约由此增强信心。我们不是信它们，而是用一些莫名其妙的带有迷信色彩的和亵渎上帝的设想去敬拜它们。我们所造成的这种灾祸正中了撒旦的下怀，他就是想方设法要把［真的］弥撒不留丝毫地从教会驱逐出去，而极力让各种［假的］弥撒充斥于世界的每一个角落，也就是说，极力设法对上帝的遗约加以滥用和愚弄，让世界越来越沉重地背负起崇拜偶像的深重罪孽，越陷越深，除此之外，他还会想做别的事情吗？因为用一些引人堕落的说法去滥用上帝的应许，否定或者灭绝对它们的信，岂不是最罪孽深重的偶像崇拜吗？

因为，正像我已经说过的那样，除了说出应许的话语以外，上帝不会，而且的确也从来没有以其他方式跟人打交道。反过来，我们除了通过信他所作的应许的话语以外，也不可能以其他方式跟上帝打交道。他并不希望有什么行为，而且他也不需要什么行为；倒不如说，我们在跟人和跟我们自己打交道的时候，才是以行为为基础的。但上帝所需要的是：我们认定他信守他的应许（《希伯来书》，10: 23），而且耐心地坚持这样的信，从而是用信、用希望和爱去敬拜他。就是这样，使得他在我们里面得到了他的荣耀，它不是出自于在奔跑着的我们自己，而是出自于发怜悯的他（《罗马书》，9: 16），出自于作出应许的他和给出恩赐的他，使我们得以拥有并保

---

* 祝圣（Consecration），原来是指“成圣”，可参见以下经文：《马太福音》，23: 17, 19；《约翰福音》，17: 17, 19；《希伯来书》，10: 20 等等。

有一切良好的事物。看哪，这才是对上帝的真正的敬拜和侍奉，是我们应当在弥撒中做到的。可是，如果作出应许的话语没有得到表明，那又如何谈得上实施信呢？如果没有了信，谁又能够具有希望和爱呢？而如果没有了信、希望和爱，又如何谈得上去侍奉上帝呢？所以，毫无疑问，在我们的年代里，所有神甫和修道士，以及他们的主教和修道院院长，都是偶像崇拜者，而正由于他们的这种无知，由于他们对弥撒，或者说对圣餐礼，或者说对上帝的应许，所作的这种滥用和愚弄，使得他们生活在一种最危险的状态之中。

因为任何人很容易看出，应许和信这二者必须合在一起。因为没有了应许，就没有什么东西去信了；而没有了信，那应许也没有什么用处，因为应许是通过信才得以建立和实现的。由这一点，任何人都会立刻想象得到，那个弥撒，既然它不外就是应许，故而它只有在信里面才能够被接近和被观察得到。如果没有了信，舍此而去依靠一些祈祷，依靠一些安排，依靠一些行为，依靠一些标记或者依靠一些手势，这样的做法与其说是在敬奉上帝，倒不如说是在诱发背离上帝。经常会有这样的情况发生，即那些做了这种准备的人，自认为他们自己理所当然地已经有资格走向圣坛，但实际上他们却比在任何时间或者比在做任何事情的时候都更加缺乏准备，这是由于他们与之俱来的乃是不信。无论何时何地，你都可以看到有那么多在主持弥撒的神甫，他们会指摘一些可怜的人，抓住他们的一些细小错误，例如穿错了衣服或者忘了洗手，或者在念祷告词的时候结结巴巴，就认为他们犯下了罪过！然而，他们自己对弥撒本身，也即对那属神的应许，却毫不关心或毫无信心，这没有引起他们有丝毫的良心上的不安。哦，我们所处的这个时代，宗教已变得微不足道，是历来最不敬神和不感恩的一个时代！

由此可见，唯一值得做的准备和唯一应当奉行的，就是信，就是使我们相信弥撒也即属神的应许的那个信。所以，任何人，如果想要走近圣坛，或者说，想要领受圣餐，那么，一定要提醒他不要空着手去朝见主上帝（《出埃及记》，23: 15；34: 20；《申命记》，16: 16）。可是，除非他有着对弥撒的信，或者说，有着对这个新约的信，否则的话，他就是空着手的。在他种种背离上帝的行为里面，难道还有什么比这样因为不相信上帝的应许而更加严重地犯有对抗上帝的真理的罪吗？他这样做就等于在宣判上帝是一个制造空应许的谎言家。因此，最保险的做法就是在你参加弥撒时抱着你要倾听上帝的任何其他的应许一样的心态，那就是，不是准备好让你自己做这做那或者贡献什么，而是相信和接受所有对你应许了的东西或者经由神甫的职事而被宣布为应许的东西。如果你不是抱着这样的心态而来，那么，你千万要谨慎，小心你会就此而遭受谴责（《哥林多前书》，11: 29）。

因而，我前面说得很对，即弥撒的整个力量就在于基督所说过的话语，在这些话语里面，他证实，所有相信他的身体为他们而舍出和他的血为他们而流的人们，他们的罪孽就得到了赦免。这就是为什么对于那些望弥撒的人来说，最重要的事情就是仔细地和笃信无疑地去深思这些话语。除非他们这样做了，否则，他们所做的一切就全都白费了。当然是如此，上帝对他所作出的任何一个应许，通常都加上某个标记，作为对这个应许的纪念或者回忆，这样一来，我们就可以更加认真地侍奉他，他也可以更加有效地来告诫我们。就是由于这样，当他对挪亚作出应许不再用洪水来毁灭世界的时候，他把他的虹放到云彩里，表明他会记住他所立的约（《创世记》，9: 8—17）。而在他应许亚伯拉罕他的后裔得以延续之后，他就将割礼给了他，作为他因信称义的记号（《创世记》，17: 3—11）。就是这样，他答应基甸，用干羊毛和湿羊毛的方法来确认他所作的战胜米甸人的应许（《士师记》，6: 36—40）。还有，他通过以赛亚给予亚哈斯一个兆头（标记），表明他会战胜叙利亚和撒马利亚的王，这样，使得他对这个应许的信心得以坚定（《以赛亚书》，7: 10—17）。在《圣经》里面，我们读到过许多这样表明上帝所作的应许的标记。

同样，在弥撒这个位居一切之上的应许里面，他将他自己的身体和他自己的血，作为这个如此伟大的应许的一个有纪念意义的标记，加入饼和酒之中，他说："你们也应当如此行，为的是纪念我"（《路加福音》，22: 19；《哥林多前书》，11: 24—25）。同样，在受洗时，除了他所说的应许的话语之外，他还增加了浸没到水里面这样一个标记。我们由此可以知道，在上帝所作的每一个应许里，总是在我们面前出现两件事情，即话语和标记，因而，我们可以把那个遗约理解为话语，而把圣餐理解为标记。而且，因为在话语里比在标记里有着更强大的威力，因而，在遗约里面比在圣餐里面有着更大的威力；因为脱离开那个标记或者圣餐，一个人照样能够具有和运用这个话语。奥古斯丁说："信了，你就已经吃下了。"可是，除了相信作应许者的话语以外，人还信什么呢？所以，我能够每天甚至每小时都去做弥撒，因为我能够将基督的话语放在自己的面前，随时用它们来培育和增强我的信心。这才实实在在是属灵的吃和喝了。

在此，你们可以看到，我们那些评注《四部语录》的神学家，在这方面成就了何等的伟业。首先，他们中竟然没有任何一个人顾及那件首要的事情，即遗约和应许之话语。这样一来，他们就使我们把信以及弥撒的全部力量所在都给忘记掉了。并且，他们绝口只讨论弥撒的次要部分，即那个标记或者圣餐；况且，即使是这样，他们也还是不谈信，只谈他们的种种准备事项和 *opera operata*，大谈分享和弥撒所结的果实。如此一来，他们陷入变体论的胡言乱语以及其他种种形而上学的无休止的琐碎小事之中而不能自拔，他们阻挠人们正确地理解和运用圣餐和遗约，也就阻挠人们持守原本的信，使基督的子民忘记了他们的上帝，就像先知所说的，过着没有数的日子（《耶利米书》，2: 32）。让别的人去列举望弥撒的种种好处吧；你还是专心于此，使你可以跟先知一起说出并且相信，上帝已经在这里，在你的敌人面前为你摆设了筵席（《诗篇》，23: 5），使你的信可以在此得到滋养。然而，只有用属神的应许才能使你的信得以滋养，因为“人活着，不是单靠食物，乃是靠上帝口里所出的一切话。”（《申命记》，8: 3；《马太福音》，4: 4）。因此，在弥撒之中，你首先应该最密切地关注应许之话语，将它当作一次丰盛的宴会，当作你的碧青的草地和圣洁的静水（《诗篇》，23: 2），为的是使你可以将这话语奉为至尊，最执着地相信它，最坚定地持守它，哪怕是通过死亡和各样的罪过。如果你这样做了，你所获得的就不仅仅是某些人出于迷信而臆造出来的“弥撒之果实”那一类鸡毛蒜皮的东西了，而是获得了生命之源，也即获得了对道的信，而一切良善的事物都是由这个道里面流出来的，就如同《约翰福音》第 4 章所说的：“信我的人，‘从他的心中要流出活水的江河来'。"他又说道："人若喝我赐的水，就要在他里头成为泉源，直涌到永生"(《约翰福音》，4: 14)。

而有两件事情在经常地袭击着我们，使得我们无法收集到弥撒的果实。第一件事情就在于我们是罪人，由于我们一文不值，我们根本就不配得到这样一些伟大的事物。第二件事情就在于即使我们配得上，那些事物却如此崇高，以至于我们的懦弱本性根本就不敢追求它们或者希望得到它们。因为任何人在罪孽已经得到赦免和生命已经成为永恒，而不是还在企求得到它们的时候，一旦他正确地掂量到了由它们所带来的丰富的福乐，即以上帝为父而成为他的儿子和他所有财富的继承人，那他会有怎样的敬畏之心啊！由于我们自己的这种双倍的懦弱，我们就必定会抓住基督的话语，并且坚定不移地去盯住它，远胜于想到我们自己的软弱。因为"主的作为本为大，凡在这些作为中得到欢乐的人，都去考察它们"(《诗篇》，111: 2)，主能够"充充足足地成就一切超过我们所求所想的"(《以弗所书》，3: 20)。而如果主的这些作为竟然没有超越我们的价值，没有超越我们的理解力和我们一切的思想，那它们就不成其为属神的了。为此，基督鼓励我们说："你们这小群，不要害怕，因为你们的父乐意把国赐给你们"(《路加福音》，12: 32)。因为正是由于上帝令人无法理解地让他的善性溢满而出，通过基督浇注到我们身上，这就使我们以胜过一切的热情去爱他，报答他，以最大的信任去投靠他，而且还不顾一切地准备好为他忍受一切苦难。正因为如此，这个圣餐礼恰当地被称为"爱之源泉"。

让我们从人间的经历中举一个这方面的例子吧。假如有一个很富有的主人要把一千个盾遗赠给一个乞丐或者遗赠给某个不配得到遗赠的恶仆，那么，这个乞丐或者这个恶仆，当然不考虑他自己的不相配和这个遗赠的分量之大而大胆地要求和领取这一千个盾。如果有人试图以他们的不相配和遗产巨大为理由反对他的话，你设想那人会如何说呢？他很可能会说："跟你有什么相干呢？我所接受到的，我并不是凭我的功绩或者凭我对此有什么我个人的权利而接受到的。我知道，我正在接受的超出了像我这样一个根本不配去接受的人所应该接受的；其实，我所理应接受的与此正好相反。可是我还是凭着遗赠的权利和另一个人的善性而要求得到我所要求得到的东西。如果在他看来遗赠这么大一笔数目给一个不相配的人并不是一件毫不在乎的事情的话，那么，我为什么要因为我的不相配而拒绝接受它呢？其实，也正是由于这个缘故，我更加钟爱他的不相配的赠送——因为我是不配的！"如果有了这样的想法，那任何人都应该怀有很强的负疚感，从而以毫不动摇的信心去紧抓住基督的应许，以最大的谨慎心去接近圣餐，并不是那么的信任所作的忏悔、所作的祈祷和所作的准备，而是对所有这些并不寄予什么希望，坚定地去信任给出了这个应许的基督。因为正像我们已经说得够多的那样，应许之话语必须在这里在纯真的信里面占有唯一的统领地位；这样的信才是充分的准备，而且是唯一的充分的准备。

因此，我们看到了，在上帝允许那些背离他的传教士对我们回避这个遗约的话语，从而让他们在力所能及的范围内去熄灭这个的信里面，他因我们而产生的愤怒是何等地大啊。已经很容易看出，这样去将这个信予以熄灭，真可以称得上是所有行为之中最背离上帝的迷信行为，它必定会产生出何等样不可避免的后果来。因为在信已经死去和再也听不到信的话语的地方，种种行为以及对种种行为的规定，就立即会蜂拥而出取而代之。由于它们，我们就从我们自己的本土中被拉走，就好像是进入巴比伦式的囚禁之中，我们一切宝贵的财富都被剥夺了。这就是弥撒的厄运；而这个厄运却反而被那些背离上帝的人的说教说成是一件好事情。他们自己称之为 opus operatum，他们借以而据称可以全权跟上帝并处。接下来，他们更变本加厉地大发癫狂，先是编造谎言，妄称弥撒就是依靠在弥撒之前所行的事情才得以成为有效验，然后又在其效果上更加上一条，那就是，哪怕举行弥撒的某个神甫本人是邪恶的，但因此而受到伤害的只是他一人，却不妨碍这个弥撒对其他人还是能带来益处。他们的请求，分享，弟兄会，周年纪念和无数这一类其他的有利可图的种种伎俩，都是建筑在这样的散沙般的基础上。

这些带有欺骗性的伪装竟是如此强大，竟是如此为数众多，竟是如此根深蒂固，以至于你很难去抵制它，除非你时刻保持着高度的警惕，牢记着弥撒所是的和上面所说的。你已经看到，弥撒不外就是属神的应许或者基督的遗约，是用他的圣体和圣血所成的圣餐加盖上印记的。如果这个是真的，那你就可以理解，它无论如何也不可能是某种行为；没有人可以在它里面做些什么事情，除了信以外，也不可能以其他方式去对待。然而，信并不是什么行为，而是一切行为的主宰和生命。难道世界上会有人愚蠢到把他所接受到的某个应许或者他被授予的某个遗约看作一件由于他的接受而对立约者回报的一件好的行为吗？难道会有继承人认为，他在接受他死去的父亲的遗嘱条款和遗嘱遗赠给他的继承权时，他是在对他死去的父亲行善吗？所以，我们这些准备接受上帝的遗约的人，如果竟然自以为是来对上帝行善事，我们如此背离上帝，该是多么鲁莽啊！如此对遗约的无知，如此因那么伟大的圣餐礼而反而遭受囚禁，难道他们还不痛哭流涕吗？明明是我们应该为我们所接受的恩惠而感恩，而我们却傲慢地把应该由我们领取的东西反而去给出来。我们的刚愎自用真是已经到了闻所未闻的地步，我们竟然把我们作为礼物接受到的东西反而拿出来充作我们的作为，还以此嘲弄这礼物的赠送者的怜悯，这样一来，那位立约者就不成其为他自己的财产的施与者，反倒成了我们的赠送物的接受者了。呜呼，竟有此等对上帝的亵渎！

竟然有人认为受洗礼是做善事，竟然有准备去接受洗礼的人相信他是去行使一件他可以代表自己并且可以跟别人相通地去赠送给上帝的事情，难道还会有比这样的人更加疯狂的人吗？所以，如果说在这样一次圣餐和这样一个遗约之中没有什么善行可以去跟别人相通，那么，在弥撒之中同样也不会有任何这样的善行，因为它不外就是遗约和圣餐。因此，将弥撒提供给或者应用于罪过，应用于赎罪，应用于死者，或者应用于任何需要，不管是某人自己的需要还是别人的需要，那都是犯下了明显而可恶的错误。只要你坚定地相信，弥撒是一个属神的应许，它不会为任何人谋利，不会针对任何人，不会为任何人说情，不会跟任何人相通，而只适用于用自己的信去信的人，只要是这样，你就会很容易地看清这里面的明显的真理所在。上帝的应许，既然其所要求的是每一个人他个人亲自的信，那么，还有谁能够代别人去接受或者加以应用呢？难道我能够把上帝的应许给予另外一个即使对此不相信的人吗？难道我能够代别人去信，或者使别人去信吗？然而，假如我有能力将弥撒应用于别人和通到别人那里，就必定会发生那样的事情；因为在弥撒之中只有两件事情，即属神的应许和属人的信，由后者去接受前者所应许的。可是，假如我确实能够做那样的事情的话，我也就能够代别人去听取福音和相信福音，代别人去受洗，代别人得到赦罪，也就能够代别人参加圣坛的圣餐礼，还有——看看他们所列的圣事*——，我也就能够代别人娶妻，代别人接受神品，代别人行坚振礼，以及代别人接受临终的终傅礼！

简而言之，为什么亚伯拉罕并没有信任所有的犹太人？而对那个许给亚伯拉罕的应许，却要求每一个犹太人都信呢？

因而，必须承认这样一个无可辩驳的真理：哪里有属神的应许，哪里任何人就都应该自立为人；就要求每人都有他自己的信，各人都要为自己负责，都要担当起自己的担子（《加拉太书》，6: 5）；就如同《马可福音》的最后一章（16: 16）所说的："信而受洗的必然得救；不信的必被定罪。"即使如此，各人也只有靠他自己个人的信才能够从弥撒中获得他个人的好处。而代任何别人领受圣餐，根本是不可能的事情。这就正像神甫不可能代别人把圣餐分发给任何人，而要亲自逐一地把这同样的圣餐分发到每一个人。因为在祝圣和分发圣餐时，神甫是我们的仆人。我们并不是通过他们去行什么善行或者在主动的意义上去沟通什么事情。相反，我们是通过他们去接受那个应许和那个标记；我们是在被动的意义上去得到沟通。而迄今为止，在有关平信徒的权利问题上所坚持的就是这样的

* 罗马天主教和东正教认定有七件圣事：洗礼（baptism）、坚振（confirmation）、圣体（Eucharist）、告解（penance）、终傅（extreme unction）、神品（holy order）和婚配（matrimony）。

观点，因为在说到他们时，并不认为他们是行什么善行，而认为他们是在接受它。然而，神甫们却陷入背离上帝的迷途之中；上帝的圣餐和遗约本应该是被接受的一个美好礼物，但他们却自以为是地将其当作一个已经完成了的美好行为，又把它给了其他人，并且还将它奉献给上帝。

但你会说：怎么会这样呢？难道你是要推翻所有的教会和修道院所做的和所讲的事情，而那么多个世纪它们都是靠这一些才得以兴旺发达的吗？因为弥撒是它们举办周年纪念、举办代祷、举办请求和互通等等活动的基础，也就是说，是它们丰厚收入的基础。我的回答是：正是这件事驱使我写下有关教会的囚禁的这篇文章。因为正是这样，才使得上帝的神圣的遗约被迫成了最亵渎上帝的买卖。那些邪恶的人发表了种种见解，举办了种种仪式，他们充耳不闻上帝的道，却向我们炫耀自己别出心裁的一些想法，将整个世界引入歧途。我怎么会在乎陷入这种谬误之中的那些人的数量和影响呢？真理比他们所有人加起来还要强大得多。假如你有能力驳倒那位说弥撒就是遗约和圣餐的基督，我就承认他们是有道理的。或者，假如你有胆量说那位从遗约中获了利或者为此目的而利用了应许之圣餐的人竟然是做了美好的事情，我就甘心情愿谴责我自己所说的话。可是，因为你做不到这样，你为什么还迟疑不决不肯与那一大帮日趋堕落的人决裂呢？你为什么还迟疑不决不去将荣耀归于上帝和认定他的真理呢？今天，所有的神甫都将弥撒看作是一种行为，凭着这样的行为，他们可以解除他们自己的以及其他人的种种痛苦，不管其是活着的还是死去的，他们就是如此刚愎自用地坚持他们的错误。我现在所说的是一些你们前所未闻的和会使你们感到惊奇的事情，可是，如果你们思考一下弥撒究竟是什么的话，你们就会意识到我是讲了真话。其中的过错都跟我们错误的安全感有关联，这种错误的安全感使得我们对于上帝冲着我们而发的盛怒视而不见。

然而，我还是要承认，我们聚在一起参加弥撒向上帝倾诉的那些祈祷，却是美好的行为，或者说是有好处的，这样的好处我们彼此传递，互相为对方请求，互相得到沟通，做到互通有无。所以《雅各书》(5: 16)要我们互相代求，使我们可以得到医治，保罗在《提摩太前书》(2: 1—2)中也命令说要"为万人恳求，祷告，代求，祝谢，为君主和一切在高位的，也该如此"。然而，这一些都并不是弥撒，而是弥撒之行为——如果发自内心的和从嘴唇上发出的祈祷可以被称作是行为的话——因为它们发源于在圣餐礼之中被激励起来的或者由此而得到增强的信。因为弥撒或者说上帝的应许，并不是由祈祷而成就的，而只能由信来成就。但是，作为信徒，我们祈祷和成就各样美好的行为。可是，难道神甫在奉献这个意义上的祭品时，真的相信他所奉献的仅仅是祈祷吗？他们全都设想他们是在把基督自己作为一件能满足所有人的祭品奉献给父神上帝，设想他们是在为一切他们想要为之谋利的人做成一件美好的行为，因为他们信任弥撒所成就的行为，而他们却又并不把这样的行为归入祈祷。这样一来，错误越陷越深，最后，他们竟然把原本属于祈祷的事情归入圣餐礼，把原本应该作为恩惠加以接受的东西奉献给上帝。

因此，我们必须果断把遗约和圣餐本身跟我们同时所奉献的祈祷给区分开来。不仅如此，我们还必须记住，除非先就在信之中接受了遗约，由信来奉献出祈祷，不然的话，祈祷就完全是无济于事的，不管是对祈祷的人还是对为之而祈祷的人，都是如此；因为只有信才被听得到，就像雅各在他的第1章里面（《雅各书》，1: 6）所说的那样。所以，在祈祷和弥撒之间有着巨大的差别。只要愿意，祈祷可以延伸到很多很多的人，而弥撒却只有被那为自己而信的人所接受，也仅仅到他所信的范围为止。它既不能够给予上帝，也不能够给予什么人。与此相反，只有上帝才通过神甫所举办的仪式把它给予人们，而人们也仅仅靠着信去接受它，并不需要靠任何行为或任何功绩。无论谁都不会愚蠢到认为一个衣衫褴褛的乞丐在从一个富人那里接受馈赠时是在行善事。可是，弥撒（正如我已经说过的那样），它就是属神的应许之礼物，通过神甫的手而馈赠给所有人。因此很显然的是，弥撒并不是一个可以跟别人沟通的行为，而是信之对象（就像已经说到过的那样），其目的是为了强化和培育各人自己的信。

然而，还存在有第二块绊脚石必须要将其搬开，这可是一块更加大的绊脚石，是所有里面最危险的。那就是：通常相信弥撒是奉献给上帝的献祭。连教令之中的话语，似乎也包含有这样的意思，即其中说到了“这些赠送物，这些礼物，这些神圣的祭品”，还进一步说到了“这个奉献”。又作了祈祷，有很多语句，“要使得这个祭品被接受，甚至如同亚伯*的祭品”，如此等等。因此，基督被

* 亚伯（Abel）是亚当的第二个儿子，是个牧羊人。亚伯将他羊群中头生的献祭给上帝，为上帝所悦纳。事见《创世记》，4章。在《马太福音》（23: 35）中基督称“义人亚伯的血”，在《希伯来书》（11: 4）中保罗说到：“亚伯因着信献祭于上帝，因此得了称义的见证，就是上帝指他礼物作的见证。”

称为“圣坛的祭品”。除此以外，还加上神圣父老们的格言，大量的模范榜样，以及在全世界一致奉行的一些广为传布的做法。

但不管所有这些事情已经如何根深蒂固，我们却应该坚定地抓住基督的言语和榜样。因为我们只有坚定地坚持弥撒是基督的应许或遗约，就像那些话语所明白说明的那样，不然的话，我们就会丧失全部福音和它所带来的全部安慰。我们切不可让别的什么东西超越这些话语——即使是从天上来的使者，也决不应该有与此不同的说法（《加拉太书》，1: 8）——因为这些话语之中，并没有包含有什么跟行为或祭品有关的意思。而且，我们还有基督的榜样在我们这一边。当基督在最后的晚餐上设立这个圣餐和建立这个遗约的时候，他并没有将他自己奉献给上帝父神，他也没有代别人行什么美好的行为，而是坐在桌边把这同一个遗约放到每一个人的前面，将标记赠送给每一个人。现在，我们的弥撒越是跟基督在最后的晚餐上所履行的那个最初的弥撒相类同，就越是属基督的了。可是，基督的弥撒是最简单的，不在于显示任何服饰、手势、歌声或者其他什么礼仪，如此说来，假如真有必要将弥撒作为祭品来奉献的话，那么，基督对弥撒的设立反而就不是完善的了。

这倒并不是说任何一个人都可以辱骂一切教会，责备它们用一些添加的礼仪仪式使得弥撒变得十分繁复和庞大。可是，我们要争辩的是：任何人都不应该受骗于仪式的魅力和被纠缠在各种浮夸的形式之中，从而丧失弥撒本身的纯朴性，以及由于忽视了弥撒的简单的“本体”和依附于徒有其表的各色各样的“事态”，实际上是在实施一种变体。因为一切被添加到基督的话语和榜样上去的东西，都是弥撒的一个“事态”，对待这些应该类似于我们对待所谓的圣饼盘子和盛放圣饼的普通布料一样。因此，正如同传布一个遗约或者接受一个应许跟奉献一个祭品截然不同，同样，称弥撒为祭品也是自相矛盾的，因为前者是我们所接受的某个东西，而后者是我们所给出的某个东西。同一样东西不能够同时既被接受而又被给出，也不可能由同一个人既给出而又接受，更不用说我们的祈祷不可能等同于我们通过祈祷而获得的东西，或者说，做祈祷这件事不可能等同于我们接受我们为之而祈祷的东西这件事。

那么，我们该如何谈论弥撒的教令和早期教会的权威性呢？首先，我想这样来回答这个问题：倘若并不想反对它们的话，那么，将它们完全撇开，比起承认弥撒是一个行为或者是一个祭品来，要安全一些，这样就可以防止我们会否认基督的话语以及会将信跟弥撒一起给破坏掉。然而，为了仍旧保持它们，我们会说，我们是受使徒的《哥林多前书》（11: 21；33）的教导，确认在基督的信徒聚会参加弥撒时，他们通常是带了吃的和喝的来的。他们称这些为"聚合共有物"，他们将其分给有需要的人，这是仿照《使徒行传》（4: 34—35）里使徒们的榜样。从这个共有的总产之中，取出一部分饼和酒来，祝圣后成为圣餐。因为所有这些总产都是由于道和祈祷而得以成为圣洁（《提摩太前书》，4: 5），并按照我们在摩西五经（《民数记》，18: 30—32）中读到的希伯来的习俗将其"举起"，因而，这种举起或者奉献的话语和习俗一直传到了我们，虽然聚集所奉献的或被举起的东西将其作为共有的习惯，很久以来就已经给废止了。因此，在《以赛亚书》（37: 4）中，希西家王命令以赛亚在上帝看得见的地方为余剩的民扬声祈祷。在《诗篇》中，我们读到:“你们当向圣所举手”(《诗篇》,134: 2)。又说到:“我要奉你的名举手”(《诗篇》,63: 4)。在《提摩太前书》(2: 8)中又说到:“随处举起圣洁的手。”由于这个缘故,“祭品”和“献祭”这样的字眼,应该不用于圣餐和遗约,而用于那些聚合共有物本身。由此,也使得在弥撒做祈祷的时候,“开首短祷词”(“collect”)这个词,也一直传到了我们这里。

当神甫在祝圣以后举起饼和杯的时候,情形也是这样。他这样做并不是表明他是在向上帝奉献任何东西,因为他并没有说出任何一句有关祭品或者有关献祭的话。可是,这样的举起或者延续了希伯来人怀着感恩的心情和回报上帝的心情将所接受到的东西举起的习俗,或者就是在告诫我们、激励我们去相信由神甫以基督的话语摆在我们面前向我们展示的遗约,他在此同时也就向我们显示了这个遗约的标记。所以,正确地说,将饼奉上是在陪衬“这就是我的身体”这句话里面的指示代词“这”,而神甫就是凭着这个标记向聚集在他四周的我们致辞的;相类似地,正确地说,将杯奉上是在陪衬“这是立新约的杯,等等”这句话里面的指示代词“这”。因为神甫用举起这个行动所应当在我们里面唤起的,是信。祈求上帝,但愿他在我们面前公开地举起这标记或者说这圣餐的时候,也能够以洪亮的声音、用普通老百姓的言语大声地向着我们的耳朵朗读那话语或者说那遗约,无论如何,一切的一切都是为了更有效地唤醒信。因为为什么弥撒总是要用希腊文或者拉丁文或者希伯来文,而不能用德文或者任何其他语言呢?

所以,要请在这堕落而又极其危险的年代里那些作弥撒献祭的神甫特别注意,首先,正因为他们过于重视祭品,因而,他们并没有将大教令和小教令的话语以及开首短祷词用到圣餐礼上。然而，他们确实应该把这一些都用到要祝圣的饼和酒上，或者，用到他们自己的祷告上。因为事先将饼和酒献上求得祝福，为的是使它们可以因道和祈祷而得以成为圣洁（《提摩太前书》，4: 5），可是，在它们得到了祝福和祝圣以后，就不再将它们去作奉献了，而是作为上帝馈赠的礼物去接受了。在这样的仪式之中，神甫应该牢记在心的是，要让福音置于一切由人授意的教令和开首短祷词之上，要记住，正像前面所提到过的那样，福音并不认同那种认为弥撒是一次献祭的想法。

其次，如果有一位神甫在主持公开的弥撒，那他唯一应该决定去做的事情，就是通过弥撒让他自己以及其他人一起去领受圣餐。然而，与此同时，他也可以为他自己以及其他人献上祈祷，不过，他必须谨慎，不可擅自将弥撒奉献上。但是，如果他所主持的是私下的弥撒，他就可以自行决定领受圣餐。私下的弥撒跟任何平信徒在神甫手中所领受的通常的圣餐，没有丝毫的不同之处，也没有什么更大的效果。差别是在祈祷，就在于神甫是为他自己来为所使用的圣餐用品祝圣，是对他自己执行的。至于说到弥撒或圣餐礼所带来的祝福，则我们所有人都是平等的，不管我们是神甫还是平信徒。

如果有一个神甫被请求去主持所谓的“感恩的”弥撒，那他就一定要注意不能为了弥撒而收取费用或者擅自奉献任何感恩的祭品。相反，他应该尽力将这一切都放到他为死去的或者活着的人所奉献的祈祷之中，他应该对自己这样说：“瞧，我将仅仅为我自己去领受圣餐，而在这样去做的时候，我还愿意为这个人或者那个人去祈祷。”如果是这样的话，他就会因他的祈祷而不是因弥撒而收取费用，他可以用这个费用去购买吃的和穿的。尽管整个世界所认可的和所做的事情都与此相反，他也大可不必因此而感到不安。你具有福音所提供的最大限度的保障，有了这样的依靠，你就不必理睬别人的信念和意见。可是，假如你对我所说的置之不理，仍然坚持将弥撒作为奉献，而不是单单将祈祷作为奉献，那么，请你记住，我已经很诚心地警告过你了，到末日审判时，我将是无可指责的；而你则必须单独去承担你的罪过。我已经说过，我是尽了义务像兄弟对兄弟那样为了你的得救而告诉过你了；在你那边，如果你听从了，那你就得益了，如果你不予理睬，那你就会蒙受损失。如果有人竟然对我所说的横加谴责，那么，我乐意用保罗的话来加以回答:“只是作恶的和迷惑人的，必越久越恶，他欺哄人，也被人欺哄”(《提摩太后书》, 3: 13)。

综上所述，任何人都会理解格列高利所说的那段经常被引用的话:“由一个作恶的神甫所主持的弥撒，并不被认为比由一个良好的神甫所主持的弥撒效果来得差。圣彼得的弥撒也并不比叛教者犹大的弥撒来得好，假如他们都奉献上弥撒的祭品的话。”这种说法，已经成了许多人掩盖他们背离上帝的所作所为的借口，而正因为如此，他们就发明出了 *opus operatum* 与 *opus operantis* 二者之间的区别来，似乎他们自己尽可以过着作恶的生活而仍旧可以造福于他人。格列高利说的倒是真话，只不过他们误解了他的话。因为，至于那遗约或者那圣餐，通过作恶的神甫的主持来提供和接受，并不比通过十分圣洁的神甫的主持要来得不完整，这样的一件事情是不成其为问题的。因为有谁会怀疑，不敬神的人也会传福音呢？现在，弥撒正是福音的一个部分；其实，福音是弥撒的总和和它的本体。因为整个福音岂不是不外就是赦免罪孽的好讯息吗？任何在最广阔和最丰富的含义上有关赦免罪孽和上帝的仁慈所能够说的话，岂不是都已经全部涵括在这个遗约的话语之中了吗？就是由于这个缘故，因而，面向大众的讲道，都应该不外乎是讲解弥撒，或者说，是对这个遗约的属神的应许作解释；但愿这就是应该宣讲信，确确实实地开导教会。可是，在我们现在这个时代，那些弥撒的阐述家却想方设法对一些纯属人为的仪式作出比喻的解释，以此极尽嘲弄戏玩之能事。

所以，正如一个作恶的神甫也可以去施洗，就是说，也可以将应许之话语和洗礼水这样的标记去施加给等待受洗的人，因而，他也可以提出圣餐礼所包含的应许，对那些分享的人，甚至是那些分享他自己的人，主持圣餐礼，就像当年叛徒犹大在主的晚餐上所做的那样（《马太福音》，26: 23—25）。仍旧还是那同样的圣餐和遗约，它在信的人里面行它原本的事，而在不信的人里面却是行“奇异的事”。然而，如果是奉献祭品，那情况就完全不一样了。因为奉献给上帝的并不是弥撒，而是祈祷，所以很显然，作恶的神甫的奉献是起不了什么作用的，而是又像格列高利所说的那样：如果派出的是一个不称职的调解人，那只会使法官的心情变得更加冷漠。因此，两件事情——弥撒和祈祷、圣餐和行为、遗约和祭品——一定不能混淆起来；因为一件事情是通过神甫的主持从上帝那里到达我们这里的，所要求的是我们的信，而另一件事情则由我们这里通过神甫进到上帝那里去，所要求的是他的聆听。前者是自上而下的，而后者是自下而上的。所以，前者并不一定需要一个称职的和虔诚的主持人，而后者则确实需要这样一个人，因为“上帝不听罪人”（《约翰福音》，9: 31）。他知道该如何通过作恶的人去行善，但并不接受任何作恶的人的行为；这就像他在该隐一事中所表明的那样（《创世记》，4: 5），也像在《箴言》（15: 8）中所说到的那样：“恶人献祭，为主所憎恶”，以及《罗马书》（14: 23）中所说的：“凡不是出于信的，都是罪。”

不过，还是让我们结束这第一部分吧，虽然我已准备好继续与新出现的反对者进行争论。从上面说过的一切之中，我们可以得出这样的结论，即弥撒仅仅提供给那样的一些人，他们从良心上感到内心悲哀，感到倍受折磨，感到忐忑不安，感到困惑和迷离，从而，只有这样的人才配得上去领受圣餐。因为既然在圣餐礼之中那属神的应许之话语所阐明的乃是对罪孽的赦免，那就理应允许任何人都可以毫无畏惧地走近它，不论他是谁，只要他是由于他的自责或者由于他所受到的诱惑而在为他自己的罪过而烦恼，都可以走近它。因为基督的这个遗约，只要你坚定不移地去信，相信这遗约的话语所声明的事情是白白地赐给你的，只要这样，那么，它就是对一切过去的、现在的和将来的罪孽的一种补偿。但是，如果你并不相信这个，那么，无论到哪里，无论你做出什么样的行为或努力，你都决不可能找到良心上的平静。因为只有信才意味着良心的平静，而不信所意味的则只是良心的苦恼。

10 基督徒的自由

致缪尔佛特市长的献词

我，马丁·路德，一个奥古斯丁派教徒，谨向茨维考市市长，博学而有大智的希罗尼摩斯·缪尔佛特，有大恩于我的朋友和保护人，致意并表达我衷心的祝愿。

我那位博学而睿智的先生和恩友，德高望重的约翰·埃格昂（Johann Egran），您的值得赞美的传道人，曾经赞许地对我说起您对《圣经》的热忱和因《圣经》而获得的喜悦，您确实在众人面前殷勤承认并不断赞美《圣经》并就是由于这个缘故，他希望我和您相识。我乐意听从他的建议，因为听到有人热爱属神的真理是一种特殊的喜悦。遗憾的是，有不少人，尤其是那些以自己的头衔为荣的人，却竭尽全力和使尽计谋反对这个真理。众所公认，正是那位基督，曾被当作绊脚石和毁谤的话柄，他也必定会成为许多人兴起和许多人跌倒的原因（《哥林多前书》，1: 23；《路加福音》，2: 34）。

为了使我们的相识和友谊有一个良好的开端，我希望把这篇德文的文章或讲道录献给您，我已经先用拉丁文写就献给大家了；我希望，我的这篇有关教皇教权的讲道录或文章，不至于引起任何人的反感。我把自己托付给您，托付给上帝的恩典。阿们。维滕贝格，1520年。

致教皇列奥十世的公开信

马丁·路德愿我们主耶稣基督里拯救降临到罗马教皇利奥十世。阿们。

现在，我跟当代的那些妖魔鬼怪已经战斗到第三年了，而我生活在他们中间，我有时会不由自主地向您，利奥，至圣的教父，向您致敬并且想念您。实际上，既然您有时被看作是我战斗的唯一原因，因而，我禁不住要想念您。当然，由于您的那些不敬神的谄谀者无端对我暴跳如雷，驱使我向您的教廷呼吁，不管您的前任庇护和儒略有过什么教令，以其愚蠢的暴政对这样的呼吁横加禁止，我还是要求将来再召开一次公会议。然而，我从未让自己疏远您圣座，总是全心全意地祝愿您和您的教廷，为此而恳求上帝。确实，面对那些企图盗用您的名字和权威的尊严来恐吓我的人，我毫不胆怯。不过，有一件事情我不能忽视，这也是我再次写信给您圣座的原因。我注意到，我受到谴责说我有失检点，说我犯了大错，在这件事情上面，据说我连您本人也没有放过。

我坦然发誓，就我所知，无论何时想到您，我都是用美好而崇敬的话语谈论您。倘若不是这样，我决不会予以宽恕，而会心甘情愿地接受别人对我的判决；倘若是这样，那我必定会乐意为我的过失和不敬公开道歉。我曾经称您为巴比伦的但以理*；每个人读过

* 《旧约》中的富有传奇色彩的英雄和先知。在公元前605年，与其他犹太人一起被俘虏到巴比伦。他虔信上帝，不为动摇，有大智慧而行奇迹。事见《但以理书》。

我的文章，都知道我如何反驳那个诽谤您的西尔维斯特，热情捍卫您的清白。其实，您的声誉和您那无可指摘的一生的美名，为全世界许多伟人的著作所称颂，声名昭著，体面荣耀，任何人不管多么伟大，都无法攻击。我不会愚蠢到攻击一位受万民赞誉的人。事实上，我始终设法做且一如既往去做的，是不攻击哪怕众所呵叱的人，因为我不会由于任何人的罪过而感到高兴，我意识到我自己眼中有梁木*。确实，我不可能是第一个拿起石头打那个淫妇的人（《约翰福音》，8: 1—11）。

当然，我已经对各种不敬神的学说作了激烈的攻击，我紧抓住我的敌人不放，不是由于他们道德败坏，而是由于他们不敬神。对此，我没有丝毫后悔，反之，我已经决定要始终保持这种如火的热情，不理会旁人的议论，而一心效学基督的榜样，因为基督称他的敌人为“毒蛇之种”、“无知瞎眼的人”、“假冒为善者”、“魔鬼的儿子”（《马太福音》，23: 12, 17, 33；《约翰福音》，8: 44）。保罗将那个行法术的以吕马定为“魔鬼的儿子，……充满各种诡诈奸恶”（《使徒行传》，13: 10），他又称另一些人为“犬类”、“骗子”和“淫棍”（《腓立比书》，3: 2；《哥林多后书》，11: 13；2: 17）。如果你允许具有敏锐观察力的人来判断，那么，他们会说，没有人比保罗更能够一针见血和毫不容情地斥责那种人。谁能够做到比先知们更一针见血呢？今天，我们确实被那一伙癫狂的谄谀者搞得非常敏感，一遇到有人责难我们，我们就会大叫。当我们无法用任

---

* 见《马太福音》，7: 3：“为什么看见你弟兄眼中有刺，却不想自己眼中有梁木呢？”

何别的借口去回避真相时，就想方设法把它归结为粗暴、急躁和鲁莽，从而逃避真相。如果盐不咸人，那有什么好处呢？如果剑刃不锋利，那有什么用处呢？“懒惰为主行事的，必受咒诅……”（《耶利米书》，48:10）*。

所以，尊敬的利奥，在我写下了这封辩白书后，请求您倾听我的申诉，请相信我，我未对您有不好的想法，我也属于那种希望您永远万事如意的人，我不和任何人争论他道德上如何如何，而是争论真理之话语。在其他所有事情上，我甘愿服从任何人；但我既没有权力也没有意愿否认上帝的道。如果任何人对我有不同的看法，那是他没有正确理解我所说的话。

我确实曾经藐视过您的罗马教廷，然而，不论是您还是其他任何人，都无法否认，罗马教廷比巴比伦或者所多玛更腐败，而且，就我所见而言，它完全堕落、无望、公然亵渎上帝。有人以您的名义在罗马教会的外衣下愚弄善良的基督徒，我感到十分愤怒。我曾经抵制过您的教廷，只要信仰之灵在我里面存在，我将继续抵制它。我不是在为不可能的事情而奋斗，也不是希望仅靠我的努力就能在杂乱不堪的巴比伦有所作为，那里有那么多谄媚者猛烈攻击我；但我承认我对我的基督徒兄弟所承担的义务，我有责任对他们提出忠告，希望他们中受罗马瘟疫之害的人少一点，至少使他们的受害不要太惨重。

您很清楚，这些年从罗马流出来的——像洪水一样淹没了整个世界——，是对人的身体和灵魂以及拥有物的蹂躏，已经坏到了极

* 显然，路德希望读者注意这一节经文的后半句话：“禁止刀剑不经血的，必受咒诅。”

点。这一切再清楚不过了，罗马教会一度是至圣的教会，现在已经变成最无法无天的贼窝（《马太福音》，21: 13），变成最无耻的妓院，变成罪恶、死亡与地狱之国。它变得如此邪恶，以至于即使那个反基督者*本身到来，也想不出什么可以增加它的邪恶。

这时，您，列奥，犹如狼群中的羊（《马太福音》，10: 16），又犹如狮群中的但以理（《但以理书》，6: 16）。您跟以西结一起生活在蝎子中（《以西结书》，2: 6）。您一个人又怎能抵挡这些恶魔呢？即使您可以召到三四个博学又完全信任的红衣主教来协助您，但身处那么多人中，又有何用？等不及您颁发教令去除弊端，你们就会全被毒死了。罗马教廷已经失落了，因为上帝的愤怒无情地落到它的头上。它嫌恶教会的公会议，它惧怕改革，它无力减少自身的腐败；以前关于它的母亲巴比伦曾经说过的话，现在也适用于它："我们想医治巴比伦，但她却没有治好。离开她吧"（《耶利米书》，51: 9）。

医治这些弊病正是您和您的红衣主教的职责，可是，这些弊病业已成为顽症，不可救药，无论是战车还是战马，全都脱缰狂奔（维吉尔，《稼穑诗》，I，514 行）。尊贵的利奥，出于对您的钟爱，我一直深感遗憾的是，您在这样的时期当上教皇，因为您值得在更好的年月当教皇。目前的罗马教廷不配有您或者像您这样的人来当教皇，应该让撒旦自己来当教皇，因为现在在那个巴比伦里，他比您更有实权。

但愿您抛弃由您那些最荒淫无耻的敌人吹捧为您的荣耀的那些

---

* 指魔鬼撒旦。

东西，但愿您可以靠您自己当神甫的那份微薄的收入或者靠您家族的遗产生活下去！除了那些成为沉沦之子的伊斯卡利奥人*以外，再也没有任何人配享此殊荣。我的利奥，您在罗马教廷做得成什么事情呢？一个人越是罪恶累累，越是兴高采烈地用您的名义去破坏人们的拥有物和灵魂，罪上加罪，压制信仰和真理以及全部上帝的教会。哦，不幸的利奥，您正坐在一个最危险的宝座上。正因为我希望您好，所以我告诉您真话。

如果说（明谷的）伯尔纳当时对尤金三世已经表示了遗憾，而那时的罗马教廷尽管很腐败，但还有改善的希望，那么，为什么我们不可以责怪他们三百年来有增无减的腐败和邪恶？在广阔的天空下，难道不是再没有比罗马教廷更腐败、更残害生灵和更令人作呕的了？罗马教廷比土耳其人更不敬神，实际上，虽然它一度是天国之大门，现在已经成了地狱之口，由于上帝的愤怒，它不可能合上了。按我说，我们唯一可以试着去做的就是：我们能够从罗马的巨大裂口中召回一些人，拯救他们。

现在，利奥，我的父，您可以看到，我是如何以及为什么要猛烈攻击那个残害生灵的教廷。我决没有想过对您进行人身攻击，我甚至希望能够讨好您，如果我毫不容情地抨击那个监狱，即你们那个名副其实的地狱，抨击，是拯救您。因为有能力对抗邪恶教廷的混乱的人所做的任何事情，都有助于您，有助于您的得救以及跟您一起的其他许多人的得救。凡是做出任何不利于教廷的事的人，都

---

* Iscariots，指犹大西部加略（Kerioth）地方的居民。关于该地居民受诅咒之事，可参见《耶利米书》，48: 24 ;《阿摩司书》，2: 2。

有助于您的职事；以任何方式诅咒教廷的人，都是在荣耀基督。简而言之，是基督徒，就不当罗马教廷的人。

展开一些来说，我从未想对罗马教廷进行攻击或者挑起争论。可是，当我看到已经没有希望拯救罗马教廷，我就鄙视它，给了它一纸休书（《申命记》，24: 1），并且说，“不义的，叫他仍旧不义，污秽的，叫他仍旧污秽”（《启示录》，22: 11）。然后，我转向平静地研究《圣经》，以便对我周围的弟兄们有所帮助。当我的研究取得了某些进展时，撒旦就睁大了眼睛，附到他的仆人约翰·艾克*个著名的与基督为敌的人身上，此人贪慕虚荣，为此，他抓住我不经意说过的一句有关罗马教会至高权力的话硬拉我辩论。然后，那个吹牛的家伙，咬牙切齿地声明，他为了上帝的荣耀和那按使徒传统建立起来的教廷的荣誉，可以赴汤蹈火。因为料想可以靠滥用您的权威而狐假虎威，他信心十足地相信会取胜于我。他并不很关心建立彼得的至高权威，因为他在意显示他自己在我们这个时代的神学家中的领导地位。为了这个目的，他认为打败路德大有好处。而当辩论最后以这位诡辩家的失败而告终的时候，一种难以置信的疯狂完全攫住了他，因为他相信，我把罗马的丑恶揭露出来，全是他的错。

我求您，最尊贵的利奥，请容许我为我自己的事业作辩护并控诉您的真正的敌人。我相信，您知道，您的那个使节，圣西斯托的红衣主教，那个不理智和不幸的人，或者，宁可说不可靠的人，他

---

* John Eck（1486—1543），德意志天主教神学家，主张教皇权力至上，反对路德以及宗教改革派人士。

跟我做了什么交易。出于对您的名字的崇敬，我把我自己和我的事情全交托给他，他却并不设法息事宁人。他原本只要说上一句话就可以做到，因为那时候，我答应保持沉默和结束争论，条件是只要也命令我的对手做到。然而，正因为他是一个慕求虚荣的人，他不满足于这样的协议，他开始保护我的对手，完全放任他们，却命令我放弃，虽然这并不包括在他的指示中。当事情原本进展得很好的时候，他那种卑劣的武断作风却使事情变得糟糕透顶。由此可见，对于后来发生的事情，该责备的不是路德。这全都该责备那个嘉耶当，尽管我那时最诚恳地请求他让我保持沉默，但他不允许。我还应该做什么呢？

然后来了卡尔·米尔提兹，也是您圣座的一位使节，他不辞辛劳地来回奔波，不会遗漏一件可能有助于恢复被嘉耶当轻率而自负地破坏的秩序的事情。最后，他在最杰出的君主弗雷特里克选帝侯的协助下，设法安排了几次与我私下会商。我再次出于对您的名字的尊重而准备保持沉默，甚至接受特里尔大主教或者瑙姆堡（Naumburg）的主教作调解人。事情就这样安排好了。然而，正当满怀成功希望地按这样的安排进行之际，请看，您那里的另一个更大的敌人艾克，突然又以他对卡尔施达特博士挑起的莱比锡论战闯了进来。他提出教皇至高权力这个新问题的时候，突然把矛头对准了我，完全打乱了我们保持平静的安排。这时，卡尔·米尔提兹在等待着。论战揭开了，裁判已经选好。但这一次还是没有任何结论，这不足为怪，因为由于艾克的谎言、诡计和欺诈，所有事情都受到了挑动，变得混淆不清，比以往任何时候都更糟糕。不管会得出什么结论，都必定会导致一次更大的爆发，因为他所追求的是虚荣，而不是真理。我还是做了我该做的事情。

我同意，在这种场合丝毫也不要把罗马的腐败内幕公之于众，但任何错都是出在艾克身上，他承担了一件超出他能力的任务。由于他疯狂的虚荣心在作怪，他把罗马的耻辱向全世界公开了。我亲爱的利奥，此人才是您的敌人，或者，不如说是您的教廷的敌人。单从他这个例子我们就可以懂得，再没有比谄谀者更危险的敌人了。他的谄谀所造成的恶果，不是连一位君王也做不到吗？罗马教廷今天已经在全世界臭名昭著了，教皇的权威已经荡然无存，而那一度备受称颂的罗马式的无知，现在已经声名狼藉。倘若艾克没有推翻卡尔（米尔提兹）与我达成的保持平静的安排，我们听不到这些事情。艾克本人也清楚地看到了这一点，虽然为时已晚，已经于事无补，但他还是对我的那些书的出版大发雷霆。他像一匹嘶叫着的马疯狂追逐他自己的荣誉，他极力想借助您而得到好处，却不管这样会对您带来极大的危害，他应该想到这一点。这个虚荣的人以为我会出于对您的名字的畏惧就此止步和保持沉默，因为我不相信他会完全信赖他自己的智慧和学识。现在，他看到我反而勇气百倍，并没有就此缄默，就对自己的鲁莽感到懊悔，但太迟了，如果他真的最后明白，他就会领悟到，那天上的至尊者反对骄傲者，他使傲慢者低下头来（《彼得前书》，5: 5）。

既然我们从这场辩论中没有什么收获，除了使罗马的事情变得更加混乱以外，因而，卡尔·米尔提兹又作了第三次和解的尝试，他来到奥古斯丁会的教父那里，教父们正聚在一起商议如何平息这场极具破坏性和危险性的争论。因为靠着上帝的恩惠，他们不希望采取暴力手段来继续攻击我，就派他们中一些很著名的人士来找我。这些人请求我至少应该崇敬您的圣座，写一封谦卑的信表示我的歉意，申明您和我在这件事情中的清白。他们说，假如利奥十世出于他固有的善性而肯介入此事的话，那么，事态就没有到毫无希望的程度。由于我一贯倡导平静也愿望平静，我可以致力于更平静和更有用的研究，而我发那么大的火，只是为了不仅在智力上而且在言语上在数量和强度上胜过我的那些不相称的对手，我不但欣然休战，而且还愉快和感激地认为这样的建议是我乐意于接受的，假如我们的希望能够实现的话。

所以，利奥，我俯伏在您面前祈祷，如果可能，请您介入和阻止这些奉承者，他们假装维护和平，实际上是和平的敌人。但不要让任何人以为我会放弃，除非他愿意让整个问题陷入更大的混乱。再者，我认识到，对上帝话语的解释没有一定之规，因为上帝的话语不被捆绑，在其他所有问题上都讲自由。如皋这两点得到承认，就没有什么是我不能或不愿做或不愿忍受的。我讨厌争吵。我不会挑战任何人。另一方面，我不希望别人挑战我。如果他们挑战我，因为基督是我的老师，我不会无话可说。一旦这场争论在你面前发生并且定论，您的一句简短的祝福将能让双方保持沉默，并命令他们维持和平。这是我一直希望听到的。

因此，利奥我的父，不要听那些妖魔鬼怪的胡扯，他们竟然说您不单纯是人，而且是半神，因此您可以随意发布命令和提出要求。事情并非如此，您也不具有这样显赫的权力。您是仆人的仆人，您比其他所有人更处于一个最悲惨而危险的境地。您不要受骗于那些妄称您是世界主宰的人，他们竟然说任何人如果不接受您的权威就不成其为基督徒，胡扯什么您有权柄去统辖天地和炼狱。这些人是您的敌人，他们试图破坏您的灵魂（《列王纪上》，19: 10），正如以赛亚所说的，"哦，我的百姓啊，祝福你们，正是欺骗你"（《以赛亚书》, 3: 12）*。他们吹捧您，置您于全部公会议和教会之上，那是错误的。他们把《圣经》的解释权归给您一个人，也是错误的。在您的名字的保护下，他们试图为他们在教会中的种种卑劣行径获得支持。哎呀！在您的前任手下，撒旦通过这些手段已经取得了许多进展。总之，请您不要相信抬举您的人，而要相信贬低的人。这是上帝的判决，即"他叫有权柄的失去宝座，叫卑贱的升高"（《路加福音》，1: 52）。看，基督多么不同于他的继承者，尽管他们全都希望成为他的代理者**。恐怕他们中的大多数太注重在字面上做他的代理者。只有当上司不在的时候，人才可以成为代理者。如果是教皇在掌管，而基督不在，也没有进到他的内心，那么，他除了是基督的代理者以外，还是什么呢？处在这样一个代理者之下的教会，除了是一个没有基督的民众弥撒之外，还是什么呢？实际上，这样一个代理者除了是反基督者或偶像以外，还是什么呢？使徒们称他们自己是基督在场时的基督的仆人，而不是基督不在场时的基督的代理者，不是说得再确切不过吗？

也许我太冒昧了，竟然想要教导如此显赫的大人物，而我们全都应该向他学习，连法官们在作出判决的时候也要听取他的意见，就像你们那些干尽坏事的人所吹嘘的。但我还是要学习圣伯尔纳在他那本写给教皇尤金的名为《论思考》的书中所作出的榜样，每位

---

* 今本《圣经》作："哦，我的百姓啊，引导你的使你走错。"

** 教皇自称为"基督的代理者"（Vicar of Christ）。

教皇都应该记得这本书。我之所以学习他，不是因为我急于要教导你们，而是出于纯真而忠诚的关注，这种关注促使我们对邻居的一切事情都感兴趣，即使他们已经受到了保护，而在我们关注他们的时候，不允许我们考虑他们是否显要，因为我们只关注他们所面临的危险或者他们可以获取的好处。我知道，您圣座在罗马处于腹背受敌的境地，就是说，您好像漂泊在汪洋大海中，在惊浪骇涛中苦苦奋斗，因此，您需要哪怕是您最不起眼的弟兄所能够提供的一点点帮助。故而，如果我现在忘记您那崇高的职事而做弟兄般的爱所要求做的事情，我不认为是荒诞不经的。在如此严肃而危急的问题上，我决不愿意奉承您。如果人们没有体会到在这个问题上我是您的朋友和您最谦卑的属下，那么，有那至尊的一位，他会理解和作出判决（《约翰福音》，8: 50）。

最后，神圣的父，为了不至于空手来见您，我把这篇献给您的短论寄给您，作为和平和良好希望的一个凭证。从这本书您可以作出判断，在可能范围内，我究竟应该从事哪些对我更有利的研究，鉴于您的那些不信神的谄谀者允许我这样并且以前已经允许我这样。如果您留意这本书的厚薄，会发现它是一本很薄的小书。然而，除非我有误解，否则，只要您掌握了它的涵义，它确实以简要的方式全面总括了基督徒的生活。我是一个穷人，没有什么礼物可以奉赠，而且，除了属灵的礼物之外，您也不需要任何其他礼物来使您致富。愿主耶稣永远保佑您。阿们。

维滕贝格，1520 年 9 月 6 日

马丁·路德论属基督的自由
［基督徒的自由］

许多人都把基督徒的信仰看作一件易事，也有不少人把这样的信仰列在各种美德之中。他们这样做是因为他们没有亲身体验，从未尝到信仰之中所具有的巨大力量。一个人要不是在某一次体验到在某个人受到试探的压迫时信仰所给予他的勇气，他就不可能写好有关信仰的内容，或者说，也不可能理解所写的有关信仰的内容。但对信仰只有模糊感受的人决不可能写好、说明白、想清楚和听懂。正如基督在《约翰福音》（4: 14）中所说的，它是“直涌到永生的泉源”。

至于我，尽管我没有丰富的信可资吹嘘，也明白我多么缺乏后援，但我还是希望，虽然我经受过巨大而繁多的诱惑的进攻，但我已经获得了一点信仰；我希望我能够讨论信仰，与那些咬文嚼字和能言善辩的辩士所做的相比，虽不能说洋洋大观，当然更为中肯，因为他们甚至不理解自己写的东西。

为了便于没有学问的人——我是专门为他们服务的——理解，我特地设定以下两个关于心灵的自由和束缚的命题：

基督徒是完全自主的人，不用服从任何人。

基督徒，又完全是对所有人尽责的仆人，服从于所有人。

这两条似乎互相矛盾。然而，如果把二者配合在一起，它们就会出色地服务于我们的目的。这两条是保罗本人所陈述的，他在《哥林多前书》(9: 19)中说，“我虽是自由的，无人辖管，然而我甘心作了众人的仆人”，在《罗马书》(13: 8)中又说，“凡事都不可亏欠人，唯有彼此相爱。”爱，就其本性而言，是做好准备服务于和服从于其所爱的人。因而，基督虽然是万有的主宰，但还是“为女子所生，生在律法之下”(《加拉太书》，4: 4)，从而，同时既是自由的人，又是仆人，“既有上帝的形象”，而“又有仆人的形象”(《腓立比书》，2: 6—7)。

不过，让我们先从某件虽然离题较远但比较明显的事情开始吧。人具有双重本性，即属灵的本性和属身体的本性。按照属灵的本性，即人们称之为灵魂的那个本性，他被称为属灵的、内在的或者新的人。而按照属身体的本性，即人们称之为肉体的那个本性，他被称为肉欲的、外在的或者旧的人，对此使徒在《哥林多后书》(4: 16)中写道：“外体虽然毁坏，内心却一天新似一天。”由于本性的这种差异，《圣经》在说到同一个人时会有相互矛盾的说法，因为在同一个人里面存在着两个人，是互相矛盾的，根据《加拉太书》(5: 17)的说法，“因为情欲和圣灵相争，圣灵和情欲相争”。

首先，让我们来看看，一个称义的、自由而虔敬的基督徒，也就是，一个属灵的、内在的新人，如何成为他现在所是的。显然，没有任何外在事物能对基督徒的称义或自由，或者对他的不义或受奴役产生影响。一个简单的论据可以证明这个说法。如果身体健康、自由潇洒、有吃有喝，对灵魂有什么益处？因为在这些方面，即使最不敬神而自甘堕落的人，也可以很兴达。另一方面，体弱多病、身陷囹圄、忍饥挨饿，或者其他什么外在的不幸，对灵魂又有什么伤害呢？哪怕最虔诚的人，哪怕那些问心无愧而光明磊落的人，也会受这些事情的折磨。这些事情丝毫也不会触及灵魂的自由或者受奴役。让身体穿上神甫的圣袍，或者居住在圣地，或者从事圣职，或者通诫祈祷、守斋、禁食某些食物，或者，做任何靠身体和在身体里面所能够做的事情，这些事情对灵魂没有什么帮助。既然这里提到的事情任何恶人都可以做到，因而，灵魂的称义和自由需要，是某种与此截然不同的东西。恶人的行为，只会产生伪善。另一方面，如果身体穿着世俗的衣服，住处也不是什么圣地，吃喝也跟别人一样，也没有放声祈祷，也不屑于做上面提到的伪善者所能做的事，那么，也不会对灵魂有所伤害。

此外，抛开各种行为，即使是默祷、沉思和灵魂所能做的一切，都无济于事。对于基督徒的生命、称义和自由，只有唯一的一件事才是必要的。那就是上帝的最神圣的道，基督的福音，就如基督所说，“复活在我，生命也在我；信我的人，虽然死了，也必复活”(《约翰福音》(11: 25)；以及《约翰福音》(8: 36)，“无父的儿子若叫你们自由，你们就真自由了”；以及《马太福音》(4: 4)，“人活着，不是单靠食物，而是靠上帝口里所出的每一句话。”因此，让我们坚定地相信，除了有上帝的道* 作为依靠，不然灵魂就

* 在《圣经》中，“话语”和“道”是同一个单词。在《旧约》中，“上帝的话语”，较多指上帝对先知们所作的启示。而在《新约》中，这个名词有双重含义，既有跟《旧约》相类似的含义，又有新的含义，即成为耶稣基督的一个称号。见《约翰福音》(1: 2—14)；《约翰一书》(1: 1)；《启示录》(19: 13)。这样的称号似乎受希腊哲学家对“逻各斯”(其含义也是“话语”)的种种论述的影响。在德文中，由于名词总是大写的，因而只能按上下文的意思作出区分，在英文本《圣经》中则用大小写来区分。现按中文本《圣经》的译法，将其区分为“话语”和“道”，“道”就成为基督的称号，就是希腊文中的“逻各斯”。

什么也做不了，并且，只要缺少上帝的道，灵魂就得不到任何帮助。一旦它具有上帝的道，就富有而无所欠缺，因为它是生命、真理、光明、和平、正义、得救、欢乐、自由、智慧、权柄、恩典和数不清的福乐之道。这也就是为什么那位先知在整篇《诗篇》(119 篇)和在许多其他地方那么思慕上帝的道，用那么多名称来形容它。

另一方面，就如同《阿摩司书》(8: 11)中上帝所说的那样，上帝的愤怒所能够加诸人的，再也没有比听不到他的道更可怕的饥荒。同样，也没有比他派出他的道更大的恩惠，就如我们在《诗篇》(107: 20)中读到的，“他派出他的话语，医治他们，救他们脱离毁灭”。基督被派到世上来，除了行道以外，没有别的事工。而且，全部神职工作——所有的使徒、主教和神甫——，也都是为了道的这个事工才被召唤和建立起来。

你也许会问，“既然有那么多上帝的话语，那么，究竟什么才是上帝的道，又应该如何运用呢？”我的回答是：使徒在《罗马书》第一章里对此作了解释。道是上帝关于他儿子的福音，就是他的那位被做成了肉身、受了难、又从死亡里复活，并通过祝圣的圣灵而获得荣耀的儿子。给基督去传道，那就是给灵魂以滋养，使它称义，使它得自由，而且，只要灵魂信所传的道，就得救了。按照《罗马书》(10: 9)所说的，唯独信，才是得救，才是对上帝的道的有灵验的运用：“你若口里认耶稣为主，心里信上帝叫他从死里复活，就必得救。”还有，“基督是律法的总结，使凡是信他的都得以称义。”(《罗马书》，10: 4)。另外，在《罗马书》(1: 17)又写道：“义人必因信得生。”上帝的道不可能靠任何行为来获得和拥有，唯独靠信来得到。所以，正因为灵魂为了自身的生存和称义唯独只需要上帝的道，因而，很显然，它唯独因信而称义，而不靠任何行为而得以称义；因为倘若它可以靠别的东西而得以称义，那它就不需要道，从而也就不需要信。

这信不可能跟行为连在一起而存在——这就像是你同时声称靠行为而得以称义，无论其性质如何——因为这就等于“心持两意”（《列王纪上》，18: 21），就好比敬拜巴力、亲自己的手（《约伯记》，31: 27—28），正如约伯所说，这是一个很大的罪孽。所以，在你开始有信的那一刻，你就懂得了，在你里面的一切是该受谴责的，是有罪的和该受诅咒的，这就如同使徒在《罗马书》（3: 23）中所说的，“因为世人都犯了罪，亏缺了上帝的荣耀”，并且，“没有义人，连一个也没有；……都是偏离正路，他们全都走上了邪路”（《罗马书》，3: 10—12）。当你懂得了这个，你就知道你需要基督，知道他为你受难并死而复活，结果，如果你信他，你就可以通过这个信而成为新人，使你的罪孽得以赦免，你就靠另一个人，即唯独靠基督，而得以称义。

因此，既然这个信只有在内在的人里面才能起管辖作用，如同《罗马书》（10: 10）所说的，“因为人心里相信，就可以称义”，既然唯独因信才得以称义，很显然，内在的人根本不可能靠任何外在的行为或行动而称义，获得自由或者得救，这些行为不管是什么性质，都跟这个内在的人没有任何关系。另一方面，只有内心的不敬神和不信神，而不是外在的行为，使他有罪和成为罪孽之可诅咒的奴仆。由此，每一个基督徒首先应当关注排除对各种行为的所有信任，全力增强信心，通过这个信来增长知识，不是对行为的知识，而是对耶稣基督的知识，耶稣基督为基督徒受难并复活，就像彼得在他的第一封书信的最后一章中所说的那样（《彼得前书》，5: 10）。没有其他行为可以造就一个基督徒。正如《约翰福音》（6: 28）中讲述的那样，当一些犹太人问基督，他们当行什么“才算作上帝的工”的时候，他把他看到他们在行的许多事都撇在一边，只建议做一件事，“信上帝所差来的，这就是作上帝的工”（《约翰福音》，6: 29）；“因为人子是父神所印证的”（《约翰福音》，6: 27）。

所以，对基督的真正的信，乃是无与伦比的宝藏，它带来完全的得救，将人从一切邪恶之中拯救出来，就如同《马可福音》的最后一章（16: 16）基督所说的：“信而受洗的必然得救；不信的必被定罪。”以赛亚注视着这个宝藏并预言：“主将要让一句简短而重要的话语临到这土地上，它使公义得以伸张，如水涨溢”（参见《以赛亚书》，10: 22）。这就像他在说，“信，乃是律法之简短而完全的实现，它使得信的人被伟大的公义所充满，这样，他们不再需要任何其他的东西就得以称义了。”所以，保罗在《罗马书》（10: 10）中说，“因为人心里相信，就可以称义。”

你会问，鉴于《圣经》中规定了这么多行为、仪式和法规，那么，怎么会只要信就可以称义，就可以提供给我们享之不尽的宝藏，却无需任何行为？我的回答是：首先，记住前面说过的话，那就是，不需要任何行为，单靠着信，就得以称义，就可以获得自由和得救；我们下文还要进一步加以说明。在此，我们必须指出，整本上帝的《圣经》分为两个部分：诫命和应许。虽说诫命所教导的事情都是好的，但那些事情并不是一经教导就要做到的，因为诫命是向我们指明我们应该做什么，但并没有给予我们去做的能力。它们意在教会人认清自己，通过它们他可以认识到自己没有能力去行善，并对他自己的能力感到绝望。这就是为什么它们被称作旧约，形成了《旧约全书》。例如，有一条诫命说“不可贪恋”(《出埃及记》，20: 17)，这一条命令证明我们所有人都是罪人，因为不管如何努力克服，无人可以避免贪恋。因此，为了不贪恋和奉行诫命，人就被迫感到绝望，要到别处和从别人那里寻求他在自身里面找不到的帮助，就如《何西阿书》(13: 9)里所说的：“以色列啊，你自取败坏：你的帮助唯独在我里面。”我们在某一条诫命那里遇到的情况，也就是在所有诫命那里都会遇到的，因为对于我们来说，遵守它们中的任何一条都同样不可能。

现在，一个人通过这些诫命懂得认清他自己的无能为力，对自己如何满足律法感到沮丧——既然律法必须遵守，一点也不可以放过，否则就会遭到定罪而毫无希望——的时候，他确实感到了自卑，把自己看得一文不值，他在自身找不到任何可以称义或者得救的东西。这时，《圣经》的第二部分来援助我们，即宣布上帝荣耀的上帝的应许，由此表明，“如果你想履行律法，如律法所要求的那样不犯贪恋，那么，你就该信基督，在基督里面有恩典、公义、和平、自由和应许你的一切。如果你信，你就会得到这一切；而如果你不信，你就得不到这一切。”通过努力履行律法的种种行为——很多律法行为是无用的——，是不可能做到的，而通过信你将迅速而简单地做到。上帝我们的父使一切的事情都依赖于信，有信的人就有了一切，没有信的人就什么也没有。就像《罗马书》(11: 32)中所说的，“因为上帝将众人都圈在不顺服之中，特意要怜惜众人”。可见，上帝的应许提供了上帝的诫命所要求的和履行律法所规定的，因而，一切的事情，即诫命以及诫命的履行，只是上帝的事情。命令的仅仅是他，而履行的也仅仅是他。因此，上帝的应许属于新约。确实，那就是《新约全书》。

既然上帝的这些应许是神圣而真实的话语，是带来公义、自由和和平的话语，它们充满着善性，因而，那以坚定的信依附它们的灵魂，就会与它们紧密结合在一起并专注于它们，这样，这灵魂不但将分享它们所拥有的权柄，而且还因为它们而达到欣喜若狂的境界。如果说基督触摸一下就能够医好疾病，那么，这种最亲切的属灵的触摸，这种道的吸引，更会把一切属于道的事情都传达给灵魂。由此可见，不要做任何行为，单是凭着信，灵魂就得以靠上帝的道而称义、成圣，获得真理、和平和自由，满怀各样福乐，真正成为上帝之子，就如同《约翰福音》（1: 12）所说的："凡是信他的名的人，他就赐他们权柄，作上帝的儿女。"

综上所述，很容易看出，信是从哪一个源泉获得如此巨大的权柄，以及，为什么一件好的行为甚或把全部好的行为加在一起，也无法与它相等同。任何好的行为都不可能以上帝的道为依据，或者说，都不可能活在灵魂之中，因为唯独信以及上帝的道，才是在灵魂中掌权的。正如同一把加过热的熨斗之所以像火一般地灼热，是由于火已经跟它合到了一起，同样，道也将其各样的性质传递给灵魂。因此，很显然，基督徒具有一切他在信里面所需要的东西，他不需要作出什么行为来使他称义；如果他不需要作出什么行为，他也就不需要律法；而如果他不需要律法，他就当然不受律法的约束。确实，"律法不是为义人设立的"（《提摩太前书》，1: 9）。这是基督徒的自由，我们的信不会引诱我们生活中懒散或邪恶中，但没有必要为了任何人的称义和得救而必须有律法和某些行为。

这是信的第一个权柄。现在我们再看第二个权柄。信的进一步功能就在于它赞美它以最虔诚和最崇高的敬意加以信赖的那一位，因为它认为他可以信赖和值得信赖。我们赞美我们所信赖的他，没有其他荣誉可以与诚实和公义相提并论。我们能把比诚实、公义和完善的善性更胜一筹的东西归给某个人吗？另一方面，我们不信任一个人时对他最大的蔑视是他看作虚伪而邪恶的人，像我们不信任他时那样怀疑他人。所以当灵魂坚定地相信上帝的应许的时候，将他看作是可信赖的和公义的。没有比这更卓越的品性可以归于上帝了。对上帝的最高的崇敬就在于我们将可信赖性、公义以及其他任何应该归于被信赖者的品性都归于上帝。如果做到了这些，灵魂就符合上帝的旨意。然后，它就颂赞他的名，使自己受到上帝善意的对待，因为一旦有上帝的应许作依靠，它就丝毫也不怀疑他是真实、公正和智慧的，他就一定会妥善安排和规定所有事情。

这样一个灵魂不是在所有事情中都凭着这个信而最顺从于上帝吗？这样的顺从还会不履行哪一条诫命吗？还有比万事顺从更完整的履行吗？然而，这样的顺从不是靠什么行为来成就的，而是唯独靠信才得以成就。另一方面，还有比不信上帝的应许是对上帝更大的冒犯、更大的邪恶和更大的蔑视吗？因为，这不就等于把上帝说成是一个撒谎者，或者怀疑他是不是可信赖吗？这不就等于把可信赖这个品性归于人自己，而把说谎和虚夸归于上帝吗？在这样做的人难道不是在否认上帝，把自己树立为自己心中的偶像吗？那么，即使是天使和使徒所行的，在这般邪恶中的行为还谈得上有什么好吗？因此，上帝没有把一切事情都归咎于发怒或者贪欲，而是恰当地归咎于不信，从而，那些一心以为做了律法所要求做的种种高雅而仁慈的行为（文明的和富有人性的德行）就是在履行律法的人，是不可能得救的。他们被归到不信之罪孽中，他们或者应该寻求得到怜悯，或者受到公正的定罪。

然而，上帝看到我们认定他是可信赖的，并且，凭着我们内心的信，我们给予他应得的那种伟大的荣耀，这样，由于我们的信，他也认我们为可信赖的和称义的，将如此伟大的荣耀赐给了我们。信，将原本属于上帝的给予上帝，成就了真理和公义。为此，上帝反过来也颂扬我们的义。上帝是可信赖的和公正的，那是千真万确的，而对此加以认定，同样是可信赖的和公正的。故而，《撒母耳记上》（2章，30节）中上帝说，“尊重我的，我必重看他，藐视我的，他必被轻视。”保罗在《罗马书》（4: 3）中说到，亚伯拉罕的信“算为他的义”，因为他凭着它最完美地将荣耀归于上帝，由于同样的道理，我们的信也将被算为我们的义，如果我们相信的话。

信的第三个无可比拟的好处就在于它使灵魂与基督结合，就像新娘跟新郎结合一样。如同使徒所教导的那样，由于这个奥秘，基督与灵魂成为一体（《以弗所书》，5: 31—32）。如果他们成了一体，他们之间有着真正的婚姻——那确实是一切婚姻中最完美的婚姻，因为人间的婚姻不过是这个唯一真正婚姻的一些可怜的例子而已——，那么，他们就共享他们所具有的任何一样东西，不管是好是坏。据此，那信着的灵魂就能够指着基督所具有的任何东西而夸耀，就像是它自己的东西一样，而灵魂所具有的任何东西，基督也看作他自己的东西。我们将他们相提并论，会看到不可估量的好处。基督充满着恩典、生命和拯救。灵魂充满着罪孽、死亡和诅咒。现在，就让信进到二者之间，罪孽、死亡和诅咒就变成基督所具有的，而恩典、生命和拯救就变成灵魂所具有的；因为如果基督是新郎，他就应该把他的新娘所具有的东西都承担起来，也把他自己所具有的东西赠予她。如果他连他自己的身体和整个的自己都给了她，还有什么他所具有的东西会不给她呢？如果他连新娘的身体都拥有了，还有什么她所具有的东西他会拿不到呢？

在此，我们高兴万分的，是我们不仅看到了共享，也看到了受到祝福的奋斗、胜利、得救和赎罪。基督，他集上帝和人于一身。他既没有犯过罪，也没有死亡过，他是不被定罪的，而且，他也不可能犯罪、死亡或被定罪；他的公义、生命和拯救是不可战胜的、永恒的、全能的。随着信之婚礼的钟声，他要分担原本是他的新娘的罪孽、死亡以及地狱之苦。事实在于，他使这一些都成为他自己的，就像是他自己所具有的、他自己犯下的罪；他受难，死去，下到地狱，而他本来可以克服这一切。现在，既然做这一切的是这样的一位，死亡和地狱不可能将他吞没，因而，这一些东西必定在一场激烈的决斗中被他吞没；因为他的公义比所有人的罪孽更大，他的生命比死亡更强大，他的拯救比地狱更不可战胜。这样，有信的灵魂有它的信作担保，在基督她的新郎里获得了自由，得以摆脱全部的罪孽，安全地不受死亡和地狱的威胁，接受基督她的新郎所赋予她的永恒的公义、生命和拯救。这样，他所娶到的是一个有荣耀的新娘，“毫无玷污皱纹，用水借着道洗净的”（参见《以弗所书》，5: 26—27），那是生命之道，也就是说，借着在生命、公义和拯救之道中的信而洗净的。他以这样的方法娶了她，是在信之中，在坚定的爱之中，以及如《何西阿书》（2: 19—20）中所说的那样，在仁慈、公义和公正之中。

那么，谁能够充分评价这个显贵的婚姻所包含的意义呢？谁能够理解这个恩典的瑰丽呢？在此，这位富有而神圣的新郎即基督，娶了这个又穷又贱的妓女，拯救她脱离她的所有罪恶，用他全部的善把她打扮起来。从此，她的罪孽就不能够来毁她了，因为它们都被放到基督的身上，都被基督吞没了。而她具有了基督她的丈夫里面的那个公义，她可以当作她自己的东西来夸耀，她可以自信地把这些东西跟她的罪孽并列展示，可以对着死亡和地狱说："如果说我犯过罪，不过，我所信的我的基督并没有犯过罪，他所具有的一切都是我的，我的一切也都是他的"，就如同那新郎在所罗门的《雅歌》（2: 16）中所说的："良人属我，我也属他。"这也是保罗在《哥林多前书》（15: 57）中所说的话的意思，"感谢上帝，使我们借着我们的主耶稣基督得胜"，这是指对罪孽和死亡的胜利，就像他又说的，"死的毒钩就是罪，罪的权势就是律法"（《哥林多前书》，15: 56）。

由此可见，许多事情都归因于信，也就是说，单有了信而用不着行为就可以履行律法和称义。你们看到，第一条诫命，即"你们只可敬拜一位上帝"，就是由信来单独履行的。尽管你从脚跟到头顶都一心做出好的行为，但你还是不能得以称义。或者说，你还没有做到敬拜上帝或履行那第一条诫命，因为除非你把可信赖性这样的荣耀和他应得的一切善性都归于他，否则你做不到敬拜上帝这是不可能靠行为而唯独靠内心的信才能够做到。我们荣耀上帝，承认他是可信赖的，不是靠我们做了什么行为，而是靠我们的信。因此，唯独信才是基督徒的称义，才是基督徒在履行所有诫命，因为履行了第一条诫命的人履行其余的诫命就没有困难。

但行为是没有生气的东西，不能荣耀上帝，如果有信，它们也能为荣耀上帝而行。然而，这里我们所追究的不是行了什么行为和何种行为，而是谁行了这些行为，谁在荣耀上帝和产生这样的行为。这是由信来做到的，信居留在心中，是我们一切公义的源泉和实质所在。所以，说诫命应该靠行为来履行的说法乃是盲目而危险的。诫命应该在有可能做出任何行为之前就被履行，而那些行为则起源于诫命的履行（《罗马书》，13: 10）*，这一点我们接下来会听到的。

为了使我们可以更深入地考察我们内在的人在基督里面所拥有的恩典，我们应该认识到，在《旧约》中，上帝将所有头生的男子都视为圣而归他自己**。头生权在当时受到高度重视，因为它包含有双重荣誉，即有资格当祭司和当君王。长子当祭司，成为管辖其他弟兄的主人，长子是基督的原型，他是上帝父神与童贞女马利亚的真正的独生长子，他是真正的君王和祭司，但不是按照肉体和尘世的模式，因为他的国不属这个世界（《约翰福音》，18: 36）。他是在属天的和属灵的事情中掌权并使其成圣的——诸如公义、真理、智慧、和平、拯救等等。这并不是说地上的和地狱中的一切事情就不服从于他——否则，他又如何能够保护我们，把我们从地上和地狱中拯救出来呢？——，但他的国既不是在地上和地狱也不是由地上和地狱组成的。他担任了大祭司的职事***，也不在于外面穿上华丽

---

* 按该引文出处，没有这样的原话。可能路德综合了保罗在《罗马书》中有关行为与信的关系的思想而说出了这样的话。并非保罗的原话。

** 见《民数记》，3: 13, 40。实际上，在 13 节中，还提到“连人带牲畜”，可见，也包括了头生的雄性牲畜。

*** 保罗在《希伯来书》中，多次深入地谈到基督作为大祭司的作用。首见于《希伯来书》，4: 14。

的祭袍和像亚伦和我们当今教会的人类祭司那样的装模作样；他担任大祭司在于那些属灵的事情，凭着这些事情，他使用了某种不可见的献祭，在天上在上帝面前为我们说情，在那里，他将自己作为燔祭而献出，做了一个祭司应该做的一切，就如同保罗在《希伯来书》(6: 7) 中以麦基洗德为原型对他所作的描绘。他也不是单为我们祈祷和说情，他还通过他的圣灵的活的教诲在我们内心里教导我们，这样，他就完成了祭司的两个实在的职能，而其可以看得见的原型就是人间祭司所作的祈祷和传道。

现在，正如同基督凭着他的头生权获得了这两个特权一样，他也将它们分送给每一个信他的人，与他们共享，他这样做是根据上面提到的婚姻的规定，即妻子享有属于丈夫所有的任何东西。因此，我们所有信基督的人都是基督里面的祭司和君王，就像《彼得前书》(2: 9) 里所说的，"你们是被拣选的族类，是上帝的子民，是具有君王般尊贵的祭司，是具有祭司般圣洁的君王，要叫你们宣扬那召你们出黑暗入光明者的种种奇妙的事迹。"

这样的祭司和君王的实质就在于：首先，就其为君王而言，每一个基督徒凭着信而被抬高到万物之上，从而靠着属灵的权柄，他成为万物的主宰，任何东西都不能对他有任何伤害。事实上，万物都服从于他，被驱使来为他服务，使他得救。为此，保罗在《罗马书》(8: 28) 中说，"万物都为被拣选者谋福利"，又在《哥林多前书》(3: 21—23) 中说，"万物全是你们的……或生，或死，或现今的事，或将来的事，全是你们的；而你们又是属基督的……。"这并不意味着每一个基督徒都被置于万物之上，可以用实在的权柄占有和操纵它们——而某些教士正陷入这样妄想而不能自拔——，因为这样的权柄属于地上的君王、君主和另一些人。我们通常的生活经验告诉我们，我们对一切都要服从，忍受许多事情，甚至于死去。事实上，一个人越是基督徒，他就必须忍受更多不幸、苦难乃至死亡，如我们在基督这个头生的君主自己以及他的所有兄弟身上，在圣徒身上所看到的。我们所说的权柄指属灵的权柄。它在敌人中间发挥作用，在受压抑的时候生效。这不外就是“在软弱中才显得完全的权柄”（《哥林多后书》，12: 9），指在万物之中我能够找得到有益于得救的东西（《罗马书》，8: 28），这样一来，十字架和死亡本身也被驱使来为我服务，跟我自己一起来促成我的得救。这是一个显要的特权，很难获得的特权，是真正全能的特权，是一块属灵的领地，在它里面，善是恶的东西都没有了，但只要有信，它就一起为我带来益处。是的，既然只要信了就足以得救，那么，我除了信之外，不需要任何东西去行使权柄，管辖它自身的自由。看，这就是基督徒的不可估量的权柄和自由。

我们不仅是君王中最自由的君王，我们还永远是祭司，这比当君王威风得多，因为当上了祭司，我们就有资格出现在上帝面前为别人祈祷，并互相交流一些属神的事情。这些都是祭司的职能，不可能被授予任何不信的人。因此，只要我们信基督，基督就为我们创造条件，使我们不仅成为他的弟兄，他的共同继承人，跟他合伙一起当君王，而且，也跟他合伙一起当祭司。由此，我们可以大胆地以虔诚的信来到上帝面前（《希伯来书》，10: 19, 22），呼叫着“阿爸，父啊！”，彼此为对方祈祷，并且行一切我们看到在祭司们可见的外在行为中已经成就和给出预兆的事情。

然而，不信的人就得不到任何帮助。相反，任何事情都不为他谋求好处，而他自己倒成了万物的奴仆，万物都离弃他，因为他恶意利用它们为自己谋私利，却不去荣耀上帝。因此，他并不是什么祭司，而是一个有恶意的人，他所作的祈祷就成了罪孽，他决到不了上帝的面前，因为上帝是不听罪人的话的（《约翰福音》，9: 31）。那么，谁能够理解基督徒的高贵呢？他凭着他的高贵的权柄，掌管着万物、死亡、生命和罪孽，而且，靠着他的如祭司般的荣耀，跟上帝一起成为无所不能，因为他做的都是上帝要求和希望他做的事情，就像经上所写的，"敬畏他的，他必成就他们的心愿。也必听他们的呼求，拯救他们"（参见《腓立比书》，4: 13）*。为了获得这样的荣耀，人当然不是凭他的任何行为，而是唯独凭着信。

任何人由此可以清楚地看到，一个基督徒如何从万物之中解脱出来并凌驾于万物之上，从而，他并不需要靠什么行为来使他自己称义和得救，因为单是信就绰绰有余地将所有这些事情都交付与他。然而，如果他竟然愚蠢到自以为靠某些善良的行为就可以称义，就可以解脱和得救，就可以成为一个基督徒，那么，他立刻就会失去信及其所有好处，有一个关于狗的寓言恰当地说明了这般愚蠢，寓言中的狗嘴中叼着一块肉沿着河在跑，却受骗于水中肉的影子，就张开嘴去抓它，结果，连肉连影子都失掉了。

你会问，"如果教会里的所有人都成了祭司，那么，我们现在称之为神甫的那些人，跟平信徒有什么区别呢？"我的回答是：如果"神甫"、"教士"、"属灵者"、"传教士"这些名词，从所有基

---

* 经文出处有误。见《诗篇》，145: 19。

督徒转到现在恶意地称作“传教士”的少数人身上，那实在是委屈了这些名词。《圣经》没有把他们彼此区分开来，虽然它给予这些人“执事”、“仆人”、“管家”之名，而这些人现在却傲慢地被称作教皇、主教和圣主，他们应该遵照道所规定的职事去为别人服务，把对基督的信和信徒的自由教给他们。尽管我们所有人同样都是祭司，但我们不能都去公开主持仪式和讲道。即使我们有这个能力，我们也不应该这样去做。在《哥林多前书》（4: 1）中，保罗就此写道，“人当以我们为基督的仆人*和上帝奥秘事的管家。”

然而，这管家的职事现在已经发展成为权柄的宏大展示，成为可怕的暴政，是天上地上任何权柄都无法比拟的，似乎凡俗人就不成其为基督徒。由于这样的堕落对基督的恩典、信仰、自由以及基督本身的认识已经湮没了，取而代之的是用一些属人的行为和规定来造成难以忍受的束缚，直到有一天，就如同《耶利米哀歌》（1章）中所说的那样，我们全都成了地上最卑劣的那些人的奴仆，听任他们将我们的不幸用于实现他们的卑鄙无耻的意愿。

还是回到我们的目的上来。我相信，现在已经变得很清楚，在传教中把基督的行为、生活和话语说成是历史事实，似乎认识这些历史事实就足以引导我们的生活是不够的，或者说，无论如何也不是属基督的；然而，这在今天我们认为最好的传教士中却成了一种时尚。至于有些人根本就不谈论基督，倒是谈论人为的法律和圣父们的教令，就更差之千里，或者说已经跟基督教不沾

* 今本英文本《圣经》和中文本《圣经》，此处为“基督的执事”，但今本德文本《圣经》，此处仍为“基督的仆人”。

边了。不过，还是有不少人在传讲基督，在读跟基督有关的书，他们可以让人们同情基督，对犹太人以及妇孺般的废话感到愤慨。宁可说，最终应该这样来传讲基督，建立对他的信，不仅仅把他看作是基督，还要看作是为了你我的基督，并且，凡是说到他的事情和奉他的名所描述的事情，都可以在我们身上发生作用。应当要传讲基督那时为什么要降临，他带来了什么和赐予了我们什么，我们接纳他会给我们带来什么益处，这样，我们里面就会产生并保持这样的信。要做到这样，正像我已经说过的那样，就要正确地宣讲他赐予的基督徒的自由，我们应该都明确，我们基督徒如何才得以全部成为君王和祭司，得以成为万物的主宰，从而，我们得以坚定地相信，我们所做的任何事情都是取悦于上帝的，在上帝的眼中受到悦纳。

有谁听到这些事情不欢欣鼓舞，得到了这样的安慰会不变得温顺，会不爱基督？这恰恰是他以前靠任何教规或行为都做不到的。又有谁有权力去伤害或者威吓这样一颗心呢？这颗心即使受到对罪孽的认知和对死亡的恐惧的影响，它也做好准备把希望寄托给主。它听到噩耗时毫无惧怕。它面对敌人坦然镇定。这一切全都是由于它相信基督的公义就是它的公义，而它的罪孽也不是它自己的，而是基督的，并且，所有的罪孽都被基督的公义吞没了。这正像前面说过的那样，是由于信基督而必然带来的结果。这样，心灵就学会了藐视死亡和罪孽，与使徒一起说，“哦，死亡，你的胜利在哪里？哦，死亡，你的毒钩在哪里？死亡的毒钩就是罪孽，而罪孽的权势就是律法。感谢上帝，使我们借着我们的主耶稣基督而得胜。”（《哥林多前书》，15: 55—57）。不仅由于基督的得胜，而且也由于我们的得胜，死亡被吞没了，因为借着信，他的得胜就成了我们的得胜，在信之中，我们也成了得胜者。

关于内在的人，他的自由以及他的自由的来源，关于因信称义，就说到这里吧。这样内在的人既不需要律法，也不需要善行，相反，如果他相信他凭着这些东西而称义，那么，它们倒是在损害他了。

现在，我们转而去讨论第二部分，即外在的人。在此，我们要回答所有不喜欢“信”这个名词以及一切前面所说的话的人，他们会问，“如果信真是那么万能，单有信就得以称义，那么，为什么还要命令去行善行呢？我们倒是可以舒服，什么事也不要做，有信就万事大吉了。”我的回答是：并非如此，你们这些恶人，并非如此。倘若我们成了完全内在的人，成了纯属灵的人，也许真是这样。但只有到了世界末日，到了死人复活的那一天，我们才会成为这样的人。只要我们还活在肉体里，我们只是开始在这方面有所进步，在未来的生命中才会达到完善。故而，使徒在《罗马书》（8: 23）中称我们在今世生活中的一切成绩为“圣灵初结的果子”，因为我们确实将在未来获得更大的一份圣灵，甚至可以说是获得全部圣灵。这就应了前面所说的话，即基督徒是所有人的仆人，要服从于所有人。论到他是自由的，他就什么事也不用做，而论到他是仆人，他就要做各样的事情。我们将看到如何可以做到这样。

固然，如我前面所说的那样，人从内里而言，即在他的心灵里面，他凭着信足够得以称义，从而获得他所需要的一切，只是这个信以及这些财富还应该日复一日地增长，甚至一直增长到未来的生命；然而，他现在毕竟还留在地上这个会死的生命中。在今世生活中，他必须控制好他自己的身体，要跟人们打各种交道。在这里，就开始有各种行为；在这里，人就不能够悠闲自在了；在这里，他确实必须谨慎小心地让他的身体遵守教规，如守斋、守夜、出劳工以及其他合理的教规，让他的身体服从于圣灵，从而，使它可以顺从于和符合于那内在的人和信，不与信对抗，不阻碍内在的人，因为如果它不受到限制的话，它原本是会这样去做的。那内在的人是按上帝的形象由信所创造的，他在基督里面获得了这么多益处，因而感到高兴和幸福；所以，他唯一要做的就是毫不计较地以无比的爱愉快地侍奉上帝。

请注意，他这样做的时候，在自己的肉体里遇到一种与此相反的愿望，即一心要侍奉世界和谋求自己的好处。这是信之心灵所不能容忍的，它以满腔的热忱设法管束身体，限制身体，就如同保罗在《罗马书》(7: 22—23)中所说的，"因为按着我里面的意思，我是喜欢上帝的律，但我觉得我的肢体中另有个律，和我心中的律交战，把我掳去叫我附从那肢体中犯罪的律"，在另一个地方，他又说，"我是攻克己身，叫身服我，恐怕我传福音给别人，自己反被弃绝了"(《哥林多前书》，9: 27)，他还在《加拉太书》(5: 24)中说："凡属耶稣基督的人，是已经把肉体，连同肉体的邪情私欲，同钉在十字架上了。"

然而，在做这些行为的时候，我们切不可认为一个人在上帝面前是靠它们而得以称义的，因为惟有信，才在上帝面前得以称义，而信不能容忍那种谬误的说法。不过，我们必须意识到，这些行为使得身体去服从，脱离它的邪欲而得到净化，我们的全部目标就是要驱逐邪欲。既然灵魂是凭着信而得到净化和得以热爱上帝，所以它希望万物，尤其是它自己的身体，也都得到净化，使得万物可以跟它一起热爱和赞美上帝。由此，人就不得偷懒，因为他的身体的需求在驱使着他，他必得做许多善行才能使他的身体顺服。然而，这些善行本身并不使他在上帝面前称义，他做这些事情是在顺从上帝，是出于自发的爱，他除了要得到上帝的认可之外，别的什么也不考虑，小心翼翼地万事都顺从于上帝。

如此的话，每一个人都会很容易地知道如何像他们所说的那样去为自己设下最大限度的自责，因为他会去守斋、守夜和出劳工，直到他认为已经足以克制自己身体的淫欲和贪心。但是，那些自以为靠这些行为就称义的人，看重的却不是禁欲，而是这些行为本身，认为只要他们做了尽可能多和尽可能大的行为，他们就做到家了，就已经得以称义了。有些时候，他们甚至昏聩到用他们的这些行为去破坏或至少是废除他们本性所具有的能力。人竟然在没有信的情况下靠行为来称义和得救，这是对基督徒生活和信仰的高度愚昧和极度无知。

为了使我们所说的事情更便于理解，我们还是用类比的方法来说明。我们会想到一个由于上帝的纯粹而自由的仁慈因信称义和得救的基督徒的行为，正如同亚当和夏娃在伊甸园里的行为，以及，假如他们没有犯罪的话，他们的子女会做出的所有那些行为。我们在《创世记》(2: 15）中读到，“主上帝将那人安置在伊甸园，使他修理看守”。那时，亚当被上帝造出来的时候是义人，是正直而无罪的人，他不需要靠修理看守这园子而称义和成为正直的人；但他也不可以懒惰，主给他任务要他完成，要他养护这园子。这个任务确实是各种行为中最自由的，只是取悦于上帝而已，并不是为了借以获得公义，亚当已经是一个完全的义人，这样的公义是我们所有人生来就具有的权利。

一个信的人所做的行为类似于此。由于他的信，他重新回到伊甸园，得到再造，就不需要再做出什么行为使他得以称义；但是，为了使他不闲着以及为了保养好他的身体，他必须自由地做这样的行为，只为取悦上帝。然而，既然我们并没有完全得到再造，我们的信和爱还不那么完善，它们还有待于增长，不过，不是靠外在的行为，而是靠它们自身。

第二个例子：一个主教，当他为一所教堂行祝圣礼，为一个小孩行坚振礼，或者履行属于他的职事的其他某个行为时，他不是由于这些行为而成为主教。其实，如果他没有先就被造就为主教，这些行为就都不会有效。它们就会变得愚蠢、幼稚和可笑。所以，是已经靠信而成圣的基督徒做出好的行为来，而不是这些行为使他更加圣洁或者更加变得属基督，因为这唯独是信所造就的。倘若一个人并不先就是一个信徒，一个基督徒，那么，他的所有行为就都一无所是，就会是十足邪恶和可诅咒的罪孽。

因而可以确认下面的说法是正确的："善良的行为并不造就善良的人，但善良的人所行的是善良的行为；邪恶的行为并不造就邪恶的人，但邪恶的人所行的是邪恶的行为。"由此可见，在有可能做出任何善良的行为之前，那本体或者人格本身是善良的，而善良的行为出自善良的人格，基督也是这样说的，"好树不能结坏果子，坏树不能结好果子"（《马太福音》，7: 18）。显然，果子结不出树，树也不会长在果子上，正好相反，是树结出果子，而果子长在树上。所以，必定是先有树存在，然后才有树所结出的果子，果子不会使树变好或变坏，宁可说，树怎么样，树所结出的果子就怎么样；同样，先是人是好是坏，然后才有他所做出的行为是好是坏，他所行的行为并不决定他是好是坏，而是他自己决定他的行为是好是坏。

在各行各业中都可以看到说明这同一真理的例子。房子的好坏不说明造房子的人的好坏；但造房子的人的好坏决定了房子的好坏。一般而言，作品并不使制作者跟它相类同，但制作者却使作品跟他相类同。人的行为也是这样。人怎么样，他是信还是不信，他的行为也就怎么样——如果是在信里面行的，就是善良的，如果是在不信里面行的，就是邪恶的。但反过来说，行为使得人成为信徒或者非信徒，那就不对了。行为不会使一个人成为信徒，同样，行为也不会使一个人称义。可是，信使一个人成为信徒并且使他得以称义，同样，信也就做出善良的行为来。因此，既然行为不会使人称义，而且，人必须在他行善行之前先称义，那么，很显然，只有信才由于上帝通过基督和在他的道里所施行的纯真的仁慈而充分和合适地使人得以称义和得救。一个基督徒不需要任何行为或律法来获得拯救，因为他借着信已经摆脱掉了任何律法，他做出任何行为都是出于纯粹的自由，都是自由去做的。他用不着谋求什么好处和得救，因为他已经拥有了万物，已经借着上帝的恩典而得救了，现在在他的信里面他所追求的只是取悦上帝。

况且，没有任何善行会有助于使一个不信的人得以称义和得救。另一方面，也没有任何恶行会使他变坏或者受到诅咒；但是，不信才使得人和树变坏，从而做出邪恶和可诅咒的行为。可见，人是好是坏并不受行为的影响，而在于他是信还是不信，就如同那位智者所说的，“人脱离开了上帝，就是罪孽的开始”（参见《西拉赫书》*,10: 14—15），这发生在他不信的时候。保罗在《希伯来书》（11: 6）中说，“到上帝面前来的人，必须信……”。基督也这样说：“或以为树种好了，果子也好；树种坏了，果子就坏”（《马太福音》，12: 33），似乎是在说，“让想得到好果子的人先从种好树开始吧。”同样，让想要行善行的人不要从行善行开始，而要从信开始，这才使得人为善，因为除了信之外，没有什么可以使人为善，或者说，除了不信以外，也没有什么可以使人为恶。

确实，从人们的眼光来看，人之为善或为恶乃是根据他的行为；但这样的为善或为恶仅仅意味着为善者或为恶者被指认，被大家所知晓，就像《马太福音》（7: 20）中基督所说的：“凭着他们的果子，就可以认出他们来。”然而，这一切都只停留在表面上，许多人被这外表所蒙骗，从而在论述善行时自作主张地认为我们可以凭它们而得以称义，却只字也没有提到信。他们走他们的路，始终是既受到人欺骗而又在欺骗人（《提摩太后书》，3: 12），确实也是在往前走，但越走越坏，是瞎子领瞎子，为许多行为而烦心，却永远也做不到真正称义（《马太福音》，15: 14）。关于这样的人，保罗在《提摩太后书》（3: 5, 7）中说，“有敬虔的外貌，却否认信仰

---

* 这是《次经》（*Apocrypha*）中的一篇。《次经》，按希腊原文，是指“隐秘的事情”，约写成于公元前 2 世纪到 1 世纪。原均收录于《七十子希腊文旧约译本》。在罗马帝国后期，教父哲罗姆整理《圣经》，将有争议的经文区分出来，另作《次经》，放在《旧约》与《新约》之间。天主教第 19 次特兰托公会议上认定其为《圣经》的组成部分。路德不同意将《次经》列入《圣经》，但认为它是“有益的读物”，“可作为生活典范和行为指南”。《西拉赫书》，又称为《便西拉智训》或《德训篇》，其作者相传为一个名为耶稣 · 西拉赫的智者。

之功……常常学习，终久不能明白真道。”

因此，谁不愿意跟着这些瞎子瞎走，就必定会把眼光超出行为，超出律法和有关行为的各种学说。一旦把眼光从行为转开，他就必定会把眼光放到人上面，会询问他是如何得以称义的。因为人不是凭行为或律法而得以称义和得救，而是凭上帝的道，即凭他的恩典的应许，凭着信，即相信应该将荣耀归于上帝，而上帝拯救我们，并不是凭我们所行的义（《提多书》，3: 5），而是由于他的仁慈，靠我们信的时候他的恩典的话语（《哥林多前书》，1: 21）。

由此就容易知道，该如何看待做或不做那些善行，该用什么标准去解释人们所作的一切有关行为的议论。如果把行为当作争取称义的手段，听任这个凶恶的怪兽压在身上，错误地以为人可以凭着它们而得以称义，那么，它们就被看作是必要的，而自由和信就遭到了破坏；添加了这一层意思后，它们不再是什么善良的行为，而确实成了可诅咒的行为。它们并不是自由的，它们在亵渎上帝的恩典，因为因信而称义和得救唯独属于上帝。然而，出于我们这些不信上帝的傻瓜的臆想，这些行为是在做其实它们根本无权去做的事情，从而强行进入恩典的职事与荣耀中。所以，我们并不是拒绝去行善行；相反，是尽可能地爱护它们，教导人们尽可能多地行善。我们谴责它们并不是由于它们本身的缘故，而是由于有人对它们作了这种不敬神的添加，由于那种认为凭它们就得以称义的邪恶念头；因为这样一来，使它们从外表看来是善良的，但实际上并不善良。它们在欺骗人，而且，还诱导他们去互相欺骗，就像那些外面披着羊皮的残暴的狼一样（《马太福音》，7: 15）。

但这头巨兽，或者说，关于行为的不通常理的说法，在缺乏诚挚的信的地方是不可克服的。那些崇尚行为的圣人没有能力去摆脱，除非由信来摧毁它，除非信进入他们心中来掌管一切。凭它的本性无法把它驱逐出去，甚至也无法识别它，而是把它看作最神圣的旨意的一个标记。如果加上习惯的影响来对这种本性的邪恶加以肯定，就如同某些邪恶的导师所导致产生的结果，它就成了不可救药的顽症，引诱无数的人走入歧途而陷于沉沦，看不到复原的希望。所以，虽然说我们就忏悔、认罪和赎罪这些事情在作宣讲和写作是好事情，然而，如果我们停留于此，不进一步宣讲信的话，那么，我们所作的教导毫无疑问都变成是骗人和害人了。

基督，跟他的先行者约翰一样，不但说“你们应当悔改”（《马太福音》，3: 2；4: 17），而且还加上关于信的话语，他又说“天国近了”。我们不可只宣讲上帝的某一句话，而是要同时宣讲这两句话；我们应该从我们的库里取出新的和旧的东西，既有律法的声音，也有恩典的话语（《马太福音》，13: 52）。我们应该取出律法的声音，使人们可以畏惧和知罪，可以悔改和过更好的生活。但我们不可到此为止，因为这等于把人刺伤却不给包扎伤口，重重击打却不给医治，把人杀死却不设法让他复活，把人引入地狱却不设法让他返回来，一味地把人低贬却不设法再把他抬高。因此，我们还应该宣讲恩典的话语和赦免的应许，借以教导和唤起信。如果没有恩典的话语，那么，说和做诸如律法和悔改等一切行为，都是枉然。

甚至到我们这个时代，也还是有宣讲悔改和恩典的传教士，但他们没有解释上帝的律法和应许，使人可以了解悔改和恩典的来源。悔改来自于上帝的律法，但信或恩典却来自于上帝的应许，就像《罗马书》(10: 17)所说的:“可见信来自于聆听,即听基督的话语。”因而,人先是被低贬,由于对属神的律法的畏惧而得以认识自己,然后,他就得到了安慰,被抬高了。所以,我们在《诗篇》(30: 5)中读到:“一宿虽有哭泣,早晨便必欢呼。”

有关一般的行为以及基督徒为他自己而做的行为,我们就说到这里。最后,我们再来谈谈他对他的邻居所做的事情。一个人不是单单为他自己而活着,在今世这个会死的身体里面,他所做的行为也不单单为了它,他活着,也是为了地上所有的人;或者,宁可说,他仅仅是为了别人而活着,而不是为他自己而活着。他使他的身体服从于为这样的一个目的,要使他可以更真挚而自由地为别人服务,就像保罗在《罗马书》(14: 7—8)中所说,“我们没有一个人为自己活,也没有一个人为自己死。我们若活着,是为主而活,若死了,是为主而死。”在今世生活中,他甚至不可能对他的邻居无所事事,因为他必定要跟人们说话,打交道和交换意见,就连基督也是这样,他既然成为人的样式(《腓立比书》,2: 7),就表现出人的形态,跟人交谈,就像《巴录书》(3: 38)* 所说的那样。

然而,人不需要这些东西来称义和得救。所以,他的这些行为的宗旨唯独就是以他所做的一切来为别人服务和谋福利,除了他的邻居的需要和好处以外,他什么也不考虑。据此那位使徒 ** 命令我们要用我们的劳力做事,以便可以有余下的分给那缺少的人,尽管他本来可以说我们应该用我们的劳力来养活我们自己。然而他却

* 《巴录书》是《次经》中的一篇,其作者为先知耶利米的文书(见《耶利米书》,32: 12;36: 4)。

** 指圣保罗。

说，“他可以有余下的分给那缺少的”（《以弗所书》，4: 28）。这使得基督徒要设法关心身体，使身体健康而舒适，从而有能力去做工作，积聚资金帮助那些有困难的人，如此让强者为弱者服务，我们就可以成为上帝的儿子，关心别人并为别人而工作，各人的重担要互相担当，如此就成全了基督的律法（《加拉太书》，6: 2）。这就是真正属基督的生活。在此，信通过爱而真正产生了功效（《加拉太书》，5: 6），这也就是说，在那些以亲情和爱做成的最自由的行为中，信得到了表达，而人做这些行为完全是自愿地为别人服务，并不希望得到什么回报；至于他自己则满足于他的信所带来的完美和丰富。

因此，保罗教导腓立比人，他们由于信基督而变得如何富有，在基督里面他们拥有了万物，而在这之后，他又教导他们，“所以，在基督里若有什么劝勉，爱心有什么安慰，圣灵有什么交通，心中有什么慈悲怜悯，你们就要意念相同，爱心相同，有一样的心思，有一样的意念，使我的喜乐可以满足。凡事不可结党，不可贪图虚浮的荣耀。而要心存谦卑，各人看别人比自己强。各人不要单顾自己的事，也要顾别人的事”（《腓立比书》，2: 1—4）。在此，我们清楚地看到，使徒为基督徒的生活作了这样的规定，即我们所做的一切都应该是为别人谋福利，因为每一个基督徒都在他的信里拥有了绰绰有余的财富，以至于他的所有其他行为和他的全部生命，都成为一种盈余，而他正好可以用这个盈余以自愿捐助的方式为他的邻居服务和谋福利。

使徒举出基督作为这样的生活的榜样，他说，“你们当以基督耶稣的心为心，他本有上帝的形象，不以自己与上帝同等为强夺的，反倒虚己，取了奴仆的形象，成为人的样式。既有人的样子，就自己卑微，存心顺服，以至于死”（《腓立比书》，2: 5—8）。使徒的这个有益的话语由于那些完全不理解使徒所说的如“上帝的形象”、“奴仆的形象”、“人的样子”、“人的样式”是什么意思的人作怪，将其运用于属神本性和属人本性，而让我们感到费解。保罗的意思是：虽然基督充满着上帝的形象，丰富地拥有一切善的事物，从而，他根本不需要作出什么行为和受什么苦难来使自己称义和得救（因为他已经永恒地拥有这一切），然而他并没有以此为骄傲，使自己凌驾于我们之上，对我们施加权力，尽管他有权这样做；可是，恰恰相反，他这样生活、出劳工、做工作、受难并死去，这样他可以跟别的人一样，其形态和行动都不外就是一个人，就像他也需要所有这些事情，他根本就没有上帝的形象。但他这样做全是为了我们的缘故，这样他可以为我们服务，使他以奴仆的形象所成就的一切事情都可以归我们所有。

所以，一个基督徒，也像他的首领基督一样，被信所充满并因此而成为富有，他理应满足于他凭着信而获得的上帝的这个形象；只是，正像我说过的，他应该使这个信有所增长，直到使它完美无缺。因为这个信就是他的生命，他的公义，他的得救；它拯救了他，使他可以被接受，并将属于基督的万物都赐给他，这在前面已经说过了，保罗也在《加拉太书》（2: 20）中表明了，他说：“我如今在肉身活着，是因信上帝的儿子而活。”虽然这样一来基督徒就摆脱了一切行为而得以自由，可是，他在这样的自由中还是应该虚己，要具有奴仆的形象，要成为人的样式，具有人的形象，要服务于他的邻居，帮助他的邻居，而且，在以任何方式跟他的邻居打交道时，要学习上帝通过基督所树立且现在仍然立着的榜样。他应该自由地去这样做，除了要得到上帝的认可以外，不考虑任何其他东西。

他应当这样想："虽然我是有罪的，我是不配的，但我的上帝还是在基督里面将那宝贵的公义和得救全部赐给了我，他这样做完全不是由于我有什么功绩，纯粹是出于他的仁慈，所以，从现在开始，除了信我什么也不需要，这个信就意味着相信这是真实的。因此，对于这位将他不可估量的宝贵财富赐予我的父神，我不应该自愿地、愉快地、全心全意地和热切地去做一切我知道可以取悦于他和被他接受的事情吗？因此，我会像基督一样献身于我的邻居，就像当年基督为我献身一样；在今世生活中，除了我认为对我的邻居有必要的、有利的和有益的事情以外，我不做任何其他事情，因为我凭着信在基督里面绰绰有余地得到了一切善的东西。"

注意，这样一来，从信里面涌现出在主里面的爱和喜悦，而从爱里又涌现出一种满怀喜悦和心甘情愿的心情，要自愿地为一个人的邻居服务，不计较对方是不是感恩，对方是赞许还是责骂，是得还是失。他不区分是敌还是友，或者说，他不预料他们会不会感谢他，他完全自愿地耗费他自己以及他所有的一切，根本不去考虑自己这样做会白费精神还是会得到回报。正如同他的父所做的那样，他将万物慷慨大方地分给了所有人，"他让太阳既照坏人，也照好人"（《马太福音》，5: 45），子也以那种因慷慨施舍而产生的喜悦心情来做各样事情和忍受各样事情，当他通过基督在那慷慨施舍的上帝里面看到了它的时候，他感到无比欢欣。

所以，如果我们认识到赐给我们的那伟大而宝贵的东西，那么，就如同保罗所说的那样（《罗马书》，5: 5），我们的心就被圣灵用爱灌满了，爱使我们得以自由地、欢乐地、全能地行事，克服掉一切磨难，成为我们邻居的仆人，但同时又成为万物的主人。对于那些没有认识到通过基督所赐给他们的礼物的人，基督就是白白地诞生了；他们自行走他们的路，永远也尝不到或者说感觉不到那些事情。正像我们的邻居所需要的和所欠缺的而我们却充足有余一样，我们在上帝面前也同样有所需求，需要他的怜悯。因此，正像我们在天上的父已经在基督里面慷慨地对我们施加了帮助一样，我们也应该通过我们的身体和这身体的行为慷慨地帮助我们的邻居，每个人在对待别人的时候都应该表现得似乎自己就是基督，使得我们彼此之间都像基督一样来对待，从而可以在一切事情中间都同样有基督在，我们真正成为基督徒。

那么，谁能够理解基督徒的生活的丰富和荣耀呢？它能够做成任何事情，获得任何东西而无所欠缺。它得以主宰罪孽、死亡和地狱，但同时又服务于所有人，照顾所有人，并为所有人谋福利。但遗憾的是，今天，这样的生活不为全世界所知；既没有人去宣教，也没有人去追求；我们对我们自己的名字也毫不理解，不知道为什么我们是基督徒或为什么我们承受基督徒的名称。当然，我们之所以按基督来命名，不是因为他不跟我们在一起，而是因为他就居住在我们里面，也就是说，因为我们信他而相互之间都成为基督了，而且，如同基督对待我们那样对待我们的邻居。然而，在我们今天，一些人却用这样的说法在教导我们，即要我们一心追求建立功绩，谋求得到回报和属于我们自己的东西；至于基督，我们只是把他变成了一个比摩西还严厉的督工。

在那位受到祝福的童贞女那里，我们得到这样的信的一个杰出榜样。就如同《路加福音》(2: 22)中所写的那样，她是按照摩西的律法按所有妇女的习俗而被行了洁净礼的，尽管她并不受这个律法的约束，也不需要被行这样的洁净礼。然而，出于自愿的爱，她还是像其他妇女一样顺从于律法，为的是可以不冒犯或藐视她们。她不是以这个行为而得以称义，但她是在已经称义的情况下自愿这样做。因此，我们应该行我们的行为，不在于我们要靠它们来称义，因为我们先前已经靠信而得以称义了，我们就应该自愿而愉快地为了别人而做一切事情。

圣保罗也给他的门徒提摩太行了割礼*，不是因为这割礼是使他称义所必要的，而是为了使他可以不触犯或藐视犹太人，因他们信心微弱，不能够把握信之自由。可是，另一方面，当他们藐视信之自由，坚持说割礼是称义所必需的时候，他就拒绝了他们，不让提多行割礼(《加拉太书》，2: 3)。他不愿意触犯或藐视任何人的微弱的信，从而在一个时期里设法顺从他们的意愿，不过，同样他也不愿意让信之自由遭受那些顽固地认为要靠行为来称义的人的触犯或藐视。他选择了一条折中道路，即暂时宽容软弱者，但始终抑制顽固分子，好让所有人都信奉信之自由。我们应该以同样的热情来支撑微弱的信，如同《罗马书》(14: 1)所说的；但我们还应该坚决抵制那些鼓吹行为的顽固分子。关于这一点我们在后面还要进一步谈论。

在《马太福音》(17: 24—27)中，基督也是这样做的。当有

---

* 事见《使徒行传》，16: 3。

人向他的门徒收丁税时，他就跟圣彼得商量，问他君王的儿子是否可以免税，彼得的回答是肯定的。然而，基督还是吩咐彼得到海边去，对他说："不要触犯他们，你且往海边去钓鱼，把先钓上的鱼拿起来，开了它的口，必得一块钱；可以拿去给他们，作你我的税银。"这件事正合我们的题目，因为基督在这里称他自己以及成为他的孩子的那些人为君王的儿子，他们不需要什么；然而，他还是慷慨地缴付了税银。这样的行为对于基督的公义和拯救是必要的和有益的，那么，他或他的跟随者所做的其他行为，也同样有助于公义，因为这些行为都追求公义，出于自愿，这样的行为只是为了服务别人，给他们做出善行的榜样。

属于同样性质的还有保罗在《罗马书》(13: 1—7) 中所作的教诲，即要求基督徒服从于政府当局，准备好行各种善事，而不是以这样的方式称义，既然他们已经因信而称义，但在灵心的自由之中他们这样做是为别人服务，为当权者本身服务，出于爱地并顺从他们的意志。所有牧师会、修道院和神甫所做的事情都应该是属于这样的性质。其中任何一个都应该按其本职去行事，并不在于靠这样的行事来求得称义，而是为了借此来约束自己的肉体，给其他也需要约束肉体的人做出榜样，最后可以出于爱的自由而通过这样的行事使他自己的意愿服从于别人的意愿。不过，始终必须特别加以注意，务必不要让人误以为通过这样的行为就会称义或获得功绩或得救；因为这只不过是信之行为而已，这一点，我已经反复讲过了。

任何人只要知道了这一点，就可以轻松而没有危险地去对待教皇、主教、修道院、教会、君主、官员的那些无以计数的训令和戒律了，但有些无知的牧师却坚持认为，它们似乎是称义和得救所必不可少的，称它们为“教会准则”，其实它们不属于这一类。因为基督徒作为自由人，他会说，“我会守斋、祈祷，做人们命令我做的这件或那件事情，不是因为它是我得以称义和得救所必须的；但这样做我可以对教皇、主教、社团、官员或邻居表示我应有的敬意，并给他们作出榜样。我会这样做，并且会忍受各样的事情，就像基督为我做了和忍受了更多的痛苦，虽然他为他自己就不需要这样，而且，他也是为了我的缘故而置身于律法之下，虽然他并不是处在律法之下的。”尽管那些暴君暴虐不公，然而，只要他们不图谋反对上帝的事情，就不会对我们有什么伤害。

由上所述，任何人都可以对一切行为和律法作出安全的判断，而且，可以对它们作出可信赖的区分，也知道谁是瞎眼无知的领路人，谁才是真正的好领路人。任何行为如果不是唯独为了使得肉体受到约束，或者，在他的邻居没有提出反对上帝的要求的情况下却没有服务于他的邻居，那么，这样的行为就不是善行，或者说，就不是属基督的。为了这个缘故，我非常担心，在我们这个时代，只有很少甚至于根本就没有牧师会、修道院、教堂的圣坛和设所是真正属基督的；连在某些圣者的纪念日举办的专门的守斋和祈祷也不是真正属基督的。我说，我很担心我们在所有这些事情上所追求的只是我们自己的利益，只想通过它们洗刷我们的罪孽，使我们依靠它们来得救。这样，基督徒的自由就全丧失了。这是我们对基督徒的信和自由的无知所造成的后果。

许多瞎眼的牧师却在拼命鼓吹对自由的无知和压制。他们极力颂扬这样的行为，千方百计地怂恿他们的民众去做这类事情，夸耀他们手中的赎罪券，却从来不提信。然而，如果你想要在教会中祈祷、守斋或者创立基金，我奉劝你不要为了谋取某种利益而这样做，不管是今世的利益还是永恒的利益，因为你这样做对你的信有害，而只有信才为你提供一切。你唯一关注的应该是让信有所增长，不管是靠作出什么行为还是接受什么行为。你应该慷慨地向人们馈赠，没有什么意图，这样别人就可以因你和你的善性而得到好处。如此一来，你就真的为善，真的属基督了。至于那些你根本不需要用以约束你的肉体的行为，对你会有什么好处呢？你的信对你就足够了，通过信，上帝已经把万物都赐给了你。

看，按照这样的规则，我们从上帝那里获得的好处，就应该从一个人流通到另一个人那里，应该为大家所共有，因而，每一个人都应该把他的邻居“穿戴上”，在他做任何事情的时候，他都仿佛站在别人的立场上。那些好处原本就是从基督里面流到我们里面来的，而且现在还继续在流。他已经把我们“穿戴上”了，他为我们而行事，就像他已经成为我们所是的一样。这些好处又从我们里面流到那些需要它们的人那里，为此，我应该把我的信和我的义都放到上帝的面前，它们可以为我们的罪孽遮掩和说情，因为我自己承担了这些罪为此而辛勤劳动，把它们当作我自己的罪孽一般。那也是基督当年为我们所做的。这是真正的爱，是基督徒的生活的真正法则。哪里有纯真的信，那里就有纯真的爱。因此，使徒在《哥林多前书》（13: 5）中提到爱时说“它不求自己的益处”。

我们由此得出结论，基督徒并不是生活在他自己里面，而是生活在基督里面，生活在他的邻居里面。否则，他就不成其为基督徒了。他通过信而生活在基督里面，又通过爱而生活在他的邻居里面。凭着信，他得以超越自己而被摄入上帝里面。而凭着爱，他降低到自己的下面而进入他的邻居之中。然而，他总还是留在上帝和他的爱里面，就如同基督在《约翰福音》(1: 51)中所说的："我实实在在告诉你们，你们将要看见天开了，上帝的使者升上去，又下来到人子身上。"

关于自由说得够多了。正像你们所看到的那样，它是一种属灵的和真正的自由，它使我们的心得以摆脱一切罪孽。律法和命令而获得自由，就像保罗在《提摩太前书》(1: 9)中所说的："律法不是为义人设立的。"它胜过所有其他自由，即那些外在的自由，就如同天胜过地一样。愿基督赐给我们理解和保护的自由。阿们。

最后，还应该补充说一些话，考虑到有那么一些人，对于他们来说，话说得再好也还是免不了会遭他们曲解而使事情变得很糟糕。不过，这里将要说的话，他们会不会理解也还成问题。有好多人听到这个信之自由，立即就会联想到肉体的情况，以为这样一来他们可以为所欲为了。他们藐视那些仪式、传统和人为的律法，挑出它们的毛病，希望仅凭这个就表明他们是自由的人，是基督徒；似乎他们之所以是基督徒，就是凭他们在规定的日子不守斋，或者在别人守斋的时候他们却吃肉，或者，就是凭他们不作常规的祈祷，却对人们共同遵守的一些准则嗤之以鼻，尽管他们完全无视跟基督教有关的所有其他事情。跟这些人截然相反的还有一些人，他们为了能够得救，全部恭恭敬敬地遵守礼仪，似乎他们会由于在某一天守斋不吃肉或者念了某一段祷文而得救；他们这些人口口声声念叨着教会和教父的戒律，却丝毫不关心其实是我们的信的实质所在的东西。说白了，上面这两类人都陷入谬误中，因为他们忽视了得救所必要的更重要的东西，却为一些微不足道的和不必要的事情争论不休。

使徒保罗的教导就好多了，他吩咐我们要做到不偏不倚，对两种偏激的做法都加以谴责，他说："吃的人不可轻看不吃的人，不吃的人不可论断吃的人"（《罗马书》，14: 3）。由此可见，那些并非出于虔敬而纯粹出于蔑视才对各种仪式予以否定和非难的人，该受到责难的因为使徒教导我们不该藐视它们。这一类人往往自吹知识渊博。另一方面，使徒又教导那些坚守仪式的人不要论断别人，因为没有什么集会是按照给人以教诲的爱来对待别人。因此，我们应该听从《圣经》上的话，不偏右也不偏左（《申命记》，28: 14），要遵循上帝的正直的训词，那就是，"使人心快活"（《诗篇》，19: 8）。一个人并不因为他遵循那些行为和仪式而得以称义，同样，他也并不仅仅因为他否定和藐视它们而得以称义。

我们对基督的信不在于使我们摆掉行为，而在于使我们摆脱关于行为的错误观点，那就是，愚蠢地假定靠行为就可以称义。信救赎、纠正和维护我们的良知，从而使我们知道那公义并不包含在行为中，虽然行为不能够而且也不应该缺少；这就正像我们不能够没有吃的和喝的，不可能没有这个凡人肉体的所有行为一样，然而，我们的称义却不是靠它们，而是靠信；不过，也不应当因此而藐视或否定肉体的那些行为。在这个世界上，我们确实受制于我们肉体生活的种种需求，但我们不是因它们而称义的。基督说，"我的国不属这世界"（《约翰福音》，18: 36）。可是，他并没有说，"我的国不在这里，也即不在这个世界上"。而保罗说，"虽然我们生活在这个世界上，我们却并不在作一场属于这个世界的战争"（《哥林多后书》,10: 3）[*]，又按《加拉太书》(2: 20)，“我如今在肉体中活着，是因信上帝的儿子而活着。”可见，我们行事，我们活着，我们处身于行为和仪式之中，我们这样做是由于今世生活的需要，努力管住我们肉体的需要。可是，虽然如此，我们的称义却并不在于它们，而在于对上帝的儿子的信。

因此，基督徒应该不偏不倚地面对那两类人。首先，他要面对顽固不化的仪式主义者，他们就像耳聋的毒蛇一样不愿意听取自由之真理（《诗篇》，58: 4），他们根本就没有信，却夸耀他们所奉行的仪式，规定人人必须遵守它们，使它们成为称义之手段。古时候的犹太人就是这样的，他们不愿意学会该如何做才对。基督徒就必须抵制这些，做与此针锋相对的事情，大胆地加以攻击，免得他们的那些亵渎上帝的观点把许多人拖进谬误之中。在这样的人在场的情况下，最好去吃肉，破除守斋，以及为了信之自由而行别的一些在他们看来是莫大罪孽的事情。对于他们，我们应该说，“任凭他们吧；他们是瞎眼领路的。”根据这样的原则，尽管有犹太人在坚持但保罗却不让提多去行割礼（《加拉太书》，2: 3），基督看到他的门徒在安息日掐麦穗，也原谅了他们（《马太福音》，12: 1—8）。还有好多类似的例子。基督徒会面对的另一类人是那些头脑简单而无知的人，如同使徒所称呼的，是一些信心软弱的人，他们不能够掌握信之自由，即使他们想这样做（《罗马书》，14: 1）。基督徒要注意不要伤害这样的人。在他们受到更完整的教导之前，他应该迁

* 按今本英文本及德文本《圣经》，此处作：“虽然我们在肉体中行走，但我们并不为肉体而作战。”

就他们的软弱。他们之所以这样做和像他们所做的那样去思考，不是因为他们顽固地作恶，而只是因为他们信心软弱，他们觉得守斋和其他一些事情是必要的，必须遵守，以避免遭人谴责。爱命令我们不可以伤害任何这样的人，而要为他们服务。他们信心软弱，不是由于他们自己的过错，而是由于他们的牧师利用他们的传统把他们囚禁起来，又别有用心地用这些传统作为棍棒去责打他们。对他们宣讲信和自由，理应把他们从这些牧师的手中拯救出来。使徒在《罗马书》第14章中教导我们说："如果食物叫我弟兄跌倒，我就永远不吃肉"（参见《罗马书》，14: 21和《哥林多前书》，8: 13）；他还说："我凭着主耶稣确知深信，凡物本来没有不洁净的，唯独人以为不洁净的，在他就不洁净了"（《罗马书》，14: 14）。

由于这个缘故，虽然我们断然抵制那些鼓吹传统的人，并且要严厉谴责教皇借以掠夺上帝的子民的教规，但是，我们必须宽恕被那些亵渎上帝的暴虐者用这些教规囚禁的民众，我们直到他们获得自由。所以，我们全力以赴地去打狼，如果不是为了要保护羊，也不是为了去打羊。如果你对那些教规以及制定教规的人痛加申斥，同时又跟那些信心软弱的人一起奉行教规，以便他们不会受到非难，直到他们也认清暴虐并领会到他们的自由，你就会这样做。如果你想运用你的自由，你就该秘密地去做，就像保罗所说的（《罗马书》，14: 22），"你要将你所具有的信保持在你与上帝之间"*；但需要注意，不要按信心软弱者的眼光去运用你的自由。另

---

* 按今本德文本《圣经》，此处作："你当将你所具有的信在上帝面前保持着。"今本英文本《圣经》及中文本《圣经》，意思也与此相近。按今本《圣经》的译法，就没有保持秘密的意思了。

一方面，你要持久地按暴虐者和顽固者的眼光去运用你的自由，这样他们也可以懂得他们是亵渎上帝的，他们的教规是无助于称义，他们也没有权利制定这些教规。

既然我们不可能过没有任何仪式和行为的生活，那些没有接受过训导的任性的青年也需要由这样的一些东西去约束他们，免于受到伤害；既然每一个人都应该借助于这样的行为使他的肉体受到约束，所以，就有必要要求承担基督的职事的人要有远见和信实。他应当在所有这些事务上都管理和教导基督徒，但又要注意不要使他们的良心和信心受到冒犯，不会使他们产生怀疑和滋生毒根，不会因此而叫众人沾染污秽，这是保罗告诫希伯来人时所说的（《希伯来书》，12: 15）；意思是说，他们不可以丧失信心，不可因为错误估计行为的价值而沾染污秽，不可认为他们必须因行为而称义。除非同时又持续不断地用信教导人，否则上述情况是很容易发生的，会污秽一大批人，例如，迄今为止，由于我们历届教皇的那些亵渎上帝、破坏灵魂的极具危害性的传统，以及由于我们那些神学家的种种见解，这种情况已经变得司空见惯了。由于这些陷阱存在，无数灵魂给拖进了地狱，你由此就可以看到反基督者的作为了。

简而言之，财富是对贫困的考验，经商是对诚信的考验，荣誉是对谦虚的考验，宴会是对节食的考验，欢乐是对守贞的考验，同样，仪式是对因信称义的考验。所罗门问道，“人若怀里抱着火，衣服岂能不烧吗？”（《箴言》，6: 27）然而，人必须生活在财富、经商、荣誉、欢乐和宴会之中，同样，他也必须生活在仪式之中，这就意味着，他必须生活在危险之中。其实，婴孩们首先需要的便是要有使女来抱着他们，不让他们遭受危险，然而，如果他们长大后还离不开使女，他们的得救便面临危险了，因此，那些没有经验的任性的青年，需要由严格的仪式来约束和训练，以免他们头脑发热犯各种过错。然而，另一方面，如果他们始终被束缚在这些仪式中，以为凭它们就可以使他们称义，那就是走上绝路了。在这样的情况下，宁可对他们说明，他们之所以被囚禁在这些仪式中，并不是为了使他们得以称义或凭它们可以获得巨大的功绩，而是为了使他们不做坏事，从而更容易受到教导而达到因信称义。倘若他们那种青春的冲动未能加以约束，他们就无法忍受这样的教导。

因此，那些仪式在基督徒的生活中所应有的地位，就如同建筑工匠和手工工匠所使用的模型和图纸一样。将它们安放在那里，不是作为一种长久的结构，而是因为如果没有它们，就什么也造不出来或做不出来。如果结构业已完成，这模型和图纸就被搁到一边。你们看，它们并没有受到藐视，宁可说它们受到了很大的重视；但是，我们所藐视的是对它们的错误评价，因为没有人把它们作为真实而长久的结构去保存。

倘若任何人如此愚蠢到极点，让他整个的一生只关心如何最仔细而持久地珍藏那些模型和图纸，却从不考虑结构本身，倘若他以制作这样的图纸和工作辅助手段为满足并且还扬扬得意，那么，所有人不会对他所做的傻事感到惋惜，想到在他手中浪费的东西原本可以做出一些伟大的作品吗？可见，我们并不是藐视仪式和行为，而是十分重视它们；我们所藐视的是对行为所作的错误评价，以免有人认为它们是真正的公义，那是那些伪善者所相信的，他们以其毕生的精力热中于这些行为，却决达不到他们的目的，他们为此确实做了这些行为，但是，正如使徒所说的，这样的人“愿意听从任何人的话，却终究不能明白真道”（《提摩太后书》，3: 7）*。他们似乎想建造什么东西，他们做好了准备，但他们从未真正的建造。因此，他们徒有敬虔的外貌，却背了敬虔的实意（《提摩太后书》，3: 5）。同时，他们欣赏自己所作出的努力，甚至敢于论断所有其他那些在他们看来不像他们那样做出辉煌行为的人。然而，他们白白浪费和滥用上帝的礼物，倘若他们被信所填满的话，他们可以用这些礼物成就他们自己的得救以及别人的得救。

既然人的本性以及所谓的自然理性，原本就是趋于迷信的，一旦对教规和行为作出了规定，他们就会设想必须凭这些教规和行为才能得以称义；还有，既然他们历来就是受教于这样的观点，对所有地上的教规制定者的所作所为也已经习以为常，因而，他们想靠自己来摆脱这些行为的奴役以及理解信之自由，是不可能的。所以，就需要让主来赐给我们祷文，让我们直接接受上帝的教诲，就是那些由上帝给予的教训（《约翰福音》，6: 45），而且，就像他所允诺过的那样，也由他亲自将他的律写到我们的心里；不然的话，我们就没有希望了。如果不是他自己亲自把隐藏在奥秘中的智慧（《哥林多前书》，2: 7）讲给我们听的话，要是凭本性，就只会谴责它，将其判定为异端邪说，因为本性被它冒犯，认为它是荒唐的。因此，我们看到古时候在使徒和先知的那个时代也有这样的情况，那些不敬神的瞎了眼的教皇及其谄谀者

* 今本《圣经》，此处作：“常常学习，却终久不能明白真道。”

也这样对待我和与我类似的人。最后，愿上帝怜悯他们，怜悯我们，用脸光照我们，好叫世界得知他的道路，万国得知他的救恩（《诗篇》，67: 1—2），那永远可称颂之上帝（《哥林多后书》，11: 31）。阿们。

11　对莱比锡埃姆泽所写的“超基督，超灵心和超知识书”的答文——兼论他的同伙蠢人慕尔纳

*　*　*

谈谈字句与灵意

圣保罗在《哥林多后书》(3: 6)中说：“那字句是叫人死，灵意是叫人活。”我的那位埃姆泽在运用和解释这句话时，认为这意味着《圣经》具有双重意思，即外表的意思和隐含的意思，他称之为“字面的”和“灵意的”。他认为，字面的意思是叫人死，而灵意的意思则是叫人活。在这方面，他依据的是奥利金，狄奥尼修斯以及某几个也持相同见解的人。他认为，他已经击中了要害，不需要去逐句读经，因为他自有他的人性化的说教。他也曾经想叫我跟从他，撇开《圣经》而采纳那人性化的说教。我拒绝这样做，虽然我也曾经犯过同样的错误。我现在正是以此为例来解释和指明为什么说奥利金、哲罗姆、狄奥尼修斯以及别的一些人在这件事上是做错了，为什么说埃姆泽的言论如同建在沙堆上一般以及为什么说有

必要把那些教父的著作跟《圣经》相对照，并且以《圣经》为鉴来对其加以判断。

首先，假如他们的观点是正确的，即灵意的意思是叫人活而字面的意思是叫人死，那么，我们就不得不相信，所有的罪人都是神圣的，而所有的圣者则都成罪人了。确实，这样一来，基督本身，连同所有的天使，也许都不得不同时既活着而又死去了。我们还是想把这一点说得更明白一些，那样，即使埃姆泽再怎么谎话连篇，也无法来反驳。我们看看保罗在《加拉太书》（4: 22）中所说的一段话："亚伯拉罕有两个儿子，以撒和以实玛利，分别由撒莱和夏甲两个夫人所生。"* 按照字句的意思是这样说的。那么，这就是基督所指的意思。圣灵以及所有的天使都掌握了它，并且坚定地认为它就是字句的意思和字句所说的，确实就是如此。那么，埃姆泽，你该如何呢？你的奥利金在哪里呢？如果你不是剑不出鞘、一味空谈而是敢于刀剑出鞘进行拼杀的人，那么，你现在最好就明言，这字句和字面的意思是叫基督去死，叫圣灵以及所有的天使和圣者都去死。按埃姆泽在这里胡扯的论调，全部《圣经》之中的真理都是叫人死和害人的，那么，还有谁会说出比他更亵渎上帝的话呢？

而且，（就像你说的那样）灵意的意思是亚伯拉罕就是指基督，而那两个妇人就是《旧约》和《新约》（《加拉太书》，4: 24），这两个儿子就是《旧约》和《新约》的子民，就像圣保罗所解释的那样。现在，不仅是圣者，就连最邪恶的罪人，甚至连地狱中的魔鬼，也确实掌握了这一层意思。那么，我的埃姆泽，你就挥舞着刀

---

* 这里是大意。事见《创世记》，16 章和 17 章。

剑冲上战场吧，直说所有的魔鬼和恶棍也都活着并且是神圣的，因为圣灵叫他们活。那你就干脆承认：如果你在这一方面继承了奥利金、狄奥尼修斯、哲罗姆等人，那你是不是确实已经继承了他们的差不多全部伎俩呢？在这里，《圣经》是不是比他们这些人加在一起还要清楚明白呢？我用来对他们所有的人作测定，作评判，予以谴责并战胜他们的东西，就是那没有任何人能否认的东西，岂不就是他们引以为据的圣保罗的同一段话，即“那字句是叫人死，灵意是叫人活”（《哥林多后书》，3: 6）吗？我添加过什么样的虚饰吗？这段话本身就明明白白地反驳了他们，是任何人都无法否定的。

这是人们应当对待整部《圣经》的方法，甚至像所说到的“犹太人不可吃猪肉或兔肉，因为它们不反刍（《利未记》，11: 6—7）”，也是如此。这是字面的意思，是字句。大卫，所有的圣先知，以及基督自己连同他的门徒，就是用这样的方法去理解和遵循它的。倘若他们不是以这样的方法去理解和遵循它的话，那他们恐怕就是在对抗上帝了。那么，为什么这字句并没有叫他们死呢？而另一方面，有一些积恶深重的罪人，还有那万恶之首的魔鬼，他们也许会理解猪意味着放纵肉欲，或者还有什么可以做的灵意的解释；那么，这灵意为什么没有叫他们活呢？现在，你这位手执利剑的莱比锡人，又该怎么说呢？不如走开去，由你再变本加厉地写文章攻击我，说我对各种典礼倍加推崇，说我认为它们是“神圣而正当的，是善美的，是由那善美的上帝所给定的”。你自己就必须看到和承认，这结果恰恰像我所说过的那样。我不是告诉过你，说你这个人对《圣经》中灵意与字句是什么意思简直是一无所知吗？你还是去管好你自己的事情，不要去打扰《圣经》了吧。你有没有看到，老是引用各位导师，老是以他们的著述为依据，有什么样的好处吗？

圣保罗在《罗马书》（7: 14）中又进一步说道："那属神的律法是属乎灵的，但我是属乎肉体的"*，他还引用了十诫中的一诫，"Non concupisces，不可起贪心！"（《罗马书》，7: 7）。在这里，他以他丰富的言辞和睿智，说明那灵意的律法也是叫人死。那么，埃姆泽，你还想做些什么呢？你这位手执利剑的人，又到哪里去了呢？圣保罗在这里说："灵意的律法也叫人死"，而你却说："灵意的意思是叫人活。"就请你表演给我们看，听听你有些什么伎俩：在"你不可起贪心"这一条诫命中，字面的意思是什么，灵意的意思又是什么呢？你当然无法否认，在这里，除了字句本身所给出的意思以外，再也没有什么别的意思了；他这里说的是肉体的邪欲。然而，圣保罗还是称律法为灵意的，却又说它是叫人死的。而你说，还不如去读一首寓言诗，胜过去读懂《圣经》的含义。圣保罗认为，对于这种邪欲，任何人竟然会领会到一种跟字面意思不同的意思来，那他就根本不懂这一条诫命。说埃姆泽跟圣保罗步调一致，那就好比说驴子跟夜莺和谐共鸣。对于上帝的诫命，不管是礼仪性诫命还是别的什么诫命，不管是大是小，人们都应该用这样的方法去对待。如此说来，很明显，埃姆泽在此是失败了，他对《圣经》的了解，还不如一个小孩。

还不止如此，他的错误的看法，非但使他自己声名狼藉，同时也使整部《圣经》都蒙受耻辱。因为，所有的导师都在竭尽全力

* 今本《圣经》中，无"属神的"这个定语。

去发掘那字面的意思，他们认为这才是唯一有效的。为此，奥古斯丁也写道：“喻象证明不了什么。”这说明，埃姆泽的灵意理解法是不足取的；而另一种理解法［即字面的理解法］，乃是至高至善的，最强有力的，简言之，乃是《圣经》之实质所在，是《圣经》之基础所在。如果有人背弃了这一条，那整部《圣经》就一无所剩了。然而，埃姆泽所吹嘘的灵意理解法，不值一提，是经不起推敲的；正像我在论教皇制的书中已经证明了的那样，无人知道它也无妨。因为，如果没有人知道在灵意上亚伦*就是基督，那也无妨，那也是无法证明的。大家应该简单地认为亚伦就是亚伦，除非圣灵自己以新的意思来对他作出解释，那样也就会成为一种新的字面意思了——例如，圣保罗在给希伯来人的书信中由亚伦而引出基督（《希伯来书》，9—10章）。

现在，埃姆泽，你竟然这么大胆，敢说这个字面意思是叫人死？你竟然声称读一首维吉尔的寓言诗胜过读《圣经》中的这样的意思，你这简直是在呓语而不知所云。这是在对整部《圣经》加以非难，是把魔鬼的谎言或者寓言置于上帝的道之上，尤其是因为《圣经》确实只有一个意思，就是你认为是叫人死和要规避的那个意思，除此以外再也没有别的什么意思了。这就是所谓的刀刃相见，就是所谓的真正埃姆泽式的诠释！这就是击败异端者路德的方法！把底牌揭开，埃姆泽，你就会发现你称之为灵意的和叫人活的那个意思，如果人们只依附于它而摈弃字面的意思，那么，它就恰好适合于由一些寓言诗来取而代之。因为，这样的东西是危险

---

* 亚伦（Aaron），是摩西之兄，上帝命他和他的后裔为祭司。事见《出埃及记》，28—32章。

的，没有它《圣经》照样存在。然而，如果没有了字面的意思，那么《圣经》就不能存在了。这就是为什么奥利金在很久以前他的书遭禁时受到了他应得的报应，就因为他过分相信这个其实很没有必要的灵意的意思，而放弃了很有必要的字面的意思。一旦发生了这样的情况，《圣经》就消亡了，就不再会产生真正优秀的神学家了。只有由字句所提供的本真的意思，才能够产生优秀的神学家。

无论在天上还是在地上，圣灵都是最朴质的著作者和忠告者。这就是为什么他的话总不会超出于单一的最简单的意思，我们称之为书面的意思，或者口头的字面意思。可是，不管是书面的还是口头的，如果原本由一个简单的词来解释而取得的一个简单的意思的事情，被赋予了进一步的意思，变成了与原来不相同的事情了，以至于某一件事情却有了另一件事情的意思，对于《圣经》中没有提及的其他所有事情，那倒确实是这样的，因为上帝所有造物和所行，就像奥古斯丁和所有的导师所说的那样，是上帝的活的标记和言语。但是，却不可因此就说《圣经》或者上帝的道具有一个以上的意思。

一幅画，没有一句话或者一行字，但画出了一个活着的人，然而，你不应该就此而说“画”这个词有两个意思，一个是字面的意思，指这画本身，还有一个灵意的意思，指那活着的人。同样，即使说《圣经》里所描述的事情还有深一层的意思，也不应该因此说《圣经》有双重意思。相反，应当坚持字句所依据的那同一个意思。除此以外，我们应该允许无所事事的心灵对字句以外的事情做各种各样的解释。但是，可要当心最后会无法收场，自食恶果，就像奥利金一样。总是坚守字句和简单的意思，才万无一失，因为这实在是所有心灵的真正的牧场和家园。

现在看看埃姆泽是如何带着他那双重意思的《圣经》横行的。其结果是再也没有任何确定的东西了。当圣彼得说：“我们都是祭司”（《彼得前书》，2: 9）* 时，他说这是按灵意的意思，而不是按字面的意思。但当我问为什么不是字面的意思时，他回答说，因为字面的意思是叫人死。他对自己所说的话稀里糊涂。他没有看到，由于他公然宣教说他自己的神甫职位不是什么叫人活的和灵意的，而是字面的，叫人死的和有害的，他宁可希望做一个诗人神甫也不要做这样的字面的神甫，这样，确实给自己的神甫身份抹了黑。如果任何不是灵意的事情都不是叫人活，就不能按照灵意的意思来理解，那么，理所当然的，按照字句来理解是叫人死，是有害的，比异教还坏，假如我们容忍埃姆泽的那种高深的和超灵意的神学的话。那就是为什么说，让铁匠还是当他的铁匠，让诗匠还是当他的诗匠，让那些孔武有力的人挥舞他们灵意的利剑，是再恰当不过的了。《圣经》并不容忍蛮横无理的埃姆泽所做的那样将字句和灵意分割开来。它只含有一种单纯的神甫职位和一种单纯的意思。

有人称字句是蒙上面纱的隐蔽的道，连奥古斯丁也有一段时间这样认为，这样的人犯下了一个较合乎情理的错误。例如，如果我说，“埃姆泽是一头野驴”，一个头脑简单的人听了这话后会把埃姆泽理解为一头实实在在的驴子，有着长长的耳朵和四条腿，那他就是受字句的欺骗了，因为我用这样蒙上了面纱的语句是想指出他这人粗野而不通情理。在学校里就是将这样一些饰语教给孩子

---

* 今本《圣经》此处不是“我们”，而是“你们”。“祭司”，即“神甫”。

们的，在希腊文中称这为 *schemata*，而在拉丁文中称这为 *figurae*。人们就是用它们来修饰和打扮语言，就像人们用珠宝打扮身体一样。《圣经》里充满着这样的饰语，尤其是先知书。例如，在《路加福音》(3: 7）中，约翰和基督称犹太人为“毒蛇的种类”。在《腓立比书》(3: 2）中，圣保罗称他们为“犬类”。《诗篇》(110: 3）说：“你的子民的甘露，产自于清晨之腹”* 又说：“主必使你从锡安伸出能力的杖来”(《诗篇》，110: 2)，就是说，基督的子民不是由实在的妇人或母亲的腹中产出，根本就不用男人参与，而是像来自天空的甘露，来自于基督教教会之清晨的甘露。还有，基督在《马太福音》(5: 13—14）中说：“你们是世上的盐，是世上的光。”但是，圣保罗所指的并不是像这样的字句；这乃是属于语法，是小学里面的事情。

如果你能谦虚一些而不是对我不屑一顾，那么请你听我说：我将对你尽到我基督徒的责任，因为我有义务对我的敌人做到这一点；而且，我也不会对你隐瞒上帝赐给我的东西。在这件事情上，毫不夸张地说，我会胜过此前任何别的导师而教给你更好的东西，只有奥古斯丁是例外——如果你读过他的《论灵意和字句》的话。没有别的人会教给你这个。在整部《圣经》里面，你找不到任何字句，会跟你，还有奥利金和哲罗姆，称之为“灵意的意思”的东西相一致。圣保罗称这为 *mysteria*，也即蒙上面纱的和秘密的意思。所以，最早的一些教父称之为 *anagogas*，也即“更偏僻的意思，

* 和合本《圣经》译作“你的民多如清晨的甘露”，未能将原意表达出来。

独门学问”（*remotiores sensus*，*separatas intelegentias*）。有时，他们也称之为“比方”，就像圣保罗他自己在《加拉太书》（4: 24）中所称呼的；但是，这并不是什么灵意，虽然这是圣灵所授予的，就像圣灵授予的字句以及所有的恩赐一样。我们在《哥林多前书》（14: 2）中读到：“圣灵讲出了隐秘的意思。”所以，有些人出于无知，妄以为《圣经》具有四重意思：字面的，比方的，偏僻的，以及隐喻的。可是，这是毫无根据的。

可见，“字面的意思”并不是什么好字眼，因为保罗对字句的解释颇不同于他们所作的解释。那些称之为“语法意思、历史意思”的人，要来得贴近一些。像圣保罗在《哥林多前书》（14: 2—19）中那样称之为“方言或语言的意思”，是恰当的，因为，按照方言或者语音，任何人都是以这样的方式来理解的。这是因为，在听到亚伯拉罕由两位妻子而生了两个儿子时，语言或者方言就具有这个意思，不认为还有超越出这语言或方言的什么意思，直到圣灵给以引领，才揭示出有关基督、有关新旧约和两类子民的原先隐秘的说法。这就像保罗在《以弗所书》（5: 32）中指着由基督和教会合为一体时所说的 *mysterium*［奥秘］那一类的 *mysteria*［奥秘］，虽然《圣经》和字句说的是丈夫和妻子（《创世记》, 2: 24）*。但必须指出的是，没有人可以自己去发明什么奥秘，不应该像有些人已经做的和现在正在做的那样。必定是由圣灵自己来做，不然的话，就必须用《圣经》去加以证明，就像我在关于教皇教权的那本书中

* mysteria 是 mysterium 的复数。《创世记》（2: 24）说的是“人要离开父母，与妻子连合，二人成为一体。”《以弗所书》（5: 31）引用了上述话，但在接下来的 32 节中就明言：“这是极大的奥秘，但我是指着基督和教会说的。”

写过的那样。

那就是为什么说保罗在《哥林多后书》（3: 6）所说的“字句是叫人死，灵意是叫人活”跟字面的意思和灵意的意思这两个意思是一致的，也说明为什么埃姆泽的心意跟哲学和神学是一致的。在目前，我不想谈奥利金、哲罗姆以及别的几位教父为什么以及如何曲解和误用这一段话。当然，他们以同样的方式曲解过更多段的话，为的是去对付犹太人和异端，这是每个人都知道，也能够知道的。他们这样做可以谅解，但是，我们不应当在这一点上跟随他们，不应当像那些不洁的畜生正在做的那样，对教父的业绩和教导毫不理会，却贪婪吃光所能找到的一切，最后正是在教父作为人而犯错误的那些事情上对教父言听计从，而教父做得好的那些地方，却弃之不用，我可以很容易证明，他们的教导和生活都极好。

现在，我们再来看有关灵意与字句的那段话。在这段话（《哥林多后书》，3: 6）中，保罗没有写过这两种意思，只是写了两种传道或者说传道设所。一种是《旧约》的，另一种是《新约》的。《旧约》所传的是字句，而《新约》所传的是灵意。并且，为了避免像埃姆泽这样的家伙所作的那种妄想，我们来听听使徒自己所说的有关《新约》的仆人或者说传道人一些明确说法。这些话见于《哥林多后书》（3: 3—6）：“你们借着我们的传道而成为基督的信，不是用墨写的，乃是用活着的上帝的灵写的，不是写在石版上，而是写在心版上。那就是为什么我们不需要举荐信的缘故。我们因基督所以在上帝面前才有这样的信心。并不是我们凭自己能承担什么事，我们所能承担的，乃是出于上帝，他叫我们能承当这《新约》的仆人和传道人，不是凭着字句，而是凭着灵意；因为那字句是叫人死，灵意是叫人活，”等等。

这些话岂不明确是关于传道的吗？这里，我们明白地看到，圣保罗提到了两种版和两种传道。摩西的版是石头做成的，上帝的手指将律法写在上面，见《出埃及记》（20: 1—17；24: 12；31: 18）。基督的版，或者说（像他在这里所说的那样）基督的信，就是基督徒的心，在这上面，所写的不是像写在摩西的石版上面的字句，而是通过传布福音和通过使徒们的职事而写上了上帝的灵意。这一切，说明什么呢？字句不外乎是属神的律法或者诫命，是由摩西在《旧约》中给出的，由亚伦式的祭司来宣教的。之所以称之为“字句”，乃是因为它是写在石版上和书上的字句。它始终是字句而已，并没有产生出更多的东西，因为没有人由于律法而变好；他只会变得更坏。可见，律法没有什么帮助，也没有授予恩典；它只是发出命令要人们做到什么什么事情，而这正好是人们做不到和不愿意去做的。可是，灵意，那属神的恩典，却将力量给予人的心；确实，灵意创造出一个新的人来，他高高兴兴地去执行上帝的诫命，他愉快地做他应该做的每一件事。

这灵意决不能包含在任何字句中。它不能像律法那样用墨写在石版上或者书上。它却仅仅铭刻在心里面，它乃是圣灵之活的写录，不需要任何媒介。那就是为什么圣保罗称其为基督的信，而不是摩西的石版，因为它不是用墨写的，而是用上帝的灵写的。原来是律法命令人去做到的，现在却通过这个灵或者恩典就做到了。他付清了他欠律法的债，就从叫他死的律法中解脱了出来，现在通过这灵的恩典而得以活着。因为，凡是没有那活的灵的恩典的，就都是死的，即使从外表上看可以自夸做到谨守整部律法，也无济于事。那就是为什么使徒说律法是叫人死的，不会给任何人以生命，而假如不是恩典来临加以赦免和赐给生命的话，它就使人永远沉沦在死亡之中。

这样，这就成了两种传道方式：祭司和传道士，以及《旧约》所宣讲的，不会超出上帝的律法。而灵与恩典则还没有公开地得到宣教。但是，在《新约》中，唯独只宣教灵与恩典，就是那通过基督而赐给我们的。因为，为《新约》而宣教，这乃是靠着上帝的十足的怜悯而将基督奉献和显示给所有的人。如此做了，所有信他的人都将受到上帝的恩典和圣灵，所有的罪孽得到赦免，所有的律法都得到了履行，他们就成了上帝的儿女，永远得到福乐。因而，圣保罗称《新约》的宣教是“灵意之职事”（《哥林多后书》，3: 6），也就是说，使其成为这样的宣教职事，在那里，上帝的灵和恩典呈现在所有那些身受律法重负，由律法致死而渴求恩典的人的面前。他称这律法为“字句之职事”，也就是说，这样的宣教职事不会超出字句或律法。从它里面没有生命得以流出，律法也不是靠它而得以履行，人们永远不会满足它。这就是为什么它始终只停留在字句，而在字句里面它只能够叫人死，也就是说，只能够向他指明他应该做的而又做不到的事情。这样，他认识到他在上帝面前死去而得不到恩典，他认识到他没有履行他本应履行的诫命。

这样一来，很明白，使徒所说的“字句是叫人死，灵意是叫人活”，可以换一种说法：“律法是叫人死，而上帝的恩典是叫人活。”或者说：“恩典给予帮助，所行的每一件事都是律法所要求而又没有能够自行做到的事。”圣保罗故而称上帝的律法为死和罪之律法，他在《罗马书》(8: 2—4)里说：“基督里面生命之灵的律法，使我脱离了罪和死的律法。律法不可能来帮助我；而且，由于旧肉体的恶意，它反而使事情变得更坏。因而上帝就差遣自己的儿子成为我们的同类，让他成为罪身的形状。这样，基督在他的受难中就由自己来承担这罪，以此免掉我们的罪，而这样做是为了使律法的正义的要求可以在我们里面得到履行。”* 从而，我们看到，圣保罗是以一种巧妙的方式在教导我们应该如何正确理解基督，理解上帝的恩典以及《新约》，也就是说，那无非是基督如何进入我们的罪里面，将我们的罪带到十字架上他的肉体里面，使它们得以免除，从而使所有信他的人通过他而从罪里面解脱出来，得到恩典，使他们从此以后可以满足上帝的律法以及那叫人死的字句，活到永永远远。你们看，这就是“灵意之职事，而非字句之职事”，宣教的是灵，是恩典，是真正的赦罪，是有关基督的事。这就是《新约》，而如果不是那些邪灵通过教皇而使世界受到了蒙蔽，以及将人间的说教引入漆黑的深渊的话，本来还会有更多有关《新约》的谈论。

现在我们看到，既然属神的诫命也是叫人死的，那么，所有诫命都是叫人死的。因为，任何事情，凡不是灵或恩典的，就都是死亡。所以，称比方和隐喻之类的东西为“灵意”，那是草率的误解，因为所有这一些都存在于字句之中，并不可能给予生命。除了心之外，没有什么东西能够容纳下恩典。现在，正像并不是所有人都接受灵的生命——确实，多数人对这个灵的仆人所展示和宣教的

---

* 该段经文，与今本《圣经》有些出入。

丰富的恩典无动于衷，并不相信福音——也像并不是任何人都接受字句的职事或者律法的宣教一样。他们并不想让自己死去；就是说，他们并不理解上帝的律法，他们既不接受字句，也不接受灵意，我行我素。可是，让我们把埃姆泽这家伙的瞎盲的心灵说得更明白一些吧：他认为，字句应该回避，字句之死应该设法逃脱。那些只读教父著作而把《圣经》撇在一边的人，才会有这样的情况。他们玩弄着手中的刀剑，把《圣经》搞得模糊不清，而尽力宣扬教父们的说教。

使徒并没有要我们去回避字句或者去逃脱掉它的死。其实，他在那同一段文字中（《哥林多后书》，3: 7）抱怨说，在犹太人的律法上蒙着一块帕子，就像蒙在摩西脸上的帕子（《出埃及记》，34: 33—35）一样，这样，他们就不能看到字句，不能看到它的死或它的光芒。他要我们去明白地宣教和说明那字句，揭掉蒙在摩西脸上的帕子。事情就是这样的：凡是正确地理解上帝的律法并且看清它的脸面——没有被帕子遮住——的人，就会发现，所有人所行的事，尽都是罪恶，其中没有善，除非灵意之恩典进入他们里面。这就是律法及其含义之目的，保罗在《哥林多后书》（3: 13）就此这样说："他们没有看到摩西之目的。"因为，律法要使每一个人都成为罪人，使所有属于我们的东西都进到罪里面；它以这样的方式向我们指明我们的苦难、我们的死亡以及我们的价值，使我们真正认清我们自己。就像圣保罗在《罗马书》（7: 7）中所说的，"只是非因律法，我就不知何为罪"；以及《加拉太书》（3: 22）："但圣经把众人都圈在罪里"，这样，全世界的嘴都给封起来，让全世界都知道，如若没有恩典，没有人可以在上帝面前立得住，即使他做到了律法要求做到的事。

那些想突出他们自己所行的善和自夸其自由意志的人，并不同意说凡人所行的事都是罪。他们仍然在寻找本性即善的事物，就像犹太人和我们的诡辩家们，连同教皇一起，所做的。他们是不想让摩西的面容发光*的人。他们将一块帕子遮在律法上，从而没有看到它的面容。他们拒绝让所有属于他们的东西在上帝面前或为罪，或为死；就是说，他们并不真正想认清自己，或者说，并不真正想做到谦卑。他们只是在增加他们的傲慢。他们逃避字句，不去真正理解它，就像犹太人逃避摩西的面容一样。这就是为什么他们的心灵始终是瞎的，永远不会进到灵意的生命里。所以，凡是没有先去了解律法并且让自己被字句杀死的人，是不可能了解福音并且让灵意之恩典将自己带入生命的。恩典只是给予那些渴望得到恩典的人。只有对于那些死去的人，生命才成为帮助，只有对于罪恶，恩典才成为帮助，只有对于字句，灵意才成为帮助。对于任何人来说，都是无此即无彼。所以，埃姆泽称之为字句和死亡的，其实无非是那帕子，是对字句的有害的误解，是对这个有福的死亡的该诅咒的逃避。事实上，即使不误解，即使理解得正确，也还是这样。这位可怜的瞎子，他是如此远离圣经，却还假装击中了要害！我想他只是打到了自己的脸！

对于这类毫无教养的人，我劝他们放弃写书为好。因为就在他们狂热地引证少数几位教父的话时，他们颐指气使地训斥那些可怜的人，让他们卑躬屈膝地接受这个错误，也许还会终生接受这样的

---

* 事见《出埃及记》，34: 35。

错误。可见，这样的书不是没有伤害，由于会如此败坏人，它们的那些精神错乱的作者在上帝面前是有罪的。那么，谁会施惠给埃姆泽，帮他做理应由他自己来做的事，即彻底根除他的书所产生的谬误和谎言呢？对他来说，正像基督所说的那样，还不如把大磨石拴在他的颈项上，沉在深海里（《马太福音》，18: 6）。因为，他不仅是写了谬误的、有害的和丑恶的书来教导人，而且还亵渎基督至善的教导，彻底毒害了那些可怜的人，将他们驱赶出去。哀哉，埃姆泽！假如你一直等待上帝来召唤你和驱使你，那他也会与你一起工作，将他的灵赐给你，让你写出一些有用的东西来。但现在你所做的，就像耶利米所说的："我没有打发那些先知，他们竟自奔跑，我没有对他们说话，他们竟自预言"（《耶利米书》，23: 21）。那种可憎而又欺诈的邪灵驱使了你。这就是你为什么只写谎言和谬误。我能够做的只能是警告每一个人不要中你的毒。而且，假如我不为这些可怜的人担忧的话，我不认为你值得回应，就像我以前就没有这样做，因为在这些事情上你是彻头彻尾的无知！

但回到我们的话题吧：在任何地方，如果像在《旧约》中那样只宣讲律法，只跟字句打交道，而没有在其后再去宣讲灵意，那么，就是无生命的死亡，无恩典的罪孽，无安慰的困苦。这就造成困苦的和被囚禁的内心，最后感到绝望而被迫在罪中死去。由于这样的宣教，他们永远遭受到谴责。在我们今天，凶恶的诡辩家，就做了这样的事情，而且用他们的 *summae* 和 *confessionales* 一直在做这样的事情，他们在驱使和折磨着人们，命令他们去苦修，去忏悔，去赎罪。在这以后，就像他们所说的那样，他们才教导人们去行善行，才宣讲那良善的教义。但他们从来不向那些内心痛苦的人举示圣灵和基督，以至于现在基督在全世界都没没无闻，福音被塞到了毛毯底下。整个宣讲《新约》的设所都冷冷清清，只有一些特别优秀的人才在解释摩西和诫命，而这样的人也十分少见。大多数人都在干着蠢事，向人们传授教规和教宗的律法，讲的都是人世间的事情和他们自己所定的法令。他们死守着的是这些事情，他们天天教导人们的也是这些事情；他们不再有机会了解真理，就像圣保罗所说的那样（见《提摩太后书》，3: 7）。

如果上帝的诫命，在经过尽可能的宣讲和解释以后，仍然是有害的和致人以罪的，那么，正像圣保罗在这里所说的那样，为什么那些诡辩家和那头山羊，尽管他们所作的教导是属人的，宣扬的是他们自己的律法，标榜的是增加善行，却假装在使人成为属神的呢？其实，既然律法是叫人死，是给任何不属于恩典和灵意的事情定罪的，那么，他们的各种律法和行为，不过是提供更多的东西让律法加以杀害和谴责。可见，他们的种种辛苦和劳碌，都是徒劳的，而且，他们做得越多就越糟糕；因为不可能用行为和说教而使律法得到满足。只有灵意才能满足它。这就是为什么《圣经》用希伯来语的 *aven* 和 *amal* 来称呼他们，意思是“麻烦”和“劳碌”（《诗篇》，10: 7）；它又称呼同样的这一伙失落的人为 *Behaven*，意思为“麻烦之教堂或人群”（《何西阿书》，4: 15）。在《阿摩司书》（7: 16）中它又称呼其为 *Beth-Ishac*，意思是“欺诈之教堂”，因为在它之下的任何人都受骗于他们那谬误的说教、行为和生活。

这就是为什么我以前和现在都奉劝大家不要像埃姆泽愚蠢地建议的那样，假装去做旨在使属人的说教和教规有所改善的改革，因为这是不可能的。倒不如说，它们（指属人的说教和教规）应该被烧掉，消除，毁之并逆转。不然的话，也应当尽可能使它们减少，使得字句和灵意这两个职事再度并驾齐驱，而这只有将属人的说教远远抛在后面以后才能够做到。它们唯一应该做的，是让位给上帝的字句与灵意，因为它们是在对其妨碍和伤害。我们务必就这字句与灵意进行宣讲，哪怕从世界的开始一直宣讲到世界的结束，也不算过分。

但是，即使我们已经是在《新约》之中，应该只宣讲灵意，可是因为我们仍然生活在血和肉之中，就还有必要也宣讲字句，使得人们先被律法致死，让他们的自负受到摧毁。这样一来，他们就会认识他们自己，如饥似渴地企求灵意与恩典。如此看来，字句是让人们准备好去接受关于灵意的说教，这就像关于施洗约翰所写的那样，即他是通过传道劝人们悔改（《马太福音》，3: 1—2）而让他们准备好去接受基督。这是字句的职事。在这以后，他将他们领到基督那里，说："看哪，上帝的羔羊，除去世人罪孽的"（《约翰福音》，1: 29）。这就是灵意的职事了。这些就是上帝的两种作为，是在《圣经》中多次加以称颂的：他使人死，也使人活，他损伤人，也医治人，他加以破坏，也给予帮助，他加以谴责，也给予救援，他使人卑微，也使人高贵，他使人受辱，也使人荣耀，这些都写在《圣经》里面（见《申命记》，32: 39；《撒母耳记上》，2: 6—8；《诗篇》，112*: 7—8；以及其他多处）。他是通过这两个职事来做这两种事情的，做前一种事情时是通过字句，做后一种事情时是通过灵意。字句不允许任何人能够经得起他的怒气。而灵意则不允

---

* 今本《圣经》为 113 篇。

许任何人在他的恩典面前消亡。哦，这是何等宏伟的事业，人们可以无休止地谈论下去！可是，教皇和那属人的律法却不让我们见到它，在它面前放置了一层铁幕。愿上帝怜悯吧！阿们。

经过这样的讨论，任何人都可以很容易地理解圣保罗在《罗马书》(7: 12)中所说的话的意思了:“律法是良善的，公义的，圣洁的和属灵的”，不过，它仍然是叫人死的字句。因为，它指明人们应当如何真正良善，公义，圣洁，属灵，如何与万物和谐相处。但是，就像律法所揭示的，事物对于人却是很不相同的；人总是邪恶的，非公义的，有罪的，充满肉欲的，无论从哪一个角度来看，他都与律法格格不入。这种格格不入带给他的是永恒的死亡，是上帝的愤怒，是失宠于上帝，因为上帝希望他的律法逐字得到履行(这才是正确无误的)。可见，人是在镜子里面，面对着字句或者律法，来认识他自己——看到自己陷入死亡之中，失去了上帝的宠爱。知道了这一切使他感到害怕，驱使他去寻找灵意，让灵意使他良善，属神，圣洁，属灵，使万事都与律法相协调，引领他进到上帝的恩典。这样，律法变得和他亲近起来，字句也不再叫他死了。与此相反，他按照律法的要求生活在灵意之中；说实在的，他不再需要任何律法来教导他了，因为他现在是从心灵里了解律法。靠着灵意，律法所要求的每一件事情，都已经成为他的本性和本质了。

这样，我们现在想用圣奥古斯丁关于《诗篇》第17篇的精辟评论来结束这个讨论，在那篇评论里他简洁地对字句下了定义。他说道:“字句不外乎是没有恩典的律法。”另一方面，我们也可以说灵意不外乎是没有律法的恩典。字句或者说没有恩典的律法所在的地方，会没完没了地立法，做各种教导，行各样的事情。不过，这些都毫无用处；没有人会由于它们而变好，在字句里面，什么事情都是死的。而另一方面，上帝的灵意存在的地方，那里就有自由，就像圣保罗所说的那样（《哥林多后书》，3: 17）；那里就不需要教导或律法；每一件事情该怎样就怎样。这就像一个人具有健全而良好的视觉，他不需要任何人来教导他应该怎样去看。他的视觉毫无障碍，他所具有的，胜过任何教导所能帮他得到和给予他的。可是，如果他的视觉并不健全，他就不再自由了，也没有足够的教导可以帮助和保护他。他不得不为每一次观看操心，为了能够看得见，他就不得不为这每一次的观看作出一些安排。所以，圣保罗认为（《提摩太前书》，1: 9），"律法不是为义人设立的"，因为凡是律法所要求的，灵意就都给予他。因而，当他说"上帝叫我们做传道人，不是凭着字句"时，他的意思是，在《新约》中，只应该宣讲恩典，而不应该宣讲律法，要使人们通过灵意而成为真正地属神。

现在，埃姆泽你这位手持长矛和宝剑的歌利亚*，又到哪里去了呢？你用剑割下了自己的头。你在整部圣经中也找不到一段经文用于我反击你，这是你的论证并由以得到安慰的基础。你吹嘘要执剑格斗，但你却连剑柄也没有摸到！现在，你有没有看到，由于你把字句说成是字面的意思，把灵意说成是灵意的意思，你是何等地歪曲了灵意的意思吗？你说，人们应当回避字句和死亡。你是多么优秀的剑客啊！你已经跟著名的剑客斗了一个漂亮的回合了！现在，

* 路德在这里给埃姆泽加上了"歌利亚"（Goliath）这个外号。歌利亚为《圣经》（见《撒母耳记上》，17 章）中非利士人的勇士，以色列人中无人能战胜他。后大卫设计击杀了他。

既然我已经卸了你的剑，砍了你的傲气，我们就该回过头来看看你还有的长矛、匕首和那全副的盔甲。我希望，我将揭开的是一个死了的歌利亚，让我拿起他的头颅，将你的丑恶嘴脸，你的穷凶极恶以及你像歌利亚一般的对上帝的亵渎，拿来示众。让我们都看到，你所崇拜的偶像教皇连同他的那些律法将在何处存身，还有，这些非利士人的全部军队连同他们那些属人的教导将有如何的结局。

如果教皇，连同他的主教和神甫，都虔诚而忠实地遵循和继承使徒所约定的职责，那么，我希望，他也有责任履行他们的职事和宣讲灵意，与圣保罗的这些话相一致。但是，如果他要宣讲灵意，那他就不该宣讲任何律法，而是像前面说过的那样，甚至脱离神的律法。所以，我要问：这教皇和神甫的权柄，从何而来呢？他们不但从来不宣讲灵意，而且，实际上，他们连字句也没有解释对。相反，他们［宣讲］他们自己的律法、教规，无非是属人的教导而已——无非是类似于像献祭的盐、水、守夜、弥撒之类的傻事。他们让这些东西通行在全世界，把上帝的律法搞得面目全非，把已经被使徒揭了下来的摩西的帕子重新蒙了上去。更有甚者，他们把世界囚禁在他们的律法之中，破坏基督徒的自由，肆意毁损灵意和驱逐恩典。而为了做这些十分可憎的恶事，他们又偷又抢，尽数搜刮我们的钱财。圣保罗说，即使那使摩西的面容发光的上帝的律法，也通过宣讲灵意而被取消掉了，这样，只有灵意之荣光才在教会中辉耀。但是，教皇不仅重新引入了（那还是一件好事），而且也重新在他的眼睛前面蒙上了帕子，实际上等于用他的无可计数的律法在他面前筑起了一道石墙，以致无论是灵意还是字句都无法得到认识或宣讲，剩下的就只有关于属人的说教的一些无稽之谈了，而在《马太福音》(15: 8—9)中基督就此说道:“他们用一些属人的律法或说教来事奉我,那是徒劳的;他们用嘴唇尊敬我,心却远离我。”

那么,这样一位教皇,连同他的神甫们,从何而来呢?实际上,他并不是使徒所约定的职责的继承者,因为他明显地用他自己的说教去破坏使徒们的职事和教导。在这一方面,圣保罗态度坚决地说道:“我们是灵意的仆人和传道人,而不是字句的仆人和传道人。”但教皇说什么呢?“我们既不是灵意的传道人,也不是字句的传道人,而只是我们自己无处写下的梦想的传道人。”那么,他是从何而来的呢?我告诉你们:基督在《马太福音》(24: 15, 23—26)中这么说他:“当你看到那行毁坏的在圣地肆意亵渎时”(就是教皇在教堂里坐在使徒的座位上作他自己的说教),“读这经*的人需要会意。因为假基督,假先知将要起来,说‘喏,基督就在这里!’或者‘他就在那里!’,他们会使许多人迷惑。”就是说,他们将做种种属人的说教,使得人们到这里或者到那里去寻找基督,以为可以通过什么行为或仪式找到基督。与之相反,基督则随时随地能够被任何人找得到,但那唯独只有在心灵之中,在灵意和信之中。圣保罗在《帖撒罗尼迦后书》(2: 3, 9)说道:“那大罪人,就是沉沦之子,借助于撒旦所行之事而显露出来”;在《但以理书》(8: 23—25)中我们读到:“这罗马帝国的末时,必有一王兴起。他的权势,表露在外观之中”(就是说,表露在那些属人的说教之

* 《马太福音》(24: 15)的话,原来是先知但以理所说的。基督在这里是引用他的话,然后加以发挥,故而有这样的说法。

中，它们只教导人一些外表的方式和习惯，例如主教、神甫和教士们的生活起居，穿什么样的法衣以及如何行事为人)。“他必行非常的毁灭，他狡诈机灵，善于去制定一些属人的律法，并且不断地有所增加”，如此等等。

现在我们来听听上帝又如何论说你们的偶像和属人的说教。圣保罗在《歌罗西书》(2: 8)中说道：“你们要谨慎，恐怕有人用他们的哲学和虚空的妄言，还有不照着基督的教导所作的属人的说教以及关于暂时的和外在的事物的诫命，来欺骗你们。”至于这些属人的说教究竟如何，他稍后说道：“你们若是与基督同死，那为什么你们仍然与属人的那些律法一起生活着，服从那‘不可吃，不可喝，不可拿，不可摸’的规条呢？这些都不过是暂时的事物，还在用的时候就在消亡了，而那些属人的诫命和律法却都集中在它们上面——但它们［指属人的律法］貌似良善和智慧。然而，它们不外就是迷信，假意作出愚蠢的谦卑，其实是蓄意谋害身体并将其引入歧途。它们［指属人的律法和说教］满足他们的禽兽般的心灵，乃是毫无价值的。”这里，那山羊式的灵意，其锋刃何在呢？圣保罗岂不是在这里巧妙地揭露了教皇、主教、教士和修道士们的生活了吗？这样的生活，仅仅局限于不吃这个或者不喝那个，局限于不碰钱财或者不穿某种衣服或者不要某种颜色等等。他们的属灵表现于迎合一些世俗的事物，而这些事物，还在用的时候就在消亡了，它们所代表的只是圣洁之假象和幻影。可是，它们就这样欺骗着所有的人，并且用它们的愚蠢的谦卑使世界服从于其下。这就是《但以理书》(8: 23—25)中所说的那个王，他的权柄只来自于外部的东西，而不是来自于盔甲或者上帝的言语。

基督在《马太福音》(7: 15)中又说道:“你们要防备假先知,他们到你们这里来,外面披着羊皮,里面却是残暴的狼。”那种以服饰和鞋、削发、饮食、日子和地点来表征外表的圣洁,岂不正是这样的羊皮吗?这些都是世俗的事物,而就内在的东西而言,在授予人以永恒的圣洁并享有取之不尽的福乐的信里面,它们就什么也不是了。其实,它们只是这样的信的破坏者,只是那残暴的狼,就像圣保罗在《提摩太后书》(3: 5—7)中所说的:“他们有敬虔的外貌,却背了敬虔的实意。他们也经常在教人和学习,但终久不能明白真道。”假如所有这些都像应该的那样被去除和改变,那么,仅仅依赖于此的教皇教权还能在哪里维持下去呢?到了世界末日,基督自己也必定会将它去除掉;不然的话,不会从中产生出什么结果来。这里,我们清楚地看到,我们应该远离羊皮,即属人的律法和行为。

圣保罗在《加拉太书》(1: 8)中还说道:“但任何人,是天上来的使者,若传福音给你们,与我们所传给你们的不同,他就应当被诅咒。”在《歌罗西书》中又说:“要谨慎,当心那些不照着基督而作的说教。”实际上,圣保罗在这里要求除了《圣经》之外不再作另外的说教。埃姆泽,对此你有什么好说的呢?也许你会抬出圣奥古斯丁、本尼狄克,方济各,多米尼克以及其他教父,因为他们全都进行说教并且主张神圣的却属人的说教。我的回答是,这不足以抵消《圣经》。上帝的道胜过所有的天使、圣徒以及被造物。所以,任何人都不能说这些圣徒就不会犯错误。既然亚伦和所有选民会在此处犯错误*,既然《圣经》明白地放在了我们的面前,那么,

* 事见《出埃及记》,32 章。

谁说能担保他们不会犯错误呢？我所希望做到的和应该做到的，就是让《圣经》来征服我，而不是让某些人的说教和生活来征服我，不管他们是多么神圣。

而且，这些圣徒让他们的说教保持着自由和开放，并没有要使它们成为诫命。因而，凡是希望循此而生活的人，既可以这样做，如果愿意的话，也可以不这样做。况且，即使他们犯错犯到将它们定为诫命和律法，我也不信它们，我会按照《以西结书》（14: 9）的话来作判断：“先知若受迷惑，是我耶和华任那先知受迷惑。”我会把他们算作基督在《马太福音》（24: 24）中所说的那一类人，就是指反基督的人将要起来，显大神迹，大奇事。倘若能行，连选民也受迷惑了。由此可见，这些教父，由于他们在信里面所获得的灵意，就可以奇迹般地避开属人的说教所带来的种种危害，然而，他们的后继者，却会完全陷于失落，因为后者只知道守住前者的行为和属人的说教，却丢弃了他们的信和灵意。但是，你们的教皇，他本应像圣徒那样让这些说教徒保持着自由，但他却不是这样，他通过他的肯定而使其成为必须永远遵守的诫命和律法，就好像他对他自己的那些律法所做的一样。

而且，我想你们都知道，在《旧约》之中，像我们现在一样，人们也必须听从他们的祭司。但上帝决不允许他们宣讲他们自己的道理，他禁止他们这样做。这就是为什么摩西以及所有先知经常喜欢冠以“我的声音”。在《申命记》（4: 2）中他命令说：“所吩咐你们的话，你们不可加添，也不可删减。”又在《玛拉基书》（2: 7）中说道：“人们也当从祭司的嘴里寻求上帝的诫命和教导，因为他是上帝的使者。”而基督在《马太福音》（23: 2—3）里说，人们应当听从文士的话，因为他们坐在摩西的位上，这就是说，因为他们是在宣讲摩西的律法。另一方面，《圣经》将所有宣讲他们自己的律法的人称为假先知，假祭司，是骗子，引诱者，是狼一般贪婪的动物，上帝在《耶利米书》（23: 32）中就此说道："他们使我的百姓走错了路，我没有差遣过他们，要他们讲这样的事情。"确实，所有的祭司都是受差遣的，而且，以他们的职事为基础，被授权去宣讲律法；可是，他们并没有被授权去宣讲他们自己的律法。在《耶利米书》（23: 21—22）中他又说道："我没有差遣过他们，他们却在传道。我没有命令他们做任何事，但他们却在说教。如果他们一直留在我的教导里面，那他们也许会将我的话向百姓们宣告，我也许能够使他们回头，离开他们的邪恶生活。"

教皇，面对这几处经文，你还有何面目呢？埃姆泽，你自称具有比上帝的道更多的东西，现在你在何处藏身呢？你凭空虚构出了什么短剑和长枪。而在这里，上帝说除了他的道以外什么也不应当去说教。否则，他就不会使任何人皈依。他以此要教导我们的是：如果放在我们面前有什么东西超过上帝的道，那么，这样的东西肯定是谬误的，是引入歧途的，是非基督的，是谎言，是在欺骗人。它只是在妨碍上帝在我们里面的作为和恩典。由于这个缘故，圣保罗称反基督者为"违法之徒和沉沦之子"（《帖撒罗尼迦后书》，2: 3—4），因为，这样的人是要通过他自己的律法和说教使整个世界背离上帝。因此，这样的人成了集所有罪和沉沦之大成的大师，却还要用基督之名和形象，自称"最神圣"（*Sanctissimum*），是"上帝的代表"（*Vicarium dei*），是"教会之首领"（*caput Ecclesiae*）。这样的人要迫害所有在这方面不屈服于他的人，而最明显的例子就要算是教皇了。

对于所有先知来说，难道还有什么比抵制属人的说教和使百姓唯独坚持上帝的道更重要的事情要做吗？所有偶像崇拜无非是人为的说教……例如，伯亚文的母牛（《何西阿书》，4: 15—16），亚伦的牛犊*，巴尔偶像**，诸如此类。谁能够足以抵制这样的说教呢？亚伦，这位最高的祭司，却也去膜拜那金牛犊，基督自己也说（《马太福音》，24: 24），这样的骗术和造像术，连选民也给迷惑了。假如教皇没有那么多人追随他，没有那么多骗术，他决不能成为这样的反基督者。一定要具有这样的骗术，以及一定要在主教、神甫、修士、大学、亲王和所有的当局里面都有追随者，才能够得逞。但有一件事上帝是不允许他掩饰的——这里，那头驴的耳朵仍旧还挂在那里——，那就是他对上帝的道的漠视，他不宣讲上帝的道。他满足于宣讲他自己的道理。从他所歌颂的，就可以看出他是哪一类鸟了。正像约翰在《启示录》（13: 11）中所说的那只两角如同羔羊而说话像龙的野兽那样，教皇的跟随者们也是这副模样；他们装得像基督徒，但讲的却像魔鬼。但以理（《但以理书》，11: 37—38）就此说道，那反基督者根本就不顾他列祖的上帝，不愿意宣传上帝的教导，也不愿意结婚；相反，他要敬拜那 *Maozim* 神，这就是说，他只是为了自己的形象，只是为了教皇的跟随者，这才禁止结婚的。他所树立的并不是上帝和他的福音，而是偶像 Maozim，是他自己颁发的那教令和他的说教，而且，他把属灵与

---

* 事见《出埃及记》，32: 4—6。

** Baal，指《古兰经》中提到的一种偶像，是古代腓尼基人所崇拜的主要偶像。

一些外部的地点联系到了一起，就像基督所说的："他们会对你们说，基督在这里！或说，基督在那里！"（《马太福音》，24: 23）

《耶利米书》（19: 5）在谈到对巴力偶像的膜拜时说，他们甚至杀死和烧死自己的孩子，作为燔祭献给上帝。但上帝说道："这不是我所吩咐的，也不是我心所起的意，"等等。由此也清楚地可以看到，对于上帝既没有命令过也没有希望过的事，根本不应当向百姓宣讲或展示。现在，我们确信，教皇及其追随者没有来自于上帝的诫命，在基督世界内传布他自己的教导。那无非是魔鬼的一种计谋，目的是想阻碍上帝和他的诫命，阻碍所有人的得救。所以，我的那头山羊首先应该证明和说明的是，上帝是否认可了他那短剑和长枪。他以为，只要长枪确实是长的，短剑确实是短的，就足够了。他以为，一个是实用性，另一个是属人的说教，就足以成为短剑和长枪了，而且，他认为，我也应当抛开《圣经》，认同他的观点。

因此，你可以看到你那些故弄玄虚是多么华而不实，听我说吧：我当然了解，你用来攻击我的那两样东西即属人的说教和习惯做法是什么。既然我反对它们，我怎么会不了解呢？你这位大哲学家，你把我正在抨击的东西加难于我，你到底在做些什么呢？你应该用别的手段保护它才是。好有一比，假如我动用军队征服了一座城市，攻破了它的城墙和城门，而这时你从城里出来，对我发怒，决定起来反对我，但你所做的不过是用手指着被我攻破了的城墙和城门，声嘶力竭地要我看着它们，然后装出你的这种方式打败了我的样子……我该怎样看待你呢？我很想叫一个工匠在你头上套一两个铁箍，让它再也不要这样胡说八道。然而，虽然你已经听到我是如何运用《圣经》去攻击那属人的说教和习惯做法，也听到我如何不同意它们的效用，除非它们有《圣经》在它们一边，……你还是自作洒脱地不用《圣经》来为之辩护，而只是将它们又拿出来炫耀一番，好像我从未见识过它们。你声称你已经取得胜利，已经刺破了对方的护甲，但是，任何人都可以看出，你是何等地绝望。圣奥古斯丁在他的《驳多纳图派的佩蒂利安》（*Against the Donatist Petilian*）中说道，当提科纽斯（Ticonius）以《圣经》谴责他［即佩蒂利安］时，竟然只能用他祖先的一些属人的说教来作回答，那是一个大笑话。他［奥古斯丁］认为这是一个最愚蠢的回答。而我也只是在引用《圣经》上的话，应该把那头山羊埃姆泽的回答视为宝贵的智慧，既然它只不过是毫无《圣经》基础的人为的幻想！不止于此，他还直接用它来进行恫吓，称之为短剑和习惯。既然如此，那么我劝你最好就待在家里，拿着你的长枪短剑，用圣经来攻击我，正像我用圣经来攻击你一样。现在，你用你的哲学教人“不要寻根究底”（*petere principium*），结果如何呢？我想，那是白痴般的哲学，你的亚里士多德乃是一个大傻瓜。同样的厄运在等待着一个诗人，诗人想要成为哲学家和神学家，就像他以前用风笛去等待驴子一样。

假如像摩尼教这样的异教在今天可以兴起，假如有人宣称《圣经》给我们的是不够的，但圣灵已经使他们醒悟，人们应该跟从他们，那么，你，以及所有你的教皇派，又该如何去抵挡他们呢？在这种情况下，你难道仅仅用你的手指指向你的说教吗？或者，你会说：“哦，你们晚了一步；我们自己已经发现人们应该相信和服从比圣维所提供的更多的东西。”如果你们用你们自己的例子为你们的敌人助威，如果你们接受圣经以外的说教和生活方式，你们教皇派的主场多棒啊！现在，我们自己不但坦承我们的事业不是基于圣经，而且还以此为荣，这不是既愚蠢又可耻吗？我们已经到了要学杜鹃鸟的地步了，标榜自己是虔诚的基督徒，却将其他任何人都斥为异端，尽管众所周知他们也信守圣经。对此我们理应觉得不可容忍，只要我们还没有完全癫狂，那么，如果我们的敌人责备我们做出这样的事情，我们会竭尽全力予以否认。如果连我们自己也承认，我们的敌人拥有圣经而我们的事业却否，那么，任何人岂不理直气壮地嘲笑我们？我们又怎能如实赞美敌人而羞辱自己的不光彩呢？我们不应该在全世界面前把这样拙劣的蠢事当作是智慧。说实在的，是时候把英雄们在战场上拼杀用的刀剑丢到厕所里面去了！

而且，我在我的全部著作里面想要表明的，却正是埃姆泽在这里所承认的。不过，他用一种杀气腾腾和盛气凌人的吼叫来责怪我！埃姆泽不惜一切代价想从我这里勒索到的，岂不就是我所说的那句话，即教皇和整个教皇派所做的事不外乎是属人的说教和习惯而完全撇开《圣经》吗？除了这个以外，我还有什么要争的呢？我这样做是为了使每个人都可以理解在属神的圣经与属人的说教或习惯之间的真正区别，为了使属基督的心灵不会用金银去买稻草，用钻石去买木材，这就像圣保罗教导的那样（《哥林多前书》，3: 12），而圣奥古斯丁在好多地方也做过这样的教导；并且，对于那属肉体的神圣律法，如果这位知识渊博的“神圣的教会法之传道人”确实已经看得清楚的话，也是如此。那么，既然我们想到一起了，并没有什么分歧，这头山羊却为什么要如此恶狠狠地责骂我呢？也许就错在我说话不那么客气，没有称属人的说教为短剑，没有称那习惯为长枪吧？原因在于我不善于作那种蹩脚诗。还不止这样，既然他写书的唯一动机是炫耀他捏造名字的技能，竟然想出把属人的说教称为短剑，把习惯称为长枪，那么，我再去想怎么称呼对我就没有什么好处了。为了教训我们，他也许会称属人的说教为“山羊角”，称习惯为“山羊胡子”，以此来击倒我和迷惑我。就让这样机智聪明的大师去搞哲学，让头号傻瓜亚里士多德去造就出一批又一批的诡辩家吧！

如此说来，如果山羊埃姆泽为了他在罗马的那位反基督的首领在整部著作中向我吼叫，并以此而获得殊荣，那么，对我来说，为了我在天上的首领，就是他诋毁和亵渎的那位首领，我对他严词驳斥才是唯一恰当的做法。他会托词说，圣灵和基督并没有给予我们充分的教导，圣经是不全面的，上帝的道应当作补充；而任何人，如果他只有上帝的道，只有上帝的圣经和上帝的教导，他就是毒物，是异端，是背教者，是世上最坏的人，所有依靠上帝的道和这样的教导而不去遵循属人的说教而生活的人，则该受诅咒，该被烧死。这样说起来，连基督和圣灵也应当说是有罪的和负有责任的；确实，他们理应遭受这样的亵渎，因为他们用他们的道和教导产生了并且每天还维护着这些渎神的和受诅咒的百姓。

请看，这里！他岂不是迄今所知的最大的亵渎者？谁听到过比从埃姆泽那有毒的地狱般的嘴里吐出来并且臭气熏天的话语更亵渎、有毒的、讨厌的、异端的、愤怒和荒谬的话？这个可怜的被造物竟对神他的造物主如此可怕和可恶地吐唾沫，哪怕听他说话或提起他都令人气愤。倘若他至少还能够明确指出，哪些地方圣灵教导得太少了，哪些地方圣经还需要人们补充，表面上似乎还有些理由。然而，现在他自己也承认圣经是在我们这一方面，他不可能立足于圣经来批判我们；他也无所谓地承认他的属人的工作并不在圣经里面，然而，他对我们——这就意味着是对圣经，这是他自己也承认的——的辱骂，即使是地狱中的魔鬼，我也想象不出会可以允许做这样的事。我对你亲爱的山羊说这样的话，只是为了让你看到，如果狂吼怒叫真能使你变得强大的话，我用这种方式更可以让他强大了。但我不需要这样做。我的事业是以圣经为基础的。而你却需要这样做，因为你的事业是建立在属人的梦幻和他［教皇］胸口的小盒上。

我相信，每个人从所有这些事情都会看出，埃姆泽的短剑长枪是什么，他跟著名的剑客有过怎样的交锋。如果他再斗一个回合，我会让他有更好的表演。但我不能凭着我的神甫职位或我的圣洁发誓做到。我将以另外的方式来满足他。在此，我总结了他书中的三个要点，那就是：佩剑、长枪和短剑。击败了它们，那么，也就击败了建立在它们之上的整本书。可是，为了再一次说明我的观点：既然埃姆泽承认我既不反对各个信条也不反对圣经——那么，对于我是一名虔诚的基督徒以及无故被他称为异端这一事实，尽管他反对我，但他倒是成为我的非自愿的，因而更令人信服的见证人——，我要从他那里夺回一件他从未预料也不愿放手的东西。

他应该赋予我们摆脱属人的律法的自由，不管我们是否服从律法，我们都应该有这样的自由。如果我们确实是在属人的律法下生活，那么，就像我一直教导和现在仍然教导的那样，他决不会允许我们说属人的律法对我们来说既不必要，也无好处，我们不一定要服从它们；更不会允许我们说教皇是暴君，说他根本无权来制定这些律法以及他所行之事为不义；我们所以服从它们，不是因为这是我们的义务或者教皇的权益，而是因为我们自己的自由意志自愿为他效劳，就像基督在《马太福音》(5: 25)中所说的，我们应该同告我们的对头和息一样；那些不服从［律法］的人不应该被称为异端。这一切都是我们应该享有的，我们用以下方式来证明。

如果我们有圣经而圣经也有我们，就像埃姆泽所承认的——这无疑令上帝满意——那我们就是虔诚的基督徒了；那些诋毁我们的人必定在自欺欺人。你们这些人还要我们怎样呢？既然连你们自己也承认我们跟圣经是一致的，那你们是在把什么样的人称为异端呢？你们能谴责上帝认为是义人的人吗？真理不是就通过你们自己的该亚番和巴力之口在谴责你们吗？因为你们被赋有这样的职事，仅仅是为了将我们引向上帝和上帝的道，用上帝的道来看顾我们，就像基督在《马太福音》(4: 4)所说的："人活着，乃是靠上帝口里所出的一切话。"为什么你们装作领我们走得更远，实际上是让我们离开上帝而到你们自己那里，使我们脱离上帝的道而投入你们的说教和习惯呢？这是牧羊人的职事还是狼群的职使呢？

所以我说：埃姆泽，让我们得以解脱出来，正如你的良心所恳求你的那样，让我们承认，那教皇是个暴君，他根本无权制定对我们毫无好处和用处的律法。如果教皇和你们这些教皇派的良心还没有完全泯没，就该承认你们是盗贼、豺狼、教唆犯和利用你们的律法的背叛的犹大。那么，我们将会愉快地服从和忍受它们，就像基督忍受他的绳索和十字架一样，绳索和十字架是由犹大带他去到那里的，而犹大是教皇的祖先。律法伤害不了我们，我们忍受律法，就如同我们忍受别人从我们这里拿走衣物钱财甚至生命一样。即使你们用你们既愚蠢又无用的律法来压制我们的属基督的自由，我们也会忍受你们。但我们的良心仍然不受你们的约束。不过，如果你们坚持认为你有权这样做，我们应该认为你这样做是正当的——就像一个杀人凶手强迫我说他有权夺取我的生命和钱财——，那么，埃姆泽，只要我们还有一口气，就要大声说“不”。因为你们是想囚禁我们的良心，使我们对律法心存恐惧，即使那是不公正的律法。可见，你们是想要用无数根绳索来捕捉和绞死我们，就像你们用你们非法的禁令迫使百姓服从你们的无赖行径一样。

我们会忍受你们所行的不义，但我们决不会认同。所以，请告诉你们的偶像教皇，他可以制定律法加在我头上，制定多少都可以。我会全部服从。但也请告诉他，他无权这样做，我也无义务服从他。然而，我会愉快地忍受他所行的不义，就像基督所教导的（《马太福音》，5: 39—42），我不再反对教皇。凡事都有可能有坏的结局！你们还想从我这里得到什么呢？我不是在评《加拉太书》以及我所有的书里都作了论述吗？但是，如果教皇迫使整个世界都承认他有权这样做，他就是在迷惑无数的灵魂，诱使他们下地狱。说他是“不法之徒和沉沦之子”（《帖撒罗尼迦后书》，2: 3），原因是他将良心囚禁起来，逼迫它们认同他的不义，使得世界充满罪恶和毁灭。因为任何人，只要他相信教皇有权制定律法，他会忍受马上会想到他应该服从这些律法，视之为良善的和必要的律法，而不暴虐和不义的律法。因此他违心地服从它们；又很想摆脱而不能，以致最后在罪恶之中窒息。因为任何人不愿意做他必须做或认为他必须做的事罪就在他心中了。相应地，教皇所有的诫命（不计其数），无非是一根扼杀灵魂的绞索。他用这些诫命所造成的不过是遍布整个世界的罪和毁灭，对整个基督教世界造成了破坏，就像但以理所预言的那样（《但以理书》，8: 24—25；9: 27）。因此，基督称他为“可憎的”（《马太福音》，24: 15）。除了那些躺在摇篮里的婴儿，很少有人（假如还有的话）能够逃脱得了他。

埃姆泽现在你该了解我了吧？我并不想摆脱属人的律法和说教。我只想拥有良心的自由，让所有基督徒打上十字架的印记，去抵制认为教皇有权实施统治的信念。因为，这样的信念破坏了对基督的信，使整个世界淹没在罪和毁灭之中。教皇和你们教皇派，乃是这类事情的忠实的继承者。你们所做的不外乎是宣传这样的迷信，引诱世界，破坏基督徒的信，把所有灵魂引向魔鬼，而你们本该唯独相信基督，宣讲那摆脱属人的律法的自由，为的是做“灵意之使者”而不是“字句之使者”。同样，我也并不想摆脱埃姆泽的诋毁、憎恨和嫉妒；但我的确想在良心里获得自由，使我可以确信埃姆泽是在对我施暴和行不义。因为假如我认可这是正当的，那么，说明我的良心已经被囚禁了，在埃姆泽停止憎恨之前我是不会得到自由的，而埃姆泽绝不可能停止憎恨。因为假如我必须认可它，我不会自愿这么做（因为我做不到），那么，我会无限地违背我的良心而犯罪。由此，如果整个世界认为教皇的统治和管辖是正当的，那么，它就是在无限地犯罪和毁灭。不过，并没有一个人自愿这样做，因为任何人都憎恨教皇的教权——除了那些想从中得利的人——，因此称之“可憎”，是有道理的。所以说，教皇是用虚假的良心和迷信囚禁了整个世界。人们不得不没完没了地违心地犯罪，直至毁灭。哀哉，你们这些可憎者！求主耶稣基督降临，拯救我们摆脱反基督者！因他罪有应得，求主将他的宝座推进地狱的深渊，使罪和毁灭得以终止。阿们。

12　关于在福音书中寻找和期望什么的简要指导

说出福音书有几部及其名称，是一件普通的事。然而，却没有人知道圣保罗和圣彼得在他们的使徒书里说了什么，他们的教导乃是对福音书中的教导的补充，与哲罗姆的导言中的教导类似。除此之外，更糟糕的是有人把福音书和使徒书看作律法书，认为在教导我们该做什么，而基督所行的事则被描述成我们的榜样。现在，只要这两种错误的看法还存在着，那么，不管是福音书还是使徒书，都不可能以有益的或者说基督徒的方式读懂它们，[人们]一如既往仍像异教徒。

人们应当认识到，只有一个福音，而这福音由多位使徒描述。保罗和彼得的使徒书以及路加所写的《使徒行传》，都是福音，虽然它们并没有记录基督的全部行事和言语，只是有的较为简短，包含的内容比其他篇少。四部主要的福音书也没有一部涵括了基督的全部言语和行事；而这也是不必要的。《福音书》不外乎是也应该只是关于基督的讲述或叙述，就像人间有人写一位国王或者一位王子，讲述他做了什么、说了什么以及在位时遭遇。这样的叙述可以有多种不同的方式；有的详细些，有的简短些。这样说来，福音书是且应该是关于基督的编年史、故事和叙述，告诉人们他是谁，他做了什么、说了什么和遭受了什么；对于这个主题，有些人描述得简单一些，有些人描述得详细一些，一些人以这样的方式，而另一些人以那样的方式。

因为如果说得最简短，那么，福音书是讲述基督的事，讲他是上帝之子，为了我们而成为人，他死去然后复活，使他成为万物之主。圣保罗牢牢抓住这一点，并在他的使徒书里加以展开。对于业已在四福音书里讲述的［基督事工］所有奇迹和变化，他就绕了过去，但他充分包括了全部福音。这一点可以从他致罗马人的问候（《罗马书》，1: 1—4）中清楚地看到，他说了什么是福音，他说道："耶稣基督的仆人保罗，奉召为使徒，特派传上帝的福音。这福音是上帝从前借众先知在圣经上所应许的。论到他儿子我主耶稣基督，按肉体说是从大卫后裔生的。按圣善的灵说，因从死里复活，以大能显明是上帝的儿子。"等等。

你就此可以明白了。福音讲述的是关于既是上帝之子又是大卫之子的基督的故事，讲述他死去并复活而成为主。概括地说，这就是福音了。正像只有一位基督一样，也只有且只可能有一个福音。既然保罗和彼得所传的唯独是基督，以我们刚刚描述过的方式，因而，他们的使徒书也只能是福音了。

而且，即使是先知们所传的，在那些谈论基督的地方，也无非是纯真而原本的福音，就像路加或者马太所讲述的一样。如同圣保罗在这里（《罗马书》，1: 2）所讲的和任何人都确实知道的那样，先知们已经宣告了福音，已经谈到了基督。因此，当以赛亚在《以赛亚书》第43章说到基督如何为我们而死和承担我们的罪时，他已经写出了纯真的福音。我要向你们保证，如果有人无法领会关于福音的意见，他也就决不能在圣经中得到启发，他也决不会获得正确的根基。

而且，你要确定没有把基督当作摩西，好像基督也是像别的圣徒一样只不过是教导和树立榜样，好像福音只是说教或者律法的教科书。所以，你们应当以双重的方式去领会基督，领会他所说的话、他所行的事以及所遭受的苦难。首先是将其作为一个榜样呈现在你们面前，你们应当跟随和效仿。这就像圣彼得在《彼得前书》第 4 章里所说的："基督为我们受苦，为我们留下榜样。"这样，当你们看到他如何祈祷、禁食、助人和爱人时，也应该这样去做，为你们自己，也为你们的邻居。然而，这只是福音最小的部分，若以此为根据，甚至还不能够被叫作福音。因为在这样的水平上，基督并不见得比另外的某个圣徒对你们更有帮助。他的生活总还是他自己的生活，并没有给你们有所贡献。简而言之，这样的理解方式所造就的不是基督徒，只是伪善者。你们必须在更高的水平上领会基督。虽然这个更高的水平很长时期以来就已经成为至善的了，但很少有人去传它。福音书之主旨和根基就在于要你们在视基督为榜样以前，将他作为一个礼物来接受和认识，那是上帝给你们而归于你们的一个礼物。这就意味着，当你们看到或者听到有关基督所行的事或所受的苦时，你们不要怀疑，基督以其所行的事和所受的苦而使他自己归属于你们。对此，你们可以放心，就好像你们自己所做的一样；好像你们自己就是基督一样。你们看，这说明了如何正确地理解福音，也就是说，如何理解上帝之胜过一切的善美，那是任何先知、使徒以及天使都不能够完全表达的，是任何心灵都不能够充分觉察和赞美的。这是上帝对我们的爱之烈火，由此而使心灵和良心感到欢乐、安全和满足。这说明如何去宣讲属基督的信。这是为什么称这样的宣讲为传福音，在德文里福音意思是一种欢乐的、给人以安慰的好“消息”；这也是为什么使徒被称为“十二位使者”。

关于这一点，以赛亚（《以赛亚书》，9: 6）说道：“有一婴孩为我们而生，有一子赐给我们。”如果他被赐给了我们，那就必定是我们的了；这样，我们也就必定认为他属于我们所有而接受他。《罗马书》（8: 32）中说：“上帝岂不也把万物和他的儿子一同赐给我们吗？”看，当你们把基督作为礼物赐给你们而毫无顾虑地为你们所有时，你们就成了基督徒。信将你们从罪孽、死亡和地狱里面救赎出来，使你们能够征服万物。哦，关于这个，没有一个人能够说透。遗憾的是在世界上这样的传道已经没有了，而每天都有人自夸在传福音。

现在，如果你们有基督作为你们得救的根基和主要的福乐，那么，接下来是另一件事：你们应该以他为你们的榜样，为你们的邻居效力，就像你们看到基督为你们而献身一样。看，在那里，信和爱同步向前，上帝的诫命得到了履行，无论做什么事情和忍受什么痛苦，人都感到心情愉快和无所畏惧。所以，要切切谨记，作为礼物的基督在培育你们的信，使你们成为基督徒。但是，作为榜样的基督是在完成你们的工作。这些并不使你们成为基督徒。实际上，你们之所以会有这样的行为，乃是因为你们已经被造就成基督徒了。礼物与榜样之间的差异有多大，信与工作之间的差异就也有那么大，因为信本身不拥有任何东西，它只拥有基督所行的事和基督的生平。工作则具有某种你们自己的东西在里面，不过它们不应该属于你们，而属于你们的邻居。

因此，福音书确实不是一部需要我们去履行的律法书和诫命书，而是一部阐述上帝的应许的书，在这部书里，上帝作出了应许，将他所有的产业和恩惠都在基督里面赐给了我们。基督和使徒们做了许多有益的教导，对律法作了解释，这应当被认为是一种恩惠，就像基督所做的其他任何事情一样。因为做正确的教导，那可是不小的恩惠。我们也看到，基督跟摩西书中的摩西不同，也跟诫命的本性相反，他并不威吓和强迫我们。相反，他乃是友爱地教导我们。他只是告诉我们我们该做什么，该避免什么，作恶的人会有怎样的结局而行善的人又会有怎样的结局。基督不驱使和强迫任何人。他确实是温和地教导人们，宁可循循诱导，而不强行命令。他一开始就说："贫乏的人有福了，温顺的人有福了"，等等（《马太福音》，5: 3*，5）。使徒们普遍使用的用语是："我劝告，我请求，我恳求"等等。而摩西却说的是"我命令，我禁止"，是用可怕的惩罚来威胁和吓唬大家。有了这样的指导，你们现在可以读和听各部福音书而受益了。

当你们打开载有福音的书，读到或者听到基督怎么来到这里或那里，或者，某人怎么被引领到基督那里，你们应当察觉到这样的传道或者福音确实是使基督来到你们那里或者使你们被引领到基督那里。因为传福音就是使基督来到我们这里或者把我们引领到基督那里。然而，当你们看到他所行的事，看到他如何帮助每一个他所

* 中文本《圣经》译作"虚心的人有福了"，与原意有较大出入。基督这里的意思是指"少有个人自由意志的人有福了"。可参见《埃克哈特大师文集》（商务印书馆 2003 年版）中《教诲录》的有关论述。

来到的人或者每一个被引领到他那里的人时，你们可以确信这信在你们身上成就了这事，并借福音给予你们的灵魂同样的帮助和恩惠。如果你们在此静候，让他施恩惠予你们，即如果你们相信他是在给予你们恩惠和帮助，那你们就真的有了。如此一来，基督就成了你们的，像一件礼物放在你们面前。

在这以后，你们必须以身作则，以同样的方式对待你们的邻居，将你们自己作为礼物和榜样给予你们的邻居。以赛亚（《以赛亚书》，40: 1, 2）说："你们的上帝说，你们要安慰，安慰我的百姓。要对耶路撒冷的心灵说话，向她大声宣告，她争战的日子已满了她的罪孽赦免了，她为自己所有的罪从上帝那里获得了双倍的仁慈，"* 等等。这个双倍的仁慈指基督的双重性：礼物与榜样。这双重性同样也在继承双份财产中表现出来，即摩西（见《申命记》，21: 17）规定的长子可继承双份财产，也表现在其他一些事情之中。

如果我们基督徒把福音撇在一旁，我们非但不理解福音，反而要靠别的书和注释向我们指明在福音中寻找和期盼什么，那么，这该是怎样的罪和羞耻。现在，使徒们为这个目的而写下了福音书和使徒书。他们想自己做我们的向导，指导我们读先知们和摩西在《旧约》中写下的篇章，让我们可以亲自读到和看到基督如何被用布包起来，放在马槽里（《路加福音》，2: 7），即先知书是如何写他的。在那里，像我们这样的百姓应该反复阅读和学习，看看什么是基督，他被赋予了什么目的，他又具有什么样的应许，以及整部圣经如何指向他。因为，他自己在《约翰福音》（5: 46）中

---

* 这段经文与今本《圣经》有较大出入。

说道："你们如果信摩西，也必信我，因为他书上有指着我写的话。"又说道（《约翰福音》，5: 39）："你们查考圣经，给我作见证的就是圣经。"

这是圣保罗在《罗马书》（1: 1, 2）中所说的意思，他在一开始致辞时说："这福音是上帝从前借众先知在圣经上所应许的。"这就是为什么福音书和使徒书的作者们总要将我们引向圣经*，他们说："是这样写的"，又说："这一切的事成就，是为了应验先知所说的话，"等等。在《使徒行传》（17: 11）中，当帖撒罗尼迦以十分的热忱听到了福音时，路加就说他们天天考查圣经，要晓得这道是与不是。因此，圣彼得写他的书信时，一开头（《彼得前书》，1: 10—12）就说："论到这救恩，那预先说你们要得到恩典的众先知，早已详细的寻求考察。就是考察在他们心里基督的灵，预先证明基督受苦难，后来得荣耀，是指着什么时候，并怎样的时候。他们得了启示，知道他们所传讲的一切事，不是为自己，乃是为你们。那靠着从天上差来的圣灵，传福音给你们的人，现在将这些事报给你们，天使也愿意详细察看这些事。"这里，除了要把我们引到圣经里面，圣彼得还有什么别的愿望吗？他好像是在说："我们借着圣灵向你们传道和打开《圣经》，好叫你们自己读和看里面有什么，知道先知们所写的那个时间。"因为，他在《使徒行传》（3: 24）里就是这么说的："从撒母耳以来的众先知，凡说预言的，也都说到这些日子。"

所以，路加在他所写的《路加福音》的最后一章（24: 45）也

* 这里的《圣经》是指《旧约》。

说到基督开了使徒们的心窍，使他们能明白圣经。而在《约翰福音》(10: 9, 3)中基督称他就是门，凡是从他进来的，看门的(即圣灵)就给他开门，像羊那样得到草吃，成为有福的了。可见，归根到底，福音本身是引领我们进入圣经的向导和导师，就像我很愿意用这篇前言给予你们指导和指给你们看福音一样。

但我们是多么幼弱而虔诚的孩子啊！为了使我们可以不必埋头钻研经文，在那里了解基督，我们只是认为整部《旧约》没有用处。然而，唯有《旧约》才称得上圣经之名。而福音其实并不是什么写下来的东西，而是口头的言语，经整理后才成书的，就像基督和使徒们所做的那样。这也是为什么基督本人从来不写什么东西，而只是说话。他并不称他所作的教导为圣经，而是称福音，意思是好消息或一种宣告，它不是靠笔而是靠嘴所说的话来传播的。所以，我们会有所发展，将福音变成律法书，去传诫命，将基督变成像摩西一样纯粹的导师，给予帮助我们。

对于这样愚昧而邪恶的人，上帝理应予以严惩！既然我们抛弃了他的圣经，他把我们遗弃给教皇的说教和一些人的谎言，就不令人惊奇了。我们必须学的不是圣经，而是那个行诈骗的蠢货和行邪恶的无赖所颁布的教令。哦，但愿上帝使那纯正的福音得以在基督徒中间得到认识，我所做的工作很快变得既无用处也无需要。这样，就必定有希望使圣经重新显示出它的价值。就让本文作为一篇简短的前言和指导吧。在正文中我们还会就此做进一步的说明。阿们。

13 在维滕贝格的八次讲道

1522

第一次讲道，1522 年 3 月 9 日，受难主日

死亡之召唤是对我们所有人的，没有一个人可以代别人去死。任何人都应该仅仅依靠自己与死亡搏斗。我们能够对着别人大声呐喊，可是每一个人都应该自己做好死亡的准备，因为我不会与你一起死，你也不会与我一起死。因此，任何一个人自己应该知道那些跟基督徒有关的重要事情，并且用它们来武装自己。我亲爱的朋友们，多日前你们已经听我说过这些事情了。

第一，我们必须知道，我们原本都是可怒之子，我们一切的行为、企图和想法都一无所是。在此，我们需要用一段明确而强劲的经文来证实这一点。圣保罗在《以弗所书》（2: 3）中所说的话就是这样。要好好注意这话；尽管在《圣经》中有许多这样的话，可是我不想用许多经文来压服你们。“我们都是可怒之子。”那么，请你们不要说：我已经建造了一个圣坛，已经为弥撒奠定了基础，等等。

第二，我们必须知道，上帝已经将他的独生子差遣到我们这里来，为的是使我们可以信他，而任何信他的人都将从罪孽中解放出

来而成为上帝之子，这就像约翰在他所写的《约翰福音》第1章（1: 12）所声明的："凡是信他名的人，他就赐他们权柄，作上帝的儿女。"在此，我们全都应当熟读《圣经》，随时准备好用多处经文去对付魔鬼。在这两点上，我并没有感到有任何错误或欠缺。这两点已经很正确地传给了你们，倘若不是这样，我应该感到遗憾。其实，我很明白，我也敢于这样说，你们比我更有学问，而且，不单是有一个、两个、三个或者四个，而是也许有十个，或者十多个人，他们都具有这方面的知识和觉悟。

第三，我们应该有爱，通过爱使我们彼此相爱，像上帝通过信对我们所做的那样。因为如果没有爱，信也就一无所是了，如同圣保罗所说的（《哥林多前书》，2章［13: 1］）：即使我能说天使的话语，能说出信里面的最高的东西，若没有爱，我也就一无所是了。那么，亲爱的朋友们，你们在这里难道不是感到很难受吗？在你们里面，我看不到有爱的征兆，我很清楚地注意到，你们并没有因上帝的丰厚的礼物和财富而感激他。

在此，我们务必要小心，不要让维滕贝格成为迦百农［参见《马太福音》，11: 23］*。我注意到，有关传给你们的信和爱的理论，你们有许多话可说，这并不奇怪；一头驴子尚且差不多能够吟诵经文，你们为何就不能重复那些理论和套话呢？亲爱的朋友们，上帝的王国——而我们就是那个王国——不在于空谈或言辞（《哥林多

* 按《新约》，尤其是《马太福音》的叙述，迦百农是加利利地方一个靠近海边的城市（《马太福音》，4: 12起），耶稣所行的好多事情都是在这里。马太称其为"耶稣他自己的城市"。但由于这个城市许多人不信基督，耶稣就诅咒这个城市。该城市确实于公元六世纪退化为一片无人居住的荒地。

前书》，4: 20），而在于行动，在于行为和实践。上帝所要求的并不是听取和重复那些话语（《雅各书》，1: 22），而是跟从和实施，这在信里面借着爱才做得到。因为没有爱的信是不够的；倒不如说它根本就不是信，只是信之仿造品，就像镜子里面的脸并不是真实的脸，而只是脸的镜像而已（《哥林多前书》，13: 12）。

第四，我们也需要忍耐。因为任何人如果具有信，信任上帝，并对他的邻居显示爱，日复一日地这样去做，他就必定要忍受迫害。因为魔鬼是不会打瞌睡的，会不断给他制造种种麻烦。然而，忍耐产生希望（《罗马书》，5: 4），这样的希望坦然寄托于上帝，又消失在他里面。如此一来，尽管有这么多折磨和迫害，信反而一直增长，日日增强。一颗心具有了美德，就永远不会放松或约束自己，它又为了给弟兄们谋福利、尽义务而倾注全力，如同上帝所做的那样。

而在这里，亲爱的朋友们，人不应该坚持自己的权利，而应该看看什么对他的弟兄有用和有帮助，如同保罗所说的，*Omnia mihi licent*, *sed non omnia expediunt*（“凡事我都可行，但不都有益处”）（《哥林多前书》，6: 12）。因为在信这方面，我们并不都同样强，你们中的有些人，比我的信更强。所以，我们不应当盯着我们自己、我们的强处或声誉，而要看看我们的邻居，因为上帝曾经通过摩西的口说过：我生养和抚养了你们，如同母亲对她的孩子所做的一样（《申命记》，1: 31）。那么，母亲对她的孩子做些什么呢？首先，她给他喂奶，然后给他喂薄糊。然后是鸡蛋和软的食物，假如她转而喂给他吃硬的食物，孩子就没法成长了（参见《哥林多前书》，3: 2；《希伯来书》，5: 12—13）。同样，我们也应该如此对待我们的弟兄，对他要有长时间的耐心，对他的软弱要有耐心，帮助他去承受；我们也应该给他吃奶食（《彼得前书》，2: 2；参见《罗马书》，14: 1—3），就如同上帝在我们身上所做过的那样，一直到他也变得坚强起来，这样，我们就不会独自到天上去，而是带着那些目前还不是我们的朋友的我们的兄弟的人一起去。倘若所有母亲都抛弃她们的孩子，我们还会在哪里呢？亲爱的弟兄，如果你已经吃奶足够长时间，那就不要一下子断乳，而是让你的兄弟像你此前一样吃奶。假如我在这里，就不会像你们那样走得那么远。这是好事情，但是实在太急促了。另一方面，仍旧还有好多的确属于我们的弟兄姐妹的，应该去争取。

我举个例子来说明。太阳有两个属性，即光和热。没有一位君王有本领能使太阳的光线弯曲或者改变方向；它始终维持不变。但它的热却可以转化和引导，不过，总还是围绕着太阳。同样，信应该始终在我们的心中保持着纯洁和不可动摇；然而，爱却是可以转向的，可以使得我们的邻居也能够掌握它和跟随它。有些人能够奔跑，另一些人则必须慢慢行走，还有一些人连在地上爬也很吃力（参见《哥林多前书》，8: 7—13）。因此，我们不应该只盯着我们自己看，而要注视我们的弟兄的能力，自己信心缺缺试着跟随信心坚强的人，则不致受魔鬼的毁灭。所以，亲爱的弟兄们，跟随我吧；我从来不是一个破坏者。我也很早就蒙上帝的召唤来做这个事情。我不可能离去，只要上帝允许，我就会留下。上帝首先向我启示，要把他的道传给你们。我也确实知道，你们具有上帝的纯真的道。

所以，就让我们以畏惧和谦卑的心情来行事为人，彼此敬拜，互助互爱，携手共进。我会做我分内该做的事情，因为我爱你们甚至等同于爱我自己的灵魂。因为在这里，我们并不是为反对教皇或者主教而战斗，而是在与魔鬼争战（参见《以弗所书》，6: 12），你会以为他是在打瞌睡吗？他并没有打瞌睡，但他看到那真正的光在升起，为了不让这光照进他的眼睛，他就从侧面来进攻，假如我们不加防备，他就会得逞了。我很了解他，我同样也希望，靠着上帝的扶助，我能控制得住他。但如果我们在他面前后退一步，就得注意如何才能摆脱他了。所以，所有那些对于要求废除弥撒这件事曾经给予帮助过或者同意过的人，是有过错的；并不是这件事情不好，而是没有照规矩去做。你们说，按照《圣经》是正确的。这我同意，但如何来看待规矩呢？因为当时是像开玩笑一般来做的，没有考虑遵守规矩，不冒犯你们的邻居。假如你们事先就真诚祈祷上帝，并且获得当局的帮助，那么，大家就可以相信它来自于上帝。倘若这样做是一件好事，我也会采取步骤朝向同样的目标；假如弥撒不是一件邪恶的事，我会再把它引入。因为正像我刚才说过的，我不能为你们的行为辩护。在罗马天主教徒和傻瓜们面前，我会为之辩护，我会说：既然这事本身确实是一件好事，你又如何知道这样做的意图是好是坏呢？但我不知道在魔鬼面前该坚持什么。开始做这事情的人，魔鬼会在他们临终时提醒他们这样的经文："凡栽种的物，若不是我天父栽种的，必要拔出来"（《马太福音》，15: 13），或者，"我没有打发他们，他们竟自奔跑"（《耶利米书》，23: 21），他们如何能顶得住呢？他会把他们丢进地狱。但我却会对着他的脸戳他一枪，这样即使世界对他来说也太小了，因为我知道，尽管是勉为其难，但我那时是受公会议召唤来传道的。因此，我是自愿接受你们，就如同你们也是自愿接受我一样，况且，你们还可以征询我对这件事的意见。

我并没有远离你们，甚至无法通邮，尽管我没有收到任何音信。倘若你们要开始做某件事情而又要我对之负责，那就太难了。我不想这样做［即担负责任］。在这里，人们可以看出，尽管你们通晓《圣经》，但你们却并没有得到圣灵。要注意两件事情，即“必须做的”和“随意做的”。“必须做的”指有必要去做的，必须始终坚持；例如，信，我决不会允许任何人从我这里夺走，我必须时刻在我内心保有信，在每一个人面前坦然承认。但“随意做的”指我可以有所选择，可做可不做，如果做，也是为了有利于我的弟兄而不是我。切勿将“随意做的”变成“必须做的”，就像你们已经做的那样，以免你们为那些受你们无爱的自由行为误导的人负责。因为如果有任何人受你的怂恿在星期五吃了肉，这人临终时为此而发愁，他在想，真糟糕，就因为我吃了肉我迷失了！上帝要让你对这个灵魂负责。同样，我也许很想开始做很多事情，但很少有人会跟随我，那又有什么用呢？因为我知道，到最后摊牌的时候，那些已经开始做这件事情的人并不能够坚持到底，而会第一个退却。如果我带领民众到了进攻点，尽管我是发起者，但我却逃跑了，不敢面对死亡，那事情会怎么样呢？那些可怜的民众就受骗了！

所以，让我们用我们接受过的奶去喂别人吧，直到他们的信也变得坚强起来。因为有许多人不然的话会跟我们一致，会愉快地接受这件事情，但他们还没有完全理解它，我们却把他们赶走了。所以，让我们对我们的邻居显示出爱吧；如果我们不这样做，我们的工作就不能够持久。我们应该耐心地等待他们一段时间，而不是抛弃信心不足的人；只要是爱所需要的而又无损于信，就该多做，而宁可放下别的许多事情。如果我们没有真诚地祈求上帝，没有正确地做这件事情，那么，在我看来，我们加在罗马天主教徒身上的种种责难，就会全落到我们自己头上。因此，我再也不能够置之度外了，感到有必要回来对你们说这些话。

关于弥撒，说这些就够了；明天我们将谈谈影像。

第二次讲道，1522 年 3 月 10 日，受难主日后的星期一

亲爱的朋友们，昨天你们听到了一个基督徒的主要特征，即他的整个生命和存在就是信和爱。信是对上帝的，爱是对人的，对某人的邻居的，它就在于将我们毫无功绩可言却从上帝那里接受到的爱和关怀给予别人。这样就有两种事情：一种是最必须做的，必须以独一无二的方式去做；另一种是有选择的而非必须做，可做可不做，不会危及信仰或者招致入地狱。在这两种事情中都必须以跟上帝如何对待我们相同的方式以爱对待我们的邻居；必须走正道，既不偏向右，也不偏向左。在那些“必须做的”事情里，例如对上帝的信仰，爱决不使用强制手段或者过分的压制。因此，弥撒是一件邪恶的事，是上帝所不喜悦的，因为它装得好像是献祭和有功绩的行为。因此，它应该被取消。在此，毫无问题或疑问，你们当然应该问是否应该敬拜上帝。在此，我们完全同意：私下的弥撒应该被取消。正像我在好多篇论文中已经说过的那样，我希望无论何处都要把它们取消，只保留以传福音为主的正规的弥撒。然而，属基督

的爱不应当使用苛刻的条件，也不应当使用强制手段。不过，应该用口和笔来说明以那样的方式举行弥撒是有罪的，任何人都不应该被揪住头发拖走；因为该由上帝来做，只应该让他的道来行事，我们不得干预。为什么呢？因为我做不到像陶工制造陶器那样随心所欲地塑造人的内心（《德训篇》*，33: 13）。我至多不过能抵达他们的耳朵，至于他们的内心，那我是达不到的。正因为我不能够把信灌注到他们的内心，因而我不能、也不应该强迫任何人获得信。这唯独是上帝所行的事，是他，使得信活在内心中。所以，我们应该让道自行其是，不要添加我们所做的事情。我们有 *jus verbi*（说话的权利），但没有 *executio*（执行的权力）。我们一定传道，但结果则应该唯独按上帝所喜悦的来成就。

现在，如果我冒失行事，用强力去取消它，就有许多人被迫赞成它，他们不明白他们自己站在哪里，不明白它是对还是错，他们会说：我不知道它是对还是错，我不知道我站在哪里，我是被迫去服从多数的。这样用强力和命令去行事，其结果是遭人嘲笑，出乖露丑，变成人为的法令，变成假圣者和伪君子。因为若心不善，我不会注意其做了什么事。我们首先要赢得民众的心。但要这样做，我唯独讲上帝的道，只传福音，我说：亲爱的君主和牧师们，请取消弥撒吧，它是不正确的，在你们举行弥撒的时候，你们是在犯罪；我不得不告诉你们这件事情。可是，我并不会使它成为他们必须遵守的法令，也不会主张使其成为通用的法规。凡是拥护我的，就这样做，凡是反对的，就仍旧持保留态度。在后一种情况，道就

* *Ecclus.*，又称为《便西拉智训》，是《次经》中的一篇。

会进入内心去做工作了。这样，那人就会信服而承认他的错误，远离弥撒；到了明天，又会有另一个人做同样的事，这样，上帝用他的道所成就的事，就胜过你们和我的全部力量加在一起所能做的。因此，你们赢得了人的心，也就赢得了那个人，这样，事物必定最后会依靠其自身的重量掉下来，获得圆满的结果。如果所有人的内心和心意都取得了一致，就取消弥撒吧。可是，如果并没有做到大家都全心全意地要将它取消掉，那么，我恳求你们，把它交付给上帝吧，否则未必会有好结果。并不是说我会重新建立弥撒；而是我要让它以上帝的名义得到处置。信仰是不应该用锁链拴住和囚禁起来的，也不应该受任何法令的强制。这是你们必须服从的原则。因为我很清楚，你们没有能力实施你们的计划。如果你们想用这种普遍的法规来实施这些计划，我就宣布放弃我所写的和所传的任何东西，我不会支持你们。我现在就告诉你们这件事。它能对你们有什么伤害呢？你们仍旧具有你们对上帝的信，那么纯洁和坚强，因而这件事情不会伤害你们。

所以，爱要求你们同情弱者，就像当年使徒们所做的那样。一次，保罗来到雅典这个大城市（《使徒行传》，17章：16—32），他在一座庙堂里看到许多古代祭坛，他一一去观察，但他没有用脚去踢。反之，他站在市场的中央，说它们只不过供偶像崇拜而已，他劝民众抛弃它们；但他却并没有用暴力去破坏它们中的任何一个。如果道抓住他们的心，他们会自动抛弃它们，事情就有了完满的结果。同样，倘若我看到他们在做弥撒，我会向他们传道，告诫他们。假如他们接受我的告诫，那就说明我已经赢得了他们；假如不是这样，我也决不会揪住他们的头发把他们拉出来，我不会使用任何暴力手段，而只是让道去做工作，我会为他们祷告。因为是道创造出天地和万物（《诗篇》，33: 6）；做这事情的应该是道，而不是我们这些可怜的罪人。

简而言之，我会传它、教它、写它，但我不会用暴力强迫任何人，因为信的来临应该是自由的，不应该受到强迫。拿我自己来做例子吧。我确实曾经反对赎罪券和所有罗马天主教徒，但我从来没有使用过暴力手段。我只是教、传和写上帝的道；除此之外，我并没有做任何事。我睡觉的时候（参见《马可福音》，4: 26—29），或者跟我的朋友腓力普或阿姆斯多夫一起喝维滕贝格啤酒时，道就在大大削弱教皇的教权统治，任何贵族或君王都未曾做到过。假如我想惹什么麻烦，我可以让德国血流成河；确实，我可以发起一场运动，那样的话，就连君王也保不住太平。但那会是什么情况？只是愚人干的蠢事而已。我什么也没做；我让道来行事。当有人大叫大嚷做这件事情的时候，你猜猜撒旦会有什么想法？他坐在地狱里想：哦，这些可怜的笨蛋，一直是在玩着绝妙的游戏！可是，当我们所传播的只是道，只让道行事，他就感到难过了。因为道乃是全能的，会抓住人的内心，而一旦人的内心被抓住了，事情也就成功了。让我们举一个简单的例子。在过去的年代里，曾经有过各种教派，有犹太人的基督徒和外邦人的基督徒，他们在涉及割礼的摩西律法上有分歧。前者要保留它，而后者则不要保留它。然后，保罗来了，他在传道时主张既可以保留它，也可以不保留它，因为这不会产生重大后果，他还认为，他们不应该说“必须”如何如何，但可以留给个人选择；保留不保留，不那么重要（《哥林多前书》, 7: 18—24;《加拉太书》, 5: 1)。这样，一直到哲罗姆时代，他想要使其成为“必须如何如何”，使禁止割礼成为一条法令和法规。以后又来了圣奥古斯丁，他的意见跟圣保罗一样：既可以保留，也可以不保留，以个人的意愿而定。圣哲罗姆的意见跟圣保罗的意见，相距有千里之远。这两位学者顶撞得很厉害，但在奥古斯丁逝世后，圣哲罗姆成功地禁止了割礼。后又来了各位教皇，他们也想加进一些东西，也定出了一些法规。这样有了一条法规就带出来成千条法规，直到他们把我们埋葬在法规下面。在这里也会发生这种情况；有了一条法规，就会有两条、三条，以此类推。

目前，关于那些必须说的事情，就说到这里吧，让我们切记不要误导良心软弱的人们(《哥林多前书》, 8: 12)。

第三次讲道，1522 年 3 月 11 日，受难主日后的星期二

我们已经听说，有些事情是“必须”要做的，即必须是这样而不可以不是这样：私下的弥撒必须取消。因为上帝下命令要做的事情或者上帝明令禁止做的事情，是由至高无上者设定的，都是“必须做的”。然而，不应该硬逼着人做这些事情或者不做这些事情，因为我不可能硬逼一个人到天国去，也不可能用一根棍棒把他打进天国。我说得够明白了；我相信，你们已经理解我所说的了。

现在再来看看那些并非必须做而是由上帝留给我们供我们自由选择的事情，我们可做可不做，例如，一个人该不该结婚，或者，修士和修女该不该离开修道院。这些事情是可以选择的，任何人不应该加以禁止，如果禁止，那就是错的，因为那违背了上帝的规

定。在可以自由选择的事情中，例如结婚还是独身，你就应该采取这样的态度：如果你不觉得遵守它是一种负担，就遵守它；但不应该使它成为一个普遍的法规；宁可说，任何人都应该是自由的。这样，如果一个神甫、修士或者修女，不能够坚持，就让他娶妻做丈夫，这样，你的良心就可以得到宽慰；要注意，在你受到攻击的时候，尤其是在你临死的时刻，当魔鬼攻击你时，你要能够站得住。说下面这样的话是不够的：这个人或那个人是如此做了，我也随大流这样做了，是按照教长、卡尔施达特博士，或者加布里尔或米迦勒的说教，才这样做的。这是不对的；任何人都应该自己作主，做好准备跟魔鬼作战。假如你想经得住考验，你就应该以《圣经》中的明确而强劲的经文为依据。如果你做不到这样，就决不可能抵挡得住，魔鬼会把你当作枯叶摘掉。因此，娶了妻子的神甫们和嫁了丈夫的修女们，为了使良心得到安宁，应当断然以《圣经》中的明确的经文为依据，这样的经文有很多，例如圣保罗所说的："后来，必有人离弃信仰，听从那引诱人的邪灵和魔鬼的道理（我想，这里圣保罗的话说得够明白的！），他们禁止嫁娶和禁止吃某些食物，而这一些原都是上帝所创造的"（《提摩太前书》，4: 1—3）。这一段经文是魔鬼无法推翻或者吞没的，反过来，它会把魔鬼给推翻和吞没掉。所以，任何一个修士或者修女如果他或她感到自己太软弱，无法洁身独处，就应该凭着自己的良心认真考虑一下；假如其心灵和良心可以因此而坚强，就不如让他娶妻嫁人。但愿上帝让所有修士和修女可以听到这个讲道，正确理解这件事情，但愿所有修士修女都离开修道院，使世上所有修道院不再存在；这是我所希望的。可是，现在他们还没有理解这件事情（因为没有人对他们说明这个道理）；他们听说别的地方有别的一些人正在离开修道院，然而，那些人是做好了准备才采取这一步的，他们也想学他们的样，但他们还没有坚定自己的良心，还不知道这是自由问题。这不好，可是，恶在外面比恶在里面要好。所以我说，上帝认定可以自由去做的事情，应该保持其自由。如果任何人来禁止，例如像教皇这个反基督者所做的那样，你们就不应该服从。能够做到不伤害邻居且爱邻居的人，就有资格穿僧衣或者理僧发，因为这不会伤害你的信。僧衣不会让你感到窒息，如果你已经穿上了僧衣。

亲爱的朋友们，我说得够清楚了，我相信你们应当理解了，不会把自由当作法规，不会再说这样的话：这位神甫娶了妻，因此，所有神甫都应该娶妻。或者：这位修士或那位修女已经离开了修道院，因此，所有修士修女都应该离开。根本不应该这样。或者说，这个人毁坏了圣像并将其烧掉了，因此，所有圣像都应该被烧掉。完全不应该这样，亲爱的弟兄！还有，说这个神甫没有妻子，因此没有一个神甫敢结婚。也根本不应该这样！因为，做不到洁身独居的人就应该娶妻，而那些做得到洁身独居的人，他们这样很好，就如同那些生活在圣灵里面而不是生活在肉体里面的人那样（《罗马书》，8: 4 ;《哥林多前书》，7: 40）。他们也不应该为他们所立过的誓言而发愁，例如教士们立过要服从、洁身和清贫（尽管他们够富有的了）的誓言。因为我们不能立下任何违背上帝命令的誓言。上帝将是否结婚定为自由可做的事情，而你们这些傻瓜却硬要把这个自由转变成违背上帝规定的誓言！因此，你们应该还其为自由，不要让它成为必做的事情。例如，倘若我发誓要打我父亲的耳光，或者，要偷某人的财产，难道你们相信上帝会喜欢这样的誓言吗？

因此，如同我不应该遵守打我父亲耳光的誓言，我也不必守洁身的誓言而拒绝婚姻，因为就这两件事情而言，上帝所下的命令并不是这样。根据上帝的规定，我可以自由地吃鱼吃肉，并没有有关这方面的诫命。因此，所有加尔都西会的会员*以及所有修士修女，如果他们相信吃了肉就是堕落，他们就偏离了上帝的规定。

关于圣像

可是，我们现在必须谈谈圣像，圣像确实并不是必须的，我们可以自由选择要还是不要，虽然根本就不要圣像更好。我对它们没有什么偏爱。罗马皇帝与罗马教皇就圣像问题展开了激烈争论；皇帝认为他有权驱除圣像，但教皇坚持认为应当予以保留，其实，双方都没有道理。为此流了好多血，以教皇得胜和皇帝失败而告终。双究竟在争什么呢？他们是把原本自由的事情变成了“必须要做的事情”。这是上帝所不能容忍的。难道你们胆敢去做与至尊者所命令的大相径庭的事情吗？显然不应该这样；那就不要做吧。在律法书（《出埃及记》，20: 4）中你们读到这样的话：“不可为自己雕刻偶像，也不可作什么形象去仿照天上地下以及地底下和水中的任何事物。”你们在此找到了依据。现在，让我们看下去吧！我们的敌人说：十诫中第一诫的意思是要我们唯独敬拜上帝而不要敬拜任何偶像，说得很明白，“不可跪拜那些像，也不可去事奉它们”（《出

* 加尔都西会（Carthusian Order），系天主教隐修院修会，公元1084年由法国人圣布鲁诺在法国加尔都西山中创立，该会规定会员要严格苦修，终身严守静默，每周仅在星期六可以聚谈一次，在四十天大斋期内，仅仅以面包和清水为生。

埃及记》，20: 5），他们说该禁止敬拜像，而不是去制造像，就是在动摇我们的根基，让我们无所适从。如果你回答说：经文明确说："不可去造任何的像"，那他们就会说：经文里也说到："不可去敬拜它们。"面对如此不确定性，谁会冒冒失失地破坏圣像呢？我是不会的。但是，让我们再看下去。他们说：挪亚、亚伯拉罕、雅各，难道他们不是筑过坛吗？（《创世记》，8: 20；12: 7；13: 4；13: 8；33: 20）。谁会否认呢？我们必须承认。而且，我们不是在摩西的第四书（《民数记》，22 章［应为 21: 9］）里读到过，他也制造过一条铜蛇吗？那么，连摩西自己也造过像，你又怎么能说他禁止造像呢？在我看来，这条蛇也是一个像。我们该如何回答呢？而且，我们不是也读到过，在施恩座上，在上帝希望受到敬拜的那个地方，也造有两只鸟吗？（《出埃及记》，37: 7）*。在此，我们必须承认，我们可以拥有像和制造像，但我们不应该敬拜像，如果它们受到敬拜，就应该把它们拿走和毁掉，例如，何细亚王就把摩西所造的铜蛇打碎成铜块（《列王记下》，18: 4）。任何人在被要求作出回答的时候，都不会冒失到说：他们在敬拜偶像。他们会说：像你这样的人竟敢责备我们敬拜偶像吗？不要以为他们会承认这一点。事实上，虽然确实是这样，但我们无法使他们承认。你可以看看，在我谴责他们脱离了信的所作所为时，他们是如何表现的。他们说：你以为我们没有信，或者说，你以为我们的所作所为没有信

---

*　路德这里提到的在施恩座（mercy seat）两头的，《圣经》中称为"基路伯"，"基路伯"（cherub，cherubim）来源于希伯来文的 k'rub，k'rubim，是指天使，按闪米特人（犹太人和阿拉伯人等）的形容，他们具有人的脸，但却长着多个翅膀，像狮子或公牛模样。

吗？这样的话，我实在是拿他们没有办法了，只得偃旗息鼓；因为他们只要得了头发丝之细，就会变成百哩之宽。

所以，应当这样说，那些像没有什么意思，把它们造出来并不是为上帝服务；它们会自行消亡。这是我的态度；也是保罗在雅典走进雅典人的教堂见到他们的偶像时所采取的态度。他当时并没有攻击任何偶像，而是站在闹市当众说："你们这些雅典人啊，你们全都在敬拜偶像"（《使徒行传》，17: 16, 22）。他用传道反对他们的偶像，但他没有用暴力推翻任何偶像。而你们冲上去制造混乱，砸坏圣坛，推倒圣像！你们真的认为可以用这种方式消灭圣坛吗？不，你们只会使它们更坚固。即使你们把这个地方的圣像推倒了，你们以为你们把纽伦堡和世界其他地方的圣像也推倒了吗？绝非如此。我们在《使徒行传》（28: 11）中读到，圣保罗坐上了一条船，船头画着或者刻着一对孪生兄弟（即卡斯托和波鲁克思）*。他走在甲板上，根本不在意它们，也没有要把它们敲掉。为什么路加**要描述这一对孪生兄弟？毫无疑问，他希望指出，只要内心不为外在事物所动，不信任它们，就不会伤害信。这是我们应该宣讲和教导的，就像我以前说过的那样，唯独让道来行事。道首先抓住人们的心，照亮它们；我们不会成为想做这事的人。因此，使徒们所扩大的是他们的职分（*ministerium*）（《罗马书》，11: 13），而不是其执行（*executio*）。今天就说到这里吧。

---

* 卡斯托和波鲁克思（Castor and Pollux），相传是宙斯与列达（斯巴达王的妻子）所生的一对孪生子，成为海上航行的保护神。

** 早期教会一致认为，《使徒行传》的作者是路加（他也是《路加福音》的作者）。

第四次讲道，1522年3月12日，受难主日后的星期三

亲爱的朋友们，我们已经听到什么是“必须要做的事情”，例如不要把弥撒当作献祭。然后，我们又讨论了那些并非必须做而是可自由选择做的事情，例如结婚、过隐修生活以及取消圣像。我们讨论了这四个论题，我们说，在所有这些事情里面，爱才是首要的事情。尤其是在圣像这个问题上，我们看到，只有它们受到敬拜的时候，才应该取消，否则就没有这个必要了——不过，由于滥用圣像，致使我希望给取消各处的圣像。这是无可否认的。因为任何人把圣像放进某一个教堂，他就想象他已经对上帝作出了某种奉献，做了一件好事，这完全是敬拜偶像。可是，你们忽视了为什么要取消圣像的最重要的理由，却紧盯那个最不重要的理由。因为我以为，并没有人或者说当然只有很少的人，才不懂得挂在那里的十字架不是我的上帝，我的上帝在天上，那个十字架只不过是一个标记而已。但这世界上到处都在滥用；因为除非有人认为把白银的或者木头的十字架放到教堂是表示他对上帝的奉献，不然的话，他还会这样做吗？弗雷德里克公爵、哈勒的主教以及其他人把那么多银像拉到教堂里，如果他们认为这对上帝无益，他们还会这样做吗？不，他们不会费心去做这事。但这并不成其取消、破坏和烧毁所有圣像的充分理由。为什么呢？因为我们必须承认，仍旧有好些人对圣像并没有恶感，对他们来说，圣像还是有用的，虽然这么想的人并不多。然而，我们就不能、也不应该谴责一样对人还有些用处的东西。你们应该去教育人，圣像算不了什么，上帝对它们不会在意，我们为上帝造像，他并未受到奉献，也不感到喜悦，我们与

其为上帝做一个金像，还不如给穷人一点碎金；因为，上帝禁止前者，却没有禁止后者。如果他们听到这样的说法，即圣像没有用处，他们就会不去做了，那么，没有任何暴乱骚动，圣像也就会消失了，现在已经开始这样做了。

所以，我们必须提高警惕，因为魔鬼派遣他的使者躲在我们的后面，要弄种种阴谋诡计。现在，虽然没有人能够否认，圣像由于受到滥用确实已经有百弊而无一利，可是，我们不必否定它们，不要因为它被滥用就加以谴责。这会造成十足的混乱。《申命记》（4: 19）中命令我们不要举目观看太阳（以及月亮和星辰）等，以免我们敬拜它们，因为这些东西原本是被造来为万民服务的。然而，确实有许多民众敬拜太阳和星辰。因此我们建议冲上天空摘下太阳和星辰。不，我们最好还是顺其自然。还有，酒和女人给许多男人带来不幸，使其变成傻瓜（《德训篇》，19: 2；31: 30）；那我们就此把所有女人都杀光，把所有酒都倒掉。还有，金子和银子导致众多的罪恶，那我们就此去谴责它们。其实，如果我们想驱除对我们危害最大的最凶恶的敌人，我们就该杀死我们自己，因为我们没有比自己的内心更大的敌人，就像先知（《耶利米书》，17: 9）所说的"人心诡诈"，或者，我认为其意思是说"总是扭曲到一边"。如此等等。我们有什么不想做的？

想把魔鬼涂黑的人就必须有好的炭棒，因为魔鬼也穿着漂亮的衣服，也应邀参加教堂弥撒。不过，我可以抓住他问他：你不把圣像放进教堂，因为你认为这是对上帝的一种特殊奉献吗？如果他回答是这样（他必定会如此回答），你可以得出结论说，他滥用了圣像，做了上帝没有命令要做的事情，就是以对上帝作奉献为幌子行偶像敬拜之实。但他违背了上帝的命令，即要他去帮助邻居。但是，我还是没有抓得住他，尽管他实际上是被抓住了，却矢口否认；他从我这里挣脱开去，说：是的，我也在帮助穷苦人；难道我不能既施舍穷人又捐献圣像吗？然而，并不是这样，因为与其给上帝造一尊金像，不如给穷人一块金币，谁不这么想呢？不，如果他不以为是在给上帝作奉献，他就不会烦心把圣像放到教堂里了，他的确这样做了。所以，我应该承认，圣像既不在这里，也不在那里，谈不上是善是恶，我们可以有它们，也可以没有它们，全凭我们喜欢怎样。这种麻烦都由你自己引起；在我身上，魔鬼也许没有得逞，因为我不能否认，有可能找到认为圣像有用的人。倘若有人问我，我会承认这些东西一点也没有冒犯我，如果世界上刚好有人正确运用了圣像，魔鬼很快会得出结论来反对我说：如何，你在谴责可以正当运用的东西吗？这样一来，他赢得了攻势，我也不得不承认。倘若我在这里，他就未必能够得逞了。他傲慢地驱散我们，不过，这没有损害上帝的道。你们想将魔鬼涂黑，但你们忘记了炭棒，没用用炭笔。如果你们想打败魔鬼，就应该熟读《圣经》，并且还要在合适的时间运用《圣经》。

关于吃肉

接下来我们谈谈吃肉的事情，说说我们对此应该有什么样的态度。确实，我们可以自由地吃任何种类的食物，可以吃鱼，吃肉，吃蛋或者吃黄油。这是任何人都无法否认的。上帝赋予我们这样的自由；这是千真万确的。然而，我们应该知道如何运用我们的自由，而且，在这件事情上，要把软弱的弟兄跟那些顽固不化的人严格加以区分。然后，看看你们该如何运用这个自由。

第一，如果你觉得不吃肉会对自己有害，做不到不吃肉，或者，如果你在病中，你可以吃你喜欢吃的任何东西，如果有什么人非难你，你可以回击。即使整个世界都非难你，你也没有犯什么罪过，因为上帝念及他已经恩赐给你的那种自由以及为你的健康着想，你若节食会危及你的身体，那么他是会同意的。

第二，如果你被强制要求在星期五不吃肉而吃鱼，在大斋期内只吃鱼而不吃鸡蛋和黄油，如此等等，就像教皇动用他那愚蠢的教规所规定的那样，那么，你决不应该放弃上帝赋予你的自由，而是反其道而行之，你要说：正因为你禁止我吃肉，擅自取消我的自由而代之以你的教规，我就偏偏要吃肉。并且，你应该在涉及自由的所有事情上全都这样去做。举例来说：倘若教皇或者其他任何人逼迫我穿上他指定的僧衣，我根本不管他就脱掉僧衣。但因为这是我自己的自由选择，所以，穿还脱随我高兴而定。

第三，有些人的信心仍旧显得软弱，理应得到引导，不过，他们乐意像我们一样信。但他们的无知对他们有所阻碍，假如对他们也像以前对我们那样，把道传给他们，他们也会跟我们一样。我们对于这些心地善良的人所应该采取的态度，应当与对待顽固不化的人截然不同。我们应该耐心跟这些人相处，不可随意行事；因为这不会对身体或者灵魂带来危险或伤害，而宁可说是大有益处的，而且，这样的话，我们也是在为我们的兄弟姐妹作贡献。可是，如果我们不必要地随意行事，故意冒犯我们的邻居，就是赶走了将会取依我们信仰的人。由于这个缘故，圣保罗给提摩太行了割礼（《使徒行传》，16: 3)，因为头脑简单的犹太人受了冒犯；他想，既然他们是由于无知才感到被冒犯，那么，这样做了会有什么坏处吗？但在安提阿，他们坚持要他给提多行割礼，他就当面抵挡他们所有人，由于拒绝给提多行割礼而得罪了他们（《加拉太书》，2: 11)。他这样做是有他的根据的。当圣彼得*由于随意行事而在无知者心目中产生了错误观念时，他也同样做了这样的事。事情是这样的：彼得**跟外邦人在一起时，跟他们一起吃了猪肉和灌肠，但犹太人进来时，他把吃的东西推开，不再像之前那样吃了。于是，那些已经成为基督徒的外邦人就想：哎呀！我们也应该像犹太人那样不吃猪肉，按照摩西的律法过日子。可是，当保罗得知他们是在做损害福音自由的事情时，他就公开责备彼得，以使徒的名义对他训斥说："你既是犹太人，却随外邦人行事，你怎么勉强外邦人要像犹太人那样生活呢？"(《加拉太书》，2: 14)。我们也应该安排我们的生活，在适当的时候运用我们的自由，这样使属基督的自由不会受到损害，使我们那些仍对自由一无所知的软弱的弟兄姐妹不会感到难堪。

第五次讲道，1522 年 3 月 13 日，受难主日后的星期四

我们听说，有一些事是必须做的，例如弥撒不应该被当作是一种奉献，有一些事则不是必须做的，例如修士离开修道院、神甫结婚以及圣像。我们看到，我们应该如何对待些事情，不要把它们

---

* 这里的圣彼得是指基督的门徒西门彼得，耶稣给他起名叫矶法（Cephas），见《约翰福音》，1: 42。矶法是彼得的希腊文名字。

** 德文本《加拉太书》和中文本《加拉太书》中，为便于区别，此处都不称其为彼得，而称其为矶法，但英文本此处称彼得。

变成需强制服从的规定，没有人可以强迫别人做或不做这样的事情，我们让上帝的道去行事。现在，我们讨论一下我们如何奉行圣餐礼。

你们听我说过我如何反对教皇定下的愚蠢的教规，反对他的诫律，即规定妇女不准洗盛放基督身体的圣坛用布，即使纯洁的修女也不行，除非之前先由神甫洗过。同样，如果任何人碰了基督的身体，神甫马上跑过来擦这人的手指。以及许多类似的事情。然而，如果一个姑娘跟一个赤裸的神甫睡觉，教皇倒不闻不问了。如果她竟怀孕而生下了孩子，他也不管。但碰圣坛用的布和圣餐［即圣体］他决不允许。但是，如果某个神甫把它从头到底都给夺了去，反倒可以。

如此愚蠢的教规我们曾经宣扬和揭示过，为的是要大家知道，在教皇的这些愚蠢的教规和诫命中并没有什么罪过，如果一个平信徒用他自己的手碰基督的杯子或者身体，他也没有犯什么罪过。你们应当感谢上帝，因为你们获得了如此明确的知识，而这是许多伟大的人所欠缺的。不过，现在你们往前又进了一步，变得跟教皇同样愚蠢，因为你们也认为一个人可以用他自己的手去碰圣餐。你们想通过用你们自己的手去碰圣餐来证明你们是好基督徒，这样一来，对于圣餐，我们的至宝，你们就是这样来对待的，奇怪的是你们并没有遭雷电击倒在地。其他事情上帝都可以忍受，唯独这件事情是上帝所不允许的，因为你们这是在强人所难。如果你们再不住手，那么，无需皇帝或者其他任何人把我从你们这里赶走，我自己就会走了；我敢说，我的那些敌人，尽管他们给我制造了那么多麻烦，但他们中任何人都不像你们那样深深伤害了我。

如果你们想这样对待圣餐并且在世界面前大肆吹嘘，以此表明你们是好的基督徒，那么，希律王和彼拉多就成了为首的最好的基督徒了，因为在我看来，他们将基督钉在十字架上把他处死，因而是他们真正处理了基督的身体。不，我亲爱的朋友们，上帝的王国并不存在于外部的可碰可感的事物中，而是存在于信之中（《路加福音》，17: 20；《罗马书》，14: 17；《哥林多前书》，4: 20）。

但你们会说：我们是而且也应该按照《圣经》来生活，上帝已经设定了圣餐，即我们应该用我们的手去拿它，因为他说："你们拿着吃，这是我的身体"（《马太福音》，26: 26）。对此的回答是：虽然我毫不怀疑，坚信主的门徒是用他们的手拿的，虽然我承认你们可以这样做而没有犯下罪过，然而，我既不能强制人这样做，也不能为之声辩。我的理由是，魔鬼把我们逼至绝境时，会说：你们在《圣经》中的什么地方读到"拿"就是"用手抓取"呢？我又如何为之证明或声辩呢？实际上，如果他从《圣经》里引出与此相反的内容来，证明"拿"并不单指用手接受，而且也指用其他方式把东西传递给我们，我该如何作答呢？他会说："听我来说，我的好伙计，那三位福音书的作者，在他们描述主取得苦胆和醋的时候，不是也用了"拿"这个词吗？（《马太福音》，27: 34；《马可福音》，15: 23；《路加福音》，23: 36）。你们必须承认，主当时并没有用他的手碰它或者握住它，因为他的手被钉在十字架上。"这段话是对我的有力反驳。另外，他还会引用那样的一句话：*Et accepit omnes timor*，"恐惧抓住了他们所有人"（《路加福音》，7: 16）*，我们必须

* 在今本《圣经》中，该处为"恐惧来到他们所有人那里"。

承认，恐惧是没有手的。如此看来，我是被逼到了角落，尽管非我所愿，但我必须得出结论说，这个“拿”不单是指用手接受，也指用任何其他能够做到的方式把东西传递给我。所以，亲爱的朋友们，如果我们想抵挡住魔鬼的攻击，我们就应该具有坚实的根基（《以弗所书》，6: 11）。尽管我也不得不承认，当你们用你们的手去碰圣餐的时候，你们并没有犯下罪过，不过，我还是要告诉你们，这样做并不好，因为会到处招致非难。因为按普遍的习惯，是从神甫手中接受圣餐。那么，在这方面，为什么你们就不能照顾一下那些信心软弱的人，约束一下你们的自由，尤其是你们这样做对你们也没有什么好处，而你们不这样做对你们也没有什么坏处。

所以，不要想什么新的花样，还是首先要彻底地传扬和理解福音，回复到你们以前的样子。亲爱的朋友们，在这方面，让我们认真而理智地对待跟上帝相关的事情，因为上帝是轻慢不得的（《加拉太书》，6: 7）。圣徒也许可以忍受欺骗，但上帝就大不相同。因此，我恳求你们，不要再玩这种花样了。

关于圣餐礼的饼酒同领

现在我们来谈谈饼酒同领问题。虽然我认为饼酒同领是必要的，按照主当初的设定就是如此，然而，它既不应该是强制性的，也不应当成为普遍的教规。反之，我们应该推动、践行和传道，然后，将结果和执行完全留给道，使每一个人在这件事情上都有自己的自由。如果没有做到如此，那么，对我来说，圣餐礼就是一件纯属表面而且虚伪的事情，正是魔鬼所希望的。如果让道得以自由展开活动，不局限于任何外在的仪式，那么，今天，道抓住了某一个人，深入他的内心，明天，它又触及另一个人，等等。它就这样冷静而朴实地行事，而没有人知道这一切是如何发生的。

有人写信给我，我高兴地知道，这里的有些民众已经开始饼酒同领的圣餐。你们应该是同意这样做，而不是迫使它成为一条教规。但他们现在显得仓促忙乱，轻率地要求每一个人都这样做。亲爱的朋友们，你们这样做是不会有成效的。因为如果你们希望圣餐且饼酒同领领到成为比别人更优秀的基督徒，那么，在我看来，你们倒成了坏基督徒。照这样说来，一头母猪也可以成为基督徒，因为它生就一只大嘴巴，足以接受。对于如此崇高的事情，我们应该认真对待。亲爱的朋友们，这种事情是开不得玩笑的，如果你们要跟随我，就打住吧。然而，如果你们不想跟随我，那么，也不需要任何人来赶走我，我会头也不回地离开你们，我会后悔，我在这个地方哪怕讲过一次道。其他事情都可以搁在一边，唯独这件事是不可忽视的；因为你们已经走得那么远，以至人们说：维滕贝格有优秀的基督徒，因为他们手里拿着圣餐，握着杯子，去痛饮白兰地酒了。这样一来，那些信心软弱但心地善良的人，假如接受像我们一样的教导，可以归入我们这里来，但现在却被赶跑了。

不过，如果有任何人讲究到一定要亲手接触圣餐，就让他带回家尽情拥有吧。但在公开场合还是要他克制，因为这样的话可以使他免受伤害，也可以免受我们的弟兄姐妹和邻居的攻击；他们现在对我们无比愤怒，简直想把我们杀死。我可以这样说，迄今为止在所有反对我的敌人里，还没有人像你们一样令我这么悲伤。

今天就讲到这里；明天我们还有更多的话要说。

第六次讲道，1522 年 3 月 14 日，受难主日后的星期五

我们前面讨论了领圣餐这件主要的事情，然而，还没有讲完。今天，我们要来看看，我们在这里应该做些什么，也要看看谁配领圣餐，应该是什么样的一些人。

在这里，很有必要的是，你们的内心和良心，应该很好地接受过培育，你们应该把外在的领受跟内在的属灵的领受做大的区分。肉体的和外在的领受在于人可以用嘴领受基督的身体和血，毫无疑问，任何人都可以用这样的方式领受圣餐，用不着信和爱。可是，这样不会使人成为基督徒。因为如果会的话，就连一只耗子也会成为基督徒了，因为耗子也会吃饼，也许还会喝杯里的酒。那只是一件简单的事。然而，真正的、内在的、属灵的领受，就大为不同，因为要做到这样，就要正确运用圣餐及其结果。

我首先要说明，这样的领受是在信里面进行的，是内在的，并且会拥有基督。我们基督徒之所以区别于其他人，除了圣餐和洗礼之外，没有其他外部标记，可是，如果没有信，外在的领受也就一无所是。必须有信才配在上帝面前领受圣餐，才得到上帝认可，否则就是假的，只是外在的表演而已，根本就不是基督教。确切地说，基督教就在于信，不需要外在的行为附加其上。

但是，说到信（如果我们希望我们配领受圣餐，我们所有人都应该有信），那就是坚定地相信上帝的儿子基督站在我们一边，把

我们的所有罪孽都担在他的肩上，他永远赦免我们的罪孽，使我们与父神和好*。有信的人就配领受圣餐，不管是魔鬼还是地狱，还是罪，都不能伤害他。为什么呢？因为上帝成了他的保护者和捍卫者。如果我有信，我就确信上帝在为我而战；对于魔鬼、地狱和罪孽以及它们用来威胁我的所有凶险，我都可以泰然处之。这是在基督里面赐给了我们的巨大的无可估量的宝藏，没有人可以用言辞来形容或理解。只有信能够抓住心，但并不是每一个人都有这样的信（《帖撒罗尼迦后书》，3: 2）。因此，不应该像号称最神圣的父的那位教皇那样愚蠢地下令把圣餐礼变成教规：所有基督徒必须在复活节季去领圣餐，谁若不去，将来就不得葬在受过祝圣的土地上。教皇设立的不是愚蠢的教规吗？

为什么这样说？因为我们所有人并不都是一样的；我们不是全都具有同样的信；某一个人的信强于另一个人的信。所以，不可能将圣餐礼定为一条教规，而单靠这条非基督的命令强迫大家在复活节去领圣餐，那实在是最大的罪。如果把抢劫、放高利贷、奸淫和所有罪孽都放在一起，这个罪要重于其他所有的罪，那些［参加圣餐礼的］人却还期望成为最神圣的人。为什么呢？因为教皇根本看不透一个人的心，无法知道他有没有信。

可是，如果你相信上帝为了你的缘故而介入，把他的全部所有和他的血都倾注在你身上，好像他说：不用害怕，也不用迟疑，紧

---

* 这已成为基督教的基本教义之一。人由于犯罪而与上帝为敌（《罗马书》，5: 8；《歌罗西书》，1: 21；《雅各书》，4: 4），而基督赦免了人的罪，使人与上帝和好（《哥林多后书》，5: 18）。

随我，然后让我们看看有什么会伤害你；如果有魔鬼、死亡、罪孽和地狱以及各样的被造物加害于你，我就会行在你的前面，因为我会作你的后盾和你的前卫（《以赛亚书》，52: 12）；你要信任我并大胆地依靠我。信这个的人就不会受到魔鬼、地狱、罪孽或者死亡的伤害；如果上帝为他而战，你能去对他做些什么呢？

有这样的信的人，就在这里获得了他的合适的场所，他领受圣餐，当作一种保证，或者说印章，或者说标记，确保他得到上帝的应许和恩典。但是，当然并非我们所有人都有这样的信；但愿上帝能够使十分之一的基督徒有这样的信！看，如此不可度量的丰富宝藏（《以弗所书》，2: 7），是上帝在他的恩典里降临我们身上，不可能成为任何人的个人财产，它只属于那些受尽苦难的人，不管是身体上还是心灵上的苦难，外在的身体上由于一些人的迫害，内在的心灵上对良心的绝望，当魔鬼使你的心变得软弱、胆怯和沮丧，以至于当他当众揭发你所犯的种种罪过你不知道该如何跟上帝站在一起。上帝只愿意居留在这样诚惶诚恐的心灵中，就如同先知以赛亚在他所写的第六章（《以赛亚书》，66: 2）说到的那样。因为任何人如果并不感到内心苦闷，为自己的罪孽烦恼，每天都在受折磨，他还希望有个保护者站在他前面吗？这样的人还不配获得食物。这样的食物需要给饥肠辘辘的人，因为它喜欢进到一个饥饿的灵魂里，这样的灵魂正在跟自己的罪孽作持久的斗争，迫切希望摆脱它们。

没有做好这种准备的人，应该暂时不要去领受圣餐。因为这样的食物不会进到一个饱足的心灵里，如果进去了，它就是有害的。所以，如果我们考虑到并且感受到良心上的苦恼以及由于胆怯而引起的恐惧感，那么，我们应当满怀谦卑与敬畏之心去领受圣餐，而不是毫无恐惧和谦卑之感就轻率而冒失地去领受。所以，我们并不总是感到我们配领受圣餐；今天我得到了恩典，配领受，但明天就不是这样。其实，也许会有这样的情况，即会有六个月的时间我不想去或者不配去领受圣餐。

因此，持续遭受死亡和魔鬼的袭击的人最配领受圣餐，圣餐最适合给他们这样的人，为的是可以让他们记住和坚信，既然他们现在有他与他们同在，无论谁都不可能把他们从他那里拉走，因而就没有任何东西可以伤害他们；就让死亡、魔鬼或者罪孽来吧，这些东西根本无法伤害他们。

这是基督在即将设立圣餐的时候所做的事情。首先，他对他的门徒说，他将要离开他们，以此使他们感到恐惧和内心的震撼（《马太福音》，26: 2），他们都为此而痛苦万分；然后，他又说，“你们中的一个人要卖我了”（《马太福音》，26: 21）。你们认为这样的话不会使他们心如刀割吗？当然，他们以恐惧的心情接受了这个说法，他们坐在那里，就像他们全都是上帝的背叛者。在他使他们全都胆战心惊以后，只有在这之后，他才设立了圣餐作为一种安慰，又对他们作了安慰。因为这饼乃是对忧伤者的抚慰，是对病者的医治，是将生命给予垂死者，是将食物给予饥饿者，是赐给一切贫困者的丰富宝藏。

有关圣餐的运用，这次就讲到这里。我把你们交托给上帝。

第七次讲道，1522 年 3 月 15 日，思念基督日前的星期六

昨天我们听了该如何运用神圣的圣餐礼，我们看到怎么样的

人才配领受圣餐，他们中的人有对死亡的恐惧，既胆怯又绝望，一直生活在对地狱的恐惧之中。一切这样的人才有所准备去分享这个食物，用它来增强他们软弱的信，抚慰他们的良心。这是真正运用和实施这个圣餐礼，任何人如果没有处于这样的状态，让他暂且不要参加圣餐礼吧，直到上帝把他也抓住了，通过他的道把他引进来。

我们现在谈谈这个圣餐礼的结果，那就是爱；就是说，我们应该像上帝对待我们那样地对待我们的邻居。我们从上帝那里接受到的无非是爱和恩惠，因为基督已经把他的公义以及他所具有的每一样东西都抵押给了我们，赐给了我们；他把他全部的财富都倾注在我们身上，这财富没有任何人可以度量，也没有任何一个天使可以理解和揣测，因为上帝是燃烧着的爱之熔炉，它甚至于从地上一直烧到了天上。

我说，爱就是圣餐之结果。可是，在这里维滕贝格，我在你们里面还没有感觉到这样的爱，尽管你们说了很多很多，而你们本来应该可以使这样的爱付诸实施的。这才是头等大事，是基督徒唯一该做的事。虽然你们想实施各种并非必要的事情，但没有人想做这件事情。如果你们不想靠着你们的爱来表明你们自己是基督徒，那干脆别的事也不要去做了，因为圣保罗在《哥林多前书》11 章（应为《哥林多前书》，13: 1）中说过："我若能说万人的方言并天使的话语，却没有爱，我就成了鸣的锣或响的钹一般。"保罗这话说得很令人害怕。"我若有先知讲道之能，也明白各样的奥秘和各样的知识，而且有完备的信，叫我能够移山，却没有爱，我就算不得什么。我若将所有的周济穷人，又舍己身叫人焚烧掉，却没有爱，仍然与我无益”(《哥林多前书》, 13: 2—3)。然而，你们远没有到那样的地步，虽然你们已经从上帝那里获得了巨大而丰富的礼物，而其中最高的礼物就是关于《圣经》的知识。确实，你们已经获得了真正的福音和上帝的纯真的道，没有人把他自己的财富去周济穷人，没有人舍己焚烧，即使是这些事情，如若没有爱，也还是一无所是。你们很愿意在圣餐礼中取得上帝的一切财富，但你们就不愿意在爱中又把它们倾倒出来。没有人对别人伸出援手，没有人认真考虑别人，每个人都只顾他自己和他自己的利益，只管走自己的路，对别的事情则听之任之。如果有人得到了帮助，那就好了；可是，没有人去关心穷人，看看你们如何帮助他们。这真令人遗憾。你们已经听过许多有关这方面的讲道。我的所有著作都富含这方面的内容，目的只有一个，就是敦促你们达到信和爱。

如果你们做不到彼此相爱，上帝就会让大瘟疫降临你们；就让这个作为对你们的一次警告吧，因为上帝不会白白地显明和传布他的道。我的朋友们，你们对上帝的试探太过分了；因为要是在过去的时代有人这样对我们的先辈传道的话，他们也许会有截然不同的反应。或者，即使在现在，倘若是给修道院里的许多穷苦孩子这样传道，他们也会比你们更愉快地接受它。你们却根本就不在意，去做各种无谓的傻事。

我把你们交托给上帝。

第八次讲道，1522 年 3 月 16 日，思念基督日主日

马丁·路德博士在思念基督主日所作的关于私下忏悔的讲道之小结现在，除了忏悔之外，我们已经听了在此应当考虑的所有事

情。我们现在就来谈谈忏悔。

首先，有一种忏悔是《圣经》中确立的，那就是：如果任何人公开地或者根据别人的了解确是犯了一个罪过，他就在会众面前受到指责。如果他摈弃了他的罪过，他们就代他向上帝求情。但是，如果不愿意听从会众（*häuffen*），他就被逐出，从这会中除名，这样就没有人再理他了。这样的忏悔，是上帝在《马太福音》（18:15）中所命令了的，"倘若你的兄弟得罪你（因而使你和别人受到了侵犯），你就去趁着只有他和你在一处的时候指出他的错来。"我们再也没有这种忏悔的任何痕迹了；在这个问题上，福音书也搁置了。任何人倘若能够重建这种忏悔，他就做了一件好事。你们应该尽你们所能重建这样的忏悔，不要考虑其他事情；因为没有人会因为这样的忏悔而受到侵犯，任何事情都会平静而安稳地度过。事情应该如此来进行：如果你看到了一个放高利贷者、一个通奸者、一个偷盗者、或者一个酗酒者，你应该私下到他那里，告诫他摈弃他的罪过。如果他不肯听从，你应当邀请另外两个人跟你一起去，再一次以兄弟般的方式告诫他摈弃他的罪过。假如他对此竟然置之不理，你就应该在全体会众面前连同你的见证人一起告诉牧师，当着大家的面在牧师面前谴责他，你要这样说：亲爱的牧师，这个人做了这样那样的事情，又不肯听从我们的告诫摈弃他的罪过。因此，我就同我的证人一起来谴责他。然后，如果他还不愿意摈弃他的罪过和承认他的过错，那么，牧师就应该把他驱逐出去，在全体大会前以会众的名义将他除名，直到他悔过自新才重新予以接纳。这才是属基督的方式。但我不能保证单枪匹马完成这件事。

其次，我们可以独自走到角落向上帝忏悔，在他面前倾吐我们所有过错。作这样的忏悔也是受命令的。《圣经》中有这样一些大家熟知的话语：*Facite judicium et justitiam. Judicium facere est nos ipsos accusare et damnare; justitiam autem facere est fidere misericordiae Dei*. 正如同所写的那样，“凡遵守公平，常行公义的，这人便为有福”（《诗篇》，106: 3）。要秉公就是指人要了解自己，判断自己和谴责自己，这是真正的谦虚和自卑。要行义就是指人要了解自己，向上帝祈求得到怜悯和扶助，祈求上帝由此而又将自己抬高起来。大卫下面的话就是这个意思：“我犯下了罪孽；我向主承认我的过犯，你就赦免我的罪恶；你的所有的圣者*，都为此而向你祈求。”（《诗篇》，32: 5—6）。

再次，也还有另一种忏悔，即某个人把另一个人拉到一边，告诉他自己有什么困扰，如此可以从他那里听到安慰的话；这样的忏悔是教皇所命令的。在我撰写关于忏悔的文章时，我谴责了这种强制性的做法，而我之所以拒绝作这样的忏悔，只因为那是教皇下命令和坚持要这样做的。因为我希望他不要插手忏悔的事，不要把忏悔变成一种强制或者命令，他无权这么做。然而，如果有人不许我做私下的忏悔，我是不会同意的，哪怕把全世界的财富都拿来跟我换，我也不愿意放弃它，因为我知道它给过我多么大的安慰和力量。任何人除非经常和持久地跟魔鬼作斗争，他不会知道忏悔能够对他起什么作用。可以说，倘若不是这样的忏悔在支持着我，魔鬼也许早就把我杀掉了。因为有许多疑难的事情，非人所能够自行解

* 今本中文本《圣经》和英文本《圣经》，此处都作“凡虔诚的人”，但今本德文本《圣经》，此处作“所有的圣者”。

决或者得到答案，为此，他就把他的弟兄拉到一边，告诉他自己所遇到的麻烦。如果他肯在他的邻居面前稍稍谦卑一些，多作自我责备，从他那里寻得安慰的话语，接受并相信这些话语，好像从上帝那里听到的一样，如我们在《马太福音》(18: 19）里读到的:“若是你们中有两个人同心合意的求什么事，必为他们成全”，那么，就不再会有伤害了。

而且，我们应该多次忏悔，才能增强我们面对魔鬼和面对上帝的那种胆怯的良知和绝望的心。所以，任何人不该禁止作忏悔或设法不让人作忏悔。如果任何人正在思考着他的罪孽，想摆脱罪孽，希望听到使自己安心的话语，那就让他私下到另一个人那里作忏悔，接受人家对他所说的话，就当作是上帝通过这个人的嘴对他说话一样。然而，对于坚信自己的罪得到了赦免的人来说，就不必作这样的忏悔，应该独自对上帝作忏悔。可是，又有多少人有这样的信心呢？所以，正像我已经说过的那样，我不希望不让我作私下忏悔。不过，我也不希望强迫什么人这样做，而是让各人自己自由选择。

因为我们的上帝，我们所拥有的那位上帝，不会吝惜到只留给我们一种安慰，或者，只留给我们一种增强我们良心的方法，或者说，只留给我们一次赦罪的机会，我们在《福音书》中找到很多次赦罪机会，赦罪机会实在是太多了。例如，我们在福音书中看到:“你们饶恕人的过犯，你们的天父也必饶恕你们”（《马太福音》，6: 14）。我们在主祷词中又得到另一个安慰:“赦免我们的过犯”，等等（《马太福音》，6: 12）。我们的洗礼又成为第三个安慰，我是这样想的：看，我的主，我已经奉你的名受了洗，因而可以确保我得到你的恩典和怜悯。这样，我们就去作私下忏悔，我去了并接受了可靠的赦罪，好像上帝自己这样说了，因而确保我的罪可以得到赦免。最后，我领受了圣餐，我吃了他的身体，喝了他的血，以此作为一个标记，表明我摆脱了我的罪，上帝已经把我从我全部软弱中解救出来；为了使我确信这一点，他将他的身体赐给我吃，将他的血赐给我喝，这样，我不会而且也不能再怀疑，我确实拥有一位赐恩典的上帝。

所以，你们看，不可忽视忏悔，要认定忏悔是一件给人以安慰的事情。而且，因为我们需要多次赦罪和多次得到确保，因为我们必须与魔鬼、死亡、地狱和罪孽作斗争，因而我们决不允许我们的任何一样武器给拿走，而要保持上帝赐给我们用来对付我们的敌人的全副武装。因为你们还不知道，跟魔鬼作斗争并将他制服要费多么大的劲。可是，对此我是很清楚的，因为我曾经跟他斗过几个回合。我对他了解得很清楚，而他对我同样也了解得很清楚。如果你们对他有了了解，你们也许就不会像现在这样拒绝忏悔了。

我把你们托付给上帝。阿们。

14 《新约》诸序言

《新约》序言

1546（1522）

[本来，这本书没有任何序言或者外加名称，只有它自己的内容和名称，是正确而适当的。然而，已经有许多毫无根据的解释和序言散布于基督徒的脑海，甚至到了没有人能分清什么是福音和什么是律法，没有人能分清什么是《新约》和什么是《旧约》的地步。因此，就有必要写一个提示或序言，让普通人能从他以前所受的欺骗中解脱出来，走上正确的轨道，了解他应该在这书里寻找什么，这样，他就不会在理应寻找上帝的福音和应许的地方去寻找律法和诫命了。

所以，首先应当知道，必须树立这样的观念，即四福音书，也只有四福音书。同样，将《新约》各卷书分成什么“法律书”、“历史书”、“先知书”和“智慧书”的做法，应该完全否定。有人作了这样的划分，以为（我不知道怎么会这样）这样使得《新约》与《旧约》可以相比较。正相反，应该坚决反对这样的划分。]

《旧约》是一部写上帝的律法和诫命的书，记录了守法和不遵守法的人们的历史，同样，《新约》是一部写上帝的福音和应许的书，也记录了相信和不相信的人们的历史。

因为，“福音”（Evangelium）是一个希腊词，在希腊文中的意思是好消息，好音信，好新闻，好报道，是人们高兴地来歌颂和报告的。例如，当大卫战胜了力大无比的歌利亚时，捷报就传到了犹太百姓中间，传来了鼓舞人心的新闻，说他们的可怕的敌人已经被打倒，他们得救了，获得了喜悦和和平；他们高兴得又唱歌又跳舞（事见《撒母耳记上》，18: 6）。

由此可见，上帝的福音，或者说《新约》，乃是好的故事和报道，它由使徒们传遍了整个世界，宣告有一位真实的大卫，他与罪恶、死亡和魔鬼做争斗而战胜了它们，把所有囚禁在罪恶之中深受死亡折磨和魔鬼压制的人们解救了出来。用不着他们自己费力，他就使他们成为义人，给予他们生命，拯救他们，使他们又得到了和平，把他们带回到上帝那里。他们为此而高歌，感谢和赞美上帝，只要他们坚信不疑，他们就将永远欢欣鼓舞。

这个报道和鼓舞人的音信，或曰属神的福音，也被称为“新约”。因为当一个将死之人确定在他死后将他的财产遗赠给他的合法继承人时，这就是“约”了。而基督，在他死前，命令和嘱咐让他的福音在他死后传遍全世界（《路加福音》，24: 44—47）。如此，他把他所有的每一件东西都给予所有信他的人，成为他们自己的产业。这包括：他那将死亡吞没掉的生命；将罪孽涂抹掉的正义；将永恒的诅咒排除掉的拯救。一个可怜的人，一个死在罪孽之中和已经被交付给了地狱的人，听不到比这个关于基督的宝贵而微妙的消息更感到安慰的了；如果他相信这是真实的，他肯定会从心底里笑出声来，为此而兴奋。

现在，为了加强这个信，上帝已经用多种方式来许诺这个福音和“约”了，在《旧约》中是通过众先知，就像圣保罗在《罗马书》(1: 1)中所说的：“我奉召去传上帝的福音。这福音是上帝从前借众先知在圣经上所应许的，论到他儿子，是从大卫后裔生的”，等等。

这样的地方，可以举出其中的一些：上帝的第一个应许是在《创世记》(3: 15)中他对蛇所说的：“我又要叫你和女人彼此为仇，你的后裔和女人的后裔也彼此为仇，女人的后裔要伤你的头，你要伤他的脚跟。”基督是这个女人的后裔，他伤了魔鬼的头，那就是罪、死亡、地狱以及他所有的权柄。因为若没有这个后裔，就没有人能够逃避罪、死亡或者地狱。

又如，在《创世记》(22: 18)中，上帝对亚伯拉罕许诺说：“地上万国都必因你的后裔得福。”圣保罗在《加拉太书》(3: 16)中说，所说的亚伯拉罕的后裔就是指基督；通过福音，他使整个世界都得福(《加拉太书》, 3: 8)。因为凡是没有基督的地方，就仍旧有着当年由于犯罪而降临在亚当及其后裔们头上的诅咒，因为有罪而无可避免地忍受着罪、死亡和地狱。与这种诅咒正相反，福音却使得整个世界都得福，福音公开宣布：“凡是信亚伯拉罕这个后裔的，就必得福。”也就是说，他必定摆脱掉罪、死亡和地狱，必定称义，必定永远存活和得救，就像基督他自己在《约翰福音》(11: 6)中所说的那样：“凡信我的人，必定永远不死。”

上帝在《撒母耳记下》(7: 12—14)中又对大卫作出过这样的应许，他说：“我必使你的后裔接续你的位，他必为我的名建造殿宇，我必坚定他的国位，直到永远。我要作他的父，他要作我的儿子，”如此等等。这就是福音所说的基督之国：永恒之国，生命、得救和正义之国，所有信的人都得以脱离罪和死亡之牢狱而进入这国。

在其他先知书中，还有许多这样的应许，例如，在《弥迦书》(5: 2)中说道：“伯利恒以法他啊，你在犹大诸城中为小，将来必有一位从你那里出来，在以色列中为我作掌权的”；还有，在《何西阿书》(13: 14)中说道：“我必救赎他们脱离地狱，救赎他们脱离死亡。哦，死亡啊，我要加灾害给你，哦，地狱啊，我要让你毁灭。”

可见，福音无非是宣讲基督，这位上帝和大卫的儿子，真正的上帝和人，他为我们死而复活，使得所有信他的人因此而免于罪、死亡和地狱。由此，福音可长可短；某个人可能写得短，而另一个人却可能写得长。写得长的人，写下了基督所说的许多话和所行的许多事，像四福音书的作者就是这样。然而，写得短的人，他们并不叙述基督所行的事，而是简短地指出他如何由他的死而复活来使得信他的人免于罪、死亡和地狱，像圣彼得和圣保罗就是这样的。

所以，请注意，你们不要让基督成为摩西，让福音书成为律法书或者教义书，迄今有人确实这样做了，正如有些序言所说的，甚至哲罗姆的序言也这样说。因为福音书并没有明确提到为了使我们称义和得救而要求我们怎样行事；事实上，福音谴责这样的行为。福音要求我们信基督：相信他为我们而战胜了罪、死亡和地狱，从而给予我们正义、生命和得救，那并不是由于我们的行为，而是由于他自己所行的事，由于他的死和受难，他这样做是为了使我们因他的死和得胜而受益，就好像我们自己做了这些事情一样。

固然，福音书中的基督，还有圣彼得和圣保罗，的确给出了许多诫命和教诲，也对律法作出了解释。但是，应当把这些事情跟基督所做的其他所有事情和善行一起来考虑。知道他所行的事以及发生在他身上的事，并不等于就知道真正的福音，因为你们并不因此而知道他征服了罪、死亡和魔鬼。所以，同样的，你们知道这些诫命和教诲，并不意味着你们知道了福音，只有当你们听到有声音说："基督，连同他的生命，他的教导，他所行的事，他的死而复活，以及所有他所是的，所有的，所做的和能够做到的，为你们自己所有了，"你们才得到了福音。

因此，我们也看到，他并没有强迫我们，而是温和地邀请我们，他说："贫乏的人有福了，"（《马太福音》，5: 3）等等。使徒们惯用的词汇是："我规劝你们"、"我恳请你们"、"我请求你们"，可见，无论从哪一个方面来看，福音书都不是律法书，而是实实在在宣讲基督的恩惠，只要我们信，这恩惠就显示给我们，就赐给我们而成为我们自己的产业。可是，摩西在他的书里，总是在强迫、威胁、打击、严斥，因为他是律法的颁布者和驱使者。

由此可见，对于一个信的人来说，没有律法使他借以在上帝面前称义，就像圣保罗在《提摩太前书》（1: 9）中所说，因为他是靠信而活着称义和得救的，他除了要以行动证明他的信以外再也不需要其他任何东西。确实，如果信在那里，他就决不回头；他证明他自己，做出好多良善的行为，在众人面前确认和宣讲福音，并以福音为他生命的根基。他所经历和履行的每一件事情，都是为了给他的邻居带来好处，为了帮助他——不但是为了他得到这个恩典，而且在身体、财产和荣誉上帮助他。看到基督为他这样做，他也以基督为榜样去这样做。

基督最后说，除了爱他不给出别的命令，就是这个意思，而凭着爱，就可以知道谁是他的门徒（《约翰福音》，13: 34—35）和真正的信徒了。因为如果看不到有事工和爱爆发，就说明还没有确立信，还没有接受到福音，还没有正确地认识基督。因此，你们应该学会以这样的方式去读《新约》中的各卷，这才是真正贴近它们。

[《新约》中哪几卷书真实而最珍贵呢？]

[现在，综上所述，你们可以对各卷书作出判断，决定哪卷书是最好的。《约翰福音》和圣保罗的书信，尤其是《罗马书》，以及圣彼得的《彼得前书》，是所有各卷书的真正的核心和精髓。这些书理应成为首要的书，建议每一个基督徒首要就是读这些书，每日必读，就像是他每天的面包。因为在书中你们没有读到基督所行的许多事情和奇迹，但你们看到基督的信如何战胜罪恶，死亡和地狱，赋予生命、正义和拯救。一如你们已经听到的，那才是福音之真实本性。

如果我不得不在二者——即基督所行的事和所传的道——之间作出选择的话，我宁可要后者而不要前者。因为他所行的事对我没有什么帮助，而他所说的言语却给出了生命，就像他自己所说的那样（《约翰福音》，6: 63）。约翰写基督所行的事很少，写他所传的道很多，而别的几位福音书作者则较多写他所行的事，却较少写到他所传的道。所以，《约翰福音》居于福音书首位，它精美而真实，远远胜过其他三部福音书，位置在它们之上。同样，圣保罗和圣彼得的使徒书，也超过另外三部福音书，即《马太福音》、《马可福音》和《路加福音》。

总之,《约翰福音》和《约翰一书》、圣保罗的使徒书，尤其是《罗马书》、《加拉太书》和《以弗所书》，以及圣彼得的《彼得前书》，向你们显明基督，教你们所有必要的、使你们得救的道，即使你们从未看到和听到别的任何书或教诲。所以，圣雅各的《雅各书》，若与其他使徒书相比，那实在是如同稻草，因为它根本没有涉及福音之本性。在另外的序言中还会再来谈这个事情。]

15 《旧约》诸序言

《旧约》序言

1545（1523）

有些人，他们很少看《旧约》。他们认为《旧约》仅仅是写给犹太人看，现在已经过时，因为它只包含了过去时代的故事而已。他们认为有了《新约》就足够了，而主张在《旧约》中不过是寻找一种灵意。奥利金、哲罗姆以及另外许多杰出人士，也都持这个观点。然而，基督在《约翰福音》（5: 39）中说："你们查考圣经，因为给我作见证的就是这经。"圣保罗吩咐提摩太要去研读《圣经》（《提摩太前书》，4: 13），在《罗马书》（1: 2）中他更明确指出，福音是上帝在圣经上所应许的，而在《哥林多前书》15 章中他说，按照圣经，基督来自于大卫的后裔，他死了，又复活。圣彼得也不止一次地提醒我们要读圣经。

他们这样做是为了教导我们不要轻视《旧约》，而要用心去研读。因为他们自己坚定地将《新约》建立在《旧约》基础之上，用《旧约》来证明《新约》，求助于《旧约》，就像路加在《使徒行传》（17: 11）中所述，他们在帖撒罗尼迦天天查考圣经，看看这些事情是否像保罗所教导的那样。《新约》的根据当然不应该受到轻视，因而《旧约》是要高度重视的。可是，《新约》不就是基督所公开宣讲、由《旧约》的预言所阐明并由基督加以实施的内容吗？

为了使不熟悉《旧约》的人在阅读《旧约》时得到有益的指导和引领，我准备在这篇序言里充分发挥上帝所赐给我的能力。我请求并且也实实在在地提醒每一位虔诚的基督徒，不要因为经常会遇到语言简单或者故事浅近而觉得不值一读，应该充分意识到，尽管它们似乎很浅近，但乃是至高无上的上帝的威严和智慧所说的话、所行的事和所作的判决。因为这些经文使所有聪明通达的人变成了傻瓜，只向头脑简单的小人物敞开，这是基督在《马太福音》(11: 25) 中说的。所以，你们要放弃自己的见解和情感，将圣经看作最崇高的和最宝贵的圣物，就好比是永远取之不尽的宝藏，而这样做是为了使你们找到上帝为戒除你们的骄傲之心而以浅近的方式放置在你们面前的属神的智慧。在这里，你们可以找到基督的襁褓和所卧的马槽，就是天使指给牧羊人看的(《路加福音》，2: 12)。这襁褓是何等简单和低廉，但它包着的基督却何等地贵重。

要知道，《旧约》是一部律法书，它教导人们做什么和不做什么——另外，也给出了遵守和违背律法的例子和故事——就像《新约》是福音书，或者说恩典书，它教导人们该到哪里去获得履行律法的能力。在《新约》中，除了有关恩典的教导以外，还有许多借以克制肉体的律法和诫命的教导——因为在今世生活中灵意还没有得到完善，单凭恩典也不能够控制。类似地，在《旧约》中，除了律法之外，也还有一些关于恩典的应许和言语，使得圣父和先知在律法之下，也像我们一样处在对基督的信之中。虽然如此，如果说

《新约》的主要教导在于通过在基督里面的罪得以赦免而宣告了恩典和平安的话，那么，《旧约》的主要教导就在于教导人们遵守律法，指出什么是罪和要求人们行善。你在《旧约》中应当期待的是这一些。

我们先来看摩西五经。在他的第一部书（《创世记》）里，摩西说到所有被造物是如何被造的，以及（这是他写这部书的首要原因）罪和死亡从何而来，即来自于亚当的堕落和魔鬼的邪恶。可是，紧接着这个，还在摩西的律法出现之前，他就说道会有驱赶罪与死亡的援助来临，就是说，并不是依靠律法或者人们自身的行为（因为那时还没有律法），而是靠着那“女人的后裔”即基督，向亚当和亚伯拉罕应许的，这样，从一开始起，整个圣经都是将信置于一切行为、律法和功绩之上而加以赞美的。因此，《创世记》几乎完全是在用实例说明信与不信，说明信与不信所承担的后果。这是一部极富福音色彩的书。

之后，在第二部书（《出埃及记》）里，世界完全陷于盲目之中，致使人们几乎不再知道什么是罪或者死亡从何而来。上帝用律法带领摩西，拣选出特选的百姓，为的是通过他们重新照亮世界，通过律法重新揭露罪孽。所以，他用各种律法来组织这些百姓，使他们区别于所有别的百姓。他让他们造帐幕，开创了献祭仪式。他委任首领和族长，他给他的百姓既供了律法和统领他们的人，这些人在肉体上在世界面前统治他们，在灵心上则在上帝面前管辖他们。

第三部书（《利未记》）的主题是任命祭司，以及颁布法令和律法，让祭司们据此行事和教导百姓。在其中，我们看到，之所以设立祭司的职事，乃由于有罪，为了向百姓揭露罪，在上帝面前赎罪，故而它的全部功能就在于跟罪和罪人相处。也由于这个缘故，并没有什么世间的财富给予这些祭司；既没有授权也不允许他们统治人们的肉体。倒不如说，指派给他们的唯一工作是关怀处在罪之中的人们。

在第四部书（《民数记》）里，既然律法已经颁布，已经确立了首领和祭司，建立起了帐幕和献祭的仪式，与上帝的子民有关的事情都已经就绪，接着，就开始执行了；这就是在实地试验，看这样的安排是否妥当。所以，在这一卷书中大量谈到百姓如何违逆以及灾难如何临头。又对某些律法作了解释，律法的数目有了增加。实际上，事情总是这样的；律法是很快颁布了，但是，当它们要生效付诸实施时，所遇到的只是阻力了；没有什么事会依律法的要求来做。这一卷书正好明确说明了，要想让人们靠律法而称义，是空而不实的，就像圣保罗所说的，律法只会产生过犯和上帝的愤怒。

在第五部书（《申命记》）中，百姓由于违逆而受了罚，上帝以恩惠来诱劝他们，想通过赐给他们两个帝国可以打动他们，让他们愉快地自觉遵守他的律法，摩西再次重复了全部律法。他复述了发生在百姓身上的所有故事（除了跟祭司有关的事），无论是肉体上统治百姓还是在灵心上管辖百姓的每一件事情，他都重新作了说明。这样，作为一个完善的律法颁布人，摩西履行了他的职事的全部责任。他不单是颁布了律法，而且，在要求人们履行律法时他也在场。当事情出了偏差时，他就对律法作出解释，重新确立律法。然而，在第五部书里，这种解释无非是对上帝的信和对邻居的爱，因为上帝的全部律法都归结于此。所以，一直到第二十章，摩西在他对律法的解释中防范可能破坏对上帝的信的每一件事；而且，从这一章开始一直到本卷书的结尾，他都在防范妨碍爱的每一件事。

首先可以看到，摩西考虑周到地将百姓组织在律法下面，不容人自作主张或者发明自己的敬神方式。因为摩西不单教导人们如何对上帝存敬畏、敬爱和信靠之心，而且提供了许多可以表现出来的敬神方法——如献祭、感恩、禁食、禁欲等等——，没有人需要选择别的方式了。此外，他还指导人们如何耕种，如何婚配和打仗，如何管理小孩和奴仆，如何管理家务，如何买卖，如何借贷和偿还，以及里里外外的每一件事情。他事无巨细，都一一加以限定，以致有些规定会显得笨拙和无用。

那么，我的朋友，为什么上帝要这样做呢？说到底，就是因为他已经把这些百姓看作是他自己的子民，他愿意做他们的上帝。由于这个缘故，他希望如此管理他们，他们做的所有事情在他眼里当然可以称义。因为任何人如果做了任何事先没有得到上帝之道所许可的事情，那么，这事情在上帝面前就分文不值，完全是徒劳的了。因为在《申命记》（4: 2 和 12: 32）中，他禁止对他的律法作任何添加；中他又说到（12: 8）他们不应该做仅仅在他们自己的眼中看为正的事情。《诗篇》以及全部先知书，也都悲叹百姓只做他们自己选择去做的善事，但那并非上帝所命。他不可能、也不会允许他自己的子民去做任何他没有命令过的事情，不管那是何等的善事。因为顺从上帝的言语，是最宝贵和最善美的事。

然而，既然今世生活不可能没有敬神方式，上帝就把所有这些方式都摆到他们面前，把它们归入他的诫命，这样一来，如果他们必须或者想要对上帝做任何可以表现出来的敬拜，他们就可以采取其中的某一种方式，而不会采取他们自己发明的方式了。他们可以加倍地确信，他们所做的事情顺从上帝和他的道。因此，当他们在行善事和过正直的生活时，他们就在各个方面都可以免于遵从他们自己的主张和自由意志了。无论房间、地点、时间、人员、工作以及方式，都是极其恰当地被规定了的，因而人们就不会再抱怨什么了，也不需要盲目追随异邦敬神的榜样。

其次应该注意到，律法有三类。有些律法只涉及世俗的事情，就像我们君王的律法一样。上帝制定这些律法，主要是针对那些为非作歹的人，要他们不再作恶。这样的律法防范胜于指导，例如，摩西命令丈夫可以写休书赶走妻子（《申命记》，24: 1）或者说用“表示疑恨的大麦面作供物”（《民数记》，5: 11—31）休妻而另娶。所有这一切都是世俗的律法。然而，也有一些律法教导人们敬拜上帝，这在前面已经提到过了。

除了上述两类律法以外，还有关于信和爱的律法。其他所有律法都必须和应该由信和爱来衡量。也就是说，其他律法之得以保存下来，取决于遵守它们时并不与信和爱相冲突；而一旦它们与信和爱相冲突，就应当完整被去除。由于这个原因，我们读到大卫不杀那个谋杀犯约押（《列王纪上》，2: 5—6），虽然他两次都应该被处死（《撒母耳记下》，3: 27；20: 10）。而在《撒母耳记下》（14:［11］）中，大卫答应提哥亚的妇人，她儿子不会因为杀死他的兄弟而被杀。大卫同样也没有杀死押沙龙（《撒母耳记下》，14: 21—24）。而且，大卫自己还吃了祭司的圣饼（《撒母耳记上》，21: 6）。还有，他玛认为大卫王会把她许配给她的同父异母兄弟暗嫩（《撒母耳记下》，13: 13）。从这些以及其他类似的事情中可以清楚地看出，列王、祭司以及百姓的首领们，也经常由于信和爱的要求而大胆地违反律法。因此，信和爱总是支配律法的，统领所有的律法。因为既然所有的律法都以信和爱为其目的，任何一条律法，如果它与信或爱相抵触，就不能够生效，或者说，就不成其为律法了。

即使到了今天，犹太人还如此执拗地严守着摩西的某些律法，实为大错。他们竟宁可让爱和平安受到破坏而不愿意与我们一起吃喝或者做此类事情。他们并没有正确地对待律法的本意；可是，对于所有生活在律法之下的人而不单是犹太人来说，理解这一点至关紧要。基督也在《马太福音》12 章中说到，如果人有一头牛掉进了坑里，他可以不守安息日而去救这头牛。毕竟这只是一件世俗小事而已。只要不跟信和爱相抵触，当一个人在肉体上感到有必要的时候，他更应该大胆地打破各种律法。基督说，大卫吃圣饼时就是这样做的（《马可福音》，2: 25—26）。

但是，为什么摩西把他的律法都混在一起呢？为什么他没有把世俗的律法归为一类，把属灵的律法归为另一类，再把信和爱的律法又归成一类呢？而且，他有时还经常重复某一个律法，多次重复同样的话，甚至使读者或听者感到厌烦。答案就在于摩西是按当时的形势需要来写的，这样他的书就成了治理和生活的描述和说明。因为这是在动荡年月里的一种处理方式：现在则必须结束这样的事情了。没有人会如此来安排他的生活（如果他想以属神的方式来行事的话），即这一天他只应用属灵的律法，而另一天却只应用世俗的律法。相反，上帝把所有律法混在一起——就像天上的星星和地上的花朵一样——，一个人在每一个时刻都必须准备对付任何事情，然后按照具体情况而行事。与此类似，摩西所写的代表了杂七杂八的混合体。

摩西如此持之以恒，经常重复同样的事情，这正好说明他所肩负的职责的性质。因为一个用律法治理百姓的人，必须不断告诫他们，驱使他们，像对待驴子那样与百姓斗争。因为没有人会心甘情愿地守法，总是被强制的和被迫的。既然摩西是律法的颁布者，他必须要通过自己的坚定决心表明要强制守法。他势必要制服百姓，必须使他们认识到他们的弊病和对上帝的律法的厌恶，而且也使他们渴求上帝的恩典，下文将加以说明。

再其次，摩西的真实意图是通过律法去揭露罪孽，贬低人们的自以为是。因此，圣保罗在《加拉太书》（2: 17）中称摩西为“罪之代理人”，称他的职事为“司死亡之职”（《哥林多后书》，3: 7）。在《罗马书》（3: 20 和 7: 7）中他说道：“因为律法本是叫人知罪”；而在《罗马书》（3: 20）中：“凡有血气的没有一个因行律法能在上帝面前称义。”因为摩西借律法所能做到的，只不过是告诉人们该做什么和不该做什么。可是，他并没有提供力量和能力去做什么和不做什么，因而他还是使我们陷入罪孽之中。一旦我们陷在罪孽里面，死亡立刻就压到我们身上来，作为对罪的报复和惩罚。为此，圣保罗称罪是“死亡的毒钩”（《哥林多前书》，15: 56），因为死亡之所以得以有权盖在我们头上，靠的就是这罪。但是，没有了律法，就不会有罪了。所以，这全是摩西的过错，由于他所颁布的律法才惹起了罪，接着就有死亡来对罪进行报复。因此，圣保罗称摩西的职事为司罪与死之职（《哥林多后书》，3: 7），是很确切的，因为他颁布了律法，他带给我们的只有罪和死亡。

然而，这个罪与死之职事，却又是良好的，十分必要。因为在没有上帝的律法的地方，人的全部理性就变得极其盲目，以致无法认识到罪。因为人的理性并不知道不信上帝就是罪。确实，它丝毫也不了解人应当信靠上帝。它顽固地坚持自己的盲目，自行其是，从来也没有感觉到这是罪。在这样的情况下，它也做了一些本来可以说是好事，它也过着一种外表上看起来很可敬的生活。如此，它以为它过得很好，事情处理得很好；在异教徒和伪善者那里，当他们生活得很好的时候，我们看到了这种情况。除此之外，理性也不懂得肉体的作恶意向和对敌人的仇恨都是罪。正因为它发现和感觉到所有人都具有这样的意向，它宁可认为这些事情是自然而然和理所应当的，只要能克制住不表露出来就可以了。因此，它就自行其是，明明是有病在身，却认为自己身强力壮，明明是有罪，却认为自己道德高尚，视恶为善，处处故步自封。

看吧！摩西的职事，对于驱除这类盲目的自以为是非常重要。显然，要不是他向他们揭示、让他们知道的话，他是没有办法将其驱除掉的。他靠律法做到了，他教导人们应该畏惧上帝，依靠上帝，相信上帝和热爱上帝；除此之外，他还教导人们不应该对任何人怀有恶念或恨心。人的本性懂得了这一点，它就必定会感到害怕，因为它肯定会发现，它对上帝既不依靠也不相信，既不畏惧也不热爱，对邻居也没有什么爱和真诚。倒不如说，人的本性发现的只是自己对上帝的不信、怀疑、蔑视和恨恶；对邻居也只有恶念而已。但是，当人的本性发现了这些事情的时候，死亡立即出现在它眼前，已经准备好要把这样一个罪人吞噬，让他在地狱之中受罚。

看吧，这就是说罪孽会将死亡带给我们，会杀死我们。这就是说律法会惹起罪孽，使它出现在我们眼前，使我们完全丧失自信而陷入沮丧和绝望之中，以至于只能与先知们一起悲号“我被上帝遗弃了”，或者，像我们用德文所说的：“魔鬼选中了我，我再也不能得救了。”这可真是下地狱了。这就是圣保罗在《哥林多前书》(15: 56）中所说的那句话的意思：“死的毒钩就是罪，罪的权势就是律法。”就像他是说：“因了存在于我们里面的罪，死刺伤和杀害我们，我们因罪而该死；然而，之所以会在我们里面发现有罪并判我们死刑，乃是由于有了律法，这律法揭露了我们的罪，教我们认识这罪，而在此之前，我们并不知道罪，觉得很安心。”

请注意，摩西凭着什么样的权力来行使他的这个职事。因为为了最大限度地贬抑人的本性，他不仅颁布诸如十诫这样涉及本质上的和真实的罪孽的律法，而且把一些就其本质而言不成其为罪的事情也说成是罪。这样，摩西就将一堆罪压在了他们身上。因为，不信和邪念就其本质而言，也算是罪，是理应致死的。但是，像在逾越节吃没有发酵的饼（《出埃及记》，12—13）和吃不洁净的动物(《利未记》，11，《申命记》，14）或者在身上刺花纹（《利未记》，19: 28，《申命记》，14: 1）之类在《利未记》所记载的祭司们认为是罪孽的事情，就其本质而言，并不是有罪的和邪恶的。宁可说，它们之所以会成为有罪，只是由于它们被律法所禁止。这种律法就可以去除掉。然而，十诫却不能被去除掉，因为哪怕没有这些诫命，或者这些诫命根本无人知晓，这里还是有罪存在的——就像异教徒的不信，即使他们不知道或者不以为这是罪，但毕竟还是罪。

我们由此可见，摩西颁布这许多律法，不单是为了防止任何人选择他自己行善事和过正直人生活的方式，这在前面已经说过了，而且，更是为了使得罪的数目大大增加，可以堆积如山。目的就在于使良心受到压力，让那种盲目的自以为是不得不有所觉悟，感到自己没有能力去行善事。这样的盲目性必须在律法的迫使下寻求某种超越律法及其自身能力的东西，即，上帝借应许在即将降临的基督所应许的恩典。上帝的每一条律法都是良善的和正确的（《罗马书》，1: 7—16），即使是吩咐人们去清扫牲畜粪便或者堆集麦秆的律法，也是如此。因而，凡是不遵守——或者勉强遵守——这良善的律法的人，在他的心目中就不能称义或者称善。可是，人的本性在遵守律法时又不可能是不勉强的。所以，人的本性在面对上帝的这种良善的律法时必定会感到它自己的软弱，渴求得到基督里面属神的恩典的扶助。

因为这个缘故，当基督降临时律法就结束了，尤其是《利未记》中的律法，如前所述，它是将那些本质上并不是罪的事情也说成是罪。同样，十诫也结束了，不是说它们不再要遵守或者履行，而是说摩西在它们里面所履行的职事结束了；不再由于十诫而使罪增多（《罗马书》，5: 20），罪也不再是死亡之毒钩（《哥林多前书》，15: 56）。因为由于基督的缘故，罪得到了赦免，与上帝取得了和解，人的心灵开始对律法感到亲切。摩西的职事不能再对心灵横加指责，不能再像在恩典之前也即基督降临之前那样称不遵守诫命为罪，罪应致死了。

圣保罗在《哥林多后书》（3: 7—14）中这样教导，他说，摩西面上的荣光，由于基督面上的荣耀而被废除了。这就是说，摩西的职事是让我们知道我们自己的软弱和虚无，从而使我们知罪和蒙羞，但不再使我们痛苦，不再使我们感受到死亡的恐惧了。因为我们现在得知基督面上的荣光（《哥林多后书》，4: 6）。这乃是恩典之职分，使我们认识基督，靠着他的公义、生命和权威去履行律法，克服死亡和地狱。所以，在山上见到了摩西和以利亚的那三位使徒，因为看见了基督面上的慈爱的荣光而并不害怕他们（《路加福音》，9: 32）。然而，在《出埃及记》（34: 29—35）中，由于基督不在场，以色列的子民们经受不起摩西面上的荣光，以致他不得不用帕子蒙上脸。

因为律法具有三种不同类型的人。第一类虽然听到律法但无动于衷，他们毫无畏惧地过着邪恶的生活。律法并不对这类人有效。他们以荒野里那些敬拜牛犊的人为代表，摩西看到他们就把两块法版扔在山下摔碎了（《出埃及记》，32: 19）。他不把律法带给他们。

第二类人不是靠恩典而是想凭自己的力量去履行律法。他们的摩西第二次拿着法版时那些不能看摩西的人（《出埃及记》，34: 34—35）为代表。律法到了他们那里，但他们无法承受它。所以他们在上面蒙上了一块帕子，过的却是一种伪善的生活，只在表面上做律法规定做的事情。可是，一旦揭去了帕子，律法就使这一切都成为罪孽。因为律法表明，没有基督的恩典，我们的能力就一文不值。

第三类人则是那些不用帕子而明明白白地见到了摩西的人。这些人理解律法的意图，知道律法在要求一些不可能做到的事情。在律法里面，是罪在掌权，是死亡在逞能，歌利亚的枪杆像织布的机轴一般，它的枪钩重六百舍客勒，以色列的子民们全都畏惧而逃，只有一人，唯一的一个人，即大卫——我主基督——，才从中拯救出我们（《撒母耳记上》，17: 7, 24, 32）。因为，要不是基督的荣耀也跟摩西的荣光一起出现，就没有人能够承受律法之光耀，死亡与地狱之恐怖。这第三类的人不再自作主张地忙忙碌碌，而只是从律法中学会如何认识罪孽和渴望基督。这才是摩西的真正职事，也是律法之本质所在。

所以，摩西本人也告诉我们，他的职事和宣教应当延续到基督降临为止，此后就结束了，他在《申命记》（18: 15—19）中说："主你们的上帝要从你们弟兄中间给你们兴起一位先知像我，你们要听从他，"等等。这话是摩西所说的话中间最宝贵的，实际上是所有的话的核心。使徒们引用了这句话，尽力用它来加强福音和废除律法（《使徒行传》，3: 22；7: 37）。所有先知都着重凭靠这一句话。因为既然上帝在这里应许有另一位摩西，要他们听从他，那么，这另一位摩西就势必会讲出一些不同于摩西的话来；而摩西会交出他的权力并顺服于他，让大家都听从于他。因而，这位［正在来临的］先知不会再讲律法了，因为摩西已经讲到头了；为了律法的缘故，不需要再兴起另一位先知。因此，这话显然是关于基督和宣讲恩典而说的。

也由于这个缘故，圣保罗称摩西的律法为"旧约"（《哥林多后书》，3: 14），而基督所立的是"新约"（《哥林多前书》，11: 25）。之所以称其为"约"，是因为上帝在它里面对以色列的子民作出了应许和遗赠，即如果他们愿意保有的话，就把迦南地赐给他们。而且，他也确实赐给了，是由绵羊和山羊的死和血为证的*。但是，因为这个约并不是立于上帝的恩典之上，而是立于人们的行为，它就必然被废弃了，而应许之地也必然再度丧失——因为律法是不可能靠行为来履行的。另一个约势必就来临了，它并不是立于我们的行为，而是立于上帝的言语和行为，因而，它可以永远延续下去。所以，它乃是由那位永恒者的死和血来确保的，所应许和赐予的是一块永恒之地。

但愿关于摩西的经书和职事说了这些就够了。那么，还有其他经书，即先知们和史家的书，又该如何呢？我的回答是：他们无非跟摩西是一样的。因为他们全都是在宣传摩西的职事；他们反对假先知，就在于他们并不引领百姓做些什么，而是同意他们继续留在摩西的真实的职事里面，认清什么是律法。他们坚持这个目的，即让百姓通过正确地理解律法而意识到他们自己的无能，从而驱使他们去信靠基督，就像摩西当年所做的一样。由于这个缘故，他们还进一步阐明了摩西关于基督所说的话，并且举出了两种例子，即正确理解摩西的人和没有正确理解摩西的人，以及他们各自得到的赏与罚。这样，先知们不外乎是摩西和他的职事的运用者和见证人，通过律法将每一个人带领到基督那里去。

最后，我还应该说明一下摩西写在《利未记》中的律法和献祭规定向我们提示了怎样的灵意的含意（spiritual meaning）。可是，这要写的就太多了；需要空间和时间，且应该用生动的声音去陈述。因为摩西确实是智慧和悟性之源泉，先知们所知道和所说到的

* 事见《创世记》（12: 7和15: 9）。

一切，无不发源于此。而且，即使是《新约》，就像我们前面所听到的，也是源于此和基于此。不过，对于那些得到了恩典并具有悟性去进一步探索的人，我有责任给他们提供一些小线索。

如果你希望正确无误地作出解释，那么，请让基督站到你的面前，因为他是全能者。然后，你要把亚伦只当作基督来看待，就像使徒对希伯来人所说的那样（《希伯来书》，5: 4—5），仅此就足以解释摩西的所有喻象。同样，同一位使徒又宣称（《希伯来书》，9—10），可以确信，基督本身就是祭物，其实又还是祭坛（《希伯来书》，13: 10），他献出的是他自己的血。现在，由利未的祭司所行的献祭，去除的只是人为的罪孽，实质上并不是罪孽；而我们的大祭司即基督，他用自己的祭物和鲜血除去了真正的罪孽，即实质所在的罪孽。他只一次通过帐幕进到上帝那里，就成就了我们永远的赎罪（《希伯来书》，9: 12）。所以，你们应该求助于基督而不求助于任何别的人，所有这些都写在有关大祭司的叙述里了。

但是，大祭司的儿子们，就是那行日常的献祭的，你们应当理解为指的是我们自己。在这里地上，在肉体上，我们基督徒活着与我们坐在天上的父基督同在；然而，除了在灵心上靠着信以外，我们无法到他那里。他们宰杀祭物和献祭的职事，无非就是传讲福音，使那老年人被宰杀作了献给上帝的祭物，在圣灵之中被爱之火烧掉。这样的献祭确实是上帝所喜悦的；就是说，它所产生的良知是善良而纯全的，在上帝面前是安心的。这是圣保罗在《罗马书》（12: 1）中所作的解释，他教导我们说，我们应该将我们的身体献给上帝，当作活祭，是圣洁的，是上帝所喜悦的。正像我们前面已经说过的，这就是我们在传讲福音以及相信福音时必须时刻坚持的。

但愿以上文字足以成为在《旧约》中寻找基督和福音的一个简要指导。

凡是读这本《圣经》的人都应该知道，我是十分小心地写上帝的名称的，犹太人称他为“Tetragrammaton”，就全用大写字母HERR，而他们称为Adonai的，则一半用大写字母，HErr。因为在所有上帝的名称中，唯有这两个名称才是圣经中称呼那真正的上帝的；而其他名称则归给天使和圣者。我这样做是为了使读者能由此得出有力的结论，说基督是真正的上帝。因为在《耶利米书》（23: 6）中，耶利米称他为“主”（*HERR*），说道：“他的名必称为‘主（HERR）我们的义’。”在其他章节中也有同样的情况。在此，我把所有我的读者都举荐给基督，请求他们帮助我从上帝那里获得力量，将这份工作贯彻到底，取得有益的结果。因为，我坦率地承认，我已经做了太多的事情，尤其是尝试把《旧约》翻译成德文。至于希伯来语，说起来很伤心，的确已经走向没落，即使犹太人也知道得很少了，而他们所作的注释和解释（我已经检验过了），实在是不足为据。我以为，如果《圣经》要重新振兴，那么，我们基督徒一定要做这样的工作，因为我们理解基督，没有这种理解，语言知识是一无所用的。正因为他们缺乏这样的理解，以往的译本，即使是哲罗姆的译本，在许多章节都出了错。虽说我也不能夸口说我已经做得完美了，但是，我敢说这本德文本《圣经》在许多地方都比拉丁文本《圣经》更加明白和准确。因此，只要印刷者不至于粗制滥造，那么，德文本《圣经》就确实会胜过拉丁文本《圣经》，读者将会为我作证。

而现在，泥巴总会粘到轮子上去，任何人都不会傻到不想在这件事情上充当我的师傅，在什么地方对我进行批评。就让他们这样做吧。我从一开始就估计到，我会找到成千上万的人批评我所做的工作，却找不到一个人会完成我所做的事情的二十分之一。其实我也想变得很有造诣，在批评圣哲罗姆的拉丁文《圣经》时头头是道来论证我所知道的事情；但他同样也会反问我敢不敢做他所做的事情。如果有人比我学问广博，就让他来承担将整部《圣经》翻译成德文的任务，然后再来告诉我他能做什么。如果他确实做得更好，为什么他不应该比我更受欢迎？我曾经以为我受过良好的教育——而且，靠着上帝的恩典，我也知道我比大学里所有的诡辩家更有学问——，但是，现在我却看到，我甚至还掌握不好我的母语德语。直到现在，我还没有读到过一本书或者一篇文章包含着正确的德语。另外，也没有任何人留意说纯正的德语。大臣官邸的人们、混饭吃的传教士和木偶般的写作人，就更是如此了。他们自以为有权改变德语，每天为我们发明新的词汇，例如什么 *behertzigen*，*behendigen*，*erspriesslich*，*erschiesslich* 等等。是的，我亲爱的，还有 *bethoret* 和 *ernarret* 呢。

用一句话来说，倘若我们所有人可以一起工作的话，我们会有好多事情可做，使得《圣经》更放光彩，一个人研究释义，而另一个人研究语言。因为我也不是独自一人工作，而是利用我所能得到的任何人的帮助。因此，我请大家不要再去欺负那些可怜的人，让他们不要再受到骚扰了，如果可能的话，还是来帮帮我吧。如果他不肯来帮我，就让他自己去翻译《圣经》。那些成天只会欺负人、咬人和抓人的人，他们实在不是正经想要一部纯正的《圣经》，因为他们知道他们无法生成它。他们宁愿在不属于他们的领域当一个“样样都懂的大师”，虽然在他们自己的领域他们连学生都做不了。

愿上帝必成全这工（《腓立比书》，1 章，6 节）。阿们。

16　论公开礼拜的秩序

目前到处通行的礼拜仪式，就像现在传教设所所做的那样，都回复到早期基督教的做法。然而，正如后者已经被那些属灵的暴君歪曲一样，前者也已经受到伪善者的败坏。就像我们并不是要取消传教设所，而是使其恢复到它的正确而正当的位置上来，同样，我们的目的也不在于取消礼拜，而是要重新恢复它的恰当的运用。

有三种滥用已经潜入礼拜之中。第一种是听不到上帝的道，留在教堂里面的只有朗读和唱诗而已。这是最恶劣的滥用。第二种是听不到上帝的道，却将一大堆非基督的胡编乱造的东西引入传奇、赞美诗和讲道中，到了不堪入目的地步。第三种是把敬神的礼拜当作一个行为，借此赢得上帝的恩典和得救。结果是，信仰消失了，当神甫和男女修士，修建教堂和为教堂作捐赠的，全都是被迫而为。

现在，为了纠正这些滥用，首先应该知道，一次基督徒的聚会决不可聚在一起却没有传上帝的道和祷告，不管多么简短，也必须这样做，就如同《诗篇》102 篇所说的："在列王与万民聚会事奉主的时候，他们应该传扬上帝的名并赞美上帝。"保罗在《哥林多前书》(14: 26—31)里说，在他们聚会的时候，他们应当作预言，教导人和告诫人。所以说，如果没有传上帝的道，那么，大家最好既不要唱歌，也不要朗读，或者，根本就不要聚会。

这原是使徒时代基督徒们的习惯，现在还应该保持。我们应该每天清早四五点钟聚在一起朗读（上帝的道），不管是学生还是神甫，或者其他什么人，都应该坚持跟上晨课一样的做法；可以是一两个人，也可以是单个的或互相呼应的分成两边的唱诗班，就看如何更合适。

随后，传道人或者被指定讲道的任何人，就应该站出来讲解这一课，使所有其他人都可以理解和懂得，由此而受到告诫。前者保罗在《哥林多前书》（14: 27）中称之为“说方言的”。而其他人，他则称之为“作解释的”或者“作预言的”，或者，称之为“作讲解的”。如果做不到这样，那么，聚会就不会因讲课而受益，就像男女修道院的情况，在那里，他们只是对着墙壁大声喧嚷而已。

这晨课应该取自于《旧约》；可以选读其中的一卷，也可以选读一章或两章或者半章，一直到把整卷书读完。接着再选读另一卷，依此类推，直到读完整本《旧约》；如果有不懂的地方，可以先跳过去，将荣耀归给上帝。这样，基督徒通过日复一日的训练，就可以熟练地通晓《圣经》了。因为这正是古时候那些纯真的基督徒——不管是童贞女还是殉道者——所得以造就的，今天也仍然可以这样来造就。

现在，当讲课以及作讲解已经经过了约莫半个小时的时候，聚会就应该让大家一起来感谢上帝，赞美上帝，向上帝祈求得到道的结果，等等。为此，应该运用《诗篇》以及一些优美的轮流应答式的祈祷文和赞美诗。简而言之，要让任何事情都在一个小时或者符合大家要求的时间以内完成；因为谁也不应该让灵魂有过重的负担或者感到困乏，迄今为止，男女修道院内却正是这样的情况，他们像骡子一样驮着极重的负荷。

同样，也应该在傍晚五六点钟的时候去聚会。在这个时候，人们应该再次认真地逐卷阅读《旧约》中的先知书*，甚至要像早晨读摩西五经和历史书**一样。但是，因为《新约》也是一部书，因而，我在早晨读《旧约》，傍晚读《新约》，或者反过来，并且，像在早晨一样，也有一个小时的朗读、解释、赞美、唱诗和祈祷。因为所有这些事情都在于让上帝的道可以运用自如地振奋和鼓舞众多灵魂，使他们不至于困乏。

至于是不是有人希望在白天午饭之后增加一次礼拜，那可以自由选择。

虽然这种白天的礼拜不要求全体会众都参加，但是，神甫和学生，尤其是那些有望成为合格的传道者和牧师的人，则应当参加。而且，还应该告诫他们要自愿参加，而不是勉强参加，不是为了要取得一时的或者永恒的回报才这样做，唯独为了荣耀上帝和为了使邻居受益。

除了这些为一小群人而设的白天的礼拜之外，全体会众应当遵循惯例，在星期日聚到一起，唱弥撒曲和晚祷曲。在上述这两种礼拜中，都应当为全体会众讲道，早晨讲当日的福音书，傍晚讲使徒

---

*　指公元前8世纪至公元前4世纪一些先知所写的书，包括《以赛亚书》、《耶利米书》和《以西结书》这“三大先知书”，以及其后的十二小先知书。而犹太教则把《但以理书》列入而成为“四大先知书”。

**　历史书是指摩西五经（即《创世记》、《出埃及记》、《利未记》、《民数记》、《申命记》）后的《约书亚记》、《士师记》、《撒母耳记》（上下卷）、《列王纪》（上下卷）。

书；或者，讲道人也可以根据他自己的判断决定是不是要讲某一卷或两卷书。

如果有人希望在这种时间领受圣餐，就应该安排在各方都合适的时间来实施。

那种每天的弥撒则应该完全取消；因为重要的是道，而不是弥撒。但是，如果有谁希望在一星期内领受圣餐，那么，就按照时间安排举行弥撒；因为在这件事情上，不能制定一成不变的规定。

在星期天的弥撒以及晚课之中，还要唱赞美诗；它们取自于《圣经》，非常优美。然而，唱诗的数量则可以作增减。不过，如何为早晨礼拜和傍晚礼拜选定赞美诗和《诗篇》诗歌，应该是牧师和讲道人的职责。因为每天早晨他就应该指定采用什么样的轮流应答式的祈祷文和赞美诗，以及一篇短祷文，傍晚也是如此；这是在讲完课以后公开朗读和吟唱。不过，在目前，我们也可以暂时不考虑那种轮流应答式的祈祷文和赞美诗以及短祷文，暂不考虑讲述什么关于圣者和十字架的故事，一直等到它们得到净化，因为现在在它们里面有着大量可怕的糟粕。

所有纪念圣者的节庆也要取消。如果想说一个美好的基督徒的故事，可以在讲完主日的福音书后作为一个例子插进去。至于纪念马利亚的“圣母行洁净礼日”和“圣母领报节”则可以纪念，目前，还可以纪念她的“圣母升天节”以及“圣母圣诞节”*，虽然这

---

* “圣母行洁净礼日”（Purification），见《路加福音》,2: 22，为每年的2月2日；“圣母领报节”（Annunciation），见《路加福音》,1: 26—35，为每年的3月25日；“圣母升天节”（Assumption），为每年的8月15日；“圣母圣诞节”，为每年的9月8日。上述后两个节日是根据传说来定的，未见《圣经》记载。天主教和东正教均纪念这四个节日。

里面所唱的诗歌并不是纯洁的。纪念施洗约翰的纪念日，也是纯洁的。除了圣保罗是例外，所有关于使徒的传说，没有一个是纯洁的。不过，还是可以移到［最靠近的］星期日来纪念他们，或者，如果有人希望的话，也可以单独来纪念。

其他事情都可以按照实际需要来安排。归根到底，要做的事情在于：做任何事，都要使得道可以自由行事，而不是像现在这样喋喋不休地说空话。除了道之外，任何事情我们都可以免去。同样，我们得益于道，那是任何别的事情所不可比拟的。因为整本《圣经》都在说明，在基督徒中间应该让道自由行事。而在《路加福音》(10: 42)中，基督自己说："只有一件事情是不可少的"，那就是，马利亚坐在基督的脚前，每天听他的道。这才是要去选择的最美好的那一份，它永远也不应当被夺取。它就是那永恒的道。其他一切都必须让开，虽然马大确实有那么多需要操心的事情。愿上帝扶助我们做到这样。阿们。

17　为维滕贝格教会弥撒和圣餐礼制定秩序

马丁·路德祝愿基督里的恩典和平安归给德高望重的尼哥拉斯·豪思曼博士，茨维考教堂主教，基督里的圣者。

到现在为止，我写书和讲道都只是为了使民众的心跟他们原来对仪式所采取的不敬神的态度决裂；因为，我一直相信，撒旦借助于人的罪孽而在圣地得以建立种种可憎恶的事情（《马太福音》，24: 15；《帖撒罗尼迦后书》，2: 3—4），如果我能够以和平的方式动员大家把这些事情消除掉，那一定是一件属基督的和有益的事情。因此，我从来不以势压人也从来不别出心裁。因为我一直犹豫和顾忌，部分是因为有那么一些信心软弱的人，他们不可能一下子改变习惯的旧礼拜程序而接受不寻常的新礼拜程序，不过，更主要的是因为有那么一些反复无常、喜新厌旧的家伙，他们既没有信仰，又没有理性，却像野猪一样冲了进来，他们对新奇的事物喜欢一阵子，很快就弃之不顾。这些人在别的事情上也令人生厌，但在属灵的事情上，他们则不可容忍。然而，尽管可能因此而会勃然大怒，我必须容忍他们，除非我让福音本身被民众否定了。

但是，因为现在还有希望使许多人的心靠着上帝的恩典而得到启发和增强，因为基督王国的事业要求最终消除对它的种种侵犯，因此，我应该以基督的名义敢于做些事情了。因为无论如何，我们总应该提供一些东西，不然的话，恐怕会由于我们想要摆脱某些人的盲目追求时髦而造成不给任何人提供东西，或者，由于我们害怕最终会得罪另一些人而赞同他们不分青红皂白地憎恶一切。

所以，杰出的尼哥拉斯，由于你一再请求，我们就来讨论（所谓的）做弥撒和分发圣餐这两件事情的一种属福音的形式。而且，在我们讨论的时候，我们认定不再应该单靠说教来管辖人们的心，而要亲手参与，对公开分发圣餐的仪式中作一些修改，但又不是希望妨碍别人接受和遵循不同的程序。确实，我们以基督的名义衷心恳求，如果有更好的做法启示给他们，他们就会要我们沉默不语了，我们就可以协同努力来成就共同的事业。

所以，我们首先主张：我们的愿望，现在不是而且将来也永远不会是全盘废除对上帝的礼拜，宁可说，我们是要净化目前的做法，使其摆脱那些起败坏作用的恶劣的添加，指出一种属福音的做法。我们不能否认弥撒礼，即指饼和酒的圣餐礼，那是基督亲自设定的一种属神的仪式，是先由基督后又由使徒规定的，十分简单，是属福音的，不需要任何添加物。可是，随着时间的推移，却添加了那么多人为的发明，除了弥撒和圣餐之名称，什么也没有传给我们。

据传，早期的教父们所作的添加是在将饼和酒拿起来祝福以前先轻声念祷《诗篇》中的一两篇，这样的做法还是值得称赞的。亚大纳西和奚普里安被认为是其中的两位。有些人把起始语“主啊怜悯我们”（kyrie eleison）也加进去，也是好的。我们读到过，在大巴西勒主持之下，所有民众都普遍唱这个“主啊怜悯我们”。朗读使徒书和福音书，也必不可缺。唯一错误的是，朗读时所使用的语言是普通民众所不懂得的。之后，开始盛行唱赞美诗了，《诗篇》诗歌就变成了赞美诗歌；然后唱“至高处有荣耀，地上有平安”（*Gloria in Excelsis: et in terra pax*）的天使之歌，有进阶经、哈利路亚歌、尼西亚信经、圣哉歌、羔羊经以及圣餐歌。所有这一些都无可非议，尤其是那些适时（*de tempore*）而唱的或者在星期日唱的诗歌，更无可非议了。因为这样的日子，其本身就是在见证古代的纯洁，是无视教规的。

然而，当每个人都觉得可以随心所欲地添加或者改变的时候，当那些贪心而傲慢的神甫用他们的暴虐介入的时候，我们的那些邪恶的暴君，即主教和牧师们，就开始在主的神殿里竖立起供奉各种偶像的祭坛。就是暴君亚哈斯王搬走了铜坛，照大马士革的式样筑起另一座坛。我在这里说的是那个教规，那是取自于每个人的下水道和污水池的令人作呕的脏物。弥撒成了献祭。又加上了奉献仪式和唯利是图的短祷告。讲道前的圣歌和续唱的圣歌，又被插入了“圣哉歌”和“至高处有荣耀”里。于是，弥撒就开始成为神甫的专权，就像《启示录》里所描绘的瘟疫一样，他们伙同一大批无所事事且淫荡成性的权贵，想独霸全世界的财富据为己有。由此就产生了为离别者、为旅途平安和为事业有成所作的弥撒——可是，谁能够列举出弥撒为之而作奉献的事业呢？

即使到了今天，他们也没有停止设法扩大教规：一会儿是这些纪念日，一会儿是那些纪念日；一会儿举办这些活动（*actiones*），然后就纳入另一些领受圣餐者，此外，还有纪念生者和死者的活动。这还没有完。至于外在的添加，如服饰、器皿、蜡烛和罩布，风琴和各种音乐，还有圣像，我又该如何说呢？全世界几乎每一行手艺都在很大程度上依赖于弥撒。

所有这一切都得到了容忍，尽管福音书里有许多地方都显明了对这些东西的厌恶，我们能够容忍，直到它们完全被消除。目前我们应该证明，哪些东西是善美的，要持守（《帖撒罗尼迦前书》，5:21）。但在本书中，我们不想再次证明弥撒既不是献祭，也不是善行；我在别处已经充分证明了这一点。只要它不再以献祭或者行为之名受到污染，我们就会接受它，把它看作圣事、遗约、祝福（在拉丁文里是这样说的），看作领受圣体（在希腊文里是这样说的）、主的筵席、主的晚餐、对主的纪念仪式、圣餐礼，或者你们乐意使用的任何属福音的名称都可以。而且，我们会阐明什么才是我们认为应该举行的仪式。

第一，我们赞成和保留主日以及基督节日的那些赞美诗歌，例如在复活节、圣灵降临节、圣诞节中所唱的诗歌，虽然我们更偏爱取自《诗篇》的那些古老的诗歌。但目前，我们同意已经被采用的那一些。而且，如果任何人希望认可那些赞美使徒、赞美圣母和其他圣者的堂曲（只要它们取自《诗篇》或《圣经》其他经文），我们也不会谴责。不过，我们在维滕贝格的人只想遵守主日和主的节日。我们认为，所有纪念圣者的节日都应当被取消，或者说，如果在它们里面确有值得纪念的，也应该放到主日的讲道之中。我们把“圣母行洁净礼日”和“圣母领报节”看作基督的节日，甚至把“显现节”和“耶稣受割礼日”也看作基督的节日。我们不想纪念“圣司提反节”和“圣施洗约翰节”，我们乐于使用圣诞设所。而“圣十字架节”，则应遭到诅咒。让别人按他们自己的良心去行事吧，或者说，要照顾到某些人的软弱；至于究竟如何，圣灵自会授意。

第二，我们接受“主啊怜悯我们”这首歌，是至今一直在唱的，在不同的季节有不同的旋律，在它之后接着唱“天使之歌”、“至高处有荣耀”。然而，主教却经常根据自己的意愿取消接着要唱的歌。

第三，接下来的长短祷文，如果合乎福音（主日的祷文通常是这样的），就应该保持其原样不变；不过，应该只有一个。在此之后，要朗读使徒书。当然，只要不去读不合乎福音的东西，这方面就无需作什么修正，只是保罗书馆中专门讲述信的部分太少，经常讲的是劝人如何修身行德。看来选保罗书馆的是一个极端无知而又迷信行为的人。但在做礼拜时，应该优先选择讲述对基督的信的章节。不论是谁选定这样讲述，当然会更经常地考虑福音书中讲对基督的信的内容。同时，以方言讲道要把欠缺的东西补上去。如果将来在弥撒中能够使用方言（基督会允许这样的），就一定要注意在弥撒中朗读从使徒书信和福音书中挑选出来的最有分量的部分。

第四，由两小节组成的进阶经是应该唱的，或者跟“哈利路亚歌”一起唱，或者唱其中的一个小节，这可以由主教来决定。不过，大斋期第一个主日所唱的以及其他类似的超过两小节的进阶经，则可以由任何想唱的人到家里去唱。在教堂里面，我们不希望因冗长乏味而使信徒感到压抑。将大斋期、“神圣一周”* 或“耶稣受难日”，

* “神圣一周”（Holy Week），指大斋期的最后一周，也是复活节的前一周。其中包括：“棕榈树枝星期日”（耶稣进耶路撒冷，民众用棕榈树枝迎接他）、“洗足星期四”（耶稣为门徒洗足，然后一起吃晚餐，设立圣餐）、“受难星期五”（耶稣被捉拿，钉十字架而死去）、“神圣星期六”（安息日，耶稣在坟墓之中）。

跟其他日子区分开来，那也是不对的，否则，我们似乎在用半弥撒和部分圣餐礼来愚弄和嘲笑基督。因为哈利路亚是教堂的永恒的声音，这正如对主的受难和胜利所作的纪念是永恒的一样。

第五，对于继叙咏和续唱，除非主教希望为纪念基督的诞生日要使用那首较短的诗歌如“齐声感谢”（*Grates nunc omnes*），不然的话，我们是不主张唱的。除了《圣灵歌》（*Sancti Spiritus*）和《圣灵降临歌》（*Veni sancte spiritus*）之外，就都没有圣灵的意味了，而那两首诗歌可以在早餐之后，在晚课中，或者在弥撒中（如果主教想要这样的话）唱。

第六，接着要上福音书的课，这时，我们既不禁止也不规定要点蜡烛或者焚香。这些事情可以自行选择。

第七，吟唱“尼西亚信经”的习惯并不使我们感到反感；然而，这件事情也让主教来决定。同样，用方言讲道，究竟是在唱“信经”之后还是在唱弥撒赞美诗歌之前，我们以为这无关紧要；固然，因为福音是在旷野中大呼喊的声音，要叫不信的人皈依到信中来，似乎特别适合于在弥撒之前先行讲道，所以，这一点是可以有争议的。因为确切地说来，弥撒乃在于运用福音和在主的餐桌上领受圣餐。既然它属于信者，因而应该规定其有所区别（于不信者）。然而，因为我们是自由的，因而，这样的争议对我们并不具有约束作用，尤其是因为一直到“信经”为止的弥撒，都是属于我们的，是自由的，而不是由上帝规定的；因此，对于弥撒来说，没有什么必定要做的事情。

第八，接着就是十分令人厌恶的事情，它强迫弥撒之中前面所说到的一切东西都为之效劳，那就是所谓的奉献仪式。从这里开始，几乎每一件事情，都散发出献祭的气味。那些涉及生命和得救的话语，反倒是被嵌入在它中间，这就像主的约柜曾经立在大衮*旁边的偶像庙宇之中一样。没有一个以色列人能够接近或者搬走这个约柜，一直要到"打退了他的敌人，叫他们永蒙羞辱"，强迫他们把它归还；这跟现在的情况很相似。因此，让我们果断地与任何有着献祭味道的东西决裂，也跟全部教规决裂，我们仅仅维护纯净和圣洁的东西，也如此安排我们的弥撒。

一、在信经或讲道之后，准备好以常规的方式为饼和酒祝福。我还没有想好，是不是应该在酒里掺一些水。不过，我还是宁可倾向于赞成不掺水的纯酒；因为在《以赛亚书》(1: 22)里的经文"你的酒，用水掺兑"，使得掺有水的酒有了贬义。

那纯葡萄酒完美地描绘了传福音的纯真性。而且，我们在此纪念的基督的宝血得以倾注而出，不会跟我们的血混合。有些人说那是我们跟基督合一的标记，这样的空想是站不住脚的；因为那并不是我们所纪念的。实际上，在基督流出他的血之前，我们并没有与他合一；不然的话，我们也许就会在纪念基督为我们流血的同时也去纪念我们自己流血了。然而，我无意剥夺任何人的自由，也无意要订立可能产生迷信的律法。基督不会介意这些事情，这些事情也不值得争论。在这些以及其他许多事情上，罗马和希腊的各个教会已经作了够愚蠢的争论。而且，尽管有些人注意到了从耶稣肋旁流出的水和血，可是，他们还是证明不了什么。因为这水所包含的意思，完全不同于他们希望由那掺进去的水所包含的意思。何况，那

* Dagon，在美索不达米亚宗教中受到敬拜，相传为腓尼基人所敬奉的太阳神（巴力神）的父亲。

水当时也没有跟血混合起来。这样的象征意思是不存在的，这是不足为据的。因此，这样的混合是一种人为的发明，不能视为具有约束力。

二、饼和酒准备好了以后，接下来就这样唱：

主与你们同在。

应答：也与你的灵同在。

把你们的心高举起来吧。

应答：让我们把它们高举到主那里去。

让我们感谢主我们的上帝。

应答：现在正是时候。

现在正是时候，正适合我们时时处处来感谢你，神圣的主，全能的父，永恒的上帝，凭着我们的主基督……

三、然后：

……在他受难之前，他拿起了饼，祝谢之后把饼掰开，分给他的门徒，他说：你们拿着吃；这是我的身体，是为你们舍的。

同样，他又拿起杯，他喝下了，他说：这杯是用我血所立的新约，是为你们和为多人流出来的，使罪得赦；你们也要如此行，为的是纪念我。*

* 这是将《马太福音》、《马可福音》和《路加福音》中所述的耶稣在最后的晚餐上的讲话综合而成的。

我希望大家要将基督的这些话语——在开首语后稍作停顿——背诵出来，要按照教规规定在别处吟唱主祷文*的声调来背诵，这样，让在场的人们可以听得见。当然，那些内心接受了福音的人，可以自由处置所有这些事情，不出声或者出声去背诵这些话语都可以。

四、祝福结束之后，唱诗班唱“圣哉歌”。在唱“赞美歌”的时候，按照惯例将饼和酒高高举起，这是为了照顾那些信心软弱的人，如果弥撒的这个习惯突然有了明显改变，他们就会感到受到了伤害。尤其是如果是用当地方言来讲道，那么，这时就可以作出这样的让步，让他们了解这样高举的意思。

五、在此之后，就要朗读主祷文。这时，我们要如此祷告：“我们听从你的拯救世界的训诫……”。接下来的祷文“我们求你拯救我们……”，则应该去掉，所有标记也一起去掉，他们习惯于把圣饼做成这样的式样，还把圣餐杯也做成这样的式样。圣饼也不应该被碎开或者被混放到圣餐杯里。在念完主祷文后，马上就应该说“愿主赐给平安”等，这话语可以说是对领受圣餐者的公开赦罪，是那宣告赦罪的福音的真实声音，因而，只要信认定这些话语出自于基督他自己的口，那么，它就是参加主的筵席**最值得做的准备。为了这个缘故，我愿意当着大家的面像各位主教习惯做

---

* Lord's Prayer，也有翻译成“天主经”的，是耶稣基督教给门徒的祷告文。分别见于《马太福音》(6: 9—13）和《路加福音》(11: 2—4）。这两处经文略有不同，且前者较后者略长。

** 按《路加福音》(22 章，21 节），耶稣与他的门徒共进的最后的晚餐，是在一张桌子上吃的。保罗在《哥林多前书》(10 章，21 节）中首先提到了“主的筵席”(Lord's Table）。

的那样来念这些话语；这是古时候主教们的习惯，一直流传给了我们的主教。

六、然后，在唱“上帝的羔羊”的歌声中，让他（仪式的主持人）领受圣餐，总是他第一个，然后才是民众。可是，如果他希望在领受圣餐之前先念如“哦，主耶稣基督，你，活着的上帝之子，按父的旨意行事”之类的祷告文，而假如他把其中单数的“我”和“我的”改为复数的“我们”和“我们的”，他这样去祈祷就没有错了。对于像“我们的主耶稣基督的身体，保护着我的（或你的）灵魂，一直到永生”以及“我们的主的宝血保护着你的灵魂，一直到永生”这样的祷告文，也是如此。

七、如果他希望唱“圣餐歌”，就让他唱吧。不过，不要唱“每日经文歌”或“最终短祷文”，因为这就像是献祭。让随后的祈祷者用那同样的音调读下面的祷文：“哦，主啊，我们已经用我们的嘴唇取得了那么多……”。也可以念下面的祷文：“愿我们所领受到的你的身体 ……（转成复数）……你活着，你掌管着世界，直到永永远远。”。“主与你们同在”，等等。代替“弥撒结束歌”的是“赞美主歌”，如果有愿望的话，可以再加上按原有音调的“哈利路亚歌”。或者，也可以借用晚祷中的“赞美歌”。

八、可以用惯用的“赞美歌”，或者，另外也可以用主他自己指定的取自于《民数记》（6: 24—27）的祝祷：

> “愿主赐福给我们，保护我们。愿主使他的脸光照我们，赐恩给我们。愿主向我们仰脸，赐我们平安。”

或者是取自于《诗篇》(67: 6—7)的祝祷:

> "上帝，我们自己的上帝，要赐福给我们，上帝要赐福给我们；地的四极都要敬畏他。"

我相信，基督在他升天的时候也使用了类似的方法来为他的门徒祝福(《路加福音》，24: 50—51)。

主教也可以自行决定以怎样的次序领受和分发这两样圣餐物。他可以选择把饼拿起以前先对饼和酒祝福，也可以在对饼祝福和对酒祝福之间先将饼给他自己和愿意要领受的人吃，然后再对酒祝福并分发给所有人。这似乎是基督定下的次序，是在福音书中明说的，他那时先叫他们把饼吃了，然后再为那杯子祝谢(《马可福音》，14: 22—23)。说得很明白:"饭后照样拿起杯来"(《路加福音》，22: 20；《哥林多前书》，11: 25)。如此，你们看到，在饼没有吃完以前，并没有为那杯子祝谢。不过，这样的次序现在变成新的了，而那些迄今为止一直被说成是应该在祝谢之后念的祷文，如果不作改变的话，就无法安排了。

我们就是如此来思考弥撒的。可是，在所有这些事情里面，我们需要十分小心，千万不可把原来应该是自由的事情变成强制的事情，或者，把那些对某些事情有不同做法或不做某些事情的人说成是罪人。总之，主要确保"设立圣餐时所说的话语"不走样，任何事情都应该靠着信去做。因为这些礼拜仪式被认为是为基督徒而设立的，而基督徒乃是"自由妇人的子女"(《加拉太书》，4: 31)，他们自愿地、发自内心地规定了这些仪式，只要他们愿意，他们可以以任何方式、在任何时候改变它们。因此，在这些事情里，任何人都不应该寻求不可或缺的形式，或者将这样的形式定为法规，以此诱惑或者骚扰人们的良知。我们在早期教父那里或者在原初的教会里，找不出这样建立的仪式的任何证据，它仅仅存在于罗马教会中。可是，即使他们在这方面颁布任何法规，我们也不必奉行，因为这些事情既不能、也不应该由法规来约束。而且，即使不同的民众采用不同的仪式，也不应该彼此论断和鄙视，只是各人心里要意见坚定（《罗马书》，14: 5）。尽管我们各有各的做法，但我们感到和想到的应该是同样的。而且，希望我们各自的仪式能够互相靠拢，以免由于仪式上的差异而造成各个宗派——罗马教会就有这种情况。因为外在的仪式，尽管我们确实缺少不了，就如同我们缺少不得吃喝一样，但它们毕竟没有把我们托付给上帝，就像食物并没有把我们托付给上帝一样（《哥林多前书》，8: 8）。信和爱才把我们托付给了上帝。为此，在这里，要让保罗的话起作用："因为上帝的国，不在乎吃喝，只在乎公义、和平以及在圣灵之中的喜乐"（《罗马书》，14: 17）。所以，上帝的国并不是任何仪式，而是在你们内里的信等等。

我们没有谈论法衣的事情。不过，我们对法衣的想法跟我们对其他形式的想法是一样的。我们同意可以自由地穿着法衣，只要不刻意追求浮华和虚荣就可以。因为你们不是因为穿上了法衣去祝圣就更容易被接纳。但我不希望他们接受祝圣或受到祝福——似乎他们穿上有别于他人的服装就成圣了——除非是根据话语和祷文的普遍祝祷而使上帝的每个良好的被造物都成圣。否则，就只是由那些拜偶像的祭司所肆意玩弄的迷信和卑劣行径。

民众的圣餐礼

至此，我们已经讨论了神职人员或主教的弥撒和职责。现在，我们来说说如何正确地给民众领受圣餐，主的圣餐主要是为他们而设的，为他们而定下这个名称。因为，如果神职人员愚蠢到在没有人听他的情况下公开传道，或在空屋子里自言自语，或对着天空夸夸其谈，那是荒谬的，如果神职人员给所有人准备了丰盛的圣餐，却没有宾客来吃喝，以致他们原本应该让别人来领受的，却独自在空房间的空餐桌上吃喝了，同样荒诞不经。所以，如果我们真的想珍爱基督的命令，就不应该允许在教堂里有私下的弥撒，除非是有这样的必要或者为了照顾信心上的弱者。

在此，也应该遵循跟施行洗礼时同样的处理方法，即，主教要知道有哪些人想来领受圣餐。他们应当亲自来请求领受圣餐，这样，他能够晓得他们的名字和生活方式。一定要他们说出他们为什么要信，回答诸如什么是圣餐，它有什么好处以及他们期待从中得到什么这些问题。换句话说，他们应该能够凭记忆复述“设立圣餐时所说的话语”，说明他们来这里是因为他们意识到自己的罪孽，意识到对死亡的恐惧，或者某种别的邪恶。例如肉体、世俗或者魔鬼的诱惑，因而感到困惑，现在如饥如渴地要通过主教的职事从主那里领受到恩典与得救之话语和标记，他们希望以此得到安慰；基督以他那无价的爱赐予和设立这个圣餐，并说“你们拿起吃了”等话语，也就是为了这个目的。

但我认为，对于申请领受圣餐的人来说，每年接受一次考察就够了。其实，一个人可以这样理解，即他一生只需要被询问一次，或者根本不需要被询问。因为通过这种做法，我们想保持警惕，不要让配领受圣餐的人和不配领受圣餐的人都同样涌过来领受圣餐，至今我们在罗马教会中看到的就是这种情况。在那里，他们所追求的是让人来领受圣餐；至于信、安慰、圣餐的效用和好处，甚至连提都没有提，想都没想。不，他们还煞费苦心地避而不谈“设立圣餐时的话语”，此乃生命本身之圣饼，他们大声疾呼要领受圣餐的人履行据说原本是善的行为，却不让他们的信因基督的善而得到营养和增强。因此，那些不能以上述方式作出回答的人，应该完全被排除在圣餐礼之外，因为他们没有穿参加婚宴的礼服（《马太福音》，22: 11—12）。

当主教确信他们已经理解了所有这些事情的时候，他应该观察他们是不是在他们的生活和行为中证实了他们的信仰和领悟。因为撒旦也懂得和谈论这一切事情。所以，如果牧师看到的是奸夫淫妇，是醉鬼赌徒，是放高利贷者，是造谣中伤者，或者任何因为道德败坏而臭名昭著的人，他绝对应该把这样的人排除在圣餐之外——除非他能够给出充分的证据证明他的生活已经有了改变。因为并不需要拒绝那些一度跌倒又重新站起来且悔过自新的人领受圣餐。实际上，我们应该意识到，圣餐正是为这样的人设立的，使他们可以振作和增强。“原来我们在许多事上都有过失”（《雅各书》，3: 2）。而且，我们“各人的重担要互相担当”（《加拉太书》，6: 2），因为我们彼此都把重担压在对方身上。但我说的是那些傲慢的人，他们一边大谈福音中的荣耀，一边却厚颜无耻和毫无畏惧之心地去犯罪。

在弥撒正在举行的时候，那些要领受圣餐的人应该集中到某一个地方，成为一个群体。圣坛就是为这个目的而设的。上帝不在乎我们站在哪里，这对我们的信也无所增添。然而，领受圣餐的人应该公开被领圣餐或不领圣餐的人看到和知晓，以便他们的生活可以更好地得到观察、证实和检验。因为参加圣餐礼是在上帝、天使以及众人面前明确承认自己是基督徒，成为忏悔的一部分。因此，必须防止任何人偷偷摸摸地领受圣餐，匿迹在人群之中，以致没有人可以说出他们的生活是善还是恶。另一方面，即使在这件事情上，我也不想制定法规，只是想指出，有一个体面而合适的程序可以供自由的基督徒们自由运用。

关于在圣餐礼之前的私下告解，我依然认为，它既不是必须的，也不应该要求大家都做。然而，它还是有用的，不应该受到藐视；因为主从来没有认为圣餐礼是必须的，也没有将它定为律法，而是把自由留给大家，他说："你们每逢行这事"等等（《哥林多前书》，11:25—26）。所以，若说到为圣餐礼做准备，我们认为，一个人可以自行决定为了参加圣餐礼而禁食和祈祷。当然，人们应该严肃而专心地参加圣餐礼，虽然他们不一定要禁食，也不一定要做长时间祈祷。不过，我所说的严肃，并不是罗马天主教徒搞的迷信做法。我提出这样的要求是要人们不要酒醉饭饱而来。因为正像我说过的那样，最好的准备是要感到自己在经受罪孽、死亡和诱惑的烦恼，如饥渴地期求得到医治和复原。而把这些事情教给民众是主教的职责。

剩下要考虑是否把所谓两种的圣餐分发给民众。在此，我要说：现在，整整两年来，福音书已经深入我们中间，我们对信心软弱的人所作出的迁就已经够长了。从今以后，我们应该像圣保罗所说的那样来行事：“若有不知道的，就由他不知道吧”（《哥林多前书》，14: 38）。因为如果在这样长的时间内还没有读懂福音书，他们去领受圣餐，无论是领饼还是领酒，都无关紧要。假如我们继续容忍他们的软弱，我们只是肯定他们的顽固不化，是背着福音另搞一套。可见，可以要求也应该饼酒同领，这跟基督设立圣餐的初衷是符合的。而拒绝这样做的人会被搁到一边，什么也领不到。因为我们正在设计的这种弥撒程序是针对那些已经传到了福音并且至少部分理解了福音的人。而那些还没有听到过或者理解福音的人，也没有准备好接受关于这件事［礼拜仪式］的建议。

也没有必要像他们胡说的那样等待召开公会议来认可这样的做法。我们有基督定下的规定在我们这一边，对于这些明显是福音组成部分的事情，我们不会有意拖延到召开公会议、听从公会议。不仅如此，我们还要说：如果碰巧某一次公会议正好是要建立和认可这一做法，我们也会是最后一个饼酒同领的。而且，为了对公会议及其所定的法规表示蔑视，我们愿意领受饼或酒其一或者都不领受，但决不饼酒同领受；并且，对于那些因为屈服于这样的公会议及其所定下的法规而想饼酒同领的人，我们会视之为十足的背道者。

你们想知道为什么，是什么道理呢？那么请听着！如果你们明知是由基督设立了饼和酒，规定让所有人饼酒同领，福音书和保罗都作了明确的证实，即使是我们的对手也不得不承认这一点，如果你们仍然不敢相信和信任主基督的话语去领饼和酒，却敢在一些人在公会议上作出决定后这样做，那么，你们不是把人凌驾于基督之上吗？不是把有罪的人吹捧得高于那位被尊为上帝的主基督（《帖撒罗尼迦后书》，2:3—4）吗？不是信任人的话语胜过信任上帝的话语吗？不仅如此，你们不是根本不信任上帝的话语而只相信人的话语吗？你们知道这是对至高无上者上帝的严重否定和否认吗？你们对人为的公会议持迷信的态度，还有什么偶像崇拜可以与之比拟吗？你们不应该死上一千回吗？这样的服从其实是亵渎上帝，背信弃义，与其以这样的名义领受饼和酒的圣餐，还不如领受饼或酒之一或两者都不领，反而更好？

所以，让他们停止吹嘘他们的公会议吧。首先要让他们做的是：让他们将他们已经否定的那份荣耀归还给上帝。让他们承认，他们跟他们的主子撒旦一起，已经扣押过了饼或酒，他们已经把他们自己抬举到上帝之上，他们已经对上帝的话语横加责难，并且长期把那么多民众引向沉沦。让他们对这种令人发指的亵渎上帝的暴行忏悔吧。再让他们郑重声明，我们甚至违背他们的教条没有等他们的公会议就传授和接受饼酒同领的圣餐，我们做得完全正确。并且，让他们表示感谢，因为我们拒绝跟随他们必定归于沉沦的令人发指的做法。如果他们这样做了，我们就会愉快地、心甘情愿地尊重并服从他们的公会议及其法规。同时，虽然他们并没有这样做，继续要求我们等待他们的授权，但我们也不会听从。反之，我们会继续教大家反对他们，也采取行动反对他们，尤其是在那些我们知道最让他们伤心的地方。因为他们提出那些邪恶的要求，无非是想让我们把他们抬举得比上帝还要高，把他们的话语抬高到高于上帝的话语，把他们凭空捏造出来的幻影当作偶像来膜拜，以此来取代上帝。然而，我们所关心的是让整个世界服从于上帝。

我也希望我们有尽可能多的方言诗歌，可以让参加弥撒的民众接在进阶经后以及在“圣哉歌”和“上帝的羔羊歌”后面来歌唱。因为谁会怀疑，这些现在只有在主教祝圣时唱诗班所唱或者作出应答的诗歌，原本是所有民众都唱的呢？对于这些［由会众唱的］诗歌，主教们或者在唱完拉丁文诗歌以后再让唱，或者是在主日用拉丁文唱，而下一个主日用方言来唱，一直到某个时候，做到整个弥撒全部用方言来唱诗歌。但我们中间还缺少或者还不知道有诗人可以编出像保罗所说的属福音的和属灵的诗歌（《歌罗西书》，3: 16），只有这样的诗歌才配在上帝的教堂中使用。在目前，大家可以在领受圣餐之后唱：“赞美主，感谢主，主已经把他自己赐给了我们”，但要把下面这一行删去：“还有那经由受过祝圣的神甫的手传给我们的神圣的圣餐”，这一行是由圣巴巴拉的某个信徒添加的，这个信徒毕生没有领受圣餐，却希望在他临终时通过他的行为而不是他的信获得永生。因为无论从音乐角度还是从整体结构来看，这一行都显得是硬插进去的。另外一首好［赞美诗］是“现在让我们向圣灵祈求”，还有那首“一个受到崇敬的婴孩”。因为用这样真正虔敬的风格写成的诗歌太少了。我这样说乃是希望鼓励德意志诗人为我们编写属福音的诗歌。

关于弥撒和圣餐就说到这里。留下的可以取决于具体做法，只要在教堂里面确实是在认真而诚信地传布上帝的道。假如有任何人问这些［形式］是不是都从《圣经》和父老们的榜样中得到了证明，也不会使我们感到困扰；因为正像我们前面已经说过的那样，这些事情上应该可以自由选择，基督徒的良知不应该受到法规和习俗的束缚。这就是为什么《圣经》在这些事情上没有作出规定，而是根据相应的地点、时间和人物的需要，允许圣灵自由行事。至于父老们的榜样，[他们所奉行的仪式]部分不为人知晓，还有部分彼此之间差异很大，无从确定什么，显然是由于他们自己也运用了他们的自由。即使它们是完全确定和明确的，它们也不可能将一种法规或者义务加在我们头上，要我们去服从。

至于另一些所谓节假日，假如让[节假日]弥撒停止举行，我看不到有什么我们不能接受。因为那三节课的晨祷课、晚祷课以及因时制宜而设的夜祷课，除了圣徒日的一些特殊仪式之外，无非是读《圣经》中的属神的话语。让男童一起读和听《诗篇》以及《圣经》中的教诲，是恰当的，也是必须的。如果说有什么需要改变的话，那就是主教可以根据他自己的判断来缩短[礼拜仪式]的长度，可以在晨祷课中唱三首《诗篇》诗歌，在晚祷课中唱三首，再加上一两首应答式的诗歌。这些事最好留给主教来决定。他会在一周时间内为每一个主日选择最好的应答式诗歌和应答轮唱诗歌，要注意不要让民众因为过多的重复感到乏味，或者因为唱诗歌时过多变化而感到困惑。整卷《诗篇》每一首都要用到，而整本《圣经》也要一课一课地连续念给大家听。不过，正像我在另一处解释过的那样，我们应该注意不要让民众用他们的嘴唇像箫像琴那样发出声音（《哥林多前书》，14: 7），却一点也不理解。因此，每天的课都应当得到安排，晨祷课是从《新约》或者《旧约》中选出一篇，晚祷课则相应地从《旧约》或者《新约》中选出，都可以用方言来讲解。这样的习俗是自古就有的，这一点既可以从习惯本身中得到证明，也可以从晨祷课所用的词 *homilia* 和晚祷课以及其他时间所使用的词 *capitulum* 中得到证明，也就是说，基督徒聚集在一起的时候，就读一些经文并且让人用方言来解释，就像保罗在《哥林多前书》(14: 26—27) 中所描绘的那样。但后来邪恶时期来临，没有先知和释道人，晨祷课和晚祷课后留下的只有轮唱“感谢上帝”。然后，就不再有释经，代之以唱《诗篇》诗歌赞美诗和其他内容，翻来覆去，令人厌倦。虽然赞美诗和“赞美你，上帝”至少证实了与“感谢上帝”一样的效果，即在讲经和讲道以后他们习惯于赞美上帝，感谢上帝所揭示的真理。这是我希望我们要拥有的那种方言的诗歌。

尊贵的尼哥拉斯，关于我们在维滕贝格教会里设立的或者按照基督的旨意希望及早引入的那些习俗和仪式，我已经写了许多，供你考虑。如果这个范例使你和其他的人感到满意的话，你们可以照此模仿。如果不满意我们也乐意顺从你们的灵感，准备接受你和其他人的修改意见。无论是你还是其他任何人，不要因为维滕贝格那个作为偶像被供奉着的“陀斐特”(《耶利米书》, 7: 31—32；19: 6) 还是萨克森君主们的一个无耻的、亵渎上帝的收入来源而感到为难。我所说的是那个“众圣教堂”。因为靠着上帝的仁慈，凭着主的道的宝贵财富，我们中间有了解毒的手段，使得这种瘟疫只会躲在它自己的那个小角落里自生自灭。在那所沉沦的房子里，也难得有三四个可鄙的贪婪者在事奉玛门*。而对于其他人和广大民众来说，它是一种遭人唾弃的东西。但我们不敢用暴力或者法规去反对他们，因为正像你们所知道的那样，对于基督徒来说，除了依靠圣

* 在《新约》中，有四处提到“玛门”:《马太福音》(6: 24),《路加福音》(16: 9, 11, 13)。它来源于古代西亚的阿拉米语，意思是指“财利”、“金钱”。按照基督的教导，人不能既事奉上帝而又去事奉玛门。

灵的利剑的权柄以外，他们不应该参加战斗。我每天就是这样劝止民众的。否则，这所众圣之屋——或者，不如称之为众魔之屋——也许早就以另一名称闻名于世界了。我没有运用主赐给我的圣灵之权柄（《哥林多后书》，13: 10）去反对它，而是耐心地承受了这样的指责，期待着也许有一天上帝会使他们悔过自新。到了那一天，使我感到高兴的是，我们那所屋子真正成了众圣之屋，屹立在此，像黎巴嫩塔那样面对众魔之屋（《雅歌》，7: 4）。这样，我们就用道来折磨撒旦，尽管他还装出笑的样子。但基督会认可让撒旦的希望落空，让他在众目睽睽之下覆灭。你这位上帝的圣者，为我祈祷吧。愿恩典与你以及与我们所有人同在。阿们。

18 世俗当局：应当在多大程度上服从

谨以此文献给高贵而杰出的君主，萨克森公爵，图林根侯爵，迈森伯爵，约翰大人，我的仁慈的大人。

愿您在基督里面得蒙受恩典与平安。另外，高贵而杰出的君主，仁慈的大人，我又一次感受到有必要，而且也是应许多人的请求，不过最主要的还是由于您的君恩有这样的愿望，要我来写有关世俗当局及其所拥有的君权的事情，谈谈该如何以属基督的方式运用它，以及人们有义务应该在多大程度上服从它。您对基督在《马太福音》(5: 39, 25, 40) 中的训诫感到困惑，“不要与恶人作对，要跟告你的人交朋友；有人要拿你的里衣，连外衣也由他拿去”；又，《罗马书》(12: 19) 中，“主说，伸冤在我，我必报应”。就是这一些经文，很久以前就被沃鲁西安王公用来反对圣奥古斯丁，他责难说，基督教的教义竟然允许恶人行恶，是与世俗的君权不相容的。

大学里的那些诡辩家，也对这些书信文本感到困惑，因为他们根本无法把这两件事情协调起来。为了不使那些君主当异教徒，他们的说法是，基督并不是命令去做这些事情，而只是给那些希望使自己变得完善的人提出建议或劝告。因此，为了阿谀奉承那些君主，就宁可说是基督说了谎话和犯了错误，因为他们无法做到既吹捧君主而又不贬低基督——他们真是一伙又恶又瞎的诡辩家。而且，他们那种毒害人的谬误已经在整个世界蔓延，直到任何人都不把基督的这些教导看作对所有基督徒都有约束力的戒律，而只看作对追求完善的人的劝告。不止于此，他们还把君权和世俗权力的非完善的地位，不仅授予理应追求完善的主教们，而且还授予最应该追求完善的教皇；实际上，他们使得教皇享有地上无人能及的完全的君权！魔鬼已经彻底控制了那些诡辩家和大学，连他们自己也不知道自己在说什么或怎么说出来的。

然而，我希望，我可以教君主和世俗当局，使他们还是基督徒，基督还是他们的主，而基督的命令也不至于因为他们的缘故而仅仅是劝告。

我本着谦卑服役的精神为君恩浩荡的您做这样的事情，也是为了有益于任何需要它的人，以及为了赞美和荣耀我们的主基督。我把君恩浩荡的您以及您的所有亲人都交托给上帝的恩典。愿上帝仁慈地收留您。

1523 年新年日，于维滕贝格。
忠顺于君恩浩荡的您的仆人，
马丁·路德

若干时间以前，我给德意志的贵族写了一本小书，提出他们作为基督徒应尽的职事和职能。至于他们对我的建议作出了什么反应，这一点太明显了。为此，我只得改变我的策略，这一次我给他们写的是他们应该避免做什么、不做什么。我恐怕这一次新的努力也跟以前的一样，对他们很少有效，他们继续当他们的君主，却决

没有成为基督徒。因为全能的上帝已经使我们的统治者近乎疯狂；他们确实认为他们能够为所欲为，也让他们的臣下为所欲为。而那些臣下错误地相信他们有义务事事服从他们的统治者。现在发展到那些统治者已经开始命令他们的百姓禁止读某些书，只相信和遵照统治者所规定的事情。这样，他们就放肆地由自己取代上帝的位置，对人们的良心和信仰随意发号施令，还按照他们自己的那些癫狂的念头对圣灵颐指气使。然而，他们同时又不许任何人违抗他们，还要大家称他们为仁慈的君主。

他们发布了一些公告，并说这是皇帝的命令，说他们想要成为忠顺的基督徒君主，就像他们真的要这样而又没有人识破他们面具后面的流氓本性。倘若是皇帝要从他们手里拿走一座城堡或一座城市，或者命令做什么别的不公正的事情，我们会看到他们迅速地感到有必要抵制皇帝，不服从他。但情况一旦变成去盘剥穷人或者向上帝的话语发泄怒气，就被说成是“服从于帝国的命令”。这样的人以往曾被称为无赖；现在，他们却被称为顺从的基督徒君主。而且，他们还不允许任何人到他们面前听证或声辩，不管他如何谦卑地请求这样做。倘若皇帝或者任何人如此对待他们，他们会无法容忍。今天在德意志各国土地上统治着帝国的君主，就是这样的一些人。正像我们所看到的那样，这也是德意志各国情况都是如此的原因！

因为这些笨蛋的怒气转而成为压制基督教的信仰，否定属神的话语以及亵渎上帝的威严，所以我不能够、也不愿意眼看着我的不仁慈的大人们以及暴跳如雷的贵族们；我不得不要起来反抗他们，至少是用言语来反对他们。而且，既然我连他们的偶像，就是那位威胁要剥夺我的灵魂进天国的资格的教皇，我也并不感到害怕，我应该表明，我更不会害怕那些威胁要剥夺我在地上的生命的走狗和暴徒。愿上帝允许他们发怒，直到使那些件灰色上衣统统给毁灭掉，帮助我们不要会死于他们的威胁。阿们。

第一，我们应该为民法和君权提供一个可靠的基础，这样任何人都不怀疑这是按照上帝的旨意和规定在世上设立的。与此相关的经文有:《罗马书》12 章，“在上有权柄的，任何一个灵魂（*seele*）都应当顺服他，因为任何地方（*allenthalben*）的权柄都是出于上帝的，凡掌权的都是上帝所命的。所以，抗拒掌权的就是抗拒上帝的规定，抗拒的必自取刑罚。”还有，在《彼得前书》（2: 13—14）中，“要顺从人的制度，或是至高的君王，或是执政者，或是君王所派罚恶赏善的臣宰。”

从创世之初，这种君权的法律就已经存在了。因为在该隐杀了他的兄弟亚伯以后，他害怕自己也会被杀，以至于上帝要专门为了他的缘故立下一条禁令，暂停执行君权，不让别人去杀他（《创世记》，4: 14—15）。要是他没有从亚当那里看到和听到杀人者要被处死，他就不会这么害怕了。而且，在洪水之后，上帝再一次以明确无误的方式重新明确了这一点，《创世记》（9: 6）中上帝说:“凡流人血的，他的血也被人所流。”这不能被理解为是上帝施加给谋杀者的祸害或惩罚，因为许多谋杀者以其他方式受到惩罚或者完全得到了宽恕，还继续存活下去，后来也不是死于君权。宁可这样说，如果某人犯了死罪而由君权依法予以处死，那就是实施了君权的法律。如果执法受到了阻碍，或者说，君权有了疏忽，使谋杀者得以正常地死去，这时，《圣经》所说的“凡流人血的，他的血也被人流”也并没有因此而有什么差错。如果由上帝设立的这个法律没有得到实施，责任在人；就像上帝的其他诫命也遭到破坏一样。

后来又由摩西的律法予以确定，在《出埃及记》(21: 14)中有，“人若故意杀死了他的邻居，你应该把他赶出我的祭坛，把他治死”。* 同一章又有：“以命偿命，以眼还眼，以牙还牙，以脚还脚，以手还手，以伤还伤，以打还打。”另外，基督也对此予以肯定，他在院子里对彼得说，“凡动刀的，必死在刀下”(《马太福音》，26: 52)，这句话要被解释成跟《创世记》(9: 6)的“凡流人血的，他的血也被人流”一样的意思。毫无疑问，基督说的这些话，指的是他想要引用和确认的那一段话。那位施洗约翰说的也是同样的意思。有兵丁问他当做什么事，他回答：“不要以强暴待人，也不要讹诈人，自己有钱粮就当知足”(《路加福音》，3: 14》)。假如君权不是上帝所定的，他就会叫他们摆脱它，因为他被认为是要人们做到完善，并以正确的属基督的方式教导他们。因此，非常肯定和清楚的是，上帝的旨意要让世俗的君权和法律来惩罚恶人和保护义人。

第二，也出现有与此相反的有力论据。基督在《马太福音》(5: 38—41)中说，“你们听见有话说：以眼还眼，以牙还牙。只是我告诉你们，不要与恶人作对；有人打你的右脸，连左脸也转过来由他打。有人想要告你，要拿你的里衣，连外衣也由他拿去。有人强逼你走一里路，你就同他走二里”，如此等等。同样，保罗也在《罗马书》(12: 19)中说道，“亲爱的，不用去卫护你自己，而让上帝的愤怒来发落；因为经上写着，‘主说，伸冤在我，我必报

---

* 今本《圣经》该处作：“人若任意用诡计杀了他的邻居，就是逃到我的坛那里，也当捉去把他治死。”

应'"。《马太福音》(5: 44)中有,"要爱你们的仇敌,要向仇恨你们的人行善事。"还有,《彼得前书》2: 9［应为3: 9］中有,"不以恶报恶,以辱骂还辱骂",等等。这些以及其他类似的经文显然表明,在《新约》中,基督徒不应该具有世俗的君权。

如此,诡辩家们说,基督就废除了摩西的律法。对完善者,他们以这样的诫命作为"劝告"。他们将基督教教义和基督徒区分为两大类。他们称其中一类为完善的,赋予它这样的"劝告"。他们称另一类为非完善的,并赋予它诫命。他们这样做完全是自说自话和凭空臆造,没有任何《圣经》经文的依据。他们没有看到,在那同一段经文中,基督特别强调指出,他不愿意废掉这些诫命中最小的一条,还指责那些不爱自己的敌人的人要下地狱。因此,我们应该对这些经文作出跟他们不同的解释,即基督的话语可以适用于任何人,而不管他是否完善。因为完善与否不在于其行为如何,并在基督徒中并未建立起任何显露在外的区分特征。它们存在于内心中,存在于信和爱中,因而,凡是真正信和爱的人,他们就是完善者,不管他们从外表上看是男是女,是君主还是农民,是修道士还是平信徒。因为爱和信不分派别,也不作外在的区分。

第三,在此,我们应该把亚当的子孙和全人类划分成两大类,第一类属于上帝的王国,第二类则属于世界的王国。凡是属于上帝的王国的人,都是在基督之中和在基督之下的真正的信徒,因为基督是上帝的王国的君王和主宰,就像《诗篇》(2: 6)以及整部《圣经》都在述说的那样。为了这个缘故,他来到这个世界上,以便在这个世界上开创和建立上帝的王国。所以,他在彼拉多面前说,"我的国不属于这世界,但是,凡属真理的人,就听我的话"(《约翰福音》, 18: 36—37)。在福音书中，他经常说到上帝的王国，他说，“上帝的国近了，你们当悔改”(《马太福音》, 4: 17 ; 10: 7)；还有，“你们要先求他的国和他的义”(《马太福音》, 6: 33)。他也称福音为关于上帝的王国的福音；因为福音是在传讲、掌管和维护着上帝的王国。

现在，请注意，这些人并不需要世俗的法律或君权。倘若整个世界全是由真正的基督徒所组成，也就是说，全是由真正的信徒所组成，那么，也许就不需要君主、国王、大人、君权或法律，从中也得不到什么好处。他们也许不起作用，因为基督徒们内心里拥有圣灵，圣灵教导他们而且也促使他们不对任何人做出不公正的事情，而是爱每一个人，忍受不公正的待遇，甚至心甘情愿地、愉快地死在任何人的手中。如果完全做到了品行端正，忍受冤屈，那么，就不需要任何诉讼、法庭、法官、惩罚、法律或君权。由于这个道理，世俗的君权和法律不可能在基督徒中间有什么作为，因为他们主动所做的要远远超过一切法律和理论要求他们做的，就如同保罗在《提摩太前书》(1: 9)中所说的，“律法不是为义人而设的，而是为不法的人而设的”。

为什么如此呢？因为法律要求做的，义人主动都做到了，而且还超过其所要求的。但不义之人做不到法律所要求做的事情；因此，他们需要由法律来教导他们，约束他们和驱使他们去行善。一棵好树不需要教导或法律，就结出好果子；它的本性导致它按照它所属的种类结出好果子，并不需要任何法律或教导。任何人要为一棵苹果树写一本书，书中包含大量的法律和法规，告诉那棵苹果树该如何结出苹果而不是长出蒺藜，而那棵树凭它的本性能够比那人用他所有的书籍所描述和要求的更好，我会把这样的人看作十足的笨蛋。正因为如此，凭着灵和信，基督徒们按他们的本性完全倾向于和适应于行为端正和奉公守法，胜过任何人用各种法规教给他们的；至于他们自己，不需要任何法规或法律。

你会问：那么，为什么上帝给全人类颁布了那么多诫命，为什么基督在福音书中规定了那么多要我们去做的事？关于这一点，我在《注经讲道集》和其他地方就写过了。在此，为了使这一点尽可能简明，保罗说，律法不是为义人设立的（《提摩太前书》，1: 9），也就是说，好叫那些非基督徒由于律法的约束表面上可以不做坏事，这一点，我们后面就会听到。现在，既然没有人凭其本性就成为基督徒或者义人，而全都是有罪的和邪恶的，因而，上帝通过律法来约束他们，这样，他们不敢在实际行动中肆意行恶。另外，保罗在《罗马书》第 7 章和《加拉太书》第 2 章还把另一个功能归给律法，即教会人们认识罪孽，使他们谦卑地对待恩典以及对基督的信仰。《马太福音》（5: 39）中基督也是这样做的，他教导我们不要与恶人作对；他就是这样解释律法的，并教导我们，真正的基督徒应该具有并且必须具有什么样的气质和心情，下文我们还会听到的。

第四，所有非基督徒属于世界之王国，处在法律之下。真正的信徒很少，而过着基督徒生活、不跟恶人作对且确实自己也不做任何坏事的人，就更少。为了这个缘故，上帝在基督徒群体和上帝的王国之外为他们设立了一个不同的政权。他要他们服从君权，这样，即使他们想行恶，他们也做不到，而且，万一他们行了恶，他们也不可能心安理得而不受到惩罚。这就像一头猛兽给套上了链条和绳索，这样它不可能像通常那样想撕咬人就撕咬人；而一头温驯的动物就不必束缚它，虽然没有套上链条和绳索，它也不会伤人。

假如情况不是这样，人们就会你争我夺，整个世界就会充满邪恶，而真正的基督徒就会变得凤毛麟角。没有人能够抚养妻儿，也养不了自己，也无法侍奉上帝。世界又要回到混沌之中。为了这个缘故，上帝设定了两类治理：一类是属灵的治理，圣灵凭着它而在基督之下产生基督徒和义人；另一类是世俗的治理，它对非基督徒和恶人进行管束，使他们不得不要安分守己。圣保罗在《罗马书》（13: 3）中就是这样解释世俗的君权，他说，并不是要叫行善的害怕，而是要叫作恶的害怕。彼得说，它是为了惩罚恶人（《彼得前书》，2: 14）。

倘若有人试图用福音来统治世界，试图取消一切世俗的法律和君权，而其理由却是，既然所有人都受了洗，成了基督徒，那么，按照福音的说法，他们中间不应该有而且也不需要有法律或君权——或者两者都需要——那么，请你告诉我，朋友，这样的人究竟要做什么？他想解开套在猛兽身上的绳索和链条，让它们去咬每个人，却还坚持说它们无害而温驯；但我会把我的伤口拿出来作为证据。正是如此，那些恶徒打着基督徒的名义滥用福音所提供的自由，干尽了坏事，却坚持说他们是不受法律和君权约束的基督徒，他们中的一些人，现在已经在那里狂吼乱叫了。

对这样的人，我们应该说：当然，就基督徒本身而言，他们确实不需要服从法律或君权，也不需要它们。但请注意，在你试图以属基督的和属福音的方式统治世界以前，你首先要做到让世界上全都是真正的基督徒。这你是决做不到的；因为这世界和民众总还会是非基督徒，即使他们全都受了洗和成为名义上的基督徒。（常言说得好）基督徒是少而又少的。所以，不可能在整个世界、哪怕在某个国家或任何有相当民众的实体中建立一个普遍的基督教政权，因为恶人总是多于好人。所以，如果有人冒险想用福音统治整个国家或整个世界，就像一个牧羊人把豺狼、狮子、老鹰和绵羊放进同一个羊圈中，让它们混住在一起，并对它们说："你们要自助，友好而和平地相处。这羊圈是敞开的，有足够的吃的东西。你们不用害怕对你们严加管教。"绵羊无疑会保持平静，等待受到喂养和管理，但它们活不了很久，只会相互残杀。

因而，人们应该小心地区分这两类政权。二者都应该允许保留；一个是为了产生义人，另一个则是为了带来外在的平静和防止恶行。这世界二者缺一不可。如果没有基督的属灵的政权而单靠世俗政权，那么，在上帝的眼中，就没有一个人得以称义。属基督的当权并没有延伸到所有人；宁可说，基督徒处在非基督徒之中始终是少数。在唯独世俗政权或者法律占据优势的地方，即使那些诫命还是上帝他自己的诫命，但总是免不了会出现十足的伪善。因为若心中没有圣灵在，那么，就没有人会真正称义，不管他做了什么样的好的行为。另一方面，如果单独由属灵的当权掌管着土地和民众，那么，在那里，邪恶就放任自流，给各种流氓行径大开方便之门，因为这个世界总体上无法接受或者理解它。

现在你可以看到，我们前面所引的《马太福音》第 5 章中基督的话的意图，就是要基督徒不必遵守律法，在他们内部之间也不要运用世俗的君权。实际上，他只是对他所心爱的基督徒们说这话的，只有他们才接受了它而且按照它来行事，他们并不像诡辩家所主张的那样从中得到"忠告"，但他们的内心倾向于由圣灵作出安排和规定，这使他们不对任何人行恶，并且心甘情愿地忍受别人的恶待。倘若整个世界都在这个意义上成为属基督的，那么，这些话就适用于所有人，而所有人也都会按照这个来行事。然而，既然这世界是非基督的，所以这些话并不适用于所有人；所有人也并不按照这个来行事，而是在另一类政权之下，这些非基督徒受到外在的管束，不得不安分守己，行良善的事情。

这也是为什么基督当时没有使用君权，或没有让君权在他的王国里占据地位。因为他是统治基督徒的王，仅仅凭着圣灵而不是律法来进行统治。虽然他认可君权，但他并没有使用它，因为在他的王国里君权是毫无用处的，那里全都是义人。因此，古时候的大卫没有获允建造殿宇（《撒母耳记下》，7: 4—13），因为他使用了君权，杀过不少人。倒不是说他做得不对，而是他不可能成为基督般的类型，只有基督类型的人才可以在不使用君权的情况下得到一个和平之王国。然后，这殿宇是所罗门建造的，他的名字在德文中的意思是“Friedrich”或“和平的”；他拥有一个和平的王国，由此真正和平的基督王国，真正的 Friedrich 和所罗门，得到了体现。而且，经文中还说（《列王记上》，6: 7），“建殿时没有听到过铁器的响声”；正因此，基督并不要强人所难，并不需要法律和君权，而是要自愿侍奉他的百姓。

先知们说的也是这个意思，《诗篇》（110: 3）说，“你的民要以他们自己的自由意志来行事”；《以赛亚书》（11: 9）说，“在我圣山的遍处，这一切都不伤人，不害物”；还有，《以赛亚书》（2: 4）说，“他们要将刀打成犁头，把枪打成镰刀，没有人会举刀互相击杀，也没有人忙于战争”，等等。任何人想把这些以及类似的经文普遍应用到提到基督名字的地方，他就完全是在滥用《圣经》；宁可说，这些经文仅仅就真正的基督徒而言，只有在他们中间才真正做到如此。

第五，但你会说：如果基督徒不需要世俗的君权或法律，那么，为什么保罗在《罗马书》（13: 1）中对所有基督徒说，“在上有权柄的人人当顺服他”，圣彼得也说，“要服从人的一切制度”（《彼得前书》，2: 13），等等，就像上文已经引述过的那样呢？回答是：我刚刚说过，基督徒，在他们自己中间，就他们自己而言，的确并不需要法律或君权，因为这对他们既没有必要又没有用处。既然一个真正的基督徒在世上并不是单为他自己而生活和劳动，也为了他的邻居，凭着他的灵心的本性，他甚至在做他自己不需要而对他的邻居来说才是必要和有用的事情。为了维持和平，惩罚罪孽和抑制邪恶，君权对于整个世界是极有益和必要的，所以基督徒最愿意服从君权的统治，主动纳税，尊重那些当权的，尽其所能地为正在掌权的当权者服役，帮助他们继续发挥他们的作用，使人们对他们怀有敬重和畏惧之心。尽管他自己不需要这些东西——对他来说，它们并不重要——，然而，他关心那些对别人有用和有益处的事情，就如同保罗在《以弗所书》（5: 21—6: 9）中所说的那样。

正如他所做的一切出于爱的事情都不是他自己所需要的——他探望病人不是为了使自己康复，或者，他给别人食物也不是因为他自己想吃——，同样，他为当权服务不是因为他需要，而是为了别人，这样他们受到保护，恶人不至于变得更坏。他这样做，自己不会有什么损失；这样的服务决不会伤害到他，但对世界却大有好处。假如他不做这样的服务，他就不像一个基督徒，甚至跟爱相违背；还会给其他人做出一个很坏的榜样来，他们尽管不是基督徒，但他们也同样会不服从于当权者。如此的话，就会使福音变得声名狼藉，似乎它是在教唆暴动，是在听任那些任性的民众不为别人谋求福利，不为别人服务，然而，实际上，福音是要基督徒成为众人的仆人。因此，在《马太福音》(17: 27）中，基督付了半块钱的丁税，以此表明，尽管他不需要这样做，但他还是不去冒犯他们。

这样，在前引《马太福音》第5章基督所说的话中，你可以看到，他很明白地告诉大家，基督徒在自己内部不应该有世俗的君权或法律。然而，他并没有禁止大家为那些拥有世俗君权和法律的人服务和服从于他们。宁可说，正因为你不需要它和不应该拥有它，你更应该服务于那些还没有达到像你这样的高度从而仍然需要它的人。虽然你不需要让你的仇敌受到惩罚，可是，你的身受其苦的邻居却有这样的需要。你应该帮助他，使他获得安宁，使他的仇敌受到管束，但除非当权者受到人们的敬重和畏惧，这是不可能做到的。基督并没有说“你们不可为当权服务和服从于它”，倒是说了“不要与恶人作对”(《马太福音》，5: 39)，这就像是说，“你们的举止行为，要表现出你们什么也不缺少，你们不需要当权者帮助你们和服务于你们，或者说，给你们带来好处或对你们显得很重要，不过，你们反过来可以帮助它，为它服务，或者说，给它带去好处或对它显得很重要。我会大大地抬举你们，使你们变得很高贵，使你们不需要它；而是它需要你们。”

第六，你会问，既然基督所说的“不要与恶人作对”之类的话是十分明白和确切的，以至于连诡辩家也不得不要认其为“忠告”，那么，基督徒是否可以承受世俗的君权和惩罚恶人呢？回答是：你现在所听到的是两个问题。一个是说君权在基督徒内部没有地位，所以，你不可能在基督徒内部承受它或者让它来统治他们，因为他们并不需要它。因此，问题必定是跟其他群体有关，跟非基督徒有关的，不管你在那里是不是以基督徒的方式来承受它。这里另一个问题是，你有义务尽你一切所能用你的身体，财物，荣誉和灵魂为当权服务和去帮助当权。因为那是某件你自己并不需要的事情，但它对于整个世界、对于你的邻居，却十分有益和重要。所以，如果你看到没有了刽子手、警官、法官、领主或君主，你又发现你是合格的，你就应该为之作出贡献，谋求得到这样的职位，这样，重要的政府当权不会被藐视，不会削弱或衰亡。这世界不可能也不敢缺少它。

下面是你应该这样做的理由：在这样的情况下，你会全身心地投入为别人服务和工作，虽然对你自己或者对你的财产或荣誉不会有什么好处，而仅仅有益于你的邻居和其他人。你这样做不是为了你自己报仇或以恶还恶，而是为了有益于你的邻居，为了维持别人的安全和安宁。至于你自己，你会遵守福音的教导，按照基督的话语（《马太福音》，5: 39—40）管好你自己，当事情涉及你自己和你自己的事业的时候，你就该愉快地把另一半脸也转过去，听凭外衣连同内衣一起拿去。

这样，这两个问题就和谐共处了：在同一个时间，你既内在地满足了上帝之王国，又外在地满足了世界之王国。你既忍受了邪恶和不公，同时又惩罚了邪恶和不公；你既不与恶人作对，同时又予以抵制。在前一种情况，你考虑的是你自己以及属于你自己的东西，而在后一种情况，你考虑的是你的邻居以及属于他的东西。在关系到你自己和属于你自己的东西的时候，你依靠福音来克制自己，作为一个真正的基督徒而忍受对自己的不公；而在关系到他人人身或财产的时候，你是按照爱来支配你自己，决不容忍对你邻居的任何不公。福音不禁止这样做；事实上，在别的地方，福音确实作出了这样的命令。

从创世之初，所有圣者都如此行使君权：亚当和他的后裔；亚伯拉罕在他拯救他的侄儿罗得和击溃那四个王的时候，也是如此，这在《创世记》(14: 8—16）中讲到了，虽然他已经完全是一个属福音的人。我们在《撒母耳记上》(15: 33）中读到，先知撒母耳杀死了亚甲王；在《列王记上》(18: 40）中，以利亚杀死了巴力的众先知。同样，摩西、约书亚、以色列的子民们、参孙、大卫以及《旧约》中的各个君王和君主，都行使了君权；但以理和他的同伴哈拿尼雅、亚撒利雅和米沙利在巴比伦的时候；还有约瑟在埃及的时候，等等，也是如此。

那么，是否就应该认为《旧约》已经废除而不再起作用，不能把这样的例子放到基督徒的面前。我的回答是：并非如此。圣保罗在《哥林多前书》(10: 3—4）中说，“他们吃的是跟我们一样的灵食，喝的也是跟我们一样的灵水，这灵水是从那磐石中流出来的，那磐石，就是基督。”也就是说，他们具有像我们一样的圣灵和对基督的信，他们那时像我们现在一样是基督徒。所以，从创世之初到世界末了，凡是他们做对的事情，所有的基督徒也都照着做。因为在基督徒内部，时间和外部环境并没有造成什么区别。要因此而废除《旧约》不再遵守它，或者，像圣哲罗姆和其他许多人所错误地主张的那样，认为完全遵守它的人都做错了。宁可说，如果说我们可以自由决定遵守还是不遵守，不再像在那个时代那样由于害怕会丧失自己的灵魂而必须去遵守它，从这个意义上来说，它是被废除了。

保罗在《哥林多前书》（7: 19）和《加拉太书》（6: 15）中说，受不受割礼是无所谓的，要紧的是做基督里面新造的人。就是说，这不像犹太人所认为的那样，不受割礼就是罪孽，也不像外邦人所认为的那样，受了割礼就是罪孽。对于不认为他会因此称义或得救的人来说，二者都是正确的或可以允许的。对于《旧约》的所有其他的部分，也同样是如此；遵守或不遵守它们都没有错，无论是严格循行还是置之不顾，也都允许和正当。实际上，假如对某个人的邻居是必要的和有益的，那就有必要全盘加以保留。因为每个人都有义务做有益于他的邻居的事情，不管是《旧约》还是《新约》，不管是犹太人还是外邦人，这是保罗在《哥林多前书》第12章中所教导我们的。因为爱充满一切并且超越一切；它只考虑对别人有必要和有好处的事情，并不管新旧之分。因此，前面说到的君权的运用问题，也允许自由选择，你可以要它，也可以不要它。但是，如果你发现你的邻居需要它，那么，爱就驱使你把它作为一件必要的事情去做，否则，你做与不做都是随意的，并不是必定的。只是你不要以为你可以靠它来称义或得救——就像犹太人以为可以靠他们的行为而得救那样——，那是靠信来完成的，靠信而不是靠行为，才把你造成一个新人。

为了用《新约》来证明我们的立场，我们举出施洗约翰在《路加福音》（3: 14）中所坚持的观点。毫无疑问，他的使命就在于指向基督，为基督作见证，把基督的事情教导给大家；就是说，这个把真正完善的人引向基督的人，他的教导必定应该是纯粹《新约》的和属于福音的。约翰肯定了兵丁的职业，要他们对自己的军饷感到知足。那么，如果他认为承受君权是非基督的，他就应该为此而指责他们，告诉他们放弃其所得的军饷和所维护的君权，不然的话，他也许就不是在教导他们基督的正当道理了。同样，圣彼得在《使徒行传》（10: 34—43）中对哥尼流讲述基督的道理时，他并没有要他放弃他的职业*，如果他认为这职业会妨碍哥尼流成为基督徒的话，他也许就会要求他放弃了。而且，在他受洗之前，圣灵降临到他身上（《使徒行传》，10: 44—48）。圣路加在圣彼得讲道之前也先称颂他是一个正直的人，对他身为士兵，身为非基督徒皇帝的步兵队长（《使徒行传》，10: 1—2）这一点，并没有加以非难。在哥尼流这件事情上圣灵所允许保留和并未加以指责一定是正确的，我们也应该允许而不指责。

《使徒行传》（8: 27—39）中那个埃塞俄比亚总管太监也是类似的情况，福音使者腓利使他皈依基督，为他施洗，允许他回去仍旧担当他的职位，如果没有君权，他就不可能成为埃塞俄比亚女皇手下的高官。《使徒行传》（13: 7—9）中所说的塞浦路斯总督士求保罗（Sergius Paulus），也是这样的情形；圣保罗使他皈依基督，但仍允许他留在异教徒那里继续当他的总督。许多圣洁的殉教者也都采取了这样的策略，他们继续服从于非基督徒的罗马皇帝的领导，在他的指挥下战斗，无疑也为了保卫和平而杀过人，这一些都

---

* 按《使徒行传》（10: 1）的介绍，哥尼流是罗马帝国驻扎在该撒利亚的意大利步兵队队长。

在讲述尤里安皇帝统治下的圣莫理斯、圣阿卡西乌、圣杰雷昂以及其他许多人时写到过。

而且，我们还有圣保罗非常明确而肯定的经文，他在《罗马书》(13: 1)中说道，“凡掌权的都是上帝所命的”；还有，“那掌权的，并不是白白地掌权。当权是上帝的仆人，是于你有益的，是为了刑罚那作恶的”(《罗马书》，13: 4)。我的朋友啊，不要恶毒到去说这样的话：“基督徒不可以做原本是上帝自己所独有的行为、设定和创造。”要是这样的话，你就应该说，“基督徒不应该吃喝和结婚”，因为这些，也是上帝的行为和设定。如果它是上帝的行为和创造，它就是好的，好到每一个人都能够以属基督的和借以得救的方式去运用它，就如同保罗在《提摩太后书》第4章(应为《提摩太前书》，4: 4, 3)中所说的那样，“凡是上帝所造的物，都是好的，叫那信而明白真道的人不会抛弃的。”而在“凡上帝所造的物”里面，你不应该只简单地想到吃的和喝的，不应该只想到衣服和鞋子，而还应该包括当权和臣民、保护和惩罚。

总之，既然保罗在这里说到掌权的是上帝的仆人，我们就应该不仅让异教徒，而且也让所有人，都服从于这样的安排。“它是上帝的仆人”，这句话除了表明那掌权的本来就在于使人们可以通过它去侍奉上帝，难道还能够有别的意思吗？现在，尽管基督徒应该要敬奉上帝，那要比任何其他人更理所当然，可是，如果有人竟然说有某种对上帝的敬奉是基督徒所不应该或者没有必要参与的，那是相当非基督的。倘若所有君主都能够成为真正的好基督徒，那就太好了。因为君权和当权，作为对上帝的特殊的敬奉，更适合于属于基督徒所有，胜过地上任何其他人。因此，你应该高度尊重君权或当局，把它看得跟成婚、持家或者上帝所设立的任何其他事务一样重要。一个人可以在婚姻中、在耕种中或者在经营中敬奉上帝，为别人谋好处——如果他的邻居确有这样的要求，他更应该这样敬奉上帝——，同样，他也可以在行政中敬奉上帝，而且，如果他的邻居有这样的需要而提出这样的要求，他就应该在那里敬奉上帝。因为凡是惩恶护善的人，全都是上帝的仆人和工人。只是如果并没有这样的需要，也应该有自由不这么做，这就好比在没有需要的情况下我们也可以有自由不结婚或者不耕种一样。

你会问：为什么基督和使徒们没有承受君权呢？回答是：请你告诉我，为什么基督没有娶妻，没有当皮匠或裁缝。假如某种职事或者使命由于基督没有亲自从事就被认为不那么光彩，那么，除了他从事过的那唯一的神职以外，所有其他职事和使命岂不都不屑一顾了吗？基督从事他自己的职事和使命，但他并不因此而排斥任何其他职事和使命。他没有责任一定要承受君权，因为他只要实施统治他的王国为他的王国服务的职能。对他的王国来说，他结婚、当皮匠、裁缝、农民、君主、行刑人或总管，都不重要；同样，世俗的君权或法律，对它也不重要，重要的只有上帝的道和灵。凭着上帝的道和灵从内部管理其子民。这是他以前从事过现在还继续从事的职事，也即始终把上帝的道和灵赐给大家。使徒和一切属灵的统治者必须在这个职事中跟随他。因为为了做好他们的工作，他们忙于实施属灵的君权，即上帝的道，势必顾不上那世俗的君权，而让那些不必传道的人去管这些事情，不过，正像我说过的那样，他们还是可以运用它，与他们的本职并不相违背。因为每个人都应该关注他自己的本职工作的责任所在。

所以，虽然基督并没有承受或者规定君权，他也没有禁止或者取消它，事实上对它予以肯定，这就足够了；这就像他虽然自己并没有娶妻，也没有议论过婚姻，但他没有取消婚姻，而是予以肯定，那同样也就足够了。他必须完全以唯独明显服务于他的王国的那个阶层和职业来表明自己，以防止从他的榜样中推断出以下说法和信仰的正当性或必要性，会说如果没有婚姻和君权以及类似的一些外在的东西（既然基督的榜样必然具有约束力），上帝的王国就不能够存在了，事实上，它只是凭着上帝的道和灵才得以存在。这就是而且必定是基督在他的王国中作为最高君王的独特作用。然而，既然并不是所有基督徒都具有这同样的作用（虽然他们享有这样的权利），因而，他们还应该具有某些外在的职事，也可以通过它们去敬奉上帝，这是适当的。

综上所述，我们领会到《马太福音》（5: 39）中基督所说的"不要与恶人作对"等话的真正含义。那就是：一个基督徒应该抱有如下态度，即他甘愿忍受任何邪恶和不公而不图谋报复；他也不谋求在法庭上获得法律上的赔偿，如果为了他自己，他根本不需要世俗的君权和法律。然而，如果为了别人，他就可以而且也应该寻求报复、正义、保护和帮助，而且尽自己一切所能去达到这样的目的。同样，执政当局，也应该自发地或者在别人的授意下帮助和保护他，但那并不是由于他这方面的申诉、请求或授意。如果做不到这样，他就应该允许自己遭受冤屈和诽谤；他不应该与恶人作对，就如同基督所说的那样。

同时还要注意，基督的这个教导并不是对希望成为完善的人的忠告，像我们的那些亵渎上帝的诡辩家所错误主张的那样，而是对所有基督徒发出的一个普遍的强制性的命令。这样一来，你就可以认识到，所有图谋报复或诉诸法律，在法庭上为自己的财产和荣誉而争得面红耳赤的人，其实不过是戴着基督徒面具的异教徒。我告诉你们，只能是如此。不要依随通常的惯例；因为不用怀疑，地上只有很少的基督徒，而上帝的话语跟通常的惯例有着巨大差别。

在这里，你可以看到，基督说"你们听见有话说，'以眼还眼'；只是我告诉你们：不要与恶人作对"（《马太福音》，5: 38—39）的时候，他并不是在废除律法。恰恰相反，他是在阐明律法的意义，要使其得到理解，他就好比在说，"你们犹太人以为，凭着你们所拥有的律法而取得赔偿，那在上帝的眼中是合情合理的。你们依据的是摩西所说的'以眼还眼'等话。但我告诉你们，摩西将这个律法用在那些并不属于上帝的王国的恶人身上，为的是使他们无法复仇或行恶，而是由于这样的外在的律法而被迫停止作恶，以便靠这外在的律法和统治而使他们服从于执政当局。然而，你们不应该需要也不应该依靠这样的律法。虽然世俗政权必须这样的律法来对非信徒进行审判，虽然你们自己也会用它来判断别人，但你们不应该为了你们自己和你们自己的事情而援引或者运用它。你们拥有的是天国；所以，你们应该把地上的王国留给任何需要它的人。"

由此可见，基督并没有把他所说的话解释成他在废除摩西的律法，或者，是在禁止世俗政权。宁可说，他是在使他自己的子民成为例外。他们不必为他们自己而利用世俗权威，而是把它留给了非信徒。不过，他们也可以为非信徒服务，甚至就用他们自己的律法，因为他们并不是基督徒，并且，不可能强迫任何人去当基督徒。关于基督的话语只适用于他自己的子民这一点，从他之后所说的应该爱他们的仇敌并像他们的天父一样完全（《马太福音》，5: 44, 48），就可以看得很清楚。但他爱自己的仇敌并且达到了完满，就把律法撇开，就不会运用它来要求以眼还眼。然而，他也不会限制非基督徒，因为他们并不爱他们的仇敌，他们确实希望运用律法；说实在的，他也在促成让这些律法阻止恶人再变本加厉地行恶。

这样，基督的话就不会有什么不一致了。我信这话，也信那几处谈到建立君权的经文，其含义在于：任何一个基督徒都不应该为他自己和他自己的事情而行使或者动用君权。然而，如果是受别人之托，他就可以而且也应该行使它和求助于它，借以去压制邪恶和捍卫神圣。主也在那同一章（《马太福音》，5: 34—37）中说，"一个基督徒不可起誓，他的话，是，就说是；不是，就说不是。"就是说，为他自己，出于他自己的意志和意愿，他不应该起誓。然而，如果确有这样的必要，如果是得救或者上帝的荣耀要求这样，那么，他就应该起誓。如此，他就使用被禁用的起誓言为别人服务，就像他运用被禁用的君权为别人服务一样。基督和保罗常常为了使别人看重和信服他们所作的教导和见证而起誓，就像人们在订立契约和合同等时所做的和有权做的那样，关于这个，《诗篇》（63: 11）中说："凡指着他的名发誓的，应该受到赞美。"

在此，你会进一步询问，是不是那些总管、刽子手、法官、律师和其他类似职务的人，也都可以是基督徒，处于得救状态。回答是：如果执政当局和它的君权是对上帝的敬奉，那么，就如同前面已经证明过的那样，任何一件必须由当局来行使君权的事情，也必定是对上帝的敬奉。必须有这些人，由他们来逮捕、起诉、处决和摧毁邪恶的人，保护善良的人，为他们伸冤、辩护，拯救他们。因此，在他们不是为了达到他们自己的意图而只是为了帮助法律和执政当局对邪恶者实施强制统治而履行他们的职责时，这里面就没有什么危险；他们尽可以运用他们的职事，就像其他任何人为谋生计而在从事他们的经营一样。因为前面已经说过，对邻居的爱不是为自己考虑；它不考虑如何伟大或如何低下，它只考虑所做的事情对某个邻居或某个团体有好处，是其所需要的。

你会问，“如果我的目的不是为自己谋求好处，只是为了惩罚邪恶，为什么我不可以为我自己和我自己的事情运用君权呢？”回答是：这样的奇迹不是不可能，但很罕见，并且还有风险。只有在充满圣灵的地方才有这样的可能。因为我们在《士师记》（15: 11）中读到过有关参孙的事情，他说，“他们向我怎样行，我也要向他们怎样行”，然而，《箴言》（24: 29）中却说了相反的话，“不可说，人怎样待我，我也怎样待他”，而《箴言》（20: 22）又说：“你不要说，我要以恶报恶。”参孙是蒙上帝召唤去折磨非利士人和拯救以色列的子民的。虽然他利用了他们，以此机会来推进他自己的事业，然而，他这样做并不是为了自己复仇或者谋求他自己的利益，而是为了服务于他人和惩罚非利士人（《士师记》，14: 4）。除了被圣灵所充满的真正的基督徒以外，没有任何人会效仿这样的榜样。有时理性也会想要这样做，它也很可能会主张它不是在为自己谋求什么，但这根本就不可能成立，因为如果没有恩典，那是做不成的。因此，首先要像参孙那样，然后你才有可能做参孙所做的事情。

第二部分

世俗当局可以有多大权力

现在，我们进入这篇论文的主要部分。我们已经听到说地上应该有世俗当局，以及它应该如何以属基督的和有益的方式来行使它的权力，现在，我们还必须知道它的手可以延伸到哪里，可以掌管哪些事情，以防止它的手伸得太长，侵犯到上帝的王国和治权。了解这个对我们来说至关紧要，因为只要有越权的事情发生，必定会产生不可容忍的和可怕的危害；另一方面，如果限制得过了头，同样也不可避免地会产生危害。在前一种情况下，世俗当局罚得太多；在后一种情况下，它又罚得太少。然而犯后一种错误，即罚得太少，总还是比较可以容忍，因为让一个坏蛋活下去总是比把一个虔诚的人处死要好。世界上坏蛋不计其数，总少不了他们，而虔诚的人却少而又少。

首先应该注意，如前所述，亚当的后代分成两类，一类是在上帝的王国之中，属于基督所管辖，另一类是在世界之王国之中，属于执政当局所管辖，他们相应地具有两类法律。因为，每一个王国都必须具有它自己的法律和法规；没有法律，任何一个王国或政权都无法存在，这是日常经验所充分表明的。世俗政权所具有的法律，不可能超出生活和财产以及地上的一些外在事务，因为上帝不可能、也不愿意在他之外有任何人来管辖灵魂。因此，如果有什么世俗当局擅自为灵魂制定法律，它就是在侵犯上帝的权柄，只会误导和毁坏灵魂。我们要使人人都知晓这一点，使我们尊贵的绅士们，即君主们和主教们，都能够看到，如果他们想靠他们的法律和命令强迫百姓相信这个或那个的话，他们就是十足的傻瓜。

如果把一部人为的法律强加给灵魂，要它相信由该法律的制定者所规定的这个或那个的话，当然就不会有上帝关于灵魂的话语。如果没有上帝关于灵魂的话语，我们就无法认定上帝是否希望它如此，因为我们无法认定某件他没有命令过的事情是取悦于他的。其实，我们可以认定它不取悦于他，因为他希望我们的信单纯而完全地仅仅建筑在他的属神的话语之上。在《马太福音》18 章（应为 16: 18）中，他说，“我要把我的教会建造在这磐石上”；在《约翰福音》10 章（27, 14, 5）中，他又说，“我的羊听我的声音，也认识我；但是，他们不听陌生人的声音，而是逃离他。”由此可见，世俗政权如果运用邪恶的命令，就是把灵魂驱赶到永恒的死亡那里。它驱赶他们去信以为真的，信以为必定取悦于上帝的，事实上却是并不可靠，而且，必定不会取悦于上帝，因为上帝没有说过明确的话语。无论是谁，如果他把错误的和不可靠的事情信以为真，他就是否认真理，而真理就是上帝自己。他就是相信谎言和谬误，颠倒是非。

因此，如果他们发出命令，要大家相信教会，相信各位教父和各次公会议，可是上帝对此没有说过什么话语，这就是愚蠢之极。不是教会，而是魔鬼的使者发出这样的命令，因为教会除了明确知道是上帝的话语之外，不会命令做其他事情。这就是圣彼得所说的，“若有讲道的，要按着上帝的话语来讲”（《彼得前书》，4: 11）。然而，他们需要很长时间才能够证明公会议所定的教令乃是上帝的话语。更愚蠢的是他们断言君王、君主和广大民众也都这么信。我亲爱的人啊，我们不是受洗而成为君王或君主或民众，而是受洗成为基督和上帝本身。我们并没有被称为君王、君主或普通百姓，而是被称为基督徒。除了那通往天国去的道路以外，没有任何人应当或者能够对灵魂发号施令；但没有人能够做到这一点，只有上帝才能做到。所以，在涉及灵魂但得救这样的事情上，除了上帝的话语以外，其他任何东西都不应该拿来教导和接受。

还有，尽管他们是十足的傻瓜，但他们不得不承认，他们管不了灵魂。因为没有人能够掌管一个灵魂的生死，也不能决定一个灵魂进天堂还是下地狱。如果他们不愿意采纳我们就此所说的话，那么，基督他自己在《马太福音》第10章就足够明确地对此作了说明，“那杀身体不能再作什么的，不要怕他们；唯有能把身体和灵魂都灭在地狱里的，正要怕他。”这里说得很清楚，灵魂是不受人管辖的，是唯独处在上帝的权柄之下的。

现在，请告诉我：如果有人硬要在他毫无权柄的地方发号施令，他的头脑该有多大的才智呢？对于一个想要随心所欲地命令月亮发光的人，你不认为他神经错乱吗？倘若莱比锡人想把一些法律硬加给我们维滕贝格人，或者，反过来，倘若我们维滕贝格人想为莱比锡的人立法，那会怎样！他们当然会给对方那些立法者送上一些藜芦，让他们头脑清新一下，医治他们的抽搐。可惜，我们的皇帝和一些玩弄小聪明的君主，今天正在做这样的事情。他们听任教皇、主教和诡辩家们来引领他们——这就是瞎子领瞎子了——，要他们的臣民抛开上帝的话语而相信他们乐意做的任何事情。他们竟然还想大家公认他们为属基督的君主，但愿不会这样！

除此之外，对于当权者来说，除非它能看到、了解、判断、谴责、改变和调整，不然的话，我们无法想象它可以或者应该行使它的职权。一位法官要盲目裁决他没有听到又没有看到的案子，我对他会有什么想法呢？请告诉我：某一个人怎么能够看到、了解、判断、谴责和改变人们的心呢？这个是单单留给上帝来做的，就如同《诗篇》（7: 9）所说的，“上帝察验人的心肠肺腑”；以及第 8 节所说的“主向众民施行审判”。《使徒行传》第 10 章中说，“上帝知道人们的心”；《耶利米书》第 1 章（应为 17: 9—10）中说：“人心比万物都诡诈；谁能识透它呢？是我，你们的主，察验人的心肠肺腑。”法庭要作出判决的时候，应该而且必须对每一件事情都有确切把握和透彻了解。可是，除了上帝之外，谁都不可能知晓灵魂的想法和意图。因此，靠命令或强制手段迫使任何人相信这个或那个，是徒然的，不可能的。应该用其他方法来处理这个问题。强制手段是成不了事的。使我惊讶的是，那些大傻瓜异口同声地说：*De occultis non iudicat Ecclesia*（教会不对秘密的事情作出判决）。如果连教会也只掌管公开的事情，那么，那狂妄的世俗当局又何以敢判决和掌控像信仰这样秘密的、属灵的、隐蔽的事情呢？

而且，在信仰方面，每个人都由自己来承担风险，他必须自己判定他的信仰是对的。正像没有人可以代替我进天堂或下地狱一样，也没有人可以代替我信或不信什么；正像没有人可以对我开放或关闭天堂或地狱一样，也没有人可以强迫我信或者不信。他如何信或者不信是每个人良心上的事情，正因为这并没有削弱世俗当局，因而后者应该满足于处理它自己的事务，让人们按照其能力和意愿去信这个或那个，不可强制任何人。因为信是一个自愿行为，任何人不能够被迫去信。实际上，那是上帝在灵心中所行的事，并不是外部当权者可以强迫或者创造出来的事情。由此，就有了通常的说法，也见于奥古斯丁的著作，“没有人能够或者应该被迫去信仰”。

况且，那些瞎了眼的坏家伙看不到他们所图谋的事情毫无希望和毫无可能。因为无论他们怎样粗暴地定下法律，怎样大发雷霆，他们所能够做到的无非是口和手外表上屈从而已；尽管他们用尽了千方百计，但无法迫使心顺从。因为谚语说得好：“思想是免税的。”既然他们明明知道办不到，为什么还要坚持迫使民众出自内心去相信呢？他们这样做不过是硬逼着那些良心软弱的人去说谎、去抵赖、去说违心的话。这样，他们就背负别人的重罪，因为这些良心软弱的人所说出的谎言和假供，全归罪于那迫使他们这样做的人。哪怕他们的臣民陷入谬误，与其迫使他们说谎和说违心的话，还不如让他们继续谬误下去，这样倒简单得多。另外，用某种更坏的事情去阻止作恶是不对的。

你想知道为什么上帝有意让世俗君主犯下如此严重的错误吗？我愿意告诉你们。上帝任凭他们存有卑劣的心（《罗马书》，1: 28），而且，也会像他了结那些精神贵族一般地去了结他们。因为我的仁慈的大人们，即教皇和主教们，他们被认为是在作监督人，是在传上帝的道。而他们放着这个事情不做，却去当世俗的君主，用只跟生命财产有关的法律实施统治。他们实在是本末倒置！他们原本被认为要按上帝的话语内在地掌管灵魂；然而，他们却外在地管理城堡、城市、土地和人民，肆无忌惮地折磨着众多的灵魂。

与此相仿，世俗领主原本被认为应该外在地掌管土地和人民。但他们却放着这个事情不做。他们所做的就是大肆掠夺，征收苛捐杂税，勒索钱财，一会儿放出一头熊，一会儿又放出一匹狼。除此之外，在他们中间就谈不上公正、诚实或真理。他们比任何盗贼或无赖还要坏，他们的世俗统治也跟灵心上的暴君不相上下。由于这个缘故，上帝听任他们走入邪路，而他们妄想从灵心上统治灵魂，就像他们的对手也妄想建立世俗统治一样。他们轻率地把别人的罪孽放到他们自己身上，从而招致上帝和人的憎恨，最后，他们就跟那些主教、教皇和僧侣一起，像一个个无赖一样归于沉沦。然后，他们就把全部罪名都归于福音，非但不认罪，反而亵渎上帝，把本来由于他们的堕落而应得的并且还会继续得到的结果，说成是我们的传道造成的，这就如同罗马人在覆灭之时所做的一模一样。这里，你就看到上帝针对那些权贵的法令。然而，并不要他们相信它，以免一旦他们有所悔改，上帝的这个严厉的法令反而受到阻碍。

但是，你们会说：保罗在《罗马书》（13: 1）中说，任何一个灵魂（*seele*）都应该服从于执政当局；而彼得也说，我们应该服从于人的一切制度（《彼得前书》，2: 13）。回答是：你们这才走上了正轨，因为这些章节恰恰证明我是对的。圣保罗说的正是执政当局。你们刚刚听我说了，除了上帝以外，没有人有权柄去掌管灵魂。因此，除非有相应的权柄，否则，圣保罗不会谈论服从。由此可见，他所谈的并不是有关信仰的，并不是指世俗当局有权对信仰作出什么命令。倒不如说，他谈论的是外在事物，这些事物应该在地上受到规定和管理。他的话清楚地表明了这一点，他规定了权威和服从的限度，他说："凡人所当得的，就给他，当得粮的，给他纳粮，当得税的，给他上税，当得荣耀的，就给他荣耀，当恭敬的，就恭敬他"（《罗马书》，13: 7）。你们看，世俗的服从和权威，仅仅适用于外在的事物，如粮食、税收、荣耀和恭敬。而且，他所说的“作官的原不是叫行善的惧怕，而是叫作恶的惧怕”（《罗马书》，13: 3）又再一次给执政当局明确了界限，即它并不应该掌管信仰或上帝的话语，而是应该控管恶行。

这也是圣彼得所说的“人的制度”（《彼得前书》，2: 13）所包含的意思。人的制度不可能将其权柄伸展到天国，去管束灵魂；它只限于在地上，只限于人们彼此之间的外在交往，只有在这样的情况下，他们才能看到、了解、判断、评估，给予定罪和宣判无罪。

基督自己就曾对此加以区分，并在《马太福音》（22: 21）中作了非常精辟的总结：“该撒*的物当归给该撒，上帝的物当归给上帝。”现在，倘若皇帝的权力伸展到上帝的王国和权威，与之结合，那么，基督就不会加以这样的区分了。因为前面已经说过，灵魂并不处于该撒的权威下；他既不能教导灵魂，也不能引领灵魂，既不能杀死灵魂，也不能给予灵魂生命，既不能束缚灵魂，也不能释放它，既不能对它作出判决，也不能将它定罪，既不能把它抓紧，也不能把它放松。倘若他有权命令它和用法律来控管它，他一定会这样做。可是，对于身体、财产和荣誉，他确实应该做这些事情，因为这些事情都在他的权柄之下。

很久以前，大卫就用一句妙语来对此加以总结，他在《诗篇》113 篇（应为 115: 16）中说：“他将天给了天主，而将地给了人的子孙。”就是说，在地上以及属于地上的世俗王国的，人从上帝那里获得了权柄；但是，属于天国的，属于那永恒的王国的，就绝对处于天主之下。摩西也没有忘记这个，他在《创世记》（1: 26）中

* Caesar，即罗马皇帝恺撒。

说：“上帝说，‘让我们造人，使他们管理地上的牲畜，海里的鱼和空中的鸟。’”在那里，只有外在的管理才是交给人的。简言之，这就是保罗在《使徒行传》4 章（应为 5: 29）中所说的话的意思，“我们要顺从上帝，胜过顺从人”。可见，他明确为世俗当局设置了界限，因为倘若我们必须做世俗当局所要求我们做的每一件事情，就没有必要说“我们要顺从上帝，胜过顺从人”。

如果你们的君主或世俗的统治者要你站在教皇一边，他们要你如此如此去信仰，或者要你丢弃某些书，你就该说，“那明亮之星不该坐在上帝一边。仁慈的大人，在身体和财产方面，我理应服从于您；您在地上的权柄范围之内命令我，我就会服从。可是，如果您命令我信仰什么，或者要我丢弃某些书，我就不会服从了；因为如此的话，您就成了暴君，您就越权了，您就是在既没有权利又没有权柄的地方发布命令”，等等。假如他竟然为此而剥夺你的财产，惩罚你的不顺从，那你倒是有福了；感谢上帝，你为了上帝的道而受苦，那是值得的。让他发怒吧，他够愚蠢了；他会接受对他的审判。因为我告诉你，如果你不能抵挡住他，如果你向他屈服，听任他夺走你的信仰和你的书籍，那你就实实在在否认了上帝。

让我们进一步加以说明。在迈森、巴伐利亚、马尔克以及其他一些地方，那些暴君竟然发布了一条命令，要把各处的《新约》都上交到官员那里。他们的臣民应该这样回答：他们连一页，哪怕字母也不要上交，如有违反的，则要丧失掉他们的得救。如果谁这样做，那等于就是在把基督交到希律王手中，因为这些暴君的所作所为就像希律王一样，是在谋杀基督。如果他们的家庭因此而受到搜查，书籍或财产被没收，他们也应该忍受这样的事情。暴行不应该抵抗，而是要忍受；可是，我们不应该认可它，丝毫也不应该去加以遵循或服从。因为这些暴君的所作所为，就好比大家认为世界上的君主们所会做的，他们当然是世界上的君主。但世界正是上帝的敌人；因此，他们必定会做与上帝为敌而讨好世界的事，使他们不至于丧失荣誉而始终是世界上的君主。所以，不用奇怪，他们会对着福音大发雷霆，尽情嘲弄；他们一定要保持他们自己的名誉和头衔。

你们应该知道，打从这世界一开始起，聪明的君主是非凡的珍鸟，而正直的君主就更加珍稀。在一般情况下，他们是地上极愚蠢或者极恶劣的无赖；因此，人们应该做好最坏的打算而非寻求好的一面，尤其是在关系到灵魂得救这些属神的事情上，更不能有过高的期待。他们是上帝的行刑人和刽子手；上帝的愤怒利用他们来惩罚恶人和维护外在的和平。我们的上帝是伟大的主和主管者；这就是为什么他也必须有这样显贵而富有的刽子手和总管人。他希望每个人都给予他们这些人以充足的财富、荣誉和畏惧感。出于他的神圣旨意，他希望我们尊称他的刽子手为仁慈的大人，跪倒在他们的脚下，谦卑地顺从于他们，只要他们不想做这一行太久，想当牧羊人而不做刽子手。如果一位君主碰巧是既聪明而又正直的人，甚或还是基督徒，那么，就是一大奇迹了，是上帝的恩典降临在那个国家的最宝贵的凭证。通常情况下，事情的进程如同《以赛亚书》（3: 4）经文中所说的那样，“我必使孩童作他们的君主，使咧着大嘴的傻瓜管辖他们”；以及《何西阿书》（13: 11）中所说的，“我在怒气中将王赐给你，又在烈怒中将王废去”。这世界实在是太邪恶了，它不配拥有许多聪明而正直的君主。青蛙应该得到它们的白鹳。

你又会说，“世俗当局并没有强迫人们信仰；它只是从外部注意不要让人用虚假的教义来欺骗人；不然的话，又怎么能够遏制那些散布异端邪说的人呢？”回答是：这是主教们应该做的事情；那是托付给他们的职责，而不是托付给君主的职责。异端邪说也不是靠强制手段所能遏制的，应该用另外的方法去解决，因为异端邪说应该运用除君权之外的其他手段去抵制和处理。在此，上帝的话语应该出击。如果这还不能取胜，那么，世俗当局哪怕使全世界血流成河，也不可能取胜。异端邪说是一件心灵上的事情，你不可能用铁锤敲碎，用烈火烧毁，也不可能用大水淹没。只有上帝的话语才能见效，就像保罗在《哥林多后书》（10: 4—5）中所说，“我们的武器，本不是属血气的，乃是在上帝面前有能力可以攻破任何谬论，将拦阻人认识上帝的自以为是的狂妄议论都一一攻破，使人心回归敬奉基督。”

而且，如果人们不是用上帝的话语，而是一味用暴力反对，那么，信仰和异端邪说反而会变得坚强起来。因为人们自然会认为，使用暴力是错误的，是在以邪克正，因为暴力做法凭的不是上帝的话语，而是像野兽一般只会蛮横无理。即使在世俗事务中，也只有当犯过错的人在法律上被定罪后，才可以使用暴力。而在这些崇高的属灵的事情中，怎么能没有公义和上帝的话语一味地使用暴力！所以，请看他们是一些多么优秀、聪明的高贵者啊！他们想驱除异端邪说，但他们所采取的方法只会使对手越来越强大，激起对他们自身的怀疑，证明异端邪说反倒有理。我的朋友，如果你真的想驱除异端邪说，你首先必须找到某种方法将它从人们心中拔除，使人们不想盲从于它。如果使用暴力，你非但不会阻止它，反倒会增强它。如果你只是削弱异端的外在表现，强迫大家嘴上说出谎言，内心里却反而使它有所增强，你又得到什么呢？然而，上帝的话语使人心照亮，从而，所有异端邪说和谬误都自动从心底里消失掉。

以赛亚在他的第 11 章里宣告了这种打击异端邪说的方法，他说，“他要以口中的杖击打世界，以嘴里的气杀戮恶人。”在那里你看到，如果恶人要被处死和改邪归正，都是用口来成就的。总之，这些君主和暴君没有意识到，跟异端邪说作斗争就是跟魔鬼作斗争，而魔鬼用谬误来塞满人心，就像保罗在《以弗所书》（6: 12）中所说的，“我们并不是与属血气的争战，乃是与灵心上的邪恶争战，与掌管着当今的黑暗的当权者争战”，等等。因此，只要魔鬼没有被击退，没有从内心赶出去，那么，单用火或剑去毁坏他的器皿，倒正合他的心意；这就像我要用一束稻草去迎战闪电。约伯对此作了丰富的见证，他在他的书的第 41 章说到，魔鬼把铁当作干草，对地上的权力毫不害怕。我们从经验里面也知道这一点，因为即使所有犹太人和异端者都被强迫烧死，也没有人因此而被说服和改邪归正，而且，以后也不会这样。

然而，像如今这样的世界理应有这样的君主，他们谁也没有尽到责任。主教们把上帝的话语撇下，不用它来管辖灵魂；倒是转手让世俗的君主用君权来接管灵魂的工作。那些世俗的君主放任诸如放高利贷、抢劫、奸淫、谋杀等等恶行，并且连他们自己也犯这些罪行，然后，又允许主教们用绝罚文书*来作出惩罚。这恰好是鞋

---

* 绝罚（*Excommunicatio*）是天主教规定给予神职人员和教徒的一种处分，受处分的人死后不能升天。

子穿错了脚：他们用铁器来管辖灵魂，用文书来管辖身体，从而，世俗的君主以属灵的方式来管辖，而属灵的君主反而以世俗的方式来管辖。在地上，魔鬼除了举办假面舞会跟他的子民一起装傻，还会做什么事情呢？那些捍卫信仰而去灭绝土耳其人的正是我们的属基督的君主！那些高雅的人，我们可以信托他们用他们高雅的智慧去完成某件事情，但实际上却是拧断他们的头颈，使国家和人民陷入水深火热之中。

我愿意诚心诚意地规劝这些瞎了眼的家伙留意一下《诗篇》第107篇中的一小段经文："*Effundit contemptum super principes*。"我凭着上帝向你们发誓，如果你们还看不到这一小段经文适用于你们，那么，哪怕你们中的每一个人都像土耳其人那样强大，你们也失败了；你们暴跳如雷也帮不了什么忙。这话一大部分已经成为事实。因为很少有君主不被看作是傻瓜和无赖；因为他们的所作所为证明是这样。平民正在学会思考，而君主们的刑具（那正是上帝称之为"羞辱"的）却正在使暴民跟平民一起增添着怨气。我担心没有方法可以制止它，除非君主们的举止行为确实符合君主的样，又开始体面而合乎情理地统治。人们不会愿意、不再能够而且严正拒绝忍受你们的暴政和任性。亲爱的君主们和大人们，请你们放聪明一些，要审时度势。上帝不会再容忍这样了。现在的世界不再像以前你们可以为所欲为地愚弄百姓的时代了。所以，请你们放弃对权力的恶意使用吧，认真思考一下该如何端正态度，让上帝的话语起作用，使它如同它想要做到和必须及应该做到的那样来行事；你们无法阻挡的。如果在某个地方有异端邪说，那么，理应用上帝的话语去制服它。但如果你们继续动用君权来耀武扬威，那么，你们该注意，恐怕会有人来迫使你们刀剑入鞘，不过，那并不是以上帝的名义！

但是，你会说，“既然在基督徒中不应该有世俗的君权，那么，他们如何从外部来治理呢？当然，即使在基督徒中，也应该有威权存在。”回答是：在基督徒中不应该、也不可能有什么威权存在；倒不如说，所有人都同等地互相服从，就像保罗在《罗马书》12章中所说的：“每个人都把他人当作自己的长官”；彼得在《彼得前书》（5: 5）中说道，“你们都要彼此顺服。”这也是基督在《路加福音》（14: 10）中所说的话的意思，“你被请参加婚礼的时候，就去坐在末位上。”在基督徒中，唯独除了基督他自己之外，就没有什么长官了。既然所有人都一律平等，拥有同样的权利、权柄、财产和荣誉，既然没有人想当别人的长官，而只想当别人的下属，那么，能有什么样的威权呢？既然是这样的人民，谁也不能建立权威，即使他想建立，因为如果没有人能够或者愿意当长官，就不可能有长官。然而，如果没有这样的人民，那么，也就没有真正的基督徒。

那么，神甫和主教又是什么呢？回答是：他们的治理不是权威或权柄的事情，而是一种服务和职事，因为他们并不高于或好于其他基督徒。所以，他们不应该在违反别人意愿和未经他们同意的情况下把任何教规或教令强加给他们。宁可说，他们的管辖不超出用上帝的话语作谆谆教导，以此来引导基督徒和制胜异端邪说。正像我们说过的那样，基督徒只能用上帝来管辖，因为基督徒应该以信来管辖，而不是用外在的行为来管辖。然而，信不可能凭人的话语来得到，而只能凭着上帝的话语来得到，就如同保罗在《罗马书》

（10: 17）中所说的，“可见信来自于听，而听来自于上帝的话语”。那些不信的人不是基督徒；他们不属于基督的王国，而属于世俗的王国，在那里，他们受到君权和外在权威的强制和管辖。基督徒所行的任何一件善行都出自于自己，没有受到强制，只以上帝的话语为满足。关于这一点，我已经在别处多次详尽论述了。

第三部分

现在，我们了解了世俗当局的限度，是时候来探询君主应该如何运用它了。我们这样做乃是为了那为数很少的一些人，他们竭力想成为属基督的君主和领主，他们也愿望进入天国中的生活。基督他自己也在《路加福音》（22: 25）中这样描述世俗君主的性质：“这个世界的君主在治理，而当权者行使着他们的权力。”* 因为如果他们生来就是或者经过选举而成为君主，他们当然认为他们应该受到侍奉，凭着权力来实施统治。如果他想成为属基督的君主，他就必须放弃实施统治或行使权力的企图。因为每一种为自己谋利和谋好处的生活，都该受诅咒和定罪；非因爱所行的事都该受诅咒。然而，如果那行为是全心全意为别人谋福利、荣誉和得救，而不是为自身的欢乐、福利、荣誉和得救，那么，这样的行为就是因爱所行的。

在此，我一点也不想谈论执政当局的那些世俗的事务和法律。

---

* 该段经文与今本《圣经》译本有出入。按今本英文本及中文本，该处为：“外邦人有君主治理他们，那掌权管理他们的称为恩主。”德文本作：“百姓们的君王在治理着，他们中有权势的人，人们称之为恩主。”

那是一个大题目，已经有太多的法律书，虽然如果说一位君主本身并不比他手下的法官更聪明，对法律书的内容也了解不多，他当然就会像《箴言》第28章所说的那样来治理："无知的君主必行不义压迫多人。"因为不管法律订得多好和公正，在有需要的时候，它们都可以作例外来处理，面对需要，就无法严格坚持执行法律了。所以，君主应该牢牢掌握法律，把它当作跟君权一般，而且，在自己的心中决定，在什么时间和什么地方要严格或者适度执行法律，从而使法律在任何时间和任何场合都见效，使理性成为最高的法律和各个执法部门的统领。打一个比方，一家之主在为他的仆人和孩子考虑工作和食物的时候，会定下时间和数量；然而，如果他的仆人碰巧病倒了、入狱了、被捕了、被骗了或者受到其他妨碍，他必须保留作出更改或暂停这些规定的权利；他对待病人不能跟对待正常人严格一致。我说这个是为了让人们不要认为唯独遵守成文法或者法官的意见为值得称赞的。事情还不至于此呢。

那么，君主如果缺乏必要的智慧，不得不求教于法官和法律书，他该做些什么呢？回答是：这就是为什么我说君主阶层是一个有风险的阶层。假定他本身不那么聪明，不能掌管好他的法律和他的谋臣，那么，就该用到所罗门的格言了，"邦国啊，如果你的君主是个孩童，你就有祸了"（《传道书》，10: 16）。所罗门也意识到了这一点。这就是为什么他对所有法律——甚至包括摩西凭着上帝为他所定下的法律——以及他的所有王公大臣都感到了绝望。他转而祈求上帝自己赐给他一颗明白事理的心，可以治理百姓（《列王记上》，3: 9）。君主就该以此为榜样，常存畏惧之心；他应该既不要依赖那死的书本，也不要依赖那活的头脑，而要一心一意依靠上帝，一刻也不离开他，祈求上帝让他明白事理，超出一切书本和导师，做到聪明地治理他的臣下。由于这个原因，我没有听说过有什么专为君主而设的法律；反之，我倒是想让他们全心全意地注意他们该以怎样的态度来对待所有法律、忠告、判断和行动。只要他具有相应的自制力，上帝就一定会赐给他能力以恰当而属神的方式去贯彻所有法律、忠告和行动。

第一，他应该顾及和注意他的臣民，并真正致力于此。要做到这一点，他就要使自己的每一个想法都是使自己对他们有用处和有好处；他不要以为“这国家和人民都是属于我的，我要做让我最高兴的事情”，而要想到“我属于这个国家和人民，我应该做对他们有用和有好处的事情。我所要关注的不是如何统治他们和管辖他们，而是如何保护他们，让他们平安和富足”。他应该想到基督，说，“看哪，基督那至高无上的统领，他曾经亲临为我服务；他一点也没有企图从我这里获得权力、产业和荣耀，而只考虑我的需要，千方百计让我从他那里和通过他来获得权力、产业和荣耀。我现在也要这样做，我不应该企图从我的臣民那里获得我自己的利益，而要为他们谋福利。我要运用我的职事为他们服务，保护他们，听取他们的问题，并为他们辩护，我统治的唯一目的就是要使他们而不是使我自己得到好处。”如果是这样的话，君主就应该打心里没有权势欲，应该担负起臣民的需求，将他们的需求看作是他自己的需求。因为这正是基督对我们所做的（《腓立比书》，2: 7）；而这些正是属基督的爱所行的正当行为。

现在你会说，“那谁会愿意当君主呢？这样的话就会使君主这个阶层成为地上最糟的人，充满着麻烦、辛苦和忧愁。原来那种君主式的享受，如歌舞、打猎、赛马、赌博以及其他类似的世俗娱乐，又该如何呢？”我的回答是：我们这里不是谈论世俗君主该如何生活，而是谈论世俗君主如何成为一个基督徒，使他也可以进天国。谁不知道君主进天国是稀有的奖赏？我这样说并不意味着我对世俗君主会对此加以重视而抱有任何希望，只是希望偶尔会有某个君主，也想成为基督徒，想知道他该如何行事为人。对此我可以很有把握地说，上帝的话语既不会对君主弃之不顾，也不会额外照顾，但君主应该使自己完全服从上帝的话语。

单是指出君主并非不可能成为基督徒，我就感到满足，尽管这事很珍奇且困难重重。只要他们能够很好地作出安排，使他们歌舞、打猎和赛马，如果他们能在不伤害臣民的情况下他们尽到他们的责任以爱对待臣民，上帝就不会苛责他们的歌舞、打猎和赛马。但他们很快就会发现，如果他们的确尽到他们的责任给予臣民以应有的关怀和关注，那么，一定会错过许多次绝妙的歌舞、打猎、赛马和赌博。

第二，他应该提防权贵和他的谋臣，对待他们既不要歧视，也不要言听计从，一切事情由自己来决定。上帝不能够容忍任何一种做法。他曾经通过一头驴子的口来说过话（《民数记》，22: 28）；因此，没有人应该受到歧视，不管他是多么卑微。另一方面，上帝曾经同意让最高的天使从天上降临；因而，也没有人应该受到信任，不管他多么聪明、圣洁或伟大。宁可说，任何人都应该兼听众人的话，等着看上帝通过他们中的哪一个来说话和行事。宫廷中最大的坏事莫过于君主听命于权贵和谄谀者，自己不洞察事情的真相。如果君主犯了错误，做了傻瓜，那么，受到影响的就不是他一个人，国家和人民都必须承受这种愚蠢的后果。

所以说，君主信任他的官员和放手让他们去行事，他自己一定要把执政的缰绳牢牢抓在自己手中。他对他们不可过分信任，而要明察秋毫，要（像约沙法王［《历代志下》，19: 4—7］那样）巡视全国各地，视察执政和执法情况。这样，他就会让自己学会不可完全信任任何人。你没有权利假定另外某个人会像你自己一样，对你和你的国家那么热心，除非他是一个充满圣灵的好基督徒。自然的人不会这样。既然你不可能知道他是不是基督徒，或者他保持现状会多久，你就不能放心地依赖他。

特别要提防说下面这话的那些人："哦，仁慈的主，您的仁慈不对我抱有更大的信任吗？谁如此甘心为仁慈的您服务呢？"等等。这样的人肯定心怀鬼胎；他想要当国家的主宰而让您变成一只猿猴。假如他是真正虔诚的基督徒，他会高兴您什么也不托付给他，称赞您如此近距离地监管着他。既然他是遵照上帝的旨意行事，他就愿意而且满足于让他的一举一动展现在您或者由任何其他人面前。这就如同基督在《约翰福音》第 8 章［应为 3: 21］中所说的，"凡行善行的必来就光，而显明他所行的是靠上帝而行。"然而，我们在前面所说的那种人会蒙蔽您的眼睛，他们在阴暗的角落里行事；基督也在那同一个地方说了，"凡行恶行的必定避光，唯恐他的恶行暴露"（《约翰福音》，3: 20）。因此，要提防这样的人。如果他为此而抱怨，就对他说，"朋友，我并没有做什么对你不公的事情；上帝不要我信任我自己或任何别的人。因为上帝他要如此，或者因为他没有将你变得超越于人，那你只能归罪于上帝。但即使你是一个天使，我仍不能充分信任你——要知道，明亮之星

（Lucifier）是不可信任的——，因为我们唯独只信任上帝。”

恐怕没有一位君主会以为他胜过大卫吧，大卫乃一切君主的典范。他曾经有过一位名叫亚希多弗的聪明的谋士，经文中这样说他：亚希多弗所出的主意好像人问上帝的话一样（《撒母耳记下》，16: 23）。然而，亚希多弗堕落了，他甚至于堕落到想要背叛，要杀害和毁掉他自己的主人大卫（《撒母耳记下》，17: 1—23）。到了那个时候，大卫才不得不明白不应该信任任何人。你想想，为什么上帝会允许让这样可怕的事情发生并且被记载下来呢？那只能是为了警告君主和领主不可信赖任何人，那是会降临到他们头上的最危险的灾难。因为让一些谄谀小人掌权宫廷，或者，君主依赖于别的一些人而且将自己交到这些人手中，听任这些人为所欲为，那是最悲惨的事情。

现在，你会说，“如果无人可以信赖，又如何治理国家和人民呢？”回答是：你可以冒险把有些事情托付给别人，但你自己只应该托付给上帝，信赖上帝。你肯定要把一些职责托付给某个别的人，在他身上冒一点险，但你只应当把他当成一个可能会背叛你的人来信任，你必须时刻提高警惕，严加监视。马车夫尽管信任他所驾驭的马和车；但他不让它们自己行驶，而是握住缰绳和马鞭，双眼紧盯。请记住那些经验之谈的古老谚语，“马肥靠的是主人的眼睛”；还有，“土肥靠的是主人的足迹”。那就是说，如果主人不亲自照料，靠那些帮手和仆人，那么，事情就决计做不好。同样，上帝也希望且促成这样，使得主人感到有必要亲自关注他们的职责所在，就像任何人都必须履行自己的使命，任何被造物都做自己的事一样。否则，主人就会变得饱食终日而无所事事，只利己而毫不利人了。

第三，他应该注意如何公正对待那些行恶的人。在此，他应该非常机智而又谨慎，做到既处罚了恶人又不误伤他人。再者我发现，没有比大卫更好的榜样了。他手下有一个名叫约押的军官，用诡计谋杀了两位正直的军官，犯下了两项秘密的罪名（《撒母耳记下》，3: 27；20: 10），为此，他理应被两次处死。然而，大卫在他活着的时候并没有把他处死，而是吩咐他的儿子所罗门必须将他处死（《列王记上》，2: 5—6），这无疑是因为他当时这样做的话会引起更大的伤害和骚乱。君主在惩罚恶人的时候应该做到不至于为了拣起调羹而踩碎碟子，不至于为了一个人的人头而使国家和人民陷入困境，孤寡遍地。所以，他不应该听从那些极力挑唆他发动战争的谋士和好斗者的话，他们会说，“什么，难道我们必须忍受如此的凌辱和不公吗？”如果他为了某个城堡而不惜使整个国家陷入灾难，那么，这样的基督徒，虽然握有实权，却是可怜的。

简而言之，这里应该遵循这样的谚语，即“不能宽容一些过错的人不能治理国家。”就让这成为他的准则吧：如果惩罚某个过错势必会产生更大的过错，那就请他延迟执行他的权力。他不应该关注他自己所受到的伤害，而是关注由于他所施加的惩罚而使别人必须忍受的痛苦。你为了报一次无谓的争吵之仇或者是报复那曾经伤害过你的人，却使许多妇女和孩童成了寡妇和孤儿，他们岂不是无辜而受罪了吗？

在此，你会问：“那么，君主是不是不该打仗，他的臣民也不该跟随他战斗呢？”回答是：这是一个意义深远的问题，但让我简要作答吧。在此，我说，如果作为基督徒，君主就不该发动反对居于他之上的统治者——君王。皇帝或其他封地领主——的战争，而是听凭他自行其是。因为，执政当局是不应该用暴力去反抗的，而只应该通过承认真理来反对。如果他受到这个主张的影响，那很好；如果未受影响，你自有道理，你是为了上帝的缘故而蒙受不白。然而，如果你的敌手跟你相当，比你低，或是外国的执政者，你应该首先给予他公正和平，就如同摩西教导以色列的子民那样。如果他拒绝，那么——注意看看什么最适合你——你就要用武力保卫自己，就像摩西在《申命记》（20: 10—12）中描绘过的那样。但在做这事的时候，不应该考虑个人的利益以及如何保住你的君主地位，而要考虑你有帮助和保护臣民之责，要使这样的行动在爱中进行。正因为整个国家处在危险之中，所以你必须冒险，依靠上帝的扶助一切都不会失去。即使你不能够防止有人成为寡妇和孤儿，至少应该尽力不要让一切一切都毁掉，除了孤寡什么也不剩。

在这件事情上，臣民就有义务顺从，献出他们的生命和财产，因为在这种情况下，人们应该为了别人而用自己的财产和自己去冒险。在这样的战争中，毫不犹豫地杀敌，用各种战争手段剥夺、蹂躏和重创敌人，直至敌人被消灭，既是属基督的又是出于爱的行为（只是人们应该防止犯罪，不要强暴人妻和处女）。一旦取得了胜利，人们应该给予那些投降和屈服的人以怜悯和安宁。这种情况适用如下的谚语，即“上帝扶助最强者”。这是《创世记》第 14 章中亚伯拉罕击败四王时所做的；他当然杀死了许多人，在他征服了他们之后，他又显示出一点点怜悯。这样的情况应该被看作是上帝所差遣的，作为一种一次净化土地和驱赶恶人的手段。

如果君主做错了该如何呢？他的百姓还有义务跟随他吗？回答是：否，因为人们没有义务去做错事；我们应该顺从的是上帝（而上帝希望做正确的事情），而不是人（《使徒行传》，5: 29）。如果臣民不知道他们的君主做得对不对，又该如何呢？回答是：只要他们确实并不知道，即使尽全力也无法弄清，那么，他们可以顺从他，这样不会危及他们的灵魂。因为在这种情况下，人们可以援用《出埃及记》21章中摩西所定下的律法，他在那里写道，杀人者在不知情和无意中杀了人，可以逃到避难的城中去，并在那里由法庭宣告其为无罪。然后，任何一方被打败了，不管它是对还是错，都应该把这失败作为上帝的惩罚来接受。然而，任何稀里糊涂而得胜的一方，则应该把这场战斗看作某人从屋顶上掉下而把别人砸死一般，他应该把这事情归功于上帝。对于上帝来说，由正直的君主还是由并不正直的君主夺去你的生命和财产，完全一样。你是上帝的造物，上帝可以对你做他想做的事情，只要你的良心是明白的。所以，在《创世记》（20: 2—7）中，上帝自己原谅亚比米勒取走了亚伯拉罕的妻子；这不是因为他做得对，而是因为他当时不知道她是亚伯拉罕的妻子。

第四，在此我们要谈论本该放在首位的内容，我们在前面也已经谈到过。君主应该以属基督的方式对待他的上帝；就是说，他应该全身心地信靠上帝，向上帝祈求得到智慧来统治好，就像所罗门所做的那样（《列王纪上》，3: 9）。但关于信靠上帝，我已经写了很多，没有必要再来说些什么了。所以，我们简要地把君主的职责概述为以下四个方面：一、对上帝，必须真正信赖他，真诚祈祷；二、对他的臣民，必须有爱和属基督的侍奉；三、对他的谋士和官员，必须保持清新的理性和不受约束的判断力；四、对那些行恶的人，必须显示有克制的严厉和坚定。这样，无论是外部还是内部，君主都做得对；这既取悦于上帝又取悦于人民。不过，他也会不得不招来众多的嫉妒和烦恼；十字架很快就会落到这样一位君主的肩膀上。

最后，我必须增加一个附录来回答提出偿还问题的人，就是把采用不正当手段拥有的财物归还原主的问题。这个问题受到世俗当局的普遍关注；关于这个问题，已经有许多著作，在这一类案件中，已经探索过许多极其严厉的判决。然而，我要把这一切归结为简短的几句话，同时处理所有这些法律以及依据它们的各种苛刻判决，从而可以发现：再没有比爱的法律更可靠的法律。首先，在你面对一件这一类的要一个人对另一个人偿还的案子时，如果双方都是基督徒，事情很快就可以解决；任何一方也不会把属于另一方的东西扣住不还，任何一方也不会要求另一方把东西归还给自己。如果只有其中一方是基督徒，例如理应得到偿还的一方是基督徒，问题也很容易得到解决，因为他根本不在乎是不是得到偿还。同样，如果被认为应该偿还的一方是基督徒，也很容易解决，因为他会愿意偿还。

然而，不管是不是基督徒，你都有应该用如下方法裁决赔偿的问题。如果欠债人很贫苦而无力偿还，另一方却并不贫苦，那么，你就应该让爱之法律生效，免除欠债人的债务；因为按照爱之法律，另一方无论如何也有义务放弃这样的债务，如果有必要，他还有义务额外送给他一些东西。但如果欠债人并不贫苦，你就应该让他尽力偿还，不管是归还全部，还是一半，还是三分之一或四分之一，只要你给他留下供他自己和妻儿足够的衣食住行费用就可以了。你无论如何也要尽你所能给他多留一些；同样，你也要尽可能少取一些，因为你并不需要这些，而他缺少了这些就过不了日子。

如果双方都不是基督徒，或者，其中一方不愿意按爱的法律来判断，那么，你可以让他们到另一个法院去上诉，而且要告诉那固执己见的一方，他们的做法，即使根据属人的法律可以获得一个严格的判决，但还是违背上帝和自然法。因为跟爱一样，按照自然所作的教导，我应该做我希望别人对我做的事情（《路加福音》，6: 31）。因此，只要我自己不愿意别人夺走我的财物，那么，即使我有十分的理由，我也不能夺走别人的财产。宁可说，正像我希望别人在这种情况下应该放弃他的权利而将这恩惠给予我一样，我也应该这样放弃我的权利。

这样，在人们处理一切非法拥有的财产的时候，不管是公开还是私下，都始终应该做到让爱和自然法起作用。因为当你根据爱来作出判断的时候，你就会撇开任何法典而轻松作出决定和调节。但当你否认爱和自然法的时候，你决不可能碰巧作出取悦于上帝的决定，虽然你可能已经查询过所有法典和法官。正好相反，你越是依靠他们，他们越是会把你引入歧途。一个良好的正确决定一定不是而且也不可能是从书本中产生的，而必定来自于自由的心灵，就像根本没有任何书本一样。然而，这样一种自由的决定是由爱和自然法所提供的，其中也充满着理性；从书本里得出的乃是一些放肆而站不住脚的判决。让我给你们说一个这方面的例子。

下面这个故事，是勃艮第（Burgundy）的查理公爵讲述的。某个贵族把一个敌人投入监狱。那犯人的妻子来赎回她的丈夫。贵族答应把丈夫还给她，条件是要她跟他上床。妇人是一个正直的人，但她又希望丈夫获得自由；这样，她就去问她丈夫她该不该为了使他得到自由而这样做。丈夫一心想要获得自由和保全性命，就允许了他的妻子。贵族与犯人的妻子睡过后，第二天就把那丈夫砍头，并把他的尸体给了妇人。妇人就向查理公爵告状。公爵把那贵族叫来，命令他跟这个妇人结婚。婚礼一过，公爵就把那贵族砍了头，让那妇人拥有这贵族的财产，为她恢复了名誉。他就以君主的方式惩罚了犯罪。

请注意：无论是教皇、法官，还是法典，都不可能使他作出这样的决定。它来源于那不受约束的理性，超越所有法典，而且，它是那么的杰出，任何人都必须认可，并从中发现那铭写在他心中的正义感。圣奥古斯丁在他的《主的登山讲道*》一文中也讲过一个类似的故事。所以说，我们应该让成文法服从于理性，而它们原本也是从理性之中产生的，就像从正义之泉涌现出来一样。我们应该做的决不是让那源泉依赖于小溪，或者说，决不是让理性当书本的俘虏。

* 登山讲道（*De Sermone domini in monte*）这个名称，是奥古斯丁在他的《对主的登山讲道的注释》一文中提出的，指《圣经》中的《马太福音》（5: 1—7: 29）以及《路加福音》（6: 20—7: 1）。这里所说的山，很可能是指加利利的一块高地。

19　致德国所有城市的议员，请他们建立和支持基督教学校

愿上帝我们的父和主耶稣基督赐给我们恩典和平安。

亲爱的可敬而又聪明的先生们：倘若我害怕人的命令胜过害怕上帝的命令，我早就会在这个问题上保持沉默了，因为近三年来，我一直处于禁令之下并受到放逐，而且，在德国，许多高层的和低层的人都借此对我的言论和著作大肆攻击，甚至还导致了流血。但上帝开启了我的口，他吩咐我要说话，还强力支持我。他们越是气势汹汹地来对付我，上帝就越是增强和拓展我的事业——而在此我根本未曾做过什么帮助和策划——，仿佛上帝在讥笑和嘲弄他们的狂妄，就像《诗篇》(2: 4）中所说的。任何人只要不是心若顽石，从这个事实里都可以看出，这个事业必定属于上帝他自己，因为它显然带有属神的话语和行为的标记；正当有人下了最大决心要对这些属神的话语和行为进行迫害和压制的时候，它们却始终在蓬勃发展。

因此，我要说话，而且（正像以赛亚所说的那样）只要我还活着，我就不会保持沉默，直到基督的公义如光芒发出，他的救恩如明灯照亮（《以赛亚书》，62: 1）。所有我亲爱的先生和朋友，现

在我恳求你们友善地接受我的这封信，记住我的告诫。因为不管我个人如何，我还是能够在上帝面前凭着我的良心夸口说，在这件事情上，我并不是在谋求我自己的利益——本来，我保持沉默对我更会有好处——，而是以诚挚而真诚的态度在对待你们，对待整个德意志民族，不管人们信还是不信，上帝已经将我归入德意志民族之中。而且，我还想向你们保证，坦率地向你们宣布，在这件事情上倾听我的人，他肯定不是在倾听我，而是在倾听基督；不肯倾听的人所藐视的并不是我，而是基督（《路加福音》，10: 16）。因为我很了解和肯定我所说的和讲述的内容和要点，任何人只要确实认真考虑我所讲述的内容，他自己也会发现它的。

首先，我们今天看到，德国各地的学校无一不在遭到严重的毁坏。各地的大学正在日趋削弱，修道院正在走向没落。就像以赛亚（《以赛亚书》，40: 7—8）所说的，草必枯干，花必凋残，那是由于主的气通过他的话语吹在它的上面，又通过福音用强热的光照射它。因为到了现在，通过上帝的话语，大家都很清楚这些机构已经完全跟基督无关，它们仅仅被用来填饱人的肚子。那些崇尚肉欲的民众开始意识到他们既没有义务也没有机会把他们的子女和亲戚送进修道院和教会学校，离开他们自己的家庭和产业，在别人那里成长。由于这个缘故，没有人愿意让他的子女去接受教育。他们说："既然他们不会当神甫、修道士或修女，我们为什么还要费心让他们进学校呢？还不如让他们学会挣钱的本领更好呢。"

从他们的这种坦承中，可以很清楚这些人的想法和目的。如果他们在修道院和教会学校，或者说，属灵的育所，一直寻求的不仅是让他们的孩子吃饱肚子和得到一些世俗的好处，而且认真关注他们的孩子的得救和永恒的福乐，他们就不会把双手叉起而显得无所谓了，不会若无其事地说，"如果连那些属灵的育所也毫无用处的话，我们就干脆不要教育，也不要为此烦心了"。反之，他们一定会说："如果真像《福音书》中所说的那样，这样的育所会危害我们的孩子，那么，亲爱的先生，请告诉我们有什么别的方法可以取悦于上帝和有利于我们的孩子。因为我们当然不仅想要让我们的孩子吃饱，还要关心他们的灵魂。"至少，这才是真正的基督徒父母会说的话。

毫不奇怪，邪恶的魔鬼在插手这件事情，引诱那些迷恋世间享乐的人不顾孩子和青年人。谁能够因为这一点责备他呢？他本来就是这世界的统治者和神（《约翰福音》，14: 30）；他怎么可能乐意看到福音摧毁他的巢穴即修道院和一大帮修道士，而他首先就想要败坏无比重要的年轻人？我们又怎么可能期待他会允许或推动对年轻人的培育呢？倘若他同意和推动在他的王国建立那样一些事物，而这个王国却必定会被这些事物迅速推翻，那他就是一个大傻瓜，假如要他放弃我们亲爱的年轻人这样的美食，听任他们花他的钱和运用他的资源去敬奉上帝，那也只能这样了。

所以，当基督徒们设法让他们的孩子以基督教的方式接受培育和教导时，魔鬼就显得特别敏感。那些年轻人有望完全摆脱他而在他的王国里建立某些他觉得不可容忍的事物。这时，他就动手把他的网张开，由他建立那样的一些修道院、学校和育所，任何年轻人都逃不出他的手掌，除非上帝行出特别的奇迹。但现在，他看到由于上帝的话语他的圈套被戳穿，他就走向另一个极端，想要叫大家什么也不要学。为了护卫他的王国以及尽一切可能去紧紧抓住年轻人，他这样做很对，也很巧妙。如果他能够抓住他们，他们在他治下成长，一直是他的人，那么，谁能从他那里夺走什么东西呢？这样，他就无可争辩地掌握了世界。因为，如果他真的想要给予致命的打击，必须依靠那些年轻人，要他们在成长过程中认识上帝，传布上帝的话语并以此教导别人。

没有人，确实没有人，意识到这是魔鬼的一个卑鄙的伎俩。它畅行无阻而没有人注意到它，在人们能够采取步骤阻止和去除它之前，就已经留下祸害了。我们时刻提防着土耳其人、战争和洪水，因为我们在这些事情中可以察觉到祸福所在。但没有人认识到魔鬼的狡诈的意图。没有人对此有所提防，而是无声无息地随波逐流。哪怕有某个孩童可以因此而培育成一个真正的基督徒，我们也理应为之付出百倍于我们为回击正掐住我们脖子的土耳其人而要付出的代价。因为一个真正的基督徒胜于地上所有人，可以做出比所有人更多的善行。

所以，我恳求你们所有人，我亲爱的先生和朋友们，为了上帝和我们可怜的百姓的缘故，不要像好多人那样轻率地来对待这件事，他们没有意识到这世界的统治者（《约翰福音》，14: 30）已经达到何等地步。因为采取步骤去帮助年轻人，是一件严肃而重大的事情，无论对于基督还是对于整个世界，都至关紧要。我们帮助年轻人，也就是帮助我们自己和任何其他人。必须记住，应该用坚决的属基督的决心回击魔鬼的阴险狡猾的进攻。我亲爱的先生们，如果我们不得不每年花费大量的钱财用在枪炮、道路、桥梁、水坝和无数类似的项目上，以保证城市的暂时的和平和繁荣，为什么不应该把更多的钱用在那些可怜的被忽视的青年身上，至少足够聘用一两名合格的教师到学校授课呢？

而且，每个公民都应该会受到以下考虑的影响。在以前，他曾经被迫把好多钱财用在赎罪券、弥撒、守夜、捐款、遗赠、周年纪念日、托钵修道士、弟兄会会员、朝圣等等无谓的事情上。而现在，靠着上帝的恩典，他摆脱了这样的掠夺和强行捐助，他就应该出于对上帝的感恩和为了荣耀上帝而把这些钱中的一部分捐给学校，用于培育那些可怜的孩子们。那会是一种出色的投资。如果福音之光未曾得以显露，使他获得自由，他就不得不继续无休止地向上述强盗送上十倍以上的钱财，而没有得到回报的希望。还要知道，在阻挠、妨碍和反对这个建议的地方，那里必定有魔鬼在起作用，这个魔鬼在人们把他们的金钱如潮水般地倾注给修道院和弥撒的时候一声不吭；现在，他却意识到如今这样的捐助对他没有什么好处。我亲爱的先生和朋友们，请你们务必首先要考虑到这一点，即我们正在对魔鬼这个最危险和最狡猾的敌人作战。

第二个考虑是，就像圣保罗在《哥林多后书》（6: 1—2）中所说的，我们不应该徒受上帝的恩典而忽视那得救的时刻。其实，全能的上帝已经开恩降临到我们德国人，宣告一个真正的大纪念年。今天，我们具有最博学多才的一群人，他们有着出众的语言和艺术才能，只要我们任用他们当上年轻人的导师，他们可以作出真正的贡献。我们现在能够用三年时间来培养一个孩子，这样，他到了十五或十八岁的时候知道得比先前所有大学和修道院所知道的还要多，这不是很显然的吗？实际上，直到现在为止，人们在大学和修道院中除了变成蠢驴和傻瓜，变得麻木不仁以外，还学到了什么吗？他们用二十年甚至四十年的时间死啃书本，结果连拉丁文或德文也没有掌握好，更不要说在那里过的丑陋而不道德的生活，许多优秀的青年人可耻地堕落了。

千真万确的是，如果大学和修道院还要这样继续下去，又没有其他地方可供青年们学习和生活，我会希望孩子们都不要再去学习，宁可还是愚笨的好。因为我的最真诚的目的、祈求和愿望，就在于要这些驴厩和魔鬼的训练中心，要么坠入深渊，要么被改造成为属基督的学校。然而，既然上帝如此恩待我们，赐给我们这么多有能力正确地教导和培育我们年轻人的人，我们决不可辜负他的恩赐，决不可让他白白地叩门。他正站在门口；我们把门打开，就会得到喜悦！他在呼叫我们；应答他的人就有福了！如果我们充耳不闻，让他从我们身边走过，那谁还会把他再引回来呢？

让我们记住我们以前的苦难和我们所处的黑暗吧。我敢保证，德国从来没有像今天这样听到那么多上帝的话语；我们当然从来没有在历史书本中读到过。如果我们对此不抱有感恩和赞美的心情，而任其不知不觉过去，那么，我恐怕我们会因此而遭受更可怕的黑暗和灾难。哦，我亲爱的德国人啊，趁市场就在你家门口的时候赶紧买东西吧；趁天气晴朗的时候赶紧收割吧；趁上帝的恩典和话语在的时候赶紧去运用吧！因为你们应该知道，上帝的话语和恩典，好比过路的阵雨一样，一旦飘过去，就不回来了。它曾经在犹太人那里，但一旦过去了，就过去了，现在犹太人什么也没有了。保罗把它带给了希腊人；但是一旦过去了，就又过去了，现在他们有的却是土耳其人。罗马和拉丁民族的人，也曾经拥有过它；可是，一旦过去了，也就过去了，现在他们有的是教皇。而你们德国人，也不要指望你们会永远拥有它，因为忘恩负义和目空一切的态度，无法让它留下来。所以，谁有能力，谁就要紧紧地抓住它；因为游手好闲者是必定歉收的。

第三个考虑，乃是最重要的，那就是上帝的命令，他通过摩西来督促和责成父母要经常教育他们的子女，就像《诗篇》第 78 篇所说的：他曾经那么认真地命令我们的父辈教导他们的孩子以及又教导他们孩子的孩子（《诗篇》，78: 5—6）。在上帝的第四条诫命中，这一点也是很明显的，即严格要求孩子们听从他们的父母，甚至要处死顽梗悖逆的孩子（《申命记》，21: 18—21）。实际上，我们这些老年人活着，除了关心、教育和培养年轻人以外，还有什么别的目的呢？而这些愚钝的年轻人不可能自己来教育和保护好他们自己。就是由于这个道理，上帝才把他们托付给我们这些年长的人，因为我们从经验中得知什么事情对他们最有好处。上帝也希望我们对他们负起严格的责任。这就是为什么摩西在《申命记》（32: 7）中命令说："问你的父亲，他必指示你；问你的长者，他们必告诉你。"

如果事情到了这样的地步，即我们不得不驱使且被驱使去教育我们的孩子和年轻人，寻求他们的最大利益，连本性应该驱使我们这样做，即使异教徒也提供给我们好多这方面的例子，那真是罪过和耻辱。就连不会说话的动物，也无不关心它的后代，教会它们需要知道的东西；唯一例外的是鸵鸟，在《约伯记》31 章（应为 39: 16, 14）上帝说到，它残忍地对待它的后代，就好像那不是它的，竟把它下的蛋留在地上。如果我们忽视了我们活着的主要目的是关心年轻人，那么，我们拥有并且成就任何其他事情，像纯洁的圣者一样，对我们又有什么好处呢？我还在想，在上帝的眼中，由于我们不教育孩子而对他们犯下罪过，在外在的罪中没有一个像这样带给世界沉重的负担，理应受到严厉的惩罚。

在我孩童时代，学校教给我们这样的格言："*Non minus est negligere scholarem quam corrumpere virgnem*"（忽视一个学生，其坏处不亚于夺走一个少女的贞洁）。这句格言的目的是要引起校长们的警觉，因为在那时，人们认为没有比夺走少女的贞洁更大的罪过。但是，亲爱的主上帝，比起这种忽视和玷污宝贵的灵魂的罪过，玷污少女或有夫之妇那样的罪过（这是一种属肉体的和被认知了的罪过，是可以得到赎罪的）就显得轻多了，因为前者甚至不被认知和得不到承认，是不可能得到赎罪的。哦，这世界实在是该永远遭到诅咒！每天有孩子诞生，在我们中间成长，可是，可惜竟没有一个人关注和指导这些年轻人。我们在放任自流。修道院和教会学校本应注意到这件事情；因此，它们正是基督所说的："这世界有祸了，因为它将人绊倒！凡使这信我的一个小子犯罪的，倒不如把大磨石拴在这人的颈项上，沉在深海里"（《马太福音》，18: 7, 6）。他们不外是在吞食和毁了那些孩子。

啊，你会说，但这都是对做父母的人说的；又跟议员和当权者有什么关系呢？是的，确实如此；但如果父母没有尽到他们的责任，该由谁尽责呢？由于这个原因就不去做这件事情，就放弃孩子们吗？如果当权者和议会声称这样的事情不是他们的责任所在，这能站得住脚吗？

父母忽视这一责任有多种原因。首先，有些父母即使具有能力，也缺少担当起这样的责任的优良品性。反之，他们会像那鸵鸟（《约伯记》，39: 14—16）残忍地对待他们的子女。他们把蛋生下，把孩子带到世上来，就感到满足了；除此之外，他们什么也不想做。但这些孩子却要生活在我们中间，跟我们共处。那么，理性，尤其是那属基督的仁爱，又怎么能听任他们在成长过程中不接受教育，毒害和污染其他孩子，最后败坏整个城市，就像所多玛和蛾摩拉（《创世记》，19: 1—25）和基比亚（《士师记》，19—20）以及许多其他城市呢？

其次，不幸的是，绝大多数父母完全不配承担这个任务。他们不知道该如何培育和教导孩子，因为，他们自己除了关心如何填饱肚子以外就什么也没有学过。需要特殊的人才能培育和教导好孩子们。

再其次，即使父母有能力和有愿望亲自教育孩子，他们既没有时间又没有机会去这样做，他们肩负着养家糊口的重任。所以，我们感到极有必要为孩子们聘请公共教师——除非有人愿意聘用他自己的私人教师。但那样对普通人的负担太重，许多有良好天赋的孩子就因为贫困而被忽视。此外，许多父母逝世而留下孤儿，如果我们凭经验不知道他们的保护人如何关怀他们，那么，对照上帝称自己为那些被所有其他人所遗弃的孤儿们的父亲（《诗篇》，68: 5）这一事实，就很清楚了。然后，另外还有一些自己并没有孩子的人，他们对培养孩子就不感兴趣。

所以，议会和当权者理应对年轻人给予最大的关注。既然整个城市的财产、荣誉和生命都已经被托付于他们的诚信尽责，因而，如果他们并没有日日夜夜都想方设法运用他们的权力为青年们谋福利，他们在上帝和人面前就都没有尽到他们的责任。一座城市的幸福决不仅仅在于积聚大量的财富，建造牢固的城墙和一些豪华的建筑，也决不在于能提供充裕的枪支和盔甲。实际上，如果这些东西应有尽有却落到一些会轻举妄动的人的手中，那么，事情会变得更糟，城市会遭受更大的损失。宁可说，一座城市的最大幸福、安康和坚强，乃在于它拥有许多受过良好教育的博学多才而又品性高尚的公民。这样，他们就能够轻易地积聚起、保管好和使用好各种各样的财富。

在古罗马情况就是如此。在那里，孩子们在十五岁、十八岁或二十岁时都能够通晓拉丁文、希腊文和各种自由艺术（它们就是被这样称呼的），然后就直接开始他们的政治或军事生涯。他们的制度产生出睿智、聪明而能干的人才，他们精通各门艺术，经验丰富，可以说，即使把今天整个德国所有的主教、神甫和修道士都加在一起，也比不上罗马的一个士兵。结果是，他们的国家兴旺发达；他们的各个岗位上都有一些能干而训练有素的人。所以，在任何时间和在世界上任何地方，都是由需求在推动着人们，即使在异教徒那里也是如此，只要想让他们的国家上升到一个新的高度，就要供养那些教师和校长。因此，保罗在《加拉太书》第4章中也使用了“校长”这个词，那是取自于人的一般用法，他说的是，“律法是我们的校长*。”

既然一个城市应该且必须拥有一些受过良好教育的人，既然普遍感到缺乏这样的人才，抱怨找不到这样的人才，那么，我们不敢等待下去，等到他们自己长大；我们也不可能用石头或木头把他们雕刻出来。同样，只要人们能够借助于别的由上帝赐给他们的礼物来解决他们的问题，上帝就不会再行什么奇迹了。所以，我们应该

---

* Schoolmaster，现在一般指中小学的校长。今本英文本《圣经》使用这个词。德文本《圣经》此处用 Zuchtmeister，有“督教者”的意思。中文《圣经》此处翻译为“训蒙的师傅”。从上下文来看，路德的意思的确认为保罗所说的意思接近于当时各种教育设施的“督教者”即校长。

自己来做成这个事情，不遗余力地造就和培育这样的人才。因为，今天我们的城市只有如此稀少的有能力的人才，那是谁的过错呢？如果不是那些当权者的错，他们听任年轻人像林中的幼树那样自生自长，压根没想让他们接受教育和培养那会是谁的过错呢？这也是为什么他们会长成如此畸形的样子，不能成为有用之材，只能用作引火的劈柴。

说到底，世俗政权必定会继续下去。如果我们能做得更好，我们还会只让小丑和乡巴佬来统治吗？那显然是一个粗鲁而无聊的策略。我们也可以让猪和狼来当君主，让它们统治那些对自己如何受人统治连想也不愿意想的人。而且，要是成天只想着我们现在要掌权；我们关心的是我们后面的人会怎样？那实在是太残酷了。这样的占据统治地位的人只谋求自己的利益和荣耀，他们不应该来统治人，而应该去统治猪和狗。即使我们费尽力气发掘出一批有学问有能力的人来参与执政，还要花很大力气和关注使得事情正常运转。如果我们不化任何力气，那会发生什么样的情况呢？

你又会说，“好的，假设我们一定要有这些学校；那么，教授拉丁文、希腊文和希伯来文以及其他自由艺术又有何用？我们完全可以用德文来讲授《圣经》和上帝的话语，那对于我们的得救已经足够了。”我的回答是：哎呀！我这才想起我们德国人注定要像我们周围的民族称呼我们的那样一直是野蛮的愚蠢的牲畜，我们合该有这样的称号了。但我奇怪，为什么我们从来不问，“既然我们自己在德国就有美酒、谷物、羊毛、亚麻、木材和石料，不仅数量足以满足我们的需要，而且其优异的质量也足以使我们感到荣耀和光彩，那么，那些丝绸、洋酒、香料和其他怪异的外国货，又有什么用呢？”各种语言和各门艺术对我们不会有什么害处，但对于理解《圣经》和引导世俗政权，它们都是极其重大的珍宝、利益、荣耀和恩惠，我们竟然藐视它们。但那既非必需又没有用处，且还会把我们抽筋剥皮的外国货，我们却觉得少不了它们。我们德国人岂不真的成了傻瓜和牲畜？

说实在的，即使那些语言并没有带来别的好处，单就它们是上帝的精美而高贵的礼物，他用这个礼物频繁地降临我们德国人，为我们祝福，胜过于所有其他国家，就足以让我们感到高兴和鼓舞了。我们很少看到这样的情况，即魔鬼同意让那些语言通过大学和修道院而得以繁荣昌盛；实际上，这些人总是疯狂地反对那些语言，现在还在反对着。因为魔鬼发觉事情有些不妙，觉得如果那些语言得以复活，就会在他的王国打开一个缺口，会使他无计可施。既然他发现他不可能阻止它们的复活，他就致力于削弱它们，让它们自行趋于消亡。在魔鬼的房屋内，它们是不受欢迎的，因而他想对它们尽可能地冷淡，使它们无法继续留下来。我们的先生们，可惜我们中只有很少的人能够看透魔鬼的这个邪恶阴谋。

所以，我亲爱的德国人，让我们睁开眼睛，一起感谢上帝赐给我们的这个宝贵财富，保护好它，以免魔鬼泄私愤把它从我们这里夺走。虽然说不管以前还是现在，福音总是唯独通过圣灵而降临我们，但我们不可否认，它还是借助于语言这个媒介而降临，凭着这个手段而广为传布，同样也必须依靠这个手段而得以维持。因为当上帝希望让福音依靠使徒而在全世界传布的时候，他赐给他们说各种语言的能力（《使徒行传》，2: 1—11）。甚至还在这以前，他就借助于罗马帝国而将拉丁文和希腊文传遍各个国家，使得他的福音可以更迅速地到处开花结果。现在他又做了同样的事情。此前，没有人知道为什么上帝要让那些语言复活，但现在，我们第一次看到那是为了福音的缘故，他有意要让福音得以光扬和致用，揭露和破坏那个反基督者的王国。为了这个目的，他把希腊人交到土耳其人手中，这样，遭到驱散的希腊人可以传播他们的语言，而且也鼓励他们去学习其他语言。

我们如何珍视福音，就让我们以同等的热诚去掌握语言。因为上帝之所以让他的《圣经》仅仅用两种语言记载下来——用希伯来语记载《旧约》和用希腊语记载《新约》——并不是没有目的的。那么，如果上帝非但不歧视对这两种语言，而且还在一切其他语言之上选用它们来记载他的话语，那我们就也应该敬重它们，胜过其他一切的语言。圣保罗在《罗马书》(3: 1—2)中说道，“受过割礼的那些人有什么优点或长处呢？* 凡事大有好处。第一，上帝的圣言交托给他们。”保罗用这话表明，上帝的话语用希伯来语记载下来，那是希伯来语的殊荣。大卫王也在《诗篇》(147: 19—20)中夸耀说，“他将他的道指示雅各，将他的律例典章指示以色列。别国他都没有这样待过。至于他的典章，他们向来不知道。”因此，希伯来语被称为神圣的语言。圣保罗在《罗马书》(1: 2)中称它为“圣经”，无疑是因为上帝的话语是用这语言写成(*verfasset*)的。同样，希腊语也可以称为神圣的语言，因为它超出其他一切语言之上而被选择来写成《新约》，还因为它又通过翻译的媒介而像泉水一样涌入其他语言中去而使它们也得以成为圣洁。

---

* 今本《圣经》，此处均作：“割礼有什么益处呢？”

而且，让我们确信：如果没有那些语言，我们就不会长久地保存好福音。语言是存放圣灵这把宝剑的剑鞘（《以弗所书》，6:17）；这些语言是珍藏宝石的首饰盒；它们又是存贮美酒的容器；它们是放置食物的储藏室；而且，正像福音书（《马太福音》，14:20）中所指出的那样，他们还是存放饼和鱼以及杂物的篮子。如果由于我们的疏忽放弃了这些语言（那是上帝所禁止的！），我们不仅会失去福音，而且，到时候我们也不能说或写正确的拉丁文或德文了。为了证明这一点，也为了就此发出警告，我们来看看大学和修道院的悲惨而可怕的例子吧，在那里，人们不仅对福音不闻不问，而且还败坏了拉丁文和德文，这些可怜的人变成了彻头彻尾的牲畜，他们既不能说又不能写正确的德文或拉丁文句子，几乎丧失了他们天生的理性。

为了这个缘故，甚至使徒们自己已经考虑到有必要把《新约》用希腊文记载和保存，无疑是为了给我们安全而完整地保存好它，就如同存放在神圣的约柜之中一样。因为他们预见到这一切将会发生而如今也的确发生了；他们知道，如果完全靠人的头脑去记，就会在基督教教会中产生无法控制的可怕的混乱和混淆，导致产生出各种各样的诠释、臆造和论说，因而除非将《新约》以书面语言记载下来，否则，上述情况就不可避免，就不可能保护那些头脑简单的人。因此，除非语言保留下来，不然的话，福音不可避免终将消亡。

经验也证明了这一点，而且还将继续证明。因为在使徒时代之后，一旦语言趋于衰落，福音和信仰以及基督教本身也就逐渐走向衰落，一直到在教皇之下彻底消亡。自从语言衰落之后，基督教就很少经历值得一提的事情；反之，由于对语言的漠视，倒产生许多令人厌恶的事情。另一方面，现在由于语言已经复兴，它们带来了光明，成就着伟大的事业，整个世界都为之惊愕，不得不承认我们现在所拥有的福音是那么纯真，没有受到污染，就如同使徒们当时所拥有的一样，它已经完全恢复到它原来的纯洁，远远超出了圣哲罗姆和圣奥古斯丁时代的它。总之，圣灵可不是傻瓜。他不会忙于做没有结果或者没有用处的事情。他认定语言对于基督教是必要和有益的，他经常将它们从天上带到地上。单是这一点就足以促使我们认真而崇敬地去学习它们，不可对它们有丝毫的藐视，因为圣灵他自己现在又在地上复活了它们。

而你会说，是这样，但许多教父在没有这些语言的情况下得救了，还成为导师。那是实情，但你如何解释他们时常会在《圣经》方面犯错误呢？圣奥古斯丁经常在《诗篇》和其他经文的解释中犯错误，奚拉里也是这样，事实上，所有那些没有语言知识而又试图解释《圣经》经文的人不都是这样吗？即使他们关于某一个题目有时候所说的完全真实，但是，他们从来不确定通过他们的解释已经找到的那段经文确实就是那个意思。我给你们举个例子吧：说基督是上帝的儿子，那是正确的；但如果他们试图引用《诗篇》110 篇来证明这一点，这样的说法传到其敌人的耳朵必定会引他们发笑，《诗篇》110 篇说："*Tecum principium in die virtutis tuae*"，而在希伯来文的这段经文中，却连一个词也没有涉及神性！人们试图用这样不可靠的论点和被误解了的论据来捍卫信仰的时候，在那些懂得这门语言的敌人的眼中，基督徒岂不蒙受羞辱和成为笑柄吗？这样只会使敌人更加傲慢地坚持他们的错误，找到绝妙的借口把我们的信仰说成仅仅是人为的错觉。

我们的信仰因此被当作了笑柄，错在哪里呢？这是由于我们对语言的无知所致；除了学习语言别无他路。我们引用（拉丁文本）《诗篇》与犹太人辩论时，他们嘲笑我们，指出我们所依据的经文跟希伯来文原文有出入，圣哲罗姆不是被迫从希伯来文重新翻译《诗篇》吗？现在所看到的所有那些早期教父，他们脱离语言知识对《圣经》所作的探讨（即使他们的观点没有错误），表明他们经常在使用一些不可靠、站不住脚和不恰当的表达方式。他们像盲人一样摸着墙壁在行走，不时会失去经文的原意而凭自己的想象加以歪曲，就如同上面提到的"*Tecum principium*"那个例子的情况。即使圣奥古斯丁本人也不得不在他的《基督教教义》一文中承认，要当好一个解释《圣经》的属基督的教师，必须懂拉丁文之外，还要懂希腊文和希伯来文。否则，他就不可能免于经常犯各种错误；实际上，即使一个人精通语言，也还是有大量的问题需要他去解决。

因此，在一个单纯传讲信仰的人与一个解释《圣经》的人，或者像圣保罗所说的（《哥林多前书》，12: 28—30；14: 26—32）一个先知，这二者之间有着巨大的差别。单纯传道的人（确实）具有很多经过翻译而可供他使用的意思清楚的经文，他借此可以了解和传讲基督，既让自己过圣洁的生活，又去对别人传讲。但是，在有必要解释《圣经》，要由自己独立工作，与那些不当引用《圣经》的人辩论时，他就不胜任这样的任务了；如果撇开语言，那任务就不能完成了。现在，在基督教教会里，始终必须有这样先知，他们能够深入钻研《圣经》，能够解释经文和与人辩论。单有圣洁的生活和正确的教义是不够的。故而，在基督教教会内，那些语言绝对必要，不可或缺，就像先知或释经人不可缺少一样；当然，并不是说任何一个基督徒或传道人都一定要成为这样的先知，圣保罗已经在《哥林多前书》（12: 4—30）和《以弗所书》（4: 11）中指出了这一点。

可见，从使徒时代开始，《圣经》就那么难以理解，从来没有人写出过确切可靠的解释。因为即使那些神圣的教父（我们前面已经说过）也经常犯错误。由于他们在语言方面的无知，他们很少取得一致意见；一个人这样说，另一个人又那样说。圣伯尔纳是一位灵心高尚的人，我甚至认为他胜过自古到今其他所有享有盛名的导师。但请注意，他经常随意玩（从灵心上说，确实是在玩）《圣经》，歪曲了《圣经》的真实意思。这也是为什么诡辩家们声称《圣经》是含糊不清的；他们认为，上帝的话语原本就是含糊不清的，运用的是一种独特的说话风格。但他们并没有意识到，这一切的麻烦在于语言。如果我们理解了那些语言，那么，再也没有比上帝的话语说得更明白的了。一个土耳其人的话，对于我来说必定是难懂的，因为我不懂得那门语言，而一个七岁的土耳其小孩则很容易理解。

因此，试图通过刻苦钻研教父们的注经和大量的书本和注疏获得对《圣经》的理解是很愚蠢的。相反，人应该尽心学习语言。那些亲爱的教父因为不懂得那些语言，因而他们那时解释一段经文要用大量的文字。然而，即使这样做了，他们还是很难掌握好；他们总是半对半错。尽管如此，你仍会继续孜孜不倦地去研究它们，但如果你懂那些语言，你就可以比你正在追随的那些人更好地掌握经文。语言本身与教父们所写的全部注疏相比，就像阳光之于暗影。

基督徒要妥善运用《圣经》，作为他们唯一的书本，如果不懂得我们这本书或者不理解我们的上帝所说的话语，那是罪孽和羞辱，如果我们不学习语言，尤其是在上帝赐予我们人员和书，为学习语言提供了所有方便和激励，他希望他的《圣经》是一本开放的书的情况下，就更是罪孽和羞辱。哦，倘若那些亲爱的教父也有我们现在这样的机会来学习语言，可以更好地理解《圣经》，他们真不知道多么快乐呢！他们千辛万苦才拣到了一些面包屑，而我们却事半功倍地——是的，几乎没有化什么力气——得到了整只面包！哦，他们这样勤奋，让我们因懒惰而蒙羞！确实，上帝必定会严厉审判我们的懒散和忘恩负义！

圣保罗在《哥林多前书》（14: 27, 29）中所提倡的也是这样的意思：基督教教会中的所有传道都必须受到判决。为此，具有语言知识是首要的事情。如果没有人来判决讲道人或传道人讲得对不对，那他自始至终可以随意解释《圣经》，不管确切与否。可是，为了作出判决，人们必须具有语言知识；否则就无法判决了。因此，虽然信仰和福音确实可以由一些不具有语言知识的头脑简单的传教士来宣讲，但这样的传道是肤浅而平淡的；民众最后会感到厌倦，传道以失败告终。然而，如果传教人精通那些语言，他的传道就会有新意和活力，就能够全面对待《圣经》，而信仰本身也会由于词汇和示例的丰富而不断更新。所以，《诗篇》第129篇将对《圣经》的研究比作狩猎，说道：上帝将茂密的树林向那头鹿开放；而《诗篇》第1篇（3节）又把这种研究比作为有充盈的水在灌溉着一棵树，它的叶子四季常绿。

我们不应该被那些自夸接引了圣灵的人引入歧途而轻视《圣经》，另一些人，例如韦尔多派的弟兄们，他们认为那些语言是不必要的。亲爱的朋友，请你说说对圣灵的看法，我也在圣灵之中，也已经见过圣灵，也许还要胜过那些成天夸口自己会在一年内见到圣灵的人（如果夸口的是靠自己的肉体）。而且，我的灵已经做出了一些业绩，而他们的灵却躲在角落里，除了夸口以外，很少做什么事情。我完全知道，每件事情都是唯独由圣灵来成就的，倘若那些语言没有帮助我而让我对《圣经》有确切可靠的认识，我决计不可能使那一群鸟飞起来。诚然，我也可以隐居，过正直的生活，传播真理；不过我就让教皇、诡辩家和整个反基督体系都变得自在了。魔鬼在对付《圣经》时，并不像看重我的言语和著述那样来看重我的灵。因为我的灵从他那里只带走我自己；而《圣经》和那些语言，却使得他在地上的地盘大大缩小，他的王国不得安宁。

所以，我决不会因为韦尔多派兄弟们对那些语言的忽视而赞扬他们。因为即使他们是在传授真理，他们不可避免地会经常误解经文的真正意义，在捍卫信仰抵制错误的时候，他们就显得力不从心和无法胜任。而且，他们所作的讲述是那么含糊不清，使用不同于《圣经》的语言的极其怪癖的术语，我担心它不纯洁，或者不会保持其纯洁。因为以不同于上帝自己所使用的方式和术语来谈论上帝的事情极其危险。总之，他们可以在他们内部过着圣洁的生活和讲述神圣的事情，但是，只要他们把那些语言撇在一边，他们就只能像其他所有人一样欠缺确切而透彻地研究《圣经》以及帮助其他民族的能力。因为他们原本可以做到却不愿意去做，所以他们不得不考虑他们就此向上帝交代。

到此为止，我们已经谈了那些语言对于属灵的王国和灵魂得救的必要性以及价值所在。现在，我们再来谈谈肉体。让我们设想没有灵魂、天国或地狱，我们唯独从其世俗职能的观点来看待世俗政权。它不是比属灵的王国更需要良好的学校和受过良好教育的人才吗？迄今为止，那些诡辩家对世俗政权毫不关心，他们在设计他们的学校时只考虑神职人员阶层，因而，一个受过教育的人去结婚简直成了耻辱。受过教育的人不得不听这样的评论："好的！这样一来，他就是在投向世俗，不想成为属灵的人"，似乎只有他们这些神职人员才取悦于上帝，而世俗人员（像他们所称呼的那样）则全部都是属于魔鬼的，是非基督的。但在上帝的眼中，他们这些人自己才正在归于魔鬼（就像《列王纪下》（24: 14）中说的以色列民族在受巴比伦奴役时期的遭遇一样）；只有那些受歧视的贱民留在本国国土自己的家乡，而那些削了发穿着僧衣的上层人士和领袖，被带去交给了巴比伦的魔鬼。

这里，没有必要重复说明，世俗政权乃是上帝所安排的机制（我在别处已经全面讨论了这个问题，我相信没有人会对此有怀疑了）。问题倒是在于：我们如何才能够让一些优秀和能干的人进入世俗政权？在此，古时候的那些异教徒，尤其是罗马人和希腊人，倒是胜过我们，令我们惭愧。虽然他们没有想到这样的机制是不是取悦于上帝，但他们认真和勤奋地教育和培养他们的少男少女，使他们能够胜任他们所要承担的任务，每当我想到这件事情，我都不由自主地会为我们基督徒，尤其是为我们德国人，感到惭愧。我们是十足的傻瓜和牲畜，竟然说："请问，为什么要为那些不准备任神职的人设立学校呢？”然而，我们知道，或者至少我们应该知道，君主、议员、或其他居于当权位置的人，让他们受到良好教育，有资格履行他的职责，就如同基督徒应该做到的那样，是多么重要和有益，而且也取悦于上帝。

现在，倘若（像我们假设的）没有灵魂，根本就不会为了《圣经》和上帝的缘故而需要这样的学校和语言，单凭这一点就足以有必要为男孩和女孩们遍设非常好的学校，就是说，为了使得世俗上层外在地维持下去，这世界应该具有一些优秀而能干的男女，由这些男人来治理国家和人民，由这些女人来治理家务，培养好孩子，管好仆人。这样的男人必定来自于我们的男孩，这样的女人必定来自于我们的女孩。因而，为了这样的目的，就该恰当地教育和培养我们的男孩和女孩。我在上面已经指出，普通人并没有做这样的事情；他没有能力做，他也不愿意做，也不知道该做些什么。君主和领主本来应该做这样的事情，但他们偏偏坐着雪橇游玩，饮酒取乐，到假面舞会上胡闹。他们在酒窖、厨房和卧室里耗费着大量的精力。少数人原本想要做这事情，但他们害怕会被别人说成是傻子和异端。因此，亲爱的议员们，就只能靠你们了；你们比那些君主和领主具有更优越的权力和机会来做这事情。

不过，你们会说，任何人都可以自己教导他的儿女，或者，至少可以培养他们具有良好的纪律。回答是：是的，我们很容易看到这样的培养和教育可能达到的结果。即使这样的培养取得了圆满成功，其最后的结果只不过是从外表上可以做出某种令人尊重的姿态；而实地里他们仍旧还是愚蠢，没有能力睿智地谈论任何话题，也不可能给任何人帮助或出谋划策。但如果孩子们在学校，或者在由有学问的和具有良好教养的男女教师来教授语言、各门艺术及历史的地方接受教育和培养，他们就可以听到整个世界的作为和言论，听到不同的城市、王国、君主、男人和女人们，在发生什么、做些什么。这样一来，他们就可以在短时间内如同在一面镜子里一样原原本本地看到整个世界的人物、生活、谋略和图谋——不管是成功的还是失败的。在此基础上，他们可以得出恰当的推论，从而，怀着对上帝的畏惧，在人间事变的洪流中摆正他们自己的位置。此外，他们还可以从历史中得到在今世的外在生活之中该追求什么和回避什么的认识和理解，还能够相应地给别人以指导和建议。我们不到学校而在家里采取的培养方式，意在靠我们自己的经验来增加我们的智慧。但在这得以成就之前，我们会千百次地死去，而且，在我们短暂的生命中只能草草了事，因为要获得个人的经验需要漫长的时间。

现在，由于年轻人总是跳跳蹦蹦的，或者，至少他们总是做使他们高兴的事情，人们也不能禁止他们这样做——何况，禁止他们做任何事情是不明智的——，那么，为什么我们就不应该为他们建立这样的学校，引导他们学习呢？靠着上帝的恩典，现在有可能做到让孩子们寓教于乐地学习语言或各门艺术或历史。今天，学校已经不再是以前的样子，那时的学校像地狱或炼狱一般，我们在学校里备受 *casualibus*（位格变化）和 *temporalibus*（时态变化）的折磨，然而，尽管施加了种种体罚，却还是学到的东西还是不多。如果我们不怕麻烦地化了那么多时间教孩子们玩纸牌，唱歌跳舞，我们为什么不在他们既年轻、有时间而且智力和求知欲都很强的时候同样化时间教他们读书和学习其他各门学科呢？就我而言，假如我有小孩而且可以做主的话，我会让他们不但学习语言和历史，而且还学习唱歌，以及跟数学学科一起又学习音乐。因为所有这一切不都是孩子们的娱乐吗？古代希腊人就是以这些学科来培养他们的孩子；然而，等他们长大成人后，却具有非凡的才能，胜任各样的事情。到现在，我还感到遗憾的是我没有读过更多的诗人和历史学家，因为没有人把他们教给我！我反而被迫吃尽千辛万苦而且有害无益地啃读了一大堆魔鬼的粪便，一大堆哲学家和诡辩家，而我现在竭尽所能洗净这些污秽。

你会说，“那么，谁能够使他的孩子幸免于此，把他们培养成为年轻的绅士呢？还是在家里为他们做些事情吧”，等等。回答是：我的意图不在于建立像迄今我们所建的那样的学校，在那样的学校里，孩子花二三十年的时间死啃多纳图和亚历山大，却还是什么也没有学到。今天，我们生活在一个不同的世界，事情正在以不同的方式在进行。我的想法是，让男孩们每天有一到两个小时上这样的学校，其余时间在家中工作，学一门手艺，或者做想要他们做的任何事情。这样，孩子们一边学习，一边工作，因为他们还年轻，他们有能力把这两件事情都做好。不然的话，他们至少会花费十倍于此的时间去玩玩具枪、打球、赛马和角斗。

同样，女孩也当然有足够时间每天化一个小时去上学，同时也仍旧可以照料家务。无论如何她花在睡觉、跳舞和游戏上的时间要多得多。只是还缺少一件事情，那就是，切实希望培养年轻人与有能力的男女一起造福和服务于世界。魔鬼非常愿意看到一些粗鲁的傻瓜和废物，惟恐人们在地上过好日子。

有些特异的学生，即那些有望成为熟练的教师、传教士或其他神职的人，应该被允许在学校里继续学习，甚或毕生从事研究工作，就像我们读过的殉教者如圣艾格尼丝、圣亚加大、圣露西等人（所受教过的那些人）。那就是建立修道院和教会学校的初衷了；但它们后来完全被引入了歧途，给派上了与此不同的合该诅咒的用途。确实是极其需要有这样高级的研究，因为教士队伍正在迅速萎缩。况且，他们中的大多数并不适合担任教学或管理职务，因为他们只知道关心如何填饱自己的肚子，而这恰恰也是他们所受到的教育。我们当然应该拥有一些管理上帝的话语和圣事的人以及能够成为灵魂的牧羊人的人。可是，如果听任我们的学校落空，不能用基督徒去取代这些人，我们又到哪里得到这样的人呢？迄今留存的那些学校，尽管还没有全部消亡，但也只能够产生一些堕落而害人不浅的骗子。

所以，十分必要的是，我们在这件事情上要机不可失地马上采取积极的行动；不仅是为年轻人着想，也是为了保护好我们的神职人员和世俗上层。如果我们丧失了这个机会，以后当我们乐意于此的时候，也许就会发现我们已经被捆住了双手，追悔莫及。现在上帝赐给我们充分的帮助；他伸出了他的手，赐给了我们完成这个任务所需要的一切。如果我们对他的赏赐不屑一顾，那我们就跟以色列的百姓一起被定了罪，而关于以色列的百姓，以赛亚说（《以赛亚书》，65: 2）："我整天伸手招呼那悖逆的百姓"；还有，在《箴言》（1: 24—26）中我们也读到，"我伸手，无人理会；反轻弃我一切的劝戒。你们遭灾难，我就发笑，祸患临到你们，我必嗤笑"，等等。让我们引以为戒吧！例如，可以看看所罗门王，他在这件事情上花了大力气；他深深关注着年轻人，以致他还在王位上就为年轻人写下一卷《箴言》。再来看看基督本身，他是如何将小孩子拉到他的身边，而在《马太福音》(18: 5, 10)中，他又是如何迫切地将他们这些小孩子托付给我们，称赞那些接待他们的天使，他这样做目的就在于向我们指明，当我们确切地在培养年轻人的时候，那是一种何等伟大的奉献。另一方面，如果我们为难他们，让他们堕落下去，他的可怕的愤怒就会临到我们头上（《马太福音》，18: 6）。

因此，亲爱的先生们，请你们务必把上帝恳切要求于你们的这个任务放在心上，你们的职事要求你们完成这个任务，我们的青年也需要你们完成这个任务，无论对于教会（geyst）还是对于世界都不可或缺。哎呀！我们在黑暗之中过着懒散而腐朽的生活太久了；我们是德国式的牲畜太久了。现在让我们立刻来运用起我们的理性，这样，上帝可以察觉到我们对他的恩惠的感激之情，让其他民族看到，我们也是有人性的，也能够从别人那里学习到一些有用的东西，或者，也能够教给他们一些东西，这个世界也可以通过我们而有所改善。我已经做了我该做的事情。我真正的目的是为德意志民族提出忠告和提供帮助。倘若还有一些人为此而鄙视我，自认为比我懂得得更多而拒绝听取我的劝告，那我就没有办法了。我完全知道，也许别人可以把这事情做得更好；但既然他们保持沉默，我就尽我所能去做了。显然，对这个论题发表意见，无论多么不合适，总比全然保持沉默更好。我希望，上帝会唤醒你们中的某一些人，这样，我的善意的劝告不至于付诸流水，并且，与其说是尊重发表这种言论的某个人，还不如说你会受到这个事业本身的鼓动而去从事某种相关的事情。

最后，对于所有热切希望在德国建立和维护这样的学校和语言的人来说，还有一件事情值得认真考虑。那就是：要不惜任何代价去建立良好的图书馆或者书库，尤其是在那些有能力支付的较大的城市中。因为要让福音和所有艺术能够保存下来，它们必须在一些书和著作中记载和固定下来（先知和使徒就是这样做的，这一点我们在前面已经说过了）。这是极其重要的，不仅那些要成为我们属灵的和世俗的领袖的那些人可以有书阅读和研究，也让好书得到保存而不会遗失，同时得到保存的还有我们凭着上帝的恩典而拥有的艺术和语言。圣保罗督促提摩太要多读书（《提摩太前书》，4: 13），表明他也很关注这一点，他还吩咐提摩太给他从特罗亚带那些羊皮卷来（《提摩太后书》，4: 13）。

实际上，所有曾经有所建树的王国，都曾经对这事给予过关注。在以色列百姓那里更是如此，其中摩西可以说是始作俑者，他将律法书保存在上帝的约柜中（《申命记》，31: 25—26）。他要利未人保管它，任何人都可以到他们那里去抄录。他甚至还命令君王从他们那里得到该书的一个抄录本（《申命记》，17: 18）。这样，我们看到上帝如何让那些利未人的祭司除了担当其他职责外还负责看管这些书籍。这以后，在约书亚手中，后来又在撒母耳、大卫、所罗门、以赛亚以及许多别的君王和先知手中，这样的书库又有了扩充和改善。这才有了《旧约》，要是上帝没有要求给予它们这样的关注，就决不可能收集和保存这些圣经。

遵照这样的榜样，旧时候的修道院和教会学校也曾建立图书馆，虽然其中的好书很少。这里面的失误在于他们那时有不少好书和人才可供使用，却忽视了得到那些书籍和建一些好的图书馆，日后随着时间的推移，当所有艺术和语言都不幸走向衰落的时候，这一点令人痛心地明显起来。缺少了有价值的书籍，倒是由魔鬼给引进了像 *Catholicon*，*Florista*，*Grecista*，*Labyrinthus*，*Dormi secure* 等等像驴粪一般的东西。就是因为有这样的书籍，拉丁语遭到了毁坏，以至于再也没有地方有像样的学校、教程或研究方法。正如同我们体验到和观察到的那样，这种形势一直延续到那些语言和艺术在经过艰辛的劳动后从藏在尘埃和虫里的残缺不全的旧书中恢复起来——尽管还不那么完美。人们每天在搜寻着它们，就像老百姓在一座城市废墟里挖掘宝藏和宝石一样。

这对我们是公平的：上帝恰当地对我们的忘恩负义作出了报复，不再考虑对我们仁慈，也不在我们有时间和有机会的情况下持续不断地提供给我们好书和博学的人。在我们忽视这一点，仿佛这与我们无关时，他还是这样做了；他提供给我们的，不是《圣经》和那些好书，而是亚里士多德以及使我们远离《圣经》的一大批有害的书。还不止这些，他还放纵那些魔鬼的假面具、修道士，那些由我们大量予以资助的幽灵一般的大学。我们自己已经供养了一大帮博士、传教士、大师、神甫和修道士；就是说，是一大群用红色和棕色的僧帽给装饰起来的肥硕而粗笨的蠢驴，看起来就像一头戴了项链首饰的牝猪。他们没有什么好的东西教我们，只是使我们越来越瞎，越来越笨。作为回报，他们搜刮了我们所有的财富，用他们粪土每一座修道院，每一个角落，每一条缝隙，一般愚蠢而有害的书填满了，已经到了骇人听闻的程度。

一个男孩为了当上神甫或者在弥撒中嘴里咕噜咕噜发声的那种人，不得不要花二十年甚至更多的时间去学习，而学到的却只是那种拙劣的拉丁文，难道这不是奇耻大辱吗？任何人只要照着这样去做，就被算作有福的，而生养这样一个孩子的母亲，竟然也是有福的！然而，这样一个人毕生都是可怜的无知之人，既不会打鸣也不会下蛋。我们到处只得去忍受那样的导师和大师，他们自己什么也不知道，也没有能力教授任何好的或有价值的东西。事实上，他们甚至不知道如何学习或教人。错在哪里呢？那时，除了修道士和诡辩家的愚蠢的书以外，根本就没有其他的书可读。学生和教师除了跟他们所使用的那些书本一样愚蠢以外，还会有什么结果呢？寒鸦孵不出鸽子，笨蛋也培养不出贤人来。人们之所以会找不到书库，听任好书流失而把坏书留下来，那是由于我们的忘恩负义得到报应了。

我要劝告大家，切勿不加区分地把各种书籍都放到一起而只考虑收藏的数量和规模。我宁可作出明智的选择，因为把律法学家的所有注释、神学家的所有名言、哲学家的所有问题，以及教士的所有讲道，统统给拿来，那是没有必要的。其实，我扔掉所有这些粪土，并为我的图书馆提供合适的书籍，就我该作的选择去向学者们讨教。

首先，单《圣经》就要有拉丁文版的、希腊文版的、希伯来文版的和德文版的，以及另外一些文字的版本。其次，还要有那些最好的注释，假如我能够找得到的话，还要有最古老的用希腊文、希伯来文和拉丁文所作的注释。然后，又要有那些有助于学习那几门语言的书籍，例如那些诗人和演说家，不管他们是异教徒还是基督徒，用的是希腊文还是拉丁文，因为人们必须从这些书本中去学习语言学。这之后还要有自由艺术以及一切其他艺术的书籍。最后，还要有法律和医学的书籍；在此，还应该小心选择该要什么样的注释。

在最重要的书籍中，还应该有编年史和历史书，不管是用什么语言写的。因为它们对于理解和指引事件的发展过程，尤其是对于观察上帝的奇妙的行为，可以有极大的帮助。在德国土地上发生的和当时家喻户晓的事情，本来是我们今天理应知道的，但这些故事和格言我们却一样也不知道，只是因为没有人把它们写下来，即使已经写了，也没有人保存下来。这也是为什么在其他国家没有人知道我们德国人的事情，而我们却只得满足于让世界上其他国家把我们称为德国野兽，似乎我们就只知道成天打仗和大吃大喝。然而，希腊人和拉丁民族，甚至还有希伯来人，他们精确而勤奋地把他们的事情都写了下来，以至于哪怕是一个女人或者一个孩子日常的言行，整个世界都应该阅读和了解。同时，我们德国人却只不过是德国人而已，今后也还不过是德国人。

既然今天上帝恩赐给我们如此充裕的艺术、学者和书籍，是时候尽我们最大可能去收割和收集了，为了能够在现在这些大庆的年份里为将来保存下一些东西，我们现在应该把宝贵的财富积蓄起来，不要错过了这样的丰收。因为需要提防的是——而现在的确已经有这样的迹象——，虽然人们会继续写出一些新的和有新意的书，但最后，由于魔鬼的活动，我们会看到正在印制的那些好书会再次遭到贬抑，而那些有害而毫无价值的书，却又会蜂拥而至，充斥每一个角落。魔鬼当然想让我们像以前一样只受诸如 *Catholicons*，*Floristae*，现代派以及修道士和诡辩家的种种粪便般可恶的东西的压制和折磨，永远在学习，但又永远学不到任何东西。

所以，我恳求你们，我亲爱的先生们，让我所做的这种真挚的努力在你们中间产生出结果。假如有人认为我太微不足道了，采用我的建议不会得到什么好处，或者假如有人鄙视我，认为我只不过是被那些暴君定罪的人而已，那么，我请他们思考一下，我不是在追求我自己的利益，而是在为整个德国谋求福利和得救。就算我是一个傻瓜，碰巧想到了一个好念头，肯定没有一个聪明人认为跟随我就丢脸。就算我是一个土耳其人，或者是一个异教徒，然而我的计划却不是有利于我自己，而是有利于基督徒，那么，平心而论，他们不应该拒绝我的提议。以前就有过这样的事情，一个傻瓜提出的建议比聪明人组成的整个议会想到的办法都好。摩西也被迫采纳了叶忒罗的建议（《出埃及记》，18:17—24）。

我以此把你们所有人都托付给上帝的恩典。愿上帝感动和照亮你们的心，你们深切关注那些可怜而无人关心的年轻人，使你们靠着上帝的扶助而去帮助他们，最终在德意志土地上建立在肉体和灵魂两方面都有一个蒙福的属基督的政府，以其全部的富饶，通过我们的救主耶稣基督，去荣耀和赞美上帝父神。阿们。

20　基督徒应如何看待摩西

亲爱的朋友，你们经常听到统共只有两次从天上向大家作公开的宣讲。除此以外，上帝多次通过地上一些人或者是直接跟一些人讲话，例如对那些圣祖如亚当、挪亚、亚伯拉罕、以撒、雅各等，一直到摩西，都是这样的。但在这些场合，他从未像那两次那样光彩和真切地公开大声宣讲。上帝宁可启发他们的内心和通过他们的口来说话，就像路加在《路加福音》（1: 70）中所说的："正像他借着从亘古以来的众先知的口所说的话。"

第一次宣讲是在《出埃及记》19 章和 20 章；上帝以极大的光彩和威严让大家听到他从天上发出的声音。以色列的子民们听到了号角声和上帝本身的声音。

第二次是五旬节，上帝通过圣灵所作的公开宣讲（《使徒行传》，2: 2—4）。那一次，圣灵宏伟而隆重地降临，突然有大风从天上吹来，充满了使徒们所坐的屋子。又有舌头如火焰显现出来，分开落在他们各人的头上。他们就被圣灵充满，开始用别的方言讲话和传道。这一切的发生是那么壮丽而庄严，所以，此后使徒们的讲道就显得令人信服，正是由于他们所讲的道具有看得见的光彩和实实在在的证据，相比之下，我们今天在世界上所听到的，就连其影子都不如了。因为使徒们说各种方言，行了奇迹，如此等等。可是，今天圣灵就没有通过我们的传教士而让自己被听到或被看到；没有什么东西从天上降临。故而我说只有两次来自天上的特殊而公开的宣讲被看到和听到了。当然，基督在约旦河受洗时（《马太福音》，17: 5）以及在高山上［改变形象时］（《马太福音》，17: 5），上帝也从天上对基督讲话。但是，这两次都不是在公众场合。

上帝想对世界作第二次宣讲，乃是因为它事先经由先知们的口和书所宣布了的。他以后不再愿意用这样的方式作公开宣讲了。下一次，他就要以属神的荣耀亲自降临，使得所有的被造物都在他面前胆战心惊（《路加福音》，21: 25—27），这以后，他就不再对他们宣讲，他们将看到和摸到他自己了（《路加福音》，24: 39）。

可见，第一次宣讲是上帝的律法。而第二次则是福音。这两次宣讲并不一样。所以，我们必须很好地加以把握，要知道如何区别它们。我们应该知道，什么是律法和什么是福音。律法命令和要求我们做某些事情。因此，律法只是针对着我们的行为，是向我们提出各种要求。因为上帝通过律法告诉我们："要做这件事，不要做那件事，这是我要求你们的。"然而，福音并不是在宣讲说我们该做什么和不该做什么。它不提什么要求，而是推翻了律法的方法，与之截然相反，它说："这是上帝为你们做了的；他已经让他的儿子为你们而成了肉身，让他为了你们的缘故而死去。"由此可见，有两类道理和两类行为，即上帝的和人的。就像我们与上帝相互区分一样，这两种道理也是大相径庭的。因为福音只教导上帝所赐给我们的，而不像律法教导我们，该做什么，该给上帝什么。

我们现在就想看看，那第一次宣讲是如何响彻云霄，上帝在西奈山上带着怎样的光辉来颁布律法。他选择了使他可以被看到和被听到的地方。并不是上帝真的在说话，因为他并没有我们所有的口、舌、牙齿或嘴唇。但是，他创造和形成了所有人的口（《出埃及记》，4: 11），他就也能够说话和发出声音。因为若非先由上帝所赐给，没有任何人能够说话，就像先知所说的："上帝将什么话传给我，我就说什么，"由此可见，语言、言语和声音都是上帝的赏赐，跟别的任何赏赐，例如树上的果子，是一样的。上帝制作了口，把话放到口里，即使没有口，他也能够说话和运用语言。写在这里的这些话，是由一位天使说出来的。并不是说当时只有一位天使在场，有众天使事奉着上帝，在西奈山上向以色列百姓宣讲。然而，在此讲话的天使，就像上帝他自己在讲话一样，他说："我是你们的上帝，曾将你们从埃及地领出来，"等等（《出埃及记》，20: 1），而这就像彼得和保罗代表上帝所说的"我是你们的上帝，"等等。保罗在他给加拉太人的信（《加拉太书》，3: 19）中说，律法是经由天使设立的。就是说，天使接受了上帝的委托，被指派去给出上帝的律法；而摩西，作为中保，从天使那里接受了它。我这样说，你们就可以知道是谁给出了上帝的律法。然而，他对他们这样做了，因为他想以此来强迫、束缚和压迫犹太。

你们可以想象这是一种怎样的声音。它像人声，也实实在在被听到了。所发出的音节和字母的声音，耳朵能够分辨清楚。但是，它又是一种洪亮而辉煌的声音。一如《申命记》（4: 12）中所说的那样，百姓只听见声音，却什么也看不到。他们听到一种有力的声音，因为他是以有力的声音在说话，就好比我们在漆黑一片中听到从高塔或屋顶发出的声音，只是听到有人在大声说话，却什么也看不到。这就是为什么它被称为上帝的声音，因为它在人的声音之上。

现在你们将会听到上帝用他的声音去激励他的子民，使他们勇敢。因为他想要建立起有形的（*eusserliche*）和属灵的治理。前面说过，摩西是如何根据他的岳父叶忒罗的建议而建立起世俗的治理，并且指派了首领和审判者（《出埃及记》，18: 13—26）。而在这之上，有一个属灵的王国，在这个王国里，是基督到人们的心里去实施统治；这个王国是我们所看不到的，因为它只在信之中，并一直持续到世界末日。

这就是两个王国：用刀剑实施统治的看得见的世俗王国；以及纯粹用恩典和赎罪来治理的属灵的王国。在这两个王国之间还有另一个王国，那是半属灵和半世俗的王国。它是犹太人建立的，有诫命和外在的仪式，规定他们对上帝和对人的行为。**摩西的律法只对犹太人有约束力，对外邦人则不具有约束力。**

这里来谈谈摩西的律法。它不再对我们形成约束，因为它只是给予以色列百姓的。以色列为自己和自己的后代而接受这个律法，而外邦人则被排除在外。当然，外邦人也有某些律法跟犹太人是相同的，例如：只有一位上帝，任何人都不可损害他人，任何人都不可犯奸淫或谋杀或偷盗，以及其他类似的律法。这是由本性写入他们心灵里的；他们不像犹太人那样直接从天上听到律法。这就是为什么这整个条文并不适用于外邦人。我说这个是针对狂热者的。因为你们看到和听到，他们怎样读摩西的书，怎样赞美摩西，用诫命治理百姓。他们自作聪明，以为他们知道的东西超出了福音书所讲的内容；因此他们就贬低信，标新立异，吹嘘那是根据《旧约》而来的。他们希望按照摩西律法的字句来治理百姓，似乎先前从来没

有人读过律法 。

但是，我们并不愿意有这类东西。我们宁可在我们的余生再也不传道了，也不愿意让摩西回来把基督从我们心中拿走。我们也不愿意让摩西来做统领人或者做律法的颁布人了。其实，上帝他自己也不再愿意这样了。摩西只不过是犹太人的一个中保而已。对他们来说，是他颁布了律法。所以，对那些口口声声说什么"摩西这么说的"之类话的矫揉造作的人，我们一定要让他们闭上嘴巴。在这样的情况下，你们可以简单地回答说：摩西与我们无关。假如我在某一条诫命里面接受了摩西，我就必须接受整个摩西。结果会是，如果我把摩西当作主人，我就必须去受割礼，以犹太人的方式洗衣服，也要以他们的方式吃喝和穿着，也要去奉行所有清规戒律。因此，我们对摩西既不愿意奉行也不愿意接受。摩西已经死去了。基督降临了，他的统治也就结束了。他已经不再有用处了。

关于摩西并不约束外邦人这一点，可以从《出埃及记》(20: 1)中得到证明，在那里，上帝他自己说道："我是主你们的上帝，曾将你们从埃及地为奴之家领出来。"从这一段话中可以清楚地看出，即使是十诫也与我们不相干。因为上帝从未将我们从埃及地领出来，他只领了犹太人。那些搞宗派的人想把摩西以及全部诫命强加给我们。我们则要将其撇开。我们希望把摩西当作一位导师，但不愿意把他当作我们的律法颁布人——除非他对"新约"和自然律法这二者都予以认同。因此，摩西是犹太人的律法颁布人而不是外邦人的律法颁布人就很清楚了。他给了犹太人一个标记，当他们向着那将他们从埃及领出来的上帝祈求时，他们凭着这个标记就可以抓住上帝。 基督徒则有一个不同的标记，凭着这个标记，他们认识到上帝将他的儿子赐给了他们，如此等等。

再者，从第三条诫命也可以证实，摩西跟外邦人和基督徒无关。因为保罗（《歌罗西书》，2: 16）和《新约》（《马太福音》，12: 1—12；《约翰福音》，5: 16；7: 22—23；9: 14—16）都取消掉了安息日，向我们表明安息日只是为犹太人而设的，对犹太人来说，守安息日是一条严格的诫命。先知们也提到犹太人的安息日会被取消。以赛亚在他的书的最后一章说道："当救主来临时，时候就到了，从新月节到新月节，从安息日到安息日，"等等。好像他想说："每天都将是安息日，人们分不清这一天和那一天。因为在《新约》中安息日被取消了，认为这只不过是原始的表面的奉行而已，其实每天都是圣日，"等等。

故而，如果任何人使你面对摩西和他的诫命，想迫使你遵守诫命，你可以简单地回答说："带着你的摩西到犹太人那里去吧；我不是犹太人。不要用摩西来纠缠我。如果我在某个方面接受了摩西（保罗在《加拉太书》[5: 3]这样告诉加拉太人），那我就该遵守全部律法。"因为在摩西的书里没有一句跟我们相关。

问题：

如果摩西跟我们无关，为什么你们要宣讲他呢？

对这个问题的回答：

在摩西里面有三件事情。

我想将摩西保留下来，而不是将他撇开，因为我在摩西里面找到了三件事情。

首先，我不考虑颁布给以色列百姓的诫命。它们既不激励也不强迫我。它们是死的和消亡了的，除非我心甘情愿从摩西那里接受什么东西，就好比我说：“这是摩西的治理方法，我觉得很好，我愿意在某一点上学他。”

倘若［今天的］君主能够仿照摩西的榜样来进行治理，我甚至会感到高兴。倘若我是帝王，我在制定法令时会以摩西为范本；不是说让摩西来约束我，而是我应该自觉地去学习他的治理方法。例如，什一税是一种很好的治理方法，因为在给出了十分之一以后，其他所有的税都可以免去了。对于普通人来说，给出十分之一，要比付这个租那个费的方便得多。假定我有十头牛，那我就给出一头。如果我只有五头，那我就什么也不给了。如果我田地里收成少，那我给出的也少；如果收成多，我给出的也多。所有这一些都是神意。可是现在，哪怕冰雹毁了我的全部收成，我还得向外邦人纳税。如果我该付一百盾的税，那么，即使田地里颗粒无收，我也必须付。教皇也是以这样的方法治理。但是，如果能做到多得多付和少得少付，事情就会好得多了。

而且，在摩西的书里还规定，地不可永卖，要卖也只卖到禧年（第五十年）为止。到了那一年，任何人都取回他卖掉的田地或产业。以这样的方式，产业就留在本家族了。在摩西的书里还有其他特别巧妙的治理方法，大家应该愿意接受、运用和付诸实施。并不是说人应该用这些方式约束别人或者受它们的约束，而是说（像我在前面说过的那样）帝王可以在摩西的基础上以他为榜样建立一个良好政府，例如罗马人就实现了良好政府，又如“萨克森法典”（*Sachsenspiegel*），在我们这个国家，各样事物就是根据它来管理的。外邦人并没有义务服从摩西。摩西是适用于犹太人的“萨克森法典”。但如果说要从摩西那里取得良好政府的范例的话，那么，只要是愿意，就可以不受约束地依附于它。

摩西又说过：“如果一个人没有留下儿子就死去了，他的兄弟或者近亲就应该娶那寡妇进他屋为妻，为他死去的兄弟或亲戚延续后代。这妇人生的长子必归死兄或亲戚的名下。”（《申命记》，25: 5—6）。于是，一个男人就会有几个妻子了。而这也是一个很好的法规。

然而，如果这些矫揉造作的家伙跑来对你们说：“是摩西这样命令的”，那你们就丢开摩西，答曰：“摩西命令些什么，我并不在意。”他们就会说：“是的，他命令过，要我们只应有一位上帝，我们要信靠他，我们不可以他的名起誓；当孝敬父母；不可杀人，不可偷盗，不可奸淫；不可作假见证，不可贪恋（《出埃及记》，20: 3—17）；难道我们不应该遵守这些诫命吗？”你们可以这样作答：人本性也具有这些律法。本性要我们信赖上帝。外邦人证实了这个事实。因为从来没有哪个外邦人会不信赖他的偶像，虽然它们并不是真正的上帝。在犹太人中间亦然，因为他们也像外邦人那样有他们的偶像；只有犹太人接受了这个律法。外邦人则把律法写在了他们心里，并没有分别（《罗马书》，3: 22）。圣保罗在《罗马书》（2: 14—15）中也指出，外邦人虽然没有律法，但却是让律法写在了他们的心里。

但跟犹太人一样，外邦人也失败了。所以，敬拜上帝，不偷盗，不犯奸淫，不作假见证，不杀人，这一些都是本性使然；摩西所命令的并不是什么新东西。因为上帝从天上讲给犹太人听的，他同样也写在了所有人的心里。因此，我遵守摩西所颁布的诫命，并非因为是摩西所颁布的，而是因为它们已经由本性种植在我里面，而摩西则正与本性相吻合，等等。

不过，摩西还有其他诫命，并不是由本性［种植在所有人里面］，外邦人就不必遵守。这些诫命跟外邦人无关，例如什一奉献以及其他同样美好的我也想有的规定。这是我认为应该在摩西里面看到的第一件事情，即，那些我不受其约束而仅仅是因为它们由本性［种植在每个人里面并写在每个人心里］而使然的诫命。

在摩西里面应该注意的第二件事

其次，我在摩西里面找到一些我本性中不具有的东西：上帝关于基督的应许和誓约。这是最好的事情。这事情并没有由于本性而被写入人的心里，而是来自于天上。例如，上帝已经应许，他的儿子将以肉身而诞生。这是福音所宣告的。它并不是什么诫命。它恰恰是摩西里面跟我们有关的最重要的事情。第一件事情即诫命，跟我们不相关。我之所以要能读摩西，乃是因为那里记录了精彩和给人以安慰的应许，借以增强我那软弱的信心。因为在基督王国里发生的事情，正如我在摩西的书里读到的是将会发生的事情；我找到了我的可靠根据。

所以，我应该以这种方式接受摩西，而不是将其塞到板凳下面：首先因为他提供了一些律法范例供借鉴。其次，在摩西里面有着上帝的应许，可以对信心予以支持。例如，在《创世记》(3: 15)里关于夏娃写有这样的话：“我又要叫你和女人彼此为仇，你的后裔和女人的后裔也彼此为仇；女人的后裔要伤你的头，”等等。上帝又将这个应许赐给了亚伯拉罕，在《创世记》(22: 18）中他说："地上万国都必因你的后裔得福"；这就是说，由于基督，福音得以兴起。

在《申命记》(18: 15—16）中摩西又说道："主你们的上帝要从你们弟兄中间，给你们兴起一位像我一样的先知——你们要听从他；正如你们在何烈山大会的日子向主你们的上帝所求的那样，"等等。在《旧约》中有许多这样的文句，是使徒们引用和凭借的。

但是，我们的那些矫揉造作的家伙却不止于此，他们说到他们在摩西里面看到的每一件事情，"这里是上帝在说话，任何人都不能否认；所以我们必须遵守。"就让愚昧无知者去上当吧。呜！如果上帝都这样说了，那么谁还会说反对的话呢？如此，他们真的被压得抬不起头来，就像饲料槽边的猪一般。我们亲爱的先知喋喋不休地去说动百姓："亲爱的百姓们，上帝命令他的子民将亚玛力人打死"(《出埃及记》，17: 8—16；《申命记》，25: 17—19)。种种艰难困苦就来源于这一类事情了。农民们已经起来了，被那些精神失常的好结党的家伙引入了歧途。

倘若有教养的传教人在那里，他们就会站起来面对这些假先知，制止他们，对他们说："你们这些好结党的人啊，上帝确实命令过摩西所说的这些事，对百姓讲了；但是，我们并不是那些百姓啊。上帝也曾对亚当说，要他归于尘土；但这并没有要我也成为亚当。上帝曾命令亚伯拉罕将他的儿子处死（《创世记》，22: 2)；但是，这并没有要我也成为亚伯拉罕，要我也将我的儿子处死。上帝也曾跟大卫说话。全都是上帝所说的话。可是，要看上帝的话是怎么说的，我一定要注意和知道上帝的话是对谁说的。相对于上帝与之说话的人们，你们可还离开有一大段距离呢。”假先知说“你们就是这样的人，上帝正在对你们说话，”你们必须证明给我看。用这样一些话，也许就可以去驳倒那些好结党的家伙了。但是，他们就是要挨打，所以愚昧无知者走向了魔鬼。

在涉及《圣经》时，我们一定要做到干干净净。从一开始起，道就以各种方式来到我们面前。要看出这是不是上帝的道，上帝是不是说了这个，并不是简单的事；倒不如说我们必须看看它是对谁说的，是不是适合于我们。这之间的差别不亚于白天和黑夜的差别。上帝曾对大卫说：“将有王出自于你，”云云（《撒母耳记下》，7: 13）。但这跟我没有什么关系，也不是对我说的。假如他选择了我，他确实会对我这样说。你们一定要眼睛盯住适用于你们和对你们所讲的话。

圣经里的话有两种：一种是跟我无关的，另一种是跟我有关的。对于跟我有关的话，我可以大胆地信赖和依靠，就像立足于一块坚固的磐石一般。但如果是跟我无关的，那我就应该不为所动。假先知们一本正经地说：“亲爱的百姓们，这是上帝所说的话。”不错，这是无可否认的。可是，我们并不是所说的百姓。上帝并没有给我们这个指示。那些结党的家伙一心要标新立异，他们说：“我们一定也要遵守《旧约》。”他们使得农民们疲于奔命，弄得他们家破人亡。这些精神失常的人，自以为这与他们没有什么关系，没有人告诉他们，他们被认为是在杀人。这使他们得到了应得的报应。他们不会去跟从或听从任何人。我亲眼看到和体验到，他们是那么疯狂、不可理喻和愚昧无知。

所以，把这个告诉摩西吧：让摩西跟他的百姓在一起；他们过他们自己的日子，跟我则没有什么关系。我听从对我适用的那个道。我们有福音。基督说："你们往普天下去，传福音给万民听"（《马可福音》，16: 15），而不是像摩西那样，单说给犹太人听。说给我听的是："信而受洗的必然得救"（《马可福音》，16: 16）。此外还有："去，像别人对待你们那样对待别人。"这些话打动了我，因为我就是"万民"中的一个。倘若基督没有加上说"传福音给万民听"，那么，我就不去听了，不去受洗了，这就好比我现在之所以不听从摩西，乃是因为他的话不是说给我听的，而是只说给犹太人听的。然而，因为基督所说的话，不是说给一个民族听的，而是说给"万民"听的，所以没有人被排除在外。所有人都被包括在内，没有人怀疑福音不是传给他的。我就是这样信这道；它这道也跟我相关。我也是从属于这个福音，从属于这新的盟约。所以我不惜一切地信靠那个道。

教导别人的传道人理应注意和掌握这种区别；其实所有基督徒都应如此，因为每一件事情都完全以此为基础。假如农民如此理解了，他们就不会如此可悲地受人误导和落得悲惨结局了。如果我们不这样理解，那么，我们就会陷入旁门邪道，混在无知暴民中间狂喊着："这是上帝的话，这是上帝的话。"但是，我亲爱的朋友，问题就在于这话是不是对你说的。上帝确实也曾对天使、树木、鱼鸟动物和所有被造物说过话，但这与我无关。我应该注意适合于我的和对我所讲的话，上帝用这样的话对我有所告诫、有所驱动和有所要求。

这里有一个例子。假定一位家长有一妻、一女、一子，一个婢女和一个雇工。现在，他对雇工说话，命令他去把马拴好，挑一担柴，或者驾车出去，或者做别的一些事情。假定他叫婢女去做挤牛奶和制作黄油之类的事情。又假定他告诉妻子去照料厨房，叫女儿去纺纱和编织。所有这些都会是一个主人、一个家长所说的话。而现在，假定那个婢女决定她要去骑马和砍柴，雇工却坐下来挤牛奶，女儿想要驾驶马车或耕种田地，妻子则一心编织或纺纱而忘了去照看厨房；并且，他们全都说："这些都是主人命令做的！"那么，会怎样呢？那位家长也许会抓起一根棍子把他们都打一顿，他会说："虽然是我的命令，但我不是命令你的；我给你们中的每一个人各下指示，是应该遵守各自的指令。"

至于上帝的话亦然。假定我做了上帝命令别的人做的事情，然后我声明说"那是你叫我这样去做的"。上帝也许会回答："让魔鬼来感谢你吧；我并没有要你做这个事情。"你们一定要分清楚，那话究竟只是跟某个人有关，还是跟每个人都有关。现在，如果那位家长说"星期五我们大家吃肉"，这句话对家里每一个人都适用。那么，上帝当时说给摩西听的诫命，只是针对犹太人的。但那福音却传遍整个世界；它毫无例外地赐给万民 。因此，全世界都应该接受福音，把它当作赐给每一个人的。"我们应该彼此相爱"这句话（《约翰福音》，15: 12），跟我有关，因为它跟所有属于福音的人有关。因此，我们读摩西的书，并不是因为他的书适合于我们，我们必须服从他，而是因为他跟出自于本性的律法相一致，我们认为他胜过外邦人所能够做到的。这样，十诫就成了我们生活的一面镜子，在这面镜子前，我们可以看到欠缺些什么，等等。那些结党的家伙，在对待圣像这件事情上，也是理解错了，因为那也是专门针对犹太人的。

总结一下这第二部分，我们读摩西是为了读关于基督的应许，而基督不仅属于犹太人，也属于外邦人；而由于基督，所有外邦人就像对亚伯拉罕应许过的那样（《创世记》,12: 3），都应该得福了。

在摩西里面要看到的第三件事

第三点，我们读摩西是为了那些说到了信、爱和十字架的美妙范例，就是由亚当、亚伯、挪亚、亚伯拉罕、以撒、雅各、摩西以及列祖所作出的榜样。从他们那里，我们应该学会信靠和热爱上帝。同样，那里也有一些不信上帝的例子，可以看到上帝如何不宽恕不信他的人；他如何惩罚该隐、以实玛利、以扫，如何以洪水来惩罚整个世界，如何惩罚所多玛和蛾摩拉，等等。像这样的例子是很有必要的。因为虽然我并不是该隐，可是，假如我做出了像该隐那样的行为，我就会受到像该隐一样的惩罚。像这样既有信的范例，又有不信的例子，别处是难以找得到的。因此，我们决不可以把摩西放到板凳下面去。而且，如果我们从先知那里记住了有关基督的那些优美的语句，如果我们记下并且完全掌握了那些范例，如果我们很乐意地去运用那些律法，那么，我们就确切地理解了这部《旧约》。

结论和总结

我已经声明，所有基督徒，尤其是那些掌握上帝的话而想教导别人的基督徒，理应正确地去关注和学习摩西。因此，论到他所颁布的诫命，除了他跟出自于本性的律法相一致的诫命外，我们就不依循。摩西是犹太人的导师和医生。我们有我们自己的主人，那就是基督，他已经告诉我们该知道什么，注意什么，做什么和不做什么。然而，确实，除了那些律法之外，摩西也记载了关于信与不信的一些范例——对不信上帝的人的惩罚，对义人和信上帝的人的提升——以及有关我们应该接受的基督的一些亲切并且令人安慰的应许。福音也是如此。例如，说到那十个麻风病人，基督要他们到祭司那里去和献上燔祭（《路加福音》，17: 14），这跟我无关。然而，他们信基督的例子，就跟我有关了；我应该像他们一样信基督。

这方面说得已经够多了，而之所以要予以重视，是因为它实在太重要了。许多伟大而杰出的人都忽视了它，即使今天，许多伟大的传道人仍在这上面磕磕绊绊。他们不知道如何讲摩西，也不知道如何正确对待他的书。他们怒气冲冲地对百姓喋喋不休“是上帝的话，是上帝的话！”他们显得那么荒诞，始终是在误导百姓，把百姓推向毁灭。许多有学问的人不知道如何恰当地讲授摩西。奥利金、哲罗姆以及其他类似的人，都没有明确指明摩西可以在多大程度上为我们所用。这正是我试图要做到的，就是在对摩西的介绍里面说明我们应该如何看待摩西，如何理解他和接受他，而不是简单地把他塞到板凳下面去。因为在摩西里面包含有一种美好的秩序，它是一种喜乐。如此等等。

赞美上帝。

21 论意志之束缚

马丁·路德谨将基督里的恩典与安宁呈送给鹿特丹德高望重的伊拉斯谟大师

[导论]

[路德解释他为什么延迟了对伊拉斯谟的答复，并承认伊拉斯谟的优异的才赋。]

德高望重的伊拉斯谟，久久未答复你的《关于自由选择之争论》，有违大家的期待，也与我的习惯相左；因为迄今为止，我似乎不单愿意接受，而且急于寻找这类写作机会。在路德这次不寻常的克制——或者害怕！——也许有些令人惊奇，他的敌人们在庆贺伊拉斯谟的胜利而高唱凯歌时抛出的所有讲话和文章，他竟然也无动于衷，“哦哦！那个马卡比，那个顽固分子，难道他最后也遇到了敌手，不敢开口回击他了吗？”然而，我不仅不责怪他们，而且，虽然我以前从未向任何人认输过，但这一次我由衷地向你认输；因为，我不但承认你在辩术和天赋方面远胜过我（这是我们都必须承认的，尤其是我是一个始终在无教养人圈子里活动的无教养者），而且，我还承认，你已经十分有效地抑制了我的灵心和热切，让我在能够回击以前就精疲力尽了。

这里面有两个原因：首先，你始终温和地来对待这个问题，你的聪明使我无法对你生气；其次，幸运，或者说机遇，又或者说命运，使你对这个以前没有谈论过的重要问题缄默不言。实际上，比起那些诡辩家迄今为止所做的（这一点，我以后再细谈），你是说得比他们少，却把更多的东西归入自由选择，以至于实在没有必要来回答你所用的那些论据了。它们已经多次被我驳斥过了，而且，在梅兰希顿（Philip Melanchton）的《神学要义》一书——这是一本无可辩驳的小书，按我的看法，该书不但理应成为不朽的著作，甚且可以成为教规——已经被击倒和粉碎了。跟梅兰希顿的书相比，在我看来，你的书显得那么浅薄和低微，使我对你深感遗憾，你是在用垃圾去玷污你的典雅而智巧的风格，明明是一些微不足道的小事，你却在用富丽堂皇的雄辩去包装它们，这就好比把垃圾或者粪便装进金银的瓶子里一样。

从你勉强写这本书可以看出，你似乎自己也已经感觉到这一点。毫无疑问，尽管你为此动用了你的辩才，你的良心却还是在警告你，你还是无法掩盖真实情况，无法阻止我透过你那些美妙言辞而发现其下的糟粕，因为，尽管我不善于言辞，但是，靠着上帝的恩典，这并不是说我就缺乏知识。因为我按照保罗的意思（《哥林多后书》，11: 6）敢于为我自己去追求知识，因而，虽然我承认你的辩才和天赋，但我还是有信心拒绝你。

说说我的想法吧。如果有那么一些人，虽然我们的说教得到圣经的有力支持，但他们很少接受或对持有这种说教没有把握，却可以被伊拉斯谟这些徒有虚表而实际上毫无价值的论点所感动，那么，他们就不配由我作出答复来挽救他们。对于这样的人，说再多的话或者写再多的文章，哪怕写上几千本书，也是枉然的，这就好比你在沙滩上耕种，把种子播种在沙土里，或者想用水去灌满一个全是漏洞的木桶。因为在我们的书里是圣灵在主宰着，因而那些取之于圣灵的人，已经从我们这里得到了充分的服务，他们能够轻易地清除你的影响；然而，对于那些并不是靠圣灵来读我们的书的人，毫不奇怪，他们就像被风吹动的芦苇一样摇摆不定。噢，对于这样的一些人，上帝自己，哪怕他所有的造物都变成了舌头，也不够说的。因此，我还是决定撇下他们了，听任他们被你的书搞得晕头转向，跟那些因你的书而欢欣鼓舞并宣称你是赢家的人为伍吧。

因此，工作的压力，任务的困难，你的辩才，对你存有的任何惧怕，都不是我不急于答复你的原因；而是因为我极度的厌恶、愤怒和蔑视，或者，说得坦率一些，是我在考虑如何对你的那本“关于意志自由之争论”作出判决。我在此没有必要提及你那种处处躲躲闪闪和模棱两可的一贯作风；你自以为更小心翼翼而做到了左右逢源，好像胜过了腹背受敌的尤利西斯，似乎要对什么事情作出断言却又企图对什么也不作断言。呵，我来问你，跟这样的人有可能进行什么讨论或者达到什么相互理解吗？除非是一个有本领抓到普罗丢斯的人才行。依靠基督的扶助，我接下来会来指你看，在这件事情上我能够做些什么，以及你究竟得到了些什么。

所以，我在这一点上对你作出答复必定有特殊的理由。虔信基督的弟兄敦促我这样做，并且指出大家都在期待着，因为伊拉斯谟的威望不容藐视，而基督教教义的真理性正在许多人的心目中又受到危害。而且，经过一段时间后我也明白，我的沉默不见得就很光彩，我已经受骗于我那种凡俗的审慎——甚或受骗于恶作剧——致使我没有充分意识到我应尽的义务，即无论对聪明人还是愚拙人我都负他们的债（《罗马书》，1: 14），尤其是我是应那么多弟兄的请求去这样做。因为，虽然我们面前的这个题目要求的不只是一位外在的导师，而且，除了那在外栽种的和浇灌的（《哥林多前书》，3: 7）以外，还需要由上帝的圣灵来使其生长，成为在内的教导着活的事物的活的导师（这是一直在我内心的一个想法），但由于圣灵是自由自在的，不是我们想要他来他就会吹到那里，而是他愿意吹到哪里就吹到那里（《约翰福音》，3: 8），因而，我们应当注意保罗所讲的原则："无论得时不得时，总要专心"（《提摩太后书》，4: 2），因为我们不知道主在哪一个时刻来到（《马太福音》，24: 42）。我承认，也许会有一些人还没有感受到那将信息赐给我的著作的圣灵，他们已经被你的那本《争论》搞得不知所措；也许是他们的时刻还没有来到吧。

可是，有谁知道上帝会不会通过像我这样一个既不讨人喜欢又弱不禁风的小人物来亲自拜访你这位大名鼎鼎的伊拉斯谟，使得我可以在一个欢乐的时刻——为此，我通过基督我们的主真诚地去祈求富有怜悯心的上帝——借这本书来找你，并赢得一个十分亲爱的弟兄。因为，虽然你关于自由选择的所思和所著都是错误的，但我还是少不了要感谢你，因为你让我看到如此杰出和显赫的人在竭力推崇自由选择，而其结果却不过是使事情变得比以前更加糟糕，这使我更加坚定了我自己的立场。这就是自由选择纯属虚构的明证；因为这就像福音书（《马可福音》，5: 25）中的那个女人一样，越是让医生治疗，情况反而越坏。所以，如果你由于我而更了解情况，就像我由于你而更加坚定，那我就算是很好地报答你了。不过，这两件事情都是圣灵的恩赐，并不是我们自己的功劳。因此，我们应该祈求上帝，求他开启我的口和开启你的心，也开启所有人的心，求他自己亲临我们中间，教导我们该说什么和听什么。

但是，至于你，我亲爱的伊拉斯谟，让我作这样的请求，即一如我容忍你在这些事情上的无知，也请你容忍我缺乏辩才。上帝并不把他所有的礼物都赐给同一个人，“我们不能够样样都行”；或者，就像圣保罗所说的：“恩赐原有分别，圣灵却是一位”（《哥林多前书》，12: 4）。所以，仍需我们用我们各自的礼物互惠对方，各自尽责，互相补充。如此就完全了基督的律法（《加拉太书》，6: 2）。

* * *

（第六部分：路德方面力量之显示）

至此，我们已经到了本书的最后一个部分，在这里，正像我们前面允诺过的那样，我们应该产生出我们用来对抗自由选择的力量来。但我们不会产生全部的力量；因为，既然整部圣经每一处和每一个标题，都站在我们这一边，那么，谁能在一本小册子里做到呢？而且，也没有必要这样做；一方面，因为自由选择业已被双重制服——一次我们已经证明了，那本《争论》中认为对它有利的每一件事情，实际上都是在反对它，还有一次是我们指出了，那本书要反驳的论据却仍旧屹立不易。另一方面，即使自由选择还没有被击败，那也只要打几下子就可以把它击倒。因为一箭就能毙命的敌人，又何必要对着他的尸体再乱射呢？因此，我们将根据论题的情况尽可能说得简单一些。而且，从我们众多的军队中间，我们让两位高级统帅带着他们的部队来出战，那两位就是：保罗和福音书作者约翰。

［圣保罗：普遍的罪使自由选择无效］

这是保罗在写书信给罗马人时如何反对自由选择和主张上帝的恩典："原来上帝的愤怒从天上显明在一切不虔不义的人身上，就是那些行不义阻挡真理的人"（《罗马书》，1: 18）。在这句话中，你是不是听到了对所有人的普遍判定，即他们全都处在上帝的愤怒之下吗？这岂不意味着他们本应受到天谴之罚吗？他给出了上帝之所以愤怒的原因，因为他们所做的事情理应受到天谴，因为他们全都不虔不义，行不义阻挡真理。那么，自由选择想要做些善事，又可以到哪里施展呢？保罗明确说它应该受到上帝的愤怒，宣称它不虔不义。而就是那个应该受到上帝的愤怒的不虔的东西，却在极力与恩典相抗争，而不是争取得到恩典。

在此，会有人讥笑昏昏欲睡的老路德，说他没有仔细去看保罗的话；会有一些人说，保罗说那话并不是指所有的人，也不是指他们所做的所有事情，而只是指不虔不义的人，很明确地是指那些行不义阻挡真理的人，因而并不能推得所有人都是如此。对此，我作如下的回答，对于保罗来说，你说是"针对人们的所有不虔"还是说"针对所有人的不虔"，那是没有区别的；因为保罗几乎处处都用希伯来语的表达方式，因而这意思是："所有人都是不虔不义的，他们行不义而压制真理，因此他们全都应该受到天谴。"而且，在希腊文里面没有关系代词，只有冠词，因而，我们用从句表达的内容在希腊文里是用形容词来表达的，这就像我们说“我们在天上的父”是用关系从句表达“在天上”的，而这等同于将“在天上”用形容词“天上的”或用地点状语“在天上”来表达。另一方面，反对意见是要把那些信徒和属神的人区别开来。

但假如不是保罗的说法本身证实了这一点所有这些只不过是空谈而已。稍早前他说过：“这福音本是上帝的大能，要救一切相信的，先是犹太人，然后是希腊人”（《罗马书》，1: 16）。在此，没有什么模棱两可的话；“犹太人和希腊人”，这就是说，对于所有的人，上帝的大能之福音是使他们具有信且从已经显明的上帝的愤怒中解救出来所必不可少的。我问你，虽然犹太人在公义、上帝的律法以及自由选择的能力上都胜过其他人，但是，当他宣称犹太人跟其他人毫无区别地一样是欠缺的，需要由上帝的大能把他们从已经显明的上帝的愤怒中解救出来的时候，当他认定他们必需这个大能的时候，他难道不是认为他们处于这个愤怒之下吗？既然你不得不相信，连世界上最杰出的人即犹太人和希腊人也是如此，那么，你还能挑选出怎样的人，他们不在上帝的愤怒下呢？况且，既然保罗不加区分地把所有犹太人和希腊人都归在一类，对他们作出同样的判决，那么，你还如何在他们中间找到例外呢？难道我们应该假定在这两个最杰出的民族中间没有任何追求德行的人？他们中间就没有人在竭尽他们自由选择之所能而奋斗？但是，保罗对此未加注意；他把他们全都置于上帝的愤怒之下，宣称他们全都是恶人和邪恶的。难道我们不应该相信，其余的使徒在他们各自的领域以类似的方式把所有其他的民族都交给这个愤怒吗？

所以，保罗的这段话在于坚定不移地确认，自由选择，或者说人里面最优秀的东西——即使是最优秀的人，献身于律法、公义、智慧和各样德行的人——，乃是非属神的、邪恶的，理应受上帝的愤怒。否则，保罗的全部议论就毫无价值了；但如果不是如此，他所作的区分就不会让任何人居于二者之间：他将得救指派给信福音的人，将上帝的愤怒指派给其余的人，或者说，他认定信者为义人，而不信者则为非属神的，邪恶的，理应承受上帝的愤怒。因为他的意思是：上帝的公义在福音中显明是来自于信，因而，所有人是非属神的和邪恶的。因为如果人原来就知道公义，或者具有公义的种子，那么，上帝再向人显明公义，就是愚蠢了。可是，既然上帝决不愚蠢，但还是向人们显明了得救之公义，那么，很显然，即使在最高级的人中，自由选择既不具有任何东西，也做不成任何事情，甚至不知道在上帝眼里什么才是公义——除非上帝的公义也许不显明给最高级的人，而只显明给最低级的人，尽管保罗自夸，无论是对犹太人还是希腊人，聪明人还是愚拙人、化外人还是希腊人，他都欠他们的债（《罗马书》，1: 14 ）。

所以，在这一段话里，保罗把所有人都归并到了一起，并得出结论，就他们能够意愿或行什么善事而言，他们都是非属神的，邪恶的，对公义和信一无所知。既然是上帝给他们这些坐在黑暗之中的无知的人显明了救赎之公义，因而得出这样的结论是无可争辩的；因为这意味着，他们本身是无知的，既然他们对救赎之公义一无所知，他们当然就处于天谴之下，而且，由于他们的无知，他们既不能从中解脱，甚至也不会设法解脱。因为如果你不知道设法去做些什么，或者，不知道怎么做、为什么做，那么，你怎么会设法呢？极其简单的事实和经验跟这个结论是相符合的。在全部会死的各个种族里面，即使是其中最圣洁和最称义的佼佼者，也从来不会想到，称义和得救之路就在于信那位独一者，他既是上帝又是人，他为了人的罪死了又复活，坐在天父的右边；对于保罗在此所说的从天上显明的上帝的愤怒，也从未有人哪怕是梦到过。看看最伟大的哲学家们吧；他们关于上帝都有些什么想法，在他们的著作里有关即将来临的天谴都留下些什么说法呢？看看那些经常受到许多奇象和先知教导的犹太人吧；他们对这一道路又是怎么想的呢？他们不但不接受，而且还如此憎恨它，迄今，天底下还没有一个民族像他们那样残害基督。但又有谁敢说，在一个如此伟大的民族中竟无有一人培养他的自由选择并且尽其所能了呢？他们如何会背道而驰，在最优秀的人中的最优秀的事情，却没有遵循这个称义的方法，并且，不仅对其一无所知，而且在它被公布和显明以后，竟以最大的恨去拒绝，还想方设法去破坏呢？就像保罗在《哥林多前书》（1: 23）里所说的那样，这条道路，在犹太人为绊脚石，在外邦人则为愚拙。

可见，正因为他不加区别地称呼犹太人和外邦人，而犹太人和外邦人加在一起就是天底下的主要民族了，因而，这同时就说明自由选择不外就是公义和人之得救的大敌，因为，在犹太人和外邦人中间至少总有一些人，他们竭力将自由选择发挥到极致，可是，实际他们这样做，恰恰是对恩典宣战。对于自由选择来说，善和义成了绊脚石和愚拙，你竟然说什么它是向善的！你不能说它只适用于某些人而并不适用于所有人，因为保罗说“对犹太人是绊脚石和对外邦人是愚拙”时是不加区别地指所有人的，除了信徒，一无例外。他说:“对我们这些蒙召作圣徒的”(《哥林多前书》,1: 2),它就是“上帝的大能和智慧”(《哥林多前书》,1: 18)。他并没有说“对某些外邦人和对某些犹太人”,而是简单就说“对外邦人和对犹太人”,并不包括“我们”;这样,他就把信徒和非信徒明确区分了开来,没有人介乎二者之间。但我们这里所提到的外邦人,指那些脱离了恩典而自行其是的人,就像保罗所说的,对他们来说,上帝的公义成了他们所厌恶的愚拙。自由选择所谓的向善的值得称颂的努力,就如此而已!

况且,保罗自己说,那些自称为聪明反成了愚拙,越心地昏暗,越是强词夺理和寄希望于狡辩的人(《罗马书》,1: 21起),想想他是不是在指希腊人中最杰出的人。请告诉我,他在此是不是触及希腊人最崇高的成就即他们的推理术呢?因为这意味着他们最崇高的思想和见解,他们视之为实实在在的智慧。但正是这种智慧,即他在另一处称之为愚拙(《哥林多前书》,1: 21)的,却费尽了力气而结果却越来越坏,因而,他们最终糊里糊涂地去膜拜偶像,犯下他所记载的滔天大罪。所以,如果外邦人中最高贵的人所做的最高贵的努力和所取得的最高贵的成就也还是邪恶的、非属神的,那么,其余的人,那些平民百姓,或者说外邦人中低层次的人,我们又该如何看待呢?因为,即使在最高贵的人中,他也不做区分,而只是不留情面地谴责他们对智慧的热诚。如果这成就或者这努力本身就受到了谴责的话,那么,所有献身于它的人就都受到了谴责,即使他们在这样做的时候行使了最大的自由选择权。要我说,既然他们所做的最好的努力本身就被断定是错误的,那么,更何况那些做这些事的人呢?

相类似地，接下来，凡是字面上的而不是灵意上的犹太人，他都不加区别地一律予以拒绝（《罗马书》，2: 29 ），他说道："你有这仪文，行了割礼，但还是使上帝感到耻辱"（参见 27）。还有："因为，外面作犹太人的，不是真犹太人，唯有里面作的，才是真犹太人"（参见 28 起）。还有比这样的划分更清楚的吗？外面作的犹太人，是律法的罪人！你想到过吗，是有那么多犹太人，他们虽然没有信，却是虔诚而又智德双全，他们竭尽全力想要达到公义和真理？哦，他还经常为他们作证，说他们对上帝有热心（《罗马书》，10: 2），说他们是在追求律法的公义（《罗马书》，9: 31），说他们昼夜恳切地在指望得救（《使徒行传》，26: 7），说他们的生活是无可指摘的（参见《腓立比书》，3: 6）。即使如此，他们还是律法的罪人，因为在灵意上他们并不是犹太人，他们顽固地抵制信之公义。因而，自由选择最好其实反而最坏，做得越多反而变得更坏，除此以外还能有什么呢？话讲得很清楚了，所作的划分也是明白的，是无可反驳的。

不过，还是让我们听听保罗自己的解释吧！在第 3 章，他作了总结："这却怎么样呢？我们比他们强吗？决不是的。因为我们已经证明，犹太人和希腊人都在罪恶之下"（《罗马书》,3: 9）。那么，自由选择又在哪里呢？他说了，所有的犹太人和希腊人都在罪恶之下。难道这里面还会有什么"转义"或者"难点"吗？面对这个极其明确的陈述，难道还需要再兴师动众做什么解释吗？当他说"所有的"时，他不把任何人作为例外，而当他声明他们全都在罪恶之下，或者换句话说，他们全都是罪恶之奴仆时，他没有在他们里面再留下任何良善的东西。可是，他是在哪里宣称犹太人和外邦人全都在罪恶之下呢？就是在我们指出过的那个地方，他在那里说道："上帝的愤怒，从天上显明在一切不虔不义的人身上"（《罗马书》，1: 18）。他又进一步凭他的亲身经验对此加以证明，他指出，他们已经犯下了那么多使上帝发怒的坏事，似乎由于他们自己的不虔而注定他们所想的和所做的尽都是坏事。

然后，他又单独来论断犹太人，他说，那遵照字句行事的犹太人，是背道者；他同样是根据结果和经验来证明这一点的，他说："你讲说人不可偷窃，自己却在偷窃；你厌恶偶像，自己却在盗窃圣物"（《罗马书》，2: 21 起）；而他唯一认为是例外的，就是那些按照灵意行事的犹太人（参见《罗马书》，9: 6 起；《加拉太书》，4: 22 起）。而你也不可能退一步说，虽然他们是在罪恶之下，但是他们身上存有例如他们的理性和意志这些最好的东西，总还是有着向善的倾向。你不可这样认为，因为如果还有着向善的意向，那他说他们是在罪恶之下，就不对了。因为当他说出犹太人和外邦人时，他是把犹太人和外邦人身上的每一样东西都包括在内的；不然的话，除非你去把保罗的话颠倒过来，硬说他是这样写的："所有犹太人和外邦人的肉体，那就是说，他们的那些较低级的感情，是在罪恶之下的。"但上帝从天上向他们显明的愤怒，是在谴责他们的整体存在，除非他们通过圣灵而得以称义；而假如他们并没有以其整体存在而处在罪恶之下的话，那也就不会是这样的情况了。

不过，让我们来看看保罗如何用圣经来证明他的观点，看看是不是"那些话语，在保罗那里，比在其自己的语境中更具有说服力。"他说道："就如经上所记，'没有一个义人，连一个也没有，没有明白的，没有寻求上帝的。都是偏离正路，一同变为无用'；

没有行善的，连一个也没有，”如此等等（《罗马书》，3: 10起）。在此，如果你有办法的话，就请你给我一个“合适的解释”吧！如果你有胆量的话，就去搞些故弄玄虚的名堂，硬说这些话是别有含义的，坚持用自由选择去对抗这些给人定罪的语句吧！那么我也就甘拜下风了，我自己也来当自由选择的认可者和维护者了。这些事情当然是针对所有人而言的，因为，先知在俯视所有人并把这个判决加在他们头上时，他是代表上帝的。因为在《诗篇》（14: 2起）里是这么说的：“主从天上垂看世人，要看有明白的没有，有寻求上帝的没有；但他们都偏离正路，”等等。而且，唯恐犹太人会认为这并不适用于他们，因而保罗预先断言这首先适用于他们：“我们晓得律法上的话，都是对律法以下之人说的”（《罗马书》，3: 19）。他还说了同样意思的话：“先是犹太人，后是希腊人”（《罗马书》，2: 9起）。所以，你听吧，所有世人，所有律法以下之人，不管是外邦人还是犹太人，在上帝的眼里，都处在这个判决之下，他们中间甚至没有一个人是义人，是明白人，或者在追随上帝的，所有的人都偏离正路，变成无用之人。现在，我认为在所有世人和律法以下的人中也包括了他们之中最优秀和最高贵的人，他们依靠自由选择的力量一心向善向德，而那本“争论”声嘶力竭地宣称他们具有向善的自觉性以及具有被播种在他们里面的德行之种子——除非她认为他们是天使的后代！

那么，如果他们对上帝完全无知，也不去寻求和尊敬上帝，那他们怎么能奋力向善呢？如果他们已经完全偏离了善，变得一无所用了，那又怎么能够还有一点点能力去向善呢？难道我们就不懂得，对上帝的无知，不理解和寻求上帝，不敬畏上帝，偏离正道和变得一无所用，这一切意味着什么吗？话不是说得清清楚楚，他们不正是如此教导我们，说所有人都缺乏对上帝的认识，不敬上帝，他们全都向恶而毫不向善吗？因为这里的问题不在于不知道到哪里去找食物或者不去积聚钱财，而在于对宗教和虔信的无知和轻视。这样的无知和轻视毫无疑问并不处在肉体和较低级粗俗的情感之中，而处在人的最高级和最优秀的能力之中，在那里，原本统领着的应当是公义、虔信以及对上帝的认识和敬畏。换句话说，它们处在理性和意志之中，从而处在自由选择本身的力量之中，或者说，处在德性以及人身上的最优秀的事物的种子之中。

“争论”这位朋友，你早先曾经允诺说，假如由《圣经》来证明的话，你也许就会愿意同意说人身上最优秀的事物是肉体，也即是非属神的，而你现在又该如何呢？那么，如果你听说，在所有人里面最优秀的事物不但是非属神的，而且还对上帝全然无知和轻视，是向恶而毫不向善的，那你就该同意了。因为说某人邪恶，难道不就是指他的意志——那可是最优秀的事物之一——是邪恶的吗？说某人不理解上帝和善，不就是指他的理性——那可又是另一件最优秀的事物——对上帝和善一无所知，或者说对虔信的知识视而不见吗？说某人偏离正道而变得一无所用，难道不就是指他全身的所有部分，尤其是其最优秀的部分，根本就没有能力向善而只能向恶吗？说某人不敬畏上帝，不就是指他所有部分，尤其是其较高级的部分，没有把上帝放在眼里吗？但说不把上帝放在眼里，同时就是指不把上帝的所有事物——例如他的话、他的作为、律法、训诫和旨意——放在眼里。那么，如果理性本身是盲目无知的，它又怎么能指定某样东西是正确的呢？如果意志本身是邪恶而一无所用的，它又怎么能选择善的事物呢？或者，宁可这样说：如果理性只交给意志自身的盲目无知所造成的黑暗，那么意志会有什么选择呢？如果理性陷入了谬误，而意志受到了误导，那么人还能做些什么，还能向善吗？

不过，也许有人会狡辩说，虽然意志偏离了正道，虽然理性在具体事实上显得那么无知，可是，从固有的本性来说，意志还是有可能向善，理性还是有可能认识某些正确的事情，因为有许多事情是我们能做而没有去做的；而且，说到底，我们在这里讨论的是什么事情是可能的，而不是实际所发生的。我对此的回答是，先知所说的话同时包括了实在性和潜在性，而说一个人没有寻求上帝跟说他不能寻求上帝是一回事。这从以下事实可知：假如在人身上有着一种向善的力量或能力，那么，由于在上帝全能的作用下不会允许其无所作为，正像我们上面指出过的那样，就不可能会让其不付诸实施，即使不是在很多事情上，但至少在某一件事情上得以显明。但实际情况并非如此，因为上帝是从天上向下俯视，他没有看到哪怕有一个人是在寻求他或者想要寻求他；由此可见，没有任何一种力量想要或者希望去寻求他，相反，他们全都转向一边。况且，假如认为保罗并不是针对人的软弱无能而说这话的，那么，他的论述就失去意义了。因为他这里的全部要旨是要说明恩典对于所有人都是必需的。但是，假如他们自己就能够产生出某种东西，也就不需要什么恩典了。然而，实际情况是他们不能够这样，从而他们的确需要恩典。

这样你们就看清楚了，自由选择被这段话完全废掉了，在人身上没有什么东西是良善的和有德性的，因为他干脆就被宣布是不义的，对上帝无知，藐视上帝，偏离上帝，在上帝眼里一无用处。先知的话已经说得够重了，不管是在他们自己的话中，还是在保罗的引用中，都是这样。说人对上帝无知和藐视上帝，可不是小事，因为这是一切犯罪之源泉，是所有罪孽之渊薮，不，是一切邪恶之地狱。任何邪恶，如果不是存身在藐视和无视上帝的地方，还会在哪里呢？简而言之，撒旦所说的无知和藐视上帝的那些人，再恰当不过地说明是撒旦统治了他们。那表示不信上帝，不顺从上帝和亵渎上帝；那也表示刻毒待人和对我们的邻居没有怜悯之心；那还表示在所有有关上帝和人的事情上偏爱自己。在此，你就可以看清自由选择之光耀和威力了！

然而，保罗进一步明确说明，他所说的是所有人，尤其是他们中的佼佼者。他说道："好塞住各人的口，叫普世的人都伏在上帝的审判之下。因为没有一个人会因为行律法而在上帝眼中称义"(《罗马书》，3: 19 起)。那么，请告诉我，如果还有什么力量，我们借以能有所作为的话，那又怎么能塞住各人的口呢？因为，我们可以对上帝说："这里不是什么都没有；有些你不能谴责的东西，你给你自己定的测定能力的标准；至少这些东西不会被塞住口，不会伏在你的审判之下。"因为如果自由选择的力量是完备而有效的话，整个世界就不会在上帝面前服罪了；因为这样的力量并不是这个世界的一个无足轻重的部分的一件无足轻重的事情，而是整个世界中最耀眼、最普遍的事情，它的口是不应该被塞住的。反过来，如果它的口应该被塞住，它就一定是跟整个世界一起向上帝服罪了。除非它是不义的和非属神的，或者说理应受到惩罚和报应，凭什么说它有罪呢？请告诉我，你怎么解释人的这种力量可以免除整个世界在上帝面前都免除不了的罪过，或者说，你靠着什么使它排除在整个世界之外呢?

保罗所说的话:“都偏离正路，整个世界都是有罪的，没有一个人是义人”，如同雷鸣闪电，实实在在就像耶利米(《耶利米书》，23: 29)所说的“像能打碎磐石的大锤”，任何存在着的事物都被砸碎，不但是在某个人或某些人或他们中的某些部分，而且是在整个世界和所有人，一无例外，整个世界听到这些话都应该颤抖，畏罪而逃。整个世界都有罪，凡人所生出来的都偏离正路和一无所用，没有一个人在敬畏上帝，没有一个人是不邪恶的，没有一个人是明白的，没有一个人在寻求上帝，已经说到这样了，难道还有什么比这些更严厉的词语吗?然而，我们有些人的心思就一直是而且现在还是这样的顽固不化，他们对这种雷鸣电闪浑然无感，吹捧自由选择及其力量，这正应了玛拉基(《玛拉基书》，1: 4)所说的话:“任他们建造，我必拆毁。”

[自由选择可以行律法，但不能成全律法]

还有一句话也说得很重:“没有一个人因行律法而在上帝面前称义”(《罗马书》，3: 20)。说“因行律法”，其语气就如同说“整个世界”和“所有世人”一样强硬。因为应当看到，保罗就事而不就人，这就意味着他把所有人也不管是多么优秀的人，都包括了进去。因为，如果他说明不称义的是那些普通的犹太人，是法利赛人，是某个不敬神的民族，那么，大家就会想，他还是留出了一些人，这些人靠着自由选择的力量和律法的帮助而不全是一无所用的。可是，当他谴责行律法的人本身，说他们在上帝眼里是不虔诚的时候，那他显然是在谴责所有热衷于行律法的人了。

但是，只有最优秀和最高贵的人才热衷于行律法，才是使用了他们身上最优秀和最高贵的部分，即理性和意志。所以，如果连那些以最大的热忱竭力发挥了理性和意志的作用的人，换句话说，如果连那些运用了自由选择的全部力量而又似乎得到律法本身的神助而从中得到指导和激励的人，我说，如果连他们这样的人，又尚且被谴责为非属神，非但不能称义，还被说成在上帝眼里不过是凡俗的肉体而已，那么，在整个人类中还会有什么不是凡俗肉体和不是非属神的人呢？因为所有以行律法为本的人，都同样受到谴责。因为无论他们在行律法时是以最大的热忱，还是以中等程度的热忱，还是没有什么热忱，一点也不重要。他们除了行律法之外，什么事情也做不了，而行律法是不得称义的；而如果他们不能称义，那他们就证明他们所行的事是非属神的，就停留在这样的状态中；而非属神的人就是有罪的人，理应承受上帝的愤怒。事情是如此明白，谁也无法说一个不字。

可是，他们习惯于想方设法歪曲保罗的意思，他们说，他所说的行律法乃是行律法的礼仪，而这些礼仪在基督死后也一起死去了。我的回答是，这是哲罗姆的无知之过，这样的错误，不顾奥古斯丁曾经奋力抵制——上帝退出而让撒旦得以横行一时——已经传遍全世界，而且一直延续到如今。这样就没有可能去理解保罗了，对基督的认识也不可避免地变得模糊起来。即使在教会里从未有过其他错误，单是这一个错误就足以把福音搞乱，除非还有什么特殊的恩典介入进来，不然，单凭这一点，哲罗姆就不配进天堂而要下地狱；我是不敢称他为圣者的。因此，保罗所说的确实并不单单指礼仪上的律法；否则，他又凭什么理由说所有人都是邪恶而需要恩典的呢？因为有人会说：就算我们不是因行那些礼仪而称义，可是，一个人还是可以靠着行十诫规定的德行而称义，可见，你并没有用你的三段论法来证明这些人也必须有恩典。另外，如果恩典只是使我们免于行礼仪，而行礼仪恰恰是最容易不过的事情，至少出于惧怕或者自爱就可以使我们放弃掉，那么，这样的恩典又有什么用处呢？当然，确实也并不是说，基督死去以后那些礼仪之事就消亡了，不合乎律法了；保罗从来没有这样说过，他是说，他们并不因此而称义，在上帝眼里这些礼仪对于人是没有益处的，并不能够使人摆脱掉不虔信。一旦这一点被接受了，那么，任何人就可以行礼仪，不存在做什么不合乎律法的事情了；这就像吃喝并不能够称义，或者说，并不能使我们取悦于上帝（《哥林多前书》，8: 8），但是，一个人吃喝并不是在做什么不合乎律法的事情。

他们还有一个错误，就在于，在旧律法中，行礼仪就像遵循十诫一样是有命令和要求的，因而，后者和前者是同等重要的。因为保罗这话主要是对犹太人说的（《罗马书》，1: 6），没有人需要怀疑，他所说的行律法之事是指行整部律法的所有事情。因为，假如律法被废掉了和消亡了，再说去行的是律法的事情，就毫无意义了，因为被废掉的律法不再是律法，这一点保罗是很清楚的。所以，他说到行律法的事情，并不是指已经被废的律法，而是指有效的和有权威的律法。否则，对他来说，这么说多容易："律法本身被废掉了！"——这样，我们本应得到一个清晰而明确的说明。

但我们请保罗本人做他自己最好的解释人吧；他在《加拉太书》（3: 10）里说："凡以行律法为本的，都是被咒诅的；因为经上记着，‘凡不常照律法书上所记一切之事去行的，就被咒诅’。”你们看到，保罗在这里如同他在《罗马书》中一样，用同样的话来说明同样的意思，即他每当提到行律法之事的时候，都是指写在律法书里面的全部律法。更值得注意的是，他在此引用了摩西咒诅不遵循律法的人的话（《申命记》，27: 26），尽管他自己也说凡以律法为本的人都是被咒诅的。他这样做立下了两个正相反的陈述，一个是否定的，另一个是肯定的。然而，他之所以可以这样做，乃是因为在上帝眼里，那些献身于行律法之事的人，恰恰距成全律法最远，因为他们缺少的正是律法的真正的成全者即圣灵，而当他们试图凭他们自己的力量去做的时候，但他们一事无成。因此，这两种陈述都是正确的，有两类人都是被咒诅的：一类是摩西所说的不遵循律法的人，另一类是保罗所说的以律法为本的人；因为这两类人都缺少了圣灵，而没有了圣灵，则不管行了多少律法的事情，都不能称义，就像保罗所说的那样（《罗马书》，3: 20），因而，他们也做不到在经上记着的所有事情上都遵循律法，就像摩西所说的那样（《申命记》，27: 26）。

简而言之，保罗的区分足以证实我们的主张，因为他将行律法的人分成两类，将按照圣灵而行的人归为一类，而将按照肉体而行的人归为另一类，没有人会处在这两类之间。因为这就是他所说的：“凡是肉体，没有一个因为行律法而称义的”（《罗马书》，3: 20）；他这样说，不就是要说明，他所说的那些人是在没有圣灵的情况下行律法的，因为他们是“肉体”，或者说，是非属神的和对上帝无知的，从而他们所行的事对他们毫无帮助？他又在《加拉太书》（3: 2）中作了同样的区分：“你们受了圣灵，是因为行律法呢，还是因为听信福音呢？”；他在《罗马书》(3: 21) 中又说道：“但如今上帝的义在律法之外已经显明出来”；还有：“我们看定了，人称义是因着信，不在乎遵行律法”(《罗马书》, 3: 28)。

从上所述，无可置疑，在保罗看来，圣灵是与行律法相对立的，正如同他与其他所有非灵意的事物以及肉体的全部力量和意图相对立一样。显然，保罗的看法跟基督是相同的，在《约翰福音》(3: 6) 中基督说到，凡不是由圣灵而生的，就是由肉体所生的了，不管多么辉煌、圣洁和崇高，哪怕其中还包含有上帝律法中最精美的作品，也不管他们以何种力量履行这些律法，都无济于事。因为所需要的是基督的灵，没有了他，我们所有的工作都是可咒诅的了。所以，可以确定地认为，保罗所说的行律法的事情，不单是行礼仪上的事，而是所有律法上的事情。同样确定的是，任何一件跟律法相关联的事情，如果是没有圣灵的，那就是受诅咒的。没有圣灵的众多事情中的一件，就是正在议论的自由选择的力量，这力量被认为是人所具有的最杰出的事物。而就人而言，再也没有比他所投入的行律法的事情更加优秀的了；保罗所说的却并不是投身于与律法背道而驰的罪恶和不虔中的人，而是投身于行律法的事情的人，也就是说，那些人中的佼佼者，他们献身于律法，除了具有自由选择的力量之外，还得到律法本身的帮助，从中获得指导和激励。因此，倘若自由选择得到律法的帮助，享有律法所提供的一切力量，尚且无济于事，也不能称义，仍旧处在肉体的不虔之中的话，那么，我们怎么能够设想，在没有律法的情况下，它单凭自身可以有所作为呢？

他说：“律法本是叫人知罪”(《罗马书》, 3: 20)。他在此指出，律法的帮助有多么大。换一句话说，他指出，自由选择本身是那么盲目，它还无法知罪，需要由律法来教导它。可是，如果连知罪也还做不到，何谈摆脱掉罪呢？显然，他会把罪当作非罪，而把非罪当作罪。经验很清楚地表明了这一点，那些世俗认为特别优秀和献身于公义和虔信的人，却仇恨和残害由福音所显明的上帝的公义，用异端和谬误等辱骂的名称对其横加指摘，却将它自己的真正是罪孽和谬误的行为和方法，吹嘘为公义和智慧。因此，保罗用了这一段话堵住了自由选择的口，他教导我们，正因为它做不到知罪，因而就由律法来向它显明罪。由此可见，他根本就不认为它具有任何向善的力量。

在此，我们也可以来回答《争论》一书中经常提到的那个问题了："如果我们什么事情也做不了，那么，哪来那么多的律法，那么多的戒律，那么多的警戒和应许呢？"对此，保罗的回答是："律法本是叫人知罪。"他对这个问题的回答，与人所想的，或者说，与自由选择所想的截然不同。他否认自由选择可以由律法证明，他否认自由选择可以跟律法协同而产生公义；因为经由律法而来临的并不是公义，而是对罪的认知。律法的任务、作用和效果，乃在于用光照亮无知者和盲目者，但这样的光所显明的是疾病、罪过、邪恶、死亡、地狱，是上帝的愤怒，它固然没有提供什么帮助和设法予以解救，但它满足于使其显明。当一个人意识到自己罪孽深重时，他就感到烦恼，感到忧伤，甚至感到绝望。律法不是救助，更不能自救。还需要有另一种光来显明如何得以补救。这是福音之声，显明基督能将人从所有这些事情中拯救出来。显明基督的并不是理性或者自由选择；既然它本身是黑暗，需要由律法之光来显明它凭自身的光无法见到的病患，它又怎么会相信自己是健康的呢?

同样，在《加拉太书》(3: 19)中，当他谈到这同一个问题时，他说:“律法是为什么有的呢?”然而，他的回答全然不同于《争论》一书所说的所谓是证明自由选择的存在，而是:“原是为过犯而添上的，等候那蒙应许的子孙来到。”保罗说，它原是为了过犯而设的；不过，这并不像哲罗姆梦想的那样意味着它是为了使过犯得以结束而设的，因为保罗所主张的是，上帝的应许是给予未来的子孙的，即答应用公义之赏赐来驱逐和结束罪孽；但它原是为了使过犯增多，一如他在《罗马书》(5: 20)中所说的:“律法本是叫过犯显多。”并不是说如果没有律法就不会犯罪或者不多犯罪了，而是说它们就不被知晓是后果如此严重的过犯或者罪孽；相反，它们中的大部分和最重大者，反被认作是公义。如果罪孽没有得到认识，就谈不上什么拯救，就没有治愈的希望，因为对于那些认为自己一切都好而不需要医生的人来说，他们是不屑于去求医的。所以，律法之所以有必要，是为了使得罪孽被知晓，而一旦罪孽的严重性和广泛性被认识到了，原来自命不凡的骄傲的人，就会谦卑起来，如饥似渴地追求那在基督里面赐予的恩典。

请注意，这句话是多么简单:“律法本是叫人知罪”；可是，单是这句话就足以挫败和推翻自由选择。因为正如保罗在这里所说的以及在《罗马书》(7: 7)所说的“非律法说‘不可起贪心’，我就不知何为贪心”那样，如果它本身不知道什么是罪孽和邪恶，它又怎能知道什么是公义和善性呢?如果它不知道什么是公义，它又怎么能追求公义呢？既然我们是生在罪中，活在罪中，在罪中活动和生存，或者宁可说，在我们里面生活和活动着的，在我们里面占统治地位的，就是罪，我们又怎么能够意识到在我们之外在天上居于统治地位的公义呢？这些陈述使得自由选择那个可鄙的东西，彻底变成了无稽之谈。

因为这样，保罗在说下面这一段话的时候是满怀信心的，颇具权威性："但如今上帝的公义在律法以外已经显明出来，有律法和先知为证；就是上帝的公义，我说，因着对耶稣基督的信而加给一切信他的人，并没有分别。因为世人都犯了罪，亏缺了上帝的荣耀。如今却蒙上帝的恩典，因耶稣基督的救赎，就将称义作为礼物白白送给我们。上帝设立耶稣作挽回祭，是凭着耶稣的血，"如此等等（《罗马书》，3: 21—25）。保罗这里所说的话，对自由选择可绝对是晴天霹雳。

第一个晴天霹雳："上帝的公义在律法之外已经显明出来。"这就把上帝的公义从律法的公义中区分出来；因为信之公义来自于恩典，是在律法之外的。"在律法之外"不会有别的什么意思，而是说明属基督的公义存在于律法所行的事情之外，意思是说，律法所行的事情对于获得这样的公义是完全无用的和无效的，就如同他接下来所说的："我们看定了，人称义是因着信，不在乎遵行律法"（《罗马书》，3: 28），而他在这之前已经说了："凡是肉体，没有一个人因行律法能在上帝面前称义"（《罗马书》，3: 20）。综上所述，已经非常明显了，自由选择的一切努力都是白费。因为如果上帝的公义是在律法和律法所行的事情之外，那么，岂不一定更加是在自由选择之外吗？尤其是因为自由选择之最高的渴求是实践道德上的公义，或者说，实践律法所倡导的行为，借助于律法来消除它自身的盲目和无知。“在…之外”这样的说法，就把道德上的善行排除在外了，把道德上的公义排除在外了；它也把为得到恩典所做的各项准备工作排除在外了。一句话，不管你设想自由选择会有多大的力量，保罗仍然坚持认为上帝的公义是在这一类事情“之外”的。假定我同意自由选择可以经过其自身的努力而做到某些事情——善行，或者我们可以说，是民法或者道德法意义上的公义——却无法达到上帝的公义，上帝也决不会因为它的努力就认为它具有他的公义，因为他说他的公义是在律法之外起作用的。但如果它无法达到上帝的公义，那么，凭着它所行的事和所作的努力（倘若可能的话），它即使做到了天使般圣洁，又会得到什么呢？我想，这些话并不晦涩或含糊不清，不容作转义的解释。因为保罗明确区分两类公义，将一类归于律法，将另一类归于恩典，认为后者是在没有前者的情况下赐给的，是在前者所行的事情之外赐给的，而前者如果没有了后者，就不能够称义，或者说，就算不了什么。因此，我倒想看看，在这些事情面前，自由选择还如何能够顶得住。

第二个晴天霹雳在于他说上帝的公义在律法之外已经显明出来，而且加给所有信基督的人，并没有分别（《罗马书》，3: 21）。他再一次以最朴素的语言将整个人类划分成两类，把上帝的公义给予信的人而拒绝给予不信的人。现在，没有人会疯狂到怀疑自由选择的力量或努力不同于对耶稣基督的信。可是，保罗否认有任何在信之外的东西在上帝眼中得以称义；如果它在上帝眼中不能称义，它就必定是罪了。因为就上帝而言，在义和罪之间没有中间物，没有居中的地盘，可以既非义而又非罪。否则，保罗的全部议论就都落空了，因为它是以这种划分为前提的，也就是说，人们所做的或者想要做的任何事情，在上帝面前都或为义或为罪：如果有信，那就是义，如果没有信，那就是罪。在人们之间，当然会有一些居中的情况出现，彼此之间可以做到无害无利。但一个不虔的人，无论他在吃喝还是做什么事情，都是在对上帝犯罪，因为在他的不敬不虔和忘恩负义之中他是不断在滥用上帝的造物，却从来没有从心底里将荣耀归于上帝。

还有一个也不算小的晴天霹雳，那就是他所说的："世人都犯了罪，亏缺了上帝的荣耀"以及"并没有分别"(《罗马书》，3: 23, 22)。我倒要问你，难道他还能把这个说得更明白吗？请你指给我看一位勤业于自由选择的人，告诉我在他的事业中他是不是也犯罪。如果他不犯罪，保罗为什么不以他为例外呢？为什么他说"并没有分别"也包括了他？显然，说了是"所有人"，就是在任何地方、任何时间、任何事情中，都没有例外。因此，如果你在任何一件事情上认为任何某个人是例外的话，你就是说保罗说谎，因为自由选择所做的这样的事情同样被包括在这个"所有"中，而保罗理应受到足够的尊敬，不应该擅自把他归入罪人之中。

接下来又说道，他们亏缺了上帝的荣耀。在这里，你可以从主动和被动这两种意义上来理解"上帝的荣耀"。这是保罗使用希伯来语的习惯的一个例子。从主动的意义上来讲，上帝的荣耀指上帝借以在我们身上取得的荣耀；从被动的意义上来讲，那是指我们借以在上帝里面取得的荣耀。不过，在我看来，似乎这里应当取被动的意义。这就好比说“基督的信”，在拉丁文中指基督所具有的信，但在希伯来人的心目中却是指我们对基督的信。类似地，“上帝的公义”，在拉丁文中指上帝所拥有的公义，而希伯来人则会理解为我们从上帝那里得到的和在上帝眼中被认可的公义。如此，对于“上帝的荣耀”，我们不取其在拉丁文中的意思，而取其在希伯来文中的意思，即作为我们在上帝里面和在上帝面前所取得的荣耀，也可以称之为“上帝里面的荣耀”。这样，如果一个人确信上帝眷顾于他，使得他所做的事情取悦于上帝，或者，即使还没有能够取悦于上帝，也能够得到容忍和宽恕。那么，他就在上帝里面取得了荣耀。那么，如果自由选择之事业或奋斗并不是罪过，而在上帝眼中得以称善，它当然就能够取得荣耀，并且在它取得荣耀的时候可以自信地说：“这会取悦上帝，上帝是认可的，上帝认为这是有价值的并予以接受，或至少是容忍和宽恕。因为这是信靠上帝的人的荣耀，反之，那些不具有信的人则在上帝面前蒙羞。”但保罗在此否认这一点，他说人完全缺乏这样的荣耀。经验证明，他说的是对的；因为你可以问遍所有实施自由选择的人，如果你能够指给我看有一个人，他可以在谈到他自己所做的某件事情时由衷地说道：“我知道这会取悦上帝”，那么，我就承认失败了，我就认输了。但我知道，找不到这样的一个人。

现在，如果亏缺了这个荣耀，那么，没有人敢凭着良心，理直气壮地说“这是取悦上帝的”，这肯定不能取悦上帝。因为一个人的情况跟他所相信的是一致的；在这种情况下，虽然他很有必要去取悦上帝，但他并不确信他能取悦上帝，因为不信之罪过恰恰在于对上帝的恩惠有所怀疑，而上帝希望我们坚信他是施恩惠的。这样，我们就以他们自己的良心作为依据来使他们信服，那个亏缺了上帝的荣耀的自由选择，连同其全部的力量、努力和事业，都始终在犯着不信的罪。

[“合适的”功绩和“应得的”功绩]

然而，对于“蒙他的恩典，将称义作为礼物白白送给我们”这句话，自由选择的支持者从中会得出怎样的结论呢？“作为礼物”是什么意思呢？“蒙他的恩典”又是什么意思呢？努力和功绩与白白赏赐的公义，又有什么关系呢？在此，也许他们会说，他们尽可能不归功于自由选择，决不认为有什么应得的功劳。但这些都是空话。因为凭借自由选择去寻求的，就是要去邀功。《争论》一书已经明确地表明了这一点，它坚持要求：“如果没有选择的自由，还有什么功绩可言呢？如果没有功绩了，何谈有什么报酬呢？如果一个人不因功绩而称义，我们所取得的功绩又应当归到哪里去呢？”在此，保罗回答，世上没有什么功绩，但所有得以称义的人都是白白地（*gratis*）称义的，这除了归于上帝的恩典以外，与任何事情都没有关联。而且，跟公义这个礼物一起的，还赐给了天国和永生。那么，你的“努力”还有什么用呢？你的“勤恳”又有什么用呢？自由选择的功绩何在呢？它们派什么用处呢？你不能埋怨说有什么含糊不清；事实和言语可都是一清二楚和简单明了的。

因为哪怕他们确实是尽可能地不归功于自由选择，但他们还是教导人说，就靠着这最少的一点点东西，我们却能够达到公义和恩典。他们没有什么别的方法来解决这个难题，即为什么上帝使某个人称义而将另一个人撇下，因而就只能抬出自由选择，把其中的原因归结为前者发奋努力而后者做不到这样，归结为前者由于发奋努力而得到上帝的看重而后者则受到上帝的鄙弃，如果上帝不这样做就显得有失公道了。虽然他们无论在谈话还是著述中都反对说，他们不寻求靠应得的功劳来获得恩典，事实上也不使用这样的字眼，然而，他们只是在文字上玩花样，实质上还是换汤不换药。因为他们把每一件属于应得的功劳的事情都归入其中去了，却又不称之为应得的功劳，那不就是一种托词吗？当他们说发奋努力的人从上帝那里获得了恩惠，而不发奋努力的人就得不到这样的恩惠时，这不就指向应得的功劳了吗？他们岂不是让上帝成为人的行为、功绩和人品的关注者了吗？他们说，一个人由于自身的过错，即没有努力追求，才会亏缺恩典，而另一个人，由于努力追求，就获得了恩典，如果他不这样努力是得不到恩典的。如果这还不算是应得的功劳，我倒想知道，这该称为什么。你尽可以去咬文嚼字，说什么：它当然不是应得的功劳，但他具有跟应得的功劳同样的效果；荆棘不是坏树，但它只结出坏树的果子；无花果树不是好树，但它结出的通常是由好树结出的果子。《争论》这本书其实也并不是不虔的，虽然它所说的和所做的，是只有一个不虔的人才会这样说和这样做。

对于自由选择的这些辩护师，就像谚语所说的："为了躲避旋涡，他却碰上了岩礁。"因为在他们急于表明不同意伯拉纠派的观点的时候，他们开始否定应得的功绩，而就在他们这样否定的时候，他们反而比以往更坚定地确立了这一点。他们在说和写的时候从言语上加以否定，却在事实上和在他们的心中加以肯定，在这两个方面，他们都比贝拉基派更糟糕。首先，因为伯拉纠派对应得的功绩是承认并且坚持的，他们的态度是纯朴而直率的，实事求是，他们所宣讲的是他们实际上所相信的。然而，我们的这些朋友，虽然他们所相信和所宣讲的同样是这些东西，但他们却故弄玄虚，好像他们不赞同伯拉纠派，尽管这是他们最不愿做的事情了；所以，如果你按他们的假面来判断，他们似乎是伯拉纠派最激烈的反对者，而如果你观察事实和他们的真实见解，他们自己正是彻头彻尾的伯拉纠派。第二个理由是，由于他们的这种假面，他们既看重上帝的恩典，又以远低于伯拉纠派的价格来购买上帝的恩典。因为伯拉纠派并不断定我们身上有一些细小的东西可以使我们获得恩典，而是要全力以赴，认认真真地反复努力，才能够获得恩典。但我们的朋友说，我们只需稍稍在意，几乎不用做什么事情，就理应获得恩典了。

如果说我们一定得犯错误的话，那么，那些说上帝的恩典极有价值，从而加以珍视的人，比起那些宣讲说它毫无价值，从而加以鄙视的人来，则前者所犯的错误与后者所犯的错误相比，真诚更多而傲慢更少。可是，保罗却用一块石头砸死这两只鸟，他说，所有人都是白白地称义的，又说，都是在律法以及律法所行的事情之外称义的。因为，当他断定对于所有称义的人，这称义都是白白地赐给的，他不认为还有人需要去做些什么，或者说谋取些什么，或者说自己准备些什么，并且，他不认为还有什么行为可以称作是合适的或者应得的；这样，他用这一霹雳一下子就既击溃了主张全面功绩的伯拉纠派，又击溃了主张细小功绩的诡辩家们。白白的称义不容许那些主张有所作为的人，因为在“白白地赐给”与“靠某种作为去谋取”之间，有着明显的矛盾。此外，靠恩典得以称义，就排除了对任何人个人价值的考虑，这就像他在接下来的第 11 章中所说的:“既是出于恩典,就不在乎行为,不然,恩典就不是恩典了”(《罗马书》,11: 6)。在第4章里,他也说了同样的意思:“作工的得工价,不算恩典,乃是该得的”(《罗马书》,4: 4)。如此,我的保罗,这位征服了自由选择的不可征服的征服者,用一句话歼灭了两支军队。因为如果我们的称义是“在行为之外”,那么,所有的行为,不管是大是小,都会受到谴责,因为他无一例外地一律炮轰。

在此,你会注意到,我们的所有这些朋友真可谓视而不见,充耳不闻,我们实在是应当多去依赖那些在各个时代的证实的都享有盛名的德高望重的教父是无济于事的。他们可没有全都闭塞视听,或者说,他们可没有对保罗的清晰而明确的陈述充耳不闻吧?我要问你,如果认为保罗在此的言语不清晰明确,那么,还有什么话能清晰明确地捍卫恩典以对抗自由选择呢?他先是通过与行为作对比来赞美恩典,然后以最简单明了的言辞说明我们是白白地称义的,而且,假如这称义是靠行为去取得的话,那么恩典就不成其为恩典了,由此,他明白无误地把一切行为全都排除在称义之外,目的就在于单独确立起恩典和白白的称义。不过,尽管有着如此明确的说明,我们却仍旧在追求黑暗,而当我们不能够为我们自己求取包罗万象的大事情时,我们就转而求取一些小事情,只是为了确保因上帝的恩典而称义不是白白地与行为无关的。其实,他已经明确地说明我们唯独靠上帝的恩典才称义,是在一切行为之外的,从而是在律法本身之外的,这其中就包括了一切行为,无论大小,无论是合适的还是应得的,似乎他对我们否定了一切重大的事情,就不必再否认小事情也许会帮助我们称义了。现在,当你看到他们全都忽视了保罗所作的最简单明了的教导，似乎他们故意要避开这颗晨星，或者宁可说这颗太阳，因为他们出于世俗的成见，无疑会认为不给功绩留有一定的地位是很荒谬的，当你看到这种情况时，你尽管去夸耀你的古老权威，信赖他们所说的吧。

［靠行为而得的公义和靠信而得的公义；圣保罗反对自由选择的证言之小结］

让我们来看一下保罗后来以亚伯拉罕为例所说的话（《罗马书》，4: 1—3）：“倘若亚伯拉罕是因行为称义，就有可夸的，只是在上帝面前并无可夸。经上说什么呢？说‘亚伯拉罕信上帝，就算为他的义。’”在这里，请大家也要注意保罗在说道亚伯拉罕的双重公义的时候所作的区别。

首先，有行为上的公义，或者说是道德上和民法意义上的公义；可是，他否认亚伯拉罕是由此在上帝眼中称义，虽然他在人们的眼中是由此而称义的。在人面前，他确实由于有这样的公义而夸耀，但他也像别人一样缺乏上帝的荣耀。在这里，任何人都不能说，受到谴责的乃是律法或者说礼仪所定下的行为，亚伯拉罕在律法颁布之前已经生活了很多年。保罗所说的正是亚伯拉罕当时所做的，而且是他所做的最好的事情。因为说某个人因为做了坏事而称义，这是无稽之谈。所以，如果亚伯拉罕并不是由于做了什么事情而称义，如果无论是他自己还是他所做的所有事情，除非具备另一种公义，即信之公义，都处于一种非属神的状态，那么，显然，没有人会因为自己的行为而更靠近公义，而且，在上帝眼中，任何行为，自由选择所做的任何努力，都毫无价值，一切都被判定是非属神的，是不义的和邪恶的。因为如果人本身是不义的，那么他的行为或努力也都是不义的了；如果这一切是不义的，那么它们就该受诅咒和上帝的愤怒。

另一类公义是信之公义，它不依赖于任何行为，而只依靠上帝的眷顾和在恩典基础上他的“算为”。请注意，保罗是如何强调，重复和坚持用“算为”这个词的。他说道：“作工的得工价，不算为恩赐，乃是该得的。唯有不作工的，只信称罪人为义的上帝，他的信就算为义，这乃是按照上帝的恩典的计划而成的”（《罗马书》，4: 4 起）。然后，他又引用大卫关于这“算为”恩典所说的同样的话：“主不算为有罪的，这人是有福的”*，等等（《罗马书》，4: 6 起）。他在这一章中，重复使用“算为”这个词有近十次。简而言之，保罗将作工的人与不作工的人并列起来，没有什么人会居于二者之间；他断定，公义不算为前者的，但后者如果具有信的话，这公义就算为他的了。在这里，自由选择是没有出路的，它所做的一切努力都是徒劳的。必定是只按作工的和不作工的来划分。如果被分在前一类，那么，你就被告知没有什么公义会算为你的，而如果被分在后一类，即不作工但具有对上帝的信的一类，那就有公义算为你的。但在这样的情况下，就不是自由选择在起作用了，而是通过信使人得到了新生。

现在，如果公义不算为作工的人，那么，他所作的工，在上帝

* 见《诗篇》，32: 2。

眼里显然就不外是罪过、邪恶和不虔了。在此，任何一个厚颜无耻的诡辩家也无法反对说，即使某个人本身是邪恶的，他所做的事却不一定也是邪恶的。因为保罗特意不是就其作为某一个人的人而言，而是作为一个作工者的人而言，其目的就是明确地说明人所作的工以及所作的努力，其本身就是该咒诅的，不管其本性、名称或者特征如何。然而，因为他这里论及的是称义和功绩，他所指的就是好的行为了。因此，虽然他说的“作工的人”泛指所有的作工者及其所作的工，但他所说的乃是特别指他们的善行和德行。否则，就没必要区分“作工的人”和“不作工的人”了。

我在这里不想再深入论证可以由恩典之目的、上帝之应许、律法之含义，由原罪或者属神的挑选得出的十分有力的论据，其中每一条都足以将自由选择完全驳倒。因为如果说恩典来自于上帝的旨意或者预定，那么，正像我们前面指出的那样，它就是按照上帝的需要而来临的，而不是靠我们的努力所能取得的。而且，如果像保罗在此和在《加拉太书》中所主张的那样，说在上帝颁布律法之前就已经应许赐给恩典，那么，恩典就不是来自于行为或者说通过律法而取得的了；否则这应许就落空了。同样，如果说一切事情都是靠行为而定的，那么，信也就毫无意义了，虽然亚伯拉罕在律法颁布以前就是靠着信而称义的。况且，既然律法乃是罪的权势（《哥林多前书》, 15: 56），在于它的作用只是揭露罪孽而不是消除罪孽，所以，它使得良心在上帝面前有负罪感，用上帝的愤怒来使良心感到恐惧。这也就是保罗所说的意思：“律法是惹动愤怒的”（《罗马书》, 4: 15）。那么，怎么还谈得上有可能依靠律法来达到公义呢？如果我们从律法那里得不到帮助，单单从选择之力量那里又能期待得到什么帮助呢?

而且，我们从亚当这样一个人所犯的罪过里面看到，我们全都处在罪恶和谴责之下，我们又怎能企图做成什么没有罪恶、不受谴责的事情呢?因为当他说“一切”的时候，他既不认为自由选择之力量会成为例外，也不认为任何一个作工者会成为例外，不管他是不是作工，不管他是不是作了努力，他都必然被包括在这个“一切”之中。倒不是说由于亚当有了罪过我们也成为有罪和该受谴责的，那并不是我们的罪过。谁会因为别人的罪过而受谴责，尤其是在上帝面前呢?然而，并不是由于我们主动去这样做而成为我们的罪过，因为这样的话就不是亚当的罪过了，是我们而不是亚当的过犯；可是，在我们出生的那一刻，它却成为我们的罪过，——这个题目我们以后还会再来讨论。所以，原罪本身就使得自由选择没有能力去做任何事情，只是去犯罪和受诅咒。

有关这方面的论据，我就不再加以展开了，这既是由于它们是那么明显和那么重要，也是由于我们在本书的前面部分已有所论及。不过，如果我们想要单是把保罗用来推翻自由选择的所有论点一一列举出来，我们最好是对保罗的全部言论作一个浏览，可以从中看到，他的几乎每一句话都是在驳斥对自由选择的力量所作的吹嘘。我在那个第三章和第四章已经做到了这一点，在这两章上，我真正做到了全神贯注，就是为了揭示我们所有的那些朋友的漫不经心，他们在读保罗书信时，即使读保罗最清晰的章节，唯独没有读到这些反对自由选择的强有力的论点。我还想指出，他们对一些古代学者的权威和著作的信赖是十分愚蠢的，我想促使他们考虑一下，如果他们肯仔细认真地去对待这些论点的话，一定会取得什么样的结果。

就我这方面而言，我承认我是大为惊诧的。保罗一而再再而三地使用了如“一切”，“没有任何人”，“没有”，“任何地方都没有”，“在……之外”等等这样一些普遍适用的词汇，例如：“都是偏离正路”；“没有义人”，“没有行善的，连一个也没有”；“因一个人的过犯，众人成了罪人，该受诅咒”；“人称义是因着信，不在乎遵行律法”。可见，虽然有人想要加以歪曲，但他说得再明白不过了。故而，我感到大为惊诧，面对这些普遍适用的词汇和语句，还会盛行相反的甚至与之相矛盾的思想，例如说：“有些人没有偏离正路，非不义之人，非邪恶之人，非罪人，不受咒诅，”还有，“人里面有某些东西是善的和向善的”；似乎是说，向善的人，不管他是谁，就可以不包括在“一切”，“没有任何人”，“没有”这些词语之中！

而我自己，即使我想这样做，也不应该认为有可能对保罗所说的话加以反对或者作出答复，倒应该审视我的自由选择的能力，我所作的努力能达到些什么，以及所有被包括在保罗所说的众多“一切”和众多“没有人”里面的事情，除非有一种全新的语法或者语言的一种全新的用法引入进来。假如保罗仅仅在某一次或者仅仅在某一个章节中使用了这类用语，那么对于我所引用的话有可能怀疑有转义或者扭曲；但事实上，他是持续不断地使用着，既以肯定的方式，也以否定的方式，他在论战中使用对双方普遍适用的分类方法来处理他的主题。其结果就是，不单这些话的本来意思和他所作的具体说明，而且，连其上下文以及他的论点的整个目的和实质，都在引向一个结论，即保罗想要说的意思是：脱离开了对基督的信，就只有罪孽和咒诅了；正因为是如此，所以我们允诺说我们一定会驳倒自由选择，致使我们的所有反对者都无法抵御；而且，我认为我已经做到了这一点，尽管他们决不会承认失败和转而同意我们的观点，也不会就此保持沉默。那不是我们力所能及的；它是上帝的灵的礼物。

然而，在我们聆听福音书作者约翰的话以前，还是让我们从保罗那里接受一次加冕吧；如果这样还不够的话，我们就准备搬出保罗的全部的话，逐句加以解释，以此来反驳自由选择。在《罗马书》(8: 5) 中，他将全人类分成两大类，即随从肉体的人和随从圣灵的人（就像基督在《约翰福音》3: 6 中所做的一样），他说道："因为随从肉体的人体贴肉体的事，随从圣灵的人体贴圣灵的事。"保罗之所以在此将一切不属于圣灵的人都称为属于肉体的，显然既是由于灵与肉的这种区分和对立，同时也是由于他接下来的这段话："如果上帝的灵住在你们心里，你们就不属于肉体，乃属于圣灵了。人若没有基督的灵，就不是属于基督的"(《罗马书》,8: 9)。"如果上帝的灵住在你们心里，你们就不属于肉体"这段话，除了说明那些没有圣灵的人必定是属于肉体的以外，还有什么意思呢？如果任何人，不属于基督，那么他除了属于撒旦以外还会属于谁呢？显然，凡是缺少了圣灵的人，就是属于肉体的，就是服从于撒旦的。

现在，让我们来看一下，他如何看待那些他称之为属肉体的人的自由选择的努力和力量。"而且属肉体的人，不能得上帝的喜欢"(《罗马书》, 8: 8)。他还说："体贴肉体的就是死"(见 8: 6)。又说："体贴肉体的，就是与上帝为仇"(见 8: 7)。还有："这样的人，不服上帝的律法，也不可能服上帝的律法”（见 8: 7）。在此，让自由选择的辩护士们来告诉我：既然那是死，是不得上帝的喜欢，是与上帝为仇敌，是不服上帝，是不可能服上帝，那还怎么可能去向善呢？因为保罗并没有想到去说那体贴肉体的是“死去的”，是“敌对上帝的”，而是说，那体贴肉体的，本身就是死，本身就是仇敌，是不能服上帝的律法或不得上帝的喜欢的，这就像他在稍早之前所说的：“律法因肉体软弱而不能行的，上帝已经做成了，”等等（见 8: 3）。

我也熟悉奥利金有关肉体、灵魂和灵意的三重配置，即灵魂是居中的，能够转向肉体，也能够转向灵意。但这些只不过是他本人的梦想而已，他作了陈述，但没有作出证明。在这里，保罗把凡是没有圣灵的东西都一概称之为肉体，我们已经指出了这一点。因此，人间的佼佼者所作的最高尚的德行，也还是在肉体之中，这就是说，他们也还是死的，是与上帝为敌的，是不服而且也不可能服上帝的律法的，是不得上帝的喜欢的。因为保罗说的不仅是他们没有服，而且是说他们不可能服。因此，基督在《马太福音》（7: 18）中也说道：“坏树不能结好果子，”以及在《马太福音》（12: 34）中说道：“你们既是恶人，怎能说出好话来呢？”在此，你不仅看到说我们说的是坏话，而且说我们不可能说出好话来。虽然他在另一个地方说到恶的人也尚且知道拿好东西给儿女（《马太福音》，7: 11），但即使我们给了好东西，他也并不认为我们是做了好事，因为，虽然我们给的是上帝所创造的好的被造物，但我们自己并不是好的，我们也并没有以好的方式给出这些好的东西；而他是对着所有人，也包括他的门徒在内，说这个话的。这样，保罗所说的那两个成双的说法，即义人是因信称义（《罗马书》，1: 17 ），而凡不出于信的就都是罪（《罗马书》，14: 23），就得到了证实。后者来源于前者，因为如果我们除了依靠信以外没有别的什么能使我们称义，那么，显然，那些没有信的人就不能称义；凡是不能称义的人就是罪人；罪人就是“坏树”，所做的事都是罪恶，“结的是坏果子”。因此，自由选择不外就是罪孽、死亡和撒旦之奴仆，除了邪恶之外，它没有做、也没有能力做或试图做任何事情。

你也可以看在第 10 章（《罗马书》，10: 20）引用《以赛亚书》的一个例子：“没有寻找我的，我叫他们遇见；没有访问我的，我向他们显现”（《以赛亚书》，65: 1）。他说这话指的是外邦人，因为虽然在此前他们甚至根本没有可能想到过基督，更没有可能去寻找他，或者依靠自由选择的力量去接受他，但现在他们有可能聆听和了解基督。从这个例子可以充分明白地看到，恩典是如此白白地降临，在它来临之前，不必想它，更不必为之而奋斗。保罗，跟他还是扫罗的时候相比，仍旧是同一个人。那么，他用他的自由选择的奇妙力量做了些什么呢？他当然是从理性的观点出发成就了一些很好的德行。可是，请注意，他是如何才找到恩典的吧！他不仅没有去寻找它，而且他还是在激烈反对它时接受它的。另一方面，他在第 9 章（《罗马书》，9: 30）里是这样说犹太人的：“那本来不追求公义的外邦人，反得了公义，就是因信而得的公义；但以色列人追求律法的公义，反得不着律法的公义。”任何为自由选择作辩护的人，如何能反对这个呢？那外邦人，还在他们充满着对上帝的不敬和行各种恶行的时候，却白白地靠上帝的怜悯而接受了公义，而犹太人，尽管他们以最大的热情和努力去追求公义，却遭到了挫败。这岂不是明明白白地说明，自由选择所作的努力，哪怕它是在追求最好的东西，但结果都是徒劳的，倒不如说它是在“向着更坏的东西加速前进，背离我们而滑行”？任何人也不能说他们没有以自由选择的最大力量而努力。保罗本人也在第10章为他们作证：“他们对上帝有热心，但不是按着真知识”（《罗马书》，10: 2）。所以，可以说，在犹太人里面不缺少属于自由选择的东西，但毫无结果，或者，倒不如说，结果适得其反。在外邦人里面，没有什么归属于自由选择的东西，但上帝的公义却生效了。这两类民族的鲜明的例子以及保罗的再明白不过的证词，证实了恩典是白白地给予那些没有什么功绩可言而且也最不应当得到恩典的人，但是，依靠任何努力或行为，不管大小，即使是出自于人中的佼佼者和德高望重者，即使他们以炽热的激情去寻找和追求公义，也还是得不到这个恩典，这不是很清楚了吗？

[圣约翰：自由选择属于“世界”，“肉体”；而恩典则因着信而属于基督。二者是对立的]

现在让我们来看看约翰是怎么说的，他同样也对自由选择作了雄辩而有力的批驳。从一开始起，他就指出，自由选择是盲目的，它连真理见也无法见到，就更谈不上去追求真理了。他说过：“光照在黑暗里，黑暗却不接受光”（《约翰福音》，1: 5）；紧接着他又说：“他在世界，世界却不认识他。他到自己的地方来，自己的人倒不接待他"（见 1: 10 起）。你认为他所说的"世界"是什么意思呢？任何人，除非他由圣灵再造过，否则你会不同于他这种描述吗？这位使徒的特点就在于用"世界"这个词来表示整个人类。因此，他关于世界所说的一切也适合于作为人类最优秀的东西的自由选择。如此看来，按照这位使徒的说法，世界并不认识真理之光（见 1: 10），世界憎恨基督以及属于他的人（《约翰福音》，15: 18 起），对圣灵，世界既见不到他，也不认识他（《约翰福音》，14: 17），全世界都卧在那恶者手下（《约翰一书》，5: 19）。凡世界上的事，就像肉体的情欲，眼目的情欲，并今生的骄傲（《约翰一书》，2: 16 ）。他说道："你们是属于这世界的"（《约翰福音》，8: 23）。"世人不能恨你们，却是恨我，因为我指证他们所做的事是恶的"（《约翰福音》，7: 7）。所有这一切以及许多类似的章节，对于自由选择，对于世界的主要部分，对于在撒旦的重压之下统治着它的那些东西，都是死刑宣判。

因为约翰是用对照的方式说论世界，即"世界"的意思就是指任何还没有从世界中脱离而进入灵里面去的东西，就像基督对门徒们所说的那样："我使你们从世界中脱离出来并且委派了你们，"等等（《约翰福音》，15: 16, 19）。现在，倘若在世界之中会有人凭着自由选择的力量努力向善（假设自由选择有能力做什么事情的话），那么，约翰理应出于对这些人的尊重而说话留有余地，即不应该用普遍适用的名词把他们也包括到他所谴责的世界的各种邪恶之中。既然他没有这样做，显然是他认为自由选择应该承担他指责世界时所列举的罪责，因为凡是世界所做的事情，都是依靠自由选择的力量才做成的，或者换一句话说，是依靠理性和意志才做成的，毕竟，它们都是世界之最显要的组成部分。

他继续说道："凡接待他的，就是信他名的人，他就赐给他们权柄，作上帝的儿女；这等人不是从血气生的，不是从肉欲生的，也不是从人的意志生的，乃是从上帝的旨意生的"（《约翰福音》，1: 12起）。凭着这样断然的划分，他把"血气"、"肉欲"、"人的意志"从基督的王国中驱逐出来。我认为，"血气"说的是犹太人，指由于自己是亚伯拉罕的子孙和教父，以自己的血气为荣而要求成为这个王国的儿女的人们。"肉欲"，我认为是指人们献身于律法和律法所行的事的那种热心。因为"肉"在这里是指那些属肉体而没有灵的人，因而，他们虽然有能力去愿望和努力，但是，由于没有灵，就造成他们是以属肉体的方式来行为的。按我的理解，"人的意志"乃是泛指所有的人所做出的种种努力，不管是在律法之下还是不在律法之下，不管是外邦人还是什么人，因而这意思是说："他们之成为上帝的儿子，既不是依靠自然的出生，也不是依靠对律法的热心，又不是依靠其他任何人间的行为，而是仅仅依靠属神的诞生。"所以，如果他们不是由肉体而生，也不是受律法的培育，又不依靠任何人间的戒律，而是由上帝而得到了新生，那么，显然自由选择在此就毫无意义了。因为我认为，这一段话里所说到的"人"，在希伯来文里的意思是指任何一个男人，就像"肉"是被理解为与灵相对立的，是指那些没有圣灵的人；而这个"欲"，我认为是指人里面最高的力量，也是自由选择里的基本要素。

可是，假定我们并不理解各个个别的词汇，事情整体也还是十分清楚的。因为按照约翰的划分，他摒弃任何不是由上帝而生的东西，这一点可以从他所说的我们若不是由上帝而生就不成为上帝的儿子中看到；而且，正像他自己解释的那样，这是靠着信从基督的名而达到的。人的意志，或者说，自由选择，既不是由上帝而生，也不是由信而生，就必定不被包括在内。可是，假如自由选择是有所值的话，那么，人的意志就不应该遭到约翰的排斥，人也就不应当脱离自由选择而单一地去追求信和新生了；否则，那就用得上以赛亚的话了："祸哉那些称善为恶的人"（《以赛亚书》，5: 20）。既然他把血气、肉欲和人的意志同等摒弃，那么，人的意志当然也就未必能够胜过血气或者由肉欲而生而使人得以成为上帝的儿子的。可是，没有人会怀疑，由肉欲而生是不会使人成为上帝的儿子的。正像保罗在《罗马书》（9: 8）中所说的那样："肉身所生的儿女，不是上帝的儿女，"他以以实玛利和以扫*为例来证明这一点。

这同一个约翰介绍了施洗约翰是如此谈论基督的："从他的丰满中我们全都靠着恩典而领受到了恩典"**（《约翰福音》,1: 6）。他是说，由基督的丰满中我们领受到了恩典；可是，难道是靠功绩或者努力吗？他说是"靠着恩典"，是靠着基督的恩典；就如同保罗在《罗马书》（5: 15）里所说的："上帝的恩典，与那因耶稣基督一人恩典中的赏赐，更加倍的临到众人。"那么，又何谈靠自由选择的努力去获得恩典呢？约翰在这里说，非但恩典不是靠我们的任何努力而获得，而且，这恩典乃是靠着另一个人的恩典或另一个人的功绩，即耶稣基督一人的恩典或功绩，而让我们获得的。因此，二者必居其一，或者不该认为我们是靠着另一个人的恩典而获得我们的

---

* 以实玛利之事，见《创世记》，16 章起；以扫之事，见《创世记》，25 章起。

** 这一节，中文本《圣经》译作："从他丰满的恩典里我们都领受了，而且恩上加恩"，与原意有较大出入。英文本的 grace for grace，德文本的 Gnadeum Gnade，按上下文，意思都是指"靠着恩典而得到恩典"。

恩典，要不然，自由选择显然是毫无意义的。因为我们无法做到两者兼得；上帝的恩典不可能低廉到任何人在任何地方所作的微不足道的努力就轻易获得，同时又宝贵到透过一个人，一个如此伟大的人的恩典才能赐给我们。我希望自由选择的卫护者们于此得到警告，意识到他们坚持自由选择的时候却在否定基督。因为，假如靠我自己的努力而获得上帝的恩典，那么，我又何必需要靠基督的恩典去领受它呢？或者说，如果我具有了上帝的恩典，那我还会缺少什么呢？

《争论》的作者已经说过，所有的诡辩家也都这样说，我们是靠我们自己的努力来确保恩典，并且使我们自己做好准备去领受这恩典，即使做不到“应得”，也至少做到“合适”。这显然是在否认基督，其实，就像施洗约翰所见证的那样，靠基督的恩典我们才领受到恩典。因为我已经在前面揭示了所谓“应得”和“合适”二者的那种虚构，指出那些不过是空洞的托词，而他们心里真正看重的乃是行伟业之功绩，在这方面，正像我们前面说过的那样，他们比伯拉纠派还要更加不敬上帝。其结果是，不敬神的诡辩者们跟《争论》的作者一起否认拯救我们的主基督，胜过伯拉纠派或者任何异端者曾经对他的否认。恩典容不得自由选择有什么威力，哪怕稍稍暗示到它。而且，对于自由选择的卫护者们是在否认基督这一点，不但由圣经得到了证明，其实也由他们本身的生活方式得到了证明。因为他们已经将基督从一位仁慈的中介者*变成对他们作出

* Mediator，中文和合本《圣经》译作“中保”，见《加拉太书》(3: 19—20)，《提摩太前书》(2: 5)，《希伯来书》(8: 6；9: 15；12: 24)。耶稣基督，作为神人，既是上帝，又是无罪的人，就成为居于上帝与人之间的中介者，使上帝宽恕犯罪的人，不将上帝的愤怒加给基督的信徒。

审判的可畏的执法者，而面对这位执法者，他们千方百计希望依靠他的母亲和圣者的说情来求得宽容，通过形形色色的新奇的行为、仪式和誓愿来求得宽容，所有这些事情的目的就在于要基督宽容他们，这样他可以赐给他们恩典。他们不相信基督是他们在上帝面前的辩护者，不相信基督用他自己的血为他们争取到了恩典，就像这里说到的，“靠着恩典而领受到了恩典”（《约翰福音》，1: 16）。只要他们信了，恩典就与他们同在了。只有当他们不把他看作中介者和无比仁慈的救主，认为他的血和恩典不如自由选择的努力有价值的时候，基督才理所当然地真正成为对他们进行审判的毫不容情的执法者。

让我们再来看一个自由选择的例子。就自由选择之能力而言，尼哥底母（《约翰福音》，3: 1 起）他显然是一个完美无缺的人；凡是人能努力达到的，他还有什么没有做到的呢？他承认基督是真的，是从上帝那里来的；他赞美他所行的神迹，他在深夜过来听他，并跟他交谈。难道他不是靠着自由选择的力量在寻求属于敬神和得救的事物吗？然而，看看他是如何遭到失败的吧。当他听到基督所教导的依靠重生而得救的真实途径时，他是不是意识到这个了，或者说，他是不是承认这是他自己在寻求的东西呢？恰恰相反，他非常震惊和困惑，以至于不但说他无法理解，还认为这不可能而加以拒绝。他说：“怎能有这事呢？”（《约翰福音》，3: 9）其实这毫不奇怪，因为有谁听到过说一个人为了得救就必须从水和圣灵而重生呢？（《约翰福音》，3: 5）有谁曾经教导过说人子会被举起来，说凡是信他的人不致灭亡而反得永生呢？（《约翰福音》，3: 14 起）。曾有卓尔不群的哲学家提到过这个吗？今世曾有王公贵族知晓这个吗？有什么人的自由选择曾努力追求过这个吗？保罗不承认这是“隐藏在奥秘之中的智慧”（《哥林多前书》，2: 7），这个奥秘，虽然由众先知作了预言，由福音作了启示，但还是永古的奥秘，不为世界所知晓（《罗马书》，16: 25）吗？

我能说什么呢？让我们问问经验吧。整个世界，人的理性本身，其实也包括自由选择本身，都被迫承认在福音来到世上以前，它从不知晓基督，也没有听到过他。既然它根本就不知晓他，它也就更没有寻求过他，甚至不可能去寻求他或者作出任何努力去接近他。但基督乃是道路、真理、生命和得救（《约翰福音》，14: 6）。因而，不管它愿意不愿意，它必须承认，靠它自身的力量不可能知晓或寻求那些够得上是道路、真理和得救的事情。可是，尽管也这样承认了，尽管我们有了这样的经验，却还是有那样一些虚无缥缈的托词，说在我们里面还有一种力量存在，可以知晓并运用于那些够得上是得救的事情，为此，我们不得不耗费我们的精力去与之辩论。那就好比说它能够知晓上帝的儿子基督为了我们而被举起，虽然没有一个人在此前知晓或者能够想到这样的事情。这样，无知就不再是无知了，而变成对基督的认知，也就是说，变成对那些够得上是得救的事情的认知。你看，自由选择的卫护者们，把他们自己也承认无知的事情说成是知晓，你不觉得他们在胡说八道吗？这不是像以赛亚所说的以暗为光吗（《以赛亚书》，5: 20）？想想，上帝是在用它的自我供认和经验有力地堵住自由选择的嘴，不过即使这样，自由选择还在喋喋不休，不将荣耀归于上帝！

而且，既然称基督为道路、真理和生命（《约翰福音》，14: 6），那么，与此相对偶的是，凡不是基督的，就不是道路而是歧途，就不是真理而是谎言，就不是生命而是死亡，那么必然可以得出结论说，自由选择既不是基督，也不在基督里面，因而它就被归于歧途、谎言和死亡了。所以说，自由选择的力量这样一个居中的模棱两可的事物，虽然并不是基督，或者说，并不是道路、真理和生命，但决不成其为歧途、谎言或死亡，我们在什么地方和什么时间能够找到这样的东西呢？因为除非说到基督和恩典的时候都是包括了正反两个方面的——例如，在基督之外的就只有撒旦，除了恩典之外就只有上帝的愤怒，除了光明之外就只有黑暗，除了道路之外就只有歧途，除了真理之外就只有谎言，除了生命之外就只有死亡——，那么，我倒要问你，所有使徒书以至全部圣经中的各篇，究竟说明了什么？但按他们的说法，它们全是徒劳的，因为它们并没有坚持基督的绝对必要性，事实上这是它们的根本宗旨；而它们之所以没有这样做，乃是因为存在一些居中的事物，这些事物本身既非善也非恶，既不是基督的也不是撒旦的，既非真也非假，既不活也不死，甚至于这样的事物也许既可以说有也可以说没有，却要说成是“整个人类中间最优秀和最崇高的事物”！

那就请你作出选择吧。如果你承认圣经所说到的是包括了正反两个方面的，那你就不可能谈什么自由选择了，而认定它是跟基督相对立的，是歧途、死亡和撒旦，是万恶聚集之处。如果你不承认它们所说的包括了正反两个方面，那么，你是在贬低圣经，使之失去了意义，无法证明基督是必要的。因此，只要你坚持自由选择，你就是将基督排除在外，败坏了整部《圣经》。而且，虽然你在口头上也许表示承认基督，但实际上以及在你的心底里你是否认他的。或者说，如果认为自由选择的力量不完全是误入歧途而该受诅咒，而是一心向往德善和救赎，就说明它处于完满的康健之中，不需要基督这位医生（《马太福音》，9: 12），基督也就没有去救赎那一部分人；因为在已经具有光明和生命的地方，还需要什么光明和生命呢？如果那一部分人没有被基督救赎，就说明最杰出的人并不是被救赎的，而是自来就得以称善。但这样一来，如果上帝还谴责任何人，他就不公正了，因为他谴责了最杰出和完全康健的人，或者，换句话说，他谴责了无辜者。因为没有人会不具有自由选择的力量；虽然坏人也许会错误地运用这种力量，但这种力量并不会因此而遭到破坏，人们告诉我们，它还是在向善，或者说，还能够向善。如果是这样，那么，毫无疑问它是善良的、神圣的和公义的，不应该受到诅咒，应该区别于受到诅咒的人。然而，这却办不到；倘若能够做到，那么，一个不再拥有自由选择的人，就根本不成其为人了。他既无功绩也无过失，他无从救赎，只会成为一头畜生，也不再会有不死了。所以，说来说去，如果上帝不但谴责恶人，同时也谴责善良、神圣和公义的力量的话，他就是不公正的；神圣的力量，即使在恶人身上，也并不需要基督。

但还是让我们跟着约翰读下去吧。“信他的人，不被定罪；不信的人，罪已经定了，因为他不信上帝独生子的名”（《约翰福音》，3: 18）。请告诉我，自由选择算不算在那些信的人里面呢？如果算，它就不需要恩典了，因为它出自于本身就信基督，尽管它出自于本身既不知晓他也没有想到他。如果不算，那它已经被定罪了；难道这不意味着在上帝的眼里它是受诅咒的吗？但上帝只诅咒不敬神的人，所以，它就是不敬神的了。不敬神的又能追求什么样的敬神呢？我想，我们在这里不能够为自由选择的力量设定有什么例外，因为约翰说的是所有人，他说的是所有人都是受诅咒的。另外，不信并不是某种较低俗的情感，而是高高在上居于支配地位，是意志和理性的堡垒，就像它的对立面即信仰一样。而不信，是否认上帝，把上帝当作说谎的，就像《约翰一书》(1: 10)里说到的："如果我们不信上帝，就把他当作说谎的"(参见《约翰一书》*,5: 10)。那么，与上帝背道而驰而且认为上帝是在说谎的一种力量，又怎么能够追求上帝呢？倘若这样的一种力量并不是不信的和不敬神的，那么，约翰就不会说所有人是已经被定罪的，更确切地说，是较低俗情感的人已经被定罪了，但就其最优秀的内在核心的东西而言，则他并不是被定罪的，因为这核心的东西是在追求信，或者，倒不如说是已经信了。因此，《圣经》经常说每个人都是说谎者，而对于这样的说法，按照自由选择的权威说法，我们恰恰应当针锋相对，宁可说是《圣经》在说谎，因为人就其最优秀的部分即他的理性和意志而言，并不是说谎者，只是就他的肉体、血液和骨骼而言，他才是说谎者，因此，就整体而言，人之所以被称为人，是就理性和意志而言，人是完全健康和圣洁的。再者，还有施洗者的话："信子的人有永生，不信子的人不得见永生，上帝的愤怒常在他身上"(《约翰福音》, 3: 36)。这句话必须这样理解："在他身上"，意思是说上帝的愤怒常在人的低俗情感面，而在他的自由选择之力量上，即在他的意志和理性上，则有恩典和永生。按照这一模式，为了坚持自由选择，你可以歪曲圣经中针对不敬神的人所说的每一件事情，用提喻法将其归到人的兽性的部分，这

* 原书误作《约翰福音》，现按《圣经》原文更正。

样，人的理性的和真正人性的部分就不被触及。看来，我要回过头来感谢自由选择的卫护者们，不应妄加非议，要深信理性和意志，或者说自由选择，是不受谴责的，因为它永不消亡，反而永远保持着完善、公义和圣洁。由于意志和理性如此受到祝福，我乐意看到污秽而兽性的肉体与它们分离并受到诅咒；如此说来，我不应该期望让基督去做它的救赎者了。你看到自由选择的教条要把我们引向何处，它又如何否定所有属神的和属人的事物，否定所有暂时的和永恒的事物，用所有这些奇谈怪论使自己成了笑柄？

而且，那位施洗者又说道："若不是从天上赐的，人就不能得什么"（《约翰福音》，3: 27）。在这里，《争论》一书在列举我们从天上得到的各样事物的时候，可以不再夸耀它的力量了。我们不是在争论自然界而是在争论恩典，我们不是问在地上我们是什么，而是问在天上、在上帝面前我们是什么。我们知道，人被确立成为统辖低等被造物的主人，跟它们相处时人具有权威性和自由选择，因此它们服从于他和做他想要它们做的事情。我们问的是，在与上帝的关系上，他是不是具有自由选择，是不是上帝服从于人，做人所希望他做的，或者，倒不如说，在与人的关系上，上帝是不是具有自由选择，以致人所想的和所做的都是上帝所想要的，除了上帝所想的和所做的以外，人不可能做任何别的事情。施洗者在这里说，若不是从天上赐的，人就得不到什么；如此说来，自由选择就必定什么也不是了。同样，"从地上来的，是属乎地，他所说的，也是属乎地；从天上来的，是在万有之上"（《约翰福音》，3: 31）。在这里，他再一次肯定所有不属于基督的人是属乎地的，他们所意味的和所说的是属乎地的事情；他在二者之间不留有什么空间。因此，无论从哪个方面来说，自由选择都不是“从天上来的”，必定是属乎地的，其所意味的和所说的必定是属乎地的。

但如果在任何时间、在任何地方或者任何行为中，在任何一个人里面确实具有任何一种力量，它并不具有属乎地的事物的滋味，那么，施洗者就应该为这个人留有余地，不应该泛指所有人，认为他们都背离基督而属乎地，他们所说的属乎地。因此，接下来在第8章里，基督说道：“你们是属这世界的，我不是属这世界的；你们是从下头来的，我是从上头来的”（《约翰福音》，8: 23）。他当时对之讲话的那些人，都具有自由选择，或者说，都具有理性和意志，即使如此，他还是说他们是属乎地的。可是，倘若要他补充说明是就肉体和低俗的情感而言他们是属乎地的，那就认为他说出了什么新东西吗？不是整个世界早就知道这一点了吗？另外，难道有必要去说明，就人们的兽性部分而言他们属乎世界，就此而言，即使野兽也属乎世界？

现在来看看基督在《约翰福音》（6: 44）中又是如何说的吧：“若不是差我来的父吸引人，就没有能到我这里来的。”这还有什么给自由选择留下的呢？因为他说任何人都需要从父自己那里去听取和学习，一切都必须由上帝来教导。他在这里说得那么明白，不但说明自由选择所作的行为和努力是没有结果的，而且也说明连福音本身的信息（这正是这一段经文所谈到的）也是这样，除非是父自己说出来教导人，从内心里吸引人，不然的话，即使听到了也没有用处。他说“没有能到我这里来的”，是“没有”，所以说，那个使人借以能贴近基督的力量，或者，换一句话说，使人借以能贴近跟得救有关的事情的力量，被断定根本不成其为力量。《争论》一书竭力想贬低这一段既清楚明白又极其有力的经文，试图引用奥古斯丁的话来说明上帝之吸引我们，就跟我们伸出一根绿枝去吸引一头绵羊一样，可是，这样的做法对它完全无济于事。它试图通过这种譬喻的方法来证明在我们里面有一种力量跟随上帝的吸引。但这一譬喻用在这段经文上毫无价值。因为上帝伸出的不只是他的那些善事之中的某一件，而是他的全部善事，连他的儿子也在内。然而，除非是父在人的内心里面施加了作用，用另外的方法吸引了他，不然的话，人是无法跟随他的；反之，整个世界却去迫害他向他们伸出的他的子。对于敬神的人们，则他们已经是绵羊了，也认定上帝是他们的牧者，这样，这个譬喻就十分切合了；因为他们生活在圣灵里面，受圣灵感动，只要是上帝所愿意的，只要是上帝对他们伸出的，他们都会去跟随。但不敬神的人，即使他听到了道，也不会来，除非是父在他内心里吸引他和教导他，用圣灵来浇灌他。这样，就有跟外在的吸引不相同的另一种“吸引”；因为这样一来，基督为圣灵之光所显现，使得一个人处于最甜蜜的狂喜之中被掳送到基督那里，这样的人与其说是在寻找自己和想方设法，倒不如说是被动地服从于上帝的教导和吸引。

我们再来看一段约翰的话：“圣灵将要叫世人为罪，是因为他们不信我”（《约翰福音》，16: 8 起）。这里，你们看到，不信基督是罪。这个罪当然不是在皮肤或者头发里面，而恰恰是在理性和意志之中。但在由圣灵加以揭示以前，当他指出整个世界都犯有此罪的时候，经验告诉我们，世界对之一无所知，就如同对基督一无所知一样；因此，很显然，在上帝的眼里，自由选择连同其意志和理性，全都归入这个罪里面，并由此而受到谴责。所以，只要这世界对基督一无所知，不信他，它就不可能愿望或追求任何善良的事情，必定在不知不觉之中为这个罪效劳。

用一句话来说，正因为圣经处处都在用对比和从正反两方面来宣扬基督，就像我已经说过的那样，是在将任何脱离开基督的灵的东西，即不敬神、谬误、黑暗、罪孽、死亡以及上帝的愤怒，都置于撒旦的统制之下，因此，所有谈论到基督的经文肯定是反对自由选择的；而这样的经文是无可计数的，实际上可以说是遍及了整部《圣经》。因此，如果我们把这件案子交给《圣经》去裁决的话，那么，我是必操胜券的，而对于自由选择的教条，则除了严加谴责以外，是不会丝毫留情的。而且，《圣经》用对比的方法从正反两方面来宣扬基督，这一点，尽管自由选择的大神学家和卫护者们对此一无所知或者装作一无所知，但所有基督徒都一清二楚并且普遍承认。

[基督的王国和撒旦的王国。信之确保]

基督徒们知道，在世界上有两个尖锐对立的王国。其中一个王国由撒旦统治着，因此撒旦被基督称为是“这个世界的王”（《约翰福音》，12: 31），被保罗称为是“这个世界的上帝”（《哥林多后书》，4: 4）。所有没有被基督的灵从他那里掳走的人，都被他的意志俘虏，这是那同一位保罗所证实的，除了上帝的灵以外，他不允许其他任何力量将这些人从他那里掳走，基督用看守自己的住宅以保平安的壮士的譬喻（《路加福音》，11: 21）予以证实。在另一个王国，基督统治着，他的王国不停息地对抗着撒旦的王国，并与之争战。我们被迁入这个王国，不是靠我们自己的力量，而是靠上帝的恩典，使我们脱离这罪恶的世代，救我们脱离黑暗的权势。

只要认识和承认这两个不停息地互相全力争斗的王国，就足以驳倒自由选择的教条了，因为除非我们靠着上帝的力量而被迁走，不然的话，我们注定要为撒旦的王国效劳。我说，这些事情是普通人都知道的，在他们的谚语和祷告词里，在他们的态度和全部生活中，都充分承认这一点。

我没有提我那篇真正无敌的文字，而《争论》一书有意断然绕过它们，不予触及。我是说，如保罗在《罗马书》（7: 14 起）和《加拉太书》（5: 16 起）所教导的，在圣者和敬神者里面也总是有灵与肉的斗争，这斗争如此激烈，以至于他们不能做他们想做的事情。由此我的论点是：如果人的本性是如此邪恶，它在那些由圣灵而得到重生的人里面不仅不努力向善，实际上却与之相对抗，那么，那些还没有得到重生而仍旧处在“旧人”之中并受撒旦束缚的人，又如何向善呢？因为即使在这里，保罗不只是谈低俗的情感，就是《争论》一书每当要回避《圣经》都以此为借口的；而且，在肉体所犯的罪行里面，他也列举出诸如信奉异端、崇拜偶像、纷争这样一些居于最高的官能即理性和意志之中的行为。所以，如果在圣者们的情感里面都有着肉对灵的争战的话，那么，在不敬神的人里面，在自由选择里面，肉体就更加要对抗上帝了。这就是为什么在《罗马书》（8: 7）里面他称之为与上帝为仇。我乐意看到让这个论点被撕成碎片，自由选择免受其攻击。

说到我自己，我坦率地承认，哪怕有可能，我也不希望给我自由选择，或者有什么东西留在我自己手中使我可以借此争取得救。因为，一方面，面对这么多的艰险和恶魔的袭击，我一定难以做到坚定不移，即便其中的一个恶魔就比所有人加在一起还要强大，没有人可以得救；另一方面，即便没有什么艰险或恶魔，我不得不终日心怀忐忑地耐苦耐劳，像一个打空气的人那样无谓地作斗争，因为即使我生活和工作直到永永远远，我的良心也弄不清楚应该做多少事情才能使上帝满意。因为不管做了什么事情，总还是会犹豫它是不是讨上帝喜欢，或者说，是不是上帝还需要些什么，这一点是所有想靠自己得以称善的人其经验所证明的，也是我自己经过那么多年付出了痛苦的代价后所学到的。但现在，既然上帝把我的得救从我手中拿走而放到他手里了，我的得救要依靠他的选择而不是我的选择，他应许要拯救我，不是靠我自己的行为或努力，而是靠他的恩典和怜悯，我确信他信实的，不会对我说谎，他那么强大，任何恶魔或艰险都无法阻挠他，或者把我从他那里夺走。“谁也不能从我手里把他们夺去，因为我父把他们赐给我，而他比万有都大”（《约翰福音》，10: 28 起）。所以，结果是，虽然不是所有人，但的确是其中许多人都得救了，而靠自由选择的力量根本就不会有人得救，所有人都一起归于灭亡。而且，我们也确信，我们讨得上帝的喜悦不是靠我们自己行为的功绩，而是靠他应许赐给我们的他的怜悯，如果我们所做的事有所欠缺，他也不责怪我们，而是满怀父爱宽恕和纠正我们。因此，所有圣者都在他们的上帝里面受到了荣耀。

[在本性、恩典和荣耀之光中的上帝的怜悯和公义]

现在，如果你看到上帝在诅咒那些你认为不该受到诅咒的人，也就是说，那些虽然不敬神，但他们之所以如此，乃是因为他们生来就不敬神，无论如何也逃脱不了不敬神和该受诅咒，由其本性注定要犯罪和沉沦（就像保罗所说的："我们从前也都在他们中间，本为可怒之子"，因为他们是由上帝从那个被亚当一人的罪败坏了的种子里如此造就的），如果你因此感到困惑，觉得很难说上帝具有怜悯和公正之心，那么，倒不如说上帝使那些根本不配的人得以称义和得救，他的至高无上的怜悯应得到赞美和称颂，至少应该承认他的属神的智慧，这样，就可以相信在我们看来他似乎不那么公正的地方是公正的，因为倘若他的公正与否可以按属人的标准来判断，那么，这样的公正显然就不会是属神的，就无法跟属人的公正有所区别了。但既然他是唯一真正的上帝，是属人的理性根本无法理解和触及的，所以，他的公正也应该是无法理解的，这是正当的，而且也是必然的，保罗说过："深哉，上帝丰富的智慧和知识！他的判断，何其难测，他的踪迹，何其难寻！"但是，对于上帝的判断和踪迹，假如我们在每一件事情上都能够了解它们是多么公正的话，它们也就不会是不可理解的了。与上帝相比，人又算得了什么呢？与上帝的大能相比，我们的力量里会有什么呢？与他的雄厚的资源相比，我们的势力又算得了什么呢？与他的智慧相比，我们的知识又算得了什么呢？与他的本质一对照，我们的本质又算得了什么呢？一句话，与他的一切相比，我们的一切还算得了什么呢？

所以，如果我们承认，正如本性告诉我们的，即属人的力量、势力、智慧、本质以及我们所具有的每一样东西，若与属神的大能、力量、智慧、知识以及本质相比，就什么也不是了，那么，我们攻击上帝的公正和判断，却要求我们自己的判断能够理解、判断和评价属神的判断，岂不是太狂妄了吗？在这里，为什么我们不以类似的思路说“与属神的判断相比，我们的判断一无所是”呢？请问一下理性自身吧，既然它承认任何属神的事情都是不可理解的，却又不同意说上帝的判断是不可理解的，那它只能被迫承认自己既愚蠢又鲁莽了。在其他所有事情上，我们都认可上帝有他的神圣的威严，而只是在有关他的判断上我们准备否定它。既然他已经应许我们，他显现他的荣耀时我们会看到并感觉到他一直是且现在还是公正的，那么，我们就不可以只在一时相信他是公正的。

我想举一个例子来坚定这个信心，同时也平息对上帝有不公正之处的疑虑。一如你能够看到的那样，上帝管理这个属肉体的世界的外部事务时的做法，就是如果你看重和遵循属人的理性的判断，你会说没有上帝或者说上帝是不公正的。就像诗人所说的：“我常常觉得没有上帝！”因为看看恶人扬扬得意，善人却历尽艰险，看看各式各样的谚语和经验都证实越是作恶多端的人反而越飞黄腾达。约伯说：“那些不敬神的人，他们的帐篷却平安无事”（《约伯记》，12: 6），《诗篇》（73: 12）也抱怨说，世界上的罪人财宝却在加增。请告诉我，恶人扬扬得意和善人历尽艰险，在每一个人的判断之中，岂不是最不公正吗？但这是世俗的判断方法。甚至有一些伟人也跌倒在这里，他们就此否认上帝的存在，认为万事都因机遇或命运随缘而生。例如，伊壁鸠鲁派和普林尼就是这样认为的；而亚里士多德，为了使他那个至高无上的存在不会遭遇不幸，从不让他除了他自己之外的东西，因为他认为，让他看到那么多的苦难和不公正，是他最不高兴的事情。然而，那些信上帝的先知更倾向于认为上帝是不公正的——例如，耶利米、约伯、大卫、亚萨*等先知，都是如此。德摩斯梯尼和西塞罗在竭尽其所能之后却被处死，你认为他们会怎么想呢？

然而，所有这一些跟上帝里面的不公正是很相像的，人们说这种事情是任何属人的理性或者本性之光所无法对抗的，但从福音和对恩典的认识来看，却很容易解决，即虽然那些不敬神的人身体上很兴旺，但他们失却了他们的灵魂。事实上，这个看起来不可解决的难题，却可以用一句话来解开，即在今世生命之后还有一个生命，今世没有受到惩罚和回报的任何事情，在来世将受到惩罚和回报，因为今世生命只不过是对那将要来临的生命的预期，或者，说得更确切一些，是后者的开始。

因此，如果仅仅通过道或信才闪耀出来的福音之光如此生效，这个世代争论而未能解决的问题便轻松地解决，被搁置一旁，那么，当道和信之光到了尽头，现实本身和上帝的神威在其自己的光中被显现出来的时候，你想它又会如何呢？你没有想到，鉴于恩典之光已经轻松地解决了在本性之光里无法解决的问题，那荣耀之光又将极轻松地解决在道或恩典之光里无法解决的问题吗？

让我们认定有三种光，即本性之光、恩典之光和荣耀之光，它们之间有着共同的和有效的区别。对于本性之光来说，无法解决善人受苦而恶人亨通之不公正的问题；但这个问题，却由恩典之光解决了。对于恩典之光来说，无法解决的问题是，既然一个人凭一己之力做不成什么事情，那上帝怎么能因他犯罪而谴责他。在这里，

---

* 亚萨（Asaph），《圣经》中利未人的姓，这里可能指《诗篇》73 篇至 83 篇的作者。见《历代志上》，6: 39；15: 17 等。

本性之光和恩典之光都告诉我们，那不是不幸的人的过错，而是不公正的上帝的过错；因为他们看到上帝不按照功绩而随意奖励某一个不敬神的人，却谴责另一个不那么不敬神或者至少不是更加不敬神的人，他们只会这样看待上帝了。但荣耀之光告诉我们的就不一样了，它向我们指明，上帝在此所作的决断乃是一种无可理解的公义，是上帝最完善和最显明的公义。此时，我们只能信这一点，由恩典之光的实例而得到忠告和确认，要想到，恩典之光也对本性之光成就了一个类似的奇迹。

[结束语]

[让伊拉斯谟自愿承认这件反对自由选择的案子无可辩答吧]

我愿意就此结束这本小册子，虽然我已做好准备，如有需要会把这场辩论继续下去。然而，我认为，对于敬神的人以及任何愿意承认真理而不是顽固不化的人来说，我所做的已经足以使他们感到满意了。因为如果我们相信上帝对所有事情都预先知道，预先安排，那么，他由于先知先觉就不会出什么差错，也没有什么能阻挠他的预先安排，所发生的任何事情都是他所愿意的（理性本身也不得不承认这一点），那么，由理性本身也证实了，在人或天使或任何被造物那里，不可能存在有什么自由选择。

类似地，如果我们相信撒旦是今世世界的统治者，他总在阴谋策划，竭力攻击基督的王国，除非他迫于圣灵的属神的威力，否则他是不会让他所俘获的人们离开他的，那么，再次表明不可能有自由选择这类东西。

类似地，如果我们相信原罪已经如此败坏了我们，即使那些受圣灵引导的人，也会遇到许多诱使他们背离善良的麻烦，那么，显然，在一个缺乏圣灵的人里面，不会有什么向善的东西，只会有向恶的东西。

而且，如果力求称义的犹太人却冒失地陷入不义，而原本不敬神的外邦人却喜出望外地白白称义，那么，这个事实和经验非常明显地说明，没有恩典的人只能作恶。

总之，如果我们相信，基督用他的血救赎了人们，那么，我们就必须承认整个人类都是堕落的；否则，我们使基督成为多余，或者使他只是最低级的那部分人的救赎者，这就是十足的亵渎了。

我亲爱的伊拉斯谟，为了基督的缘故，最后我请求你做你允诺过要做的事情；因为你允诺过，你会甘愿服从于任何一个可以对你有所教的人。这样的说法，的确受人敬重！我知道你是一位伟人，受到上帝的种种最珍贵的恩赐，才华横溢，博学多才，高谈雄辩，举世无双，而我呢，除了斗胆自夸我是一名基督徒之外，我一无所有，也一无所是。因为只有你才不同于其他一些人，你所攻击的才是争论的实质，而不是纠缠于诸如教皇制、炼狱、赎罪券等等的小事（别的人则舍本事末纠缠于小事），迄今为止，几乎所有人都徒劳地用这些小事来追逐我。而你，也只有你，已经看到了万事所系的问题所在，致力于这个关键点；对此，我衷心感谢你，只要时间允许，我很愿意对这个题材予以更多的注意。如果那些迄今一直在攻击我的人也这样做了，如果那些现在吹嘘有了新的灵感和得到了新的启示的人也这样做的话，我们就会少听见许多邪教的妖言惑众，而获得更多的安宁与和谐。但上帝用这种方式通过撒旦来惩罚我们的忘恩负义。

然而，除非你能够一改你在《争论》中的观点，不然的话，我只能希望你应当满足于你自己特有的天赋，继续你至今已经取得丰硕成果的语言和文学研究，润色并加以推进。我必须承认，在这方面，你给予了我不少帮助，我十分地感激你，在这方面，我当然也衷心地敬重你。但上帝并不愿意或同意你在我们争论的问题上也是这样。我说这个，我请求你相信毫无傲慢的意思，但我求上帝使你在这个问题上，也像在其他所有问题上一样，很快远超过我。上帝通过叶忒罗去指教摩西，通过亚拿尼亚去启发保罗，那是众所皆知的。因为，从你说你若对基督无所知晓，你会在离开标记很远的地方游荡这一点来看，我想你自己知道这是什么意思。因为这并不意味着，如果我或者你误入了歧途，所有人都会误入歧途。上帝在他的圣者之中大显神奇，以致我们把那些远谈不上圣洁的人视为圣者。不难设想，既然你是人，你就可能没有正确理解或充分注意到《圣经》里面的说法或父老们的言论，虽然你以为你是在他们的引领下达到你的目的；而在你的陈述中你已经较明白地说明，你不是在作断定，而只是在"发表议论"而已。就我而言，在这本书里，我没有作各种比较，而是有所断定，并且确实断定了，我不愿意把问题交给别人去评判，但建议大家取得一致意见。既然这是主的事业，就愿主照亮你，使你成为贵重的器皿。

阿们。

22 基督身体和血之圣事——反对狂热派

在圣餐礼中，有两件事情是应该知道和应该加以声明的。第一件事情就是，人应该信什么。在拉丁文中，这被称作为 *objectum fidei*（信之对象），其意思就是指人所信的行为或事物，或者指人所依靠的行为或事物。第二件事情就是指信本身，或者指人应该如何正确运用他所信的。第一件事情是处在我们的心之外的，是从外面呈现给我们的眼睛的，那就是指圣餐本身，而就圣餐而言，我们相信基督的身体和鲜血是真的亲临到饼和酒里面去的。而那第二件事情则是内在的，是在心里边的，是不可能被外化的。它包含在内心对外在的圣餐礼所抱的态度之中。迄今为止，我还没有对第一个部分做过很多讲述，而是只针对第二部分，这也正是最良好的部分。然而，因为第一部分目前正在受到很多攻击，而且，即使那些被认为是最优秀的传教士，也在这件事情上分裂成各个宗派，致使在某些外国有大量的人对其大肆攻击，主张基督的身体和鲜血并不亲临在饼和酒之中，因而，时代要求我要对这个论题有所论说。

不过，我一开始就要说明：任何一个人，假如他被认为已经沉湎于这样的错误而不能自拔，我倒是诚恳地建议他免于领受圣餐，直到他从错误之中摆脱出来而有了坚强的信心。因为在我们面前摆着基督所说的明白而清楚的话语："你们拿着吃；这是我的身体，是为你们舍的。你们都喝这个，这是我为你们而流的血。你们也应当如此行，为的是纪念我"（《马太福音》，26: 26—28；《路加福音》，22: 19—20）。这就是我们据以立论的话语。这些话语说得如此简明而清晰，以至于即使是我们的敌人也不得不承认很难对它们作另外的解释。可是，他们还是绕过这些清晰的话语去追随他们自己的想法，在一片光明之中为他们自己营造出一小块黑暗来。

任何人如果希望走上正道而不至于误入歧途，他就务必要提防魔鬼在这件事情上处处挑起的狡诈的念头，魔鬼可以做到把鸡蛋里面的东西抽干，而把蛋壳留给我们，也即从饼和酒里面把基督的身体和鲜血取掉，这样一来，所剩下的就只有跟面包师烘烤出来的一样的那种饼了。我们的那些反对者跟这种狡诈的念头相呼应，随心所悦地嬉弄我们，竟然想让我们成为吃肉喝血的人，让我们去敬拜一位烘烤出来的上帝。在以往的年代里，曾经当过基督徒的那个那个用心险恶的背教者阿威罗伊，也类似于此地来嘲笑和诋毁诚信的信徒，声称在地上再也没有比基督徒们更可鄙的人了，因为他们竟然将他们自己的上帝吞吃掉，这是所有其他人都不会去做的事情。这岂不是绝顶狡诈的说法吗？这就是魔鬼现在到处在施展的阴谋诡计。

上帝所喜欢做的事情，在世俗人等看来，都是愚蠢而无用之事，就像保罗在《哥林多前书》（1: 23）中所说的："我们却是传钉十字架的基督，在犹太人为绊脚石，在外邦人为愚拙。"他又说道："世人凭自己的智慧，既不认识上帝，上帝就乐意用（人所当作）

愚拙的道理，拯救那些信的人，这就是上帝的智慧了”（《哥林多前书》，1: 21）。那么，好吧，任何人，如果他不相信这个，就让他相信这仅仅是饼而已，或者说，是一大炉的饼。任何不能够抓住信的人，就可以信他想要信的东西，随便什么东西都可以。这就如同某个即将淹死的人，不管他是在一条小溪中淹死还是在一条大河中淹死，都同样是淹死的。我就是如此来论说这些盲信者的：如果他们放弃了那个话语，就让他们相信他们想要相信的东西，尽可以一直喋喋不休地争吵下去。已经出现过六个或者七个关于圣餐礼的宗派了，它们全都妄言基督的肉和血并不亲临于圣餐之中。

我认为，之所以会如此，首先就因为他们并没有坚持那些话语，其次则因为他们所追随的是他们自己的想法，他们认为，如果说基督亲临于饼和酒之中并且到处分发，使得任何人都能够吃到这个基督，那也许会造成很尴尬的局面。这就是他们居于首位的想法。由此，他们就戴上了有色眼镜，使那些话语必须含有他们所想到的那个意思。这就是所有搞宗派的精灵所做的事情：他们先编造出一种说法。假如这合乎他们的心意，他们就试图迫使《圣经》跟它取得一致。可是，任何人只要是由这些话语中得到了正确的信，就会具有类似于下面这样的信仰：不管基督是否进到饼或者杯或者他所愿意的任何东西里面，只要我有了那些话语，上帝就会一直将此赐给我，我不会再去寻求或者思索别的什么了；他说什么，我就坚持什么。如此的话，信的人就将他自己封闭在道之中，不允许自己偏离开道，从而就一直坚守在道里面。

因为我们还没有头脑简单到对那些话语无法理解。假如说那些话语还是不明确，那我简直不知道该如何用德语来说话了。倘若有人把一个面包卷放到我的面前并说道："拿着吃吧，这是一个白面包"，难道我会不明白吗？或者，有人说："拿着喝吧，这是一杯酒"，难道我会不明白吗？因此，当基督说"你们拿着吃吧，这是我的身体"的时候，即使是小孩子也完全明白，他是就他所给予的东西而说的。当一个人指着一件东西时，我们知道他在说些什么，这是很自然的说话方式。假如我使他所说的这个话变得晦涩难解，对它凭空臆造出一些莫名其妙的含义来，那我只会把自己搞得稀里糊涂。这样的话语是十分清楚明白的：拿起饼，祝谢，掰开，分给，叫他们吃下和喝下，这是我的身体，这是我的血。那些狂热派的确是为了这些话语绞尽了脑汁。首先，他们提出了他们自己的想法；然后，他们就必须按照各人梦想的东西来对这些话语作出解释。由于这样的缘故，我们就牢牢地坚守住这些话语，对其他东西则置若罔闻，因为任何人都知道"这是我的身体"是什么意思，尤其是他又加上说"是为你们舍的"。我们都知道什么是基督的身体，就是那由马利亚生养的，受过难，死去而又升了天的。

现在，他们特别提出两点来反对我们。首先，他们说，将基督的身体和血说成是在饼和酒里面，那是不合适的。其次，那也是没有必要的。这些就涉及他们不得不建立起来的最好的基础了。让我们来看看它们吧。

对于第一点，我也会同样地说，上帝竟然会要从天上降临下来进入母腹之中，那是不合情理的；既然是他在养育、维持和管带着全世界，那么，还要让他允许他自己受到童贞女的养育和管带，那也是不合情理的。相类似地，像基督这样一位荣耀之王（《诗篇》，24: 10），所有天使都必须跪在他的脚下，一切被造物都应该在他的面前颤抖，但他却如此谦卑地甘居万人之下，听任自己像一个劣迹斑斑的作恶者那样被悬挂在十字架上，成了人中间最邪恶和绝望的人。而且，我可以由此得出结论说，上帝并没有曾经成为人，或者说，那钉在十字架上的基督并不是上帝。既然如此，他们就说，在圣餐之中，上帝并不会行出那么多他在任何其他地方都没有行出的奇妙的事迹来。因为我们所信的，他们认为是自相矛盾的；他们认为，基督的单个的身体，竟然会存在于饼被掰开的成千上万个地方，那庞大的肢体竟然隐蔽得如此好，竟然没有人可以看得见和感觉得到，这简直是奇谈怪论了。然而，他们没有看到，这些都是空洞无用的想法。假如有人想要用这样的尺度来作衡量的话，那他势必不会同意有任何被造物可以生存了。

假如有可能让我来衡量所有被造物并且用言语来描述他们的话，那么，你会看到像在圣餐之中一样伟大的奇迹，甚至还较之更加伟大呢。来看看灵魂吧，那是一个单个的被造物，然而同时又遍及整个身体，一直到最小的足尖，因而，当我用一根针去刺我身体的最小的一个部位时，我会就此影响到我整个的灵魂，整个的人会颤抖。那么，既然一个灵魂可以在同一时间遍及所有部位——虽然我还不能解释为什么会这样——难道基督就不能够在圣餐之中在同一个时间遍及所有的地方吗？

况且，我的灵魂能够同时思想和说话，能够在说话的时候又去看、听、感觉等等，与此同时，又将食物消化成为血液、体肉、骨头和屎尿。没有人会认为这是什么奇迹，因为我们天天看到，已经习以为常了。那些人唯一欠缺的，就是他们从来没有正确地观察任何一个被造物，这一点，我们将会在后面听到。

请看看田野上的麦子，告诉我它如何由一颗种子从土地里面发芽生长，在麦穗上结下那么多麦粒，各有其特有的形状。而且，在每一颗麦粒之中，又包含有许多奇迹般的行为，对此，他们既没有觉察到，也丝毫没有加以注意。还有，虽然我只有两只眼睛，但我却能够用我的眼睛一次就扫视到所有人，这又是如何做到的呢？其实，不用说用两只眼睛，即使用一只眼睛，我也能做到这样。如此看来，一只眼睛能够盯住一千颗麦粒，而另一方面，一千双眼睛也能够盯住一颗麦粒。

把我现在说的话又当作另一个例子吧。声音是一个微不足道的事物，被看作是被造物中最微小的东西，也不过跟吹过的一阵风差不多。而一旦嘴巴停止说话了，声音也就没有了，因而再也没有较之更软弱和更不牢靠的东西了。然而，它却又是那么强大，我可以用我的声音统治整个国家。那我又何以能够用话语抓住那么多颗心呢？我有的是细小的声音，而耳朵却有成千上万个，但却能够使每一个耳朵都感知到全部声音。我并没有将这声音分给他们，虽然每一只耳朵只获得其一个部分，但却使得每一个人都获知了全部的内容。狂热派们也看到了这个，并不以此为什么奇迹。其实，要是我们此前从来没有看到过这个，那它也许就成了最大的奇迹了。可见，如果我的声音尚且能够做到使它充满到所有耳朵里，使得各人同样接收到它，使我的话语如此广泛地得到传播，那么，难道基督不是更能够用他的身体做到这一切吗？这对于一个广受赞美的身体来说，比起一个属肉体的声音来，不知要容易多少呢！在被造物中间，你还会找到更多的这样的奇迹，因而，任何人只要正确地考察某一个被造物，他就不会被这一条引入歧途。

而且，我在传基督的福音，用我的属肉体的声音将基督带入你的内心，使你可以在你自己里面形成他。如果你真正信了，使你的内心抓住了那个话语，并在它里面牢牢地紧握住那个声音，那么，请告诉我，在你的内心里面你有些什么呢？你必定会回答说，你有了真正的基督，他不是像一个人坐在椅子里那样坐在那里，而是坐在父的右面。如何会如此，你并不知道，但你的内心真正感觉到了他的亲临，而凭着信的经验，你有把握地知道他是在那里。现在，我就可以再一次来对此加以总结，即同一位基督通过声音进入那么多的心里，每一个听取传道并加以接受的人，就将整个基督纳入他的内心。因为基督并不允许将他自己分成各个部分；然而，他是整体地在所有信他的人里面分布，一颗心所得到的并不见得少于一个基督，而一千颗心所得到的也并不见得多于一个基督。我们必须永远地承认这一点，而它就是每日都在发生着的奇迹。其实，它是一个跟圣餐礼中的奇迹同样伟大的奇迹。那么，又怎么可以说他将他自己在饼里面分布就不合乎情理呢？

可是，当我将基督带入内心里的时候，所发生的是什么样的事情呢？是不是像狂热派所想象的那样基督从天梯上下来，而后又回上去呢？基督仍旧坐在父的右边，但同时也在你的内心之中，同一个基督充满了整个天和地。我所传的是，他坐在父的右边，他掌管着一切被造物，掌管着罪孽、死亡、生命、世界、魔鬼和天使；如果你信这个，你在你的内心里就已经有他了。这样的话，你的心就是在天上，而不是在梦幻之中，这是千真万确的。因为他在哪里，你也就在哪里。他安居在你的心中，然而，他并没有离开上帝的右边降临下来。基督徒们很清楚地体验和感觉到这个。可是，对于这样伟大的事情，即基督安居在我们心中，完完全全地让每一颗心都分享到他，通过他的道使他自己广为分布，那些人却对此熟视无睹。因此，任何人只要能够相信这个，他就不难也相信他的身体和鲜血是在圣餐之中了。因为假如你试图用思维和理性的尺度去衡量那个奇妙的标记，你最终会到达那样的地步，即你必定会说基督并没有安居在信他的人的心中。

看，正像我所说过的那样，那微不足道的属肉体的声音，竟然能够做成那么多的事情。首先，它将整个基督带入人们的耳朵中；然后，它又将他带入所有听到并且信了的人的心里。那么，他进入饼和酒之中，就如此不可思议？人的内心不是比饼和酒更加微妙和难以捉摸吗？你很可能不会试图去揣摩这是如何发生的。像你这样渺小的人，虽然能够说那死去而又升天的基督确实到了千万颗心之中并且长久安居在它们里面，然而任何人都不清楚他是如何进入的，那么，在这里，在圣餐礼之中，这事情是如何发生的，也同样是难以理解的。但我确实知道有这样的话语："拿起吃吧，这是我的身体，是为你们舍的，你们也要这样做，为的是纪念我。"当我们就饼而说这些话的时候，他就真的亲临了，但大家听到的只是话语和声音而已。他用不到挖一个洞就进入内心里，但这却只有通过他的话语和通过听这话语才得以理解，同样，他也用不到挖什么洞就进入饼里。

可以另外再举一个例子。他的母亲马利亚是如何怀孕的呢？虽然一个妇人由一个男人那里得以怀孕，也是一个很大的奇迹，但上帝还是为他保留了由童贞女来生养的特权。那么，那位母亲又是如何做到的呢？她还没有丈夫（《路加福音》，1: 34），她的子宫还是完全关闭着的。然而，她却怀上了一个实在的、自然的、有血有肉的孩子。在此，难道不是比在饼和酒里面更加奇妙吗？这是从何而来的呢？天使加百列带来话说："你要怀孕生子，等等"（《路加福音》，1: 31）。她听到了、理解了并且信了，基督就因这些话不但进入她的内心，而且还进入她的子宫。任何人都只能说，那权力来自于那话语。任何人都不能否认她通过这话语而得以怀孕的事实，但没有人知道这是如何发生的，同样，在圣餐中也是这样。因为一旦基督说了"这是我的身体"，他的身体就通过这话语和圣灵的力量而亲临了。如果没有这个话语，就只是饼而已；但一旦加上了这些话语，它们就带来了它们所说到的那个事情。

而且，我们相信，根据基督的属人的本性，他是超越一切被造物之上的（《以弗所书》，1: 22），并且，正像保罗在《以弗所书》（4: 10）中所说的那样，他是充满万物的。他，不仅根据他的属神的本性，而且根据他的属人的本性，他也是万物的主宰，掌管着万物，无论何处都有他的亲临。假如要我跟随那些认为这并不合乎情理的狂热派，我就必须否认基督了。在《使徒行传》（7: 56）中，我们读到司提反所说的话："我看见天开了，耶稣站在父的右边。"他是如何看见基督的呢？他用不到向上抬起他的眼睛。基督无所不在地就在我们的周围，就在我们里面。而那些人却一点也不明白这个。他们也说他坐在上帝的右边，但他们并不知晓，基督升到天上和坐在那里是什么意思。那可不等同于你爬上一个梯子进到屋子里。相反，这意味着他是超越所有被造物之上的，他在他们之中，却又凌驾于他们之上。然而，他曾经以肉身出现，那是为了为此做一个标记。所以，他察看到万物，胜过我在我眼前察看到你，他贴近我们，胜过任何一个被造物跟另一个被造物的贴近。认为他一定是升上了天，然后又越过天空从天上降下来，而在我们吃他的身体的时候，是他让他自己被引入饼里，这样的想法纯粹是他们的胡思乱想。如此想法不会有别的来源，一定来源于愚蠢的理性和肉体。我们必须理解，并不是我们所说的话把他引入。宁可说，之所以把这些话语给了我们，乃是为了使我们放心，让我们知道我们一定会找到他。

虽然他亲临于一切被造物，我也可以在石头里、在火里、在水里，甚至在一根绳子里找得到他，因为他当然也是在那里的，但是，他并不希望我脱离开他的道而在那些地方去寻找他，他并不希望我投入火或水里，他也不希望我吊在绳子上。他的确亲临任何地方，但他并不愿意你到处探索他。宁可说，你应该在道所在的地方去探索他，在那里，你就会以正确的方式去抓住他。否则的话，你就是在试探上帝，犯了崇拜偶像的罪名。由于这样的缘故，他给我们定下了规定的方式，教我们以什么方式和在哪里找到他，也即找到他的道。那些说基督亲临于饼和酒之中是不合乎情理的人，根本就没有明白，或者，根本就没有看到，因为他们不懂什么是基督的王国，不懂得坐在上帝的右边是什么意思。倘若在牢狱之中，在折磨之中和在死亡之中不是有基督与我同在，那我会怎样呢？他也是通过他的道亲临那里的；虽然，这不同于在圣餐之中，在这里，他是通过他的道将他自己的身体和鲜血作为约定，使得它们可以具体地在饼和酒里面被领受到。如果我们信了一个，那就很容易掌握和相信另一个了。天和地都是他的口袋；就像麦子装满在口袋里一样，他把万物都放进这样的口袋里。而且，就像一粒麦种支撑起整个麦秆、麦穗和许多麦粒一样；或者，还可以说，就像一颗扔到地里的樱桃核会长出一棵樱桃树，枝叶茂盛，开花结果一样；或者，又可以说，就像我的声音会到达那么多双耳朵一样；基督就远远更能够将自己完整而不被分割地分布到许多分子里面。

正因为狂热派没有看到这些，他们搬弄出他们的人为的想法，其产生的效果就好像上帝在变什么把戏。那么，好吧，就让他们继续愚弄他们自己吧；但你要坚持住，就像我已经说过的那样，要认定基督是通过他的道来做成所有这样的事情，就如同他每天无数次在行奇迹一样。那么，难道他就不知道在这里在圣餐之中也运用这同样的权力去做成这些事情吗？他已经将自己放到这道之中，并且，他又通过这道将自己放到了饼里。如果他能够闯入心和灵里面，安居在灵魂里面，那他一定可以更加容易地到达这个物质的对象，因为心要更加微弱和难以捉摸。但是，他还是保留那些较小的奇迹，为的是他可以通过它们来使我们想起更大的奇迹。因为他通过信进入心里，那样的一个奇迹远比他亲临在饼之中要伟大。其实，他之所以要使用饼或者说圣餐，无非是为了信的缘故。如果我们记住这一点，我们就不会再翻来覆去地谈论圣餐里的种种奇迹了。不过，假如我们要用我们的理性追随和思考上帝，我们就会不由自主地谈论那个谁也不可能相信的信。因为上帝是远远超越于一切理性之上的。因而，归根到底，那些口口声声说它之所以不真就是因为它不符合理性的人，对于他们的主张，我们干脆就不予理睬，我们说的跟他们正好相反：上帝的道才是真的，因此，你们的想法必定是错误的。难道说，正因为你们认为它没有道理，正因为你们认为这道一定是错误的，而认为你们的念头反而是真实的，因而才会说它是没有道理的吗?

他们提出的另外一个论点，就是说它并不是必要的。这样说来，基督似乎有必要让他自己上学去听取他们的教导了。看来圣灵还是做得不对。因为他们可是这么说的：如果我信那个为我而死去的耶稣，那我还有什么必要信那个被烤出来的上帝呢？等着瞧吧，时候一到，他会来烤他们，把他们烤得皮焦肉烂。是谁这么说的？是上帝还是人？是有人这么说的。为什么呢？因为撒旦占有住了他们；他们仅仅只学会说和传这样的话："基督为我们而死，等等"，但他们在内心里对此一点也没有什么感觉。难道你是要教上帝知道什么是必要的和什么是不必要的，要让他按照你的主意去行事吗？我们最好是反其道而行之，我们说：既然上帝愿意如此，就说明你的主意是错误的。你算是什么人，竟敢于反对上帝认为是必要的事情？你是虚谎的，因而上帝是真实的（《罗马书》，3: 4）。

你同样还可以告诉我说，因为只有因信才得以称义，故而基督就不是必要的了。如此说来，就让我们对上帝说：你掌管着罪孽、死亡、魔鬼和万物；既然如此，那还有什么必要差遣你的儿子下来，让他遭受如此残酷的遭遇并死去呢？其实你完全可以同意他继续留在天上；只消你说一句话，罪孽和死亡就会被消除，连魔鬼也会一起被消灭掉。因为你是万能的，那是理所当然的。而且，还可以让我们得出结论说，基督并不是由童贞女而生，可以这样说：那又有什么用处呢？难道上帝就不能够让他同样也可以由一个男人所生，仍旧做到使他无罪而被怀胎，保持着他的清白吗？说实话，甚至还可以让我们再进一步说，没有必要让基督成为上帝。因为凭着上帝的权力，哪怕他完全成了人，他也同样能够从死中复活来拯救我们。魔鬼就是如此地使人们的眼睛变瞎，其结果就是，首先，他们不能正确地观察到上帝的任何作为，其次，他们也做不到依靠道，而是想用他们自己的头脑发现每一件事情。倘若你想要探究有关田地里的一颗麦粒的每一件事情，你会为此而大为惊奇，甚至因此而死去。上帝的行事可不像我们的行事。

因此，你应当如此来回答你的那些反对者：它究竟有没有必要，这与我又有什么相干呢？上帝他知道得很清楚，究竟应该如何和为什么必须如此。如果他说它是必要的，那一切被造物都必须对此保持沉默。但是，因为在圣餐中基督明确地说了："拿起吃吧，这是我的身体，如此等等"，所以我就要尽到我的职责去相信这些话语，像我应该相信基督的所有话语那样坚定地信这些话语。倘若他当时只给了我一根麦秆而说了这些话语，那也应该信它。所以，任何人都应该闭上他的嘴巴，他的眼睛和他一切的感官，说道："主啊，你知道得比我清楚。"对于洗礼，也是这样。那水就是洗礼，而圣灵就在这洗礼之中。因而，你也可以这样说："为什么有必要用水来施行洗礼呢？"但圣灵是这样说的，你听到了吗？这里，是上帝的旨意，是上帝的道；去遵守它而放弃你自己的主张。

看，这就是他们为了说明人们不应该相信基督的身体和鲜血存在于圣餐之中而给出的两个理由。这两个理由也是他们所能找到的最好的理由，尤其是第二个理由，是他们特别乐于讲述的。然而，正是这样的理由，以前曾经使一些原本虔敬的灵心产生过动摇，而到了今天，还在继续动摇一些原本虔敬的灵心。我自己也思考了很多，想想为什么有必要如此，这么大的一个身体又是如何能够进到如此小的一块饼里面，以及它如何能够做到完整不被分割地保持在每一个微粒里面。可是，如果他们考察一下一颗麦粒或者一颗樱桃核，它就能够教会他们这是如何做到的。因为既然上帝完全可以不用饼而只用他的道来养育我们，那他为什么要用饼来养育我们呢？为什么他现在不像当年他创造亚当和夏娃那样在一个瞬间创造出人来；他现在用了如此长的时间来做到这个，男人和女人必须来到一起，又必须长时间、花上大量的心血来培育孩子。可是，他会如此说："那与你何干呢？（《约翰福音》，21: 22）。我一开始用这样的方法造出了亚当和夏娃，但我现在不愿意再用这样的方法来做了。我一度让儿子由童贞女所生养，而我现在也不愿意再这样做了。"如此看来，那些人是想用他们的法则去束缚上帝，就好像我要这样说："为什么你给予他一个大身体，而给予我一个小身体呢？为什么你给予这个人黑头发，而给予那个人黄头发，或者，给予这个人棕色的眼睛，而给予那个人灰色的眼睛呢？"还是如此来归结吧：你只应该关注上帝的道并且持守着它，就像一个睡在摇篮里的小孩一般。只要你有某一个时刻偏离了，你就会跌倒。魔鬼的唯一的宗旨，就是要让人们偏离开它，要让他们去度量上帝的旨意，让他们根据属人的理性去行事。

不过，我说，那些用我上面所谈及的两点来关注自己的人，其灵魂毕竟还是有理智的；他们还能够得到挽救。然而，余下的那些人则都是一些浮夸的狂热派，他们像一把钳子那样把基督的话语随意地打开和关闭。其实，他们真可算得上是热昏了头的狂热派，他们连一点站得住脚的论据也没有。那两点则至少在理性的眼光里看来还是有些根据的。但是，从后者对那些话语随意加以割裂和歪曲的方法来看，理性也可以看出，他们实在是一些傻瓜。在"这是我的身体”里总共只有三个单词。第一个人（卡尔施达特）对“这”这个单词嗤之以鼻，把它从饼里面分离出来，要求大家这样解释它：“拿起，吃吧，——这是我的身体”；就好像要我这样说：“拿起来吃吧；穿红上装的汉斯坐在这里。”而第二个人（茨温利），则抓住了那个小单词“是”；在他看来，它等价于“意味着”。第三个人（厄科兰巴提）说：“这是我的身体”的意思等同于“这是我身体的一个形象”。他们根本不以《圣经》上的经文为依据，就自行臆造出种种奇谈怪论。这些狂热派可并没有对我有什么干扰，而且也根本不值得要跟他们去做什么争论。他们之中有一些人是粗鲁的语法狂热派；而另外有些人则是狡猾的哲学狂热派。因此，还是把他们撇开吧，让我们一心坚持他们也读得到的那些话语：基督的身体亲临到饼里，他的血亲临到酒里。这倒不是意味着他没有也用他的身体和血亲临到别的地方，因为他是用他的身体和血完整地亲临到信他的人的内心里。不过，这还是表明，他希望让我们知道我们应该在哪里和如何去抓住他。有他的道，这道所说的是，当你吃那个饼的时候，你就是在吃他的身体，是为你而舍的。倘若不是有道在那里的话，我也许根本就不会注意那饼了。但愿这样就将这第一部分充分说清楚了。

第 II 部分

现在，我们已经保护好了宝藏，不允许将核从外壳里剥落出来，以至于丢掉了谷子而只留下了谷壳，因而在这第二部分，我们要讲的是，人们应当如何运用圣餐礼，如何从中得益。因为我们单是知道圣餐是什么，也即知道圣餐是基督的身体和血的真正的亲临，还是不够的，还必须知道它们为什么要如此亲临，是什么缘故把它们给予我们，让我们接受到。

可是，我们的那些反对者就是在这里惹人生气。魔鬼是不会善罢甘休的；他一定要玷污上帝的作为和话语。假如他做不到把它完全破坏的话，他就设法把它掏成一个空核桃壳。教皇把圣餐中的一个要素从我们这里取走了。然而，这些人倒是把两个要素全留给我们了；但他们在核桃壳上挖了一个洞，要使我们丧失掉基督的身体和血。再有，这二者都设法让大家看不到该如何正确加以运用。

如此我们说：以往我们感到忧虑的是不知道该如何可以相配地去领受圣餐。我们现在将这种相配的领受称之为圣餐之运用。这样，就有人主张做种种艰巨的事情来折磨自己，例如，禁食忏悔，其所做的准备工作全在于将它仅仅看作做一件好事情来加以运用。那些教皇派的人，真是做到了层出不穷，但毕竟还是没有能够去改动它。靠着恩典，就福音、《圣经》、洗礼、圣餐礼而言，还是能够保持原样。但是，其正确的运用则遭到了他们的破坏，从我们这里给夺走了。我们应该恢复和保存这样的运用，就像我们此前所做过的那样。因为在我反对对其滥用的时候，我还没有预见到当今正在占据上风的异端邪说；我当时还只是就如何加以正确运用而与他们争论的。

我已经如此说过：不应当将圣餐当作一种善行来加以运用。他们那些人相信，任何人只要恰如其分地去告解了，知道已经没有什么不可饶恕的罪孽压在他的良心上，这样去领受圣餐，那他就是在做一件可贵而神圣的事情，他靠着这样的功绩就可以进天国。至于你，如果你想要对它加以正确的运用，那你就决不可以如此去领受它，你决不可以这样说："这个，我已经做到了"，好像你既然禁食过了或者守夜过了，就完成了。可是，你应该相信的，并不仅仅是基督身体和血的亲临，而且，还要相信他是为你而舍的。你始终应该将下面的话语作为你的依据："拿起吃吧，这是我的身体，是为你们舍的。喝吧，这是我的血，是为你们流的。你们也要这样做，为的是纪念我。"在这一些话语里，就把他的身体和血赐给了我们。所以，要信两件事情：一是相信它是真的亲临，罗马天主教徒也信这一点；另一件则是他们并不相信的，即它是为我们而舍的，以及我们应该将它作为一件礼物来加以运用。

这样，你就听到用明明白白的德文说出的话：他命令你拿取他的身体和血。为什么呢？为了什么缘故呢？就因为那身体是为而你舍的，那血是为你而流的。在这里，我们中的这些新的传教人将巨大的苦恼加到我们头上，他们连这个也从我们这里给剥夺掉了，而且，他们的做法是那么残酷，我简直相信魔鬼已经发挥到了极点，末日审判已经为时不远了。我宁可死去，也不愿意听到基督如此被他们嘲笑和辱骂。他们说，它只不过是一个标记，可以使人们借以识别基督徒和评判他们，因而，从它那里，我们也只不过得到一个外壳而已。所以，他们聚在一起，一起吃喝，就是为了可以纪念他的死。一切的力量，据说就是在这种纪念之中，而那饼和酒，不过就是一种标记和一种颜色而已，使人们借以识别我们是基督徒。他们为什么这样做呢？因为他们把下面这话完全丢在了脑后："吃吧，这是我的身体，是为你们舍的。"对他们来说，这些话语根本就没有什么意思；它们进不了他们的头脑里。这些话语被认为只不过是在宣告和传布他的死。当然，我们应该宣告他的死，我们也以比他们曾经做过的更加隆重的方式传布了它。假如他们没有从我们这里获得它，他们也许根本就对它一无所知，因为罗马天主教徒从来没有谈到过它。因此，狂热派的人没有任何权力教导我们和大吹大擂，好像他们发明了什么新东西似的。

所以，我们也在传布基督的死，而我们所根据的是这样的话："你们也要这样做，为的是纪念我。"然而，这里一定要注意这样一个区别。当我传布他的死的时候，它是在聚会中所作的公开讲道，我并不是专门对着某一个个人的；无论谁都可以掌握它。可是，在我分发圣餐的时候，我是指定将它分发给接受它的个人的；我把基督的身体和血给予他，使他可以得到赦罪，而这是通过他的死才获得的，是在聚会中得到传布的。这就胜过于聚会里的讲道的某种东西；因为虽然亲临在讲道中和圣餐中的是同一样东西，可是，在圣餐中，优点就在于那是针对特定的各个个人的。在讲道中并没有指出或者描绘出任何特定的人，而在圣餐中却是特定地给予你和给予我，这就使得讲道就此成为我们自己的了。因为当我说"这是我的身体，是为你们舍的，这是我的血，是为赦免你们的罪而流的"时，我就是在纪念他；我宣告了他的死。只是它不是在聚会中当众做的，而是仅仅指向你。

因此，基督所命令的是，当我们聚会在一起的时候，每一个人都应当取得饼和杯，然后再给他传道。为什么呢？因为我们只将这个给予那些业已成为基督徒并且听到了在此之前所传布的基督的人。可是，传道或者宣告则是想要普遍对着所有的人，也包括那些还没有成为基督徒的人。而只有基督徒才得以参加圣餐礼，但他们同时也应想到增加他们的数目。

因此，人们理应公开地大声说出这个事情，主持这样的纪念仪式，使得那些对此还不知道的人也能来参加。如果他们私下主持这样的纪念仪式，就毫无意义了。它应该在教徒面前公开举行，任何时候，在弥撒仪式上都应该有传道。所以，“你们也要这样做，为的是纪念我”这话，等于是说：“每当你们这样去做的时候，你们要传布我”，在《哥林多前书》（11: 26）中，当保罗称这话是在“宣告基督的死”的时候，他就是这样来解释它的。他使用的是“宣告”这个词，意思是表明它不应该私下去做，不应该只局限于事先已经知道它的基督徒，因为对于基督徒来说，他们需要的并不是什么宣告，而是告诫。宁可说，它应该公开地在众人面前去做，为那些对它并不知道的人去做。这样一来，“纪念”和“宣告”这两个词就不外乎意味着要公开地去传布他，在所有的讲道中都要这样做。

我说，在我们领受圣餐的时候，始终要做到这一点。然而，那些参加圣餐礼的人都应该相信和确信，他们不仅是在领受其中的基督的真正的身体和血，而且它也是被赐给了他们，成为他们自己的了。为什么呢？并不是像修道士和神甫们所举行的弥撒那样是为了获得金钱或者功劳，而是为了赦免我们的罪。我们当然知道，赦免罪孽是什么意思。当他赦免的时候，他是完全赦免一切的罪，不留下任何未曾被赦免的罪。当我从罪里面解脱出来的时候，我也就从死亡、魔鬼和地狱里面解脱了出来；我就成了上帝的儿子，天地的主人了。

所以，任何一个人，尤其是当他受到攻击或者遭遇到困扰的时候，都应该知道如何去回答和说出："就是如此理解那些话语的，即他的身体和血在圣餐中为赦免我的罪而赐给了我。"为了这个缘故，每一个基督徒都应该逐字通晓这些话语："在此，我的主在饼和酒之中把他的身体和血赐给了我，为的是要我吃到和喝到。而且，它们应该成为属于我自己所有，因而我可以安下心来，我的罪确实得到了赦免，我可以摆脱死亡和地狱，得到永生，成为上帝的儿子和天国的继承者。因此，我领受圣餐是为了寻求这些东西。我是一个可怜的罪人，在我面前的是死亡，我必须经历它；魔鬼用各种各样的困苦和危险威胁着我。正因为我是在罪孽之中，是死亡和魔鬼的俘虏，正因为我感觉到我自己信心软弱，爱心冷漠，刚愎自用，缺乏耐心，嫉妒成性，深陷于罪孽之中而不能自拔，所以我才来到这里，在这里，我找到和听到了基督的话语，说我将接受到赦免罪孽这样的礼物。"一旦我们得到了这样的礼物，就应该去宣告它，使得我们可以把别的人也带到它这里来。看，关于圣餐，我们就是应该如此来教导孩子们和那些单纯的人，使他们可以知道在它里面该寻找些什么东西。

这才是我们称之为对圣餐的正确的运用。它并不是单纯为了履行什么义务和为了顺从教会而做的什么事情，因为哪怕是一条狗，它照样会以这样的方式参加圣餐礼。做这件事情并不是为了做什么好事情，而是为了使你的内心得到强化，就像那话语所说的："那是为你舍的，那是为你流出的。"而且，即使假如没有这些话语，就像在保罗省略它们（《哥林多前书》，11: 25）时那样，你仍旧得到为你的罪而死的身体以及为你的罪而流出的血。可是，当基督被赐给你的时候，也就将赦罪赐给了你，而所有这一切都是通过那个宝藏才得以实现的。如果你用你的心抓住了它（而且，的确是用别的方法就不可能抓住它）并且信了，那你必定会说：“无论做什么样的事情，都无法帮助我从我的罪孽里面解脱出来，但我有了另外一个宝藏，就是我主的身体和血，为了赦免我的罪而舍给我的。这才是唯一的宝藏，唯一的赦免，天地之间再也没有另外的了。”

为了这个缘故，基督将他自己完完全全地给了我们，并且希望留在我们这里，直到末日审判（《马太福音》，28: 20）；罗马天主教徒得到了他，但几乎没有任何用处，而另外还有些人，又说他只是一个标记（ut signum）而已，不会使我们有任何增进或益处，这样就使他的亲临没有什么作用了。难道基督会凭空设立下如此伟大的一件事情，却没有任何用处或益处吗？不，你应当从中获得的益处就在于：你可以增强你的信心，使你的良心得以平安，然后，你也能够传道。而他们却说，那是没有用处的纪念仪式，对你或对任何其他人都毫无裨益。要小心啊！愿上帝继续一如既往地保守我们。魔鬼除了过来玷污福音已经生下根的地方以外，就不做任何其他的事情。为此，我们必须坚定地立足于这些话语，毫不动摇，这样，我们就能够正确应答异端邪说。因为这些话语是以足够明白的德文表述的。实质上，这些话语的意思就是：首先，我们获得赦罪这样一件礼物，其次，我们接着就去传布和宣告它。

在此，你就能够辨明，这样的纪念仪式究竟是什么意思，人们应该如何运用圣餐礼并从中获得益处，即真正改正我们的缺点和弱点。我们分担着其他人的共同的软弱，而每一个人都有他自己特有的软弱；为此，我们到这里来为的是寻求力量。那些又饥又渴的灵魂感到了自己的贫苦，渴望从死亡和种种不幸之中被解救出来，就是由于这个原因，就把圣餐礼称作为施舍给他们的粮食。罗马天主教徒说：“要小心，除非你纯洁无瑕，否则的话，你就不要进到那里”，为的是要使基督可以放心地具有一个纯洁的居所。他们就是如此威胁和恐吓那些可怜的灵魂，使他们对圣餐感到极度的害怕，却又不得不领受它——他们胆战心惊，好像要他们心甘情愿地跳进一个烈火熊熊的火炉里。

如果我们对我们的罪孽感到内疚，很愿意摆脱这些罪孽，并且，我们因我们竟如此糟糕而感到烦恼，如果我们对此是认真的，而不是假装的，那我们就可以算是纯洁的了。然而，完全无罪是任何人都达不到的。即使你达到了，你也还是不敢参加圣餐礼，因为它是专门为软弱者而设立的。这就是圣餐的用处了：为了增强对抗一切危难和试探的良知。

现在就剩下有关圣餐的结果的那个部分了。对此我已经在别的地方谈得很多了。它不外就是爱。早期的一些父老也特别强调这个，为此，他们称圣餐为 communio（同信共济）。在这里，这也以两种方式向我们展示——一种是依靠榜样的作用，还有一种是依靠饼和酒这样的标记——，从而使每一个基督徒，不管他头脑如何简单，都能够理解，在圣餐之中有着全部基督教的教义，能够领会到他应该信什么和通过信他应该做什么。因为对于每一个人来说，都有必要知道基督在十字架上给出了他的身体，他的血和肉，使其成为我们的宝藏，帮助我们取得罪孽的赦免，也就是说，使我们可以得救，从死亡和地狱中被解救出来。

那就是基督教教义的第一个原则。它是在那些话语中得到展示的，他的身体和血舍给了我们，就是要让我们可以实体地接受到它，作为这个事实的一个信物和确证。当然，他在十字架上成就这个事情，那仅仅只有一次；但他却日复一日地重新使它展现在我们面前，又通过传道得以广为传布，并且，他命令我们要永远地纪念他，不要忘记他。

第二个原则就是爱。首先，由于他给我们留下了他的榜样，就使得这个爱得到了证明。既然他用他的身体和血为我们舍了他自己，为的是将我们从一切苦难中拯救出来，那么，我们同样也应当竭尽全力为我们的邻居而舍弃我们自己。任何人只要明白这个道理并且按照这个道理生活，他就是圣洁的了，他就不必更多地去学习什么，在整本《圣经》里面，他也就不想去寻找更多的东西了。因为在这里，这两个原则像刻在同一块石板上一样放在一起，始终展现在我们的眼前，我们每天都用到它们。

除了榜样以外，其次还有形象或者标记。古时候的导师们经过细心研究后指出，他希望将他的身体和血舍给我们，但其所取的形态则是那样一些性质的事物，即它们本身就是由多个个别的事物融合在一起成为一个单一的事物而成的；这就好比一个饼，它是由好多颗粒形成的，人们把这些颗粒做成面团，一个饼不外就是相互烘烤在一起的许多个颗粒。保罗在《哥林多前书》(10: 17)中说道："我们虽多，仍是一个饼，一个身体。"正如每一颗谷粒都失去了它自己的形态而跟其他谷粒一起形成一个共同的形态，使得你无法将它们彼此分辨开来，它们全都变成一模一样，但还是各自存在着；同样，全体基督徒也应该合而为一，不分宗派，大家都具有同一个心意、同一个观点、同一个意志，就像那信，福音和洗礼是同一个一样(《以弗所书》，4: 5)。这就是一个基督徒该做的事。他所意识到的不外就是他自己所拥有的财富也要拿来给予他的邻居。他做到不分你我，只知道竭尽全力，用自己的身体和生命、财富和荣誉去帮助任何人。在酒里面也可以看到类似的情况。在此，许多葡萄在一起被榨压，每一颗葡萄失去了它的形态，这就成了葡萄汁了。在酒里面，所有葡萄还是存在着的，但我们却无从一一加以区分了；它们都流到了一起，成了单一的葡萄汁了。

基督如此美轮美奂地描述和刻画了基督徒该走的整个路程，而且，除非希望讲述得更仔细一些，不然的话，根本就不需要其他书籍，就已经可以非常清楚地理解和掌握它。我们就在此接受教育，学习它就足以占据我们全部的生命。你用不到对那些别人不知道的东西感兴趣，不要像我们的那些新的宗派那样不断发明一些新的事物来。在这里，你已经有了全部的东西了。只要你愿意，你可以一直去学习它，可是，你的血和肉始终与你在一起，因而，你在信、爱和耐心这几方面，决达不到完善的程度。因此，圣餐礼就成了一个监工，我们靠着他来安排我们的生活，只要还活着，就一直学下去。如果你根本就不知道什么才是最要紧的事情，那么，你设法胜过别人而知道一些特殊的事情，又会有什么好处呢？任何人只要明白了这个，他也就知道了他应该知道的全部事情。舍此以外，人所能够知道的任何其他事情都一无所是。在《哥林多前书》(13: 2)中有这样的话："我若有先知般的权力，也明白各样的奥秘和各样的知识，如此等等，却没有爱，我就什么也不是了。"

魔鬼在牵着人们的鼻子走，使他们不关注最重要的事情，却想要越过它而别出心裁。这样一来，他们就丧失了那至高的和唯一的宝藏。看，这个却呈现在那些话语的最简单的意思之中，那些单纯的灵魂反而能够懂得如何运用圣餐礼。他们也知道其结果，由此看出他们运用得是不是正确。希望每一个人都仿效于此，他就会看到他还欠缺些什么；看来也只能听任另外的一些人，如果他们愿意的话，让他们继续胡说八道吧。

第Ⅲ部分

关于告解

除此之外，我们还有必要谈论有关告解（*beicht*）的事情，这同样是为了对平凡的百姓加以引导。因为那是一个不争的事实，即直到现在为止，我们一直容许我们被人用告解（*beichten*）来折磨和羞辱自己。我们因它而倍受苦恼，可以说，自有世界以来，还从来没有什么比它更加把人压抑得透不过气来。首先，我认为，德文 *beichten* 这个词来自于 *jahen*，由它而形成了 *beiychtet*，*bejehet*，那就是，*bekennt*（认罪，忏悔）。我们将之缩短为单个音节，称之为 *beichte*，是认罪忏悔的意思。正如在拉丁文中称某些圣者为忏悔者一样，在德文中，称之为 *Beichtiger*（*Bejychter*），也是忏悔者的意思。

然而，正像我以前说过的那样，有三种不同类型的告解。一种是在上帝面前的：因为不管怎么样，我首先必须在上帝面前承认我是个罪人，就像《罗马书》（3: 23）里福音所总结的，以及《约翰福音》（3: 3）中所说的："人若不重生，就不能见上帝的国。"任何人只要承认自己为妇人所生，就都应该如此赞美上帝：我只不过是一个罪人，就像大卫在《诗篇》(51: 5)中所唱的："我是在罪孽里生的，在我母亲怀胎的时候，就有了罪。"他似乎在说：我必定实实在在是个罪人，我生来就是罪人；一旦我在母腹之中成形，我就是个罪人了。因为我是由血肉而成的，而那血和肉就是罪孽。就像谚语所说的："连毛带皮都糟糕的地方，就出不了什么好的毛皮"。我们原都是由黏土而造出来的，而那黏土就不是什么好的。父亲和母亲所贡献的，本身就已经是罪孽了。

任何人如果拒绝承认这一点，或者，不承认自己是罪人，还在主张自己具有自由意志，认为自己里面有着某种善美的东西，那么，这样的人是在亵渎上帝，对着上帝在撒谎，理所当然地永远受到诅咒。因为他是想要由自己来主持正义，不接受上帝的审判。因此，先知又说了(《诗篇》，51: 4)："我向你犯罪，唯独得罪了你，在你眼前行了这恶，因而，你责备我的时候，显为公义，你审判我的时候，显为清正。"这就好像他对上帝在说：我不会与你争辩，我只想让你的道巍然树立，我要承认，我是错的，而你是对的。可是，有那么一些人，他们对你多有指责，想要以理性为依靠，想要得到某些他们可以借以获得恩典的东西；显然，不是他们这些人，而是你，才会始终保持清正。

只要我们还活着，就应该继续这样忏悔，始终说这样的话："主啊，在你面前，我们是一个彻头彻尾的无赖"。然而，还是必须有所区别；因为即使真是一个无赖，一个非基督徒，他也会这样说，但他显然是在说谎话。只有一个真正的基督徒，才会发自内心地这样说，就如同《诗篇》(32: 5—6)中所说的："我说，'我要向主承认我的过犯'；你就赦免我的罪恶。为此，凡虔诚人，都当乘恰当的时间向你祷告。”所有虔诚的人，不管他们有多少个，全都具有这样的美德，即他们对上帝忏悔他们的罪过，为此而祈祷。因此，唯有基督徒和虔诚的人，才会作这样的忏悔。而一个在上帝面前得以称义并且得到了圣灵的人，说出他是一个罪人，那是一件了不起的事情。然而，那却是正确的；他是在忏悔他那曾经是的和现在仍旧是的。他得到了圣灵，但由于肉体，他仍旧是一个罪人。为了这个缘故，所有虔诚的人都大声疾呼地反对肉体。而魔鬼也就在不远的地方；他再三挑动肉体去犯罪。由于这个道理，这是一种伟大而崇高的忏悔。

其他人固然也说自己是罪人，但当别人这样说他们的时候，他们就不愿意听了。可是，假如有人这样说那些虔诚的人，或者，假如上帝为他们的罪过而惩罚他们，他们就说：“对，是该如此。”他们那些伪善的人，其实是完全能够谦卑的，但他们却随心所欲地忘乎所以。他们不希望受到责备，而是希望受别人赞扬。那些神甫和修士也是这样。他们口上也说自己是罪人，但他们不愿意听到我们这样说。这就是为什么上帝不关心这样的忏悔。纯真的忏悔是受命而作的，是每一个人必须做和有义务这样做的。可是，除了基督徒以外，没有人这样做。

第二类忏悔是有人不是对上帝作的，而是对邻居作的。是基督在《马太福音》(5: 23—25 和 6: 14—15)中说到的那种。雅各在他的《雅各书》(5: 16)中也写道：“你们要彼此认罪”，也就是说，要如此为人，每一个人都在别人面前显出谦卑，而且，如果冒犯过别人的话，就承认自己的过错。

不过，有各种各样的冒犯，既有普遍的，也有特殊的。如果说到普遍的，恐怕我们所有人都包括在里面了；主教给我们的祷告词，要我们所有人都团结到一起（《马太福音》，6: 12）。之所以有这一类的忏悔，是由于事实上我们没有尽到我们的义务去帮助我们的邻居，这是指，给他们说话、传道、给他们出主意、给他们以安慰以及用钱财、荣誉、身体和生命来帮助他们。这样的要求是很严格的，没有一个人可以做到如此的圣洁，人人都不免犯下过错。因此，我们全都应该互相这样说："我对你是有义务的，你对我也是有义务的。"可是，特别是受过上帝很多恩赐的人，应该更多地作出回报（《路加福音》，12: 48）。我欠他的，也许比二十个人或者一百个人还要多。上帝也就对我提出这样的要求。不会有什么变通的办法，根据我们所投入的和所获得的，他会精确地算到一分一毫。如此要尽到义务，那是遍及所有人的，并不专门针对某一个人。我对任何一个人都负有义务；作为回报，当我陷入困境需要帮助的时候，每一个人也理应给予我安慰和帮助。然而，我们还没有做到足够的热心，还没有主动寻找需要我们去帮助和为之服务的人们。我们还是感到做到这样是太难了。

现在，当我们算计一下我们有多少地方亏欠了别人的时候，我们必定会大为震惊，在无奈之中只得如此说："我是对别人有所亏欠，但也有一些人对我有所亏欠；不管他们如何亏欠我，我都将一概地宽恕他们，这样一来，哦，主啊，我祈求你也宽恕我。"我就是用这样的方法给自己划出了一条线，就此两清了。假如我们没有这样的权宜之计，就会不知所措了。因此，主的祈祷词至今还是有效的，为了使我们自己的欠债能够得到赦免，我们就应该赦免欠我们债的人（《马太福音》，6: 12—15），就像基督在福音书（《马太福音》，18: 21—35）里所教导我们的那样。这是一种类型的忏悔，在作这种忏悔时，人们必须在众人面前公开承认自己的罪过。在上帝面前我算不上是个义人；而如果用通常的罪过标准来衡量，那么，在世界面前，我也算不得是个义人。任何一个人都对另外的每一个人有某种要求，而没有人会满足这样的要求；因此，任何一个人都应该祈求别人宽恕他。

除了基督徒以外，没有人作这样的忏悔。因为非基督徒并不允许把这个算作罪过。他们援用如下的法典："每人所拥有的，都是属于他的"；而且，他们相信，他们所拥有的财物是他们为自己而享有的。所以，他们仅仅为了他们自己的荣誉和欢乐才使用各种财物。就像所罗门在《箴言》里所说的："恶人的收益，导致的是罪孽"（《箴言》，10: 16），"但义人却恩待人"（《诗篇》，37: 21）。恶人运用他的财物、他的精明、他的计谋和荣誉，为的是寻得欢乐和从中获利。这一切都是罪孽，而且，是这样的一种罪孽，即他仍旧认为它不是什么罪孽，而是正道。上帝创造出了我们，是为了要我们做我们邻居的服务人，但我们都没有做到这一点。然而，我们还是具有这样的一个优点，即我们认识到了这个事实并为此而感到遗憾，我们每天都在努力争取做得更好，我们畏惧上帝，我们尽了我们的所能，尽到了亚当在我们里面所允许做到的。当我们无法做超越这以上的事情的时候，上帝就以此为界线给勾除掉了，就像我们在前面说过的那样；我们不可能希望为此而作出偿还，因为这实在是太多太多了。所以，我们说："请宽恕我吧，我也为此而去宽恕别人。"

除了这种普遍的罪过以外，还有一种特殊的罪过。基督在《马太福音》（5: 22—24）中说到了这个。如果某一个特殊的人受到了冒犯，受到了欺骗、伤害、辱骂或者诽谤，那么，当事人就应该为此而忏悔，承认他做了错事，请求他的邻居宽恕他。哦，要如此让那个亚当折服，去对着一个他根本看不起的可怜的人谦恭赔罪，要承认他是对的，要将最高的荣耀归给他，而自己却应该蒙受最大的耻辱，那确实会大大伤害他。以前，在修道院中曾经有过这样的习惯，是强迫修士们去奉行的，但那是荒唐的。

一个不敬神的人是不会愿意自卑到羞辱他自己。他却没有看到，在上帝面前和在虔诚的人面前，他这样的自卑会给他带来巨大的荣耀。基督徒们，为了他们自己以及为了别人，都能够在一定程度上做到防止犯这种类型的罪过，当在别人那里听到或者看到它时，可以掩盖它或者惩罚它。但是，那普遍类型的罪过却是任何人都避免不了的。

然而，我们在此并不是在讨论这两种类型的忏悔，因为它们年复一年在进行下去，并不是仅仅当有人要领受圣餐的时候才进行的。我们在此要谈论的是那种私下的忏悔；而我认为，它已经从公开的忏悔之中得以发展而成。基督徒们将我们上面描述过的那两种类型的忏悔合在一起，就形成这样私下的忏悔。如此，任何人在参加圣餐礼之前，都在上帝和众人面前作公开的忏悔。而当少数基督徒在一起的时候，各人就分别互作忏悔。他们由此可以对所犯的罪进行分类和列举。其实，还是不列举更好，因为你根本无法知道你还有多少没有被列举到的。

关于这最后一种忏悔，让我这样来说明：如果另外的两种忏悔公开地在进行的话，那么，就不一定再进行最后一种忏悔了。上帝已经很清楚你的罪过了。如果你仅仅在他的面前为它们而忏悔，然后又在你的邻居面前作忏悔，那你的罪过也就得到了赦免。不过，那种私下的忏悔，对于喜欢做这样的忏悔的人来说，也决不应该加以拒绝。其理由就在于：在它里面有许多有益的和宝贵的东西。首先，你的邻居代上帝来赦免你的罪，就像是上帝他自己在说话一样，会使我们感到安慰。假如我知道上帝在某一个地方并且会赦免我的罪，我就不会再到别的地方去了，只要我能够，我就会在那个地方接受这样的赦罪。如此的赦罪是他放进人的口中的，因而，在那样的地方接受它，令人感到莫大的安慰，对于那些良心上不堪重负的人，更是如此。

第二，对于头脑简单而显得有些幼稚的人来说，私下的忏悔有着良好的作用。因为既然普通老百姓懒得动脑，他们听了很多讲道却没有学到什么东西，因而在家中根本就不会有人促使任何人去作忏悔。如此说来，即使私下的忏悔没有什么其他的作用，它至少有这样的用处，即它可以提供机会对百姓进行教导，听听他们信些什么，教会他们如何祈祷等等，不然的话，他们就会像牲畜一样的听任使唤。由于这个缘故，我曾经说过，就圣餐而言，对于任何一个人，除非他能够说明他在领受的是什么和他为什么要领受圣餐，不然的话，就不应该给予他圣餐。而在忏悔之中，恰恰最容易做到这一点。

第三，如果有任何人良心上感到有愧疚，或者有些其他愿望或需要，希望能够得到指点，他就可以在此求得指点，在这样的情况下就有安慰了。为此，我们不能鄙视私下的忏悔。因为有上帝的道在，就是这道给予我们以安慰，增强我们的信心，除此之外，又将我们所欠缺的东西教导给我们，并且，在我们有需要的时候，给予我们指点。由于这个缘故，除了虔诚的基督徒以外，再也没有任何别的人可以做到正确地去作这种忏悔，因为他们必须是那些感到自己真正需要得到指点和安慰的人。然而，困难就在于人们并没有注意罪孽之赦免，而是注意他们自己的行为，注意他们如何恰当地作了他们的忏悔。而且，他们还试图列举他们的罪过，这是办不到的，因为这罪过的数量是太大太大了，也很难一一听取。因此，最好的办法也许就是干脆这样说："亲爱的兄弟，我来到这里，想要为我的罪过表示我的悲伤，在上帝和人面前，我都是一个罪人；我所尤其关注的是这个或那个"，如此等等（至于你是不是愿意这样说，那是你的事情了）。然后，就由此得出结论："为此，我祈求给予我善美的安慰和增强我的灵魂"，如此等等。这样一来就无须费上很大力气了。而且，它就成了唯独虔诚的基督徒才做得到的一件宝贵的事情。

综上所述可见，当教皇命令任何人都必须作私下的忏悔，认为不这么做就是在违抗和犯下不赦之罪，他把不履行的人交付给魔鬼的时候，那实在是魔鬼在行事了。因为这可实在不是我们有权可以取舍的，它是一件来自于天上的礼物。就因为上帝没有这样命令过，因而没有人可以下这样的命令。即使假定我可以驱使所有的人这样做，他们中间有多少人会自愿忏悔而不是被迫这样做呢？两万个人里面也不会有一个。而那余下的人，他们所做的，不外就是在嘲弄上帝和极大地亵渎上帝。因为神甫在那里代上帝而宣告的判决，是错误的，是不会被执行的。人不自愿地作出忏悔，不自愿地听到对罪孽的赦免，但他并不相信。过错倒并不在于神甫，而在于那虽然在作忏悔，但并不是真心诚意和真正发自内心希望罪孽得到赦免的人。上帝不希望有人妄称他的道*（《出埃及记》，20: 7）。如

---

* 今本《圣经》该处作"妄称他的名"。

果你不想忏悔，就听其自然，甚至所有这三种忏悔全都不要去做。忏悔是只为虔诚的人们而设的，如果你并不虔诚，最好就不要去作忏悔，因为这样做的话，就是不义的，该受咒诅的。所以，至今为止，我们去作告解*，都仅仅是为神甫在作效劳，并不是为我们的灵魂效劳。说这是对神甫或者对教会的服从，那是说得很确切的。神甫从中获得了利益和荣誉。可是，其余的人则使他们的灵魂受到了诅咒。

如此，关于那两件事，即圣餐礼和告解，就给你上了既简短而又清晰的一堂课了。它完全是应该自愿而自由地去做的。如果你是自愿而来并诉说你的罪过，如果你是在寻求安慰和力量，那它就是有益的。对小孩子和头脑简单的人们，应该要求他们这样去做。应当是谆谆诱导，而不是施加压力。因为正像说过的那样，为了达到那样的目的，这是特别有用的，因而就应该这样做。阿们。

---

* “告解”，或者“办神工”，就是“忏悔”，此处为了区别于一般意义上的忏悔，特指天主教（以及东正教）中圣事的一种，即向神甫告明自己的罪过，由神甫为之赦罪。

23 人们可否逃离致命的瘟疫

致尊敬的布雷斯劳牧师约翰·赫思博士及其同为耶稣基督仆人的同事

马丁·路德

愿上帝我们的父和我们的主耶稣基督将恩典和平安赐给你们。早些时候我连维滕贝格收到了你们写给我的信。你们想知道，一个基督徒逃离一场致命的瘟疫，这样的做法是否恰当。应该说，我在很久以前就回答过了，但上帝有一段时间对我严加管束和惩罚，我那时根本无法阅读和写作。而且，我感觉到上帝仁慈的父神已经恩赐给你们如此丰富的智慧和对基督的信心，无须我们的帮助你们自己就完全有资格在他的圣灵和恩典中决定这个问题甚或更重大的问题。

但是，既然你们一再给我写信，可以说非常谦虚地征询我们在这个问题上的看法，因而，就像圣保罗多次教导我们的那样，要我们做到一心一意彼此相合（《哥林多前书》，1: 10；《哥林多后书》，13: 11；《腓立比书》，2: 2）。因此，我在这里把上帝恩赐我们使我们理解和感知的意见告诉你们。我们虚心地把我们的意见告诉你们以征求你们的看法，也征求一切虔诚的基督徒对此的看法，那是完全应该的，让他们作出自己的决定和结论。既然在这些地方以及其他许多地方都传闻有人死亡，我们同意把我们所作的这些指示刊印出来，因为别的人也希望使用它们。

先从某些人坚定地认为人们不必要而且也不应该逃离一场致命的瘟疫这样的观点谈起。他们认为，既然死亡是上帝的惩罚，是他因为我们的罪孽而施加在我们身上的，因而，我们必须交托给上帝，以真实而坚定的信耐心地等待着对我们的惩罚。他们认为逃离是完全错误的，表明缺乏对上帝的信仰。另一些人则认为，人们可以正当地逃离，尤其是如果他们并不担任公职的话。

我不能责难持前一种看法的人所作的出色决定。他们所坚持的是一个美好的事业，即坚定地信仰上帝，正因为他们希望每一个基督徒都保持坚定的信仰，故而他们理应得到赞扬。连多数圣者自己对死亡也曾经而且仍然感到恐惧，因而，有信心等待死亡胜过获得牛奶。对那些真正视死如归的人，谁不大加赞扬呢？他们甘愿接受上帝的惩罚，丝毫也不试探上帝，我们在下文会听到这个的。

但既然就基督徒的普遍情况而言，确实只有少数基督徒才那么坚强，多数基督徒还是软弱的，因此，人们不可能把同样的重担加在每一个基督徒身上。如《马可福音》(16: 18)所述，一个信心坚强的人可以喝下毒药而不受其害，而一个信心软弱的人喝了就会死去。彼得可以在水上行走，因为他的信心坚强。而当他开始有所怀疑，他的信心开始有所动摇的时候，他就沉了下去，差点被淹死。一个强壮的人跟一个体弱的人一起去旅行，他应该克制自己，不要按他自己的体力而快速行走，以免他的同伴无法跟上。基督并不愿意让他那些软弱的人被遗弃，就如同圣保罗在《罗马书》(15: 1)和《哥林多前书》(12: 22起)中所说到的那样。总而言之，逃离死亡可以有两种方法。一种是在违背上帝的话语和命令。例如，某人由于上帝的话语而被关进了监狱，但他为了逃离死亡而否认和否定上帝的话语。在这种情况下，任何人都要遵守基督的命令，不是逃离死亡，而是忍受死亡，就像基督所说的，“凡在人面前不认我的，我在我天上的父面前，也必不认他”以及“那杀身体而不能杀灵魂的，不要怕他们”(《马太福音》, 10: 28, 33)。

那些担任了像神甫和牧师这样的神职的人，面对死亡威胁同样应该坚定地留下来。我们有来自于基督的明确命令，“我是好牧人，好牧人为羊舍命，雇工看见狼来，就撇下羊逃走”(《约翰福音》, 10: 11)。因为当人们将死的时候，他们特别需要有神职人员在场，通过话语和圣事来坚强和安慰他们的良心，凭信仰克服死亡。然而，如果在某个地方已经有了足够的教士，而且他们同意让其他教士离开，以免遭受不必要的危险，那么，我不认为这样的做法是有罪的，因为属灵的服务已经具备了，倘若确有必要，他们已做好准备，甘愿留下来。我们读到过，圣亚大纳西为了保住自己的性命而从他的教堂逃走，因为其他许多人在主持他的职事。同样，大马士革的弟兄们把保罗放在一个筐子里从城墙上缒下去，使他可以逃走(《使徒行传》, 9: 25)。同样，在《使徒行传》(19: 30)中，保罗也同意不冒险进城，因为对他来说进城并不是重要的事情。

同样，所有担任公职的人，如市长、法官等人，也有义务留下来。这也是上帝的话语，由这话语设立了世俗当局，命令将城镇和国家治理、保护和保存下来，就如同圣保罗在《罗马书》(13: 4)

中所教导的那样，“那些掌权的，乃是上帝所设立的，是于你们有益的。”放弃某个人蒙召而治理的整个社区，听任它失去官员或政府，面临诸如火灾、谋杀、暴乱和任何可以想象得到的祸患的种种危险，是莫大的罪孽。在任何没有法律和秩序的地方，魔鬼就乐意挑起这样的祸患。圣保罗说道，“人若不看顾亲属，就是背了信仰，比不信的人还不好”（《提摩太前书》，5: 8）。另一方面，如果他们在十分软弱的情况下逃走了，但是，正像我们前面所指出的那样，他们还是提供了有能力的接替者，保证社区得到很好的治理和保护，并且他们还持续而小心地监督着他们［即接替者］，那么，这一切都是合适的。

适用于那两个职事［指教会和国家］的，同样也应该适用于彼此之间负有服务或责任关系的人们。仆人在他的男主人不知道、也未得到同意的情况下就不应该离开他的主人，而使女在她的女主人不知道、也未得到同意的情况下也不应该离开她的女主人。而且，男主人对待他的仆人和女主人对待她的使女，除非已经在某个地方给他们安排了确切的保障，否则就不应该撇下他们不管。在所有这些事情之中，上帝的命令就在于要男女仆人顺从他们的主人，而又要男女主人关心他们的仆人。同样，父母按照上帝的律法有义务服务于他们的孩子，给予他们帮助，而孩子们也要这样对待他们的父母。同样，受雇的公仆们，例如城市的医生、文员、警官，以及其他一些不管什么头衔的人员，不应该逃离，除非他们已经提供了有能力的并且为其雇主所接受的接替者。

至于孤儿，其监护人或者亲近的朋友有义务或者跟他们一起留下来，或者努力为他们患病的朋友安排好其他护理条件。确实是这样，除非有别的人来代替他照料和护理，不然的话，他就不可离开他的邻居。在这种情况下，我们应该重视基督的话，“我病了，你们也不来看望我……”（《马太福音》，25: 41—46）。遵照这一段经文，我们彼此之间负有义务，没有任何人可以抛弃处于患难之中的别人不管，而有义务帮助他，就像他自己也希望得到帮助一样。

如果情况没有那么紧急，已经有足够的人来护理和照料病人，如果那些信心软弱的人出于自愿或者遵照吩咐已经做好了各种准备，不需要额外的帮手，或者，如果病人不需要他们，拒绝了他们的服务，我认为，他们可以同等地选择离开或留下。如果某个人足够勇敢和信心坚强，就让他奉上帝之名而留下来；那当然不是罪孽。如果某个人软弱而感到害怕，就让他奉上帝之名逃走吧，只要他并没有不顾他对他邻居应尽的责任，做了合适的安排，就可以了。逃离死亡而保全性命是一种出于本性的意向，是上帝所注入而不禁止的，只要不发生这种意向跟上帝和邻居相抵触的情况，正如同圣保罗在《以弗所书》4 章［应为 5: 29］中所说的：“从来没有人恨恶自己的身子，总要保养顾惜。”甚至还有这样的命令，即每个人应该尽可能地保护好身体和生命，不可忽视它们，就如同圣保罗在《哥林多前书》（12: 21—26）中所说的那样，上帝已经吩咐身体的各个肢体要互相照顾和互相协助。

我们应该靠我们的辛勤劳动争取我们每天的衣食和我们所需要的一切，要尽我们所能避免遭受破坏和祸患，只要我们这样做没有减弱我们对我们的邻居的爱和责任，这样的做法非但没有遭到禁止，倒不如说是受到命令的。所以，如果可以在不损害我们的邻居的前提下做到这一点，那么，寻求去维护好生命和避免死亡是合情合理的，因为生命比衣食更重要，就如同基督他自己在《马太福音》5章［应为6: 25］中所说的那样。然而，如果某个人信心坚强，他能够自愿忍受衣不蔽体和忍饥挨饿的生活，而且，尽管他可以做，但他从不试探上帝，不设法逃离，就让他继续这样下去，但让他不要责备那些不愿意或者不能够这样做的人。

《圣经》中有好多例子证明，逃离死亡本身并没有错。亚伯拉罕是一位伟大的圣者，但他害怕死亡，假称他的妻子撒莱是他的妹子而逃离死亡。正因为他这样做的时候并没有不顾或有害于他的邻居，因而这并不算作他对他邻居犯下什么罪过。他的儿子以撒也做了同样的事情。雅各也从他的兄弟以扫那里逃走，以免死在他的手中。同样，大卫也从扫罗那里和从押沙龙那里逃走。先知乌利亚从约雅敬王那里逃到埃及。《列王纪上》（19: 3）中说到，英勇的先知以利亚，凭着巨大的信心杀死了巴力的众先知*，但他事后在皇后耶洗别威胁他的时候却感到害怕而逃到旷野。在这之前，摩西在法老王要在埃及搜捕他时，也逃到了米甸。还有许多人也做了同样的事情。他们全都在有可能的情况下逃离了死亡，拯救了自己的性命，然而，他们没有从他们的邻居那里夺走任何东西，而是首先履行对他们应尽的义务。

你会说，确实如此，但这些例子说的不是死于瘟疫的人，而是遭受迫害而死的人。回答是：死就是死，不管是如何死的。根据《圣经》，上帝放出了他的四大灾祸：瘟疫、饥荒、刀剑和恶兽。既然可以允许人们堂堂正正地逃离某一种灾祸，为什么就不能逃离

* 事见《列王纪上》，18: 20—40。

所有四种灾祸呢？我们所举的例子表明那些神圣的父老如何逃离刀剑；十分显然，亚伯拉罕、以撒和雅各为了逃避饥荒而到埃及去，如同我们在《创世记》(40—47)中所读到的那样，他们逃离的是另一种灾祸，那就是，挨饿而死。同样，为什么人们就不应该逃避恶兽呢？我听到有人这样说，“如果发生战争，或者土耳其人入侵，大家不应该逃离家乡，应该留下来，等待上帝用刀剑作出惩罚。”那确实是如此；就让信心坚强的人等待他的死亡吧，但他不应该责备那些逃离的人。

按这样的推论，一座房子着火，大家都不应该逃出来，也不应该救火，因为着火也是来自于上帝的惩罚。任何人掉到深水里，也不应靠游泳来自救，而应该听任溺水而亡，以此接受上帝的惩罚。很好，如果你能这样做，你就这样做吧，但不要试探上帝，允许别人做他们所能做的事。同样，如果某个人折断了腿，受了伤或感到疼痛，他也不应该去就医，而是说：“那是上帝的惩罚。我应该忍受，直到它自动康复。”严寒的冬天也是上帝的惩罚，也可以致人于死。为什么要逃到屋内生火取暖呢？你就该坚强地留在室外，直到天气暖和起来。如此的话，我们就不需要药剂师、药物、医师了，因为所有疾病都是来自于上帝的惩罚。饥和渴也是很大的惩罚和折磨。为什么你要吃喝，而不是接受惩罚，直到饥渴自动消除呢？归根到底，这样的说法会使我们把主祷文都给省略了，我们不再祈祷“救我们脱离邪恶，阿们”，因为我们不得不停止祈祷从地狱中获救，停止寻求逃离地狱。那同样也是上帝的惩罚，就像任何一种邪恶一样。那还会有完吗？

综上所述，我们得出如下的指导思想：我们应该祈求反对任何形式的邪恶，尽我们所能加以防止，为的是不违背上帝，我们在前面已经解释过了。倘若上帝的旨意要让邪恶临到我们头上，毁坏我们，那么，我们所作的任何预防都帮不了我们忙。每个人都应该记住：首先，如果他感到必须留在死神肆虐的地方，那么，就让他把自己交托给上帝，说："主啊，我在你的手中；你把我留在了这里；愿你的旨意成就。我是你的卑微的受造之物。在这一场瘟疫中，你可以杀死我或留下我，就好比我处在火灾、水灾、旱灾或任何别的危险中一样。"然而，如果某个人是自由的，能够逃离，也让他交托给上帝，要这样说："主上帝啊，我软弱又害怕。所以我在逃避这邪恶，我也在尽我所能来保护我自己。不过，在这场危险中，也同在其他任何一次会侵袭我的危险中一样，我是在你的手中。愿你的旨意成就。我单是这样逃走不一定能成功，因为到处都布满着艰险。而且，魔鬼是决不会睡觉的。他从一开始就是一个谋杀者（《约翰福音》，8: 44），他到处都在设法挑起谋杀和灾难。"

对待我们的邻居，我们也必须像在他遭受别的困难和危险时一样尽到我们的责任。如果他的住房着火了，那么，爱会驱使我帮助他灭火。如果那里有足够的人在救火，我可以回家去，也可以留下来帮着一起救火。如果他掉进了水中或者坑里，我决不可以走开，而要赶紧尽我所能帮助他。如果有其他人在帮助他，我就可以免劳了。如果我看到他又饥又渴，我不能弃之不顾，应该给他吃的和喝的，不管我会不会因此而自顾不周。一个人如果顾虑他帮助或接济他人会不会影响自己的安全或财产，他决不会帮助他的邻居。他总在盘算这样做是否可能给他自己带来不利和害处，是否有危险和损失。邻居生活在附近，总会对他的安全、财产和妻儿构成一定的风险。源于邻居家的火灾或别的什么事故，可能使他的身体受到伤害，或者，使他失去财物、妻儿和他所有的一切，他必须承担这样的风险。

任何人如果没有对自己的邻居尽责，弃之不顾，听任他遭受不幸，那么，他在上帝的眼中，就如同圣约翰在他的《使徒书》中所说的，是杀人的，“凡是不爱自己弟兄的，就是杀人的”，还有，“凡有世上财物的，看见弟兄穷乏［却塞住怜悯的心］，那么，上帝的爱怎能存在他里面呢？”（《约翰一书》，3: 15, 17）。这也是上帝归罪于所多玛城的其中的一条罪名，他通过先知以西结（《以西结书》，16: 49）的口说道，“看哪，你妹妹所多玛的罪孽是这样：她和她的女儿们心骄气傲，粮食饱足，大享安逸，但没有扶助困苦和穷乏的人。”所以，基督在世界末日要谴责他们是杀人的，他会说，“我病了，你们不来看顾我”（《马太福音》，25: 43）。如果对于那些没有看顾病人和困苦者或没有给予他们以安慰的人尚且要作出这样的判决，那么，那些对他们置之不顾，听任他们像猪狗一般躺倒在地的人，又该如何处置呢？确实，那些把穷苦人的些微所有都掠夺走，想方设法加害于他们的人，下场会怎样呢？那正是暴君们对待接受福音的穷苦人所做的。但随它如此吧；他们已经被定罪了。

如果在各个城市和各个州都有这样一个有成效的政府，设立有一些人员齐备的市立疗养所和医院来关怀病人，把私人家庭的病人送到这里来——像我们祖先的意图和目的一样，他们希望有很多虔诚的捐款，有很多的收容所，医院和诊所，这样，每一个公民就不必在自己家里设置医疗室了。那确实是一个值得赞扬的、绝好的和属基督的安排，对此，每个人都应该慷慨解囊，鼎力相助，政府尤当如此。如果没有这样的设施——它们确实只在很少的地方才有——，那么，我们就应该多关注医院，在任何危急的时候彼此充当护士，或者甘冒会失去上帝的得救和恩典的风险。上帝的话语和命令是这样写的，“要爱你的邻居，像爱你自己一样”*，《马太福音》（7: 12）中写道：“所以无论何事，你们愿意人怎样待你们，你们也要怎样待人。”

现在，如果有一种致命的传染病在传播，我们应该留在那里，做好我们的安排，勇敢地承认（像我们前面说过的那样）我们相互之间是团结的，我们不可以互相离弃或者互相逃避。首先，我们可以确切地得知，上帝的惩罚已经降临到我们头上，不仅是为我们的罪孽而严惩我们，也是在考验我们的信和爱——我们的信在于我们可以看到和体验到我们应该如何对待上帝；我们的爱在于我们可以认识到我们应该如何对待我们的邻居。我认为，所有的传染病像任何一次瘟疫一样，都是由邪灵在人们之间传播的，那些邪灵在毒化空气，散发出传染病的气味来毒害肉体。然而，这是上帝的命令和惩罚，我们应该耐心地说服我们的邻居服从于它，为之作出奉献，同时我们也冒因此而会舍命的风险，就如同圣约翰所教导我们的那样，“基督为我们舍命，我们也当为弟兄舍命”（《约翰一书》，3: 16）。

任何人如果面对一个病人感到恐惧和厌恶，那么，他应该鼓起

---

* 中文本《圣经》译作“要爱人如己”，《圣经》中最先出现在《利未记》（19: 18）。在《旧约》中，“邻居”指具有亲属关系的人。

勇气，坚定地确信那是魔鬼在他心中挑起这样的反感、恐惧和厌恶。他是那样一个阴险而无赖的魔鬼，他不仅无休止地想杀人，而且还热衷于让我们一想到死就感到恐惧、担忧、可怕，以至于我们视死亡为恐怖的事，终生不得安宁。这样，魔鬼使我们在今世生活中倍受熬煎，他就可以设法让我们对上帝感到失望，不愿意死而且也没有做好准备去死，处在恐惧和焦虑如压顶的乌云之下，要我们忘记和抛弃那原本是我们的光明和生命的基督，要我们遗弃处于困苦中的我们的邻居。这样，我们对上帝、对人都犯下了罪孽；那样倒成了魔鬼的荣耀和欢乐。正因为我们知道是魔鬼在挑弄这样的畏惧和恐怖，我们自己应该把它压缩到最低限度，鼓起勇气去扰乱和为难它，将这些恐惧都掷还给他。我们应该理直气壮地这样来回答魔鬼：

“你这个魔鬼，连同你的威胁一起滚开吧！正因为你恨它，我偏偏要更迅速地帮助我那患病的邻居，就让你为此而恼火吧。我不在意你会怎么样；我可以给了两个重击：第一个重击是我知道，帮助我的邻居是一件取悦于上帝和所有天使的事情；我这样做是在成就上帝的旨意，是对他的真正奉献和顺从。尤其是，正因为你那么恨恶于它，那么强烈地反对它，它就必定是特别为上帝所悦纳的。哪怕我只能够取悦于某一个天使，使他对此感到高兴，我也会乐意这样做。但现在因为它是上帝我的父的旨意和命令，它取悦于我的主耶稣基督和全体天上的主人，那么，我怎么会因为惧怕你而破坏这天国的欢乐或者我主的喜悦呢？或者说，我又怎么会为了讨好你和你地狱中的那些妖魔而给你们以口实，让你们来嘲弄和讥笑我呢？不，你是不会得逞的！如果基督曾为我流血而死，为什么我不应该为了他的缘故而承担一些小小的风险，藐视这场微不足道的瘟疫呢？你能够制造恐怖气氛，基督就能够使我坚强。你能够杀人，基督就能够赐给生命。你的毒牙里有毒药，基督就有更有效的解药。我亲爱的基督，连同他的戒律、他的仁慈和他所给予我的一切的鼓励，在我的灵心中，他比你这个恶作剧的魔鬼，连同你在我的软弱的肉体里所散布的那些虚假的恐怖，不是更重要吗？但愿由上帝来加以阻止！魔鬼，滚开吧。这里有基督在，有我在，在这件事情上，我是基督的仆人。愿基督大获全胜！阿们。”

对魔鬼的第二个打击，就在于上帝他那全能的应许，凭着这个应许，他鼓舞了对穷苦人给予帮助的人们。他在《诗篇》（41: 1—3）中说道，“眷顾贫穷的有福了。他遭难的日子，主必搭救他。主必保全他，使他存活；主在地上赐福给他，不把他交付给他仇敌，不使他的仇敌如愿。他病重在床，主必扶持他。他在病中，主必医治他各样的病症。”上帝的这些光耀和全能的应许，难道还不足以使那些对穷苦人给予帮助的人安心吗？有了如此伟大而神圣的安慰，还有什么能使我们感到恐怖或害怕呢？比起上帝的应许和圣保罗对提摩太所说的回报，我们对穷苦人所能做的奉献实在是微乎其微；圣保罗在《提摩太前书》（4: 8）中说道：“唯独敬虔，凡事都有益处，因有今生和来生的应许。”敬虔正是侍奉上帝。而侍奉上帝其实就是侍奉我们的邻居。经验证明，那些用爱、奉献和真诚照顾病人的人，一般都得到了保护。他们虽然中了毒，却没有受到伤害。正如《诗篇》所说的：“他在病中，主必医治他各样的病症”（《诗篇》，41: 3），也就是说，主把他的疾病之床变成健康之床。一个出于贪婪之心去探望病人的人，期望靠作出些服务而获得继承权或得到某些个人好处的人，如果他受到了感染，受到了损伤，甚或在他来得及去占有产业或继承权之先，就已经死去，是不足为奇的。

但任何人如果为了上帝那仁慈的应许的缘故而去侍奉病人，尽管他可以接受他有资格获得的相应的回报，就像每个工人配得到他的工资一样，但他这样做了，就可以得到重大的保证，即日后他自己也会得到照顾。上帝他自己也会成为他的护理者和他的医生。他是一个怎样的护理者啊！他是一个怎样的医生啊！朋友啊，跟上帝相比，所有医生、药剂师和护理者又算得了什么呢？这样，即使他侍奉病人会使他身上长满多如毛发的疖子，携带成千上万的传染病体，难道他还不是会受到鼓舞而去这样做吗！连上帝也谦卑地感到有义务当我们的护理者和医生，那么，相对于此，各种瘟疫或妖魔鬼怪又算得了什么呢？你这个十足的不信者，你对如此巨大的安慰无动于衷，却害怕那些细小的疖子或某种尚不确切的危险，而不是因为上帝的如此可靠而可信的应许而受到鼓舞！哪怕所有的医生和整个世界都为你服务，却没有上帝的亲临，于你又有什么用处呢？再有，哪怕整个世界都嫌弃你，没有一个医生愿意留在你身边，但上帝却带着他的许诺坚持与你同在，那么，你还会受到什么伤害呢？难道你不知道，你被成千上万个天使护卫着，你确实尽够把这瘟疫踹在脚下，就像《诗篇》（91：11—13）所说的："他要为你吩咐他的使者，在你行的一切道路上保护你。他们要用手托着你，免得你的脚碰在石头上。你要踹在狮子和毒蛇的身上，践踏少壮狮子和大蛇。"

所以，亲爱的朋友们，我们不要自暴自弃到遗弃我们有责任要帮助的人，不要由于魔鬼的恐吓而胆怯地逃跑，或者说，不要听任魔鬼津津乐道地嘲弄我们，去打扰和纠缠上帝以及他的众天使。因为凡是藐视上帝的如此伟大的应许和命令而听任他自己的民众陷入贫困之中的人，当然违背了上帝的一切律法，对他所遗弃的他的邻居，犯下了谋杀之罪。我恐怕在这样的情况下，上帝的应许会逆反过来，变成可怕的凶兆，而《诗篇》41篇也会改写成对他们的谴责："凡是不救助贫困者而离弃他们的人，该受到诅咒。在这样的人遇难的时候，主不会救助他，会将他遗弃。主不会保护他，也不会让他存活下去，也不会让他在地上兴旺发达，而会把他交到他的仇敌手中。主不会让他在他的病床上得以康复，也不会使他的疾病去除。"因为"你们用什么量器量给人，也必用什么量器量给你们"(《马太福音》,7: 2)。不会有别的结果。听到这样的说法是可怕的，等待这样的事情发生，就更加可怕了，但最可怕的还是经历这样的事情。如果上帝收回他的手，把我们抛下，那么，除了地道的魔鬼行径和各种邪恶以外，还能有别的事情吗？如果人们违背上帝的命令而遗弃他们的邻居，那就不可能有别的结果。这一类人，除非他真诚地忏悔，否则，当然就逃不掉这样的厄运。

我很清楚，倘若基督或者他的母亲病倒了，每个人都会万分忧虑，乐于当仆人或者帮手。每个人都会大胆而无所畏惧；没有人会逃跑，人人都会疾奔而至。然而，他们并没有听到基督自己所说的，"这些事你们既作在我这弟兄中一个最小的身上，就是作在我的身上了"(《马太福音》, 25: 40)。当他谈到最大的诫命时，他说道："另一条诫命与此相仿，就是要爱邻人如爱己"(《马太福音》, 22: 39)。在那里，你们听到了，要爱你们的邻居，这个命令等于要爱上帝这个最大的诫命，而你们对你们的邻居所做的和没有做的，同样意味着你们对上帝所做的和没有做的。你希望侍奉基督，希望去等候他，那么，很好，现在你的患病的邻居就在你的近旁。你就该到他那里去，这样，你必定会在他里面找到基督，这不是指外在地找到他，而是在他的话语里找到他。如果你不愿意或者不用心侍奉你的邻居，那么，你可以确信，倘若是基督躺在那里，你同样也不会去做，会听任他躺在那里。尽管你可能自以为是地自夸，倘若是基督亲自在那里，你会实实在在地侍奉他，不过，这些只是你单方面的幻觉而已。这些只是谎言而已；希望亲自侍奉基督的人，当然会同样侍奉他的邻居。他这样说是在聊以自慰，是在给自己壮胆，是一种不光彩的逃避，而魔鬼就希望如此来试探我们，让我们在与邻居相处时漠视上帝的命令，这样，我们就会从左边*陷入罪孽之中。

另外有些人则从右边犯下了罪。他们实在是太草率大意了，他们是在试探上帝，为此，他们漠视任何一种可以对抗死亡和瘟疫的办法。他们不屑于使用药物；他们不避离染疫的地方和病人，毫不在乎地玩耍自如，他们想要证明自己是多么自由自在。他们说，那是上帝的惩罚；如果他想保护他们，他无需用什么药物或我们的照料就可以做到了。这不是在信靠上帝，而是在试探上帝。上帝创造出了药物，他将智慧赐给我们，以此来保护好和照顾好身体，使我们可以健康地生活着。

* 在古代犹太人那里，“左”和“右”具有象征意义。古时以色列人以向东为其主要的方向，因而，“北”是在其左边。从这个意义引申，左边一般被认为比右边软弱，同样，左边也被认为是凶兆。右边则是力量和权力的象征，可参见《诗篇》（45: 4；89: 42；137: 5），《箴言》（27: 16），《马太福音》（27: 29）和《启示录》（1: 16）。

如果有人不使用药物和人的智慧而又自以为这样做不会对他的邻居形成损害，那么，这样的人其实是在伤害他的身体，他必须小心，以免他会在上帝的眼中成为一个自杀者。照此推论，这样的人可以放弃吃、喝、穿和住，可以大胆地宣布他的信心，即只要上帝保护他，不让他忍饥挨饿，他用不着吃什么和穿什么。这实在无异于自杀。如果一个人根本不注意他自己的身体，不是尽自己所能去对抗瘟疫，然后再把毒素传染给别人，而假如这人按照他理应做的那样留意他自己的身体，原本是可以好好活着的。这样，在上帝面前，他对他邻居的死是负有责任的，是多次谋杀的主犯。实际上，这样的人的所作所为，就好比城里一栋房子着火了，人们不是设法救火。而是对着火焰煽风，以至于整个城市都给烧毁了，却还要说，如果是出于上帝的旨意，他可以不用水去救火，就可以拯救这座城市。

不，我亲爱的朋友们，那样不好。要使用药物；要服用对你有帮助的剂量；要给房屋、庭院和街道消毒；如果你们的邻居不需要你们在场或者已经痊愈了，你们就该回避，要像一个想给燃烧的城市扑火的人那样行事。流行病也跟一场火灾一样，只是火灾烧的是木材和稻草，而流行病毁坏的是生命和身体，不正是如此吗？你们应该如下面这样来思考：很好，凭着上帝的天命，敌人给我们送来了毒物和致死的垃圾。为此，我会请上帝仁慈地来保护我们。然后，我会去消毒，帮助净化空气，服用药物。为了不至于污染环境，不至于有可能感染和污染别人，导致他们因我的疏忽而死去，在不需要我在场的情况下，我应该避免接触那些地方和那些人。如果上帝叫我去，他当然会找到我，我已经做了他希望我做的事情，所以，不管是对我自己的死还是对别人的死，我都不负有责任。然而，如果我的邻居需要我，我会毫不回避是任何地点和任何人，一如前面所说的，会毫不犹豫地前往。看，这就是一种敬畏上帝的信，因为它既不是傲慢的，又不是鲁莽的，它并没有试探上帝。

而且，任何一个已经得了病而康复的人，还是应该跟别的人隔离开来，如果没有必要，不要去与别人接触。虽然像前面所指出的那样，在他有需要的时候大家对他施以援手，他复原以后也理应帮助别人，以免有人因为他的缘故而不必要地遭受危险从而导致别人死亡。那位智者*说道，"铤而走险者必自毙"（《便西拉智训》，3: 26）。如果一座城市的民众在邻居有这样的需求时全都能够出于他们的信仰而表现出勇敢的精神，并且在没有出现紧急情况时也保持着高度警惕，如果每一个人都竭尽其所能地防止疫情的蔓延，那么，死亡的丧钟就不会敲得那么响了。但如果有些人表现得惊慌失措，遗弃了他们的处于困境的邻居，如果有些人愚蠢到非但不预防疫情的蔓延，反而加剧传染，那么，魔鬼就会兴风作浪，很多人会死去。从两个方面来看，这都是对上帝和对人的罪大恶极的冒犯——它既是在试探上帝，又是在把人引入绝境。这样，对逃走的人，魔鬼会紧追不舍；对留下的人，魔鬼会抓住不放，没有一个人逃得出他的手掌。

某些人甚至比这还要恶劣。他们隐瞒自己已经染疫而走到别人之中去，他们相信，只要把这病传染给了别人，把别人给毒害了，他们自己就可以摆脱瘟疫而痊愈。他们带着这样的念头走遍大街小

* 指《便西拉智训》的作者约书亚（或称为耶稣）。《便西拉智训》为《次经》（或译作《圣经后典》）中的一篇。

巷，把这病强行传给小孩或仆人，以此来救他们自己。我当然相信这是魔鬼之所为，是他转动命运之轮而导致这样的事情发生。我听说有些人非常恶毒，有意在人与人之间和进到人们家中去传播，因为他们遗憾瘟疫还传染得不够广，极力要让它传染给更多的人，就好比在做恶作剧把一些虱子放到毛皮大衣里，或者，把一些苍蝇放进某人的起居室里。我不知道我该不该相信这些；如果真是这样，我不知道我们德国人还算不算人，是不是真的成了妖魔鬼怪了。必须承认有些极端粗鲁和邪恶的人。魔鬼可从不闲着。我建议，一旦发现有这样的人，法官应该一把抓住他们的耳朵，把他们交给绞刑吏，他们的罪名就是毫不掩饰的蓄意谋杀。他们这些人不就是我们城里的杀手吗？暗杀犯总是会在这里或那里偷偷地用刀刺死某个人，但大家都找不到凶手。这些人就是这样东传染给一个小孩，西又传染给一个妇女，却抓不到他们。他们为此而幸灾乐祸。如果是这样，那么，与其跟这样的杀手生活在一起，还不如跟野兽生活在一起。我不知道该如何向这样的杀人犯传道。他们满不在乎。我呼吁当局该来管一管，倒不是要请医生们来帮忙和想办法，而是要请绞刑吏来行刑。

如果说在《旧约》中是上帝他自己吩咐把麻风病患者从社区中赶出去，迫使他们住在城外，以防传染（《利未记》，13—14），那么，我们现在面对这种危险的瘟疫，也要照这样去做，即任何一个染病的人，都应该跟别人隔离开来，或者，同意让自己被带走，迅速接受药物治疗。发生了这样的情况时，我们的责任是帮助这样的人，而不是把他遗弃在困境之中，这一点我在前面已经反复指出了。这样，那毒物就可以及时得到制止，这不仅对他本人有利，而且也对整个社区有好处，如果不这样的话，则整个社区会由于一人传多人而受到传染。我们维滕贝格这里的瘟疫，不外是起因于污物。感谢上帝，我们的空气仍然是洁净的，但有那么少数人，他们由于懒惰和粗心大意而受到了污染。这样，魔鬼就因为他在我们中造成的恐怖和躲避而高兴。愿上帝来挫败他！阿们。

这是我们对碰到瘟疫时是否要逃离死亡这件事情的想法和结论。如果你们有不同意见，愿上帝来开导你们。阿们。

因为这封信将刊印出来给民众阅读，所以我觉得再加上一些有关应该如何给予临死的灵魂以关怀和帮助的简短指示，会很有用处。我们在讲坛上传道的时候已经口头说过了，而且，每天还在这样做，以履行我们蒙召作为牧师的职事。

第一，应该告诫民众到教堂去听讲，这样，他们就可以通过上帝的话语而懂得该如何活着而又如何死去。必须注意，那些在身体健康的时候粗鲁而恶劣到竟然藐视上帝话语的人，到他们患病的时候就会无人问津，除非他们痛哭流涕地深刻忏悔。一个人想要像异教徒或者像一条狗那样活着而又不当众忏悔，就不应该指望我们会给他行圣礼，或者说，就不应该指望我们会认他为基督徒。他此前是如何活着的，就让他还是这般死去，因为我们不要把珍珠丢在猪前，也不要把圣物给狗（《马太福音》，7: 6）。令人痛心的是，有许多下贱而又顽固的暴徒，他们不关心他们的灵魂是活是死。他们干脆就像一具具不会思考的躯壳那样躺下死去。

第二，每个人作忏悔时以及每周一次或每两周一次去领受圣餐时，应该及时准备好如何死去。他应该跟他的邻居和睦相处，并且写好他的遗嘱，这样，一旦上帝来敲门，而且在牧师赶来之前就已经离世，他就已经为他的灵魂作好了安排，没有什么未了之事，就已经把自己交托给上帝。如果厄运连连降临，而当值的牧师却只有两三位在，不可能亲临每个人去给予指导，教导每个基督徒处在临死的极度痛苦中该知道什么。那些在这些事情上粗心大意和漫不经心的人，就该由自己来负责。那是他们自己的过错。说到底，我们不可能每天在他们的床头设立一个私人的讲坛和圣坛，只是因为他们先前鄙视上帝召唤他们前去的公共讲坛和圣坛。

第三，如果某个人想让牧师来他那里，那就让病人及时发消息叫他，让他及早来，即在他神智清楚还没到奄奄一息的时候就来。我这么说的理由就在于有些人那么粗心大意，直到他们的灵魂已经到了舌尖上准备离去，已经神志不清或者说不出话来之前，始终也没有提出他们的请求，说出他们的想法。之后，会有人对我们说这样的话:“亲爱的先生，请你对他说出你能说的最好的话”，等等。然而，在这之前，刚刚得病时，他们却不希望牧师去看望他们，会说:“哦，没有必要。我希望他会好起来。”一个勤勉的牧师应该为何对待这样一些忽视身体和灵魂的人？他们就像田野上的畜生那样活着和死去。他们到了最后时刻才要我们把福音教给他们，为他们主持圣礼，这也是由于他们在教皇教权下养成了这样的习惯，没有人问他们是否相信和理解福音，只要把圣餐塞到喉咙里，就像塞到一个面包口袋里一样。

这不行。如果某个人说不出话来或者无法用手势来表明他相信、理解和渴望圣餐礼——尤其是，如果他曾经故意漠视过它的话——我们不会在他一有请求的时候立刻就让他领受到圣餐。我们接到过命令，即不把圣餐授予那些不信的人，而要授予能够陈述和承认其信仰的人。就让其他那些人仍旧不信吧；我们是无罪的，因为我们从未在传道、宣教、告诫、安慰、走访等等与我们的职事相称的事情上偷过懒。总之，这是我们所给的指导意见，也是我们实际所做的事情。我们不是为在布雷斯劳的你写这些事情，因为有基督与你们同在，他用不到我们帮助做什么，他自己会仔细地教导你们，用他自己的香膏*满足你们的需要。愿赞美和荣耀归于他，归于上帝父神和圣灵，归于没有尽头的世界。阿们。

因为我们是在谈论死的问题，我就忍不住要说说丧葬的事情。首先，在这类事情上，我宁可希望让医生和其他比我更有经验的人来决定继续让公墓留在城里会不会有危险。我不知道而且也不自称懂得由坟墓中散发出来的气体和灰尘是否会污染空气。倘若确实如此，我以前提过的警告就形成很充分的理由，要把公墓迁到城外去。我们全都懂得，我们所有人都有责任尽我们所能防止这样的毒物，因为上帝命令我们要关心、保护和照顾好我们的身体，免受不必要的侵袭。然而，在紧急情况下，只要确有必要，我们应该敢于冒健康的风险。这样，我们应该做好两手准备，活下去，或者遵照上帝旨意死去。因为这如同圣保罗在《罗马书》15章（应为14:7）所说的，“我们没有一个人为自己活，也没有一个人为自己死。”

众所周知，按照古代的习俗，不管在犹太人那里还是在异教徒那里，不管在圣者那里还是在罪人那里，都把死人埋葬在城外。那时的人也像我们现在自认为的那样，是很慎重的。还有一个这方面

---

* 抹香膏是使物和人成为神圣的方法，见《出埃及记》，30: 22—33。基督赞赏给他抹上香膏的人，见《马太福音》（26: 9）；《马可福音》（14: 3—4）；《路加福音》（7: 37—38；23: 56）；《约翰福音》（11: 2；12: 3）。

的证明，那就是《路加福音》中基督在拿因城门处让寡妇的独生子复活（因为经文［《路加福音》，7: 12］中说到，“他被抬出了城去安葬，有城里的许多人同着寡妇送葬”）。在那个地方，当时的做法就是把死人葬在城外。

同样，基督的坟墓也在城外。亚伯拉罕买下了以弗仑田头上靠近双洞的一块坟地，所有的族长都要葬在那里。所以，拉丁文中用了 *efferi* 这个词，意思是“送出”，我们以此来表示“送到坟地”。他们不但把死者送出去，而且还把死者烧成灰，以保持空气尽可能清洁。

因此，我建议遵循这些先例，把死人葬在城外。不单是出于必要，而且也是为了虔敬和体面，我们就应该在城外，也就是在我们的维滕贝格城的城外，建立一座公共墓地。

公墓理应是一个非常安静的所在，远离所有其他场所，大家可以到那里去对死亡、最后的审判和复活作虔诚的沉思和祈祷。这样的地方理应是体面而神圣的，应该肃然进入，因为无疑会有一些圣者在那里安息。甚至还可以安排放置一些宗教壁画和圣像。

但我们现在的公墓是什么样子呢？四五条小巷，两三个集市处，结果是，整座城市再也没有比公墓更繁忙喧闹的地方了。人畜都可以不分白天黑夜地到那里晃悠。任何人都可以从自己家中直通到那里，那里什么事情都会发生，甚至还有那些不宜提及的事情。这一切破坏了人们对墓地的崇敬之情，人们走过它，仿佛把它当作一块被处决的犯人的葬地一样。连土耳其人也不会像我们这样让墓地蒙羞。然而，公墓本来理应激励我们去作虔敬的思考，思考死亡和复活，致敬安息在那里的圣者。但现在这个公共场所，任何人都必须穿行其中，且任何人的大门都可以通向那里，在这样的地方，怎么能够做成上面所说的那些事情呢？如果说公墓应该有其尊严，我宁可在易北河里或者在树林中安息。倘若墓地安置在一个僻静而边远的地点，不会有人穿行其中，那么，它就会成为一个属灵而神圣的名胜，这样的安排使去往那里的人心生崇敬。这是我的建议。愿意这样做的人，就照此办理吧。如果有人知道还有更好的办法，请他也提出来。我决不自封为人师。

在结束本文之前，我奉基督的名奉劝你们，也是恳求你们，在你们向上帝祷告的时候，祈祷我们能够以上帝的话语和戒律去对抗撒旦以他的邪恶在毒害和污染世界的这场真正的、精神上的瘟疫。就是说，特别要对抗那些亵渎圣餐礼的人，虽然还有其他宗派。撒但是被激怒了，也许他感觉到基督降临的日子已经不远。这就是他为什么要如此凶恶地破口大骂，还企图通过狂热分子把我们从救主耶稣基督那里夺走。在教皇的教权统治下，撒旦干脆就是那“肉”，以至于哪怕是僧帽也被奉为神圣。现在，他又成了道道地地的“灵”了，而基督的肉和话语就不再认为具有什么意义。他们在很久以前曾经答复我的那篇文章，但我奇怪这答复至今也没有到达在维滕贝格的我这里。[如果到达了我这里]，那么，只要有可能，我会再次立刻就回答他们，让事情有个了结。我能够预见他们只会越来越坏。他们就像是臭虫，本来就有恶臭，而你越想碾死它，它就越放出臭气。我希望，我在这篇文章里已经为那些有可能得救的人写得够多了，赞美上帝，但愿很多人可以就此脱离他们的魔爪，可以在真理中有所增强和坚定。愿基督我们的主和救主，让我们一直保持在纯真的信和热诚的爱之中，一直保持清白纯洁，直到他降临的日子。阿们。请为我这个可怜的罪人祷告。

24　关于再洗礼

马丁·路德致两位牧师的书信

马丁·路德，谨致意我在基督之中的亲爱的朋友，敬爱的牧师 N. 和 N.。

愿你们在基督我们的主里面得到恩典和平安。遗憾的是，亲爱的先生们，我确切地获悉，胡伯马耶已经将我的名字也包括进了他的那本关于再洗礼的亵渎上帝的小册子里，就好像我也在附和他的那些绝顶荒谬的观点。可是，使我聊以自慰的是，我想，不管是敌是友，没有人会相信像他所主张的那种明显的谎言。在这方面，不但我问心无愧，而且，我那大量的讲道记录都足以捍卫我的声誉，尤其在最近从显现节到复活节这一段时间的讲道纲要（包括若干次主日的讲道）中，我多次表明了我是相信婴孩洗礼的。因此，我觉得没有必要回答他这一类的书。因为有谁有办法让所有人的嘴都闭上，甚至于让一切魔鬼的嘴也都闭上呢？我好久以前就已经发现，如果我闭上魔鬼的一张嘴，他马上就张开他的另外的十张嘴，谎言就会成倍地增加。所以，不管我愿意与否，我都把事情交托给上帝，而只要我说的是实话，我就依靠他来评判，他知道该如何使事情有一个正确的结局。他每天都在做这样的事情，这是我们可以很清楚地察觉到的。

我们就是如此避开我们君主领域内的这些乌七八糟的传道人，愿上帝永远受到感谢和赞美。我们也还没有遇到任何人对圣餐礼持反对态度，我们在教义、信心和生活几个方面都处在平安与和谐之中。愿这是上帝的旨意，如此恩待我们。阿们。正因为从来没有太多考虑这方面的问题，因而，从我这方面来说，我还不大想到这些施洗者。可是，你们这些罗马天主教徒（只要你们还处在暴君的统治之下，我就必须如此称呼你们），这倒正中了你们的下怀。你们不想接受福音，所以你们不得不忍受魔鬼差遣的这些叛逆者，就像基督在《约翰福音》（5: 43）中所说的："我奉我父的名来，你们并不接待我；若有别人奉自己的名来，你们（这是指你们中的有些人）倒要接待他。"不过，这些可怜的人如此悲惨地被杀害、被烧死和受酷刑致死，是不公正的，我确实为此感到悲伤。我们应该容许任何人相信他所愿意的。如果他的信是谬误的，他会在那永恒的地狱之火中充分地受到惩罚。如果他们的错误仅仅在信仰方面，如果他们并没有犯下反叛政府的罪过，我们为什么在这个世界中要杀害这些人呢？亲爱的上帝啊，一个人多么快就会头脑发昏，掉入魔鬼的陷阱啊！我们应该依靠《圣经》和上帝的道去抵制他。如果依靠火来烧的话，是成不了什么大事的。

既然你们并没有告诉我，我当然说不清他们相信这个的根据和理由何在，然而，我还是要请教，在这样的情况下究竟该做些什么才对。我对此不可能做出很简单的答复。在某种意义上，你们自己也是再洗礼派。因为你们中的很多人，对于某个已经用德文受过洗的人，又用拉丁文再次给他施洗，尽管你们的教皇从来没有这样做过，也没有这样教过。因为我们都知道得很清楚，教皇认为，在助产士主持紧急洗礼的时候，即使用的是德文，那也还是一次洗礼。但你们仍旧给那些我们已经用德文施过洗的人再次施洗，似乎我们的牧师的德文施洗不如助产士的德文施洗那么有效。因此，那个莱比锡的傻瓜，最近还在牟尔豪森（Mühlhausen）做这样的事情。可是，教皇从来没有下过命令，说洗礼必须用拉丁文而不能用别的语言。因而你们得到了报应。你们赞成再洗礼，你们造成了大量的再洗礼派的人，尽管你们并没有容忍他们，但你们还是想做再施洗者，可是，这与你们自己的导师和主人即教皇是相违背的。

现在，我姑且不讨论你们的百姓在再次受洗时犯下了多大的错误。你们在施行再洗礼时，同时也违背了你们的偶像即教皇，因而，你们就更加糟糕了。老师和学生彼此不一致了。我不想再多谈论这件事，我宁可假装成罗马天主教徒去奉承教皇，用这样的办法来帮助你们。因为我那些亲爱的热中于教皇的人，他们对此所作的解释不外乎就是我在这里对教皇刻意奉承以乞求他的恩惠所做的（而他们也确实这样做了）。如果有人不跟着他们做傻事，他就必定要被冠以新教皇派的头衔了。

首先，我听说和看到，某些人之所以要施行再洗礼，乃是为了跟教皇作对，为了避免反基督者所施加的任何玷污。同样，圣餐礼的反对者们希望做到的是只相信饼和酒，以此来反对教皇，确实是想推翻教皇的教权。那也实在是一个脆弱的基础，在这上面，他们也建不成什么好的东西来。在这个基础上，我们也许不得不与整本《圣经》断绝关系，还要与我们理所当然已经从教皇教权中接受的那种教职断绝关系。我们也许还不得不形成一部新的《圣经》。这样，我们也许就不得不把《旧约》排斥在外，我们对那些不信的犹太人就没有什么义务要尽了。那么，恶人、罗马天主教徒、土耳其人、异端者，这些人使用过的金银财物，为什么每天还在使用呢？如果说从恶人那里来的不会有什么好东西，那么，这些也应当弃之不用。

这整个事情真是无稽之谈。基督也曾经在犹太人那里面对文士和法利赛人的种种谬误，但他并没有因此就对他们所具有的和所想到的每一件事情都加以拒绝（《马太福音》，23: 3）。从我们这方面来说，我们承认，在教皇教权之下，也有很多东西是属基督的和善美的；确实，任何一样属基督的和善美的东西，都可以在那里找得到，也是从这个来源传给了我们。例如，我们承认，在教皇的教堂里面有着真正的《圣经》、真正的洗礼、真正的圣坛圣餐礼、真正的赎罪钥匙。真正的教职，以主的祷告词的形式呈现的真正的教义问答书，有着十诫和信条。相类似的，教皇也承认，我们这些人，尽管被他斥为异端，但像所有异端分子一样，也还有《圣经》、洗礼、钥匙、教义问答书等等。哦，你们何以对此置若罔闻呢？而我又何能置若罔闻呢？我在说教皇和我们都具有的东西。就他而言，他根本对我们和异端者都置若罔闻，只肯承认我们和他都具有的东西。我也将继续如此置若罔闻，虽然这样做对我没有什么好处。我坚持认为，在教皇教权之中，有的是真正的基督徒，甚至还是基督徒和许多伟大而虔诚的圣者的正本原样。我应该不这样矫揉造作吗？

请听听圣保罗对帖撒罗尼迦人怎么说的吧（《帖撒罗尼迦后书》，2: 4）：“反基督的人，甚至坐在上帝的殿里。”现在，如果教皇确实是（我不能够相信不是如此）名副其实的反基督者，他就不会坐在魔鬼的畜栏里实施他的统治，而是要在上帝的殿里。不，他是不会坐在只有魔鬼和不信者的地方的，或者说，他是不会坐在没有基督或基督徒存在的地方的。因为他是一个反基督者，因此必须在基督徒们中间。既然他要坐在那里实施统治，就必定会有基督徒在他统治之下。上帝的殿并不在于一大堆石头，而是为神圣的基督徒们而建的（《哥林多前书》，3: 17），上帝就在里面实施他的统治。现在处在教皇教权之下的基督徒们，实实在在是基督的身体和他身体的一分子。如果那是他的身体，就具有真正的灵、真正的福音、真正的信、真正的洗礼、圣餐礼、钥匙、圣职、祷告词、《圣经》，以及一切应属于基督徒的东西。所以，我们仍旧处在教皇教权之下，从中领受到我们的属基督的宝藏。

正如一个名副其实的反基督者必定会反对基督徒一样，教皇也这样来对付我们：他迫害我们，咒骂我们，谴责我们，追捕我们，焚烧我们，处死我们。基督徒们如果想赢得对抗反基督者的殊死战斗的胜利，就需要领受真正的洗礼，确实成为基督的肢体。我们不会像反叛者那样胡说八道，不会拒绝教皇教堂中的每一样东西。因为如果这样的话，我们就会把基督精神以及一切包含在基督里面的东西，从上帝的殿里驱逐出去。可是，我们之所以反对和拒绝教皇，乃是因为他并没有坚守他从使徒那里继承的基督精神的宝藏。反之，他倒是把魔鬼添加到这里面，而且，他并没有把这些宝藏用于改善那上帝的殿。宁可说，他在力图破坏它，将他自己的诫命和命令置于基督的命令之上。可是，即使在如此惨遭破坏的情况下，基督还是保护住了所有基督徒，就像圣彼得（《彼得前书》，2

章［《彼得后书》，2: 6］）所讲述的基督在所多玛所作的拯救一样。事实上，二者是并存的，一方面，反基督者凭着魔鬼的作用而坐在上帝的殿中，另一方面，凭着基督的权力，这殿仍旧还在，仍旧还是上帝的殿。假如教皇愿意容忍和接受我这样的睁一只眼和闭一只眼，我当然是而且愿意是一个顺从的子民和忠诚的教皇派，真的会满心欢喜，会收回我以往所做的对他有所伤害的每一件事情。

因而，这些再洗礼派的人和热心于再洗礼的人，说到"教皇的一切的一切，都是错误的"，或者说"凡是教皇教权中有的，我们也必须要有，而且要有与此不同的做法"，他们想以此来证明他们自己是反基督者的最坚决的敌人，他们这样的做法不会有任何结果。他们并没有意识到他们这样反而是在给他以莫大的帮助，而他们却极大地伤害了全体基督徒，并且也欺骗了他们自己。因为固然他们希望帮助我们拒绝那种妄生穿凿和擅自添加，但他们不会获得太大的信任，因为他们也意识到，做这样的事情，他们并不是始作俑者。因此，他们就攻击以前没有人攻击过的事情，希望也许可以就此而荣登首位。然而，求荣不成，反蒙耻辱，因为他们攻击的是上帝的殿，又像盲人一样看不到坐在里面的反基督者，他们手里拿着火把，搜寻的是水。

实际上，他们使我们想起在图林根森林中一个兄弟对另一个兄弟所做的事情。他们一起走过一片树林时遭到一头熊的袭击，那头熊把其中一人压倒在地上。另一个兄弟为了设法帮助他，就击打那头熊，但他却忽视了在熊下面的他的兄弟，以致误伤了他。热心于再洗礼的人也是这样。他们本意是想帮助那些受反基督者操纵和折磨的基督徒。他们激烈地反对教皇，却忽视了他们的标记，更加残酷地杀害了教皇下面的基督徒们。因为假如他们还允许洗礼和圣坛圣餐礼像现在这样存在下去，那么，教皇下面的基督徒们还可以使他们的灵魂得救，迄今为止，一直是这样的。可是，如果将这些圣事从他们那里剥夺走，那他们就极可能会因此而迷失，因为连基督本身也给剥夺了。亲爱的朋友，在基督教的圣者们仍由教皇供奉的情况下，这样的做法决计不可能摧毁教皇的教权。应该采取更谨慎小心的方法，既不破坏上帝的殿本身，又对危害这殿的那些擅自添加的东西予以打击。

此外，那些坚持这种观点的人说，他们对自己的受洗根本一无所知，他们宣称："你怎么知道你受过洗了呢？你是信了说你已经受了洗的那些人。可是，你应该信上帝他自己，而不是信那些人，你应该肯定确知你自己的受洗。"显然，我认为这样的说法是站不住脚的。因为倘若我应该拒绝任何一样我没有见到的或者听到的事情，那我也许就不会再留下什么东西了，既没有信或者爱，也没有属灵的和世俗的东西。我会这样回答："我的朋友，你何以知道这个男人是你的父亲，这个女人是你的母亲呢？你对人们无法信任，但你总应该确信你自己的出生吧。"要是如此的话，那么，所有小孩也许都不再服从上帝关于"当孝敬父母"的诫命了。因为我会反驳说："我何以知道谁是我的父母呢？我不能够相信人。所以，我将不得不再次由他们生养出来，让我亲自看到，不然，我就不会服从他们。"要是这样的做法的话，那上帝的诫命实质上就全给废掉了。

同样，我也会拒绝认什么人为兄弟、姐妹或亲戚，我翻来覆去就是这句话："因为谁是我的父母我不能确定，故而我不知道我们有亲戚关系"，如此等等。可是（假如我是国家的统治者的话），对于这样的一个怪物，我的反应是禁止他从他的父母那里保留、期待或者接受任何继承权，不管是房子、土地，还是一分小钱，他都不能够继承，这就是以其人之道还治其人之身，一直到他这个怪物又成为有血有肉的活人。因为既然他既不认同又不信任他的父母，他就无权知道或希望得到他们的财产。哦，倘若一个社会里没有人想与别的人有儿女、兄弟姐妹、表亲、继承人或者邻居这样的关系，那么，这样的社会该如何管理啊！处身于这样的基督徒之中，无异于被围在一群野狼之中。

这样的话，我也会拒绝服从任何君主或主人，理由是我并不能确定他生来就是一位君主，因为我并没有看到这个，却无可奈何地接受了大家的说法。所以，我要做一个自由的人，我不会关注上帝的命令，我不认可任何在我之上的权威，我离开人间跑到狼群之中，在那里，再也没有什么上帝要我们孝敬父母和服从政府的诫命。至于魔鬼确实希望这些施洗者变成这个样子，这显然可以从如下事实看出，即他的这些门徒（据说）已经做好准备，抛弃妻儿、房子和土地，一伙人独自进到天国。后面还会谈到这个。

确实，我甚至还主张，《圣经》也是无所谓的，基督也是无所谓的。连使徒们也从来没有传过道。因为我根本没有看到，也没有感觉到这些事情。我只不过是从人们那里听说了这些事情。所以，除非这些事情又再次重演，在我的眼前又一次发生，不然的话，我是不会相信的。于是我就成了一个凌驾于一切之上的完全自由的人，也摆脱了上帝的命令。魔鬼表示，这就遂他的心愿了。这也许就是再洗礼者们据以立论的基础，在这个基础上，天地间没有任何东西可以站得住。

你会回答说：你自己不是说过，我们应该听从的是上帝而不是人吗？你难道不想用我手中的剑来刺死我吗？可是，既然你如此气势汹汹，那我倒要请教你，上帝是不是命令我们要孝敬父母和长辈呢？如果你说是，我就要问你，既然你不相信人，那你又如何知道他们是谁呢？你如何回答呢？我看得很清楚，你所犯的错误就在于你并不知道所说的相信人是什么意思，从而陷入错误之泥潭而不能自拔，这就是那些再洗礼派的人目前的处境。因此，请听我来说吧。

当我们说我们不可听从人的时候，当然是指他们完全在为他们自己而说话，上帝没有在他们的心中，这也就是说，他们只是作为人在说出他们自己想出来的东西，并没有依靠上帝的道和他所行的事，不可能由上帝所说的话或者所行的事来证明任何一件事情。因为对于上帝通过人来展现的意思，有谁可以称之为人为的吩咐呢？又有谁会说，对这样吩咐的信，是信人而不是信上帝呢？在《歌罗西书》（2: 23）中，保罗斥责那种人为的吩咐，对它所公布的事情是决计证明不了的，也就是说，它只是凭想象，无法从上帝所说的任何一句话或所行的任何一件事情中得到证明。所以，当你听说人不可信的时候，你应该理解为这只是指那种纯粹是人为的推测的东西，而不是指陈述或者肯定上帝所说的话或者所行的事的各种声明。你应该断然分辨，什么是对上帝的信，什么是对来自于人的东西的信。

例如，你被生养出来，并不是什么秘密的事情，也不是什么人为的发明。你的出生是上帝所行的一件事，是大家都公开知晓而不可否认的事情。如果有任何人想否认它，就像犹太人敢于否认耶稣所行的奇迹那样，不会有什么用处。因为那些见证了公开的属神的事迹的人，足以使别人信服，确实可以封住别人的嘴。因为上帝的律法明文规定，凭两三个人作见证，一切事情都可以定案（《申命记》，19: 15）。你应该如此确实地相信人们。因为他们所见证的是上帝所行的事，即你的出生。他们证明那些人是你的父母。况且，也只有他们才如此照顾你，也只有他们才如此为你而辛勤劳动。上帝所行的事是完全公开的，无论是魔鬼还是人，都无法对此加以反驳，而任何人都可以知道它和宣告它，就像可以宣告你现在活着一样。

当任何人为上帝所行的事作见证的时候，那么，你信的并不是人，而是上帝。总之，任何人只要宣告的是上帝所行的事并为之作见证，只要这并不是人凭空想象出来的，那么，无论是魔鬼还是人，都不可能推翻它，从而你信的是上帝而不是人，因为这是上帝所行的事，这是他如此公开地披露的，即使魔鬼也无从否认它。

这个真理也不会受到如下情况的影响，即有些小孩是被遗弃的，毕生也不知道他们真正的父母是谁。因为我们这里在说的是正常的属神的公开的秩序。而那样的小孩则受到不正当的和偷偷摸摸的对待，是违背上帝的旨意的，因而，毫不奇怪，他们经受了不同一般的遭遇。他们是秘密地被抚养长大的，因而他们的父母是谁，对他们来说始终是一个秘密。凡是魔鬼所做的总归是黑暗：那就让它留在黑暗之中吧。但是，上帝的秩序是在光明之中起作用的。

如果你要问，为什么我相信这个男人和这个女人是我的父母，那我回答说：首先，我确信我是上帝的一个作品，我成了一个人，而为此我必须有一个母亲和一个父亲，而不是从石头里面蹦出来的。上帝在《创世记》(1: 28)里对男人和女人说:“要生养众多”,由此可见,所有人都由男人和女人所生养,都有一个父亲和一个母亲。这一点又由针对所有人的“当孝敬父母”这一条诫命所证实(在这两个例子中,作为上帝的儿子的基督当然是一个例外)。既然我确实知道我是来自于父母,而不是在一棵树上长出来的,故而其次一点就是,我不得不相信就是这个男人和这个女人,由别人介绍给我,说他们是我的父母,而按照主的话语,“由两三个人作见证,一切事情都可以定案”。如此,我就取决于上帝而去依靠这两个人。第三,那是上帝所做成的,即在整个世界里,不是别人,而正是那两个人,以上帝他自己的名义,由他们取得我成为一个自然的孩子,或者,如果他们死去了,就由那些亲戚或一些敬神的人,以他们的名义来收养我。这样一个无可争辩的事实跟上帝在魔鬼和人面前所行的任何其他明显的事情是一样的。因为无论是世界还是魔鬼,都不可能怀疑上帝所行的明显的事情。他们也许会做这样的尝试,但是,不会有结果。当然,在事情还隐而不现的时候,魔鬼能够巧妙地攻击上帝的道。

上帝之所以在《罗马书》(13: 1)中说“在上有权柄的,人人当顺服他”这样的话,乃是为了使我可以去相信成为我的君主或主人的人。从这句话里,我得出的结论是,我应该有一个长官,我应该是一个臣民。其次,既然整个世界都声明那就是他,每一个人都认可他,而且,没有人否认这是上帝所行的一件明显的事情,我就应该相信这样的证明。如果有任何人表示反对,那他是徒劳的,因为到最后,任何人都认为他是在说谎。再次,他之外的任何别的人,都不把我当作是其臣民,这也是上帝所行的一件明显的事情。

我生活着是处在他的保护、他的正义、他的法律和他所带来的和平之下，我就应该服从于政府，而所有其他权柄是不会理会我的；而且，假如我一直遵守着律法和上帝的秩序，他们也不会对我的状况产生疑问或者加以反对。盗贼和凶犯也会偷偷摸摸地躲到一些不知情的统治者那里去，但是，公正而言，这些人，算不得是他们的臣民。

你会说，请等一下，我要来考考你。你现在为什么不相信教皇就是你的主人呢？相反，虽然全世界都证实他是全体基督徒的首领，而且他们在事实上也证明他具有这样的统治权，但你却说他是一个反基督者。我的回答是，这一来，你差点把我难住了！可是，让我告诉你，假如你能够使我信服，认定教皇的教权确实符合我在说到父母和政府时已经指明的那三个要求的话，我就会考虑教皇的教权是上帝的行为，服从于它，确认它是上帝的行为了。可是，亲爱的伙伴，如果你做不到这一点，你就得同意我判定它是人为的妄想，没有上帝的话语和行为在内，无论如何也不应该相信。我能够有力地证明，教皇教权是一个人为的妄想。

第一，上帝的道明确告诉我们，父母和政府是存在着的，而正像我已经说过的那样，我应当而且必须具有父母和政府。可是，从来没有上帝的道说到有什么教皇，说到我必须有一位教皇，并且要服从他。既然《圣经》没有就教皇及其统治作出过什么命令，那么，也就没有什么教皇教权可以被认定是上帝的行为了。因为关于什么是上帝所行的事，是由《圣经》作证的。所以，我在上面说过，对于那样的一些人，如果他们表明和证明的并不是他们自己的妄想或者行为，而是上帝的道或者所行的事，我们就应该相信他们。因为在考虑那是什么样的一件事情之前，先要搞清楚它是不是存在着。在你告诉我教皇是什么之前，你先应该使我确信，确实有这样一位由上帝所指定的教皇存在。如果他连存在都不可能的话，就不要再问他是谁了。第二，虽然也有许多人为他作证，但是，他们的作证既然无法把教皇教权变成上帝的行为，或者证明它是如此，只不过是徒劳而已，就做不到自圆其说了。因为不但东正教教会有着反驳教皇教权的有力证据而在反对它，而且，教皇本人的许多臣民也因为反对他而被焚烧致死，每天还有因此而被绞死的。正像我们已经讲过的那样，他的统治从来没有像父母或者政府的统治那样被接受或者不被反对，或者得以平静地建立起来。

第三，它并不是什么上帝的行为。因为他并不为他的臣民谋福利。实际上，他是在迫害福音和基督徒，更不用说当什么导师和监护人了。他用自己杜撰出来毒害人的污言秽语来教导人，却把福音撇开，甚至还迫害它，尽管这是不会有什么效果的。他把圣餐礼变成献祭，把行为变成信仰，而又把信仰变成行为。他对婚姻、食物、季节活动、服装和场所，都加以严格的禁止（并颁布了相应的禁令）。而正像我们已经在另外的地方充分证明了的那样，他对所有属基督的宝藏加以歪曲和滥用，致使众多的灵魂受到伤害。既然在上述所有这三点上教皇的教权都是有缺陷的，我们就必定判定它纯粹是人为的发明，是不配信的，无法与父母和政府的设定相提并论。

洗礼也是上帝的行为，并不是人所发明的，而是由上帝所命令的和由福音见证的。其次，有人可以见证你曾经受过洗，没有人可以有异议或者可以证明不是这样。再其次，那是有行为的，也就是说，你在基督徒里面得到了认可，被接纳去参加圣餐礼以及享有所有属基督的特权。倘若你没有受过洗，倘若大家都不知道你受过洗的话，就不会是这样了。因而，所有这些就是你受过洗的确切的证明。因为全世界都知道并且看到，每一个人都是在婴孩时受洗的。任何人如果拒绝相信这一切，也就是拒绝相信上帝他自己，因为上帝说过，两个见证就可以相信了（《申命记》，19: 15;《马太福音》，18: 16）。他不会惩罚这样的见证，虽然他是不会让假见证不受到惩罚或谴责的。

这样，我已经充分地证明，不应当有人对自己的洗礼产生怀疑，似乎并不知道自己受过洗。凡是不想相信这个的人就是在对上帝犯罪。因为凭着基督徒们的见证，要比他自己去见证来得可靠。因为魔鬼很容易使他感到不那么可靠，让他认为自己做了一个梦，或者，认为自己并没有真的受洗，一切只是幻觉而已。因此，最后他还是想要依靠基督徒们的见证，求得安宁。而这样一种见证，连魔鬼也无法加以混淆或者使其变得含糊不清。

还有，我也曾经读到过，据说他们是以下面的经文作为他们信仰的基础："信而受洗的必然得救"（《马可福音》，16: 16）。他们作出的解释是，任何人在他还没有信之前，是不应该受洗的。我必须说，他们这样作出推理是错误的。因为如果他们遵循这样一个原则，那么，在他们确切认为某一个将要受洗的人是真正信了之前，是不敢给他施洗的。那么，他们又是如何和在什么时候才确切知道呢？难道他们变成了上帝，可以洞察人们的内心，知道他们是信还是还没有信？如果他们没有把握他们是不是信了，而他们又坚决主张信必须先于受洗，那他们为什么还要给他们施洗呢？既然还没有把握是否已经有了信，他们还去施洗，岂不是自相矛盾？因为无论是谁，如果他使洗礼以信为依据，但又不管是否已经有了信而碰运气地去施洗，那并不比给根本没有信的人施洗好多少。因为没有信和不确定有没有信是一回事，二者跟经文“信而受洗”中所说的“信”是相反的，经文中所说的信是指确切的信，是那些要受洗的人所应当具有的。

你会说，我知道他承认他信了，如此等等。亲爱的先生，在这里和在那里都不要谈论什么承认。经文并没有说“承认而受洗”，而是说“信而受洗”。听他说他承认了，并不就是知道他信。无论你如何作推理，除非你也知道他具有信，不然的话，你就无法正确对待这段经文，因为所有人都是会说谎的，只有上帝才知道他们内心是怎么想的。所以，如果有人认为洗礼应该以将要受洗的人的信为依据的话，那就根本不可能给任何人施洗了。哪怕你给一个人一天施洗上百次，你也根本不会知道他是不是信。既然你陷入了自相矛盾之中，在并不确切知道是不是已经有了信的情况下就施洗，却又口口声声说一定要千真万确有信才行，那你这样实施再洗礼，实在看不出有什么道理。经文“信而受洗”中的“信”，说的是确切的信，跟再洗礼是截然相反的。他们的再洗礼以不确切的信为依据，跟这段经文是格格不入的。

至于那个以自己的信为依据来接受洗礼的人，我也要这样说。因为他对他自己的信并不那么有把握。我想把那个让自己接受再洗礼的人比作一个也许因为没有像婴孩那样信而感到沮丧和顾虑重重的人。由于如此，当第二天魔鬼来临的时候，他就满怀疑虑，这样说道：啊，现在我才第一次感觉到真正的信，我并不认为我在昨天是真正的信。因而，我需要第三次再受洗，那第二次的洗礼是无效的。难道你认为魔鬼就不会做这样的事情吗？你最好设法对他多一些了解。亲爱的朋友，他还能做比这个更坏的事情呢。他还会继续下去，将疑虑投入第三次洗礼，从而就又会有第四次，简直没完了（这也正中他的下怀），就好像他在忏悔这件事情上对我以及对许多人已经做过的那样。看来我们永远也做不到彻底的忏悔，要无休止地一次又一次地请求赦罪，找一个又一个的神甫去告解。这正因为我们所追求的是以我们的忏悔为依据，跟那些要受洗的人想要以他们的信为依据是一样的。最后的结果会怎么样呢？就是无休止的受洗。所有这些全成了无稽之谈。不管是施洗者还是受洗者，都不可能使洗礼以某种信为依据。《圣经》里的这段经文，对他们的指责，远远超过对我们的指责。而且，这些人不愿意信任为他们的洗礼作见证的人，可是，现在他们又决定信任他们自己，让自己受洗，似乎自己一下子变得不再是人了，似乎他们对自己的信变得那么有把握，胜过基督徒们的见证所容许有的把握。

因而，我的主张是，假如他们就按他们自己的理解而正确地对待“信而受洗”那一句经文，那他们就应该远比对第一次洗礼更为认真地谴责再洗礼。无论是施洗者还是受洗者，都无法坚持他们的立场，因为二者都对他们自己的信没有把握，或者，至少感到有风险和为之担忧。常有这样的事情，即在信这件事情上，某个声称信的人，其实根本没有信；而某一个不认为自己已经信了并且因此而感到绝望的人，却具有最大的信。因此，“信而受洗”这一句经文并不是要求我们决定谁有信和谁没有信。反之，这句经文是要求每一个人凭着自己的良心去认识清楚，如果他想要得救，他就必须信，而不要自以为基督徒只要受过洗就足够了。因为该处经文并没有说“凡是知道自己信的，或者，如果你知道某个人信”，而是说“信而受洗”。谁是有了，那就有了。人应该有信，但我们对此既不应该也不可能确切知道。

既然从一有基督教开始我们就是如此施洗的，既然习惯上就是给婴孩施洗，既然没有一个人可以有充足的根据来证明他们不具有信，我们就不应该做什么改变，不应该依靠如此软弱的论据。因为如果我们要改变或者去除这样的习惯，就必须能够令人信服地证明那些习惯是违背上帝的道。否则的话（就像基督所说的），“不敌挡我们的，就是帮助我们的”（《马可福音》，9: 40）。我们确实曾经推翻过好多修道院，成批的神甫以及神职人员的禁欲，但是，那都只是凭借《圣经》里明确的根据来加以反对的。倘若我们没有这样去做，我们就确实应该让它们一如既往地存在下去。

当他们说“婴孩不可能有信”的时候，他们何以如此有把握呢？《圣经》中有哪一处让他们可以证明这一点和引以为据呢？我体会，他们只不过是凭自己的想象，只因为婴孩不能说话或者没有什么理解力。可是，这样的设想是靠不住的，是虚假的，我们不能以我们的想象作为依据。

《圣经》中有这样的经文，它们告诉我们，婴孩虽然不能说话或者说还没有懂事，但他们却可以并且能够有信。《诗篇》第72篇（今为106篇，37节）中讲述犹太人把自己的儿女祭祀偶像，流的是无辜的血。那么，就像经文中所说的那样，如果那是无辜的血，就说明那些婴孩被认为是纯洁的和圣洁的，他们也就不会是没有灵心和信的了。同样，希律王所屠杀的那些无辜的婴孩，都不超过两岁（《马太福音》，2: 16）。必须承认，他们既不能说话，也还没有懂事。然而，他们却是圣洁的和受到祝福的。基督他自己也在《马太福音》第18章（今为19章，14节）中说道："天国是属于孩子们的。"而圣约翰在他还是他母亲腹中的婴孩的时候（《路加福音》，1:41），我相信，他就具有信了。

你会说，是的，但约翰是一个特殊情况。这不足以证明所有受洗的婴孩都具有信。我回答说，请等一下。我并没有要证明孩子们具有信。我是在证明你们为再洗礼所立下的依据是不可靠的和虚假的，就在于你们不能够证明在孩子们里面不会有信。既然那个还不会说话或者还没有懂事的约翰已经有了信，那么，你们所说的孩子不可能有信的论据就站不住了。认为婴孩也会信，约翰就是其中的一个例子，这跟《圣经》并不相抵触，反之，跟《圣经》是一致的，你们所说的婴孩不可能有信的说法，跟《圣经》肯定是相违背的。这就是我的第一个论点。

面对我所证明的受洗的婴孩也能够有信这一点，有谁让你如此有把握地说这些婴孩没有信呢？如果你没有把握，那么，对于第一次洗礼，既然你并不知道而且也不可能知道它是没有意义的，你为什么就如此鲁莽地抛弃它呢？假如所有受洗的婴孩都不仅有能力信，而且也确实像约翰在他母腹中那样信了，又该怎么说呢？我们很难否认说那同一个基督确实是既亲临于洗礼之中而又去受洗，其实他本身就是施洗者，而在那些日子还处在他母亲的腹中时又来到约翰那里。在受洗时，他能够通过神甫的口说话，就好像他通过他母亲的口说话一样。既然他亲临了，说话了和施洗了，为什么他的话语和洗礼就不应该在婴孩里面唤起灵心和信，就像那时在约翰里面产生出信一样呢？在那时和在现在，他是一模一样的说了和做了。即使是在这之前，他也通过以赛亚（《以赛亚书》，55: 11）这样说过：“他的话决不徒然返回。”现在轮到你来给出哪怕只是一条《圣经》经文，来证明孩子们在洗礼中不可能有信。我已经引用了多处经文，表明他们是能够信的，从而认定他们有信，就是合乎情理的了。我姑且承认我们并不了解他们如何去信，或者说，信是如何被建立起来的。但是，这里并不是在讨论这件事情。

况且，他还命令我们把小孩子带到他那里。在《马太福音》（19: 14）中，他抱起他们，吻了他们，并且说，天国是他们的。那些误入歧途的人却尽力要予以排斥，他们说，基督所说的并不是指小孩子，而是指卑微者。但这是错误的注释，因为经文中明明说的是他们把小孩子带到他那里，而不是把卑微者带到他那里。而且，基督并没有说要让卑微者到他那里来，而是要让小孩子到他那里来，而且，他之所以责怪门徒们，并不是因为他们把卑微者赶走，而是因为他们把小孩子赶走了。当他说“天国是他们的”时，他抱起并给予祝福的是小孩子而不是卑微者。所以，《马太福音》（18: 10）中也说到：“他们的使者常见我天父的脸”，这应该被理解为指那些小孩子，因为他教导我们要像这些小孩子一样。倘若这些小孩子并不圣洁，他岂不是要我们效学一个可怜的榜样吗？他也许就不会说你们要像小孩子一样，而会说你们应该不要像小孩子那样。总之，一个误入歧途的灵学家，除非自己一个人想入非非，不然的话，在此是无法将指孩子说成是指卑微者，因为这些话语说得明明白白和坚强有力。

某些人却想削弱这段经文的力量，他们说，犹太人的小孩是行割礼的。他们因此才成为圣洁的，从而可以被带到基督那里，而我们的孩子是属于异教的，如此等等。我的回答是：那么，假如在这些被带到基督那里去的孩子里面也有女孩子，而她们是没有行过割礼的，又该如何说呢？因为被带到他那里去的，当然有各种各样的孩子，既然并没有明确说明他们都是男孩子，我们就不能把女孩子排斥在外，而应当认为两种性别的孩子都有。他们之所以被带到他那里来，并不是因为他们已经行过割礼，而是因为他们到那由旧约进入新约的基督那里来，可以受到祝福，所依据的是他的话："让孩子们到我这里来，因为上帝的国是他们的。"他所说的是，那些到他这里来的，是上帝的国的。由于他们的来临和他们的被带到基督那里来，使他们成为如此的圣洁，以至于他抱住他们，吻了他们，并且把天国给予他们。有谁愿意再胡思乱想，就由他去吧。我已经在《讲道纲要》中写过，我认为，洗礼之最可靠的形式就是婴孩洗礼。因为成年人可以弄虚作假，可以像犹大一样地来到主这里让自己受洗。婴孩是不会欺骗的。他到基督这里来受洗，就像约翰来到他这里时那样，就像孩子们被带到他这里时那样，是为了使他所说的话和所行的事可以在他们里面起作用，感动他们，使他们成为圣洁，这是因为他所说的话和所行的事是不能够没有结果的。然而，只有在孩子里面才会有这样的效果。倘若连在这里也做不到的话，就说明到处都做不到，就都是徒劳的了，但这是不可能这样的。

无可否认的是，《诗篇》第 77 篇（今为 106: 37）中，当说到向迦南的偶像祭祀时，说起过女孩子和未行割礼者。然而，这是在说无辜的血。而显然摩西在《利未记》（12: 5）中说到，若生了女孩子，也要按照祭品的规定去净化，去除不洁。任何人都知道，只有男孩才行割礼，但根据上帝对亚伯拉罕所说的话（《创世记》，17: 7），女孩也是同样得益的："我要与你并你世世代代的后裔立下割礼之约*，我要作你后裔的上帝。"显然，女孩也是亚伯拉罕的后裔，虽然她们不像男孩那样行割礼，但由于有了这样的应许，上帝也是她们的上帝。

现在，如果他们相信上帝通过割礼之约将男孩和女孩都接纳了，成为他们的上帝，他又为什么不通过洗礼之约来接纳我们的孩子们呢？事实上，他已经应许我们，他不但要成为犹太人的上帝，也要成为外邦人的上帝（《罗马书》，3: 29），而尤其是成为基督徒和那些信的人的上帝。如果说男孩的割礼对男孩和女孩都起作用，而他们之所以成为上帝的子民乃是因了他们的祖先亚伯拉罕的信的话，那么，任何一个被带领到基督那里并受到祝福的人，由于基督的功绩，就更加应该在洗礼的帮助下成为上帝的子民的一分子。要使每一个人都知道，主张成人再洗礼的那些人，他们的基础是多么不可靠，他们以此为依据是何等徒劳。

可是，你会说，他并没有对婴孩的洗礼下过命令，在使徒们写的使徒书中也没有这样的引述。我的回答是，如果说他没有专门命令过给成年人施洗，也没有专门命令过给男人或者女人施洗，那么，看来我们最好不要给任何人施洗。可是，他却命令过我们毫无例外地给所有外邦人施洗，他说道："以我的名义给所有异教徒施洗**"（《马太福音》,28: 19）。而异教徒中有一大部分是孩子。在

* 今本《圣经》，无"割礼之"的字样。

** 今本《圣经》作"给万民施洗"。

《使徒行传》和圣保罗的使徒书中，我们读到有整个家庭一起受洗的。孩子当然是家庭的一部分。看来，正如基督命令我们要毫无例外地教导所有异教徒并给他们施洗，使徒们也这样做了，要给家庭中的所有人施洗。要不是他们没有注意到那些喜欢找麻烦的人会要区分年轻人和老年人的话，他们也许会更明确地考虑这件事情，因为不然的话，在所有使徒书里面，他们就不会那么多地写到基督徒里面人不分尊卑的、不加区别了。因为圣约翰在《约翰一书》（2: 14）中写给小孩子们，要他们认识天父。而且，正如圣奥古斯丁所写的那样，孩子的洗礼来源于使徒。因而，主张成人再洗礼的人，在每一件事情上都陷入困境。不仅是他们对自己没有把握，而且他们的做法跟广为接受的传统相违背，他们单凭自己的想象将人加以划分，而上帝并没有这样划分过。因为，即使他们认为他们还没有口服心服，可是，不管他们如何吵吵嚷嚷，他们还是应该对于他们以如此不可靠的根据施行再洗礼所犯的过错有所触动和畏惧。因为他们做了这样不可靠的错事，已经被定罪了。因为在属神的事情里面，应该凭可靠的根据行事，而不应该信赖含糊不清的根据。

因为，如果某一个主张成年再洗礼的人听到说（假定他还没有顽固不化，还可以教得好的话），约翰之得以信并且成为圣洁，恰恰是在基督来临并通过他的母亲将话说了出来的时候*，因而，如果基督在一个小孩受洗时通过施洗者的口对他说了话，这小孩就成为信徒了，因为那是他的道，是他的诫命，而他所说的话语是不会没

---

* 参见《路加福音》，1: 41—44。

有结果的，因此，主张成年再洗礼的人必须承认，这是会如此的，他不可能坚定地对之全盘否定，也不可能引用《圣经》的任何一处经文加以反驳。然而，如果他无法明确而令人信服地加以否定，他也无法坚定地捍卫他的再洗礼。因为如果他想要为再洗礼辩护，他首先就必须坚定地证明孩子们在受洗时还不具有信。我认为，已经充分证明，他的这种推理是不可靠的，是肆无忌惮的。

然而，即使他们所说的孩子在受洗时还不具有信这一点能够成立，对我来说，也不会有什么差别。我倒是很想知道，当这以后假定信或者出于信的忏悔已经具备的时候，他们提出再洗礼，还究竟有什么样的理由。因为说他们以前是在没有信的情况下受的洗，因而他们现在应当再次受洗，这样的理由是不够的。还需要有什么理由。你会说，那不是一次正当的洗礼。只要那确实还是一次洗礼，那又何妨呢？不管它是不是正确地被接受，它本身总还是一次正确的洗礼。因为该说的话都说了，跟洗礼有关的每一件事情都做了，就跟在具有信的情况下完全一样。如果一件事情本身是正确的，那么，即使它没有被正确接受，你也不必重新做一次。你只要纠正有错的地方，而不必把整个事情再做一遍。错误的使用并不会改变物质的本性，倒是证明这物质确实存在着。除非这物质确实存在着，否则就谈不上错误的使用了。受洗十年之后才出现了信，而如果当时那次洗礼在各个方面都进行得很正确的话，那何必要有第二次洗礼呢？因为现在他信正是洗礼所要求的。因为信并不是为了洗礼才存在的，但是，洗礼却是为了信才存在的。信来临了，洗礼就完备了。第二次洗礼是不必要的。

这就好比一个姑娘勉强嫁给了一个男人，根本就没有妻子对丈夫的情爱。在上帝面前，她很难算得上是他真正的妻子。但在两年以后，她对他产生了爱情。那么，难道就需要举行第二次订婚和结婚，好像她以前根本不曾是他的妻子，好像以前的订婚礼和结婚礼统统都无效？当然，假如你这样去相信了，你会被看成是大傻瓜，尤其是如果一切都走上正轨，她能够持守妇道，忠诚于她以前没有很好地予以接受的丈夫。同样，如果有一个成年人稀里糊涂地受了洗，但在一年之后却真正的信了，那么，亲爱的先生，你认为他应当再次受洗吗？我听到你在说，他是不正确地接受了正确的洗礼。他的不正确使得那个洗礼也变得不正确了。那么，难道人的错误和软弱胜过上帝的不可战胜的良好秩序吗？上帝在西奈山上与以色列的百姓们立下了约。有些人当时并没有在信里面正确地接受那个约。如果这些人后来真的信了，那么，亲爱的先生，难道那原来的约就应该被废除，难道上帝应该为了每个人而再次到西奈山上重新立约吗？

上帝所宣告的十诫也有类似的情况。由于某些人只是通过耳闻来记住它，是不确切的，就有人认为它们虽然是十诫，但不那么好，因此，上帝应该用新的诫命来取代原来的诫命。百姓们归顺上帝和遵守原来的十诫是不够的。如果由于人发生了变化和想要新的东西就要更改和更新那永存的上帝的道（《以赛亚书》，40: 6—9；《彼得前书》，1: 24），就是一件荒诞不经的怪事了。然而，上帝的道依旧独一无二地坚挺着，而那些现在没有再去坚持或者从中跌落下来的人，则仍旧有一块无法搬动的大石头横在他们前面。假如一些臣子在效忠于他们的君主时曾经有过想要谋害他的念头，但过了三天以后，他们悔过了，真正忠诚于他，亲爱的伙计们，难道有必要重新制订新的忠诚条件吗？既然现在他们一改以前的反叛而真正忠诚于他们的君主，当然就没有必要再这样做了。

倘若我们听从他们所作的推理，我们也许就不得不整日整日地去受洗了。因为我会紧抓住“信而受洗”这句话，每当我发现有一个基督徒失去了信或者堕落了，我会说这个人并没有信，他所受的洗是没有结果的；他必须重新受洗。如果他第二次又堕落了，我又会说，看，他并没有信，他的第一次洗礼一定有什么差错了。他会不得不又第三次去受洗，如此等等。只要他堕落了，或者说对他的信有所怀疑，我就会说，他并没有信，他所受的洗礼是有欠缺的。简而言之，他将必须一而再再而三地受洗，如果他信守“信而受洗”这句经文，他就要一直等到他不再堕落，不再失去信为止。那么，请告诉我，有什么样的基督徒会受洗受得够了，或者说，会认为他所受的洗是完善的呢？然而，洗礼确实能够做到是正确和充分的，即使基督徒背离了信而堕落或者每年有一千次犯罪，也还是这样。只要他能够做到自律，能够具有信心，就够了，用不着一次次地接受再洗礼。那么，如果一个人真的成为有信仰的基督徒了，为什么第一次洗礼不应当是充分和正当的呢？既然在洗礼中并不追究究竟是事先还是事后缺乏信的，可见洗礼并不依赖于信。可是，如果缺乏了信，主张成年再洗礼的人会要我们相信，我们必须更改洗礼的本性，只有如此才符合“信而受洗”这一句经文。

因此，我认为，即使主张成年再洗礼的人能够证明他们的观点，即证明孩子并没有信（但他们证明不了），他们所能够证明的至多不过是由上帝所制定的正确的洗礼是错误地而不是正确地被接受了。但是，任何人不过是证明他是在错误使用，这样的错误使用应当得到纠正，而不是改变这事情本身。因为，错误使用并没有改变一件事情的本性。金子并没有因为一个小偷偷了它和滥用了就变成稻草。银子也没有因为高利贷者的不正当占有而变成白纸。既然那些主张成年再洗礼的人所做的无非是对洗礼的错误使用，他们想要在做这样的错误使用时对洗礼本身作出更改和更新，是在违抗上帝，违抗自然和理性。所有异教徒也是以这同样的态度来对待福音。他们错误理解福音，从而是在对它错误使用的情况下获取了错误的观念，接着就仓促地加以更改，将其变成一种新的福音。因而，不管你是以哪一种方式去看它，那些主张成年再洗礼的人总是发现自己陷入谬误。他们亵渎和污辱上帝的秩序，以人所犯下的种种错误和滥用为借口去归罪于洗礼，而且，即使他们对人所犯下的种种错误和滥用所持有的看法，也是说服不了人的。

然而，就有魔鬼在他们中间起作用，兜售对一些行为的信靠（*Werkteufel*）。魔鬼以信为幌子，实际上却是想搬出某个行为来。他盗用信的名义，诱使可怜的百姓信赖某个行为。在教皇教权之下所发生的情况就是如此，我们受到驱使去参加圣餐礼，那是为了顺从教皇而为。因为没有一个人是为了培育自己的信而去的，而是认为我们领受了圣餐就万事大吉了。在这方面，那些主张成年再洗礼的人又极力推崇某种行为，使得人们在受洗时可以相信确实已经大功告成。实际上，他们很少注意信，而只是似乎是在赞美它而已。因为正像我们说过的那样，假如他们事先就对信很有把握，他们根本就不会再给任何人施洗了。假如他们不是信赖于行为，而是认真地寻求信，他们就不敢施行再洗礼了。上帝那永不变更的道，一旦在第一次洗礼中说出了，就永远保存了下来，而在这以后，如果他们愿意的话，他们就能够在它里面到达信，而他们当时受洗的水，如果他们愿意的话，他们也能够在此之后在信里面接受到它。哪怕他们成百次的违背了道，它也仍旧是第一次洗礼时所说出的道。它的威力并不在于它多次得到重复或者重新说出来，而在于它曾经接受到命令给说了出来这样一个事实。

魔鬼的伎俩就在于让某个人去驱使基督徒离弃信仰之义而追求行为之义，例如他曾经使加拉太人和哥林多人一心注意该如何行为，尽管像圣保罗所写的那样，他们在他们的信里也正在做些不错的事情，也正在正确地跑进基督里面来（《加拉太书》，5: 7）。现在，魔鬼看到一些德国人通过福音而满心喜悦地承认基督，并且执着地信了，使得他们在上帝面前得以称义，他就千方百计地干扰他们，让他们脱离这样的义，似乎它没有什么用处，要他们接受再洗礼，似乎那才是一种更加好的义。这样一来，他就诱使他们去拒绝他们以前的义，把它看作不起作用，要他们转而祈求得到某种虚假的义。那我还说些什么呢？我们德国人一直就是真正的加拉太人。因为凡是同意让自己接受再洗礼的人，就是拒绝了他以前的信和义，犯下了罪和该受到咒诅。在一切事情之中，这样的行为是最可怕的。如同圣保罗所说的那样，加拉太人在给自己行割礼时，已经与基督隔绝了（《加拉太书》，5: 4），他们甚至让基督成为罪孽之奴仆。

撒旦就用这些事情来反对我们，他的目的是极力贬低我们的论说，似乎我们未曾正确地受洗而导致我们不可能具有正确的灵心或者论说。可是，我们是凭所结的果子来认识树的（《马太福音》，7: 16起）。因为无论在罗马天主教徒还是在叛逆者中间，我们都找不出像在我们这一边那样的靠着恩典而熟练掌握和诠释《圣经》的人。这并不是圣灵所赐给的礼物（《哥林多前书》，12: 10）中的最小的礼物。在他们中间，我们看到了魔鬼所结出的自然的果子，那就是，他们中的一些人由于再洗礼而抛弃了妻儿，抛弃了家庭和国家，对什么样的权威都不予承认。然而，圣保罗教导我们说，任何人若不看顾属于他自己的东西，他就是背弃了他的信仰，比不信的人还要不好（《提摩太前书》，5: 8）。《哥林多前书》（7: 13）中，他又表达了他的愿望，即希望一个信的妻子不要离弃不信的丈夫。而且，基督也不希望婚姻发生破裂，除非是有什么奸情可以成为婚姻破裂的理由。我们的灵心不但允许，而且还发出命令，要求任何产业都应该得以保留和维护，信应该平静地在仁爱之中得以实施（参见《加拉太书》，5: 6），因而，将暴动或者抱怨归罪于我们的论说是不公正的。当然，罗马天主教徒信口雌黄地把各样罪恶都横加在我们头上，可是，就连他们自己的良心也往往成了审判他们自己的法官。

这就驳斥了他们所持的认为在神甫或施洗者不具有信的情况下洗礼无效的立场。因为即使是圣彼得在施洗，也没有人会确切知道在那一个瞬间他是坚定地信还是有所动摇。因为没有人能够洞察他的内心。简言之，当那些多纳图派的人看到某些在传教和施洗的人如何不圣洁的时候，就是如此的论点引导他们走上分裂和施行再洗礼的道路。虽然基督把洗礼建筑在他的道和命令的基础之上，但他们却开始将其建筑在人们的圣洁上。我们的那些与圣事为敌的反叛者也想要这样。他们当然声称自己受真理和《圣经》的驱使，然而，他们还是在说谎。他们义愤填膺地说这样一来任何一个无赖都可以把基督带入圣餐的饼里（有时他们确实经历到这样的事情），就像整个世界都确认他们这些人具有信，已经成为完全圣洁的人。他们的所作所为就好像他们在上帝眼里不是什么无赖，就好比那些刻薄地谴责别人，称别人为恶棍的人，却忘记了自己眼中的梁木*。

我们记得，圣约翰并不反对从该亚法的口中听到上帝的话，他很重视该亚法的预言（《约翰福音》，11: 49 起）。摩西和以色列的百姓，接受了不信神的巴兰所说的预言，认为这是上帝的话（《民数记》，24: 17）。圣保罗也认识异教的诗人亚拉图斯（Aratus）和埃皮美尼德斯（Epimenides），赞扬他们所说的话（认为是上帝所说的话）。基督也吩咐我们要听那些坐在摩西的位上的不敬神的法利赛人的话，尽管他们是一些不敬神的只说不做的人**。我们不可太自以为是。让上帝去评判他们那些邪恶的谎言吧。我们还是要听他们所说的属神的话语。因为如果他们是邪恶的，那也是他们自作自受。如果他们说的是对的，我们就可以从中受益了。想一下在《马太福音》（2: 4 起）中的那三个虔诚的博士吧。他们是从那位残暴的君王希律王的口中听到了上帝在《弥迦书》所说的话，而希律王又是从不敬神的祭司长和文士那里得悉的。他们就凭着这话去伯利恒找到了基督。至于他们不过是从后来又谋杀基督的希律王那里听到了上帝的话，这并没有形成什么大的妨碍。

我们还是必须承认，那些狂热分子在另外的一些论说中也还是包含有《圣经》经文和上帝的道。任何人从他们那里听到这些，信

---

* 这个比喻源出于《马太福音》（7: 3）中基督所说的话。

** 参见《马太福音》，23: 1—2。

了，也将会得救，尽管那些人是亵渎基督的不圣洁的异教徒。上帝甚至也通过邪恶的无赖和不敬神的人来给出他的话语，那可是一个不小的恩典。实际上，就某些方面来说，他发布他的话，通过圣洁的人要比通过不圣洁的人，更加具有危险性。因为头脑简单的人会被诱使去依附于人的圣洁，胜过上帝的道。这样，就会将更大的荣耀归给人，胜过上帝和他的道。如果是犹大、该亚法和希律在传讲，这样的危险就不存在，而且，如果上帝能利用这种危险，就没有人可以以此来为邪恶生活开脱。那么，如果一个不敬神的人可以正确地具有和宣讲上帝的道，那他就更能够正确地施洗和提供圣餐了。因为宣讲上帝的道要比施洗更加伟大，这是圣保罗在《哥林多前书》(1: 17)中所夸口的。正像我们说过的那样，任何人如果认为洗礼依赖于施洗的人的信，他就不会从任何人那里受洗了。因为假如我问你，你有没有再次受洗，你回答说是的，那我又要问，你何以知道你现在是正确地受洗了呢？假如你回答说因为给我施洗的人具有信，那我就会问你，你怎么知道的呢？难道你看到他的内心吗？这一下，你就会张口结舌，说不出话来了。

如此看来，我们的洗礼乃是一个坚强而又可靠的基础，正如福音书所说的那样，它确证上帝已经与全世界立约，要成为全世界异教徒的上帝。而且，基督也下了命令，要将福音传遍全世界，就像先知们以多种方式宣告过的那样。作为这个约的一个标记，他建立了洗礼，给所有异教徒下了命令和给予告诫，就如同《马太福音》(28: 19)中所说的："所以你们要去，使万民作我的门徒，奉父的名给他们施洗"，等等。他曾经以同样的方式与亚伯拉罕及其后裔立约，要做他们的上帝，并以割礼作为这个约的一个标记。我们就是在这里受洗了；并不是因为我们对我们自己的信有了把握，而是因为这是上帝的命令和旨意。因为哪怕我对信一点也没有把握，但我仍旧对上帝的命令有把握，确实知道是上帝吩咐我们受洗，是他让全世界都通晓的。对此我丝毫不会含糊，因为上帝的命令是不会欺骗的。可是，关于我自己的信，他从来没有对任何人说过任何话，也从来没有发布过任何命令。

确实，应该将信加到洗礼上面去。可是，我们不应该让洗礼基于信。一方面是具有信，另一方面是依赖于信以及使洗礼依赖于信，这二者之间有很大区别。任何人如果认为他是靠自己的信的力量而受洗的，那他不单是对此没有把握，而且，他也成了一个否认基督的偶像崇拜者了。因为他所信靠和依据的是他自己的某种东西，也就是说，是他从上帝那里得到的某个礼物，而不是唯独上帝的道。这样的话，另外的某个人也会依据和信靠他自己的力量、财产、权势、智慧、圣洁，而这些也都是上帝之所赐。可是，以上帝的道和命令为基础的洗礼，即使还不具有信，只要是按上帝的命令进行的，仍然是正确而可靠的洗礼。就算是如此，对于没有信而受了洗的人，正是由于他缺乏信，因而这受洗对他没有什么好处，但是，洗礼却并不会因此而成为不正确、不可靠和变得毫无意义。倘若我们把任何一件对于不信者没有价值的事情都看作是错误的或者无效的事情的话，就没有什么事情是正确或者善美的。福音应该传到全世界去，这是有命令要这样做的。不信的人听到了，但不觉得对他有什么意义。难道我们因此就认为这福音不成其为福音，或者认为是假福音吗？不敬神的人觉得连上帝本身也没有什么价值。难道这就意味着他不是上帝吗？

如果有一个成年人希望受洗，他说："先生，我想要受洗"，你问他："你信了没有？"这就像《使徒行传》第4章（今为8章，37节）中腓利问那个总管和我们日常问那些即将受洗的人一样。这时，他并不会脱口而出说道："是的，我要用我的信去移山。"反之，他会说："是的，我是信的，但我并没有太信赖我的信。它太软弱或者不确定。我之所以想要受洗，是因为那是上帝的命令，而就是靠着这个命令的力量，我才敢于来受洗。总有一天，我的信会坚强起来。如果我按他的吩咐受了洗，那我就确切知道我是受洗了。假如我是靠我自己的信去受洗，那我也许一到明天就因为自己丧失了信而觉得还没有受洗，或者说，我会怀疑我在昨天是不是真的信。但现在，这些不会影响我了。上帝和他的命令也许会受到攻击，但使我充分感到自信的是，我已经按他的话受了洗。是我的信和我自己做了这件有风险的事情。如果我信，这次洗礼对我就是有价值的。如果我并没有信，那它就没有价值。可是，洗礼本身并不会因此而变得错误和不可靠，它并不是一件有风险的事情，而是像上帝的话和命令一样可靠。"

说到他在婴孩时所受的洗，他会说：我感谢上帝，很高兴我在婴孩时受了洗，因为这样一来，我就完成了上帝所命令的事情。不管我信还是没有信，我已经服从上帝的命令受了洗，我的洗礼是正确而可靠的。不管我今天的信是否可靠，上帝对此都是认可的，或者说，我认为我是信，确信在洗礼中没有什么欠缺的。而在信这方面，则总是有所欠缺。然而，就信这方面而言，我们毕生都有很多事情需要学习。有时信心低落，就会说："看，他以前有信心，但现在没有。"可是，就洗礼而言，就不可以说："看，以前有过洗礼，而现在不再有了。”不，它还在，因为上帝的命令还在，按照他的命令所完成的事情，现在还在，而且永远会在。

说到这里，我认为，我们已经明确而充分地证明，那些主张成年再洗礼的人对初次洗礼的否认是错误的，他们似乎要说明婴孩是在没有信的情况下受洗的，但他们却说明不了。另一方面，我们也不能用任何《圣经》中的经文来证明孩子们确实是信，并没有这样的经文明白而确切地阐明这一点，并没有类似这样的话：“你们应该给孩子们施洗，因为他们信了。”要是有人驱使我们作这样的陈述，他就占了上风和稳操胜券了，因为我们找不到有这样的话。可是，真诚而明智的基督徒并不需要这样的证据。那些争论不休而又顽固不化的反叛分子在这样做，乃是为了装出聪明的样子。但是，在他们这方面，他们没有办法找出这样的说法：“你们要给成年人施洗，而不要给孩子们施洗。”然而，我们却具有许多良好的理由来主张婴孩洗礼是正当的，孩子们是信的。

第一，因为婴孩洗礼起源于使徒，自从使徒时代就付诸实施了。我们不能反对它，而应该让它继续下去，因为没有人能够证明，孩子们在受洗时不具有信，或者说，这样的洗礼是错误的。因为即使我没有把握说他们确实是信，然而，为我的良心着想，我也应该让他们受洗。与其让他们被排除在洗礼之外，我当然更愿意让他们受洗。因为正像我们所相信的那样，既然洗礼是正当而有用的，是将孩子们引到得救的道路，那么，如果我竟然不去这样做，那我就会对所有因为没有受洗而失落的孩子负有责任——这可是一件残酷而可怕的事情。如果洗礼是不正确的，也就是说，对孩子们没有价值或者帮助，那么，我所犯的罪至多不过是白白说了上帝的话和给出了他的标记。我不会对任何灵魂的失落负有责任，只不过是无效地应用了上帝的话和标记。

可是，上帝对此是很容易宽恕我的，因为这些都是由于无知、更由于恐惧才造成的。它并不是我发明的。它是由传统传给我的，《圣经》中也从来没有经文说过它是错误的。倘若我对此不确信的话，也许我就不会愿意这样做。我按照他的命令，在不信的人中间传他的道，有时却又得不到什么效果，或者就像所说的那样，把珍珠丢给猪，把圣物丢给狗（《马太福音》，7: 6），在这样的时候确实是难上加难了。我能够做些什么呢？在这里，我也是宁可犯做了无效传道的罪过，而不愿意犯根本拒绝去传道的罪过。因为做了无效的传道，并不会对任何一个（失落的）灵魂有负罪感，而拒绝传道则有负于众多灵魂。对于任何人来说，这也许是太多了。何况，因为我们不能够排除会有不可靠的信存在，因而也会有不可靠的洗礼，从而对于受洗的婴孩是否具有信不能十分肯定，尽管如此，我还是坚持这样说。洗礼并不起源于我们这里，而起源于使徒，因而，凡是《圣经》上明确规定不能够取消或者更改的事情，我们就不应该取消或者更改。上帝在行事时是奇妙的。凡是他所不愿意的，他都明确在《圣经》中加以见证。凡是没有在那里见证的，我们就可以作为他所行的事来加以接受。我们没有犯什么错，他不会误导我们。倘若我们知道或者相信婴孩的洗礼是无用的，那么，继续再施洗就是做坏事了。韦尔多派*的那些人就是这样做的，但那

* Waldenses，是中世纪的一个基督教派别，其创始人为法国里昂的韦尔多（Petrus Waldus），他们对教会的作用在很大程度上持否定态度，主张宗教改革，尤其反对许多的宗教仪式。

是在藐视上帝和他的道。

第二，还有一个重要的考虑：正像圣彼得所说的那样，任何异端邪说都不会坚持到底，很快就会在光天化日之下丢丑。所以，圣保罗提到了雅尼和佯庇*之类的人（《提摩太后书》,3: 8起），他们的愚蠢最后昭然若揭。倘若婴孩洗礼确实是错误的，上帝一定不会允许它延续那么长时间，也不会让它在全体基督徒那里普遍而全面地被建立，而必定会使它在某个时间不光彩地消失。那些主张成年再洗礼的人现在在使它蒙受耻辱，但这样并没有造成最后的定局，或者说，没有能够就此伤害到它。按照上帝的设定，全世界的基督徒都已经接受了原本的《圣经》，接受了原本的主祷词，也已经把一个孩子的信作为信来接受了，那么，上帝同样也设定了婴孩的洗礼，而在有婴孩洗礼之后好长时间才出现的形形色色的异端邪说都告消逝的时候，上帝还会让它延续下去而不被拒绝。上帝的这个奇迹正好说明婴孩洗礼必定是正确的。而教皇教权就不过是人为的发明，从来没有像婴孩洗礼、《圣经》、信或者主祷词等等为全世界所有基督徒所接受。

你会说，这也并没有证明婴孩洗礼就是可靠的。因为在《圣经》里并没有关于它的经文。我的回答是：确实如此。我们从《圣经》里确实不能够得出结论说，在使徒之后的早期基督徒中间，实际上已经施行婴孩的洗礼。可是，你却可以得出如下结论，即在我们的时代，没有任何人可以拒绝或者否定婴孩洗礼的实践，它已经

---

* Jannes 和 Jambres 是保罗所提到的两个敌挡摩西的埃及术士的名字。事见《出埃及记》（7: 11—12, 22 ; 8: 7, 18—19 ; 9: 11），但并没有提到术士的名字。这两个名字出现在犹太教经典中。

具有了长时间的传统，可见上帝非但已经予以同意，而且从一开始就作出了这样的安排，使得它没有消失。

因为我们看到上帝所行的事，我们就应该服从和相信，就像我们听到他所说的话一样，除非《圣经》中告诉我们的显然与此不相同。我倒是真心诚意要让教皇的教权被看成是上帝所行的事。可是，既然《圣经》是反对它的，那么，虽然我也把它看作是上帝所行的一件事，但并不是一件出于恩典的事情。它乃出于上帝的愤怒，避之唯恐不及，就像瘟疫也是上帝所行的事，但却是上帝出于愤怒所为。

第三，在孩子们受洗的整个时间之内，他赐给他们中的许多孩子重大而圣洁的礼物，用圣灵和对《圣经》的理解来启发和增强他们，并且通过他们来完成基督徒的一些重大事情。胡斯及其同伙就是那个时代的范例，而在此之前，还有其他好多圣洁的人。在我们这个时代，他也对他的子民中的很多人做了相同的事情。迄今为止，他并没有驱使他们成为再洗礼派，如果他判定他的有关洗礼的诫命遭受到歪曲的话，他毫无疑问会这样做。他不会前后不一致，他也决不会用他的礼物去恩待那些违背他的命令的人。既然他赐给我们这样的礼物，我们也必须承认这些礼物是上帝所赐的神圣礼物，由此可见，他当然对初次的洗礼持肯定的态度，认为我们所受的洗是正当的。通过这些事情，我们就证明初次洗礼是正当的，而再洗礼是错误的，就像圣彼得（《使徒行传》，15: 8 起）由圣灵施行奇迹赐给异教徒礼物这一点来证明，让异教徒不必留意摩西的律法，那乃是上帝的旨意。

第四，假如说初次洗礼或者婴孩的洗礼不正确，那么，就会得出结论说，一千多年以来根本就未曾有过洗礼，也不存在基督徒，而这是不可能的。因为在那样的情况下，让我信某一个神圣的基督教教会的信条，就会被认为是错误的。因为一千多年以来，除了婴孩洗礼之外，没有别的什么洗礼。如果这种洗礼是错误的，那么，在那样长的时期里，所有基督徒都没有受过洗，假如没有洗礼，也就不成其为基督徒了。因为基督教教会是基督的新妇，是服从于基督的。它具有他的灵、他的道、他的洗礼、他的圣餐礼，以及基督所具有的一切。倘若婴孩洗礼确实并不是遍及全世界的，而（像教皇教权那样）只不过为某一些人所接受，那么，主张成年再洗礼的人也许有机可乘，攻击那些接受它的人，就像我们反对某些教士那样，因为他们将圣餐礼变成一种献祭，不过，在凡俗人中间倒仍然还保持着圣餐礼。然而，事实情况是，至今为止，婴孩洗礼已经遍及整个基督教世界，因而根本就不容怀疑它有什么差错，宁可说肯定它是正确的。

第五，圣保罗在《帖撒罗尼迦后书》（2: 4）中所说的有关反基督者的话，我们已经说过的，即反基督者将坐在上帝的殿里，这与我们的立场是一致的。如果那是上帝的殿，它就不是异教徒的鬼祟出没之地，而是真正基督徒们的场所，它就必须具有不容怀疑的正当的洗礼。我们听到的和看到的，不外就是婴孩的洗礼，不管是在教皇之下，还是在土耳其人那里，或者在全世界，都是如此。基督命令孩子们过来，把孩子们带到他那里来，并且，在《马太福音》（19: 14）中，又说了天国是属于他们的。使徒们为整个家庭施洗（《使徒行传》，16: 15）。约翰给小孩子们写信（《约翰一书》，2: 12）。圣约翰甚至在他母腹之中就已经有了信，这是我们听到的

(《路加福音》, 1: 41)。如果连所有这一切的经文都不足以使狂热分子信服的话，我也就不再为此挂念了。在我看来，这一些已经绰绰有余，足以封住任何主张婴孩洗礼毫无意义的人的口。如果他们还是觉得不可信，那么，只要他们并没有取消它，而只是在他们内部表示怀疑，我也就心满意足了。然而，我们自己是完全信任它的，因为它一点也不违背《圣经》，宁可说它与《圣经》是吻合的。

第六，既然上帝已经通过福音而与所有异教徒立约，并且命令将洗礼作为其标记，那么，有谁可以把孩子排除在外呢？如果说旧的约以及割礼这个标记，使得亚伯拉罕的子女们相信他们自己是并且也被称作是上帝的子民，他们所依据的是上帝所作出的“我要作你后裔的上帝”这样的应许(《创世记》, 17: 7)，那么，新的约及其标记就必定会更加有效，必定会使接受它的人成为上帝的子民。现在，他命令全世界都要接受它。靠着那个命令的力量，(既然没有任何人被排除在外)我们就放心而不受限制地给任何人施洗，除了反对它以及拒绝接受这个约的人以外，不把任何一个人排斥在外。如果我们遵照他的命令给任何人施洗，那我们就把这些受过洗的人的信，让他去操心了。只要我们传了道，施了洗，我们就做了我们能做的最好的事情。如果我们找不到《圣经》中关于婴孩洗礼的具体的经文，那么，在他们那方面也找不出命令我们给成年人施洗的经文。然而，我们有将普遍的福音和普遍的洗礼给予每一个人的命令，这里面也必定包括了孩子。我们栽种了和浇灌了，而让上帝叫它生长(参见《哥林多前书》, 3: 6)。

总之，那些主张成年再洗礼的人，既草率而又傲慢。因为他们并不将洗礼看作上帝所规定的仪式或者所发布的命令，而看作是人为的细小的事情，就像教皇教权下为盐、水或者药草所行的祝圣礼*那样的许多别的习俗。因为倘若他们真的把它看作上帝的规定或者命令，那么，即使它并没有得到正确的应用，他们还是不会恬不知耻地议论它。可是，他们现在丧心病狂地把洗礼看作某种类同于给水和盐的祝圣或者给教士穿圣服和削发那样的事情。他们胡作非为，竟然称其为狗浴，一捧水，以及其他此类令人作呕的说法。凡是将福音看作是上帝的正道的人，虽然还有许多不信或没有接受它的人，或者，还有许多误用它的人，但他们议论时，决不会抱如此轻率的态度。凡是不把它看作是上帝的道的人，就会轻率地对待它，加以亵渎，把它说成是一个传说，一个虚构的故事，或者说是愚人之见。如此等等。这样的人很容易博得那些相信可以亵渎上帝的人来跟从他。

仔细观察就会发现，假如主张成年再洗礼的人从一开始就以充分的论据来阐述他们的思想，他们就不会误导那么多人，或者说，就不会赢得那么多人。因为他们没有实质性的或者说可靠的论据。可是，他们却依靠一些耸人听闻的诋毁洗礼的话语吸引大批的人。因为魔鬼知道得很清楚，那些疯狂的暴民一旦听到耸人听闻的诋毁的话语，就会受骗上当，既不问理由，也不问根据，马上就相

---

* consecration。这个词来源于希伯来语的 haram（奉献）和 qadash（使……分离开来）等等。《圣经》中最初见于《出埃及记》（28: 1），意思就是将某些人或者某些东西从日常用途中分离出来，专门用于对上帝的奉献。在天主教教会中，为授予神职以及为新建的教堂或者新启用圣杯和祭服等，均举行“祝圣礼”。《新约》中，对于人如何成圣有很多论述。可参见如下经文：《约翰福音》（17: 17—19）；《希伯来书》（2: 11）以及《帖撒罗尼迦前书》（5: 23）。这一点也是天主教和新教分歧的一个重要方面。

信他们。他们听说洗礼是狗浴，施洗的人是一些行欺诈的人，是澡堂老板雇用的愚蠢的仆人。他们就得出结论说，啊哈，是魔鬼在施洗，是上帝在羞辱澡堂老板的那些行欺诈的仆人。这就是他们所采取的立场，他们对洗礼的攻击也无非就是这些。因为在跟我讨论这些事情时我听到过的那些人，全都在使用这些耸人听闻的诋毁的话语（狗浴、澡堂老板的仆人、一捧水，等等），然后，一群削了发的修道士，再也没有什么可以为他们的谬误辩护了。

十分相像的是，魔鬼也这样欺骗那些亵渎圣餐礼的人。当他意识到他的谎言并不那么奏效的时候，他就变本加厉地用一些耸人听闻的谩骂的言语去充斥那些发狂的暴民的耳朵，说我们的圣餐礼是大吃大喝，等等。而他们说尽了这些耸人听闻的话语，他们就立刻黔驴技穷了，他们开始谈论基督的升天。今天，犹太人也是这样的做法。为了使他们的孩子仍旧保持他们的信仰，他们无耻地亵渎基督，称他为“那个被挂在十字架上的”，非常自信地对他造谣中伤。这就像圣保罗在《罗马书》（16: 18）中所观察到的那样，那是用花言巧语诱惑老实人的心。由于这个缘故，他们总是感到称心如意，因为他们那种耸人听闻的亵渎语言，使他们能够随意摆布民众，虽然他们不敢为他们的错误建立牢固的根据。倘若他们真的为自己设定一个良好而坚实的基础，就可以去戳穿其谎言，将其暴露在光天化日之下。

我们确切知道洗礼是上帝所赐的，是由上帝自己设立和命令的，因而我们并不关注它如何被不敬神的人所滥用，而只专注于上帝的规定。我们发现，洗礼本身是一件神圣的、受到祝福的、有荣耀的和属天的事情，理应满怀畏惧地去敬奉，就像理应敬奉上帝的任何其他规定和命令一样。至于有许多人在滥用它，那并不是洗礼的过错。要是因为有许多人滥用福音就把福音说成是胡言乱语，那同样是错误的。既然如此，就我所能看到和听到的而言，那些主张成年再洗礼的人并没有什么论据，只是一味地说一些耸人听闻的亵渎话语，因而，任何人都理应避开他们，认定他们只不过是魔鬼的使者，他们被派到世界上来，目的就是为了亵渎上帝的道和规定，要让人们不相信这些，从而不能得救。因为他们就是那些吃撒在路旁的种子的鸟（《马太福音》，13: 4）。

最后，我主张，如果某个人并没有受过洗，但他并不知道，他认为他正当地受过洗，如果是这样的话，那么，他只要有信就足够了。因为在上帝面前，他具有了他所信的。（基督说）信的人，凡事都能（《马可福音》，9: 23）。给这样的人施行再洗礼，也许会伤害他的信。那么，对于那些确切知道自己受过洗的人，就更不应当再次给他们施洗了！但愿上帝保佑他们是信了的，可是，即使他们并没有信，也没有什么差别。再洗礼派，因为他们的再洗礼建筑在没有把握的信上，那么，他们不确定再洗礼是正确的。因此，他们施行再洗礼是在玩成败未卜的游戏。在属神的事情里搞模棱两可的手法，是犯罪，是试探上帝。不宣讲可靠的真理，却说一些似是而非的欺人之谈，就跟公开反对真理的人一样是在说谎。因为这样的人所说的是连他自己也搞不清楚的事情，却硬要别人奉为真理。可是，想要把洗礼以上帝的规定和命令为基础的人，很快就会意识到，再洗礼既非必要又非有用。初次的洗礼足以符合上帝的要求。

他们的过错还在于他们亵渎和否定上帝所发布的诫命和所行的事。因为初次的洗礼与上帝的诫命是一致的，并且，由于它的作用而使正义得以伸张，然而，他们却仍旧坚持说它是错误的，说只不过是狗浴。他们除了想要说明上帝的命令和上帝所行的事是错误的，只不过等同于一次狗浴之外，还有什么别的想法吗？他们这样说没有别的理由，无非是要求在洗礼之中有信的确切保证，虽然不可能有这种保证。这是为了不切实际的妄想而否认和亵渎上帝的确切命令和上帝所行的事。

就算第一次洗礼没有信。请告诉我，在第二次洗礼中，上帝的道和信，哪一个更伟大、更重要呢？既然信建筑在上帝的道之上，而非上帝的道建筑在信之上，那么，不是上帝的道比信更伟大、更重要吗？况且，信会动摇和变化，而上帝的道是永恒的（《以赛亚书》，40: 6—9；《彼得前书》，1: 24）。既然如此，请告诉我，假如二者之中有一个要发生变化，究竟是哪一个呢：是那永不更改的道，还是那可以变化的信？在信和上帝的道二者之间，前者比后者更加会变化，不是很合乎情理吗？认为上帝的道会改变不正确的信，而不是信会改变上帝的道，这种看法是很合理的。因此，他们必须承认，在初次洗礼中，如果说有所欠缺的话，那并不是上帝的道，而是信，所需要的是另一种信，而不是另一种道。为什么他们不关注如何改变信而让道保持不变呢？难道因为我们没有真正的信，就胡说上帝的道和规定有误吗？在这样的情况下，也许听不到真话了。假如他们真的要按照他们那种奇特的逻辑来行事的话，他们就应该急于去再信，而不是再洗礼。因为洗礼是凭上帝的道和规定而设的，不可以反对或者改变，而信却可以跟现在（如果现在不具有的话）有所不同。如此看来，他们应该成为“再信仰派”，而不是“再洗礼派”；这是假定他们是正派人，不过，显然他们并不是正派人。

既然如此，可见这些施洗者对自己也谈不上有什么把握，处处显示他们在说谎，是通过带有欺诈性的模棱两可来否认和诋毁上帝的规定，他们本末倒置，把上帝的道和规定建筑在属人的行为和信之上，他们本应促进的是人们的信，却急于给人们施洗，每一个虔诚的基督徒一旦认清这些人是在误导，是一些不可靠的和走歪门邪道的家伙，就应该避开他们，以免影响自己灵魂的得救。愿基督我们的主对此予以认可并扶助我们。阿们。

我现在能够说的就是这些，尽管有些简短而仓促。因为目前，我还不能更深入地讨论这件事情。前面已经提到，我并不确切知道他们信什么。因为魔鬼是很疯狂的，他信口雌黄，胡言乱语，绝对没有人知道他信什么。再洗礼派的人附和对圣餐礼持反对态度的人的观点，也认为在主的晚餐中只有饼和酒。然而，在洗礼这件事情上，圣餐派的人却并不同意再洗礼派的人的观点。可见，圣餐派的人内部并不一致，而再洗礼派的人内部也不一致。他们只有在对付我们的时候才是一致的。同样，在教皇教权里面，神甫们和教士们也分成无数的宗派，各派之间激烈争斗，现在，他们却团结起来一致对付我们。在世俗君主和贵族里面，也是如此。彼拉多和希律*，他们曾经是死对头，但在反对基督时却联合起来。可是，在这种特殊的情况下，再洗礼派所犯的错误比起圣餐派所犯的错误来，比较可以容忍。因为圣餐派的人全盘否定洗礼，而再洗礼派的人则赋予

---

* 彼拉多（Pilate），是罗马帝国派驻在犹太的总督（在中文本《圣经》的《马太福音》27 章中翻译为“巡抚”），希律（Herod）是犹太人的王。关于他们两人此前彼此有仇而在反对耶稣中成为朋友一事，见《路加福音》，23 章，12 节。

它另外的性质。还是有理由希望他们纠正自己的错误。指出再洗礼派的信不可靠，具有欺骗性，指出他们无法证明自己的主张，那就足够了。

因为撒旦指望靠狂热派的人所做的无非是始终产生疑虑。他只要能够以傲慢和蔑视的口吻来议论我们，就像那些反叛的圣餐派的人所做的那样，他就感到十分满意了。他们中不会有人肯花费心思来显示和证明他们的傲慢，却关注如何使我们的说明变得可鄙，变得不可靠。他们教给人们的是怀疑，而不是信，但他们却称这个为《圣经》和上帝的道。魔鬼知道，在真理的光天化日之下，他是无所作为的，所以他有意要把灰尘扬起，希望在我们的眼前升起一大片云雾，使我们见不到光。在这一大片云雾之中，他用鬼火来迷惑我们，让我们迷失方向。既然他们下定决心要坚持他们的想法，就试图生搬硬套地要让《圣经》跟他们的想法一致。可是，在这一点上，基督诚信地站在我们这一边，让撒旦一如既往地被踩在我们的脚下。他会保护你们所有人抵制你们的暴君和反基督者的种种引诱，满怀仁慈地扶助我们获取他的自由。阿们。

25 关于基督晚餐的信纲

* * *

但愿这足以表明我们所作的解释与《圣经》或信经不相矛盾，这样疯狂的家伙竟然也说是在信，那是自欺欺人。接下来他又有两个重要的观点，受到了我最强烈的攻击，那就是，他说基督是在上帝的右边以及肉体是毫无用处的，他用这两个观点来证明基督的身体不可能亲临圣餐。我使用了大写字体，以便引起大家对这些经文的重视，不会轻易跳过去。而现在，这个亲爱的家伙又进一步抬出他的“相互交换”（alloeosis）这个花样，想由此可以说明白任何事情，他告诉我们，《圣经》中，是把基督中的一个本性被视为另一个本性，最后，他掉进了万丈深渊，他得出结论说，《约翰福音》（1: 14）的“道成肉身”那一段经文，不应该从字面上理解，而应该理解为：“肉体成了道”，或者说：“人成了上帝”。这显然是把谎言加到《圣经》上。

目前，我还不能够把这个家伙的所有错误都一一加以攻击。但我要说：任何人如果想接受忠告的话，就请他留神茨温利，像躲避瘟神一样避开他所写的书。因为这个人已经完全走入歧途，全然抛弃基督了。别的圣餐派的人总是犯同一个错误，而这个人每出一本新书，就吐出一些新的错误，而且总是越来越多。任何拒绝这个忠告的人可以照自己的路走下去，只要他知道我曾经忠告过他，知道我襟怀坦白。

你不应该相信或者认可，在这些经文中可以找到“属性交换”（alloeosis）这样一个花样，或者说，你可以用基督的一种本性替代另一种本性。这个神经错乱的家伙凭空臆造出这样的说法，乃是为了把我们从基督那里夺走，因为他并没有向你证明它，而且他也根本证明不了。况且，就算他这个错误是正确的，还是证明不了基督的身体不可能亲临圣餐。尽管有基督在天上，我还是迫使他们举证说明，为什么说他们所读到的“这是我的身体”这样的一些话是虚假的。因为上帝的权力不为我们所知晓，他能够找到一种方法使二者都为真，也就是说，基督在天上，而他的身体又亲临圣餐。这是问题的根本所在。我所要求的以大写字母来表示，是指出，这二者是多么矛盾。但是，在这一点上，他们却保持沉默，竟然只字不提，似乎与他们不相干，却滔滔不绝地谈论他的那个“属性交换”。

当我证明，上帝的右边是无处不在的，因而基督的身体也是无处不在的，我那时已作了公开的解释，我之所以要这样做，乃是为了至少可以从一个方面说明上帝有办法做到让基督既在天上，而他的身体同时又在圣餐之中，而且，他还保留有很多方法可以运用他的属神的智慧和能力来得到同一个结果，因为我们并不知道他的能力会有什么限制或者尺度。

那么，假如他们想要回答或者能够回答的话，他们早该无可辩驳地证明，在上帝的智慧和能力之内是没有办法做到使基督既在天上而同时他的身体又亲临圣餐。这些好家伙遇到这样的难题，是一跃而过了。因为他们并不需要教给我们眼睛看得见的存在模式，按照我们的视觉来说，天在上，而圣餐则在地上。我们很清楚，由我们的视觉来判断，在地上的不可能又在上面，反之亦然；因为这就是属人的看得见的存在方式。但上帝的道以及他所行的事，并不用我们的视觉来进行，而是以所有理性甚至于天使也无法理解的方式进行。所以，按可见的方式来说，则基督既不在天上，也不在圣餐中，也不像肉眼对事物所作的判断那样在这个或那个地方。

用肉眼来判断上帝的道和行为的人，当然可怜之至。因为如按这样的方式，就无处可以找到上帝了，不管在任何地方还是在某一个地方都是这样。我的朋友啊，为什么这家伙盯着我所指出的那种特定的存在方式呢？首先，因为他担心再怎么绞尽脑汁也撑不下去。其次，因为以这种方式他尽可以愚弄普通百姓，使他们看不到他如何跳过本该回答的问题，以及他如何启动一种不同的游戏，目的就是为了转移我们的视线，让我们忘记折磨他的事情。倘若我仅仅就我所说的那种模式跟他们争论，他们一定会取胜。为什么呢？因为这样一来他们就可以借口避而不答那个压迫着他们的问题，他们就可以写出一本又一本的书，把他们一无用处的夸夸其谈呕吐到世界中来。因为他们以为多呕吐些东西，多写出些书，就算是反驳。他们就是这样背叛可怜的老百姓。

那么，这就是你为了保护你自己所应该做的事。如果他们确实证明上帝的能力和智慧并没有超越我们的视觉范围，他的能力也没有超过我们用眼睛所能实际看到和判定以及用我们的手指所能触摸到的，你就应该加入他们那一边。那么我也会相信，上帝也无法使基督既在天上而同时又让他的身体存在于圣餐中。要求并坚持这一点。他们有义务这样做。除非他们使这一点变得明白而可靠，不然他们的说法就无从确立，因为他们的说法是以此为依据的。

魔鬼很明白他无法为此提供证据，因而，他就大吵大嚷地说着他那些不着边际的废话，想使我们无法对他提出这样的要求。与此同时，他却施展出他的谁也没有要求过的狡诈手法。就算他能够推翻我所提到的那种方式——尽管他根本做不到——他也还是做不成什么事情，因为即使如此，还是无法证明基督既在天上而他的身体又在饼之中这样一个矛盾。正像我在我以前的书里所指出的那样，他必须不仅证明这种存在方式是不可能的，还要证明上帝自己不能够知道或者策划任何其他的东西。既然他做不到这个，那我们就说：上帝是万能的；他能够做的超过我们所能够看到的；因而，我相信他的巍然屹立着的话语。看吧，这个家伙该如何面对这些事情，他自以为博学多才，却只落得成了一个大笨蛋！

对于他为了反对我所提到的那种方式而发表的滔滔不绝的空论，我只用一句话来回答：不！他把他的“属性交换”带了进来，并没有任何人授权他可以在这次讨论中做这样的事情；跟他那个谎话体系中的其余部分一样，只是为了充作证据。可是，假如他证明了它，我们还可以作进一步的应答。尽管他的那个“属性交换”如何如何，我所提到的那个存在方式仍旧绝对坚定地屹立着。虽然他说那是“属性交换”的一个范例，可是并没有任何人对此吭声；他也许又会说，那是一种反语，或者说是某种另外的转义。在《圣经》里面是不可以玩转义之类的手法的。在论战中使用的那几段经文，在使用之前务必先要证明它们是转义。哦，就像我先前说过的那样：魔鬼已经被驳斥得无力应答，就用一些空话来挖苦、赞美和感谢上帝，他知道如何武装我们对付魔鬼。

亲爱的兄弟，你不要再讲什么“属性交换”，你应该讲：因为耶稣基督既是真的上帝，又是具有单个人格的一个人，而《圣经》的任何一处经文，都从来没有用其中的一个本性去替换另一个本性。因为他称之为“属性交换”的，乃是指某个东西被说成是基督的神性的，但最后却是属于他的人性的，反之亦然——例如，《路加福音》（24: 26）中说到：“基督应当受难，又进入他的荣耀，岂不是应当的吗？”在这里，他耍了一个花招，用属人的本性去替换基督。可我说，务必要提防这个“属性交换”，因为既然它最终想构筑的基督，是会使我再也不想成为基督徒的那个基督，也就是说，是那个就其受难和生活而言并没有作出什么超过普通圣者的基督，因而，它乃是魔鬼所戴上的面具。因为如果我相信，为我受难的仅仅是属人的本性，那么，对我来说，基督只不过是一个可怜的拯救者，他自己也需要一个拯救者。简而言之，魔鬼想借助“属性交换”达到的目的，已经到了无法形容的地步！

其实，这个题目应该写成一篇有分量的论文，可以写成一本书，不应该在现在这件事情中提出来。然而，一个朴实的基督徒应该感到满足的是：圣灵很清楚该教我们以怎样的方式说话，我们既不需要编造转义的人，也不需要掷骰子的人。圣灵是这样说的，《约翰福音》（3: 16）：“上帝爱世人，甚至将他的独生子赐给他们”；《罗马书》（8: 32）：“上帝不爱惜自己的儿子，为我们众人舍了。”他所做的所有事，所说的所有话，所受的所有苦难，以及基督所做的任何事，也都是如此，他是作为上帝的真正的儿子来做、来说和来受苦的，因而，可以理直气壮地说：“上帝的儿子为我们而死”，“上帝的儿子在地上传道”。“上帝的儿子为他的门徒洗足”；就像使徒对希伯来人所说的（《希伯来书》，6: 6）：“他们由于自己的原因而将上帝的儿子钉上了十字架”*，或者，在《哥林多前书》（2: 8）中：“他们若知道，就不会把荣耀之主钉在十字架上了。”

现在，如果理性夫人那个老巫婆，那名为“属性交换”的外婆，会说神性不可能受难和死去，那么，你就应该回答：不错，可是，正因为神性和人性在基督里面是同一位，而由于这种位格上的合一，《圣经》便把一切发生于人性的东西都归给了神性，反之亦然。而实际情况也确实是如此。其实，你应该说，是那一位（指基督）在受难和死去。但这一位却又确实是上帝，因此正确地说是：上帝的儿子在受难。虽然如此，却又可以说，即其中的一部分（指神性）并没有受难，然而，上帝所是的那一位，却在其另一部分（就是在人性里面的那个部分）受难。

这就像我们所说的：王的儿子受伤了——其实只是他的腿受了伤；所罗门有大智——虽然只是他的灵魂才有大智；押沙龙很俊美**——虽然只是他的身体俊美；彼得是灰白的——虽然只是他的头发是灰白的。因为既然身体和灵魂是同一位格的，而任何一样从属于身体或者灵魂的，甚至于身体的最小肢体的东西，都理所当然地归属于整个位格。这是全世界的人们都在说的话，不单在《圣经》里是这样，真实情况确实就是如此。因为上帝的儿子确实是为

---

* 今本《圣经》，此处作“他们把上帝的儿子重钉十字架”。

** 押沙龙（Absalom）是大卫王的第三个儿子，关于他的俊美，见于《撒母耳记下》（14: 25）。

了我们而被钉在了十字架上，确实就是这个上帝所是的位格。因为这个位格，这就是他所是的。而我要说，他是按照他的人性被钉在十字架上的。

如此看来，我们应当把任何从属于位格的一个部分的东西都归于整个位格，因为两个部分合在一起才形成一个位格。所有古代的导师都是这样说的；而所有现代的神学家、所有语言以及整部《圣经》，也都是这样说的。可是，这一该受诅咒的“属性交换”却颠倒是非，恣意更改，把《圣经》指定是整个位格的东西归属于各个部分。他捏造出他自己的各种转义，歪曲《圣经》，分割基督的位格，就如同他以前分割“是”这个词一样，而只有这样，他才将他标新立异的说法和各种愚蠢的念头放到光天化日之下。

好，如果他如此热衷于转义，为什么对《圣经》以及所有导师至今还在使用的那种古老的转义却不满意呢？这里所说的是提喻法，例如，说“基督是按照他的人性而死去的”。可是，这就毫无新意了；既不会扬名，也不会犯什么新的错误。所以，他不得不要提出“属性交换”，告诉我们用一种本性来取代另一种本性。似乎使徒们竟是如此麻木和愚蠢，他们在说到神性的时候总要提到人性，反之亦然。倘若约翰想用“属性交换”，他也许就会说“肉身成道”，而不是说“道成肉身”（《约翰福音》，1: 14）。

那个在这些经文里面突然用上他的“属性交换”的人，不是故意捣蛋吗？是谁命令他这样做？他如何证明这里面有“属性交换”？不，用不着证明；他只要这样说就可以了：“我，茨温利，我说这里面有‘属性交换’，因此就有了。我昨天还在上帝的头脑里面，我刚从天上下来，所以你们都应该相信我！”他本应先证明这里确实有某种“属性交换”。他做不到，但他假定如此，似乎他在一千年以前就这样确立了，没有人可以怀疑。然而，在这里面是不是有“属性交换”，远比他想用它来建立的东西更需要证明。这就是茨温利式的逻辑原理，即“用一个更不确定的东西去证明一个不确定的东西，用一个更未知的东西去证明一个未知的东西”。哦，多么美妙的学问啊！连小孩子也会对它投掷粪块，把它赶走！

如果他认为他发明这样的转义，随意玩弄这样的玩偶是正当的，而且坚持他所说的一切，那么，他最后将基督变成彼列，有什么奇怪呢？倘若任何人都敢于随心所欲地胡说一通而没有义务出示他的理由，那么，我的朋友，有什么结论他不可以得出呢？这与我以前抱怨过的事情没有什么两样：这个家伙之所以求助于《圣经》，是为了用漂亮的言辞讨好人们，然而，他不过是在兜售自己的梦想以及他与《圣经》相对抗的种种愚蠢的想象。然而，我们要在这一节里把“属性交换”彻底驳倒，揭露它是魔鬼的伎俩，把它驱赶到地狱里去。我们希望看到，他是如何提出把它建立起来的。因为我们所想要的是《圣经》和健全的理智，并不是他的鼻涕和口水。

他们对着我们大叫大嚷，说我们把两种本性混成一个本质。这是不确实的。我们并不是说神性就是人性，或者说属神的本性就是属人的本性，如果那样，就把两个本性混淆成一个本质了。与此相反，我们把两个不同的本性合并到单一的位格中，我们说：上帝是人和人是上帝。我们反过来对着他们大喝一声，责备他们是在把基督的位格分裂开来，似乎有两个位格。如果茨温利的“属性交换”

能够成立，那么，基督就不得不是两个位格，一个是属神的位格，另一个是属人的位格，因为茨温利所引用的有关受难的所有经文都只跟属人的本性有关联，而完全排斥在属神的本性之外。可是，如果所行的事被划分和分割，那么，位格必定也要被分割，因为一切所行的和所受的都不被归属于本性，而被归属于位格。任何一件事都是由位格所行和所受，某一件事是按照这一个本性，而另一件事是按照另一个本性，这些都是学者们很清楚的事情。因此，我们是在同一位格来看待我们的作为上帝的主基督和作为人的主基督，“既没有混淆两种本性，也没有分割位格。”

这样一件节外生枝的事情，本身并不见得有什么用处，纯粹是这个极端愚蠢的家伙到处寻找机会欺骗一些头脑简单的人，当下也想转移真正的争论点。我们的立场很坚定，因为这样的饶舌者不会而且也不可能证明“基督在天上以及他的身体在圣餐之中”，是相互矛盾的。所以，像“这是我的身体”这样的话，对我们来说，完全是其原本的意思，因为在我们看来，这些话中的哪怕一个字母，也胜过所有狂热派所写的充斥于世上的书籍，也要比它们可靠得多。

此外，正因为他们没有能证明上帝的右边是天上的某一个专门的地方，因而，我以前谈过的那种存在方式还是站得住脚，就是说，基督的身体是无处不在的，因为所谓在上帝的右边就是指无处不在，虽然我们并不知道这是如何做到的。因为我们同样也不知道，在上帝的右边何以就是无处不在。当然，那并不是我们用我们的眼睛看某处的某样东西那种方式，而狂热派就是如此看待圣餐的。但毫无疑问，上帝具有一种方式使它得以存在于某处，而且，它就以这种方式一直存在着，直到狂热派能够证明它并不是如此。

即使假定“属性交换”的概念是对的，一种本性确实能够被用来取代另一个本性，它仍旧只是涉及本性所行的事或者其所具有的功能，并不涉及本性之本质所在。因为虽然基督就他所行的事而言——例如我们说“基督传道，吃喝，祈祷，死去”——可以认为这是一个对属人的本性的称呼，而就其本质而言——例如我们说“上帝是人或者人是上帝”——就不能够这样来称呼了。在此，不能够有什么“属性交换”，实际上也不能够有提喻或者别的转义，因为在这里，上帝就应该被认为是对上帝的称呼，而人就应该被认为是对人的称呼。那么，我写“基督的身体无处不在”，我当然不是就本性所行的事而言，而是指本性的本质。所以，不管“属性交换”也好，还是提喻也好，都不可能推翻我的立论，因为本质就是本质，各自为是，互不相干。任何人如果想推翻我的立论，就不应该提出“属性交换”或者提喻或者别的转义，这些东西在这里毫无用处，他应该推翻我据以立论的理由。

在这方面，我的根据是：第一，我们的信条，即耶稣基督是本质的，又是本性的，是真实的，是居于同一个位格的完整的上帝与人，不可划分和不可分割。第二，在上帝的右边是无处不在。第三，上帝的道，不是虚假或者骗人的。第四，上帝具有并且也知道各种不同的方式亲临某一个地方，并不像狂热派胡说的只有单一的方式，就是哲学家称之为“局部的”那种方式。关于这个，诡辩家们说得不无道理：有三种亲临某一个地方的模式：局部或者限定范围地亲临，明确地亲临，充盈地亲临。

为了可以更清楚地了解，我来翻译一下。第一，一个对象有范围地或者局部地存在于某一个地方，即在某个范围之内，如果空间和占有该空间的对象正好合乎同一个尺度，例如，放在一个木桶里面的酒或水，酒并不占有比酒的体积更多的空间，木桶也没有产生比酒的体积更多的空间。或者说，淹在水里面的一块木头或者一棵树并没有取得更多的空间，水也没有产生超过水中树的大小的东西。又例如，一个在空旷地方散步的人，他也没有从他周围的空气中取得更多的空间，空气也没有产生超过这个人的大小的东西。在这种模式中，空间与对象正好一一吻合，就像一个白镴匠量好分量之后把白镴倒出来，按照形状去铸模。

第二，说一个对象明确无误地存在于某个地方，即处于一种不确定范围的状况，那是指如果这个对象或者身体在某一个地方不能够被触摸到，不能够按照其所处地点的范围去测量，而是可以占有多一些或者少一些的空间。譬如，说天使或者精灵存在于某个地方，就是如此。因为一个天使或者一个魔鬼，可以存在于整个屋子或者城市；又可以存在于一间房间内，可以存在于箱子或者盒子里，甚至存在于一个果壳之中，空间总是具体的和有范围的，它有它自己的长度、宽度和高度；但是，占有它的东西并没有跟它所占有的空间一样的长度、宽度和高度，实际上，它没有长度或者宽度。譬如，我们在福音书里读到魔鬼附到人身上，进到人里面，也进到猪里面。其实，在《马太福音》第 8 章，我们读到有一个军团的鬼进到一个人里面。也许有六千个鬼。我称之为在某个地方的不受范围限制的存在，因为我们不能够确定其范围，或者说，不能够像量身体一样地去测量它，但它又明显地存在于那个地方。

这就是福音书中讲到的模式，在这种模式中，基督从封闭了的坟墓中走了出来，通过一扇关闭着的门来到他的门徒那里，他的身体是亲临那里的。在那里，并没有测量或定义他在通过石头的时候他的头或者脚所占有的空间，然而，他当时肯定是通过石头的。他没有取用空间，石头也没有为他腾出过空间，可是，那石头还是石头，一如既往地保持着完整和坚硬，他的身体也还是跟以前一样又高又瘦。不过，如果他愿意的话，他也能够让他自己在某些特定的地方有范围地被大家看到，他也可以占有空间，他的大小也可以被测量得到。正因为如此，基督也能够到饼里面 ，而且他也确实是这样在做，虽然他只要愿意的话随时能够以有范围的和看得见的形式显现。因为那封住的石头和关着的门丝毫没有变化，而他的身体却在同一时间进入完全由石头与木头占有的空间，那么，同样地，他也在同一时间进入圣餐，即进入饼和酒所在的地方，而饼和酒本身却丝毫没有变化。

第三，说一个对象充盈地占有着地方，即指超自然的占有，它同时亲临所有的和整个的地方，充盈一切地方，却无可测量，或者说，任何地方都无法根据它所占有的空间来限定其范围。这种存在模式仅仅属于上帝，就像他在《耶利米书》(23: 23) 中所说的："我是近处的上帝并不是远离开的。我充满天地。"* 这种模式是完全不可理解的，超越我们的理性，只有在道之中用信才能够坚持。

我讲了这一切就是为了说明，一个对象在某个地方存在可以有多种模式，不像狂热派所主张的那样只有限定在某个范围内的物理的模式。而且，《圣经》以不可抗拒的力量驱使我们相信，基督的

---

* 与今本《圣经》有出入。在今本《圣经》中，这两句话都是问句："难道我是近处的上帝而不是远处的上帝吗？……难道我没有充满天地吗？"

身体并没有必要局限于某个范围或者一定有形体地存在于某个特定的地方，没有必要与其形体大小成比例地去占有和填充空间。因为他的身体在坟墓中的石头里，但并不是以局限于某个范围的模式而存在；同样，又在那关闭着的门里面，这是他们无法否认的。如果他的身体无需与其大小相称的空间和地点就亲临那里，那么，我的朋友，为什么它不能够无需与其大小相称的空间和场所而存在于饼里呢？可是，如果它能够以不局限于某个范围的方式亲临，它就凌驾于属物质的被造物的领域之上，是被造物无法掌握和测定的。有谁知道这是如何发生的呢？那么，如果有人提出，既然基督的身体在被造物领域之外，它肯定可以去他想去的任何地方，在他看来，所有被造物都是可以渗透、可以亲临的，就如同进到另一个身体的具体地点或者场所一样，谁会证明这是错误的呢？

考虑一下我们的实在的眼睛和我们的视觉能力吧。我们把眼睛睁开来，一下子看到五六哩之外的地方，而且，在这六哩范围之内的任何地方都同时呈现在我们眼前。然而，这仅仅是视觉而已，仅仅是眼睛的能力。如果说物理的视觉尚且能够做到这个，那么，你有没有想过，上帝的威力总能找到一种方法，使基督的身体可以亲临和渗透进所有被造物？你会说："是的，但你凭这一点不能证明它就是如此。"感谢你，我借以来证明这一点的就在于狂热派无法驳倒我，无法证明这是上帝的能力所做不到的，而这恰恰是他们应该也必须做到的事情。我说，他们应该证明，基督的身体之存在于某一个地方，上帝除了有形体的和有范围的存在之外，不知道还有别的存在方法。如果他们做不到这一点，他们的体系就丢人现眼了。而他们当然做不到这一点。

然而，因为我们从《圣经》中证明基督的身体可以以不同于有形体的方式而存在于某个特定的地方，因而，我们凭着这个就有充分的理由认为“这是我的身体”这句话是应当按它们原本的意思去信。因为确信基督的身体穿过了那密封的石头和关闭的门，与任何信条不相违背，而且是以《圣经》为依据的。既然我们能够指出有一种不同于有形体的和有范围的存在模式的存在模式，那么，谁会冒失到去估量上帝的能力，仿佛他不知道还有别的模式？然而，狂热派除非能够证明上帝的能力可以估量，否则，他们的立场就不能维持，因为他们的全部立论，依据的是认定基督的身体只能以有形体的和有范围的方式存在于某个特定的地方。可是，在这里，他们对问题采取避而不答的态度，成天空谈那位“属性交换夫人”。

现在回过来说说我自己的立场：凭着我们的信，我们主张基督既是上帝又是人，这两个本性是同一个位格，因而这个位格不可以被一分为二；所以，在他所愿意的任何地方，他当然都能够以有形体的和有范围的方式显现他自己，例如，他复活之后所做的以及在世界末日他将要做的那样。可是，在这个模式之上和之外，他还能使用第二种即不限定范围的模式，如同我们从福音书中所证明的他在坟墓中以及在关闭的门那里所做的。

不过，既然他是一个人，而这个人又超乎自然地与上帝同一个位格，并且，脱离了这个人就没有上帝了，因而，必然可以得出结论说，按照第三种超自然的模式，上帝无论在哪里，他就在那里，并且也能够在那里，万物都全然被基督所充满，即使按照他的人性，也是如此——并不是按照那初始的、有形体的和有范围的模式，而是按照超自然的、属神的模式。在此，你应该认定，凡是基督按照他的神性而在的地方，他也作为一个自然的、属神的位格在那里，他也合乎自然地和人格式地在那里，就如同他在母亲的腹中孕育所确证的那样。因为如果他是上帝的儿子，他必定合乎自然地和人格式地在他母亲的腹中，成为一个人。但是，如果在他所在的任何地方他都合乎自然地和人格式地出现，那么，他在那里也应该是一个人，因为他并不是两个分离开来的位格，而是单一的位格。无论这个位格在哪里，他都是单一的，不可分的位格，如果你可以说“上帝在这里”，你必定也会说“作为人的基督也在这里”。

倘若你指给我看，在某一个地方，上帝在那里，但他并不是人，那么，这个位格就已经被划分开了，我就可以充分自信地说：“这里的这位上帝，他并不是人，也从来没有成为过人。”可是，我从来不知道有像这样的上帝！因为倘若是这样，就会得出结论说，空间和时间已经将那两个本性割裂开来，从而也将位格划分开来，虽然死亡和所有魔鬼都无法将它们割裂开来。倘若他只在某个个别的地方才作为既属神又属人的位格出现，而在所有其他地方都不得不成为一位极其孤单的上帝，成为一个没有人性的神性，那么，留给我的就是一个很可怜的基督。不，伙计，无论在哪里，要是你给我安放一位上帝，你就必须也为我安放人性。这二者不允许分割和区分开来。他成为单一的一个位格，并不像杰克大师在上床睡觉时把外衣脱掉放在床边那样让人性从他那里给分离出去。

让我以普通人为例来作个简单的说明吧。人性紧密地跟上帝合一，其紧密程度胜过我们的皮肤跟我们的肉的合一——是的，胜过身体与灵魂的合一。人只要健康地活着，他的皮肤与肉、身体与灵魂就完全成为一体，成为一个位格，它们不可分割；反之，无论灵魂在什么地方，身体也必定在那个地方，同样，无论肉在什么地方，皮肤也必定在那个地方。你无法指出有一个特殊的地方或者空间，在那里，只有灵魂而没有身体，就好比只有果实而没有果壳，在那里，只有肉而没有皮肤，就好比只有豌豆而没有豆荚。恰恰相反，无论在什么地方，只要有其中一个，就必定有另外一个。因此，你不能把神性从人性里剥离而放到某一个远离人性的地方。因为这样一来，你就会分离那个位格，使人性只不过是个豆荚，变成神性根据地点和空间是否具备而可以穿上和脱下的一件外套。这样一来，物理空间便有权分割属神的位格，而实际上，不管是天使还是任何被造物都做不到。

在此，你会学着尼哥底母的样说："怎能有这事呢？"（《约翰福音》，3: 9）。难道所有地方和空间都应该成为同一个地方和空间吗？或者，如同那个笨蛋凭着他粗浅的感觉所梦想到的那样，难道基督的人性应该像皮肤在被造物身上那样遍布全身吗？我的回答是：在此，你应该学摩西把你的鞋脱掉，学尼哥底母得到重生。[87]按照你旧的看法，即所看到的只不过是初始的、有形体的和有范围的模式，你对此的理解未必会超过狂热派，他们这些人想象不出神性除了到处以有形体和有范围的模式而存在之外，还可以以另外的模式存在，似乎上帝是遍及所有被造物的某个庞大而广袤的实体。你可以从他们对我们的指控中收集到这样的情况；他们指控我们在扩大和延伸人性，以此把神性圈在里面。这样的说法显然适用于有形体和有范围的存在模式，就好比一个农民穿上过于宽大的上衣和裤子，在他的身体和双腿周围晃荡。

你们这些愚蠢的狂热派分子，连同你们一文不值的思想从这里滚出去吧！如果你们没有能力以不同于此和高于此的方式来思考的话，那么，你们还是坐在火炉边，煨生梨和苹果，把这些论题留给别人吧。如果基督是用他的身体穿过那扇关闭的门，那扇门并没有扩大，他的身体也没有被压缩，那么，这里有一种远不相同的和更崇高的存在模式，为什么要说人性应当被扩大，或者，神性应当被圈起来呢？

你会说："这可是一个玄妙的话题，是我所理解不了的。"是的，这也正是我要抱怨的。这些才勉强知道如何在地上爬的庸俗的家伙，从未经受过信心的考验，对于属灵的事情更是毫无经验可言，却好高骛远地想要窥测这些深奥而不可思议的事情，想对之妄加评议，却又不遵照上帝的话语，而是照搬他们在地上爬行的方法。他们的遭遇像那位诗人的故事中的伊卡洛斯一样。[89] 因为他们同样偷取了别人的羽毛——即《圣经》的经文——用蜡粘上——即用他们自己由推断而得的解释来窜改这些经文——以此让自己腾飞起来。可是，蜡化了，他们掉进了大海，沉没在各种谬误之中。

基督说："我对你们说地上的事，你们尚且不信，若说天上的事，如何能信呢？"（《约翰福音》，3: 12）。注意，基督的身体穿过石头和大门，那完全是地上的和身体上的事。因为他的身体是一个可以掌握的物体，就跟那石头和门一样。然而，任何理性都无法理解，为什么他穿过石头的时候，他的身体和石头是在同一时间和同一地点，而且，那石头并没有变大或者有所膨胀，而基督的身体也没有变小或者有所压缩。在此，信应该使理性显得无能为力，将它由有范围限制的物理模式上升到没有范围限制的第二种模式，对于后者，它是既不理解又无法否认。

现在，如果说第二种模式必须靠信来理解，理性连同它的有范围限制的第一种模式应该消退，那么，如果涉及超自然的属天的模式，在那种模式中，基督的身体跟神性中的上帝合为同一个位格，岂不是更应该保留信而消除理性？因为任何人都会同意我下面的说法，即基督的身体在密封的石头和关闭的门中，比起他的身体穿着衣服坐着或站着，或者在空旷的地方行走，前者跟后者是很不相同且更高的模式。因为在这里，空气和衣服是按照他身体的大小来决定其延伸的大小的，而他的身体又是眼睛能看得到、双手能摸得到的。可是，在石头和门里面没有这样的延伸。

而且，任何人都会同意我下面的说法，即基督的身体在跟上帝同一个位格的时候，比起其在石头和门里面的时候，前者是一种远为更加崇高的存在模式。因为上帝并不是有形体的事物，而是在万物之上的灵。基督并不像其与上帝合为同一个位格那样与石头或者门合为同一个位格。所以，在神性之中的他要比在石头或者门之中的他，处于更伟大和更深奥的方式，而在石头或者门之中的他，又比穿着衣服或者行走在旷野的他，处于更紧密和更深奥的状态。这样，如果连石头和门也都用不到有所扩大，也用不到把基督的身体圈起来，那么，在这个最崇高的模式之中，人性就更没有必要有所扩展，或者封闭和压缩神性。那个庸俗的家伙所说的，只不过是梦呓而已。

那个家伙应当回答我的问题，承认既然基督跟上帝同一个位格，因而，基督的身体具有远比他在封闭的石头和门里面时所具有的要高得多的超自然存在，因为这是现有的最高存在模式，再也没有什么比一个人跟上帝同一个位格更高了。在第二种模式中，基督的身体存在于石头里，天上的所有的圣者普遍具有这种模式；他们会用他们的身体穿越一切被造物，天使和魔鬼普遍具有这种属性。在《使徒行传》（12: 7）中，天使来看望监狱中的彼得。众多妖灵每天都出入关闭着的房间和储藏室。可见，他也必须要同意我的说法，即石头本身并没有扩大或者围住基督的身体。

那么，既然基督与上帝同一个位格，他们为什么还要喋喋不休地大谈最高的存在以及包罗一切的模式，认为人性要想无处不在地跟上帝在一起，就必须有所扩展，并且要把上帝圈起来呢？那无非是为了炫耀他的那些拙劣而浮夸的思想！他从来没有以有别于有形体的和受范围限制的初级模式的任何其他方法去思考上帝和基督。我的朋友，无论这人性在某一个地方还是在所有地方，它都没有把神性圈起来；那在某一个地方的石头，更没有圈住他的身体。倒不如说，他的身体与上帝同一个位格，因而，凡是上帝所在的地方，那人也在那里；上帝所行的事也被说成是那人所行的；那人所受的苦也被说成是上帝所受的苦。

如此说来，基督的一个身体具有三重存在，或者说，在某一个给定的地方具有所有这三种存在模式。第一种，就是那种受范围限制的有形体的存在模式，指他用他的身体在地上行走的时候，指他按他的身体大小占有和产生空间的时候。只要他愿意，他仍旧能够使用这种存在模式，例如，他在复活以后就这样做了，他还将在世界末日这样做，这就像保罗在《提摩太前书》(6: 15)说的："那受称颂的上帝将把他显现出来"，以及《歌罗西书》(3: 4)所说的："基督是你们的生命，在他显现的时候"。他并不是在上帝里面或者说跟天父同在，或者说，他并不像那个疯子凭空想象的那样，是按照这样的模式在天上，因为上帝并不是一个具体的空间或地点。唯灵论者所引用的那几段关于基督离开世界和到父那里去的经文，说到了这种存在模式。

第二种是那种不受范围限制的属灵的存在模式，按照这种模式，他既不占用空间，也不产生空间，而是随意地穿越任何一样被造的事物。举一个通俗的例子，我的视觉穿越并存在于空气、光线或者水之中，却不占用和产生任何空间；声音也穿越并存在于空气或水之中，或者穿越并存在于一块木板或一堵墙之中，却也不占用和产生空间；同样，光和热也穿越并存在于空气、水、玻璃或水晶等事物之中，却并不占用和产生空间。此外还有许多这样的东西。他运用这个模式离开密封的坟墓和穿过关闭的门，进入圣餐的饼和酒里，以及，如同我们所信的，他也是以这种模式在他的母亲里出生。

第三种是属神的、属天的模式，因为他与上帝同一个位格，对他来说，按照这个模式比按照第二个模式来，所有被造物远远更易渗透和亲临。因为按照第二种模式，他以这样一种方式亲临被造物，与其同在，那就是，可以使他们并不感觉到他，并没有碰到他，并不能够测量他或者为他划定范围，而按照这个无比崇高的第三种模式，他更奇妙地亲临所有被造物，他们不能够测量或者限定他，而是全部到达他那里，使他可以对他们进行测量和划定范围。

你必须认识到，基督这样的存在使得他得以与上帝同一个位格，这远远超出被造物之上，就跟上帝超出它们一样；另一方面还要认识到，这样的存在又深入和贴近所有被造物，就像上帝在它们里面一样。因为他与上帝同为一个不可分割的位格，上帝在哪里，他也必定在哪里，不然的话，我们的信就是错误的。

但谁能解释或者哪怕只是想象这是如何发生的呢？我们确实知道，事情就是如此，他是在上帝里而超出一切被造物之上，跟上帝同一个位格。但我们并不知道这是如何发生的；这超出自然与理性之上，甚至还超出所有在天上的天使的理解力之上，只有上帝才知道。虽然我们并不知道，但既然这是真的，我们就不应该指证他的话不实，除非我们知道如何确切证明基督的身体不可能存在于任何上帝所在的地，除非我们能够确切地证明这种存在模式纯属虚构。就让那些狂热分子去证明它吧！他们会放弃的。

我并不希望用前面这些话否认上帝还会具有且知道其他模式可以使基督的身体存在于某个特定的地方。我的意图不过是指出我们的狂热派分子是何等愚蠢，他们只承认基督具有受范围限制的初始的存在模式，虽然就这个模式而言，他们也不能证明它与我们的观点相矛盾。因为我不想否认，凭上帝的能力可以使一个身体同时存在于多个地方，即使是以那种受范围限制的有形体的方式，也可以做到。因为有谁想试着证明上帝不可能做到呢？有谁看到了他的能力的极限呢？也许狂热派分子确实以为上帝做不到，但有谁会去相信他们的胡思乱想呢？对于这一类胡思乱想，他们又有什么办法奉为真理呢？

如果单凭胡思乱想就可以解决问题的话，我也会胡思乱想，还可以胜过他们，我会说：就算像他们胡扯的那样把基督的身体说成是在某一个地方，在天上，然而，即使在那里，一切被造物也还是可以出现在他面前，围绕着他，就如同清澈透明的空气一样。因为正如所说的，一个精灵能够透过一堵铁墙去看见、听见和移动，清楚而容易，就如同我透过空气或者玻璃看见和听见一样的清楚和容易。而像木头、石头和铜器对于我们的视觉来说是实心而不透光的东西，对于精灵来说，就如同玻璃一般，是的，如同妖怪和天使所证明的，就像清澈的空气，而基督当时也由密封的石头和关闭的门证明了这一点。

我看到过这样的水晶或者宝石，里面有一种火星或者火焰般的东西，就好比在一块蛋白石里面，或者说，里面有一朵小小的云彩或者一个小小的气泡；然而，这个小气泡或者云彩却似乎在宝石的每一个边上都闪耀着，无论怎样旋转那块宝石，虽然气泡实际上是在宝石的中央，看起来却似乎它就在宝石的正面。我现在并不是以《圣经》为出发点来谈论的。但我们必须保持头脑清醒，不然的话，就要让位给狂热派了。倘若基督也坐在宇宙中央的某一个地方，就像水晶中的气泡或者火星一样，而且，倘若宇宙中的某一个地点被指向我，由上帝的道向我展示出那饼和酒，那么，我是不是可以说，“看，在饼里面真的有基督的身体”，这就好比当水晶的某一个面对着我的眼睛的时候，我会说，“看，就在这水晶的正面上有火星”？难道你不认为，即使基督是在天上的某一个地方，上帝也会以比水晶中的火星向我显示的那种方式更真实、更神奇的方式使基督的身体展现在饼之中吗？

不在于我认为当然是如此，而在于对于上帝来说这不是不可能的。我只是想给狂热派一些可供嘲笑和曲解的东西，这是他们经常做的事情。不过，我还是希望指出，哪怕确实像他们所说的那样，基督在天上某个特定的地方，他们还是不能坚持他们的立场或者谴责我们所作的解释。然而，在这方面，他们同样也没有确切的知识或者证据。他们远远没有达到他们自以为的真理，即使他们的想法是正确的——但实际上是不正确的——他们也仍旧不能证明他们关于圣餐的观点（即认为除了饼以外什么也不是），也反驳不了我们的观点。

再进一步，为了向他们表明，离开了《圣经》去作种种胡思乱想，不需要什么技巧，我把罗伦佐·瓦拉的例子告诉你们。一个传教士站在那里传教。他的语音是单个人的语音，这语音是从他的口中出来的，是在他的口中形成的，而且还是在他的口中。但这位于某一特定地点即他的口中的单个人的语音，却一下子进到四五千乃至上万只耳朵里。然而，在这成千上万只耳朵里，除了那个传教士口中的语音以外，再也没有别的语音，而在这同一个时间，同一个瞬间，在这个传教士的口中和在所有那些人的耳中，都是这个单一的语音，就像他的口和他们的耳朵成了同一个地点，他的语音就在那里，居间没有空间。

我的朋友，如果上帝对于具体的语音尚且可以做到这样，那么，基督的身体，就算像他们所说的那样是在某个特定的地点，他为什么就不能够更容易地做到，使它在同一个时间真实地进到许多地点的饼和酒里，就好比进到两个耳朵里呢？因为他的身体要比任何语音更灵巧和轻便，比起空气之于语音来，一切被造物对于他就更容易渗透了，看他如何容易地穿过坟墓的石头，就证明了这一点，而没有任何的语音可以像基督的身体那样方便地穿过石头。

然而，我在讲述这些思想的时候，并不想越出狂热派自以为的真理所在，即认为基督是有形体和有范围地存在于某个特定的地点。这样，你就可以看到，即使他们表示有争议，基督的身体还是能够通过上帝的力量而进到圣餐里，因为对于哪怕不那么重要的被造物来说，例如某个语音、某个乐音或者某个声响，不仅是可能的，而且，除了无法触摸到以外，还是十分自然和普通的事情。所以，他们认为既然基督的身体是在天上，那么在圣餐之中就必定只有饼而已，是站不住脚的。

还有一件事情。即使在教皇教权的统治下，也还是在说，倘若有一面镜子碎成一千个碎片，那么以前在完整的镜子里出现过的整幅图像，仍旧保留在每一片碎片中。这里有一张人的脸；他站在镜子面前，对着镜子在看，这时，在同一个瞬间，在镜子的每一片碎片里都有同一张完整的脸。倘若说基督也在饼和酒里面，无处不在，那又会怎样呢？因为如果上帝对于一个人的脸和对于一面镜子尚且能够做到这样，能够使一张脸在同一个瞬间存在于一千片碎片或小镜子里面，那么，他为什么不能对基督的身体也这样做呢？不但使他的像，而且也使他本身在同一个时间存在于许多地方？即使说他在天上的某个特定的地方，也没有关系，因为他的身体进入饼和酒里，要比一张脸进入镜子里容易得多；从他当时穿过石头和铁就可以看到这一点，而人像或者人脸是穿不过去的。

他们会大叫起来："哦，你是个双倍的罗马天主教徒！"好的，他们要叫就让他们叫吧。他们大叫大嚷就是不想回答我们的问题，也就是不作反驳了；不然的话，就连呆鹅蠢驴以及烂醉如泥的农夫也可以成为神学家了。这些狂热派，这些孔武有力的罗兰们和巨人们，我从未看到他们从教皇那里得到过什么，值得他们理直气壮地对着罗马天主教徒大声夸口。他们对着人像——可怜的木头和石头！——咧着嘴，但他们并没有咬过它们。现在，他们又在攻击洗礼和圣餐，但他们并没有成功地达到他们的目的。

我很清楚，他们会这样来回击：镜子中的脸像并不是人的脸本身，只是跟人脸相似而已，同样，饼和酒也只是主的身体的标记；因此，这个例子是在维护他们的观点，而不是在反对他们的观点。但另一方面，我也知道，饼和酒并不像主的身体，不同于镜子中的脸像之像人脸。所以，我举这样的例子要点在于：如果上帝能够在镜子中为同一张脸造出那么多脸像，而且，如果这件奇妙的事情很自然地和明显地发生着，那么，基督的身体，哪怕就像他们所臆造的那样，存在于某个具体的地方，上帝也能够使之确确实实地存在于许多地方的饼和酒之中，这一点应当是确信无疑了。我之所以举这个例子，是为了指出他们的想法是多么无聊，他们谈论基督时，竟然认为除了单独的受范围限制的存在模式以外不可能有其他模式。即使确实是如此，他们从中也得不出他们想要的结论。况且，既然基督的身体并不是以具体的受范围限制的模式存在于天上，他们也证明不了他存在于天上，因而，就更得不出这样的结论了。

这一下，这家伙就对着我大发脾气了，他认为，倘若基督的身体真的存在于上帝所在的任何地方，那么，我就成了马西昂派*

---

* 马西昂（Marcion，约110—约160）主张将犹太教的上帝（根据《旧约》）和基督教的上帝（根据《新约》）的区分开来，否认耶稣具有属人的身体。该派于公元8世纪时消失。

了，就是使基督变成一个幽灵，因为他的身体不可能庞大到能够包容那无处不在的神性。我的回答是：第一，看来这家伙沉不住气了，纯粹想发泄一下而已，因为他不能证明这是从我的论点里得出来的，因而我完全不理睬他的胡说八道。

第二，他很清楚下面这个原理，即指出某一些论点有自相矛盾之处，并不等于将这些论点驳倒了。假如找到一个自相矛盾之处就足以全盘推翻的话，世界上就不会有什么信条能够成立，确实，也不会有法制站得住脚了。可是，这个妄自尊大的家伙却自以为是地设想，只要他宣布某一个论点有自相矛盾之处，就必定可以得出这样那样的结论，这是必然的不需要什么证明。

第三，从他除了把上帝设想为填满整个世界的巨大的存在之外再无能力想象上帝无处不在，就可以看出他的思想多么粗糙和愚蠢；他所想象的上帝遍及整个世界，高出于整个世界，完全按照那受范围限制的有形体的第一种模式，像一个塞满了稻草的布袋上上下下地鼓起来。那么，基督的身体当然就只成一个幻影和幽灵，好比一个盛放上帝和天地的巨大的稻草布袋。如此设想和谈论上帝，难道不是愚蠢之至吗？

不过，这不是我们说话的方式。我们说，上帝并不是这样一个又大又长、又宽又厚、又高又深的存在。他乃是一个超自然的、不可思议的存在，他在同一时间完整地存在于每一粒微小的种子中，而又存在于万物之中、万物之上和万物之外。没有必要像这家伙所凭空想象的那样把他圈在这里，因为对于神性来说，身体太大太大了；它可以容纳成千上万神性。另一方面，它又太小太小了，不足以容纳一个神性。任何东西小也小不过上帝，大也大不过上帝，短也短不过上帝，长也长不过上帝，宽也宽不过上帝，窄也窄不过上帝，如此等等。他是一个无可言表的存在，超越一切可以描述或者可以想象的东西之上。

但这正是这家伙应当告诉我们的：首先，《圣经》或者理性何以证明基督的身体除了那具体的受范围限制的方式以外就没有其他方式可以存在于某个特定的地方，何以证明基督的身体像口袋中的稻草或者篮子中的饼或者锅中的肉一样存在，尤其是在我已经证明他还有别的方式的情况下，例如他那时在坟墓的石头中。还有，何以证明上帝的右边是天上的某个特定的地方。这个家伙在最需要他说话的时候，却为什么默不作声呢？既然他在这里沉默，他在这场争论中已经输掉了，因为他的信仰以此为依据，即认定基督的身体在天上除了这种“局部”的方式以外不可能有别的存在方式，就像装在口袋里的稻草一样，我已经指出，这是明显错误的。在此，他应该施展计谋来证明他的论点。但他有什么办法呢？他已经深深地陷入泥潭而不能自拔！

其次，这个家伙应该回答这样的问题：基督既是上帝又是人，他的人性与上帝同一个位格，因而超越万物之上而完全被吸纳到上帝里，使基督完整地与上帝合而为一。那么，怎么可能上帝在某个地方，而作为人的基督却不在那里呢？只要没有将这个位格分割开来，那怎么可能上帝在这里不具有人性而在那里又具有人性呢？——尤其是由于我们并没有两位上帝，只有一位上帝，这位上帝按照单一的一个位格完全是人，就是圣子。尽管他在其他一些地方乱说一通，但在这里，正好需要他说话的地方，他却避而不谈，保持沉默，这是什么意思呢？

如果上帝和人同一个位格，两个本性合而为一，以至于二者的相互结合比身体与灵魂的结合还要紧密，那么，在任何地方，基督是上帝，他就必定也是人。如果在某个地方，他既是人又是上帝，那他为什么不应该在第二个地方也既是人又是上帝呢？如果他在第二个地方既是人又是上帝，那么，在第三个、第四个或者第五个地方等等，乃至在所有地方，为什么不是这样呢？可是，如果第三个、第四个或者第五个地方不允许他同时既是人又是上帝，那么，第一个地方即原本的那个地方，也不会允许他同时既是人又是上帝。因为假如地点或者空间能够将位格分割开来，那么，第一个地方就跟所有其他地方一样也能够这样。在这里，答案是现成的。我认为，上帝和人成为同一个位格，从而基督获得了超自然的存在或者存在方式，使他可以无所不在，我就是以此来表明我所坚持的这一点。

如果我们希望成为基督徒，希望正确地思考和谈论基督，我们就必须认定他的神性超越一切被造物之外和之上。其次，我们必须坚持，虽然他的人性是被造物，然而，因为它是唯一一个跟上帝如此合而为一的被造物，跟神性合而成为同一个位格，因而它必定高出于其他所有被造物，超越它们之上和之外，仅仅在上帝之下。好了，这就是我们的信。在此，我们所信的是一位超越一切被造物之上的基督，无论按照他的人性还是按照他的神性，都是这样；就他的人性而言，我们所信的是一个不同于这里地上处处见得到的人性，因而是超越一切被造物之上和之外的人性，是纯粹在神性之中的人性。现在，就让信来作裁判和仲裁吧。超越被造物之上的只有上帝；与此相对应，既然人性也超越被造物之上，它就必定处处跟上帝在一起，不会有任何差错。然而，从本质上来讲，它又不可能就是上帝，可是，因为它超出所有被造物之上而达到了本质意义上的上帝，并且跟上帝合而为一，处处跟上帝在一起，因此，至少在位格之中它必定是上帝，并且处处跟上帝共存。

当然，我们的理性有一种很愚蠢的做法，即总是习惯于把“在……之中”仅仅以具体的受范围限制的意思来理解，好比稻草在口袋中，饼在篮子中。因此，当它听说上帝在这个或者那个物体之中时，总是联想到稻草口袋和盛放饼的篮子。可是，信却明白，在这一些事情里面，“在……之中”却等同于“在……之上”、“在……之外”、“在……之下”、“从头到尾”和“在任何地方”。哦，我为什么要说这些高深的事情呢？它们是不可言喻的，普通人没有什么必要去了解；而狂热派，它们毫无用处，甚至还有害处。他们就像驴子读《诗篇》一样，完全是一知半解，只不过寻章摘句恣意歪曲，断章取义，以此为借口规避主要的论题。茨温利就在扮演这样一个傻瓜，他竟然从我的论述中得出结论说，如果基督无处不在，他就不能被嘴接受，除非嘴巴也无处不在。这就是有魔鬼插手的赤裸裸的恶毒歪曲。

因此，我不想再在这里谈论这个论题了。任何人如果愿意接受劝告，他已经接受得够多了；如果他不想接受劝告，那就听便吧。对于普通人来说，基督在晚餐时所说的“这是我的身体”这样简单的话语，就足够了，因为狂热派也拿不出像样的或者无法驳倒的东西来反驳它，他们也无从在任何一点上正确地作出回答。在这些重要的事情上，哪怕只是在其中一点上站不住脚的人，理所当然地应该怀疑而回避，尤其是因为他们竟大言不惭地吹嘘说《圣经》站在他们一边，一切都安排妥帖了。由于他们所持的错误论点不止一个，而是一大堆，他们经常公开地散布谎言，又从来不正面回答任何问题，因而，他们更应该被看作是一些走上邪路的自吹自擂的宗派分子。

特别是茨温利，不值得再应答他，除非他撤回他那亵渎上帝的“属性交换”。就如同俗语所说的，对明显的谎言是不用回答的。因此，对于这样一个连普通的信条都予以否认的人，理应将他看作是一个明目张胆的异端者而远远避开。现在，茨温利不仅否认这一最崇高且必要的信条，即确信上帝的儿子是为我们而死的；而且，他还公然加以亵渎，反倒说这是有史以来最令人发指的异端邪说。他的胡思乱想以及他那该死的“属性交换”，诱使他将基督的位格分割开来，他留给我们的基督只不过是一个为我们而死并救赎我们的单纯的人而已。可是，基督徒的心灵怎能够听和容忍这样的说法呢？这样的说法全盘否定和废除了基督徒的整个信仰以及全世界的得救。因为任何人如果得到的仅仅是由人性来救赎，那他当然没有得到救赎，他也永远得不到救赎。

看来既没有时间也没有空间进一步谈论这个问题了。从我这方面来作证，则我认定茨温利连同他的观点是非基督的，因为他所坚持和论述的跟基督徒的信仰毫不相干。现在的他比起他还是罗马天主教徒的时候，要坏上七倍，按照《马太福音》第9章（应为《马太福音》，12章，45节）的说法：“那人末后的景况，比最初的更不好。”我这样来作证，目的就是我可以问心无愧地站到上帝和世界面前，表明我从未参与茨温利的观点，将来也不会参与。

整个问题就是：在这里，我们不认可“属性交换”，甚或“异种交换”，甚或什么“品性添加”，也不认可从茨温利的魔术包里制造出来的任何其他把戏。我们要从《圣经》里获得理由，而不是从他的胡思乱想里学会什么乖巧。我们对他的怒气和大发雷霆不感兴趣。他再怎么发火也推翻不了我们所作的解释。这个怒气冲天的家伙拿不出什么来使我们相信基督的身体不可能同时既在天上又在圣餐之中，而这跟“这是我的身体”这句话是相适应的。或许由于他的盛怒，还是由于什么人作了玄妙的调停，他把这个论题放了下来，不再发怒了，毫无必要地讲起新的转义。他毫无根据地得出结论说，我的说法可以成立，如果说在上帝所在的所有地方都有基督的身体存在，则基督的身体就会像上帝本身一样成为第二个无限的范畴。可是，如果他的怒气还没有使他变瞎，他很容易就看到，根本就不可能得出这样的结论。如果世界本身不是无限的，那么，说基督的身体无处不在，何以就可以得出结论说基督的身体是无限的呢？此外，这个瞎了眼的家伙，他是根据那种简单的受范围限制的模式得出这样的结论；然而，我们知道，上帝不止一种方式可以使某一事物存在于某个地方，这一点我们前面已经证明过了。天使能够在同一时间既在天上又在地上，就像基督在《马太福音》(18: 10)中所指出的那样：“他们的使者在天上，常见我天父的面。”如果他们要为我们做事，他们就在地上和我们在一起；他们却还是常见我天父的面。然而，他们并不是无限的存在者。

这个笨拙的家伙，尽管他不知道在天上是什么意思，但他却想跳过去对这个论题下结论。我说过，基督，即使他行走在地上，他也是在天上，就像《约翰福音》(3: 13)所说的：“仍旧在天上的人子”，对于我所说的愿上帝扶助我们，他竟然一下子跳到那样离奇的结论！他声明说："基督怎么能够同时又在天上呢？难道在天上也有吃喝吗？难道在天上也有受难和死去吗？在天上也有睡觉和休息吗？你这个发疯的路德，看看你已经陷得多么深？你真是恬不知耻！"对于这个家伙所取得的胜利，你有什么想法呢？他已经征服了君士坦丁堡并且摧毁了土耳其人，而他那只塞满了"属性交换"和"品性添加"之类东西的魔术包，在欢腾跳舞。

你这个风度翩翩的魔鬼，从这里滚出去吧！让任何一个诚信的基督徒来告诉我们，认定人性是在上帝之中，认定人性确实跟上帝同一个位格，这岂不是比认定它仅仅在天上更重要和更伟大。难道上帝不是比天更崇高和更荣耀吗？现在，基督来自于他母腹的人性，比任何天使更深入地存在于上帝里，存在于上帝所在之处，当然，它也比任何天使更深入地存在于天上。因为任何东西，如果存在于上帝里和上帝所在之处，就是存在于天上，这跟天使一样，即使他们在地上，一如《马太福音》(18: 10)所说的，也还是在天上。不然的话，连上帝他自己也不在天上！为此，我可以引出一个茨温利式的结论和胡言乱语来："难道在神性中也有吃喝吗？难道在神性中也有受难和死去吗？你这个疯狂的施洗约翰，你想告诉我们说基督是上帝并且他就在神性中，看看你自己陷入了什么境地？因为如果跟上帝在一起就没有受难或死去，没有吃喝，那么，基督的人性就不可能与上帝同在，也更不可能与上帝同一个位格。"魔鬼说："这是我用尽心计想做的事情，可是，你这个调皮捣蛋的路德，你把我的魔术袋连底给撕开了！"

现在，如果说基督在地上会受难和死去，虽然他同时也在神性中并且与上帝同一个位格，那么，同样，虽然他在天上，他为什么不更能够同时也在地上受难呢？如果说是天在作碍，那么神性就更加会作碍了。其实，要是我说，不但基督在地上行走的时候也是在天上，而且，使徒以及地上所有其余的凡人，只要我们信基督，也都是如此，要是我这样说又会如何呢？那可就会在茨温利的魔术袋里引发骚乱了！他也许会设法从中引出如下结论来诘问我们："难道在天上也有罪恶吗？难道在天上也有错误吗？难道在天上也有魔鬼攻击我们吗？难道在天上世界还在迫害我们吗？难道在天上这血和肉还在诱惑我们吗？等等，等等。因为我们总是不断地犯罪和有过错，如同我们在主的祷告词里面读到的，'赦免我们的过错'*(《马太福音》, 6: 12)，而且，我们也不断受到魔鬼的攻击，受到这世界和血肉的攻击。你那么做，就会把魔鬼和世界以及血和肉都放到天上去了。看看，你这个疯狂的路德，你自己陷入何种境地了！啐！难道你不想知道，我们的心灵并不是小丑吗？现在你该知道了吧！"

对他这样的人，我该怎么办呢？圣保罗在《以弗所书》(1: 3)中说："上帝赐给我们天上各样属灵的福气"，又说道："他又叫我们与基督一同复活，与他一同被高举，一同坐在天上"(2: 5起)，以及在《歌罗西书》(3: 3)中说道："我们的生命与基督一同藏在上帝里面"，而这当然是指在天上了。如此说来，倒是圣保罗误导了我。

但是，这家伙有办法召唤他的魔术袋，从中变出"属性交换"或者"品性添加"来，让我们去作交换，把一个事物变成另一个事物；这样，天的意思应该是地，就如同他在解释《约翰福音》

* 今本《圣经》，此处作"免我们的债"。

（6: 51 起）时认为基督的血应该指他的神性一样。因为“属性交换”成了《圣经》里的主妇。如果我们不相信它的话，他就搬出逻辑来压服我们，说什么“但是我们现在不是在橄榄山上并从那里升到天上去，我们现在是在日耳曼的国度；因此，圣保罗所说的天，一定指的是地。”这个家伙唯一能够想象的天就是用他的手指向上指着、用他的眼睛向上望着、那有太阳和月亮的地方。我认为，因为这些天体永远不会停息，他们把天上这样一个地方归给基督，就使基督永远坐不安稳。因为我从他们那里想象不出或者说推断不出他们把天上什么样的地方归给基督。不过，无论是真还是假，就算是这样吧。

这么一来，在谈到我引自《歌罗西书》第 3 章［应为 2 章，9 节］的经文，即“神性的全部的丰盛，都有形有体地居住在基督里面”的时候，他以为没有必要再去说“有形有体地”的意思就是“本质上”，似乎在上帝有形有体地居住在基督里面以前，基督本质上还不就是上帝。这个家伙能够随意解释他想要解释的东西，根本用不着证明，这样的方法可实在是太妙了！在《以弗所书》（4: 10）中也有同样的情况：“基督降下了又升上，远升诸天之上，使他可以充满万有。”在此，他把“充满”解释为对《圣经》的实施，对着疯狂的路德发出得意的讥笑，仿佛他已经捣毁了地狱。但他又觉得完全没有必要证明这样的解释。他这样说了，就够了；如此一来，就算回答了这一点，而我们所作的解释就是错误的。

然而，当他以基督所说的“我在哪里，叫你们也在那里”（《约翰福音》，14: 3）来证明他的演绎能力的时候，他的确是头一回击中了路德。他说：“你们看，如果基督是无处不在的，那我们也应该是无处不在的。”令我奇怪的是，他却并没有由此进一步推论说，因为基督在哪里我们也在哪里，我们也都既是上帝又是人。因为基督所在的地方，他都既是上帝又是人。另外，既然基督当时穿过了密封的石头和关闭的门，那我们也应该能够。还有，基督以属灵的方式存在于我们里面，故而，我们也应该以属灵的方式存在于我们自己里面。如此等等。

确实，从另一方面来说，他也可以合理地得出结论说，凡是基督所在的地方，我们就不可能在那里。因为许多身体在同一个地方，这跟一个身体在许多地方一样是不合乎情理的。可是，一如他们所说的那样，既然基督在天上占有某个特定的地点，就必然会得出结论说，我们每个人也会具有他自己的特定的地点。那么，既然“我在哪里，叫你们也在哪里”这一段经文，如果仅仅从字面上来理解，跟《圣经》以及信经相矛盾，这位“属性交换”或者“异种交换”太太，或者，也许某个寻常的“大傻瓜”角色，她会俨然以教母自居，来帮助我们获得正确的解释。难道我就不会学他们的样一下子跳跃过去获得各种结论吗？

那么，一头母猪不可能变成一只鸽子，一只杜鹃也不可能变成一只夜莺。这个傲气的魔鬼随意对待《圣经》，而且，既然他无法作出回答，他就变着法通过嘲笑我们来脱身。现在，虽然我们将会按照上面所描述的第一或第二种模式存在于他所在的地点，但我们不会按照第三种模式存在于他所在的地点；按照这第三种模式，基督存在于上帝所在的所有地点。其实，既然他是无处不在的，那我们当然也在他所在的任何地点，因为如果他是无处不在的，那他就必定与我们同在。我们那位逻辑学家本来应当可以驳倒这一点，但他却并没有做到，反之，他把一切搞得乱七八糟，他拒绝认可除了那唯一的受范围限制的模式以外的任何其他模式。超出了这个，他就一无所知了，就连他自己在胡说的那些东西，也是一知半解。

26　关于基督晚餐的信纲

* * *

第三部分

我看到，随着时间的推移，教会的分裂以及各种各样的谬误正在变本加厉，撒旦可以无休止地肆虐。因此，为了防止任何人在我活着或我死去以后求助于或者歪曲我的著作去证明他们自己的谬误，就像狂热的圣礼派和浸礼派信徒已经开始在做的那样，我希望能用我的这篇论述在上帝和全世界面前逐点坦陈我的信仰。我已下决心至死不移，并且（愿上帝扶助我！）将靠着这个信仰离开这个世界而出现在我主耶稣基督的审判宝座前。因此，如果在我死后有人说："假如路德现在还活着，他也许就不是这样来宣讲和看待种种信条了，因为他当时还考虑得不够充分，"那么，凭着上帝的恩典，让我现在就一劳永逸地声明，我已经通过《圣经》以最大的勤奋探索了所有这些条款，并且，靠着《圣经》的启发而一再审视了这些信条，我有确切的把握全力捍卫它们，就像我现在捍卫着圣坛的圣礼一样。我十分清楚我说的是什么，我完全知道，在主耶稣基督降临的末日审判前，我所说的这些话对我起着什么样的作用。希望谁也不要把这当作笑话或者无稽之谈；我对撒旦已经有很多认识了。如果撒旦可以对上帝的道和《圣经》加以歪曲，那么，对我的或者别的什么的话，他还有什么做不了的呢?

首先，我全身心地相信那一条称颂上帝之至高无上的庄严条款，我相信，圣父、圣子和圣灵这分别的三位，其本性乃合而为一成为纯真的上帝，是天与地的创造者；这是跟阿里乌派、马其顿尼派、撒伯里乌派以及其他一些类似的异端派别完全相对立的，是以《创世记》(1章，1节）为依据的。所有这一些此前已在罗马教会以及全世界各个基督教教会中间有了明确的主张。

其次，我相信并且也知道，根据《圣经》的教导，神性中的第二位即圣子，乃是无须凡人作用而受胎于圣灵，由那纯真而神圣的童贞女马利亚作为一位实在的自然母亲而生养，他就独自成为一个真正的人，所有这一切，圣路加明白地加以描述，先知们也作了预言；这样，圣父和圣灵都没有成为人，并不像某些异端派别所教导的那样。

而且，我也相信并且知道，圣子所取的并不像某些异端派别所宣教的那样，是一个没有灵魂的躯体，而是包括有灵魂，即完整的人性，生来就像上帝所许诺的那样，是亚伯拉罕和大卫的嫡系，按自然来说，是马利亚的儿子，他从任何方式和形式来说，都是一个真正的人，就像我是我自己，任何一个别的人是他自己一样，唯一不同的是，圣子是无罪而降生的，是单独由童贞女马利亚的圣灵而降生的。

我相信并且知道，这人成为真正的上帝，成为上帝与人合一的永恒而不可分的一位，这样，神圣的童贞女马利亚，不仅像聂斯脱利派所宣教的那样，是基督作人时的真实的母亲，而且也像圣路加(《路加福音》, 1: 35 节）所说的那样，是上帝之子的真实母亲："你所要生的小孩，将被称为上帝的儿子，”即指，我的主和所有人的主耶稣基督，就本性而言，为上帝和马利亚的真实的儿子，是真实的上帝，也是真实的人。

我也相信，我主耶稣基督，上帝和马利亚的儿子，为了我们这些可怜的罪人而受难，被钉十字架而死，死后被埋葬，为的是他可以用他那无辜的血将我们从罪孽、死亡和上帝永恒的愤怒中救赎出来；到了第三天他又从死里复活，升到天上，坐在上帝全能的父的右边，成为万主之主，万王之王，掌管着地上和地下的万物，掌管着生与死，掌管着罪孽与正义。

因为我坚信并且也能够由圣经来证明，所有的人都来源于同一个人即亚当；从这个人，通过他们的出生，他们获得和继承了那个堕落，那个罪，就是亚当由于魔鬼的作恶而在天国所犯下的罪；这样，所有的人都跟他一样被生养，都在罪里面生和死，而且，要不是耶稣基督来救助我们，作为无罪的羔羊承担起我们的罪，以他自己的受难为我们付出代价，要不是他还作为一个诚信的充满怜悯心的调停者、拯救者和我们灵魂的唯一的神甫和主教为我们求情和辩护，我们必定会成为永远沉沦的罪人。

对于所有那些极力美化我们的自由意志的学说，即所有那些跟我们的救主耶稣基督的扶助与恩典截然相反的学说，我在此严加驳斥和谴责，认定它们是十足的谬误。如若脱离了基督，那么，死亡和犯罪就成了我们的主宰，魔鬼就成了我们的主和上帝，并且，再也没有什么权力或能力，再也没有什么聪明或理性，使我们可以借以做好准备去获得正义和生命，或者借以寻求生命。相反，我们不得不遭受愚弄，遭受罪恶和魔鬼权柄的奴役，驱使我们去做和去想的，正好迎合它们那些违背上帝及其诫命的东西。

这样，我就同样也谴责了新旧伯拉纠派的学说，他们不想承认原罪是罪恶，而将其说成是一种软弱或者欠缺。但是，既然死亡已经降临到所有的人，那么，原罪必定不仅是一种软弱，而是一个大罪，就像圣保罗所说的："罪的工价乃是死，"（《罗马书》，6: 23）以及"罪是死的毒钩。"（《哥林多前书》，15: 56）大卫在《诗篇》（51: 5）中也说："我是在罪孽里生的，在我母亲怀胎的时候，就有了罪。"他并不是说"我的母亲用罪生养了我"，而是说"我，我自己，是在罪孽里生的，在我母亲怀胎的时候，就有了罪"，也就是说，在母亲的腹中我就是从有罪的种子中成长起来的，这是希伯来原文的意思。

其次，我也抵制和谴责所有隐修会的规章、隐修院、隐修机构以及由一些人超出并脱离开圣经而策划和建立起来的所有这类事物，指出它们彻头彻尾就是魔鬼的骗术和谬误。所有这些事物都是靠一些誓约和应尽义务来束缚住的。尽管有许多伟大的圣者曾经也居住其中，而且，作为上帝的选民，当时也曾受其误导，但最终还是凭着对耶稣基督的信而得以救赎和逃离了出来。因为这些隐修会、隐修机构以及各隐修教派之所以能够一直维持至今，乃是靠着这样一种观念，即用这些方法和行为可以使人们寻求并获得救赎，使人们避离罪恶和死亡，因而，它们全都是臭名昭著的可恶的亵渎，是对我们唯一的救主和调停者耶稣基督的独一无二的扶助和恩典的否认。因为，除耶稣基督以外，"没有赐下别的名，我们可以靠着得救"（《使徒行传》，4: 12）。而且，也不可能还有什么救主，什么别的途径或方法可以得救，唯独只有靠着义，即我们的救主耶稣基督所是的那个义，他已将义赐给了我们，并为了我们而将这个义呈献给上帝，作为我们的一个施恩座，一如《罗马书》（3: 25）中所提到的那样。

假如能够把隐修机构保存下来，以此将上帝的道、圣经以及基督的品行教导给青年人，使我们可以培训一些优秀的、有为的人去当主教，当传教士和教会的其他仆人，也可以为国民政府培训一些有才能的人，培训一些受人敬重的能干的妇女去管理家政，以基督教的方式去培养儿童，会是一件好事。但是，作为一种寻求得救的途径，那么，这些机构就都是魔鬼的学说和信条了。这方面，可参看《提摩太前书》（4: 1 起），等等。

可是，下面三种是由上帝所建立的授圣职礼和真正虔诚的组织：神父日祷仪、结婚仪式、国民政府。所有为上帝的道而投身于教职的人，都是置身于神圣的、正当的、良善的和取悦于上帝的聚会和仪式之中的，这中间包括讲道的人、安排圣餐礼的人、掌管公款的人、掌管教堂总务的人以及为这些人服务的信使或仆人。在上帝眼中，这些人所从事的工作，都是神圣的。

另外，所有父亲和母亲若能善理家务，引领他们的儿子事奉上帝，那么，他们就都是献身于圣洁，献身于神圣的事业和神圣的聚会。类似地，如果孩子们和仆人们能顺从他们的长者和主人，在这里就也是圣洁的，能做到这样的人，就是活在地上的圣者。

还有，王公贵族、法官、文官、行政人员、书记员，男女仆人和所有为这些人服务的人，以及所有服从于他们的人，上述所有人都是献身于圣洁，都是在上帝面前过着神圣的生活。因为，这三种虔诚的组织或聚会，是在上帝的道和诫命中找得到的，而任何包括在上帝的道里面的，就必定是神圣的，因为上帝的道是神圣的，并且也使任何与其相联的和被包含的东西变得神圣起来。

更有在这三种组织和聚会之上的，即基督爱心公会，在这爱心公会中也用各种各样的慈善行为为任何有需要的人服务，例如为饥者施舍食物，为渴者施舍饮料，宽恕仇敌，为地上所有的人祈祷，忍受地上诸般的苦难，如此等等。看，所有这些都被称为善行和神圣的行为。然而，这其中无一可以成为得救的手段。只有一件事是超越它们所有之上的，那就是：信从耶稣基督。

因为成为神圣和得救是两件截然不同的事情。我们唯独靠着基督而得救；可是，靠着信，或者靠着这些神圣的组织和聚会，都得以成为神圣。即使是那些不信上帝的人，也会做不少这一类神圣的事情，却不会因此而得救。因为上帝是要我们行这些事去赞美他和荣耀他。而所有因着信从基督而得救的人，当然会行这些事情和参加这样的聚会。

然而，有关结婚仪式所说的，也应该适用于寡妇和未婚女子，因为她们也属于家庭范围。如果不去保存这些聚会以及属神的组织，那么，面对那些完全丢弃了上帝的道而兴风作浪，明目张胆地反对信仰的唯一之路的属于魔鬼的组织和修道院，我们又能说些什么呢？

第三，我相信圣灵，相信圣灵与圣父和圣子一起是同一位真实的上帝，并且永恒地从圣父和圣子里面发出，但又是独特的一个位格，具有单一的属神的本质和本性。靠着这圣灵，靠着这个永恒存活着的属神的恩赐，所有信的人都被赋予了信和其他一些属灵的恩赐，死而复生，摆脱罪孽，理所当然地充满了喜悦和自信，既自由又安全。因为，只要我们感受到圣灵在我们心中，那么，我们就得到了确实的保证，知道上帝愿意成为我们的父，他赦免了我们的罪，并将永生赐给了我们。

这是三个位格和同一位上帝，他将他自己完完全全地给了我们，尽他所是，尽他所有。圣父将自己赐给了我们，同时也就将天地和一切被造物都赐给了我们，为的是使它们服务于我们和造福于我们。但是，这个恩赐却由于亚当的堕落而变得黯然失色和毫无用处了。为此，圣子接着就将他自己赐给了我们，也将他所有的功绩、他的受难、他的智慧和他的正义，都赐给了我们，使我们与圣父重归于好，使我们在重新获得生命和正义以后又可以知道和得到圣父和他的恩赐。

可是，如果这个恩典还这样深藏着而到不了我们身上，那就无从使人受惠，因此圣灵就来了，也将他自己完完全全地赐给了我们。圣灵教导我们去理解基督所行的这件已经向我们显明了的事情，帮助我们去接受和保存，使我们自己从中得益并且传送给别的人，使其有所增加和扩大。他是从里外两方面来做的，在里面，他运用信以及别的一些属灵的恩赐，在外面，则通过福音、洗礼和圣坛圣餐礼这三种方法来到我们里面，反复灌输基督为了使我们能得救而受难。

所以，我主张并且也知道，正像只有唯一一个福音和一个基督一样，也只有唯一一次洗礼。洗礼本身就是一种属神的仪式，就如同他的福音一样。而且，也正像福音不会由于有人对其做虚假的使用或说教，甚或对其根本不信而变得虚假或不正确一样，那洗礼，即使有人在接受它或主持它时根本就没有信，或者以别的方式对其加以滥用，也不会因此而变得虚假或不正确。正因为这样，我一概抵制并谴责再洗礼派和多纳图派的说教以及一切实施再洗礼的人。

以同样的方式，我也认为，在圣坛圣餐礼中所吃的饼和所喝的酒，乃是基督的真正的圣体和圣血，哪怕那分发它们的神甫或领受它们的人对圣餐礼根本不相信或者是在加以滥用。圣餐礼所依据的并不是人的信或不信，而是依据上帝的道和上帝所定的仪式——除非他们一开始就变更了上帝的道和上帝所定的仪式，肆意加以歪曲，就像现今那些圣餐礼的敌人所做的那样。其实他们所具有的只是饼和酒而已，因为他们并没有同时又得到上帝的道和上帝所规定的仪式，而是按照他们自己的想象对其作了曲解和变更。

其次，我相信，在地上只有唯一一个神圣的基督教教会，那就是遍及全世界所有基督徒的社团或集合，乃是基督唯一的新妇，是他的属灵的身体，他就是这身体的唯一的头。而主教或神甫并不是她的头或她的主或她的新郎，而是仆人，是朋友，就像“主教”这个词所包含的意思一样，是主管者、护卫者或者管事者的意思。

基督教教会不单是存在于罗马教廷或教皇的领地内，而是存在于整个世界，就像先知们所预言的，基督的福音会传遍全世界（参见《诗篇》，第 2: 8；19: 4）。这样，从形体上看，基督教教会遍及于教皇、土耳其人、波斯人、鞑靼人，但从灵心上来看，则聚集于同一个福音与信之中，聚集于同一个首领之下，即耶稣基督。因为教皇教权确实是反基督之真正的领地，是实实在在的反基督的暴君，就像《马太福音》（24: 24）和保罗在《帖撒罗尼迦后书》（2: 3 起）所声明的那样，这样的暴君坐在上帝的圣殿中，用人间的戒律进行统治；虽然土耳其人以及所有的异端教派，不管在什么地方，都属于这种按照先知们的预言将站立于神圣之地的令人可憎恶的东西，但是，他们跟教皇的教权是不可相比的。

在基督教教会中，不管是在什么地方，都可以得到对罪孽的赦免，也就是说，都可以成为恩典以及真正的宽恕之王国。因为，在教会里有福音、洗礼和圣坛圣餐礼，可以提供、获得和领受对罪孽的赦免。而且，基督和他的灵以及上帝都在那里。除了基督教教会之外，就没有得救或赦罪，有的只是永恒的死亡和遭受谴责；即使有什么貌似神圣的壮观场面和众多的善行，也统统都是枉然。然而，不要期望这种赦罪会是一时的，例如在受洗礼时，就像诺瓦替安派所宣教的那样，而应该是经常性的，什么时候有需要就什么时候求取赦罪，直到人死为止。

由于这个道理，我很看重私下的告解*，因为在作私下的告解时，上帝的言语和赦罪是在私下个别地对每一个信徒说出的，用以赦免他的罪，而且，只要他愿意，他就可以这样求取赦免，也可以求取安慰、忠告和引导。对灵魂来说，这种私下的告解是一种宝贵而有效的做法，只要没有人是因了律法和诫命而被迫这样做，只要让犯了罪的人自由地去运用它，全按照他自己的需要，按照他希望的时间和地点去做；这就好像我们可以自主地在我们感到有需要或有意向的时间和地点去获得忠告和安慰，获得引导和教诲一样。而且，只要一个人不是被迫列举他所有的罪，而只是举出使他感到最压抑的那些罪，就像我在我的“简要祈祷书”中已

---

* 告解（Confession），也称为“行忏悔”或“办神工”，天主教的一种圣事，由教徒单独向神父告明自己对上帝所犯的罪，表示忏悔，神父为其保密，并指明应如何去补赎，如此为之赦罪。

经讨论过的那样。

可是，教皇教廷所拥有的和在发售的赎罪券，乃是一场亵渎神灵的骗局，这不单是因为它凌驾于那在整个基督教教会中通过福音和圣餐礼而被赐予的普遍的赦罪之上，另外发明和策划出一种特殊的赦罪，从而使那普遍的赦罪遭到了贬低和废止，不仅如此，还因为它将赦罪建立在人们的行为和圣者们的功绩上，根本不考虑只有基督才能为我们赦罪而且也确实已经为我们赦了罪。

至于对死人，既然圣经在这方面并没有给我们什么信息，我认为出于自发的关怀而以如下方式去祈祷是无可厚非的："亲爱的上帝，如果这个灵魂配得到怜悯，就请你赐恩给他。"而这样祈祷一两次，也就足够了。因为那些守夜和安魂弥撒以及每年的安魂纪念仪式，是毫无用处的，无非只是魔鬼的年会而已。

在圣经中，我们也找不到有关炼狱的描述。炼狱当然也是由一些妖魔鬼怪编造出来的。因此，我主张根本就不必去相信它；固然，对上帝来说，什么事情都是可能的，他也确实能够让灵魂在离开肉体以后受折磨。可是，他丝毫也没有让这一点说到过或写到过，因而他并不希望让大家去相信它。然而，我倒是以另外的方式了解到一种炼狱，不过，并不应该在教会中加以宣教，另一方面，也不应该靠天赋或守夜去跟它相通。

其他人在我之前也抨击了对圣者的召灵，这使我很高兴。我也相信，只有基督才是我们应当去祈求作我们的中保，这是《圣经》中明言的当然的真理。至于对圣者的召灵，圣经中从来没有说起过；因而，这必定是不实的，不该去相信。

如果按照福音书的要求实施抹油，就像《马可福音》(6: 13)

和《雅各书》(5: 14)中所说到的，我不反对。可是，将抹油形成为一种圣事，就毫无意义了。其实，妥善的做法不是去为死人守夜和举行弥撒，而是就死亡和永生进行布道，也可以在葬礼上祈祷，像古人那样默默沉思我们自己的结局，同样，也可以访问病人，为之祈祷和给以劝慰，而且，如果有人想给他涂上油，他也完全可以以上帝的名义给病人涂油。

也没有任何需要把婚礼和神父授职仪式说成是圣礼。这一类集会本身就足够神圣了。同样，苦修也不外就是洗礼之实施和权力。这样，就只剩下两个圣礼，即洗礼和圣餐礼了，是与福音共在的，圣灵在它们之中广为赐恩，实施赦罪。

当我发现弥撒竟然作为一种献祭或善行而在被宣教或者被出售，而所有修道院和隐修院却都以此作为其立足之根据时，我是以最大的愤恨来对待这样的弥撒的。愿上帝让这样的修道院和隐修院很快被推倒。虽然我已经是一个可鄙的深重罪人，我已经以轻率而荒唐的方式虚度了我的青年时代，不过，我还是要说，我的最大罪孽却在于我曾经是一个如此神圣的修道士，我曾经在超过十五年的时间里以如此多的弥撒去惹怒、折磨和烦扰我亲爱的主。可是，赞美和感谢主，感谢他的无以言表的在永恒之中的恩典，是他引领我脱离了这个愤怒，而且，尽管我忘恩负义，还是继续让我在真正的信之中得以保持和加强。

据此，我已经建议并且现在还在建议人们脱离那些修道院和隐修院及其所立下的誓约，进到真正属基督的聚会中去，以此避开弥撒的这些令人憎恶的东西和这种亵渎上帝的成圣，即“贞洁、清贫和顺从”，也就是人们想象借以可以得救的那三样东西。在基督教教会的早期年月里，维持独身状态曾经是有良好作用的，然而，到了现在，如果将其用来否认基督的扶助与恩典，那就变成可憎恨的了。没有这些亵渎上帝的可憎的东西，也完全可以生活在独身、寡居和禁欲的状态之中。

至于图像、摇铃、行圣餐礼的圣衣、教堂用的饰品、祭坛上的灯以及其他此类东西，我认为都是无关紧要的。任何人，只要愿意，都可以不用它们。至于取材于圣经和历史的一些图像或画像，我认为很有用，不过也还是无关紧要和可有可无的。对那些反圣像派*，我是绝不赞同的。

最后，我相信在世界末日到来时所有的死人都将复活，包括属上帝的人，也包括那些邪恶的人，每个人都会按照他的品行而在他的身体里领受他的回报。这样，属上帝的人将永恒地与基督生活在一起，而那些邪恶的人也将连同魔鬼及其邪灵一起永恒地沉沦。有些人在讲道时宣称魔鬼们最后也被召回而得救，这我是不同意的。

这是我的信，所有真正的基督徒都是如此信的，《圣经》也是如此教导我们的。至于我在此过于简短地谈论到的题目，我的另外一些文章会予以充分论证，尤其是最近四五年内发表的文章。我祈求所有属神的心灵为我作见证，并为我祈祷，让我坚定不移地坚守这个信，直到我生命的终结。因为，如果我竟然由于经不起诱惑

---

* 反圣像派（iconoclasts）。在路德以前，在公元8至9世纪，在拜占庭帝国，然后在西欧，都曾经掀起过反对供奉圣像的运动。路德在这里是指他那时的以加尔文为首的提倡废除圣像圣物的一派人。该派人后来在加尔文死后演变成为破坏圣像圣物的激进分子。

的袭击或者经不起死亡的痛苦而说出与此不同的为上帝所不容的话来，那就让那些话作废掉吧；我在此公开声明，这样的话是错误的，是在魔鬼的影响下说出来的。在这方面，愿我的救主耶稣基督扶助我；愿一切的祝福归于他，直到永永远远，阿们。

27　小教义问答手册

马丁·路德祝愿我们的主耶稣基督的恩典、仁慈和平安，临到一切诚信而属神的牧师和传教士那里。

我最近在作客时所遇见的那些令人担忧的状况，驱使我写这样一本阐明基督教教义的简明的教义问答手册或声明书。善良的上帝啊，我见到的是何等糟糕呀！普通民众，尤其是那些生活在农村的人，对基督教教义简直一无所知，不幸的是，许多牧师又不能胜任宣教。那些民众固然被认为是基督徒，也受过洗礼，也领受圣餐，但他们不知道主祷文，不知道信经，或者，也不知道十诫，他们像猪和非理性的畜生一样活着，现在，一旦福音得到恢复，他们却滥用给予他们的自由。

你们这些主教，如此可耻地无视民众，根本不在意你们的职事的责任所在，那么，在基督面前，你们该如何作答呢？但愿你们可以逃脱理应为此受到的惩罚！你们撤掉了圣餐中的杯子，坚持奉行一些人为的法规，然而，你们对于如何把主祷文、信经、十诫，甚或主的道里的某一部分教会民众，却丝毫也不感兴趣。你们真该永世受到诅咒！

所以，我那些担任牧师和传教士的亲爱的弟兄，为了上帝的缘故，我请求你们认真承担起你们职事的责任来，怜悯那些信任你们的民众，帮助我向民众宣教这本教义问答手册，尤其是向那些年轻人。让那些还不具备条件做得更好的人，至少可以拿着这本小册子和这些条条，以如下的方式逐句念给民众听：

第一，关于十诫、信经、主祷文、圣事等的文本和措辞，传道人应该特别注意避免擅自修改和变动。相反，应该以同一个形式，年复一年地重复运用。应当用统一的、固定的文本和形式来教导没有经验的年轻人。如果有某个老师现在使用这一种形式，过一段时间又使用另一种形式，尽管其本意也许是想作些改进，但这样一来年轻人很容易混淆。如果是这样，就会白白浪费时间和精力。

我们优秀的教父对此非常了解，他们习惯于用同一种形式讲解主祷文、信经和十诫。我们也要以这样的方式对年轻人和普通平民讲解，年复一年，连一个音节也不要更改，照本背诵教义问答手册。所以，要选择使你满意的形式，此后谨守这一形式。当你对有学问和受过良好教育的人讲道时，你就可以自由地展示你的学识，从不同的角度、以不同的方式讨论这些话题。不过，当你向年轻人讲解时，要守住固定不变的形式和方法。从向他们讲解十诫、信经、主祷文等开始，逐字逐句遵循着原文，让年轻人可以跟着你重复这些内容，印在记忆里。

如果有人拒绝接受你的教导，就该告诉他们，他们这是在否认基督，就不是基督徒了。他们不应该被接纳来领受圣餐，不应该被接受来作洗礼的教父教母，或者，不应该被同意来参与任何基督徒所享有的特权了。相反，他们应该被交给教皇及其官员，甚至于应该交给魔鬼。而且，家长和雇主也应该拒绝给他们再提供吃喝，应该通知他们说，君主有意把这些粗鲁的人逐出他的国土。

虽然我们不能而且也不应当强迫某个人去信仰，但我们还是坚持要让民众知道，应如何按照他们生活于其中且在其中谋生的那些人的标准，来辨别正确与错误。因为，任何人想要居住在某一个城市，务必要知晓并且遵守使他得到其保护的法规，不管他是信徒，抑或骨子里是地痞流氓。

第二，在民众熟悉了原文以后，就要给他们讲其中包含的意思。为此目的，可以采用这本小册子里的讲解，也可以选用你们喜欢用的其他任何简要和确切的讲解，不过，也要像上面说到原文时说到过的那样，不可以修改一个音节。而且，要留有充裕的时间，因为没有必要把全部东西一下子都讲完。一次可以只讲一点。如果听的人很好地理解了十诫中的第一诫，就可以进而讲解第二诫，依此类推。否则，他们会感到晕头转向，什么也记不住。

第三，在你们用这本简短的教义问答手册作了讲解之后，可以采用一本较大的教义问答手册，使民众可以有一个更丰富而完整的理解。要详细阐述每一条诫命、每一篇祷文和每一个部分，指出它们各自相应的义务、受益、风险、优点和缺点，你们可以在为此目的而写的许多书中找到详细论述。要特别着重去讲解那些诫命，和你们周围的民众需要特别加以注意的部分。例如，关于不可偷窃的第七条诫命，在向工人和店主以及农民和仆人讲解时，就要特别强调，因为他们中的许多人都犯有不老实和偷窃的罪过。而在向孩童和普通百姓讲解时，就要特别突出第四条诫命，为的是鼓励他们遵守秩序，讲究诚信，学会孝顺，平易待人。要经常从《圣经》中引用大量的例子，来显示上帝的赏罚分明。

你们还应该不辞辛苦地督促当权者和父母学会如何理智地进行

统治和教育子女。应该向他们表明，他们有义务这样做，如果不这样做，他们就犯下了大罪，因为如果他们弃之不顾，他们就同时在破坏和损毁上帝之国和世俗之国，成为上帝和人的最恶劣的敌人。如果他们拒绝帮助把孩子培养成为牧师、传教士、公证人等，就该告诉他们，上帝将因为这些罪过而大大地惩罚他们。父母和当权者在这方面犯下了多大的罪过是无法言说的。魔鬼在心底里也有他的可怕的盘算。

最后，民众现在已经摆脱了教皇的暴虐统治，他们不愿意再去领受圣餐，他们对圣餐持藐视的态度。在此也需要去作告诫，但要具有这样的想法：不要强迫任何人去信仰或者去领圣餐，不会就此定什么法规，也不会为它规定时间和地点。我们应该这样宣讲，让他们自愿，而不是用法规强制他们，这样，百姓就会希望像以前一样来领圣餐，要求我们牧师为他们主持圣餐礼。为了做到这一点，就要告诉他们：任何人如果不想每年至少三四次去领受圣餐，他就是藐视圣餐礼，就不是基督徒，就如同如果他没有去听和相信福音，他就不成其为基督徒一样，这是令人担心的事情。基督并没有说过“省去这个”，而是说“你们每逢喝的时候，要如此行”，等等。显然，他是希望如此行的，而不是要省去它或者藐视它。他说的是“要如此行”。

不那么看重圣餐礼的人，会因此而让人认为他没有罪孽，没有肉欲，没有魔鬼，没有世俗，没有死亡，没有地狱。也就是说，他对所有这一切都不相信，虽然他已经深陷其中，已经给魔鬼俘虏了。另一方面，他又让人认为他不需要恩典、生命、天国、基督、上帝，他根本就不需要任何善的东西。因为如果他相信他自已陷入在那么多恶的东西之中并需要那么多善的东西，他就不会忽视帮助他弃恶从善的圣餐礼了。没有必要用教规强迫他去领受圣餐，因为他自己会迫不及待地去，他会感到必须领受它，他会要求你为他主持圣餐礼。

从而，你们不应该像教皇所做的那样将此定为一条教规。你们所需要做的就是明确阐明跟这个圣餐礼相关联的利害关系，得与失以及祸与福。这样，民众无需你们去强制，会自愿前来。但如果他们拒绝来，就让他们这样，告诉他们，那些感觉不到和不承认迫切需要上帝的仁慈予以帮助的人，是属于魔鬼的。如果你们没有作这样的告诫，或者，你们采用一些令人厌恶的教规来对待这件事情，那么，如果民众不屑于去领受圣餐，就是你们自己的过错。如果你们没有尽到你们的责任而保持沉默，那么，他们怎么能不不屑一顾呢？可见，亲爱的牧师和传教士，这取决于你们！我们的职事正在成为不同于教皇统治之下的职事了。它现在是恩典与得救之职事。它要求我们承担更繁重的负荷和劳苦，经受更大的风险和诱惑，从世界里面却只能得到非常微小的回报或者答谢。可是，如果我们以我们的诚信作出了辛勤的劳动，基督自己就成了我们的回报。愿那赐出一切恩典的天父认可这一切！通过我们的主基督，愿赞美和感谢永远归于他！阿们。

［I］ 十诫

采用户主向家人讲解的浅近方式

第一诫

“你不可有别的上帝。”

这是什么意思呢？

回答是：我们应当畏惧，应当有爱，信任上帝超过万物。

第二诫

“你不可妄称主你上帝的名。”

这是什么意思呢？

回答是：我们应当畏惧和热爱上帝，从而我们不可用他的名去诅咒、去发誓、施魔术、说谎话或者行欺骗，而应该总是在有需要的时候去呼唤他、祈求他、赞美他和感谢他。

第三诫

“当纪念安息日，守为圣日。”

这是什么意思呢？

回答是：我们应该畏惧和热爱上帝，从而我们对他的道和传他的道不可有丝毫轻视，而要尊其为圣，乐意听取和领会它。

第四诫

“当孝敬你的父母。”

这是什么意思呢？

回答是：我们应该畏惧和热爱上帝，从而我们不可藐视我们的父母和长辈，也不可惹他们生气，而要尊敬、事奉、服从、热爱和尊重他们。

第五诫

“你不可杀人。”

这是什么意思呢?

回答是：我们应该畏惧和热爱上帝，从而我们不可危及我们邻居的生命，也不可对他有任何伤害，而要在他生活有困难的任何时候都帮助他和亲近他。

第六诫

“你不可奸淫。”

这是什么意思呢?

回答是：我们应该畏惧和热爱上帝，从而我们应该言行一致地过贞洁而纯真的生活，要热爱和敬重自己的妻子或丈夫。

第七诫

“你不可偷盗。”

这是什么意思呢?

回答是：我们应该畏惧和热爱上帝，从而我们不可抢劫我们邻居的钱财，也不可用不正当的买卖或者以假充真的方法来夺取他的钱财，而要帮助他增加和保护他的收益和财产。

第八诫

“你不可作假见证陷害你的邻居。”

这是什么意思呢?

回答是：我们应该畏惧和热爱上帝，从而我们不可造我们邻居的谣言，也不可出卖他、诽谤他或者诋毁他，而要为他辩解、说他的好话，以宽厚的心看待他所做的各种事情。

第九诫

“你不可贪恋你邻居的房屋。”

这是什么意思呢?

回答是:我们应该畏惧和热爱上帝,从而我们不可施计谋占有邻居的遗产或者房屋,也不可以以任何合法权利为借口获得它们,而要想方设法帮助他保住属于他的东西。

第十诫

“你不可贪恋你邻居的妻子、仆婢、牛驴,并他一切所有。”

这是什么意思呢?

回答是:我们应该畏惧和热爱上帝,从而我们不可诱拐、离间或者怂恿邻居的妻子、仆人或者家畜,而要鼓励他们留在那里,履行他们对他的职责。

[结束语]

论到所有这些诫命,上帝在说明什么?

回答是:他说:“我,主你们的上帝,是一个好妒的上帝,我要因父老们的不义而降祸给他们的子孙后代,降祸给那些憎恨我的人的第三代和第四代,但要恒久地赐福给成千上万热爱我并遵守我的诫命的人。”

这是什么意思呢?

回答是:上帝警告说他要惩罚一切违背这些诫命的人。因此,我们要畏惧他的愤怒，不要违背他的诫命。另一方面，他又答应要将恩典和各样的祝福赐给所有遵守它们的人。所以，我们应该热爱他、信任他、满心喜悦地做他命令做的事情。

［II］ 信经

采用户主向家人讲解的浅近方式

第一条：创世

“我信上帝，全能的天父，天地之创造者。”

这是什么意思呢?

回答是：我相信，上帝创造了我以及一切存在的东西；我相信，是他给了我且仍然维持着我的身体和灵魂，我所有的肢体和感官、我的理性以及我心灵的全部功能，还有食物和衣着、房屋、家庭和财产；我相信，他每天多多地供给我所有生活必需品，保佑我脱离一切危险，让我远离一切邪恶。他所做的一切都是出于他那纯洁的、慈父般的和属神的善良和仁慈，不是由于我这方面的什么功绩或者价值。为了这一切，我必须感谢、赞美、事奉和顺从他。这是千真万确的事情。

第二条：赎罪

“我们还相信他的独生子，我们的主耶稣基督：他由圣灵受孕，由童贞女马利亚生养，在本丢·彼拉多*的统治下受难，被钉在十

* 即罗马帝国驻犹太等地的总督，由他判决耶稣钉十字架。

字架上，死去并被埋葬：他又降到地狱之中，到第三天，他死而复活，升到天上，坐在全能的天父上帝的右边，他将从那里来审判活着的和死去的。”

这是什么意思呢？

回答是：我相信，耶稣基督，真正的上帝，他从永恒天父所生，他又是真正的人，由童贞女马利亚所生养，他是我们的主，他为我这样一个失落而被定罪的人赎罪，他把我从一切罪孽、从死亡、从魔鬼的权柄中解救出来，而他这样做时所用的并不是金银，而是用他那神圣而宝贵的血和他那无辜的受难和死亡，为的是在他死而复活升天，从而活着并掌权直到永永远远时，使我们成为属于他的，在他的国度里生活在他之下，在恒久的公义、纯真和圣洁之中去事奉他。这是千真万确的。

第三条：入圣

“我相信圣灵，相信神圣的基督教教会，相信圣徒们的圣餐，相信罪孽的赦免，相信圣体的复活以及永生。阿们。”

这是什么意思呢？

回答是：我相信，靠我自己的理性或者力量，我是不可能信我主耶稣基督的，也不可能到他那里去。但是，圣灵通过福音把我召唤来，用他的礼物照亮了我，使我入圣，把我保藏在真正的真理之中，同样，他也召唤起地上全部的基督教教会，使它们聚集起来，照亮它们，使它们得以入圣，让它们在同一个纯真的信仰之中与耶稣基督合而为一。在这个基督教教会中，他每天多多地赦免我的所有罪孽以及所有信徒的罪孽，在世界末日到来时，他会使我以及所有死去的人都站立起来，把永生赐给我以及所有信基督的人。这是千真万确的。

[III] 主祷文

采用户主向家人讲解的浅近方式

[引言]

“我们在天上的父。”

这是什么意思呢?

回答是：在此，上帝是想鼓励我们相信，他实实在在是我们的父，我们也实实在在是他的孩子，这样就使我们可以大胆而满怀信心地在祈祷中接近他，如同受宠爱的孩子接近他们亲爱的父亲。

第一祈愿

“愿人都尊你的名为圣。”

这是什么意思呢?

回答是：当然，上帝的名原本就是神圣的，可是，我们在这一祈愿中祈求，让它对我们也成为神圣。

如何做到呢?

回答是：这就要让上帝的道得到明确而纯粹的讲解，要我们这些上帝的孩子按照这个道过圣洁的生活。亲爱的在天上的父，求你帮助我们做到这样！可是，任何人，如果他的生活和他去教人的，并不像上帝的道所教导的那样，他就是在我们中间玷污上帝的名。天父啊，求你让我们避离这样的人！

第二祈愿

“愿你的国降临。”

这是什么意思呢？

回答是：当然，用不着我们祈祷，上帝的国原本就要降临，可是，我们在这一祈愿中祈求，就是要它也降临到我们。

如何做到呢？

回答是：这就要他把他的圣灵赐给我们，使我们靠着他的恩典信他那神圣的道，过属神的生活，现在如此，以后也永远如此。

第三祈愿

“愿你的旨意行在地上，如同行在天上。”

这是什么意思呢？

回答是：当然，不用我们祈祷，上帝他那善而仁慈的旨意原本就得以履行，可是，我们在这一祈愿中祈求，就是要它也由我们去履行。

如何做到如此呢？

回答是：这就要靠上帝去压制并破坏掉魔鬼和世界以及我们的肉体的每一个邪恶的计谋和企图，这一些都阻碍我们尊他的名为圣，阻碍他的国降临；我们要靠他来增强我们，让我们得以持久地在他的道和在信中，直到永永远远。这就是他的善而仁慈的旨意。

第四祈愿

“我们日用的饮食，今日赐给我们。”

这是什么意思呢？

回答是：当然，不用我们祈祷，上帝也赐给每日的饮食，甚至也赐给恶人，可是，我们在这一祈愿中祈求，就是求上帝让我们意识到这是他的赠予，使我们每天以感谢的心情领受我们每日的饮食。

那每日的饮食又是什么意思呢？

回答是：这是指满足我们身体需要的所有东西，例如，吃的、穿的、住的、田地和羊群，钱财；一个守本分的妻子和良好的子女，值得信赖的仆人，虔诚而诚信的统治者，良好的政府；四季适宜的气候，平安和健康，秩序和荣誉；诚挚的朋友，信实的邻居，以及诸如此类的东西。

第五祈愿

"免我们的债，如同我们免了人的债。"

这是什么意思呢？

回答是：我们在这一祈愿中祈求，我们的天父不要注视我们的罪过，不要因它们而否定我们的祈祷，因为我们的确不配得到我们所祈求的。虽然我们每天都在犯罪，除了惩罚以外我们什么也不配得到，但我们还是祈求上帝凭着他的恩典赐给我们各样东西。而在我们这方面，我们保证从心底里宽恕并且友好地对待那些也许会冒犯我们的人。

第六祈愿

"不叫我们遇见试探。"

这是什么意思呢？

回答是：上帝从来不引诱人去犯罪，可是，我们在这一祈愿中祈求，上帝来保护和保守我们，不要让魔鬼、世界和我们的肉体来欺骗我们，把我们引入不信、绝望和其他重大而可耻的罪恶中，而是让我们尽管会遇到引诱，但最后可以取得胜利。

第七祈愿

“救我们脱离凶恶。”

这是什么意思呢?

回答是：我们在这一祈愿中祈求，概括地说，求我们在天上的父拯救我们脱离各种各样的凶恶，不管它所影响到的是身体还是灵魂，是财产还是名誉，到了最后，在死亡来临的那个时刻，求他让我们得以善终，靠着他的恩典，救我们脱离这个充满愁苦的世界，到天上他那里去。

[结束语]

“阿们。”

这是什么意思呢?

回答是：这意味着，我应该确信，这一祈愿是我们的天父所能够接受的，是他所听得到的，因为是他自己命令我们这样祈祷的，并且答应来聆听我们。“阿们，阿们”意思就是“是的，是的，就应该如此。”

[IV]　神圣的洗礼圣事

所使用的是那种可以由一家之主向他的家人讲解的浅近的方式

第一

什么是洗礼？

回答是：洗礼不单纯是水而已，它是按照上帝的命令并且跟上帝的道联在一起而使用的水。

什么是上帝的道呢？

回答是：正如《马太福音》（28: 19）中所记载的那样，我们的主基督说了："所以你们要去，使万民作我的门徒，奉父子圣灵的名给他们受洗。"

第二

洗礼所赠予的是什么礼物或者恩惠呢？

回答是：它的效果就如同上帝的道和应许所宣告的那样，为一切信的人赦免罪孽，把他们从死亡和魔鬼中拯救出来，赐给他们永恒的得救。

什么是上帝的道和应许呢？

回答是：如同《马可福音》（16: 16）中所记载的那样，我们的主基督说了："信而受洗的必然得救，不信的必被定罪。"

第三

水如何能够产生那么大的效果呢？

回答是：并不是水产生出这些效果，而是跟水关联的上帝的道，以及依靠跟水联在一起的上帝的道而得以确立的我们的信，才产生这些效果。因为如果没有上帝的道，水只不过是水，而不是什么洗礼。可是，跟上帝的道联在一起，它就成了洗礼，也就是说，就成了含有恩典的生命之水，成了圣灵里面的重生之洗，就如同圣保罗在《提多书》(3: 5—8)里所说的，“他借着重生的洗和圣灵的更新拯救了我们；那圣灵就是他借着耶稣基督我们的救主厚厚浇灌在我们身上的，好叫我们因他的恩典得以称义，可以在永生的盼望中成为后嗣。这话是可信的。”

第四

如此用水来施洗的意义是什么呢?

回答是：它意味着我们中的那个老亚当，连同一切罪恶和邪欲，都要被淹没在每天的悲哀和悔改中，会逐渐死去，而那新的人则会每天成长起来，得到净化，成为义人，得以永远与上帝生活在一起。

这写在哪里呢?

回答是：在《罗马书》(6: 4)中，圣保罗写道：“所以我们借着洗礼归入死，和他一同埋葬，原是叫我们一举一动有新生的样式，像基督借着父的荣耀从死里复活一样。”

[V][忏悔与赦罪]

论该如何教普通民众忏悔

什么是忏悔呢?

回答是：忏悔由两个部分组成。一个部分是我们忏悔我们的罪孽。另一个部分则是从主持忏悔者那里获取赦罪，将其当作从上帝自己那里获取的一样，坚信不疑我们的罪孽就此在天上的上帝面前得到了赦免。

我们应该忏悔怎样的罪孽呢?

回答是：在上帝面前，我们应该承认我们犯有各种各样的罪，也包括那些我们并没有察觉到的罪，就如同我们在主祷文中所承认的那样。然而，在主持忏悔者的面前，我们只应该忏悔我们察觉到的和困扰着我们的那些罪。

这些罪又是什么呢?

回答是：不管你是父亲还是母亲，不管你是儿子还是女儿，不管你是主人还是仆人；不管你是不是曾经违背过、欺骗过、偷过懒、发过火或者吵过架；不管你在言语上或者行动上是不是曾经伤害过什么人；不管你是不是曾经偷窃过、疏忽过或者浪费过，以及做过别的什么邪恶的事情，你都应该对照十诫反思你的所作所为。

那么，请你给我们提供一个忏悔的简单格式吧。

回答是：你应该对主持忏悔者说："亲爱的牧师，请你倾听我的忏悔，然后宣告，由于上帝的缘故，我的罪孽得到了赦免。"

"请你继续。"

"我，一个可怜的罪人，在上帝面前忏悔，我犯有各样的罪孽。我尤其要在你面前向你忏悔，我，作为一个仆人，没有尽忠于我的主人，因为我在某个地方没有做他要我做的事情。我使我的主人生气了，惹得他骂人了，我没有尽到我的职责，使他蒙受了损失。我的言行也曾经冒犯过别人。我曾经跟我同辈吵过架。我曾经埋怨和咒骂过我的女主人，如此等等。我为这一切感到内疚，我来祈求得到恩典。我决意要做得更好。"

一位男主人或女主人则会说："在你的面前，我特别要忏悔的是，我没有诚信地教育我的孩子、仆人和妻子去荣耀上帝。我骂过人。我言行粗鲁，作了坏榜样。我说过邻居的坏话，并用以次充好和短斤缺两的方法赚了他的钱。”男女主人还应该把他们所做的违背上帝的诫命和违背他们在生活中应该发挥作用的种种事情，都毫无保留地坦白出来。

然而，任何人如果没有感到他的良知受到这样的罪孽甚或更大的罪孽的困惑，他就不应该烦恼，也不应该寻求和想象其他罪孽，因为这样会把忏悔转变成折磨；他应该只提及他意识到的一两件罪过。例如，“我特别要忏悔，我曾经骂过一次人。在某个场合我也说过脏话。我当时没有在意”，如此等等。这样说了就可以了。

如果你根本不知道有罪（那是不大可能的），你就不应该提及。但要在忏悔主持者在场的情况下，通过向上帝作普适的忏悔而获得赦罪。

这样，忏悔主持者就会说：“愿上帝怜悯你并增强你的信心。阿们。”

他还会说：“你相信这个赦罪是上帝在赦罪吗？”

回答：“是的，我相信。”

然后他就会说：“照你所信的，给你成全了。遵照我们的主耶稣基督的命令，我奉圣父、圣子和圣灵的名为你赦免了你的罪。阿们。平平安安的回去吧。”

忏悔的主持者会知道《圣经》中另一些章节，使那些良心上感到有沉重负担和倍受痛苦煎熬的人可借以得到安慰和增强信心。这只是提供给普通民众的常规的忏悔格式。

[VI] 圣坛圣事

采用户主向家人讲解的浅近方式

什么是圣坛圣事呢？

回答是：基督自己设立的，饼和酒代表我主耶稣基督的真实的身体和血，赐给我们基督徒吃和喝。

这写在哪里呢？

回答是：神圣的福音书作者马太、马可和路加，还有圣保罗，这样写道："我们的主耶稣基督，在他被出卖的那个晚上，他拿起饼，祝谢后将饼掰开给他的门徒，说'拿起吃了；这是我的身体，是为你们舍的。你们也要这样做，为的是纪念我。'他又以同样的方式在晚餐后拿起杯，祝谢以后给他们，说'你们都把这喝了。这杯是用我的血所立的新约，这血是为赦免多人的罪而流的。你们每当喝它的时候，也要这样做，为的是纪念我。'"

这样吃了和喝了，有什么好处呢？

回答是：我们听到了有"为你们"和"为了赦罪"这样的话。凭着这些话，在圣餐礼中赐给我们的是赦罪，是生命和得救，因为哪里赦免了罪孽，哪里也就有生命和得救。

身体上吃了和喝了，如何就能够产生这么大的效果呢？

回答是：并不是吃和喝本身产生这样大的效果，而是"为你们"和"为了赦罪"这样的话产生效果。这些话是在肉体上吃了和喝了的时候得以成就的，在圣餐礼中，这些话才是首要的，信这话的人就得到了话中所说的结果：赦罪。

那么，谁才配领受圣餐呢？

回答是：禁食和身体上的准备是很好的外在戒律，但只有信“为你们”和“为了赦罪”这些话的人，才真正配领受，才是做好了准备的。另一方面，不信或者怀疑这些话的人，就不配领受，还没有做好准备，因为“为你们”这话需要真正虔信的心灵。

[VII] [晨祷文和晚祷文]

论户主该如何教家人念晨祷文和晚祷文

早晨，你起来的时候，用手划十字，说“奉上帝，圣父、圣子和圣灵的名，阿们。”

然后，跪着或站着念使徒信经或主祷文。这以后你可以念这样的祷文：

“在天上的父，我通过你的爱子耶稣基督感谢你，感谢你在整个夜晚保护我不遇到各样的伤害和危险。我恳求你在今天也保佑我远离一切罪孽和邪恶，愿我在我一切思想和言行中都能讨你的喜悦。我把我的身体和灵魂以及我所有的一切，都交托到你的手中。让圣洁的天使来看顾我，不许恶人来操纵我。阿们。”

在唱完一首赞美诗（很可能是一首关于十诫的赞美诗）或者做了你的虔诚提示你做的事情以后，你就应该愉快地做你的工作了。

在晚上，你做完工作要休息时，用手划十字并说：“奉上帝，圣父、圣子和圣灵之名。阿们。”

然后，跪着或者站着念使徒信经和主祷文。这以后你可以念这样的祷文：

“在天上的父，我通过你的爱子耶稣基督感谢你，感谢你在这一天仁慈地保护了我。我恳求你宽恕我一切的罪孽和我所做的错事。求你仁慈地保护我度过今天这个晚上。我把我的身体和灵魂以及我所有一切，都交托到你的手中。让圣洁的天使来看顾我，不许恶人来操纵我。阿们。”

然后，很快躺下，平静地入睡。

[VIII] [餐桌上的感恩]

论户主如何在餐桌上教家人作感恩祷告

[进餐前的感恩祷告]

当孩子们和全家人都聚集到餐桌上时，他们应该虔诚地合起双手并说：

“哦，主啊，万民都举目仰望你，你随时给他们食物。你张手，使活着的都随愿饱足。”

(要注意，“使活着的随愿饱足”，意思就是，所有被造物都得到够他们吃了感到快乐和高兴的食物。对食物的贪婪和过度要求，则阻碍了这样的满足。)

然后念主祷文，念完后再念以下的祷文：

“主上帝，天父，求你祝福我们，出于你的慷慨的善性通过我们的主耶稣基督赐给我们的你的这些礼物。阿们。”

[进餐后的感恩祷告]

在进餐之后，他们应该虔诚地合起他们的双手并说：

“哦，要感谢上帝，因他本为善，他的慈爱永远常存。他赐食给走兽和啼叫的小乌鸦。他不喜悦马的力大，也不喜爱人的腿快，主喜爱敬畏他和盼望他慈爱的人。”

然后念主祷文，念完后再念以下的祷文：

“我们感谢你，主上帝我们的父，因你通过那位永久活着并掌着权的我们的主耶稣基督赐给我们的你的一切的恩惠。阿们。”

［IX］各人应尽义务一览表

由《圣经》中选出的一些章节构成，适用于不同阶级和不同条件的人，使他们受到告诫去尽他们相应的义务

主教、牧师和传教士

“作主教的必须无可指责，只作一个妇人的丈夫，有节制，自守，端正，乐意接待人，善于教导，不酗酒，不使用暴力，要温和，不与人争吵，不爱钱财。他应该妥善地管好他自己的家，使儿女凡事端庄顺服。他还必须并不是初入教的”等等（《提摩太前书》，3: 2—6）。

基督徒对他们的老师和牧师应尽的义务

“你们要住在那家，吃喝他们所供给的，因为工人得工价，是应当的”（《路加福音》，10: 7）。“主也这样命定，叫传福音的靠福音养生”（《哥林多前书》，9: 14）。“让道的受教者跟道的宣教者一起分享到一切好的东西。不要自欺，上帝是轻慢不得的”（《加拉太书》，6: 6—7）。“那善于管理教会的长老，当以为配受加倍的

敬奉，那劳苦传道教导人的，更当如此；因为经上说，‘牛在场上踹谷的时候，不可笼住它的嘴’，又说，‘工人得工价是应当的’”（《提摩太前书》，5: 17, 18）。“弟兄们，我们劝你们敬重那在你们中间劳苦的人，就是在主里面治理你们、劝戒你们的人，又因他们所作的工用爱格外尊重他们。你们也要彼此和睦”（《帖撒罗尼迦前书》，5: 12, 13）。“你们要依从那些引导你们的，且要顺服；因为他们为你们的灵魂时刻警醒，好像那将来交账的人。你们要使他们交的时候有快乐，不至忧愁，若忧愁就与你们无益了”（《希伯来书》，13: 17）。

当权者

“人人都要顺服当权者。因为没有权柄不是出于上帝的，凡掌权的都是上帝所命的。所以，抗拒掌权的就是抗拒上帝的命，抗拒的必自取刑罚。作官的原不是白白地佩剑；他是上帝的仆人，刑罚那作恶的”（《罗马书》，13: 1—4）。

臣民对当权者应尽的义务

“恺撒*的物当归给恺撒，上帝的物当归给上帝”（《马太福音》，22: 21）。“人人都要顺服当权者。所以，你们必须顺服，不但是因为刑罚，也是因为良心。你们纳粮也为这个缘故，因为他们是上帝的差役，常常特管这事。凡人所当得的，就给他，当得粮的，给他纳粮，当得税的，给他上税，当惧怕的，惧怕他，当恭敬的，恭敬

---

* 指罗马皇帝提庇留斯·恺撒，公元 14—37 年在位。

他”（《罗马书》，13: 1, 5—7）。“我劝你要为万人恳求，祷告，代求，祝谢，为君王和一切在位的也该如此，使我们可以敬虔端正，平安无事的度日”（《提摩太前书》，2: 1, 2）。“你要提醒众人，叫他们顺服作官的，掌权的，遵他的命，预备行各样的善事”（《提多书》，3: 1）。“你们为主的缘故，要顺服人的一切制度，或是在上的君王，或是君王所派罚恶赏善的臣宰”（《彼得前书》，2: 13, 14）。

丈夫

“你们作丈夫的，也要按情理和妻子同住，因她比你软弱，与你一同承受生命之恩典，所以要敬重她。这样，便叫你们的祷告没有阻碍”（《彼得前书》，3: 7）。“你们作丈夫的，要爱你们的妻子，不可苦待他们”（《歌罗西书》，3: 19）。

妻子

“你们作妻子的，要顺服自己的丈夫，就如撒拉听从亚伯拉罕，称他为主。你们若行善，不因恐吓而害怕，便是撒拉的女儿了”（《彼得前书》，3: 1, 6）。

父母

“你们作父亲的，不要惹儿女的气，恐怕他们失去志气；只要照着主的教训和警戒养育他们。”（《以弗所书》，6: 4；《歌罗西书》，3: 21）。

儿女

“你们作儿女的，要在主里听从父母，这是理所当然的。要孝敬父母，使你得福，在世长寿，这是第一条带应许的诫命”（《以弗所书》，6: 1—3）。

男女工人和仆人

“你们作仆人的，要惧怕战兢，用诚实的心听从你们肉身的主人，好像听从基督一般；不要只在眼前事奉，像是讨人喜欢的，要像基督的仆人，从心里遵行上帝的旨意，甘心事奉，好像服事主，不像服事人，因为晓得各人所行的善事，不论是为奴的，是自主的，都必按所行的得主的赏赐”（《以弗所书》，6: 5—8）。

男女主人

“你们作主人的待仆人也是一理，不要威吓他们，因为知道他们和你们，同有一位主在天上，他并不偏待人”（《以弗所书》，6: 9）。

所有的年轻人

“你们年幼的，也要顺服年长的。就是你们众人，也都要以谦卑束腰，彼此顺服，因为‘上帝阻挡骄傲的人，赐恩给谦卑的人’。所以你们要自卑，服在上帝大能的手下，到了时候他必叫你们升高”（《彼得前书》，5: 5, 6）。

寡妇

“那独居无靠真为寡妇的，是仰赖上帝，昼夜不住的祈求祷告；但那好宴乐的寡妇，正活着的时候也是死的”（《提摩太前书》，

5: 5, 6）。

所有的基督徒

“或有别的诫命，都包在‘爱人如己’这一句话之内了”（《罗马书》，13: 9）。“我劝你要为万人恳求，祷告，代求，祝谢”（《提摩太前书》，2: 1）。

各有训导，要用心学好

治家有方，必阖家安康。

28　圣诞日下午的讲道

1530

在圣诞日下午的讲道

《路加福音》，2: 1—14, 1530 年 12 月 25 日

今天，你们已经从圣路加的福音书中听到了，我们的主基督如何降临到世上，也听到了天使如何发布信息，宣布这出生的孩子是谁。现在，我们继续下去，谈谈天使所发布的信息。因为今天，你们只是听到了这孩子出生了，他是主和救主。我们讲述这个故事，讲它的经过以及故事里的人物。这篇文章如此高深，以至于即使在今天也只有少数人相信。然而，上帝通过那些并不相信它的人来使它流传。因为在各个时期，各修道院和大学都已经围绕着主基督由马利亚所生而成为真正的人和上帝有过多次辩论和讲演。但它始终停留在说说听听而已。但是，这一信仰为魔鬼和土耳其人以及基督徒中所有不虔信的人所持有，这类信仰任何人都信其为真，却不会愿意为之而死，就像埃克等人今天表现出来的那样。如果他们从基督和传福音中获得的跟从魔鬼那里获得的一样多，那么，他们也只会想基督这么多。土耳其人也承认基督由童贞女马利亚所生，马利

亚是一个纯洁的童贞女，基督不止是个凡人；但是，他否认福音中给出的上帝的道，而我担心土耳其人比教皇更信这一条。所以，相信马利亚所生的这个婴儿乃是真正的上帝，是一个很高的信条；因为任何人的理性都无法接受，创造天地和受众天使敬仰的他是由一位童贞女所生的。那是信条。除了知道这个信即这个孩子是主和救主的人之外，没有人会相信。

但他又是为谁而生，是谁的主和救主呢？天使宣称，他生来就是主和救主。土耳其人、教皇以及学者们也这样说，但只是为了获取金钱和荣誉才这样说。而我们必须去传的信，则在于让任何人都像天使那样说："为你们而生"*。但我们不能想传就去传。实际上，福音书作者所说的"救主，就是主基督"以及"为你们"，有谁能够真正掌握其中的意思！我也像别的人一样，充分认识到该如何说和如何信它。同样，好多人也都具有这样的信，对于基督是主、是救主、是童贞女之子这样的最初的信，他们并没有怀疑。我也从未怀疑。但如果这些话没有植入比我的思想更加高的地方，它们就不会有牢固的根基。我们确信这是由天使宣布的，但并不就会有坚定的信。因为理性对这个信的两个方面都不理解，首先基督是一个人，但也是救主或王。这需要从天上来加以启示。一个人真正有了第一个信，也就有了另一个信。

那么，这个振奋人心的信息，是为谁发布的呢？天使发布信息，是对着像牧羊人这样的懦弱而感到自己罪孽深重的人，却让耶路撒冷的那些大人物接收不到这个信息而继续睡觉。在第一个信之外还

---

* 《路加福音》(2章，11节)中由天使发布信息："因今天在大卫的城里为你们生了救主，就是主基督。"

有第二个信，即基督不仅是童贞女之子，也是天使的主和人类的救主。这些话，不管是反圣礼派、狂热派、异端派还是土耳其人，任何人都能够理解；但他们并非出自内心，只不过停留在听听而已。然而，这不是信，只是对所听到的东西的记忆，说明一个人知道他听到它了。谁也不会为此而冒风险，不会把财物、生命和荣誉押在这上面。然而，我们应该为天使曾为之传道的劳苦大众来传道。

这是我们的神学，我们传讲它，是为了使我们可以理解天使所要求的。马利亚生下了儿子，把他抱在怀里哺育他，而天上的父有了他那躺在马槽里和在母亲襁褓中的儿子。为什么上帝做了这一切呢？为什么马利亚要尽母亲的责任来看护这个孩子呢？理性的回答是：为了我们可以对她膜拜，为了把荣誉加予那位母亲。马利亚对这一切并不知晓，并没有同意，所有颂歌和荣耀都献给了这位母亲。然而，经文中并没有进一步颂扬母亲之处，因为天使说："我报给你们大好的信息；因为今天为你们生了救主"（《路加福音》，2: 10—11）。只要有可能，我打算接受这孩子及其出生而忘掉他母亲，虽然她的作用是不可忘记的，因为有出生，势必需要有一位母亲。但是，我们不可将我们的信放在那位母亲上，而只放在那孩子出生这一个事实上。天使希望我们除了那出生的孩子以外什么也不看，就像天使们自己那样 ，他们就像瞎了，除了由童贞女所生的孩子以外，他们什么也看不到，他们希望，所有被造物与这个孩子相比，都算不了什么，无论是竖琴、黄金、财物、荣誉、权力等等，在他们发布的信息面前，我们都视而不见。因为即使我收到的是世界上最珍贵和最好的东西，它仍然不具有救主的称号。即使土耳其人比他现在要强大十倍，他一刻也做不到救我脱离病痛，不要说救我脱离死亡之危险，更谈不上救我脱离最小的罪孽或者脱离死亡本身。在我的罪孽、我的死亡中，我必须辞别所有被造物。不，太阳、月亮、星星、所有被造物、医生、帝王、君主、谋士还是权贵，都帮不了我。在我死去的时候，我只看见漆黑一片，但我眼中还留有那道光："今天救主为你们而生"（《路加福音》，2: 11），那光充满了整个的天地。当所有人都抛弃我的时候，救主将帮助我。当苍天星辰以及一切被造物都以可怖的眼神盯住我的时候，在天地间我看到的只有这个孩子。宣布他是我的救主的那个光，在我的眼里会变得如此伟大，使得我能够说：马利亚，你不是单单为你自己而生养这个孩子。这孩子不是你的；你不是为你自己养育这个孩子，而是为我，虽然你是他的母亲，虽然你用襁褓裹着他抱在你的怀里，将他抱起，放他躺下。但与你作为他母亲的荣誉相比，我有更大的荣誉。因为你的荣誉限于是这孩子的身体的母亲，而我的荣誉则在于，你拥有我的至宝，所以我知道除了你马利亚怀抱中的这个孩子以外，没有人或者天使能够帮助我。如果一个人可以忘掉他所是和所有的一切，除了这个孩子，如果在他看来金钱、财物、权力或者荣誉这一切都黯然无色，与这个孩子相比，他鄙视地上的一切，那么，天连同繁星，以及地连同它所有的权势和财富，对他来说都算不了什么，这样才可以说人真正得益于天使所发布的信息。对于我们来说，这一刻必将来临，那时，突然一切都变成了黑暗，我们知道的唯有天使发布的信息："我报给你们大喜的信息；今天为你们生了救主"（《路加福音》，2: 10—11）。

这是我们在宣讲的信，是土耳其人和教皇以及所有邪教徒所不知晓的。确实，狂热者紧紧抓住天使所说的话，但他们有多少诚意，那是显而易见的。因为他们接受这道只是作为一张纸来接受的，就像行圣餐礼时所用的杯子和盖布在接受基督的身体和血一样。纸所能做到的不过是包含着一些内容，把它传达给别人，但纸毕竟是纸而已。这样，你可以把纸上的东西复制到另一张纸上；那道，从我的舌头进到你的耳朵里发出声音，但它并没有进到你的心里。所以，他们是极大地歪曲了这个宝中之宝，却自以为还是基督徒，仿佛那纸会说：我上面当然写着"今天为你们生了救主"；因此，我将会得救。但接着就有大火来临，把这纸给烧了。

所以，这才是首要之点，它使我们区别于所有的异教徒，而你，人啊，不但要知道那位由童贞女所生的基督是救主，还要认定他就是你的救主，你可以在你的内心里感到自豪：我听到了那道从天上发出的声音说：这个由童贞女所生的孩子，不单是他母亲的儿子。我所拥有的超过了他母亲所拥有的；他是我的，胜过于他是马利亚的，因为他是为我而生的，因为天使说了：救主"为你们"而生。这样，你也应当说：阿们，我感谢你，亲爱的主。

但理性会说：谁知道呢？我相信那位由童贞女所生的基督是救主，他也许会帮助彼得和保罗，但并不是为我这样一个罪人而生的。但即使你相信得更多，也还是不够的，除非是添加上了信，即相信他是为你而生的。因为他之出生，不单单为了使我赞美那位母亲，并不因为他是由童贞女母亲所生，她就应该得到赞美。那荣誉固然非她莫属，因为天使说了："在女人中，你是有福的！"（《路加福音》,1: 28）。但除非否认这里所写的"今天救主为你们而生"，否则就不应该太受敬仰。他不单限于由童贞女所生；远远不止于此。正如马利亚在她的赞美诗*中所唱到的："他扶助了他的仆人以色列"（《路加福音》，1: 54）；不在于他是由我和由我的童贞所生，而在于他是为你们而生，是为了带给你们恩惠而生，而不单单为了我的荣誉而生。

再看看你自己，审视一下你自己，看看你算不算是一个基督徒！如果你能够这样歌唱：被宣布是救主的那个儿子，他就是我的救主；如果你能够肯定天使所发布的信息，在你的内心之中表示同意和信，那么，你的内心将充满着喜悦和信心，即使是这个世界所提供的最珍贵和最美好的东西，你也不会多操心。因为当我能够从我的心底里对童贞女说：哦，马利亚，高贵而亲切的童贞女，你已经生了一个孩子；我需要这个孩子胜过长袍和金盾，是的，胜过我自己的身体和生命；那么你就比天地之中任何别的东西都更接近于那个宝藏，就像《诗篇》（73: 25）所说的："除你以外，在地上没有我所爱慕的。"你看，一个人得到了一件长袍或者十个金盾，他是多么高兴。但有多少人，他们听到天使发布的"今天救主为你们而生"这个信息会高兴得欢呼雀跃呢？实际上，大多数人把它看作是必定要传的道，他们听到了之后，就丢在了脑后，一如既往地走开了。这说明，我们既没有第一个信，也没有第二个信。对于童贞女母亲生养了一个儿子并且他就是救主这件事，除非我另外又相信第二件事情，即相信他就是我的救主，否则，我们并不真正相信。如果我能够说：我把这作为我自己的东西接受下来，因为天使是为我而说的，这样，如果我在心里信它，我不会不爱母亲马利亚，更

* Magnificat，系指《路加福音》（1: 46—55）中马利亚所唱的赞美诗。《新约》中有少数几处模仿或引用《旧约》中的诗歌，都由后人加上特别的名称。

爱那孩子，尤其是爱那父亲。因为，如果那个孩子确实由童贞女所生而且他确实是属我所有的，那么，我就不会再有发怒的上帝了，我必定知道并且感觉到，在父的心里只会有欢笑和喜乐，在我的心里不会有忧愁。因为，如果天使所言为真，他是我们的救主，那么，罪孽能对我们做什么呢？“上帝若帮助我们，谁能敌挡我们呢？”(《罗马书》，8: 31)。我无法说出比这更加伟大的话，连所有的天使甚至于圣灵也是这样，那些美妙而虔敬的诗充分证明了这一点。我不相信我自己能表达好。我很高兴听你唱到和说到这个，但是，只要没有什么欢乐，就说明信还是软弱的甚至不存在，你仍旧不信那位天使。

你们可以看看，我们的教皇派和容克贵族，已经选择了无数个救主，他们对这个信有什么感受。其实，教皇派还想保留弥撒，保留向圣者召灵及其种种别出心裁的做法，认为我们可以借此而得救。这等于是说，我不信马利亚所生的救主；但他们却唱着那位天使所说的话，[在圣诞节] 举办他们的三重弥撒，演奏他们的管风琴曲。他们口头上说着那些话，心里是有另一位救主。在修道院内也是这样：如果你想要得救，要记住遵守方济各所制定的教规，这样你才会有一位仁慈的上帝！而在奥格斯堡大会上，他们决定要坚持这样做。以所有魔鬼的名义，就让他们这样坚持下去吧！前面已经反复说过，这位救主是躺在马槽里面的。但如果还有另外的什么东西可以拯救我，我理当称其为我的救主。如果太阳、月亮和星星能拯救我，我就称它们为救主。如果圣巴多罗买节或圣安东尼隐修运动或者圣雅各朝圣，还有别的一些善行能够拯救我，它们当然是我的救主。如果圣方济各是这样，那么他也是我的救主。

但这样的话，那天出生的孩子，就是天使称之为主和救主的，他还有什么荣耀呢，还有谁尊他的名为救主和主基督呢？如果我在这个孩子以外再树立任何救主，不管是谁或者是什么，也不管如何称谓，他就不成其为救主了。但经文上明明写着他是救主。如果这是真的——而这确实是真理——那么，就让任何别的东西都滚开吧。

一个人听到天使所传的信息，并且相信这消息时，他将满怀恐惧，就像牧羊人一样。确实，要我相信像我这样一个没有什么功绩的人要进入这个宝藏，实在是太高了。然而，却又必须这样。教廷中曾经不允许在讲坛上宣讲这个信息，我恐怕它还会再一次消失。倒是另外一种由魔鬼发出的信息，却反而被允许留在教廷之中。他们所有的赞美诗都达到如此效果。在土耳其人那里，魔鬼已经将它彻底清除掉了。因此，只要还有时间，你们就应该记住它、歌颂它和学习它！我担心有那么一天会不允许我们公开去听、相信和歌颂这个信息，现在已经是这个信息不再得到理解的时候了；虽然撒旦的确同意可以用嘴去说说它，就像教皇派所做的那样。可是，一旦要宣布他是为你而生，歌唱：

在甘美中尽情欢呼
让你们全身心地纵情歌唱吧！
我们的喜悦和欢乐
无一不在严密的保护之下，
我们的宝藏像明媚的阳光
自始至终在母亲的怀抱中！

他就不愿意同意了。

可见，我们所说到的关乎第二个信，即不单相信马利亚的儿子，更要相信那躺在马槽中的乃是我们的救主，你要接受这个，要感谢上帝，他如此爱你，给了你一位救主，这救主是属于你的。而作为一个征兆，他差遣天使从天而降来宣告他的出生，目的就在于要大家除了宣讲这个孩子是救主以及他远远胜过天和地之外，再也不应该宣讲别的任何东西。所以，我们应该认可和接受他；时时刻刻都承认他是我们的救主，向他呼吁，决不怀疑他会拯救我们脱离一切厄运。阿们。

29 施马尔卡尔登条款

去年，在圣灵降临周，教皇保罗三世在曼托瓦召开了一次公会议。后来，他将这次公会议从曼托瓦迁走，却至今不知道它会在和能在什么地方举行。无论如何，我们有理由期待，我们或者受到召唤去出席这次公会议，或者不被召唤却受到谴责。因此，有人给我忠告，要我起草和编集有关我们的信仰的条款，以供日后可能的评审之用，并说明，一方面，我们在多大程度上愿意和能够对罗马天主教徒作出让步，另一方面，也要说明哪些是我们要牢牢掌握和坚持的。

为此，我收集了这些条款，并把它们交给了我们的代表。这些代表接受了它们，毫无异议地认定它们为他们的信纲，并决定，只要教皇及其依附者诚守信用而不搞任何阴谋诡计，敢于认真地举行一次真正自由的公会议，就如同教皇按他的职责理应做的那样，那么，这些条款就应该公开发表，作为我们的信仰的信纲。

但罗马教廷极其害怕开一次自由的公会议，不顾羞耻地躲到暗中去了。即使是我们这一派人，他们也对罗马教廷允许有这样一次自由的公会议不抱希望，更不用说召开了。他们被深深冒犯了，还因为这个缘故他们可能会感到不安，因为他们发现，教皇宁可眼看着失掉所有基督徒，所有灵魂被定罪，却不愿意让自己和追随者接受一点改革，不愿意他的独裁统治受到一点点限制。

不过，我决定发表这些条款，这样，如果我在公会议得以召开以前已经死去（我完全相信会这样，因为有那么一伙偷天换日的流氓要尽阴谋诡计在拖延和阻止公会议的召开），在我身后活着的人就可以拿到我的证词和信纲（还加上我以前发表的那些信纲），说明我迄今为止一贯的立场，以及，靠着上帝的恩典，以后还将继续坚持的立场。

为什么我说这些呢？为什么我要抱怨呢？因为我还活着。我还在写作，还在传道，每天还在讲课。可是，总有那么一些怀有恶意的人——不光在我们的敌人里面有这样的人，连那些声称是我们这一派的人里面也有这种假弟兄——他们竟敢引用我的著作和论述来反对我。尽管他们很清楚地知道我所讲的是别的意思，却让我在一旁看着和听着。他们试图用我辛勤劳动所做成的外套去包裹他们险恶的心灵，从而以我的名义误导可怜的民众。想象一下，在我死后会发生什么样的事情呵！

我认为，我应当在我活着时候对每一件事情都作出回答。但我能封住魔鬼的嘴巴吗？首先，面对那些从来不注意我的文章而热衷于卑鄙地歪曲和讹用我的每一句话和每一个字母的人（因为他们全都中了毒了），我能做些什么呢？我会让魔鬼——或者说，最终是上帝的愤怒——来回答他们，这也是他们罪有应得的。我经常会想起那位善良的吉尔森，他对于一个人是否应该公开发表自己的优秀著作表示怀疑。如果他不发表，那么，许多本来可以得救的灵魂就被抛弃掉了。另一方面，如果他发表了，那么，魔鬼立刻就会喋喋不休地大放厥词，对每一句话加以毒害和歪曲，从而破坏其结果。

然而，这样的人所能做到的事情昭然若揭。因为尽管他们这样无耻地诽谤我们，试图靠他们的谎言把民众拉到他们一边，但上帝还是经久不变地在推进他所行的事，使得跟随他们的人越来越少，跟随我们的人越来越多，已经而且还在使得他们连同他们所说的谎言蒙受耻辱。

让我举例说明这一点。维滕贝格这里有一位博士，他是法国派来的，他当面对我们介绍说，有人向他的国王断言，说我们这里没有教堂，没有政府，也没有婚姻状态，所有人都像牲畜一样男女混居，每一个人想做什么就做什么。到了世界末日，在基督的审判座前，那些人在他们的著作里对君王和外国民众撒下了弥天大谎，还说是千真万确的真理，真难以想象到那时他们如何面对我们呵！基督，他是我们所有人的主，他来审判我们所有人，他很清楚，他们是在说谎，他们已经说了谎。我确信他会将他们定罪。愿上帝使那些有可能皈依的人皈依，让他们悔改！而其余的人，就让他们永远倒霉吧。

不过，我们还是回到主题吧。我很乐意看到能召集一次真正的公会议，可以使许多事情和许多民众都从中得益。并不是我们自己需要这样一次公会议，因为凭着上帝的恩典，那纯真的道以及对圣事的正确运用，对各种生命感召的理解，各种真实的行为，已经启迪了我们的教会，供给了我们的教会因而我们并不是为了我们自己的缘故要求开公会议，我们也没有理由寄希望于让这样的一次公会议来改善我们的状况。但在罗马天主教徒掌管的主教教区中，我们看到有许多空置和荒凉的教区，让我们感到揪心的痛苦。然而，不管是主教还是教规，都丝毫不关心那些可怜的民众的生死，尽管基督也是为他们而死的。那些民众听不到基督像牧羊人对他的羊说话一般对他们说话。这种情况使我感到害怕，生怕他会召开一次天使的公会议来加罪给德意志，将我们彻底摧毁，就如同当年所多玛和蛾摩拉*一样，因为我们用公会议如此无耻地去嘲弄他。

除了对教会的必要关注以外，还有无数世俗的事情需要加以改革。在各个君主之间和在各个政治集团之间存在着不和。高利盘剥和贪名逐利已经泛滥成灾，而且有了合法的保护色。玩世不恭，淫荡好色，穷奢极侈，赌博成性，狂妄自大，做尽了各种各样的坏事，而当臣民的、当仆人的、当工人的，也阳奉阴违，各行各业都尔虞我诈，连农民也如此——谁有办法一一列举呢？这些都已经广泛蔓延，恐怕即使开十次公会议、二十次议事会，也无济于事。假如一次公会议的参加者想思考教内教外庄园违背上帝的这样的重要问题，那么，他们就会忙得不可开交了，对僧袍、光顶、腰带、主教和红衣主教的帽子和权杖等等琐碎小事的无谓讨论，很快就遗忘了。倘若我们首先想到的是要在教内和教外的人士中执行上帝的命令和戒律，我们就会找到充分的时间改革有关禁食、祭服、光顶和十字褡的种种规定。可是，如果我们甘愿吞下骆驼而滤出小虫，如果我们让梁木竖着，却喋喋不休地为眼刺而争论，那么，我们不妨满足于这样一次公会议。

我只起草了一些条款，因为除了这些条款以外，上帝还要我们在教会、国家和家庭中承担大量任务，而那是我们所无法完成的。

* 上帝对所多玛和蛾摩拉的惩罚，见《创世记》，19: 24, 25。

在一次公会议中设法纳入繁多的教令和教规，尤其是在上帝所命令的主要诫命既未认真对待又未遵守的情况下，又有什么用处呢？这就好比我们希望上帝会在我们的哑剧中对此默许，而我们却把他的庄严的诫命踩在脚下。可是，我们的罪孽压迫着我们，无法让上帝来恩待我们，因为我们拒不悔改，甚至于还试图为我们所有可恶的缺陷作辩护。

亲爱的主耶稣基督，求你召开一次属于你自己的公会议，靠着你的光辉的降临来拯救你的仆人。教皇及其依附者们已经迷失了方向。他们不愿意跟你有什么关联。然而，求你帮助我们这些向你呼求的可怜而不幸的灵魂，我们凭着你赐给我们的恩典认真地在寻求你，那恩典是你通过圣灵赐给我们，就是那个与你和圣父一起活着和掌着权的永远成圣的圣灵。阿们。

[第一部分]

本“条款”的第一部分讨论了上帝神威的庄严的条款，那就是：

1. 圣父、圣子和圣灵是三个各别的位格，但处在同一个属神的本质与本性之中，是同一位创造出天和地的上帝，如此等等。

2. 圣父不是由谁产生出来的，而圣子是由圣父产生出来的，圣灵则是由圣父与圣子发出的。

3. 只有圣子曾为人，圣父与圣灵则从未为人。

4. 圣子是以如下方式曾经为人：他没有经过男人的配合而由圣灵得胎，又由那纯真而圣洁的童贞女马利亚生养。然后，他受难，死去，被埋葬，降到地狱中去，又死而复活，升到天上；他坐在上帝的右边，而且将要来审判活着的和死了的，如此等等，这就是“使徒信经”、“亚大纳西信经”以及供孩子们使用的《教义问答手册》所教导的。

这些条款是不容置疑和争论的，因为两方面的人都承认它们。故而没有必要更详细讨论了。

[第二部分]

第二部分讨论了跟耶稣基督的职事和行事有关，或者说，跟我们的赎罪有关的条款。

[第一条　基督和信]

第一条也是主要的一条，那就是，耶稣基督，我们的上帝和主，“耶稣被交给人，是为我们的过犯，复活是为叫我们称义”(《罗马书》，4: 25)。只有他，才是“上帝的羔羊，除去世人罪孽的”(《约翰福音》，1: 29)。“上帝使我们众人的罪孽都归在他身上”(《以赛亚书》，53: 6)。而且，“世人都犯了罪”，“如今却蒙上帝的恩典，因耶稣基督的宝血而得到了赎罪，就白白地称义”(《罗马书》，3: 23—25)。

由于这个必须靠信，是不可能靠做什么事情、履行什么教规或者有什么功绩就可以获得的，因而，很显然，也很确定，只有这样的信才使我们得以称义，就像圣保罗在《罗马书》第3章里所说的那样，“所以我们看定了，人称义是因着信，不在乎遵行律法”(《罗马书》，3: 28)，还有，“他[上帝]自己为义，也称信耶稣的人为义”(《罗马书》, 3: 26)。

在这一条中谈到的，一丝一毫也不能放弃或者做什么妥协，哪怕天地和世上万物都被毁灭掉，也还是这样。因为正如圣彼得所说的，“在天下人间，没有赐下别的名，使我们可以靠着得救”(《使徒行传》, 4: 12)。“因他受的鞭伤使我们得以医治”(《以赛亚书》, 53: 5)。

我们在抗击教皇、魔鬼以及世界时所说的和所做的，无一不是以这一条为依据。因此，我们必须毫不怀疑地坚信它。否则，一切都丧失了，而教皇、魔鬼以及所有我们的敌人，就会获胜了。

[第二条　弥撒]

教皇教权下的弥撒应该被看作是最大和最可怕的劣迹，因为它直接和粗暴地跟这个基本条款相对抗。然而，它却又是教皇偶像崇拜中的极品，因为这样的奉献或者弥撒行为(即使由一个恶棍来授予也无妨)据称可以将人们从他们的罪孽中拯救出来，在今世是这样，到了炼狱里也还是这样，虽然实际上这样的拯救只能而且也只应该由上帝的羔羊来行使，就如同前面已经陈述过的那样。在这一条里面，也是一丝一毫不能退让和妥协，因为第一条不允许这样。

倘若遇上讲道理的罗马天主教徒，就要以如下友好的方式对他们说:

“你们为什么要顽固坚持你们的弥撒呢?

“1. 说到头，它们纯粹是人为的发明。他们不是基督所命令的。而我们可以除掉一切人为的发明，因为基督说，‘他们将人的吩咐当作道理教导人，所以拜我也是枉然’(《马太福音》, 15: 9)。

“2. 弥撒并不是必不可少的，因而它可以被删除掉，这样做不会犯什么罪，不会有什么风险。

“3. 根据基督所作的设定，圣餐原本可以以一种更好、更受祝福的方式——其实也是唯一受祝福的方式——来得到。既然圣餐可以以另一种更受祝福的方式来得到，那么，为什么你们为了一件并非必要的、杜撰出来的事而逼着世界去遭罪呢？

“还是公开告诉民众，这华而不实的弥撒可以去除了，这样并不会犯下什么罪，没有人会因为没有奉行它而被定罪，而没有弥撒反而可以以更好的方式得救。这样，不仅对于那些粗野的暴民来说，而且，对于一切明察是非而又畏惧上帝的虔诚的基督徒来说，尤其是如果他们听说弥撒是偏离上帝的道和旨意、被臆造和发明出来的危险的事情，那么，这样的弥撒岂不是自然会不攻自破吗？

“4. 既然到处都因买卖各种弥撒而乌烟瘴气，因而，即使不为别的缘故，单单为谨慎起见，尽管它自身真的有一些有价值的东西，也不要它了，以防止发生这样的滥用。况且，它是那么没必要、无用和危险，我们把弥撒抛开，反而可以得到更有必要、更有用和更可靠的东西，那么，为了抵制这样的滥用，更应该让它停止。

“5. 弥撒是而且只能是人为的操作，甚至是由一些恶棍操作的（关于这方面的教规和所有书籍，都说明了这一点），因为人们试图借助于弥撒使他们自己和他人取得上帝的谅解，应该获得恩典和赦罪。充其量为了这个目的才去奉行弥撒。难道还会有别的目的吗？所以，它理应受到谴责，必须把它废除，因为它违背了基本信条，那就是确信，除掉我们罪孽的并不是弥撒的主持者以及他所行的事，而是上帝的羔羊和上帝的儿子。”

有人会试图为自己辩护，说他希望自己为自己的敬拜而领受圣餐。这是不正当的，因为如果他真的想领受圣餐，他完全可以按照基督的设定在有主持的圣餐礼中名正言顺地去领受。自己给自己领受圣餐不可靠，也不必要，他并不知道他所做的事，因为他所遵循的是人的错误的意见和想象，并没有得到上帝的道的认可。即使其他事情都安排就绪，任何人这样随便使用圣餐也是不对的，因为圣餐乃是教会所共有的，不应该满足他一人私下的需要，不应该脱离开教会团契而凭自己一时高兴就要弄一番。

这个有关弥撒的条款会在公会议中成为关键议题。即便罗马天主教徒可能在其他所有条款上对我们作出让步，但在这个条款上他们是不大会退让的。就如同那位坎佩焦在奥格斯堡所说的：他宁可被撕成块也不愿意放弃弥撒。靠着上帝的扶助，我宁可被烧成灰，也不会同意把弥撒的主持人及其所做的事情等同于或者胜过我的救主耶稣基督。可见，我们现在有且一直有分歧，互相持对立意见。罗马天主教徒很清楚，如果弥撒没有了，那么，教皇教权也就一起没有了。在他们同意这样的事情发生以前，他们一定先要置我们所有人于死地。

此外，这条龙的尾巴——也就是，弥撒——已经孵化出了一大窝害虫，产生了种种偶像崇拜的毒汁。

第一是炼狱。他们卖力地举办安魂弥撒、守夜、每周、每月、每年的安魂纪念，公共周，万灵节，还有灵魂沐浴，以至于弥撒几乎全都是为死人举办的，虽然基督只是为活人才设立圣餐礼。可见，炼狱以及跟它相关的所有典礼、奉献和买卖交易，都应看作是魔鬼所造的假象，因为炼狱违背基本的信条，即只有基督而不是人所做的事，才能够帮助灵魂。除此之外，我们没有接到过任何命令或者嘱咐要我们如何对待逝者。因而，这一切都可以丢弃，更何况，事实上这是谬误和偶像崇拜。

在此，罗马天主教徒又从奥古斯丁和某些教父那里引经据典，据说他们曾经写到过炼狱。他们以为我们不懂这些作者为什么目的和抱什么想法写下这些话。圣奥古斯丁没有写有一个炼狱，他也没有引《圣经》的章节来驱使他采纳这样的观点。他不确定，是不是存在炼狱，只是提到他的母亲请求他在圣坛上或者在圣餐礼中纪念她。可见，这只不过是某些个人的一种人为的想法，不能就此建立一个信条。那是只有上帝才有的权利。可是，我们的罗马天主教徒却利用这种人为的想法，要求人们相信他们为处在炼狱中的灵魂举办的弥撒中所作的亵渎上帝的可恶的卑鄙勾当。等等。他们决不可能借助奥古斯丁证明这些事情。只有他们抛弃他们在炼狱弥撒（那是奥古斯丁从未想到的）中所作的勾当，我们才准备跟他们讨论，看看圣奥古斯丁的说法在没有《圣经》支持的情况下应不应该被接受，应不应该在圣餐礼中纪念死者。把教父们的话语或做法奉为信条是行不通的。否则，就连他们吃的、穿的以及住的房子的式样，都要成为信条了——在对待圣物这件事情上，就发生过这样的情况。这也就是说，是上帝的道建立了信条，而不是其他任何人，即使天使也不行。

第二要说的是这一点的结果：即一些邪恶的家伙导演出亡灵显现的骗局，同时，又用无法形容的种种欺诈手段，要求人们去做弥撒、守夜、朝圣还有捐款。我们不得不要把这一切都作为信条接受下来，要按照它们的规定来生活。而且，教皇认可这些事情，就像他认可弥撒和所有其他可恶的事情一样。

第三是朝圣。在此，也是在寻求弥撒、赦罪和上帝的恩典，因为是弥撒在统领着每一件事情。确实，我们从来没有接到过命令要我们去朝圣，我们朝圣也不是必须的，因为可以以更好的方式获得赦罪和恩典，不去朝圣也不会有罪过和危险。为什么他们要撇开他们自己的教区，撇开上帝的道，撇开他们自己的妻子和孩子等等，追随这些毫无必要的、不可靠的、有害的魔鬼骗术呢？很简单，他们这样做是因为魔鬼附身于教皇，要他称颂和认可这些行为，使得众多民众都背离基督而关注他们自己的功绩和（那是最坏的事情）成为偶像崇拜者。况且，这件事情也是没有必要、没有命令、不健全、甚至是有害的。因此，在这件事情上面，也不可以作让步或妥协。

第四是联谊会。修道士、牧师和主教们感到有必要为了造福于生者和死者而（通过合法和公开的出售）转让所有弥撒、善行和诸如此类的事情。这不仅是人为编造的废话，毫无必要，也没有命令，而且，与有关赎罪的第一条信条完全相违背。因此，它是决不可容忍的。

第五是圣物。在这方面已经有人拿狗和马的骸骨大做文章，生出许多公然的谎言和奇谈怪论，连魔鬼也在讥笑这样的骗局。即使它们里面有一些好东西，圣物早就该遭到谴责。它们既没有命令，也没有被赞扬过。它们完全没有必要，也没有用处。然而，最坏的还在于有人主张圣物起赎罪的作用，可以像弥撒之类赦免罪孽，可以用它们来行善事和对上帝作奉献。

第六是出售给生者和死者的代价不菲的赎罪券，教皇用它们来出售基督的功绩以及所有圣者和整个教会的名目繁多的功绩。这些是决不可容忍的。不仅因为它们没有必要，也没有命令，而且，它们与第一条信条相违背，因为基督的功绩是靠恩典、靠信获得的，用不着我们做事或者花钱。把它们赐给我们，不是靠我们的金钱或者功绩，也不是靠教皇的权势，而是靠传布上帝的道。

向圣者召灵

向圣者召灵也是那位反基督者的一种胡作非为。它违背了那主要的第一条信条，有损于对基督的认识。既没有被命令，也没有被推荐，在《圣经》中也没有任何先例。即使向圣者召灵是一种有价值的做法（其实并不是这样），我们在基督里面得到的比这好上千倍。

虽然在天上的天使们为我们祈祷（像基督自己也在为我们祈祷一样），虽然在地上的、也许也在天上的圣者也为我们祈祷，但不能因此就说我们应该向天使和圣者们召灵，向他们祈祷，为他们禁食和举办典礼，向他们做弥撒和作奉献，为他们建教堂、圣坛和向他们献祭，还用其他方式事奉他们，在急难的时候把他们看作救助者，认定他们有能力给予我们各样的扶助，还让他们中的每一位各有其专门的职能，这一切正是罗马天主教徒所教导和奉行的。这成了偶像崇拜。这样的荣耀唯独归基督所有。作为一个基督徒和地上的圣者，你能够不仅是在有某种特定需要时，而是在任何有需要的时候都为我祈祷。然而，我不应该因此而向你祈求，向你召灵，禁食和参加典礼，做弥撒和献祭，也不应该把我的得救寄托于你。在基督里我有其他方式来荣耀、爱和感谢你。只要不对天使和死去的圣者做偶像敬拜，那么，表示一下敬重没有什么害处，很快会被忘记。如果不再期望得到灵心上或者物质上的好处，那么，坟墓里和天上的圣者就不会遭到骚扰，因为如果不期望得到回报，任何人都不会长时间地出于爱去纪念、尊敬或者敬拜他们。

简而言之，对于弥撒及其引申出来的种种结果，我们是不能够赞成的，相反，我们应该加以谴责，为的是我们可以遵照基督的设定来保持圣餐礼的纯洁性和可靠性，可以在信里面运用它和接受它。

［第三条　牧师会和修道院］

牧师会和修道院在以往为了教育有学问的男人和体面的妇女这一良好宗旨而建立的，现在应该恢复这一宗旨，使我们可以获得教会的牧师、传教士和其他执事，另外还有城市和国家的世俗政府所必需的那些人员，还包括将成为母亲和家庭主妇的具有良好教养的姑娘们，等等。

如果它们不肯奉行这样的目的，最好把它们取消或解散，而不要听任它们继续举行那种由人发明出来的亵渎上帝的礼拜，这种礼拜竟自称胜过通常的基督徒生活，胜过由上帝所建立的职事和天职。所有这一切都跟在耶稣基督里求得赎罪的第一条基本信条相违背。此外，也像其他一些人为发明一样，这一切都是没有命令、不必要和没有用处的。况且，它还会导致危险而无用的操劳，因而先知称这种对上帝的礼拜为“亚文”*（aven），意思说它是虚空的。

---

* 《何西阿书》（10: 8）中说，“亚文”那里筑起的高坛，是以色列取罪的地方，因为那是崇拜偶像的地方。先知以西结（《以西结书》，30: 17）称埃及人拜偶像的著名的中心地（《创世记》，41: 45）为“亚文”，原意是“什么也不是”。

[第四条　教皇教权]

教皇并不是由神权所授予或者按照上帝的道而成就的全体基督徒的首领，因为这个地位唯独只属于一位，那就是，耶稣基督。教皇只不过是罗马教会及其他自愿地或者通过人为的规定（即通过世俗政府的规定）依附于他的教会的主教和牧师而已。这些教会并没有选择把他当作领主去服从于他，而是像以往那几次公会议和奚普里安时代所证明的那样，作为弟兄和伙伴与他并肩而立。但现在没有哪一位主教敢于像通常那样称呼教皇为“兄弟”，而必须尊称他为“最仁慈的主”，就像他是一位君王或者皇帝一样。但我们不愿意、不应该、而且也不可能让我们的良心来承担这样的事情。那些甘愿这样做的人，最好不要把我们也算在内！

由此可见，教皇凭靠虚假的、害人的、亵渎上帝的、篡夺来的权威的力量着手做的和已经做成的事情，已经是而且现在仍旧是纯属邪魔的作为（只有那些跟世俗政府有关的事情也许是例外，因为上帝有时会允许通过某一个暴君或者坏蛋来让百姓受益），它们的作用在于将整个神圣的基督教教会彻底破坏（在他权力所到之处），这跟在耶稣基督里赎罪的第一条基本信条是相违背的。

教皇的所有训令和书籍，尽管他只是在像狮子一样地吼叫（就如同天使在《启示录》，10: 3 中所暗示的那样），都是生效的。在这里明确提出，基督徒除非服从于教皇，他的所想、所说和所做都服从于上帝，否则决不可能得救。这并不亚于说：“虽然你信了基督，在他身上有得救所必需的一切，但除非你把我当作你的上帝，服从于我，否则都是徒劳。”然而，很显然，至少在五百多年的时间里，神圣教会都没有教皇，而希腊人和许多别的民族从来没有且现在也没有受教皇的统治。显然，（重复已经经常讲的话）教皇教权是一个人为的发明，它并没有受命，它是不必要的，也是无用的。神圣的基督教教会可以在没有这样一个首领的情况下更好地存在，而且，假如不是由魔鬼抬举这样一个首领，教会比现在好得多。教皇教权对于教会毫无用处，因为它并没有实施基督教设所的职能。可见，没有教皇，教会会继续存在下去。

设想一下，倘若教皇放弃自己是靠神权或受命于上帝而成为教会的首领的主张；设想一下，倘若说为了更好地维持整个基督教的团结以便对付宗派和异端的攻击需要这样一个首领，使其他所有人都依附于他；设想一下，倘若这样一个首领是由人们选举产生的，而且，更换或者罢免这个首领，那也是处在人们的权利和选择之下的。这就是康斯坦茨公会议罢免三位教皇并选出第四位教皇的做法。我说，假如教皇和罗马教廷能够让步并接受这一点（但这是不可能的），他就肯定会被推翻，他的整个统治和财产就会毁掉，连同他的全部权利和自命不凡。总之，他不可能这样做。即使他会这样做，基督教世界也不会得到什么帮助。甚至会有比以前更多的宗派出现，因为服从这样一个首领，与其说是根据上帝的命令，不如说是出于人们的意愿，那么，他就很容易很快被蔑视，最后没有任何追随者。他不会一直只能把居所设在罗马或其他固定的地方，而可以设在任何地方、任一教会中，只要上帝认为某个人适合于这一职事。那会是多么复杂和混乱的局面啊！

可见，管理和维持教会的最佳办法就是让我们所有人都生活在同一个首领即基督之下，让所有主教都平等地处在设所之中（然而，他们所得的恩赐会有差别），大家都专心致志于如何使教义、信仰、圣事、祷文、爱的事业等等统一起来。因此，圣哲罗姆写道，亚历山大里亚的神甫们集体治理各教会。使徒们也是这样做的，在他们之后，整个基督教世界的主教们也曾经这样做过，一直到教皇凌驾于他们所有人之上成为首领，才不再这样做了。

这一点极其有力地证明了教皇是一个实实在在的反基督者，他把自己抬高到基督之上，把自己与基督对立起来，因为教皇规定，基督徒要想得救，只能靠他教皇的权力，但是，因为这样的权力并不是由上帝建立的，也不是由上帝命令的，它也就什么也不是了。这正是圣保罗称之为抬高自己超过上帝并反对上帝的那种人。连如此仇恨基督徒的土耳其人和鞑靼人也没有这样做；而那些想这样做的人，却同意信基督，但他们又从基督徒那里勒索肉体上的进贡和服从。

然而，教皇并不允许有这样的信仰，他坚持想要得救，就一定要服从于他。我们不会愿意这样做，哪怕我们不得不为此奉上帝的名去死。所有这一切都是因为他想要依靠神权当基督教教会的首领。他必定要让自己等同于基督，超过基督，自称为首领，然后成为教会的主人，最终又成为全世界的主人。他进而声称自己是地上的上帝，还敢向天上的天使发布命令。

当教皇的教导有别于《圣经》的教导的时候，或者将它们二者加以比较，很明显，教皇的教导充其量不过是取自于那个异教徒的法，就如同教皇的那些教令所显明的那样，是关于世俗事务和判决的教导。为了与这样的教导一致，对有关教堂的仪式、服饰、食物、人员以及无数其他的傻事、怪事和蠢事给出了指示，却只字不提基督、信仰和上帝的诫命。

最后，教皇所做的最令人发指的事情，就是兜售关于弥撒、炼狱、隐修生活的谎言，并且公然对抗上帝而宣扬人的行为和奉献（这正是教皇教权的本质），对于所有那些没有把他的这些可恶的事情捧上天的基督徒，则横加指责、残害和折磨。可见，就像我们不可能把魔鬼他自己奉为我们的主或上帝一样，我们不能让魔鬼的使者，即教皇或反基督者，当我们的首领或者主人，统治我们，因为他的教皇政府，其特征就是欺骗、谋杀，或者说，是持续地破坏肉体和灵魂，正如我在许多著作中都展示的那样。

就由于上面这四条，他们将在公会议中谴责我们，因为对于这些信条中的哪怕其中的一点点，他们不可能也不愿意对我们让步。对此我们是确信的，但我们应该怀抱希望，既然我们的主基督已经打败了他的敌人，他就会凭着他的圣灵和他的降临，来成就他的目的。阿们。在这次公会议中，我们将不会像在奥格斯堡那样站在皇帝或者世俗政权面前，那一次，我们应对的是一次仁慈的传唤，我们得到了和善的倾听；但这一次，我们将站在教皇和魔鬼自己面前，他不会想聆听我们，而一味要谴责我们、杀害我们，极力把我们赶到偶像崇拜那里去。因此，这一次，我们不应该吻他的脚，也不应该对他说“你是我的仁慈的主人”，而应该像《撒迦利亚书》里天使对魔鬼所说的那样说“撒旦哪，愿主来责备你”（《撒迦利亚书》，3: 2）。

［第三部分］

以下这几条，涉及我们会去跟有学问和有智慧的人或者会在我们内部讨论的一些事情。教皇及其教廷不会关注这些事情；他们不会关心良知问题，他们关心的唯有金钱、荣誉和权力。

I. 罪孽

在此，我们必须承认圣保罗在《罗马书》(5: 12）中所说的，罪孽起源于亚当一人，由于他的叛逆使所有人都成为罪人，要服从死亡和魔鬼。这就是原罪，或者叫作根罪。

由这个罪孽所结出的果子就是十诫中所禁止的所有恶行，例如，不信、假信、崇拜偶像、不敬畏上帝、自以为是、自暴自弃、盲目行事——总之，对上帝的无知或漠视——，然后，也会说谎，指着上帝的名字发誓，不祈祷上帝和向上帝呼求，摈弃上帝的道，不顺从父母，谋杀，通奸，偷盗，诈骗，无所不为。

这种遗传的罪孽如此深刻地腐蚀人的本性，是理性所无法理解的。这是必须相信的，因为在《圣经》中已经指明了（《诗篇》，51: 5；《罗马书》，5: 12 起；《出埃及记》，33: 20；《创世记》，3: 6 起）。由此可见，经院神学家关于这一条所说的无非是谬误和愚蠢而已，那就是：

1. 认为在亚当堕落以后，人的来自于本性的力量还保持完整而没有毁坏，而且，就像哲学家所说的那样，人凭着本性就拥有正确的理解力和善良的意志。

2. 还认为人具有自由意志，既可以弃恶从善，也可以弃善从恶。

3. 还认为人能够凭着他出自本性的力量去奉行和遵守上帝的所有诫命。

4. 还认为人能够凭着他出自本性的力量做到爱上帝胜过一切以

及爱人如己。

5. 还认为如果人做到他所能够做到的事情，上帝必定会将他的恩典赐给他。

6. 还认为，当一个人去参加圣餐礼的时候，无需怀有做他应该做的事情这样一个良好的意图，只要他没有犯罪的邪恶意图就可以了，因为这就是人的本性的善，这就是圣餐的力量所在。

7. 认为从《圣经》中不能证明圣灵及其恩赐是行善事所必需的。

这些想法以及许多类似的想法都产生于对罪孽以及对基督我们的救主的误解和无知。这些观点完全是非基督教的，是我们所不能容忍的。倘若这些说法竟然是确实，那么，基督就是白白地死了，因为人就没有缺点或者罪孽了，就不需要他为之而死，或者说，他的死只是为了身体，而不是为了灵魂，因为灵魂是完美的，只有肉体才受死亡的支配。

II. 律法

在此，我们主张律法是由上帝颁布的，首先是为了用惩罚的威胁和恐惧以及用恩典和恩惠的许诺和赏赐来遏止犯罪。可是，由于罪孽在人里面所造成的恶劣影响，使得这个目的难以达到。有些人之所以憎恨律法，是因为律法禁止他们做他们想要做的事情，又命令他们做他们不愿意做的事情，这样，他们变得更坏了。相应地，他们在未受惩罚的情况下，反而变本加厉地抵制律法。这样的人一有机会就做坏事，是一些粗鲁而邪恶的人。另一些人，如同上文谈到经院神学家时说到过的那样，他们自以为靠自己的力量就能够而且也确实在遵守律法，变得狂妄自大。伪善者和假圣人就是这样产生的。

然而，律法的主要功能或者力量却在于使原罪得以显明，让人清楚地看到，他的本性已经堕落得多么深，变得多么腐朽。因此，律法应该告诉他，他既没有得到上帝，也不关注上帝，或者说，他所膜拜的是一些陌生的神灵——以前他不知晓律法的时候，他是不会相信这些事情的。这样，他就变得诚惶诚恐，自轻自贱，沮丧绝望，急切地希望得到帮助，但又不知道何从得到帮助，于是就开始疏远上帝且自怨自艾，如此等等。这是《罗马书》（4: 15）所说的，“律法是惹动愤怒的”，以及《罗马书》（5: 20）所说的，“律法本是外添的，叫过犯显多”。

III. 悔改

律法的这一功能在《新约》中还保留着，以此来教导人。所以，圣保罗在《罗马书》（1: 18）中说道，“上帝的愤怒，从天上显明在一切不虔不义的人身上”，又在《罗马书》（3: 19, 20）中说道，“叫普世的人都伏在上帝审判之下，因为没有一个因行律法能在上帝面前称义。”基督也在《约翰福音》（16: 8）中说道，“圣灵要叫世界确信自己的罪孽。”

可见，上帝就用这个晴天霹雳来摧毁公开的罪人和假冒的圣人。他不允许任何人自己称义。他把所有人都驱赶到恐惧和绝望之中。这就是耶利米说到的那个大锤，“我的话岂不是像能打碎磐石的大锤吗？”（《耶利米书》，23: 29）。这可不是什么 *activa contritio*（主动自责），而是 *passiva contritio*（被动受责）了。

这是真正的悔改的开始。在此，人们应该听取如下的判断：

“你们全都算不上什么。不管你们明摆着是罪人还是圣人，你们全都应该不同于你们现在的样子，做不同于你们现在所做的事，而这跟你们是谁、你们现在有多么伟大、多么聪明、多么强大完全无关，跟你们自以为有多么圣洁无关。在这里，没有一个人是属神的”，如此等等。

对于律法的这个功能，《新约》在福音书中又直接添加上了起安慰作用的恩典应许。这是必须要信的，就如同基督在《马可福音》(1: 15)中所说的，“你们当悔改，信福音”，也就是说，“要不同于你们现在的样子，做不同于你们现在所做的事，要信我的应许”。那个在基督之前的约翰，被称作是悔改的宣教者，但他这样做，全是为了使罪孽得以赦免。这也就是说，约翰当时是想指责他们所有人，要他们确信他们全都是罪人，使他们明白他们站在上帝面前是什么样子，认清他们自己是一些失落的人。用这样的方式，他们就会做好准备从主那里接受恩典，从他那里等待和获得赦罪。基督自己也在《路加福音》(24: 47)中说：“要奉他的名向万民传悔改赦罪的道。”

但如果只有律法在行使其职能，却没有添加上福音，那就只有死亡和地狱，人们会像扫罗和犹大那样陷于绝望。如同圣保罗所说的，律法通过罪孽在杀人，此外，福音提供了不止一种方式的安慰和赦罪，因为在上帝那里有丰富的救赎(如《诗篇》130篇，7节所描述的那样)，拯救人们摆脱罪孽的可怕的奴役，正如我们下文要听到的那样，这是通过道、圣餐礼等降临我们。

现在，我们应该把诡辩家们的假悔改跟真悔改作个比较，以便更好地理解二者。

罗马天主教徒的假悔改

对于他们来说，不可能正确地教人悔改，因为他们不知道罪孽真的是什么。因为正如前面说过的那样，他们无权就原罪一事来教导人，他们认为人的来自于本性的力量是完整的，未受腐蚀的，理性能够作出正确的理解，意志也能够按照正确的理解来行事，从而，上帝必定会将他的恩典赐给完全按照自己的自由意志来行事的人。

他们由此得出结论说，民众只是为具体的罪过在求赎罪，例如，他们曾经赞同过的邪恶想法（因为他们并不把邪恶的动机、欲望和意向视为罪孽），有一些邪恶的话语和行为，他的自由意志本来可以避免这一切。这些诡辩家，把这样的悔改分成三类，即悔悟、忏悔和赎罪，再加上安慰，那就是，真正悔悟、忏悔和赎罪的人，就配得到赦免，就在上帝面前偿清了他的罪孽。这些诡辩家，在教民众如何赎罪时，要他们把信心放在他们自己的行为上。因此，在做普适的忏悔时，在讲坛上用这样的口吻来教导民众："主上帝啊，愿你延长我的生命，直到我赎清了我的罪孽和修补完我的生命。"

这里没有提到基督或者信仰。宁可说，人们希望靠他们自己的行为在上帝面前克服和抹掉自己的罪孽。我们抱着这样的企图来当神甫和修道士，可以抵制罪孽。

说到悔悟，情况是这样的：既然没有人记得起他所有的犯罪（尤其是在一整年里所犯的罪），那么，就要去弥补下面这样的漏洞，即如果在事后想起没有发现的罪过，必须要悔改或忏悔，但同时犯罪的人已经被交托给了上帝的恩典了。而且，因为任何人都不知道自己该做多少次悔悟才能在上帝面前生效，因而就给出了下面这样的安慰：如果任何人做不到真悔悟（指真正悔改），他至少应该出于对惩罚的畏惧而准备去做悔悟（我称之为半悔悟或部分悔悟）。他们不理解这些术语，至今为止，他们跟我一样不大理解其含义。然而，在民众忏悔的时候，这样的半悔悟也被认可来代替悔悟。如果有某个人说，他不能做悔悟，或者说，不能为他自己的罪过感到遗憾（例如，犯了卖淫、复仇之类的罪），这样的人就会被问，他是否不想或者不愿意悔悟。如果他说他愿意（因为除了魔鬼自己以外，谁会说不愿意呢？），那就算他悔悟了，由于他所做的这件好事情，他的罪就被赦免了。在此可以引用圣伯尔纳等人的例子。

在这里我们看到，盲目的理性如何在跟上帝相关的事情里摸索，根据自己的发明，在自己的工作中寻求安慰，却不可能考虑基督和信仰。如果我们放到亮处来对此加以考察，我们就会看到，这样的悔悟是从人自己的力量中演变出来的人为的和假想的念头，没有对上帝的信仰和认识。一个曾以这种方式反思自己的欲望或复仇的可怜的罪人，很快大笑而非哭泣，除非他真的受到律法的重击，或受困于魔鬼所挑起的无事烦恼。除了这些情况之外，这样的悔悟实在是十足的伪善。它不会消除想犯罪的欲望。当事人只是有义务表示沉痛而已，倘若放任他去做，他宁可去犯罪。

至于说到忏悔，情况是这样的：任何人都必须将他自己所犯的罪一一列举出来，这简直没有可能，也是造成极大痛苦的根源。已经被遗忘的罪孽，只有在被唤起并就此忏悔的时候，才会得到宽恕。因此，他无法知道什么时候他才算是作了足够完整或者足够纯洁的忏悔。同时，他的注意力又集中在他自己的行为上，他被告知，他忏悔得越完全，他越感到惭愧，他越在神甫面前低贬自己，他就会越早越好地为他的罪孽赎罪，因为这样的自贬一定会在上帝面前蒙恩。在这里，同样既没有信仰，又没有基督。人们没有意识到的赦免的力量，因为他们所得到的安慰基于他们自己对所犯的罪孽的列举，基于他自己的自贬。不过，这里不想详细描绘这样的忏悔如何造成对人的折磨、蒙骗以及偶像崇拜。

赎罪变得更复杂了，因为没有人可以知道针对某一罪过他应该做多少事情，更不用说针对他的所有罪过了。这里的权宜之计是用一些容易做到的小的赎罪方法蒙混过关，例如连叫五遍“我们的父啊”，每天都禁食，等等。因为正是炼狱还需要有人苦行赎罪。

而在这里同样只有悲哀与痛苦。有些人以为，他们永远走不出炼狱，因为按照古时候的教规，一件不可饶恕的大罪就要在炼狱里苦行赎罪达七年之久。尽管如此，人们对自己的赎罪行为充满信心。倘若赎罪做得很完好，就会对此有充分的信心，而信仰和基督便毫无价值了。但是，这样的信心是不可能有的。即使某人以这种方式苦修一百年，也还是不知道这是否够了。这是总在忏悔但永远没有悔悟的情况。

为此，神圣的罗马教皇来帮助可怜的教会，发明了赎罪券。用赎罪券就不用再做苦行了，先是用在为单个罪孽的七年，后来又用到一百年，如此等等。赎罪券由红衣主教和主教来分发，这样其中的一些管一百年，另一些管一百天，但教皇只为他自己保留有免除全部苦行的权力。

一旦这事情开始生财，教皇的训令变得有利可图，教皇又发明了大赦年，把地点定在罗马。据说这样可以赦免一切的惩罚和罪过，民众争相前往，因为人人都急于从难以承受的重负中解救出来。在这里，我们看到如何发现和开掘地上的宝藏。教皇们又变本加厉地一再增加大赦年的数目。他们吞下的钱越多，他们的胃口就越大。为此，他们派出使节前往所有国家，要把大赦年的赎罪券发到每一个教会和每一个家庭。最后，教皇们又把手伸到炼狱，先是为死者设立弥撒和守夜，后又通过训令和大赦年为死者提供赎罪券。那时，灵魂便宜了，六个便士就赦免一个。

然而，即使如此，这也无济于事，因为虽然教皇要民众信赖和信任这样的赎罪券，但他又暗示会不太可靠，他在他的训令中明确说，“任何一个想靠赎罪券或者大赦年来获益的人，必须去悔悟、作忏悔，还要付钱。”但正像我们在上文已经听到的，这些人所作的悔悟和忏悔是不可靠的和伪善的。而且，没有人知道哪些灵魂在炼狱中，也没有人知道炼狱里的哪些灵魂真的在悔悟和真的在作忏悔。因此，教皇拿到了钱，用他的权力和赎罪券来安慰民众，却又一次把注意力指向不确定的人的行为。

也有一些人不认为自己犯有具体的罪过，即不认为自己有有罪的思想和言行。我和其他像我一样的人都希望成为修道院和牧师会的传教士和神甫，我们都曾经通过禁食、守夜、祈祷、弥撒以及通过穿粗布衣服、睡硬板床，抵制各种邪恶的念头，希望能够成圣，然而，我们天生由遗传而得的邪恶还是做了它的本性使然的事情，有时是在我们睡着的时候做的（如圣奥古斯丁、圣哲罗姆等人所忏悔的）。但是，每个人都认为有别的一些人，他们没有罪过，他们所做的事情都是善的，因而我们就跟其他人分享我们的善行，把它们出卖给其他人，相信他们比我们自己更为天国所需要。这当然是千真万确的，有印章、书信和实例为证。这些人不需要悔悟，因为既然他们不同意邪恶的想法，他们有什么可悔悟的呢？既然他们绝不说邪恶的话语，那他们该忏悔什么呢？既然他们从来没有邪恶的行为，甚至还可以将多余的正义出售给别的可怜的罪人，他们还用得着赎罪吗？在基督那个时代里，文士和法利赛人正是这样的圣人。

这里，那位大力的天使圣约翰来了，他所传的道是劝人真正悔悟。他一下子就打垮了两种人。他说："你们应当悔悟了。"一方面，有些人自以为"我们已经赎了罪"，另一方面，又有些人自以为"我们不需要悔悟"。可是约翰说："你们都应该悔悟。你们中前一类人是虚假的悔改者，后一类人则是虚假的圣人。你们两种人都需要赦罪，因为你们全都不知道罪孽实在是什么，更不用说如何悔改和避免罪孽了。你们中没有人是善良的。你们所有人对上帝以及上帝的旨意完全不信、不见和不知。因为他就在这里，从他丰满的恩典里我们都领受了，而且恩上加恩。没有了他，任何人都无法在上帝面前站得住。因此，如果你们想悔改，就要好好地悔改。你们现在这样悔改没有任何作用。你们这些伪善的人自以为不需要悔改，你们这一大窝毒蛇，谁指示你们逃避将来的愤怒呢？"

圣保罗在《罗马书》(3: 10—12) 中作了同样的教导："没有义人，连一个也没有；没有明白的，没有寻求上帝的。所有人都偏离了正路，全都误入了歧途。"《使徒行传》(17: 30) 中说道，"如今他（上帝）命令各处所有人都要悔改。"他说的是"所有人"，就是说，只要是人，无一例外。这样的悔改叫我们承认有罪，即承认我们全都完全迷失了，我们里面从头到脚没有一样是好的，我们必须变成全新的人，与以前截然不同的人。

这样的悔改不像对某些具体的罪过所作的那种部分的和零碎的悔改，也不像它们那么不可靠。它不争辩哪些是罪孽，哪些不是罪孽，而是把所有的事情都归并到一起，说，“我们完完全全是有罪的。”我们无需花时间去做轻重衡量，分门别类。因此，这种悔改就不会有什么不可靠的，因为没有剩下什么好的东西使我们认为足以偿付我们的罪孽。有一件事情是确定无疑的：我们不能将我们的希望寄托在任何我们所是、所想、所说或所做的事情上。因而，我们所作的悔改就不可能是虚假的、不可靠的或者局部的，因为如果一个人承认他是完全有罪的，他就将他全部罪孽都包括进了他的忏悔中，不会漏掉或遗忘任何一件罪孽。我们的赎罪不可能是不可靠的，因为它并不是凭我们所做的那些似是而非、却都有罪的行为就可以做到，而要靠上帝的那位无罪的羔羊的受难和血，才可以除去世人的罪孽。

这是约翰所教导的悔改，接着基督也在福音书中这样教导，我们也这样教导别人。我们用这样的悔改去推翻教皇以及任何以我们的善行为基础的事情，因为所有这一切都建筑在一个不实在的和腐朽的基础上，这个基础声称是善行或者律法，但实际上根本不是善行，却只有恶行，也没有人守律法（像基督在《约翰福音》，7: 19所说的那样），大家都在违背它。因此，这整个建筑，尽管那么神圣和美丽，却不外是骗人的谎言和伪善。

对于一个基督徒来说，这样的悔改是终其一生的，所有人毕生都要为了跟留在肉体里的罪孽作斗争而悔改。圣保罗在《罗马书》（7: 23）中证实，他在跟他肢体中的律法斗争，但他靠的不是他自己的力量，而是依靠得到赦罪后圣灵所赐的礼物。这个礼物每天在起着净化作用，将残留着的罪孽驱赶干净，使人真正纯净和圣洁。

这是教皇神学家、律法学家以及所有人都无法理解的事情。它是来自天上的教导，是福音书中显明的，然而却被那些不敬神的圣人称为异端邪说。

也许会出现一些狂热派的人（可能他们已经出现了，就像我在发生暴动的时候亲眼看到的那些人），他们以为，只要他们接受到圣灵或者获得过赦罪，或者，他们曾经是信徒，他们就会一直保留在信里面，即使他们后来犯了罪，这后来的罪孽不会伤害他们。他们叫嚷："你想做什么就做什么，只要你还信，就不会有什么关系，因为信抹掉了一切罪孽"，等等。他们还说，任何人如果接受到信和圣灵之后又去犯罪，说明他从未真的得到过圣灵和信。我遇到过许多类似于这样的愚蠢的人，恐怕这样的魔鬼还停留在他们中的某些人里。

因此，有必要知道和告诉大家，如果那些圣洁的人还有并且还感觉到那个原罪，他们也每天在悔改和努力去克服它，一旦陷入公然的罪孽（例如，大卫就犯了奸淫、谋杀和亵渎上帝的罪），那么，信和圣灵就离开他们了。之所以如此，是因为圣灵不允许罪以犯罪的方式来统领和占据上风，圣灵会遏止和抑制它，不让它为所欲为。如果罪孽可以为所欲为，就说明圣灵和信不在了，因为圣约翰说，"凡从上帝生的，就不犯罪。"然而，那同一个圣约翰又写道，"我们若说自己无罪，便是自欺，真理不在我们心里了。"

IV. 福音

现在我们回到福音，福音以多种方式给我们提供忠告，帮助我们对抗罪孽，因为上帝的恩典是无比丰富的：第一，通过所说的话语向全世界宣讲罪孽之赦免（这是福音特具的功能）；第二，通过洗礼；第三，通过圣餐礼；第四，通过钥匙之权柄*；最后，通过弟兄们相互之间的交谈和安慰。《马太福音》（18: 20）说道，“有两三个人聚会”，等等。

V. 洗礼

洗礼不外乎是在水之中的上帝的道，由基督的设定所命令的；或者如保罗所说，“借着道，用水洗”；或者，如奥古斯丁所说，“道被加入那个成分**里，使它成为一件圣事。”因此，我们不同意托马斯和多明我会士的看法，他们忘掉了道（上帝的设定）认为是上帝把一种属灵的力量加入到水里，从而，通过水洗净罪孽。我们也不同意司各脱和方济各会士的看法，按他们的说法，洗礼是在属神的旨意的帮助下才洗净罪孽的，似乎这种洗净只是凭着上帝的旨意才发生，根本没有通过道和水。

至于婴孩洗礼，我们主张孩子应该受洗，因为孩子也包括在基督所允诺的救赎之中，教会应当为他们安排洗礼。

---

* 《圣经》中经常用钥匙来象征权柄。《以赛亚书》（22: 22）中提到“大卫家的钥匙”，《新约》的《马太福音》（16: 19）、《启示录》（3: 7；9: 1；20: 1）中，钥匙则明确表示掌管人间一切的至高的权柄。

** 这里所说的“那个成分”，指水。“圣事”，指洗礼。

VI. 圣坛圣事

我们认为，圣餐中的饼和酒是基督的真实的身体和血，它们被赐给大家，不但虔敬的基督徒可以领受，而且连邪恶的基督徒也可以领受。

我们还认为，不应该只主持一种形式的圣餐礼。我们不必求助于诡辩家和康斯坦茨公会议的似是而非的观点，即认为一种形式的圣餐所包含的与两种形式的圣餐所包含的同样多；我们认为，主持一种形式的圣餐礼并不是基督所建立和命令的全部程序和设定。我们尤其要奉上帝的名谴责和诅咒下面这样的人，他们不单把两种形式的圣餐给删除掉了，还进而专横到禁止、谴责和诽谤饼酒同领的圣餐，将其说成是异端，他们就这样来对抗，妄图凌驾于基督我们的主和上帝之上。

至于变体论，我们根本不屑去谈论那些人的狡猾的诡辩，他们说，饼和酒放弃或者丧失了它们原有的自然实质，只保持有饼的外观和形状，却不再是实在的饼了，因为饼的存在更符合《圣经》里的话，例如圣保罗自己说，“我们所掰开的饼”（《哥林多前书》，10: 16），还有，“然后吃这饼”（《哥林多前书》，11: 28）。

VII. 钥匙

钥匙是由基督赐给教会的一种功能和权柄，捆绑和释放罪，不单是指严重的和明显的罪孽，也包括微小而隐秘的罪孽以及只有上帝才察觉得到的罪孽。所以《圣经》中写道，“谁能知道自己的错失呢？”（《诗篇》，19: 12）保罗他自己也抱怨说（《罗马书》，7: 23），在他的肉体里面，他曾经被掳去附从那“罪孽之律法”。能够判定我们的罪孽有多么大和多么多的，并不处于我们的权柄之下，唯独处在上帝的权柄之下。又有这样写道，“求你不要审问仆人，因为在你面前，凡活着的人，没有一个是义的”（《诗篇》，143: 2），保罗也在《哥林多前书》（4: 4）中说：“我虽不觉得自己有错，却也不能因此得以称义。”

VIII. 忏悔

基督在福音书中设定的赦罪，或者说，钥匙之权柄，成了一种安慰，可以帮助人们抵制罪孽和坏心思，在教会里面决不应该废弃忏悔和赦罪，尤其是为胆怯的人和没有经受过锻炼的年轻人着想，更应该如此，他们需要在基督教教义中得到考察和受到教导。

然而，是否列举所犯的罪，要看各人意愿，由他自己来决定。只要我们还是在肉体之中，如果我们说“我真是苦啊，有各样的罪孽。在我的肢体里，我看到有另一个律法”等等（《罗马书》，7: 23），我们就不是在说假话。虽然私下的赦罪是来源于钥匙的职能，但它非但不应该被废除，相反，还应该受到高度的重视和评价，就如同基督教教会的其他所有职能一样。

在这些关系到外在而言明的道的事情上，我们应该坚信，除了通过或者运用那先行的外在的道以外，上帝决不会赐予他的圣灵或者恩典。我们就因此免遭狂热分子的攻击，也就是说，免遭吹嘘自己在道之外和在道之前就拥有圣灵的唯灵论者的攻击，从而，他们凭着他们自己的高兴去评判、解释和歪曲《圣经》或者那个言明的道。闵采尔就是这么做的，今天还有许多人仍旧在这样做，他们要严格区分字面的意思和灵意的意思，却并不明白自己在说什么。

教皇教权也不外乎是狂热主义，因为教皇吹嘘说，“所有教规都在他内心的神殿之中”，他要求，他在他的教会里做的决定和下的命令，哪怕超越出或背离了《圣经》或者那言明的道，还是灵与法。所有这一切都是使亚当和夏娃成为狂热者的魔鬼和蛇。他使他们抛弃上帝的显明的道，追求灵意化，相信他们自己的想象，他这样做的时候，借助于另一些显明的话语。即使是如此，今天的狂热分子一面谴责那显明的道，一面却没有保持沉默，而在全世界到处乱说乱写，似乎圣灵不会通过《圣经》或者使徒们的显明的话语而降临，而是必定要通过他们自己的乱说乱写才会降临。既然他们吹嘘说圣灵是在没有《圣经》作证的情况下降临到他们那里的，那么，圣灵本身在用不着他们著作的情况下，且在他们的著作之前就降临到民众了，他们为什么还继续乱讲乱写呢？没有时间进一步争论这些问题了。不管怎么说，我们在别处已经充分讨论过了。

即使是在受洗之前就信和在受洗时信的人，他们也是借着先前的显明的道才信的。达到理性年龄的成年人肯定先就听说过，“信而受洗的必然得救”（《马可福音》，16: 16），哪怕他们并不是立刻就信，而要到十年以后才接受圣灵和洗礼。哥尼流（《使徒行传》，10: 1起）很久以来就从犹太人那里听说过有关弥赛亚将要降临的事情，他要靠这位弥赛亚而在上帝面前称义，就凭着这个信（路加称他为“虔诚的”和“敬畏上帝的”），他的祈祷和对穷人的施舍，为上帝所接纳，可是，倘若不是先就有道以及他听众道，那么，他就不可能信，也不可能称义了。然而，圣彼得还是觉得有必要向他启示，那弥赛亚，就是他以前相信将要降临的那个弥赛亚，已经来了，而他先前对将要降临的弥赛亚的信，使他没有跟那些不信的和心肠狠毒的犹太人同流合污，他知道他必须靠现在的这位弥赛亚而得救，他知道他不应该像那些犹太人那样去迫害他。

总之，从世界开始到世界末了，狂热就纠缠着亚当及其后裔。它是由那条老龙*注射到人里面的毒针，它是一切异端——包括教皇教权和伊斯兰教——的源泉和力量所在。所以，我们应该而且必须坚定地主张，上帝除了通过他的显明的道和圣餐之外，不会有其他途径跟我们发生关系。任何东西脱离开道和圣餐归属于圣灵，都是属于魔鬼的。因为即使在摩西那时候，上帝也是首先通过燃烧着的荆棘和言明的话语而显现的，不管是以利亚还是以利沙**，没有一个先知是在没有十诫的情况下接受到圣灵的。施洗约翰在加百列没有说那话的时候还没有被孕育，直到马利亚来问安时，他才在他母亲的腹中跳动。圣彼得说，先知们说话的时候，并不是凭着人的冲动来作预言的，而是受圣灵的感动，是作为上帝的圣人来作预言的。然而，如果没有显明的道，他们就不是圣人，而在他们还不是圣人的情况下，圣灵不会感动他们说话。圣彼得说，他们之所以为圣人，就因为圣灵通过他们说话。

IX. 绝罚

教皇称作为重级绝罚的，不过是一种世俗的惩罚，与我们教会的神职人员无关。然而，轻级绝罚（即真正基督教式的绝罚），则

---

* 《圣经》中经常将龙比喻成妖魔。这里是指撒旦的象征。见《启示录》，12: 3—17；13: 2, 4，11；16: 13；20: 2。

** 以利亚为先知，事见《列王纪上》，17 章。以利沙也为先知，曾服侍以利亚，事见《列王纪上》，19 章。

要把明显而又不肯悔改的罪人排除在圣餐礼和别的教会活动之外，直到他们改过自新为止。传教士们不应该把世俗的处罚跟灵心上的惩罚或者绝罚混为一谈。

X. 授圣和神召

倘若主教是真正的主教，确实关注教会和福音，那他们可以被允许（那是为了爱和团结的缘故，并非必须如此）为我们和我们的传教士举行授圣礼和坚振礼，只要不矫揉造作、招摇撞骗和违背基督精神的铺张浪费，就可以了。然而，他们不是也不想成为真正的主教。他们是世俗的王公贵族，不愿意传道和讲道、或施洗、或主持圣餐礼，或履行教会中的任何职责或工作。不止于此，他们还对蒙召来做这些事情的人横加迫害，予以定罪和驱逐。但是，教会不应该单凭他们的话就免除这些神职人员。

因此，正如古时候的教会和教父们已经做出的榜样，我们受到了教导，我们会而且也应该由我们自己给合适的人授圣，让他们承担这份职事。罗马天主教徒无权禁止或者阻扰我们，更谈不上要我们遵照他们的教规，因为他们的教规明确规定，由持异端者授圣的人，也被看成授圣了的，且一直如此。圣哲罗姆在谈到亚历山大里亚教会时写道，它原先不是由主教来掌管的，而是由神甫和传教士共同掌管的。

XI. 神甫的婚姻

罗马天主教徒无权禁止神甫结婚和用永守独身的规定来加重神职人员的负担。相反，他们的行为却表明他们是反基督的、暴虐的和邪恶的无赖，因此，他们给各种可怕、可憎和数不清的罪恶大开方便之门，他们自己也深陷其中。既然我们或他们都未曾被赋予使男人变成女人或者使女人变成男人的权力，也未曾被赋予完全取消性别的权力，那么，他们也无权把上帝的被造物分开，或者禁止他们结婚而忠诚地生活在一起。所以，我们不愿意赞同他们那种讨厌的独身规定，我们也不会忍受。相反，我们希望像上帝授予和设定的那样婚姻自主，我们不会破坏或者妨碍上帝的行为，因为圣保罗说，这样做就是鬼魔的道理。

XII. 教会

我们不会承认罗马天主教徒是教会，因为他们不是。同样，我们也不在意他们以教会的名义所命令或者禁止的，因为感谢上帝，连七岁的孩子也知道什么是教会，那是圣洁的信徒和绵羊聆听他们牧羊人的声音的所在。所以，孩子们祈祷说，“我只信那唯一神圣的基督教教会。”它的神圣不在于穿法衣、剃光头、套长袍或者在《圣经》之外发明的其他仪式，而在于上帝的道以及真正的真理。

XIII. 论人如何在上帝面前得以称义，兼论他的善行

我不知道如何改变我一直以来关于这个题目的论述，即凭着信（如同圣彼得所说的），我们获得了一颗全新的和洁净的心，并且，上帝现在和将来都由于基督我们的中保的缘故而认为我们所有人是义人，是圣洁的。尽管我们肉体里面的罪孽还没有全部消除或根除，但他不计较了。

这样的信、更新和赦罪，随之而来的是善行。由于同一位基督的缘故，这些行为里面的任何有罪的或者不完善的东西，就不再被认为是罪孽或者缺陷了。由于有在基督里面如此丰盈地倾注到我们身上的纯洁的恩典和仁慈，就使整个人，其人格和行为，都被认为是而且也确实是义人，圣洁的人。因此，如果我们的行为被认为与上帝的恩典和仁慈无关，我们就不能夸口说它们有巨大的功绩，而是像经上所写的，“夸口的，当指着主夸口”(《哥林多前书》，1: 31)。也就是说，如果我们夸口我们拥有一位仁慈的上帝，那就全对了。对此，我们还应该加上说，如果没有善行跟随着，那么，我们的信就是虚假的和不真的。

XIV. 修道誓言

既然修道誓言直接违背了那主要的第一条信条，因而它们绝对必须取消。这是根据基督在《马太福音》(24: 5)中所说的“我是基督”等等的话*。无论谁发誓要过修行生活，就是相信他正在进入一种比普通基督徒更好的生活方式，提议依靠他的行为帮助自己也帮助其他人进入天国。这是否认基督，等等。而且，这样一些人还凭靠圣托马斯的威信吹嘘说修道誓言等同于洗礼。这是在亵渎上帝。

XV. 人间的传统

罗马天主教徒主张，人间的传统对罪孽的赦免或者对因功而得救产生影响，这样的主张是非基督的，应该受到谴责。如同基督

---

* 这一节的经文是：因为将来有好些人冒我的名来，说“我是基督”，并且要迷惑许多人。

所说的，“他们将人的吩咐当作道理教导人，所以拜我也是枉然”（《马太福音》，15: 9），《提多书》（1: 14）里写道：“他们是一些离弃真道的人。”罗马天主教徒说违反人的吩咐是犯下不可饶恕的大罪，同样也是错误的。

这些是我必须坚持的信条，如果是上帝的旨意，我会坚持到死。在它们里面，我不知道我如何能够作出改变或者让步。如果任何人想作出让步，那就让他去这样做吧，但要承担起违背自己良心的风险。

最后，剩下来还有教皇的魔术袋，里面装着愚蠢而幼稚的信条，例如为教堂祝圣、为圣铃施洗、为圣坛石施洗、邀请施舍者参加这样的仪式，等等。这样的施洗是对圣洁的洗礼的嘲笑和愚弄，是不可容忍的。不止于此，还有专为蜡烛、棕榈树、香料、燕麦、蛋糕等的祝福仪式。这一些不能被称作为祝福，它们确实什么也不是，只是愚弄和欺诈而已。如此层出不穷的欺诈骗局，我们倒是推荐去膜拜他们的神灵和他们自己，直到他们不耐烦为止。我们不想跟它们发生任何关系。

马丁·路德博士（签名）

Justus Jonas 博士（亲笔签名）

John Bugenhagen 博士，来自波美拉尼亚（签名）

Caspar Creutziger 博士（签名）

Nicholas Amsdorf，来自马格德堡（签名）

George Spalatin，来自阿尔滕堡（签名）

我，菲利普·梅兰希顿，认为上述条款是正确的，是属基督的。然而，关于教皇，我认为，倘若他同意福音书，我们也可以对他作出让步，承认他在拥有人间的权力胜过主教的权力，我们作出这样的让步，是为了使得那些目前处在他的统领之下和将来还会处在他的统领之下的基督徒们可以获得平安和团结。

John Agricola，来自艾斯莱本（签名）

Gabriel Didymus（签名）

我，Urban Rhegus 博士，吕讷堡各教会的监事，以我自己的名义，以及我的弟兄们和汉诺威教会的名义，在此签名

我，Stephen Agricola，霍夫的牧师，在此签名

还有我，John Drach，马尔堡的教授和牧师，在此签名

我，Conrad Figenbotz，为荣耀上帝而在此签名，表明我已经如此信了，而且还在这样去宣讲，坚信上述信条

我，Andrew Oslander，纽伦堡的牧师，在此签名

我，Veit Dietrich 长老，纽伦堡的牧师，在此签名

我，Erhard Schnepf，斯图加特传教士，在此签名

Conrad Oettinger，普福尔茨海姆传教士

Simon Schneeweiss，克赖尔斯海姆教堂牧师

我，John Schlagenhauffen，克滕教堂牧师，在此签名

George Helt，福希海姆长老

Adam 长老，黑森传教士

Anthony Corvinus 长老

我，John Bugenhagen 博士，又以 John Brenz 的名义在此签名，他在离开施马尔卡尔登的时候口头上嘱咐我，并且还写了一封表明他已经签名的信，我已将这封信出示给这些弟兄了。

我，Dionysius Melander，在《信纲》、《辩护书》以及《协同

书》有关圣体的内容上签名

Paul Rhode，斯塞新监事

Gerard Oemcken，明登教会监事

我，Brixius Northanus，索斯特地方基督教会牧师，对可尊敬的教父马丁·路德的信条签名表示同意，我承认，我至今一直这样信和教人，而且，凭着基督的圣灵，今后还将这样信和教人

Michael Caelius，曼斯费尔德的传教士，在此签名

Peter Geltner，法兰克福传教士，在此签名

Wendal Faber，曼斯费尔德塞堡的牧师，在此签名

我，John Aepinus，在此签名

还有我，不来梅的 John Amsterdam，也同样在此签名

我，Frederick Myconius，图灵根的哥达教堂牧师，以我自己以及艾森纳赫的 Justus Menius 的名义，在此签名

我，John Lang 博士，埃尔富特教会传教士，以我自己以及我的同在福音里面的其他同事的名义，包括：

来自梅尔松根的尊敬的 Licentiate Louis Platz

尊敬的 Sigismund Kirchner 长老

尊敬的 Wolfgang Kiswetter

尊敬的 Melchior Weitmann

尊敬的 John Thall

尊敬的 John Kilian

尊敬的 Nicholas Faber

尊敬的 Andrew Menser（我在此亲笔签名）

还有我，Egidius Melcher，已经亲笔签了名

30　论公会议和教会

* * *

第三部分

如同他们高谈阔论教父和公会议，却不知道教父和公会议是什么，其唯一的目的只是想玩文字游戏来湮没我们的声音，同样，他们也在高谈阔论教会。可是，说到教会是什么、是谁和在哪里，他们就认为，连提出这方面的问题或思考这方面的事情，也是跟教会和上帝无关的了。他们很乐意被大家当作教会、教皇、红衣主教、主教，而又被大家认可，可以在这样光荣的名称下无所事事，甘心当魔鬼的学生，除了干尽伤天害理的坏事之外，什么也不做。

好吧，姑且把对“教会”的各种著作和分析撇在一边，我们仅限于为孩子们而设的“信经”，其中说到，“我相信独一的神圣的基督教教会，即圣徒们的团体”。在此，“信经”明确地指明了什么是教会，那就是圣徒们的团体，也就是说，是一群人，他们是基督徒，是圣洁的人，被称为属基督的圣洁团体，或者教会。然而，“教会”这个词不是德文词，它并不转达应该取自于这一条信条的那种含义。

在《使徒行传》(19: 39)中，那城里的书记称聚会或者聚集在市场上的民众为 *ecclesia**，并说，“可以按常例聚集断定”。而且，“他说了这话，便叫众人散去”(41节)。在这几段经文以及其他经文中，*ecclesia* 或教会就是民众的聚会，尽管有可能是异教的和非基督教的。市议员在市议院召开会议，用的也是这个词。世界上有许多民众；不过，基督徒是一些特别蒙召的民众，因而他们并不只是被称作 ecclesia，“教会”或者“民众”而已，而是 *sancta catholica Christiana*，即“基督徒圣民”，他们是信基督的。这就是为什么他们要被称为基督徒民众，他们拥有圣灵，这圣灵每天都在圣化他们，这不单是(像反律法论者所主张的那样)通过基督为他们争取到的赦罪，而且通过对罪孽的清除、洗涤和克制，在这样的基础上，他们才得以称为圣民。因此，“神圣的基督教教会”跟基督徒圣民是同义的，或者说，如同人们所习惯表达的那样，跟“全体神圣的基督教徒”或“全体基督教徒”是同义的。《旧约》使用的名称是“上帝的子民”。

倘若“我相信有基督徒圣民”这话已经被用到孩子们的信经里，那么，与这个毫无意义、模糊不清的名词(“教会”)有关的痛苦本可以轻易避免。因为“基督徒圣民”这样的说法可以明确而有力地使大家正确理解和判断，什么是教会和什么不是教会。任何人听到“基督徒圣民”这样的说法，就会果断得出结论，教皇并不是民，更不是基督徒圣民。而主教们、神甫们和修道士们也不是基督徒圣民，因为他们不信基督，也不过圣洁的生活，宁可说他们是

* 这原来是一个希腊文单词，意思是“平民集会”，后来在拉丁文中用来指教会。

一批邪恶而可耻的魔鬼子民。不真正信基督的，就不是基督徒。不拥有圣灵抵制罪恶的，就不是圣洁的。可见，他们不可能是“基督徒圣民”，即不是 *sancta et catholica ecclesia*。

但是，既然我们在孩子们的《信经》中使用了“教会”这个毫无意义的名词，普通人就会想到那被称作为教堂的石头房子，就像艺术家们所画的那个样子；或者，他们至多也不过再画上使徒、门徒，还有上帝的母亲，而在圣灵降临节时，更有圣灵翱翔在他们上面。这仍然还是可以承受的；但他们是一个特殊时代的基督徒圣民，在这种情况下，是初始时代的基督徒圣民。然而，*ecclesia* 应该不单指使徒时代的基督徒圣民，他们早就死去了，而是包括一直到世界末日的基督徒圣民，因此，在地上始终有基督徒圣民，基督就在他们里面活着、工作着和统治着，“凭的是恩典和赦罪”（*per redemptionem*），还有圣灵，“凭的是日常的洗涤罪孽和更新生命”（*per vivificationem et sanctificationem*），从而使我们不再停留在罪孽之中，有能力而且有义务过一种全新的生活，时时处处做出各样的善行，就如同十诫或者记载摩西律法的那两块石版*所命令的那样，再也不去重犯过去的那些恶行。圣保罗就是这样教导我们的。可是，教皇及其追随者则在 *ecclesia*（“教会”）这个毫无意义的名词下面把教会的名称和形象都归到他自己以及他那些卑鄙无耻的乌合之众。等等。

然而，在他们称他们自己为 *ecclesia* 时（就是说，如果我们把

* 见《出埃及记》，24: 12；31: 18。上帝将十诫刻在两块石版上面。

这个名词按照他们的生活方式来加以解释的话），*Romana*（罗马的）或者 *sancta*（神圣的）都可以，他们倒是给了自己正确的名称了，但不要加上（实际上，他们也不能够加上）*catholica*（全体的）。因为 *ecclesia* 意思是“民众”，那么，他们的确是民众，就如同土耳其人也是“民众”一样。*Eclessia Romana* 意思是“罗马民众”；那他们也是的，而且，远比古时候的那些异教徒更加罗马。*Ecclesia Romana sancta* 意思是“罗马圣民”；他们也还是，因为他们发明了一种远比基督徒们更伟大的“圣”，或者说，远比基督徒圣民所拥有的更伟大的“圣”。他们的“圣”是罗马式的“圣”，是罗马民众的“圣”，他们现在甚至还被称为“至圣”（*sanctissimi*），是神圣不可侵犯的（*sacrosancti*），就像维吉尔所说的“对黄金的神圣的渴望”和普卢图斯所说的“万众中的至圣者”；因为他们不能容忍基督徒的“圣”。因此，他们并没有被冠以“基督教教会”或者“基督民众”的称号，其理由不外乎是“基督教教会”是适用于全世界所有教会的名称，而“基督徒圣民”是包括全世界所有基督徒的一个整体；由于这个缘故，它才被称为“全体的”（catholic）。但即使说还有一点的话，他们也很少关注这种普适的名称和“圣”；反之，他们发明了一种胜出一筹的特殊的、更高的、与众不同的、更美的“圣”。这就是所谓的“罗马式的圣和罗马民众的圣”（*sanctitas Romana et ecclesia Romanae sanctitas*）。

因为基督徒的“圣”，或者全体基督徒共有的“圣”，存在于圣灵将对基督的信仰赐给民众从而使他们成圣的地方（《使徒行传》，15: 9），就是说，圣灵更新了他们的内心、灵魂和行为，将上帝的诫命不是写在石版上，而是写在心版上（《哥林多后书》，

3: 3)。或者，如果我可以坦言，他是按照第一块石版让我们知道应该如何真正认识上帝，即凡是受到他用真正的信仰启示了的人，能够抵制各种异端邪说，战胜各种歪念和错误，从而，就可以持守真理抵挡魔鬼。如此，他增强了那些胆怯而沮丧的软弱者的力量，安慰了他们的良心，使他们勇于面对罪孽之挑衅，使他们的灵魂不会感到压抑或绝望，同样也不会惧怕磨难、死亡以及上帝的愤怒和决断，相反，他们在盼望之中得到了安慰和鼓舞，他们满怀喜悦和理直气壮地去战胜魔鬼。同样，他也让我们真正地畏惧和热爱上帝，决不会藐视上帝，决不会因他的异常的决断而恼怒，面对发生的所有事情，不管是好是坏，都同样热爱、赞美、感谢和荣耀上帝。按照摩西的第一块石版，这被称为灵魂里面圣洁的新生命。它也被称为“基督徒的三大美德”(*tres virtutes theologicas*)，就是信、望和爱；而圣灵则是来予以告知和实施的(是为我们而从基督那里得到的)，因而被称作为“赐圣者”或“赐生者”。因为老亚当死了，他无力做到它，而且，他从律法中也必定获知他无力做到，他是死了的；他不会由他自己而知道这个。

按照第二块石版，圣灵使得基督徒在肉身中得以圣化，使他们自愿地顺从父母和统治者，平静而谦卑地处世为人，不发怒、不复仇、不害人，始终保持耐心、友好、负责、情如兄弟、充满了爱，不做奸淫之事，始终保持贞洁，要善待妻儿和仆人，或者就是没有妻儿。还有：他们不偷盗、不放高利贷、不贪得无厌、不诈骗钱财，等等，等等，而是行事光明磊落，慷慨接济，尽己所能助人为乐。因此，他们不说谎、不欺骗人、不说人坏话，而是亲切待人，以诚相见，博得大家的信赖，谨守上帝的每一条诫命。这就是圣灵所做的工作，圣灵使人的身体得以净化和觉悟，过一种新的生活，直到在彼世进入完善。那才是“基督徒的圣洁”。而在地上，总还是有这样的人，哪怕只有很少的人，或者只有小孩才如此。遗憾的是，他们中的老人却很少。做不到这样的人，就不能把自己算作基督徒；他们也不应该自我安慰地胡说自己的罪孽得到了赦免，得到了基督的恩典，尽管他们以前曾经是基督徒。这就像那些反律法论者所做的一样。

因为他们拒绝履行而且也不可能理解十诫，他们宣讲基督的恩典，只是支持和安慰那些还留在罪孽之中的人，叫他们不必畏惧，不必因为罪孽而害怕，而他们之所以如此，乃是因为他们全都背离了基督。他们也看到了这个，但他们还是听任那些民众继续公然犯罪，从未想到要革新或者改造他们自己的生活。因此，非常明显，他们对信和基督实在是一点也不了解，因而，他们在传道时干脆把这二者都丢弃掉了。圣灵在第二块石版中所行的事，他们还能够理解和做到，但连这个他们尚且没有注意和履行，那么，遑论他们从未尝试或经历过第一块石版中所行的事，他们又怎么能够轻易谈论呢？所以，他们当然既不拥有也不理解基督或圣灵，他们的谈论不过是口中的唾沫而已，正像以前说过的那样，他们是真正的聂斯脱利派和优迪克派*，他们在前提或实体中承认或宣扬基督，但在结论

---

* 聂斯脱利（Nestorius，约 380—451），古代基督教神学家，主张基督的神性与他的人性是不同的，即所谓的基督二性二位论。在公元 431 年以弗所公会议上被定为异端。优迪克（Eutyches，378—454），古代基督教神学家，他反对聂斯脱利的二性二位论，但认为基督的人性被他的神性所吞没。在 448 年被正统派教会定为异端，在 449 年的以弗所公会议上被恢复名誉，但在 451 年的卡尔西顿公会议上再次被定为异端。

或成语（*idiomata*）中却否认他；也就是说，他们是在宣教基督，但通过他们的宣教，他们却又在破坏基督。

所有这一切都是谈论基督徒的“圣”，这是教皇所不想要的。他必定要有某种更神圣的东西，存在于对十字褡、僧侣发顶、僧衣头巾、服装、食品、节日、纪念日、修道、弥撒、敬拜圣者以及无数其他事项所作的规定之中的东西，这些东西其本性都是外在的、属于肉体的和短暂的。一个人没有信仰，没有对上帝的畏惧，没有希望和爱，没有圣灵按照第一块石版所作的任何事情，或者，对什么也不信，心存疑虑，藐视上帝，对上帝感到厌烦，误信某些行为（那就是崇拜偶像），不信任基督的恩典和他的功绩，而信任用某些行为获取回报，甚至将多余的卖给别人，换取世上所有的金银财宝——所有这一切都无足轻重，因为一个人可能比基督徒的“圣”本身更“圣”。

因此，在第二块石版中，重要的不是他们教人不服从父母和统治者，他们甚至杀人，挑起战争，让百姓互相为敌，嫉妒别人，憎恨别人，伺机报复，淫荡成性，谎话连篇，偷盗，放高利贷，尔虞我诈，腐化堕落，纵情恣欲，已到了无以复加的地步这跟第二块石版无关。只要披上一件法衣，以罗马教会的判断标准，你就成圣了，你实际上可以不理会基督徒的圣洁而得救。不过，我们不会关注这些污秽不堪的人，因为把心思花在他们身上是徒劳的。如同圣保罗所说的，“上帝的愤怒临在他们身上已经到了极处”（《帖撒罗尼迦前书》，2: 16）。我们还是来讨论在我们中间的教会吧。

好的，孩子们的“信经”告诉我们（前面已经说过），基督徒圣民应该在地上，而且还要留在地上，直到世界的末了。这是一条不可能被终止的信条，一直要等到基督所应许的那一天到来，“我常与你们同在，直到世界的末了”（《马太福音》，28: 29）。但一个可怜的思想混乱的人如何和又能够如何告诉大家在这个世界上哪里找得到这样的基督徒圣民呢？的确，他们被认为存在于今世生活中，存在于地上，因为他们当然相信有一个属天的本性和一个永恒的生命必定要来临，但他们现在还没有拥有它们。因此，他们必须仍旧在今世生活中，还在这个世界中，直到世界末了。因为他们承认，“我信那另一种生命”；可见，他们承认，他们还没有达到另一种生命，而只是信它、盼它、爱它，视之为他们的真正的祖国和生命，不过，他们现在还必须留在这里，被放逐在这里。这就如同我们在关于圣灵的赞美诗中唱到的，“主啊，怜悯我们吧，让我们从放逐地归回吧。”我们现在就来谈谈这个。

第一，要凭他们所拥有的上帝的神圣的话语来识别基督徒圣民。显然，并不是所有基督徒都在同样的程度上拥有它，就像圣保罗所说的那样（《哥林多前书》，3: 12—14）。有些人拥有的这个话语是全然纯洁的，另一些人则不然。那些拥有纯洁话语的基督徒，被称为是“建筑在用金银宝石做成的基础上”；那些并不拥有纯洁话语的基督徒，则是“建筑在用木头和稻草做成的基础上”，不过，他们会借着火而得救。关于这个前面已经讲得够多了。这是主要的一条，是一切圣洁的拥有物之中最圣洁的，由于这个原因，基督徒民众才得以被称作基督徒圣民；因为上帝的话语是圣洁的，它所触及的任何事物都成圣；其实，它就是上帝的“圣”，《罗马书》（1: 16）中说道，“它是上帝的大能，要救一切信的人”，《提摩太前书》（4: 5）中又说道，“任何事物都因上帝的话语和人的祈求成为圣洁了”。因为是圣灵自己在掌管这样的事物，用它来给基督教教会抹油*或赐圣，而不是用教皇用的圣油，就是教皇给手指、服装、大氅、圣餐杯和石头抹油或者祝圣用的那种。这些物体从来不教人爱上帝、信上帝或者赞美上帝，不教人虔敬上帝。它们可以装饰臭蛆袋，但之后它们就毁坏了，连同圣油及其所包含的不管什么圣物，最后，连臭蛆袋也一起烂掉了。

然而，这种圣洁的拥有物是真正圣洁的拥有物，是真正的油膏，它给你抹油直到永永远远，即使你不可能戴上教皇的皇冠或者主教的那种帽子，而是必须裸身死去，就像小孩子（事实上，我们所有人都是如此）那样，他们是没有任何装饰地裸身受洗的。但我们现在说外在的话语，是像你我这样的人口传的，因为这是基督留给我们的一个外在标记，凭着这个标记，可以识别世界上他的教会或者他的基督徒子民。我们也谈到这个外在的话语，是真诚地被信着的，是在世界面前公开地被信奉的，就如同基督所说的，“凡在人面前认我的，我在我天上的父和他的天使面前，也必认他”（《马太福音》，10: 32）。许多人心里也明白它，但他们不愿意公开承认它。许多人拥有它，但并不相信它，或者，并不按照它来行事，因为相信它并且按照它来行事的人是少数——就像《马太福音》（13: 4—8）中撒种的比喻所说的那样，四分之三的田野撒上了种子，但只有四分之一的好土壤才耐心地培育出了果实。

现在，无论在什么地方，只要你听到或者看到有这样的话语被传述着，被信着和还存活着，你就不要怀疑，那里有真正的“基

* 抹油之用于使事物成圣，最早见于《出埃及记》（30: 22—32）。

督徒圣民”，即使他们的人数很少。因为上帝的话语“决不徒然返回”（《以赛亚书》，55: 11），必定会占有那田野的四分之一或者几分之一。即使除了这个标记之外再也没有别的标记，也仍足以证明有基督徒圣民存在，因为没有上帝的子民，就不可能有上帝的话语，反之，没有上帝的话语，就不可能有上帝的子民。不然，倘若没有上帝的子民，还有谁传述它和听它被传述呢？倘若没有上帝的话语，那么，上帝的子民能够和会信什么呢？

这是成就一切奇迹的事情，万事都由它来促成、维持、实施和完成，它驱除所有的魔鬼，包括朝圣魔鬼、赎罪券魔鬼、教皇训令魔鬼、弟兄会魔鬼、圣人魔鬼、弥撒魔鬼、炼狱魔鬼、修道院魔鬼、神甫魔鬼、暴民魔鬼、异端邪说魔鬼、列位教皇魔鬼，还有反律法论者魔鬼，不过，他们全都像《马可福音》（1: 23—26 和 9: 17—29）中所提到的在贫苦人里胡言乱语和暴跳如雷的魔鬼。确实，他一定会胡言乱语和暴跳如雷地离开，这一点，可以由埃姆泽、艾克、“淌鼻涕者”、“铁匠”、维泽尔、“土佬儿”、“乡巴佬”、“粗人”、“畜生”、“母猪”、“蠢驴”，以及其余那些为他捧场和谋划的人来作见证。他们全都是魔鬼的口和肢体，他就是通过他们来胡言乱语和暴跳如雷的。但他们这样做却得不到什么好处。他必定会告别的；他无法承受那话语的威力。连他们自己也承认，那是上帝的话语和《圣经》，然而，却声称还是去听从教父和公会议的话更好。他们爱怎么样就怎么样吧。对我们来说，知道主要的圣洁的拥有物如何洁净、维持、滋养、增强和保护教会就足够了，正像圣奥古斯丁所说的，“教会是由上帝的话语来生养、关注、滋养和增强的”。但那些迫害和谴责它的人，则可以从他们自己所结的果子来辨明他们。

第二，上帝的子民或基督徒圣民，是由神圣的洗礼圣事来识别的，无论它在哪里只要它正确地按照基督的吩咐来教导、相信和主持。这也是一个公开的标记和一种宝贵而圣洁的拥有物，上帝的子民凭着它而得以成圣。它是借着圣灵而获得的圣洁的重生之洗（《提多书》，3: 5），我们就在这重生之洗中洗涤，我们用圣灵洗去罪孽和死亡，就如同在上帝的羔羊的无辜的圣血中洗涤一样。无论在哪里，只要你看到了这个标记，你就知道教会或者基督徒圣民，必定是存在的，至于说教皇并没有给你施洗，或者，你根本不了解他的“圣”和权柄，那没有关系，就好比小孩子不知道这些一样；不过，遗憾的是，孩子长大的时候，却跟他们所受的洗礼疏远了，就像圣彼得在《彼得后书》（2: 18）中所悲叹的，“他们用肉身的情欲引诱那些刚才脱离妄行的人”，等等。其实，你不应该过于注意谁在施洗，因为洗礼并不属于施洗者，洗礼也不是给施洗者的，而是属于受洗者。它是按上帝的吩咐给予受洗者的，就像上帝的话语不是传道者的（除非就他听到和相信它而言），而是属于听它和信它的门徒，那话语是给予他的。

第三，上帝的子民，或基督徒圣民，是由圣坛圣事*来识别的，只要它按照基督的设定正确地被主持、被信仰和被接受，就可以了。这也是一个公开的标记和一种宝贵的圣物，是由基督留下来的，他的子民靠着它得以成圣，使他们自己在信仰里得到锻炼，并公开承认他们是基督徒，跟前面说到话语和洗礼时一样。在这里，

---

* 指圣餐礼。

如果教皇不为你作弥撒，不给你祝圣，不给你抹油，不让你穿上十字褡，你不必感到不安。其实，你可以像一个躺在床上的病人，不穿外衣领受圣餐，除非有什么对外的礼仪要求你有得体的穿着。而且，你也不必请求剃一个僧侣发顶或者请求给你抹油。另外，你是男还是女，是年轻人还是老年人，都不成问题，就跟在受洗、听听传道时不成问题一样。只要你确实是用上帝那庄严而神圣的圣油、用上帝的话语、用洗礼以及用圣餐礼，得到了祝圣和抹油，就足够了；如此的话，你就足够崇高而荣耀地被抹上了油，体面地穿上了神甫服饰。

而且，不要给诸如那位主持圣餐礼的人是不是圣洁或者他是不是有两个妻子这样的问题搞得晕头转向。圣餐礼属于领受它的人，而不属于主持它的人，除非后者也领受它。在这种情况下，那他也是领受圣餐的众人中的一个，因而它也是被给予他的。无论在哪里，你看到圣餐礼执行得当，就可以确信有上帝的子民在场。因为就如同我们前面说到话语时说到过的那样，哪里有上帝的话语，哪里就必定有教会；同样，哪里有洗礼和圣餐礼，哪里就必定有上帝的子民，反之亦然。除了上帝的子民之外，任何人都不具有、不提供、不运用和不承认有这些圣物；当然，也有些不信神的假基督徒混在上帝的子民里面。然而，正因为他们还没有为大家所知晓，所以他们也还没有玷污上帝的子民；教会，或者上帝的子民，并不容忍他们中间已经被大家知晓的罪人，而是责备他们，要他们成圣。或者，如果他们拒绝这样做，教会就动用禁令把他们逐出教堂圣所，把他们看作是异教徒（《马太福音》，18: 17）。

第四，上帝的子民或基督徒圣民是通过公开使用的钥匙的职能来识别的。就是说，如同基督在《马太福音》(18: 15—20)中规定的那样，如果有一个基督徒犯了罪，他就应该受到责备，如果他没有弥补他的过错，他就应该被捆绑在他的罪孽之中而被逐出。如果他弥补了他的过错，他就应该被赦免。这就是钥匙的职能。现在有两种使用钥匙的方法，即公开的和私下的。一些人的良心是如此脆弱和沮丧，以至于即使他们没有受到公开的谴责，但在牧师个别赦免他们的罪孽之前，他们不会得到安慰。另一方面，还有一些人那么顽固不化，他们内心里不肯认错，不愿意由牧师个别赦免他们的罪孽，还坚持犯下去。所以，钥匙应该有不同的用法，即公开的或者私下的。现在，你在哪里看到某些人的罪孽得到了赦免或者受到了谴责，不管是公开地还是私下地，那么，你就可以知道有上帝的子民在那里。如果上帝的子民不在那里，钥匙就不会在那里；同样，如果没有为基督而设的钥匙存在，那么，上帝的子民也就不复存在了。基督将它们作为公开的标记和圣洁的拥有物遗赠给了他们，又由圣灵使那些凭着基督的死而得到救赎的本已堕落的罪人得以成圣，这样，基督徒们就承认自己成为在基督之下的今世的圣民了。而那些拒绝皈依或者拒绝再度成圣的人，就会从这个圣民中被驱逐出去，也就是说，通过钥匙的作用被捆绑在罪孽之中，被驱逐出去，落得跟那些死不悔改的反律法论者一样的下场。

在此，你不要理会教皇的那两把钥匙，他把它们变成开通通往所有君王的百宝箱和君权的骷髅钥匙。如果他不想公开或私下地捆绑或者谴责罪孽(实际上他确实没有这样做)，那么，就让它在你的教区里得到谴责和捆绑吧。如果他不愿意减轻或者赦免罪孽，那么，就让它在你的教区里得到减轻和赦免吧，因为他所做的扣留或捆绑，他所做的赦免或释放，既不使你圣洁，也不使你不圣洁，因为他只可能拥有骷髅钥匙，而不可能拥有真正的钥匙。那真正的钥匙，并不（像他所吹嘘的那样）属于教皇所有，而是属于教会，即属于上帝的子民，或者说，属于全世界的基督徒圣民，或者说，属于凡是有基督徒的地方。这些钥匙不可能全在罗马，除非假定整个世界首先就在那里——但今后很长时间都不会有这样的事情发生。钥匙不是教皇的，就如同洗礼、圣餐礼和上帝的话语不是教皇的一样，因为它们属于上帝的子民，被称作“教会的钥匙”*，而不是“教皇的钥匙”。

第五，从外部来看，教会的标志在于它为神职人员祝圣或者召唤神职人员，或者说，在于它所具有的由它来主持的职能。在那里，必定有主教、牧师或者传教士，他们公开或私下地受教会的委托，或者说以教会的名义在提供、主持和运用上面提到的那四样东西或拥有物，或者，宁可说他们是以基督设定它们的制度为由这样做，就像圣保罗在《以弗所书》（4: 8）中所讲的，“他接受到了人间的礼物……”——他的礼物就在于有些人成了使徒、成了先知、成了福音书的作者、成了导师和长官，等等。民众不可能全来做这些事情，但他们必须将它们信托给某个人，或者说，必须让它们被信托给某个人。否则，倘若每个人都要去讲或主持，互不相让，会形成怎样的局面呢？这事必须被信托给某一个人，应该只有他才被认可来传道、施洗、赦罪和主持各种圣事。其余的人应该赞成这样

---

* 因为从希腊文的语源来看，ecclesia 的意思是“民众”，因而这里也有“民众的钥匙”的意思。

的安排。无论何处，当你看到这事如此成就了，你就可以确信，那里确实有上帝的子民，有基督徒圣民。

然而，圣灵确实是把妇女、儿童和不够格的民众排除在这个职能之外，而（除非出现紧急情况）仅仅挑选够格的男人来填补这个职位，在圣保罗的使徒书中有好几处都可以读到，说当监督的*必须虔敬，能讲道，并且是一个妇女的丈夫——而在《哥林多前书》（14: 34）中他还说，"妇女在教会中要闭口不言"。总之，必须由一个够格的经过挑选的男人来担当。而儿童、妇女和其他人即使能够听取上帝的话语，受洗、领受圣餐、作忏悔，是真正圣洁的基督徒，就像圣彼得所说的那样（《彼得前书》，3: 7），还是没有资格取得这个职位。自然界和上帝的创世作出了这样的区分，认为妇女（更不用说儿童和愚昧人）不能、也不应该占据起统领作用的职位，实际经验也说明了这一点，摩西在《创世记》（3: 16）中说，"你们应该服从男人"。然而，福音书也并没有废除这个自然法，而是把它作上帝的规定和创世确定了下来。

在这里，教皇靠着他的那些效忠于魔鬼而大声喧哗的闹事者来加以反对，他会说，"圣保罗并不是单就牧师和传教士而言的，他所说的话也涉及使徒、福音书作者、先知和其他蒙神恩召而赋有更高使命的人；正是由于这个缘故，在教会中应该设有承担比牧师和传教士更高使命的职事。那么，路德先生，你还有什么话说呢？"

---

* bishop，希腊文为 *episkopos*，首见于《使徒行传》（20: 28），保罗说，"圣灵立你们作全群的监督，你们就当为自己谨慎，也为全群谨慎，牧养上帝的教会"，他又在《提多书》（1: 7）中说明，"监督既是上帝的管家，必须无可指责"。在此以后，这"监督"的含义不断有所发展，逐步演变成为天主教教职体制中的"主教"。

我还有什么可说的呢？我必须说：倘若他们自己成为使徒、福音书作者、先知，或者至少指给我看他们中间有一个人——哦，我这样说实在是有些无聊！——够得上同等于一个小学生，或者说，在《圣经》和基督教教义方面够得上跟一个七岁的女孩子一样的熟知，我就承认失败了。现在，我明知一位使徒、一位福音书作者、一位先知所知道的，总要超过一个七岁的女孩子，或者说，实际上等同于一个七岁的女孩子。（我这里是就《圣经》和信而言的。）因为我确信无疑，甚至比我对上帝的信仰还要坚定，相信他们更热中的是人间的道理，也是更腐朽的东西，因为他们在我的眼前通过他们所行的事证明了这一点，所以，他们不是使徒、福音书作者、先知，就像他们不是教会一样；这就是说，他们乃是魔鬼的使徒、魔鬼的福音书作者、魔鬼的先知。真正的使徒、真正的福音书作者、真正的先知是传上帝的话语，而不是反对上帝的话语。

现在，如果使徒、福音书作者和先知已不再活在人世，那么，其他人就应该来取代他们，而且，的确会取代他们，直到世界末日，因为教会将一直延续到世界末日（《马太福音》，28:20）。因此，使徒、福音书作者以及先知，不管他们有什么样的名字，都应该留下来促成上帝的话语和事业。教皇及其追随者们对上帝的话语，一面承认它是真的，一面又加以迫害，他们就像魔鬼及其使者，是一些卑劣的使徒、福音书作者和先知。但为什么我总是归入教皇的这些可耻而污秽的人那里？让他们越陷越深吧，但愿他们不要回来，等等，等等。

前面谈到的那个伟大的圣物的其他四个部分，使教会得以成圣，你不必关注你从谁那里、如何领受到它，同样，你也不应该问是谁将它给予了你、谁具有这样的职事。因为，所有这一切并不是被给予具有这个职事的人，而是被给予应该通过这个职事而领受到它的人，除非按照他的愿望他也能够与你一起来领受它。他要如何就让他如何吧。因为他在位于这个职事，受到大家的宽容，因而你也要容忍他。对你来说，他的人格不会使上帝的话语和圣事变得好一点或者坏一点。他所说的和所做的不是他自己的，而是你的主基督和圣灵所说的和所做的。只要他依靠的是正确的教义和做法。当然，教会不能、也不应该容忍公开的腐化堕落；但你自己要满足和宽容，因为你一个人不能够代表全体，不能够代表全体基督徒圣民。

不过，你不必理会教皇，他把任何结过婚的人都排斥在蒙召担当这样的职事之外。按照聂斯脱利的逻辑，他声称所有神职人员都必须是守贞的童身；也就是说，所有教士都必须是守贞的，而他们自己则当然可以不守贞。不过，请看这里！你又一次抬出了教皇，但我并没有要你这样。好吧，既然你是不受欢迎的客人，那我就以路德式的方式来接待你吧。

教皇谴责主教或神甫们的婚姻；那是很明白的事。由于对此不满，他就更加严厉地谴责再婚。其实，要我说得更明白的话，他是在区分四种（如果不是五种）再婚。我将一个结二次婚或者娶别人的寡妇为妻的人称为再婚者。第一类再婚者指一个相继娶两个处女为妻的人；第二类再婚者指娶两个寡妇为妻的人；第三类再婚者指娶了一个已经订婚但新郎死了而使她仍然保持童贞的处女的人。第四类再婚者蒙受了耻辱，因为他在不知情或者不情愿的情况下娶了一个“处女”，但事后发现她根本不是清白的，或者说，她并不是处女。然而，根据教皇的说法，这个人比起第三类那个娶了处女新娘的人，更应该是一个再婚者。按照教规规定，所有这些人，都声名狼藉。他们全都不允许传道、施洗、主持圣餐礼或者在教会中担当任何职事，即使他们比圣约翰还要圣洁，他们的妻子比上帝的母亲还要圣洁。教皇在他的教令中就是如此出奇的圣洁！

然而，如果某人此前曾经强奸过一百个处女，强暴过一百个品行端正的寡妇，还和一百个妓女睡过觉，他不仅可以当牧师和传教士，还可以当主教或者教皇呢。即使他继续过这样的生活，却仍旧被允许担当这些职事。但如果他娶了一个处女作新娘，或者娶了一个据信是处女的作新娘，他就不能做上帝的仆人。他是一个真正的基督徒，他博学多才，虔信上帝，能干，都没有区别。如果他是一个再婚者，他就必须放弃他的职事，永远也不能续任。对此你有什么想法呢？那样的圣洁难道不胜过基督本身连同圣灵及其教会的圣洁吗？对于娶过一个妻子或者相继娶过两个妻子的男人，对于嫁过一个丈夫或者相继嫁过两个丈夫的女人，只要他们是信基督的，基督就决不鄙视他们。基督让他们继续成为他的基督徒圣民中的成员。他也还任用他们做适合于他们的工作。《圣经》提到过“再婚者”这个词，那是指像拉麦这样同时有两个妻子在一起生活的男人（《创世记》，4: 19）。可是，教皇却更加博学多才，称相继娶过两个妻子的人为“再婚者”。他对妇女也使用这同样的规则，因为他可比上帝自己更博学多才。

还好，教皇本人也还是承认，再婚婚姻也是真实的婚姻，并不构成对上帝的犯罪，也不构成对世界或教会的犯罪，而且这样的婚姻是教会的一次圣事；不过，这样的男人应该被禁止担任神职——

第三类或第四类再婚者尽管理应被称作单个妻子的丈夫或者处女的丈夫，但还是被禁止担任神职。为什么呢？好，这里就是疑点所在了：这样的婚姻不可能成为一次圣事，或者基督及其教会的一个影像，因为基督只有一个新娘，就是教会，这个新娘也只有一个丈夫，就是基督，二者都保持着童贞。关于这个话题已经有过太多十足无聊的议论，根本就不可能以此为据。制定教规的那些人，理当被称作是为蠢驴作辩护的律师。首先，如果确实要让婚姻成为基督及其教会的圣事，那么，除非新郎和新娘都保持童贞，不然就没有任何婚姻可以成为圣事，因为基督和教会是保持着童贞的。但是，在这样的条件下，我们又如何能够生出孩子和后裔来呢？该如何看待上帝所设定的婚姻状态呢？总之，除了马利亚和约瑟以及其他类似的婚姻以外，就没有别的什么婚姻了。一切其余的婚姻都不能够成为圣事，说不定还要成为淫乱呢。

其次，谁作出这样的规定而要我们必须遵守？（他们说）圣保罗在《以弗所书》第 4 章（应为 5: 31—32）中说，夫妻是伟大的圣事。我说："是的，那是在基督和教会之中。"我亲爱的男人，你能从圣保罗的这些话里推断出他们所说的那种圣事吗？他说，夫妻合为一体，那是伟大的圣事。然后，他自己又作了解释，他说："我是指基督和教会说的，而不是指丈夫与妻子说的。"但他们说他是在说夫妻。保罗把基督和教会设想为伟大的圣事或"奥秘"；因此，他们说，夫妻是伟大的圣事。那么，他们为什么实质上却把它看作圣事中最微不足道的一个，是十足的不洁和罪恶，人们在它里面不可能事奉上帝呢？而且，你从圣保罗的话中能推断出再婚的男女就不是夫妻，就不是一体？如果他们合为一体，为什么他们就不是基督和教会的圣事了呢？总而言之，圣保罗是普遍地在谈论成为一体的夫妻，不管他们之前是单身还是寡居，也都称他们为圣事（就像你们所理解的“圣事”）。那么，你们又怎么会一下子聪明到去区分各类婚姻，只认单身的婚姻——那就是，一个男人和一个处女的婚姻——为基督和教会的圣事，而把其他所有婚姻都排除在外呢？谁命令你们如此糟蹋和歪曲圣保罗的话呢？

不止于此，你们甚至不把这样的婚姻称作圣事。因为新郎并没有让他的新娘保持童贞，新娘嫁男人也不是为了使她们保持童贞；如果没有丈夫，她们原可以做得更好。但情况并不是这样，她们需要而且也应该怀上孩子，上帝当初创造出她们，就是为了这个。那么，基督和教会，这全都保持着童贞的二者的圣事，又说明了什么呢？“从影像到历史事实，或者，反过来，从历史事实到影像”是最好的说法吗？你们从哪里学到这样的逻辑？基督和教会结了婚，但仍然在身体上保持童贞；所以，夫妻也应当在身体上保持童贞。更有甚者，基督只跟一位童贞者结婚；因此，一个基督徒或者一个神甫也只应该跟一个童贞女结婚；你们说，不然的话，就没有圣事可言了。你们也承认和也说了，一个寡妇的婚姻也是圣事，因为它确实是婚姻，但同时又说它不是圣事，因为那妻子不是处女，为什么呢？你们不知道，当你们说“是”和当你们说“不是”的时候，在前提上说的是一件事情，而在结论上说的却是另一件事情，你们不成了又痴又狂的聂斯托利派了吗？你们这些愚蠢的笨驴和傻瓜，滚开吧！

另一个愚蠢的错误，源于他们称呼并且认可主教和教皇为教会的新郎（其实，前面的错误也是从这个错误中滋生出来的）。为了证实这样的观点，他们引用圣保罗所说的话，“作监督的，只作一个妇人的丈夫”（《提摩太前书》，3: 2），也是说，他必须只是一个教会的主教，就像基督是一个教会的新郎一样；因此，他们不应该是再婚者。是的，倘若教会是妓院中的鸨母或者地狱中的魔鬼之女，那么，那些教皇和主教倒确实是当教会的新郎的合适人选。真正的主教是这个新娘的仆人，而她是掌管他们的女主人。圣保罗称他自己为 *diaconus**，即“教会的仆人”（《哥林多前书》，3: 5）。他并不企求成为这个新娘的新郎或者主人，宁可说，这个新娘的唯一真正的新郎就是那被称作耶稣基督的，就是那位上帝的儿子。圣约翰并没有说“我就是新郎”，而是说“我是新郎的朋友，我站着听他，听见新郎的声音就甚喜乐”，因为（他说）“娶新娘的，就是新郎”（《约翰福音》，3: 29）。任何人都应该满怀喜乐地竖起耳朵听这样的说话，然后去当仆人。

可是，他们自己却心安理得地继续做着这样的蠢事。一个主教可以有三个管区，不过，他还是应该称为一个妻子的丈夫。即使他只有一个管区，他仍旧拥有一百个、二百个、五百个甚至更多个教区**或教会；然而，他却还是一个教会的新郎。教皇企求成为所有大大小小的教会的新郎，但他却还是被称为一个教会的新郎。虽然他们同时拥有所有这些新娘，但他们又不是再婚者或重婚男人。可是，娶了一个已经跟另一个男人订过婚的处女，反而成了再婚者。如果我们藐视上帝的话语，万事都想要做得比他命令过的更好，那

* 来源于希腊文的 *diakonos*，中文译作“执事”，系教会中为大家办理各种事务的人，是经由大家选举产生的。

** “教区”，也称为“堂区”，一般由一所教堂组成，由主教委派神甫或牧师来掌管。

么，上帝就会罚我们去承受像这样一类出奇的大蠢事。

其实，在他们的教令（*Decretum*）中，他们有一个有争议的说法（*acutius*），在教令集中，圣奥古斯丁反驳了圣哲罗姆，认为在洗礼以前有过一个妻子而在洗礼以后又有了一个妻子的，就有了两个妻子。亲爱的蠢驴们，即使圣奥古斯丁把这样一个男人视为两个妻子的丈夫（《圣经》没有这么看），因此就可以得出结论说，他要像你们那样谴责这样的男人，禁止其侍奉上帝吗？就算可以得出这样的结论，你们不是可以在 dist. IX 中看到强烈反对它的说法吗？你们怎么只牢牢抓住这个有争议的说法（尽管它与《圣经》是对立的），却轻率地忽视那个反对它的说法和其他章节呢？当然，你们的观念就是：你们要当教会的主人；凡是你们所说的都应当被认为是正确的而接受下来。假如你们希望它如此，那么，婚姻应当是正当的，应当成为一件圣事，另一方面，假如你们希望它如此，那么，婚姻又应当是一种不洁，也就是说，是一件被玷污了的圣事，它不可以奉献给上帝。假如你们希望它如此，那么，婚姻应当生养小孩，但妻子却应该保持童贞，或者说，它并不是基督和教会的圣事。假如你们希望它如此；那么再婚者是无可非议的，他们也具有真实的婚姻和圣事，另一方面，假如你们希望它如此，那么，他们受到了谴责，从侍奉上帝的职事中被驱逐出来，不具有基督和教会的圣事，看哪，魔鬼把这些无稽之谈教给了你们，把你们搞得晕头转向。

如果连圣奥古斯丁本人也不希望把他的说法奉为信条，如果连他自己也不想把他的先辈的说法作为信条接受下来，那我又为什么应该把他的说法奉为信条呢？就算那些亲爱的教父有关再婚者的意见和教导是这样（如同所描述的那样），跟我们又有什么关系呢？这并没有对我们形成约束，要我们一定也持有这个观点并教导他人。我们实在不应该把我们的得救建筑在人的话语和行为上，就好比我们不应该把我们的房子建筑在稻草上一样。可是，那些制定教规的人是如此愚蠢的笨驴和傻瓜，崇拜在罗马的他们的偶像，使他们违背了亲爱的教父的愿望，也没有征得他们的同意，就把他们的言行变成信条。该由《圣经》来证明，这些人完全可以称作再婚者或三婚者；然后，合情合理地把他们从教会的神职中开除出去，圣保罗在《提摩太前书》（3: 2）中的教导证明了，“作监督的只作一个妇人的丈夫”。但这样的情况经常发生在教父们那里——他们那时把旧的补丁打到新衣服上。这里的情况是这样的：任何再婚者都不应该当教会的仆人；那是对的，那是新衣服。但至于这个人或那个人是不是真的再婚者，就是由他们自己的意见而生成的旧补丁了，因为《圣经》并没有说到它。《圣经》把同时跟两个妻子生活在一起的男人称为再婚者；据认为，圣保罗以前有一个妻子（《腓立比书》，4: 3），她后来死去了。如此说来，连他也应该是一个有过两个妻子的男人，需要放弃他的使徒的职事了；因为在《哥林多前书》（7: 8）中他把自己归到鳏居一族，而在《哥林多前书》（9: 5）中他又跟巴拿巴一起要求得到有妻子陪伴的权利。谁能够向我们保证，那几位穷苦的渔民，彼得、安得烈和雅各*，都娶了处女而没有娶过寡妇，或者，从未相继娶过两个妻子呢？

这些笨人并没有与父辈同样的贞操观，但他们喜欢把那些可怜

* 见《马可福音》，1: 16—19。

的人搞得晕头转向，唯独将他们的那本污秽不堪的书奉为正道，认为他们的“科学”不会犯错也从未犯错。不然的话，他们也许真的会看清什么是贞洁——因为谈到其他“意见”（而他们最好、最重要的东西只是“意见”问题吗？）时，他们可以很潇洒地说，“还没有得到认可；你们姑且这样认为吧”。那么，在“有待判决的案子中”，既然他们毫不迟疑地不单抛弃某一个教父，而是抛弃所有教父，就像他们的偶像唾沫飞溅、大声咆哮那样，他们在这里为什么就不能够也这样做呢？但他们想统治教会，并不是用值得信赖的智慧，而是用一些武断的意见，还要一如既往地迷惑和玩弄世界上所有的人。但正像他们在他们那微不足道的教规中排斥所有教父和神学家一样，我们同样把他们排除过在教会和《圣经》之外。不要他们给我们讲解《圣经》，也不要他们掌管教会；他们无权做这样的事，也没有能力做这样的事。但他们还在死抱住他们那些无聊的教规，为了该拿多少俸禄而争吵不休——这就是他们的圣洁。他们把我们这些穷苦的神学家，连同教父们从他们的书中赶出去；对此，我们倒是最衷心地感谢他们。现在，他们又提出把我们从教会和《圣经》中赶出去；而他们自己却又不配在它们里面。已经说得太多了，把袋子撕开得太大了。况且，这是我们根本就无法忍受的。

我真的相信，要是按照他们的智慧，没有人可以娶到处女，而且，在她死去以后，也没有人可以成为他们中的神甫，因为谁能够保证或者断定，他确实娶了一个处女呢？（就像他们所说的那样）“道路在大门前穿过”。倘若他发现她不是处女——他认定会有这种可能——，那么，虽然那并不是他的过错，他却成了臭名昭著的再婚者。如果他还想有把握当上神甫，他就不敢再娶一个处女，因为他怎么能保证她一定是处女呢？然而，他可以强奸多个处女、寡妇和别人的妻子，可以占有很多妓女，犯各种罪过——他仍配担当神甫的职事。总而言之，这一切都是由于教皇、魔鬼及其教会是不乐意于婚姻这个状态的，就像《但以理书》(11: 37)所说的那样；因此，他希望把它看作是一种玷污，以致一个已婚男人就不能担当神甫的职事了。照此说法，婚姻就是卖淫、犯罪、不洁，是上帝所驳斥的。即使这样，他们同时又口口声声说婚姻是神圣的，是一件圣事，那就是伪善和说谎，因为假如他们真的把它看作是神圣的，是一件圣事，他们就不会禁止神甫结婚。但既然他们禁止神甫结婚，就可以看出他们把它视为不洁，是罪孽——他们也坦率地说，"你们承担着［主的器皿*］，所以你们必须洁净"，不然的话，(如果真有一些是虔敬的人)他们一定是愚笨的聂斯脱利派和优迪克派，一方面对前提予以肯定，另一方面又对结论加以否定。但愿这成为我们现时现刻应对教皇这头驴以及拥护他的那些蠢驴一般的人的一次接待会，而我们则回到我们自己的人民中。

所以，(如我们前面说过的)不必理会罗马天主教徒人就教会职事的个人资格所说的话，因为这些驴并不理解圣保罗的话，也不知道圣保罗所说的圣事是怎么一回事。他说(《以弗所书》，5: 31—32)，基督和教会是一件圣事，那是说，基督和教会二者合为一体，如同夫妻一样，而这是一个伟大的奥秘，只有用信才可以理解。它不是可见或者可触及的；因此，它是一件圣事，也就是说，是某种秘密的事情，是一个奥秘，是不可见的，是隐蔽的。但

* 参见《使徒行传》，9: 15。

既然不但是童贞的人们，也包括守寡的人们，结婚以后就合为一体，每一次婚姻都是基督和教会这个伟大圣事或奥秘的一个影像或者象征。圣保罗所说的既不是指处女，也不是指寡妇；他所说的是婚姻，在婚姻中，夫妻合为一体。故而，在任何地方，只要你见到有这些职事或者履行这些职事的人，你就可以确信那里有基督徒圣民；因为没有了这些主教、牧师、传教士、神甫，就不可能有教会；反之，没有教会，也不可能有他们。二者必须联在一起。

第六，从外部来看，基督徒圣民的识别标志在于他们向上帝祈祷，公开赞美上帝和感恩上帝。只要你看到和听到有人在念主祷文，教大家念主祷文；或者按照上帝的话语和正道在歌唱《诗篇》或其他属灵的歌；还有，公开使用“信经”、“十诫”和“教义问答手册”，那么，你就可以确信，那里有上帝的基督徒圣民。因为正像圣保罗所说的（《提摩太前书》，4: 5），祷文也是神圣而宝贵的拥有物之一，任何事情都因之而圣洁了。《诗篇》无非也是一些祈祷文，我们在它们里面赞美、感谢和荣耀上帝。信经和十诫也是上帝的话语，也属于神圣的拥有物，圣灵用它们使基督徒圣民成圣。然而，我们现在说的是那些明白易懂的祷文和诗歌，我们可以从中学到东西，借以改正我们的道路。僧侣、修女和神甫们的喧嚷不是祷文，也不是在赞美上帝；因为他们不理解，也没有从中学到任何东西；他们就像蠢驴一样乱叫，只是为了混饭吃，根本就没有想过探求什么改革或者成圣或者上帝的旨意。

第七，从外部来看，基督徒圣民通过庄严的十字架这个神圣的拥有物来识别。他们会忍受任何不幸和迫害，忍受来自于魔鬼、世界和肉体的各种各样的试探和凶恶（如同主祷文所指出的），他们内心里会感到忧愁、胆怯、恐惧，外表又会经受贫困、受辱和体弱多病，为了跟他们的首领基督相像。他们受苦的唯一理由是因为他们坚定地信靠基督和上帝的话语，是为基督忍受这一切，如《马太福音》（5: 11）所说的："人若因我而逼迫你们，你们就有福了。"他们应该虔敬、平静、顺服，准备好用生命和钱财去效劳政府和每个人，而决不伤害任何人。地上没有人需要忍受如此严酷的仇恨；他们必定会被看作比犹太人、异教徒和土耳其人还要坏。总而言之，他们必定会被称为邪教、流氓、魔鬼，是地上最恶的人，以至于那些绞死他们、淹死他们、谋杀他们、刑罚他们、放逐他们和将他们折磨至死的人，反而变成是在为上帝效劳。没有人对他们表示同情；他们渴了的时候，给他们喝的却是没药和胆汁。所有这一切都不是因为他们是奸淫犯、杀人犯、贼偷或者无赖，而是因为他们唯独只要基督而不要别的神。无论在哪里，你看到或者听到这个就可以知道，那里有基督徒圣民，就像基督在《马太福音》（5: 11—12）中所说的那样，"人若因我辱骂你们，捏造各样坏话毁谤你们，你们就有福了。应当欢喜快乐，因为你们在天上的赏赐是大的。"这也是一个圣物，圣灵不但用它来使他的子民成圣，而且也为他们祝福。

同时，不要理会罗马天主教徒所说的从已故的圣者、从圣十字架的木头那里获得的圣物。因为从腐尸坑里发掘的骨头跟圣者的骨头没什么两样，从绞刑架上取得的木头跟从圣十字架上取得的木头也没什么两样。这里无非是欺诈而已。教皇用这样的方法，从民众那里骗取钱财，使他们跟基督疏远。就算它是一件真正的圣物，也不会使任何人得以成圣。但在你因基督而受到谴责、诅咒、辱骂、毁谤和折磨的时候，你就得以成圣了。它使老亚当受到了抑制，教会他在受苦的时候忍耐、谦卑、温和、赞美和感恩，仍然保持心情愉快。这是由圣灵而得以成圣以及在基督里面得到新生所包含的意思；以这样的方法，我们学会信上帝，信任他、热爱他，寄希望于他，就如同《罗马书》(5:1—5)所说的，“患难产生盼望”，等等。

这些是那伟大的圣物的真正的七个主要部分，按照摩西的第一块石版，圣灵每天使我们得以成圣和在基督里面得以重生。我们就此而服从于它，尽管决不可能做到像基督那么完善。但我们靠着他的救赎或赦免，不断努力去达到目标，直到有一天我们也变得完全神圣，不再需要求得赦免。每件事情都指向这个目标。我甚至于想称这七个部分为七件圣事，但既然这个名词已经被罗马天主教徒滥用了，而且，在《圣经》中也是不同的意思，因此，我还是让它们被称为是基督徒成圣的七个主要部分，或者说，是教会的七件圣物。

除了这七个主要部分以外，还可以由另一些外部标记来识别基督教教会，那就是，圣灵按照摩西的第二块石版用来使我们成圣的那些标记；即他帮助我们孝敬我们的父母，反过来，他帮助我们的父母以基督徒的方式培养他们的子女，过高尚的生活；让我们诚信地事奉我们的君主，顺从他们，反过来，让他们热爱他们的臣民，保护和保卫他们；让我们对我们的邻居不吝惜、不发怒、不仇恨、不嫉妒、不记仇，而乐意宽恕他们，借钱给他们，帮助他们和给他们忠告；要我们不可淫荡，不可酗酒，不可自夸，不可傲慢，不可专横，而要贞洁、自制、有节、友爱、和善和谦卑；要我们不可偷盗，不可放高利贷，不可贪婪，不可敲诈勒索，而平易可亲，宽厚待人；要我们不可弄虚作假，不可捏造事实，不可作伪证，而做到诚实可信，做诫命中教导我们做的事情——所有这一切都是圣保罗不止一次地反复教导我们的。我们需要十诫，不但是为了告诫我们要履行我们的法律义务，还需要它来辨别圣灵花了那么大力量使我们得以成圣，我们离目标还有多远，以免我们变得坦然无惧，想象我们做了所需要的一切事情。因此，我们必须在成圣的道路上不断长进，始终是基督里面的新人。这意味着“长进”要“做越来越多的事情”(《彼得后书》，3: 18)。

不过，这些标记并不能被认为像前面提到的那些标记那样可靠，因为某些异教徒也是这样做的，有时候甚至比基督徒显得更圣洁；但是，他们的行动并不是完全出自于他们的内心，不只是为了上帝的缘故，正因为他们缺乏对上帝的真正的信仰和真正的认识，他们在寻求某种其他目的。但这里是圣灵使心灵得以成圣，从“一颗诚实而善良的心”里产生这些果实，这就像基督记录在《马太福音》13 章（应为《路加福音》，8: 15）中的比喻所说的那样。既然第一块石版更伟大，必定是更神圣之物，所以，我把第二块石版中的一切事情都概括到一起。不然的话，我也可以按照那七条诫命把它划分成为七件圣物或者七个主要部分。

现在，我们确实知道神圣的基督教教会是什么，在哪里和是谁，那就是，是上帝的基督徒圣民；而且，我们确实有把握相信，它不会使我们失望。其他所有事情都有可能失败，也确实失败了，正如我们在某种程度上会听到的。应当从这些圣民中间挑选出一些人来组成一次公会议；那会是一次由圣灵统领的公会议。因此，利拉也写道，评价教会不应该根据它里面所含有的崇高的或属灵的使命，而应该根据那真正信的民众。我很惊讶，他竟然没有因为说了这些话，没有因为否认教会是由教皇、红衣主教、主教和高级教士所组成的而被烧死在火刑柱上；这样的说法等于恶劣的异端邪说，对神圣的罗马教会是无法容忍的冒犯。关于这一点在另外的地方还有更多的论述。

现在，当魔鬼看到上帝建立起了这样一个神圣的教会，他也不闲着，也在一旁建起他的教堂，比上帝的教堂还要大。看看他是如何做的：他注意到，上帝利用一些外在的事物，例如洗礼、话语、圣餐、钥匙等等，使他的教会得以成圣。既然魔鬼始终在学上帝的样，他也企图模仿上帝做的所有事情并有所改进，因而，他也用一些可以使人成圣的外部事物来试试运气，这跟他用呼风唤雨、装神弄鬼和驱魔辟邪等等来碰运气是一样的。他甚至背诵主祷文，给他们念福音书，使它看来是一件伟大的圣物。因此，他让教皇和罗马天主教徒对水、盐、蜡烛、药草、铃、图像、上帝的羔羊、大披肩、十字褡、光头顶、手指、手等全都给予祝圣或使其成圣——谁能一一列举呢？——最后，还极力使僧衣也成为圣物，以至于许多民众死后着僧衣下葬，相信他们可以因此而得救。现在，如果上帝的话语或祝福或祷文都是为这些被造物而说的，就如同小孩子睡觉和起床时为他们的食物和他们自己所做的那样，那确实不错。对此圣保罗说，“凡上帝所造的物，都是好的，都因上帝的话语和人的祈祷而成圣”（《提摩太前书》，4: 4—5）。被造物并没有因这样的做法而取得新的权力，只是巩固了原有的权力。

但魔鬼心中有不同的打算。他想凭着他的模仿来的愚蠢做法使被造物获得新的力量和权力。就像水借上帝的权力而成了洗礼，受洗永生，洗涤罪孽，带来救恩，但这样的权力不是水所固有的；饼和酒成了基督的身体和血；按照上帝的安排把手按上，罪孽得以赦免——魔鬼也想他的表演和出乖露丑的做法也能够奏效，沾染一点超自然的权力。为此，圣水就被用来抹去罪孽，驱除妖魔，阻挡邪灵，保护产妇，这些是教皇在 *Aquam sale*，*de pe* 中教导我们的；被祝圣过的盐据说有同样的效验。教皇祝圣过的“上帝的羔羊”所做的比上帝自己能做的还要多，有朝一日我会用加注的诗句来加以描绘。震耳欲聋的铃声可以驱赶鬼怪。圣安东尼的尖刀可以把魔鬼刺伤；祝圣过的药草可以赶走各种毒虫；几次祝福可以治好奶牛的病，把窃奶的贼赶跑，并且还可以把火熄灭；凭几封书信就可以在战争中确保平安，又可以在其他时间免受诸如铁器、火灾、水灾、猛兽等的袭击，等等；修道、弥撒以及类似的事情，据说可以得到超常的得救。谁能一一列举？没有那么小的需要，以致魔鬼也没有为此设立圣事或圣物，用以让人们获得忠告和帮助。除此以外，他还有女先知、占卜师和贤哲，他们能够揭示隐蔽的事物和追回被偷的财物。

哦，他远比上帝更好地配备有圣事、先知、使徒和传福音人，他的教堂也远比上帝的教堂更大；他拥有远比上帝所拥有的更多民众来信奉他的圣洁。跟基督相比，人们也更加倾向于相信他的应许、他的圣事和他的先知。他是世界上伟大的上帝。基督称他为“世界的王”(《约翰福音》，12: 31；14: 30；16: 11)，保罗称他为“世界的上帝”(《哥林多后书》，4: 4)。他靠模仿这种蠢事，使人们远离对基督的信仰，使基督的话语和圣事遭到鄙视，几乎无法识别，因为理解这些事物要比抹去罪孽容易，而借助于魔鬼的圣事比借助于基督的圣事，更容易在需要的时候获得帮助，更容易接受救赎。因为基督的旨意是让人们借助于圣灵而使身体和灵魂都保持圣洁和虔敬，而不是停留在不信和罪孽中。对于那些不希望成为虔敬或者与罪孽断绝的人来说，这是太难了。一旦他们知道如何不借助圣灵更容易得救，他们就轻易放弃了圣灵要做的事情；例如，他们可以靠圣水、靠“上帝的羔羊”、靠教皇的训令和谕令、靠弥撒和僧衣，这样就没有必要寻找或留意任何其他东西了。

但不仅如此！魔鬼用这些东西把自己武装了起来，目的是用它们废除上帝的话语和圣事。他的想法是：如果有人起来攻击我的教会、圣事和主教，说靠外在的事物不能得救，那么，上帝的话语和圣事连同它们一起消亡了，因为它们也是外在的标记，上帝的教会和主教也是属人的存在。如果我的观点站不住脚，那么，他那些东西就更站不住脚了，尤其因为我的教会、主教和圣事是立刻生效的，在今世生活中有所帮助，而这种帮助是看得见和摸得着的，因为我就在它们中间，只要有所求很快就得到帮助。然而，基督的圣事却是属灵地、在无形中起作用，是为了未来而生效的，因此，他的教会和主教只能隐约从远处闻到圣灵的气息，又仿佛他不在，允许民众忍受各种不幸，从而，使得他们在我的教会的眼中仿佛是一些异端。同时，我的教会不仅贴近大家，可以切实地抓住它，而且，我所行的事也很快可以生效；所以，每个人都会认为这才是真正上帝的教会。这是我占优势的所在。

事情也的确是这样发生了。当我们开始以福音书为根据来教导人们，说明这些外在的事物并不会使人们得救，因为它们只是有形的和被造的，经常被魔鬼利用来达到行巫术的目的，这时，民众甚至一些伟大而有学问的人，却得出结论说，洗礼是外在的水，道是人说出来的外在的语言，《圣经》是用墨水写成的实在的字母，饼是面包师做出来的东西，酒是外在的、会变质的东西。所以，他们想出了一句口号，“圣灵！圣灵！圣灵应该做这个！那字句是叫人死！”因而，闵采尔称我们这些维滕贝格的神学家是《圣经》文士*，而称他自己为圣灵文士，其他许多人也学他的样子。在那里，你们可以看到，魔鬼如何武装了他自己，建起了他自己的防线。如果有人攻击他的外在的道理和圣事（这些圣事可以提供立竿见影的有力的帮助），那么，基督的外在的话语和圣事（其所提供的帮助则是缓慢的，或者，至少是无形的和微弱的）必须跟它们一起遭受更严重的破坏。

因此，“基督徒圣民”不像那个学上帝样的撒旦，只具有显现在外的话语、圣事或职事；撒旦具有这类东西的数目更多。基督徒圣民拥有这些是按照上帝的命令、设定和规定，所以他们自己而不是任何一位天使通过它们而跟圣灵相通。它们被称为为赦罪而设的话语、洗礼、圣事和职事，并非来自于天使、人或者任何其他被造物，而是来自于上帝；唯独他没有选择利用他那显赫外露的、光辉而荣耀的威严来做这类事情，而是为我们这些可怜、软弱而又胆怯的凡人着想，要给我们以安慰，因为在可怜而有罪的肉体中，谁能够哪怕只是一瞬间承受这样的威严呢？就像摩西所说的，“人见我的面不能存活”（《出埃及记》，33: 20）。如果犹太人在西奈山上

---

* 在《旧约》中，文士（希伯来文 sopher）是指通晓律法的官员，《以斯拉记》（7: 6）中描述以斯拉是一个文士。在基督的时代，文士在依据律法迫害基督以及后来迫害使徒方面，起了重要作用。参见《马可福音》（14: 43；15: 1）；《使徒行传》（4: 5；6: 12）。不过，《马太福音》（8: 19）中也描述了一个跟随耶稣的文士。《马太福音》（13: 52）中基督也说过，“凡文士受教作天国的门徒，就像一个家主，从他的库里拿出新旧的东西来。”

连他脚上的鞋子，就是那雷电和云彩，都无法承受，他们又如何用他们虚弱的眼睛观看阳光般的他那属神的威严和他那容光焕发的面容呢？不，他想用可以接受的、温和而欢快的手段来做到，我们自己无法选择较之更好的手段。例如，他会让一个敬神而又和善的人来对我们说话，对我们传讲，将他的手按在我们头上，赦免我们的罪，为我们施洗，把饼和酒给我们吃喝。谁会被这些讨人喜欢的方法吓坏，害怕，不愿兴高采烈地接受它们呢？

好的，那正是为我们这些虚弱的人所做的，在它里面，我们看到上帝如何像对待可爱的孩子一样对待我们，不是用他的威严对待我们，尽管他当然有权这样做。但他宁愿以这样的姿态来成就他的属神的庄严事业和实施他的威力和权柄。例如赦免罪孽、涤除罪孽、消除死亡、赐给恩典和永生。确实，在魔鬼的圣事和教会中，这些东西是没有的。在那里，没有人可以说，“上帝这样命令、吩咐、设定和规定；他自己亲临这里，由他自己来做每一件事情”；但任何人都应该说，“上帝没有这样命令过，而是禁止过，那个人或者叫上帝的模仿者，是他所发明的，是他用这个来误导民众。”因为他所做的都是世俗的事情，或者，如果这类事情竟然也号称是属灵的事情，那必定是十足的欺诈。决不要听信他的谎话，他不可能靠圣水、弥撒和修行来永恒地赦免罪孽和使人得救，即使他可以把先前从先知和女祭司那里偷来的牛奶复原为奶牛的奶。在基督徒中，把这些人称作魔鬼的妓女，如果抓住了，合该把她们绑在火刑柱上烧死，不是因为她们偷了奶，而是因为她们这样做是在亵渎上帝，她们用这个支持魔鬼，支持他用他的圣事和他的教会去反对基督。

总之，倘若上帝用命令的方式吩咐你拣起一根稻草或者拔出一根羽毛，并且允诺你可以赦免一切罪孽，可以获得恩典和永生，你怎能不满怀喜悦和感恩的心情去接受，并且珍爱、赞美和称颂那根稻草和羽毛，认定这是比天地还要崇高的圣物呢？不管这稻草和羽毛多么无足轻重，你还是借助于它们获得比天地甚至所有天使所能够给予的更珍贵的东西。为什么我们不知好歹，不把洗礼的水、作为基督身体和血的饼和酒、基督说过的话语，为了赦免罪孽而去按上人的手尊为圣物呢？因为，我们听到和知道，上帝他自己愿意在这些事情上生效，希望它们成为他的水、他的话语、他的手、他的饼和酒，通过这些东西使我们在基督里面成圣和得救，基督为我们争取到这些东西，为了这件事情从父那里将圣灵赐给我们。

另一方面，即使你到圣雅各那里，身穿盔甲，或者为了得救而让自己被加尔都西会、方济各会或多明我会*的那种艰苦生活所害，但上帝从未这样命令过和设定过，你这样做对你有什么好处呢？他仍旧对所有这一切毫不知晓，这只不过是你和魔鬼发明的，将其作为神甫们的特殊圣事或者品位。即使你为了得救有能力承担天和地，那仍旧是迷失；哪怕你可以扛起十个世界，那个会拣起稻草（倘若这是受命而为）的人，还是胜过于你。为什么如此呢？那是上帝的旨意，他要我们服从他的话语，运用他的圣事和尊崇他的教会。这样，他才会足够仁慈而亲切地行事，甚至比我们所愿望的更仁慈和亲切；因为经上写着，“我是主你的上帝；除了我以外，你不可有别的上帝”（《出埃及记》，20: 2—3）。还有，“你们要听他，

---

* 这三个会都主张苦修。其中，加尔都西会规定，其会员要独居静思，每周仅一次可以与人交谈。方济各会的会员以托钵乞食为生。多明我会与方济各会相类似。

而不要听别的[*]”（《马太福音》，17: 5）。关于教会，但愿说了这些就够了。除非进一步阐述每一点，否则，也说不出什么了。接下来应该谈一些不同的想法。

除了这些外在的标记和圣物外，教会还有一些外在的东西，它们并没有使它在肉体或灵魂里面成圣，它们也不是由上帝所设定或命令的；但正如同我们在前面用很大篇幅说过的那样，它们显然是必要的或者说有用处的，是恰当的和良好的——例如，留出某些节日或某些时刻，上午或者下午，专门用于传道或者祈祷，或者使用某个教会建筑或房子、圣坛、讲坛、洗礼池、烛台、蜡烛、响铃、神甫服饰，以及其他类似的东西。这些东西不具有什么超出其自然效用的东西，就像食物和饮品也并没有产生孩子们的餐前祷告所说到的效用，因为那些不信上帝的愚昧人，他们不念感恩词，既不向上帝祈祷，也不感谢上帝，但他们还是像基督徒一样靠食物和饮品而长得又肥又壮。当然，基督徒也可以没有这些东西而成圣并一直保持成圣，即使他们要在街上、屋外，在没有讲坛的情况下讲道，即使他们要在没有圣坛的情况下宣告赦免罪孽和主持圣礼，即使他们要在没有池子的情况下主持洗礼，还有，日常由于某些特殊的理由需要在家里讲道、主持洗礼和各种圣事，都不会有什么妨碍，但如果为孩子和头脑简单的人着想，最好妥善安排在一个明确的时间、地点和时刻，让他们有所适从和知道在哪里集合，就像圣保罗在《哥林多前书》（14: 40）中所说的，“凡事都要规规矩矩地按着秩序进行”。任何人都不应该（因为没有基督徒会这样做）无缘无

* 今本《圣经》中，没有“而不要听别的”这样的话。

故地出于傲慢或者存心捣乱而无视这样的秩序，人们应该为多数人考虑而共同来遵守这样的秩序，至少也不应该破坏它或者妨碍它，因为那样做违背了爱和友谊。

然而，这里是有自由的：例如，如果我们由于有急事或者由于某个重要原因不能在六点或七点、十二点或一点，在星期日或星期一讲道，不管是在唱经楼还是在圣彼得大教堂，都可以另选一个时刻、日期或地点去讲道，只要没有使民众不知所措，确切地向他们通报变更就行。这些事情（就其所涉及的时间、地点和人员而言），纯粹是外国的事情，可以全部交由理性来处置，让它们服从理性的安排。上帝、基督和圣灵对它们不感兴趣——就像他们对我们吃什么、喝什么、穿什么和跟谁结婚不感兴趣一样，也像他们对我们住在哪里、到哪里或站在哪里不感兴趣一样；除此之外（如同我们前面说过的），任何人都不应该毫无缘故地独断独行而对公众造成扰乱和妨碍。就像在婚礼或者其他社交场合，任何人都不应该做出出格的事情伤害新娘或者来宾，而应该参与其中，跟大家一起坐、行、立、跳舞、吃喝。因为不可能为每一个人都定下专门的桌子，也不可能为每一个人定下专门的厨房、酒窖和仆人。如果他需要什么东西，就让他在不打扰别人的情况下离开桌子。这样，每一件事情在这里都应该平静而有序地进行，不过，如果时间、人员或其他理由要求作出改变，应该有自由；那么，弥撒也将和谐地举行，因为（正像前面所说），没有一个基督徒会由此变得有几分圣洁。

当然，教皇让全世界都充斥着有关这些事情的书籍，并把它们定为种种契约、法规、法权、定为关系到信仰、罪孽和圣洁的种种条款，因而，他的教令应该再度付诸一炬。因为没有这本引起如此巨大伤害的书，我们可以过得更好。那本书把《圣经》丢到一旁，实际上是在压制基督教教义；它还使法官连同他们的王法一起，都归于它的管辖。这样，它就把教会和君王都踩在脚下了；它用这些蠢驴，即那些制定教规的鬼鬼祟祟的家伙来取而代之，他们用它来统治教会，而且，更可恶的是，他们还把其中最好的部分截留下来，拣出最坏的部分塞进教会。不管它里面有什么好的内容，人们总能够在《圣经》里面找到更好、更丰富的内容，的确就如何教导基督徒而言，圣奥古斯丁那里也有良好和丰富的内容；那么，就世俗政府而言，在法学家的著作中，也有更好和更丰富的内容。因为法学家们曾经想把这本书从法理学中清理出去，留给神学家用。然而，更好的办法是把它丢进火里，化为灰烬，虽说它里面有些好的内容，因为除非其中有些好的内容，十足邪恶的东西又怎能存在呢？但邪恶的东西实在太多，多到把好的东西排挤出去，而且，（正如曾经说到过的那样）在《圣经》里面和在教父以及法学家那里，有多得多的好的东西。当然，它可能保存在图书馆里，作为教皇们、某几次公会议和其他教师的愚蠢和谬误的见证。那是我要保留它的道理。

接下来，我们要谈谈在婴孩受洗时所穿的洗礼服或襁褓所代表的外在物。婴孩并不是由洗礼服或襁褓、而只是由洗礼本身来施洗或使其成圣。然而，理性要求婴孩应该穿上这样的衣服。如果这件衣服给弄脏了或者扯破了，就换上另一件新的，但孩子的成长并不会从襁褓或者洗礼服中得到任何帮助。在此，人们也应该有所节制，不可过多地使用这样的衣服，免得把孩子闷死。类似地，举行各种仪式也要有所节制，免得成为负担和显得烦琐。它们应该很轻松，使人感觉不到有什么不便，就好比在结婚庆典上，没有人会觉得使自己的举动符合在场的其他人会是一种麻烦和负担一样。我将在论述日耳曼人暴饮暴食的祸患时来谈论大斋期，因为那确实属于世俗政府的管辖范围。

在上面以及另外的一个地方，我用了很大的篇幅谈论学校，强烈要求竭尽全力关心学校。虽然学校教授学生语言和技艺，因而可以被认为是某种外在的和非基督教的设施，但它们是极为必要的。因为如果我们没有能够教育好学生，我们就不会持久地拥有牧师和传教士；而我们现在察觉到这一点。学校应该为教会提供能够造就成为使徒、传福音者和先知一类的人员，那就是传教士、牧师和领袖，另外，不要提供世界各地所需要的人，例如大臣、议员、文书以及各种有助于世俗政府的人员。另外，如果学校教师是一个敬神的人，他教孩子们理解、歌颂和践行上帝的话语和真实的信仰，遵守基督徒的规范，那么，如同我们早些时候所说的，学校确实成为年轻而永恒的公会议了，也许比其他许多重要的公会议做得更好。所以，以往的皇帝、国王和君主们不遗余力地建造那么多各类学校、男女修道院，目的是为教会源源不断地输送人才，他们是做了好事情；但他们的继人任者却可耻地篡改了它们的用途。因而，今天，君主和领主们还应该这样做，用修道院的产业去维持各个学校，资助许多人学习。如果我们的后人滥用这些学校，我们至少尽到了我们今天的职责。

总之，学校就其重要性而言应该仅次于教会，因为学校培养年轻的传教士和牧师，从他们中涌现出的人可以取代先人。其次，学校上也接受自由民家庭，因为它也提供学生；如此的话，市议会和城堡就应该保护学校，让它们把孩子们培养成牧师，这些人以后又会创建教会和上帝的孩子（不管他们是自由民、君主，还是皇帝）。但上帝应该既凌驾于一切之上又贴近于一切，为的是保护这个圈子，不让魔鬼有隙可乘，为所有终身奉献神职的人考虑每一件事情，其实，也是为所有被造物考虑每一件事情。所以，《诗篇》（127: 1）中说到，地上只有两个人间的政府，即城市的政府和家庭的政府，“那全靠主建造房屋；那全靠主看管城市”。第一种政府是家庭的政府，民众是从其中出来的；第二种政府是城市的政府，那是指国家、人民、君主和领主，我们称之为世俗的政府。这两种政府包括所有事物——孩子、财产、金钱、牲口等等。家庭应该有所产生，而城市应该有所保护和保卫。然后就有第三种政府，那是上帝他自己的家庭和城市，即教会，教会应该从家庭获得民众，从城市获得保护和保卫。

这些是上帝所规定的三大体系，我们不需要更多了；在这三大体系中，我们可以绰绰有余地正当地生活和抵挡魔鬼的挑衅。只要看一下家庭和单由它规定的义务：应该顺从父母和地主；让孩子和仆人获得营养、教育、管理和学会敬奉上帝。即使没有其他任何东西，单是管理家庭就够我们去做的。然后还有城市，即世俗政府，如果我们真正做到顺从于它，或者反过来，如果要我们对土地和人民作出判决，加以保护和促进其发展，那么，我们该做的事情也是够多的。魔鬼已经够我们忙的了，因为有魔鬼，上帝就要我们汗流满面，让地上长满荆棘和蒺藜（《创世记》，3: 18—19），因此，我们有太多的东西要学习、经历，要去做以及在两个政府中经受苦难。然后就有了第三种管理和政府。如果圣灵掌管那里，那么，基督称之为给轻省的担子（《马太福音》，11:

30）；如果不是圣灵掌管，它就是一桩繁重而可怕的任务，而且是无法完成的任务，就像圣保罗在《罗马书》（8: 3）中所说，“律法有所不能行的”，以及他在另外一个地方说的，“那字句是叫人死”（《哥林多后书》，3: 6）。

那么，为什么我们要有教皇的那种亵渎上帝的伪造的法律或政府，让它凌驾于这三个崇高而神圣的政府之上，凌驾于这三个来自于上帝的神圣的、自然的和世俗的法律呢？教皇的法律自称包罗万象，然而实际上却什么也不是。它将我们引入歧途，要我们抛弃这些神圣而有福的产业和法律。反之，它要我们穿上僧衣，从而成为受魔鬼调遣的傻瓜和玩物，变得懒散成性，不再知道这三个神圣的体系或王国。这就是为什么我们不再愿意忍受它了，而是要按照圣彼得、圣保罗、圣奥古斯丁的教导来行事，摆脱它，要用《诗篇》（2: 3）的话语对付他们，“我们要挣开他们的捆绑，脱去他们的绳索”。其实，我们应当跟圣保罗一起歌唱，“天上来的天使，若传福音给你们，跟这个不一样，那他就应当受诅咒”（《加拉太书》，1: 8）；我们也要跟圣彼得一起说，“你们为什么试探上帝，要把这样的轭放到颈项上呢？”（《使徒行传》，15: 10）。如此一来，我们就当上了教皇的主人，把他踩在脚下，就像《诗篇》（91: 13）所说的，“你要踹在狮子和毒蛇的身上，践踏少壮狮子和大蛇。”而我们这样做，乃是靠着女人后裔的力量和帮助，女人的后裔已经伤害了而且还要继续伤害大蛇的头，但我们也必须承担被它伤害我们的脚跟的风险（《创世记》，3: 15）。愿赞美和荣耀永远归于女人的受到祝福的后裔以及父老和圣灵，永远归于那独一真实的上帝和主。阿们。

31　维滕贝格版路德德语著作集序言

马丁·路德博士作序

看到我所有的著作都遭到了冷落而了无声息，我却并不很在意。这里面原因很多，其中之一让我不寒而栗地想到了我正在给出的例子，因为既然教会中人已经开始在《圣经》之外收集大量的书籍和丛书，尤其是他们已经将教父、公会议和教士的各种著述不加辨别地统统收藏了起来，故而我意识到教会从中不会有多少收益。这样的做法不单浪费了原本可以用于研读《圣经》的宝贵时间，而且，到末了，连对上帝之道的纯真了解也丧失殆尽，以至于让《圣经》积满尘埃而被遗忘在长凳下面（就像《申命记》在犹大列王的时代 曾遭遇过的那种情况一样）。

虽然有些教父和公会议的著作得以留存下来，作为历史的见证是有好处的，必要的，但是，我想，“*Est modus in rebus*”，我们无须因为有那么多教父和公会议的书遗失了——感谢上帝的恩典——而感到懊丧。假如它们全都保留了下来，那么，所有的房间除了书籍以外再也放不下别的东西；不过，那些书加在一起，也不会对人们在《圣经》中所获得的东西有所补益。

我们自己开始将《圣经》译成德文时，也希望少写一点，多研读《圣经》。因为所有别的著述，都应该引向和指向《圣经》，就像施洗约翰在指向基督一样，他说："他必兴旺，我必衰微。"(《约翰福音》，3 章，30 节）其目的就在于使每一个人都可以亲自喝那清新的泉水，就好像所有那些想成就善行的教父必须做到的那样。

无论是公会议教父还是我们，尽管可能取得过什么了不起的成就，但都做不了《圣经》所做成的事，也就是说，都做不了上帝自己所做成的事。（当然，如果我们要得救，我们也必须要得到圣灵，得到信，得到上帝所说的道和所行的事。）所以，我们理应让先知和使徒站立在教授的讲坛上，而我们自己则俯伏在他们的脚下，倾听他们的讲话。绝对不是要让他们来听我们说话。

然而，虽然有违我的意愿，我却无法阻止他们收集和出版我的著作（这也算是加给我的一个小小荣誉吧）。除了听任他们为此付出劳力和耗费钱财之外，我别无选择。令我感到安慰的是，有朝一日，我的这些书会被人遗忘于尘埃之中，尤其是假如我以后（凭着上帝的恩典）写出好的作品来。*Non ero melior Patribus meis*. 其实，后来者理应先被忘却。由于他们已经能够做到让《圣经》本身也躺在长凳下面，由于他们已经忘记了教父和公会议，而且，越是优秀的忘记得越快，因而就产生了一个善良的愿望，等这个时代的过度热情冷却下来以后，我的书就不再保留了。尤其是，既然铺天盖地的书籍和教士已经被遗忘，我的书就更希望如此了。这些人连名字也没人记得起来了，尽管当初他们自信地希望他们的书可以永远畅销，统领教会。

很好，就以上帝的名义让这种葬礼进行下去吧，只是我友好地请求任何一个在现在愿意得到我的书的人，无论如何也不要让这些书妨碍他去研读《圣经》本身。让他使这些书派上用处，就像我使教皇的教令以及一些诡辩家的书派上用处一样。就是说，如果我偶尔想看看他们做了些什么，或者，如果我想要思考那个时代的历史事实，我就用上它们。但我并不去深入研究它们，也不去做它们所提倡做的事情。对于教父和公会议的书，我的态度差不多也是这样。

这里，我效仿圣奥古斯丁的做法，他是第一位也几乎是仅有的一位下决心只服从《圣经》而不依据所有教父和圣者的书籍的人。为此，他与圣哲罗姆发生了激烈的争论，后者指着他前辈们的书对他加以指责，但他还是不依从于他们。假如都效仿圣奥古斯丁，那么，教皇也就不会成为反基督者了，而那像一大群爬虫似的堆积成山的书籍，也就进不了教堂，布道的讲坛上就只剩下《圣经》了。

而且，我很想给你指明研究神学的正确方法，因为我有这方面的实践经验。如果你用这个方法，你就会变得博学多才，使你自己（如果有必要的话）也能够写出丝毫不逊于教父和公会议的好书来，我甚至敢于（在上帝里面）假定和夸口，在写书这方面，我并不比有些教父差多少，这倒完全不是出于什么自负和谎骗。我毕生绝不能对别的事也这样夸口。这是神圣的大卫王在《诗篇》（119 篇）中所教导的方法（而且无疑也被所有教父和先知所用过的）。在那里，你可以找到在整部《诗篇》得到充分展示的三条规则，那就是：*Oratio*［祈祷］，*Meditatio*［沉思］，*Tentatio*［诱惑］。

首先，你应该知道，《圣经》是这样一本书，它使得所有其他书的智慧都变成愚蠢，因为除了这本书以外再也没有别的书教导人有关永生的事。所以，你应该干脆对你的理性和知性都不抱任何希望。你不会靠它们而得到永生，相反，你的自以为是倒是会让你以及和你一起的其他人被逐出天国（就像魔鬼所遭受到的那样）而陷入地狱的深渊。你这就应该进你的内屋（《马太福音》，6: 6）跪倒在地，以真正的谦卑和真诚去向上帝祈祷，祈求他通过他的爱子将圣灵赐给你，让圣灵照亮你，引领你，让你得以醒悟。

这样，你就看到了大卫在上面提到的《诗篇》中是如何祈祷的："求主教训我，开导我，引领我，向我指明"，以及其他许多类似的话。虽然他对摩西以及别的一些书籍都有着很好的理解，也天天听到和读到，但他还是要抓住《圣经》本身作为自己真正的导师，为的是使自己不至于听任自己的理性把那些书籍稀里糊涂地接纳进来，让自己成为自己的导师。因为在这样做的时候，就会让邪灵乘虚而入，那些邪灵就会制造假象，似乎《圣经》倒是服从于他们的，凭他们的理性很容易掌握《圣经》，似乎他们成了马柯夫或者伊索寓言中的人物，这样就不需要什么圣灵，也不需要什么祈祷了。其次，你应当沉思，也就是说，不仅是在你的心中，而且也要具体表现出来，对《圣经》中的口头语言和书面语言反复加以比较，反复全神贯注地朗读，这样你就可以明白圣灵说这些是什么意思。而且，必须注意，要不厌其烦，不要以为你已经读了、听了和说了一遍又一遍，就做得够了，不要以为你已经完全理解了。假如这样的话，你就成不了好的神学家，你就像尚未成熟就掉落在地的果子一样。

如此，你在《诗篇》中看到大卫如何持之以恒地自夸他将日以继夜地去讲、去想、去谈、去唱、去听、去读上帝的道和诫命，舍此而无他。因为如果没有那表现在外的道，上帝就无法将他的灵赐给你；你应当从那里得到提示。他命令你去写作、去布道、去读、去听、去说，如此等等，但他并不随随便便地就把他的这些命令公开出来。

再其次，还有 *tentatio*［诱惑］。这是试金石，它教导你不单是要知道和理解，而且要去体验上帝的道是多么正确，多么真实，多么甘美，多么可爱，多么有威力，多么给人以安慰，是超越一切的智慧的智慧。

如此，你看到，就像《诗篇》中所提到的那样，大卫是如何经常在诉说他所遭遇到的各种各样的仇敌，有傲慢的王子或暴君，有邪灵和各种帮派，对这些，他只得容忍，因为他在沉思，也就是说，因为他专心致志于上帝的道（就像所说的那样）。因为，只要上帝的道在你里面生根成长，魔鬼就会来骚扰你，魔鬼就会让你成为一个真正的博士，而由于他的诱惑，会教你寻找和热爱上帝的道。我自己（如果你们允许我把老鼠屎混同于胡椒粉的话）深深感谢我的教皇至上主义者，是他们凭着魔鬼的怒气而如此打击、压迫和陷害我。这就是说，他们已经将我造就成一个真正优秀的神学家，不然的话我是成不了的。而作为他们这样对待我的回报，他们取得了荣誉和胜利，我对此也衷心地予以认同，因为这正是他们的成功之道。

这样，你就有了大卫的规则。如果你按他的榜样用心研究，你也会像他在《诗篇》中那样吟唱和自夸："你口中的训言，于我有益，胜过千万的金银"（《诗篇》，119: 72）。同样，"你的命令常在我心里，使我比仇敌有智慧。我比我的师傅更通达，因我思想你的法度。我比年老的更明白，因我守了你的训词"，等等（《诗篇》，

119: 98—100)。而一做比较，你的经验会告诉你教父的著作就显得陈腐了。你不仅会鄙视仇敌写的书，而且，你写的书越多，你教的人越多，就越是对你自己不满。当你达到了这个境界的时候，你就可以勇于期望自己开始成为一位真正的神学家，这样的一位神学家，不仅能够教导年轻而尚有欠缺的基督徒，而且也足以教导那些成熟而无缺的基督徒了。因为，基督的教会确实容纳有各种各样的基督徒，有年轻的，也有年老的，有软弱生病的，也有健康强壮的，有勤奋的，也有懒惰的，有头脑简单的，也有博学多才的，如此等等。

然而，如果你自己觉得并且倾向于认为你已经是万事俱备了，对你自己的那些渺小的书籍，不管是讲授的还是写成的，你却感到胜人一筹而沾沾自喜；如果因为有人在大庭广众吹捧你而使你忘乎所以；如果你是在寻求别人的赞扬，而一旦得不到赞扬你就会发怒或者撒手不干——如果你是这类人，那么，亲爱的朋友，你就该抓住自己的耳朵，就会发现这是一对又大又长而且长满了黑毛的驴耳。然后，你就该不惜任何代价！把它们挂上一对金铃，让你走到哪里都让人们听得到铃声，他们就会用手指点着你说："看，看！那头聪明的畜生来了，它又能写书又能讲道，都干得很出色。"这一时刻，你将在天国中受到祝福，无法估量的祝福。是的，就是在天国中为魔鬼和他的邪灵们准备好了地狱之火的地方。归根到底：让我们在我们力所能及的地方感到自豪和寻找荣耀。可是，在这本书里，荣耀则唯独是上帝的，就像《圣经》中说的："上帝阻挡骄傲的人，赐恩给谦卑的人"(《彼得前书》，5: 5)；愿荣耀，愿这世界，永远归于上帝，阿们。

译 后 记

德国杰出的宗教改革家马丁·路德，1483 年 11 月 10 日诞生于萨克森的艾斯勒本（Eisleben），父母都是虔诚的基督徒。1501 年，十八岁的路德进当时极其著名的爱尔福特（Efut）大学学习，于 1505 年获得文学硕士和哲学博士学位。在大学学习期间，路德阅读了大量经院哲学的书籍，同时也对《圣经》有了深入的钻研。1505 年夏季，他在回家探亲后返回爱尔福特的路上，遭受雷电袭击，从对死亡的体验中，他觉悟到是上帝在召唤他，从此，他下决心毕生从事神职工作，于 1505 年 8 月 17 日深夜独自叩开一家奥古斯丁派的修道院的大门，入院苦修。但是，路德很快就发现，修道院的苦修生活并不能够使他成为圣洁，反而充满着欺骗和伪善。

其后，路德又一次身患重病，病愈后于 1507 年受封为神甫，又于 1508 年年末被任命为维滕贝格大学教授。虽然他教的是物理学和辩证法，但他此时已经一心要研究神学，他在大学苦心钻研神学，学习了希伯来文和希腊文，于 1509 年获神学学士学位，后被任命在大学讲授《圣经》。

1510 年，他奉命去罗马觐见教皇。他目睹罗马教廷的种种奢华的生活和许多神职人员的道德败坏。从罗马返回维滕贝格后，他的内心充满了忧愁和愤慨。1512 年，他获神学博士学位。路德在讲授《圣经》时，坚持以宣讲福音为核心，强调保罗在《罗马书》中所阐述的“因信称义”的教义，驳斥一切依靠修行来称义的说法。

当时，在罗马教廷的授意之下，教皇派出许多神甫和修道士四处贩卖所谓的赎罪券，据称，只要花钱购买了这样的赎罪券，就可以使你的一切罪孽得以赦免。有些特定的贩卖赎罪券的人，还拿着红色木头做的十字架，盖上他们的印章，声称可以以此赦免一切罪孽。路德对此深恶痛绝，终于在 1517 年 10 月 31 日在维滕贝格教堂的门口张贴了他反对赎罪券的九十五条论纲。论纲一下子得到了广泛的传播。但是，在论纲受到民众拥护的同时，却遭到了来自于保守派的猛烈攻击。路德对赎罪券的抨击（被认为是对教皇至高无上的权力的否定，这是路德本人始料未及的，他那时对教皇利奥十世还十分尊敬，他幻想利奥十世会是一位为人正直、热爱真理的教皇，因而他上书教皇，希望能够以此表明他的心迹。同年 8 月，他接到了教皇的谕旨，传他到罗马去受审，指定由他的仇敌对他进行审判。对教皇的这个决定，路德在维滕贝格拥护路德的民众的支持下，上书请求选帝侯帮助，终于在选帝侯的干预之下，教皇同意由教廷使节在德国奥格斯堡对路德进行审问。在奥格斯堡，路德据理力争，始终不肯在自己所坚持的原则立场上作任何让步。这时，路德已经洞察了教皇的真面目，也对罗马教廷的伪善和邪恶有了深刻认识，逐步形成了他改革宗教的一系列想法。

路德在 1520 年发表了阐明他的宗教改革思想的三篇主要著作，即《致德意志基督教贵族书》、《教会之巴比伦式的囚禁》以及《基督徒的自由》。他还发表《反基督者的训喻应该加以反对》一文，公开指责教皇已经沦为反基督者，就如同魔鬼撒旦一般，并当众焚毁了教皇的训喻和一大批教令。

1521年，新皇帝查理五世决定召路德到沃姆斯（Worms）参加会议，皇帝希望路德能够撤回他的一些对抗罗马教廷的观点，销毁他的那些有违罗马天主教的书籍，但遭到路德的拒绝。不久，查理皇帝颁布了他的所谓"沃姆斯敕令"，将路德驱逐出去，严禁对路德加以保护和藏匿，命令将他的所有书籍一律予以销毁。在友人的帮助之下，路德隐居在瓦特堡（Wartburg）。路德利用这隐居的时间，全力翻译《圣经》。他还在1525年，在他四十二岁的时候，与波拉·凯塞琳结婚。

1530年，在德意志皇帝查理五世的亲自主持之下，帝国议会在奥格斯堡召开，希望寻求和解的途径。路德的支持者梅兰希顿起草了一份内容温和的声明，后来被称为"奥格斯堡信纲"。但是，两派之间还是未能达成协议。

1546年2月22日，路德死于他的出生地艾斯勒本。他在临死之前仍坚持他所信的和所传的。

路德的宗教改革思想奠定了基督教新教的理论和实践的基础。他所翻译的《圣经》以及他对《圣经》中多篇经文所作的诠释，对于其后基督教的广泛传播起了十分重大的作用。

路德在语言运用方面，无疑是一个难得的天才。德国著名诗人亨利希·海涅在他的《论德国宗教和哲学的历史》一书中以大量的篇幅赞扬路德的语言才能，甚至认为是路德创造了近代德语。海涅写道："路德却不仅给我们行动的自由，而且也给我们行动的手段，这就是说，他给精神一个肉体。他也给思想一种语言。他创造了德语。这是由于他翻译了《圣经》而完成的。……他从一种死了的、可以说已经被埋葬了的语言，译成另一种还完全没有出生的语言。”“他的笔锋流出的平民大众的粗豪，既使人皱眉不快，又使人感到宏伟壮丽。他的用语和形象就像印度或埃及神庙洞窟中看到的那些巨大石像，它们那种耀眼的色彩和怪诞的丑态既引起反感又具有吸引力。”*

由于路德的天才的语言运用能力，使得本书的翻译工作有时会遇到这样那样的困难。而且，本书又是从德文经过英文转译的，书中各篇来自于好几十卷的德文版的《路德文集》以及其他一些集本，因而，两次翻译有可能会造成一些不够贴切的地方。不过，书中多篇被选的文章的英译者，在遇到译文不太有把握的时候，都会把德文原文列出，这也对译者有很大的帮助。为帮助中国读者更好地理解，我加了若干译者注。

书中大量引用《圣经》经文，我的原则是，首先要忠实于路德的原意，因而，逢到路德所引的经文与现《圣经》有出入的地方，我按路德的文字译出，然后以译者注的方式列出其与今本《圣经》的差异。众所周知，《旧约》，原来是用希伯来文写成的，而《新约》原来是用古希腊文写成的。译者对这两种文字并不了解。因而只能参考德文本《圣经》和英文本《圣经》，并且，译文尽可能考虑跟现在通行的中文本《圣经》靠拢。

译者翻译本书，虽然历时近两年，尽我所能希望把路德的原意

---

* 见《论德国宗教和哲学的历史》，商务印书馆 2000 年出版，第 45 页和 48 页。

和原有的文采传达给广大读者，但限于本人的水平，恐怕总还有许多力不从心之处，敬请广大读者指正。

荣震华

2004年10月于上海

图书在版编目(CIP)数据

马丁·路德神学文选/(德)马丁·路德著;荣震华译.—北京:商务印书馆,2023
ISBN 978-7-100-21926-6

Ⅰ.①马… Ⅱ.①马… ②荣… Ⅲ.①马丁·路德(Martin Luther 1483—1546)—基督教—神学—研究 Ⅳ.①B972

中国版本图书馆CIP数据核字(2022)第249265号

马丁·路德神学文选
〔德〕马丁·路德 著
荣震华 译

商 务 印 书 馆 出 版
(北京王府井大街36号 邮政编码100710)
商 务 印 书 馆 发 行
北京市十月印刷有限公司印刷
ISBN 978-7-100-21926-6

2023年8月第1版 开本 850×1168 1/32
2023年8月北京第1次印刷 印张 24¾ 插页 1

定价:138.00元